世界古代文明丛书

顾问 刘家和 廖学盛
主编 杨共乐

古代罗马文明

THE CIVILIZATION OF ANCIENT ROME

杨共乐 等 著

北京师范大学出版集团
BEIJING NORMAL UNIVERSITY PUBLISHING GROUP
北京师范大学出版社

大竞技场内景

罗马母狼

货币上的母狼

货币上提图斯·昆图斯·弗拉米尼努斯的人头像

鹰与胜利桂冠——罗马帝国力量的象征

遗迹中渗透出的荣光

元老院和罗马人民

大竞技场拱门

大竞技场夜景

凯旋门

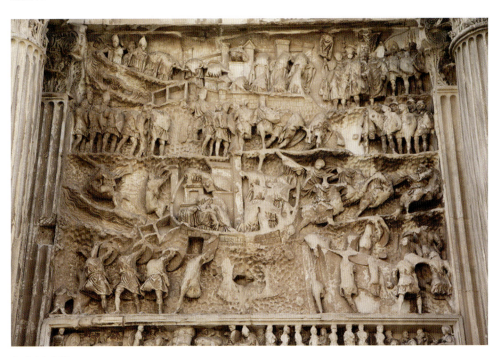

凯旋门浮雕

罗马居民楼房图

凯旋门夜景

罗马神庙

马赛克镶嵌画中的尼罗河

万神殿内景

罗马万神殿

第伯河

罗马建筑石柱遗迹

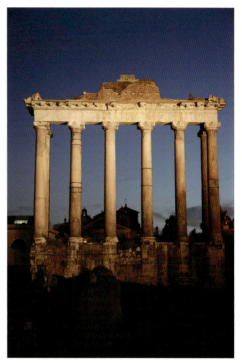

罗马广场建筑遗迹

罗马广场夜景

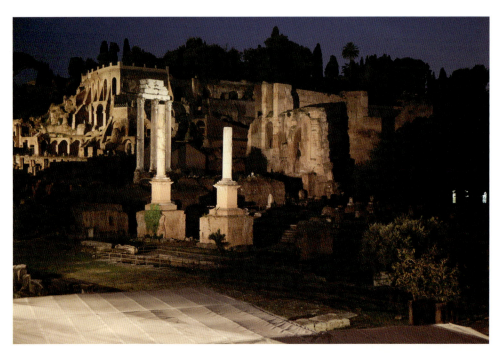

罗马广场

罗马近卫军士兵

罗马元首崇拜

罗马雕像

凯旋门

帕尔米拉遗迹

罗马大道

罗马城门

图拉真记功柱

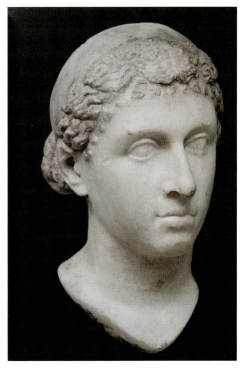

克里奥帕特拉七世头像

罗马城图

马赛克镶嵌画

马尔库斯·奥里略骑马像

帝国引水渠

神秘仪式典礼图

阿雷佐杂交动物像

编写委员会

主　任　刘家和　廖学盛

主　编　杨共乐

编　委（按姓氏笔画排序）

于殿利　刘家和　刘林海

杨共乐　易　宁　周启迪

蒋重跃　廖学盛

总　序

准备已有数年的六卷本"古代文明丛书"即将付梓。全书总负责人杨共乐教授把这一消息告诉了我，并嘱我为之写一篇序。为此，他给了我一份六分卷的内容提纲，给我作为一份参考。他还希望我作为此书的顾问或编委会中的长者来写这一篇序。我想，能见到此书即将出版，当然十分高兴，于情于理不容推辞；至于自己还以什么名义来写此序，则不禁汗颜无地。所以首先还是把我与此书的因缘概述一下，庶几减轻贪他人之功以为己利的精神压力。

最初，杨共乐教授在计划申请此一项目时，曾经要求我作为一个牵头人参加。当时我还有其他重大课题压力在身，自知无力它顾，所以曾据实请免。后来项目批下来了，在共乐召开的首次落实计划的会上，我再次陈述自己的无能为力。因为大家知道我说的是实情，所以就要我作为两顾问之一，说具体的事情不找我。当时我也点头了。其实后来呢？我所牵头的《中西古代历史、史学与理论比较研究》直到去年才完工、今年春季才出版，除教学工作外，我的全部时间精力都投向这个方面，实在无暇顾及文明史的事了。从事古代文明项目的许多朋友也都是上述比较研究项目的重要参与者，所以他们也深知这种实情，对我十分宽大，结果也确实很少有人为文明史的事找过我。这样一来，如果今天还以顾问之类的名义来写序，那岂不于心有愧？无论如何，我只有先检讨然后才敢写序。

或问：情况既然如此，你又有何资格来写这一篇序呢？答曰：论资格的确不够，不过，看来还是有些话可以也应该说的。现谨略陈于下。

第一，我和这部六卷本的"古代文明丛书"的每一卷的主要负责人都有多年学术友谊与交往，知道他们经过多年积累、在学术上已经都是有造诣的有关专家。其中有少数卷为一人独自撰述，多数卷是在一两位主要负责人主持下数人合作而成书。不过，每本主要负责人与本卷各作者之间也是有较长的学术交往的，所以看来有利于各卷内部避免多人着笔的零散之弊，而能较好地构成有机整体。现在从全书各卷大纲来看，我的这一想法似乎还是有根据的。

第二，从全书的大纲来看，各卷的内容相当丰富，有若干一般大学教材里所未涉及的新材料、内容以及新的提法。从一些作者和我平常交谈中也了解到，他们曾就旅游之间或公务之便，到有关国家或地区，参观考察了许多考古遗址与博物馆，拍摄了许多珍贵的图片资料，甚至从国外收集到一些最新的有关学术著作，扩充了作品的视野，并尽量接轨当代学术前沿。在和这些朋友的交谈中，我已能明确地感觉到自己与学术前沿的距离正在逐渐扩大，从而也相信这部书对于我这样的读者会是相当有价值的。

第三，这一部古代文明史，就编撰体例来看，是国别古代文明史的综合体。看来各卷之间的内在联系不甚紧密。不过，在这部书中虽然暂缺古代印度文明，可是已经加进了中国古代文明一卷。应该说，加进中国一卷并非如某些国外世界史著作那样列中国以备数，而是有着自己的意义的。列出中国，并非妄想编造什么中国文明中心说，而是确认中国在世界古代文明史上的应有地位。尤其值得一说的是，如果我们真正想做世界古代文明史的研究，那么就不能没有自己独特的视角与认识起点。如果认为只有从月球的角度看世界才能避免偏颇，那么即使美国人与中国人到了月球上考察世界，他们仍然会秉持各自的视角与出发点的。一旦月球移民多到可以自成一个民族或国家时，那么这个新的民族或国家又会以自己的独立身份参加地月世界的大集体，这时他们仍不是从世界以外看世界。所以，我们必须依照某位阐释学家所说明的那样，承认认识"前见"（Prejudice, vorurteilung）的存在不可避免性与必要性，重要的是同时必须对自己的这种"前见"保持高度的自律精神，不使它超过其具体合理限度而已。把中国古代文明列进这一部书，其目的不外：一则作为世界文明史的一个必不可少的补充；二则设立了一个我们从事比较研究的视角与出发点。从这部书的撰述群体来说，据我所知，他们实际都是经过了不同程度的比较研究训练与实践的。在这部书的撰述过程中，他们实际上也是以长带幼、以师带生，在某种意义上从事了比较研究的实践。比较研究是写出我们中国自己的世界古代文明史的必要前提。所以，这部书的撰写，既能为进一步的世界古代文明史做一次必须的前期准备，又能进一步为培养这一方面的新生人才做好一定的储备，这些应该也是很有价值的。

　　写到这里，我仍然感到深深的惶恐。因为，既未参加此书实际工作，又未阅读此书文稿，心里总不免发虚。何况，我近年体力、脑力与视力均渐衰退，对许多想读的书、想写的文，均迟迟难以实现。所以即使书稿全在眼前，那也不是我一时能够详细看得完、记得住的。以如此情况来写这一篇序，如果它不算不及格，那就算够好的了。凡是我说错了的，务请作者同仁与读者朋友不吝批评指正。

刘家和

2014 年 9 月 9 日

前　言

　　《古代罗马文明》是"世界古代文明丛书"的一部分。其内容主要包括罗马文明的发展及罗马文明在精神层面的展示。

　　罗马文明的起点是罗马。读懂罗马是了解罗马文明的前提，是剖析罗马文明现象的基本要求。

　　罗马是一座城，是一座由山村发展而来的城。高卢人经常把它作为劫掠的对象，迦太基人也把它视作挑战并阻拦其发展的障碍。而罗马人自己却始终视它为神圣之城、永恒之城。他们尽心保卫它，精心雕琢它，使它成为最辉煌的地中海之都，最雄伟的大理石之城。

　　罗马是一座城，是一座信念之城。罗马人秉守先祖的教诲，以"统治万国"、"号令天下"为己任，"对高傲者严惩不贷，对卑微者宽容有加"，以胜利的战争回答世上的挑战，让胜利的战争说出帝国的威严。凯旋是罗马独具的仪式，更是罗马价值的体现。五百余次的凯旋把公民的信念牢牢地深埋于罗马的民族大义之中。

　　罗马是一座城，是一座把地中海世界变成同一座城的城。在罗马的治下，"整个世界都好像是在欢度假期一样，脱下了古代的战袍，穿上了自由欢乐的锦袍。所有的城市都已经放弃了它们旧有的争端，希望在一件单纯的事情上取胜，那就是每个城都希望使它自己变得更快乐、更美丽。到处都是游戏场、林园、神庙、工场和学校。……所有城市都充满着光明和美丽，整个大地都好像是元首的花园一样。友好的烽火从它的平原上升起，而那些战争的硝烟就好像是随风散去，到了山海以外，代替它们的是说不尽的美景和欢快。……今天，希腊人和外国人都可以空着手，或是满载着金钱，到处作自由的旅行，好像是在自己家里一样。……只要做了罗马人，或者是陛下（指安敦尼——作者注）的臣民，即可以有了安全的保障。荷马

1

曾经说过大地是属于大家的，而您却使这句话变成了现实，因为您已经测量了整个世界，架桥梁于河川之上，开驿道于山地之间，建基地于荒漠之中，使万物都有了文明，使万物都有了纪律和生命。"①

罗马是一座城，是一座给世界带来光明的城。它的恩赐如阳光广布帝国，灼热的沙漠，冰封的北国，均不能将其阻挡。它为众多民族建起了一个祖国，给他们带来福祉。它用自己的律法拥抱整个世界，使众多民族结成一个共同的联盟，共处共生，以罗马的理念规范帝国，以罗马的标准设定正义。

罗马是一座城，是一座包容之城。在西方的文明史上，罗马是后起的，向先进文化学习是罗马文明发展的必由之路。但同时，罗马又是地中海其他文明的征服者。征服者向被征服者求教，这又需要放下面子上的尊严，拥有宽容、博大的胸怀。罗马人非常成功地处理好了罗马文化与地中海其他文化共存的关系。交融中不失特色，主体内滋养共性。

作为以罗马为主体的文明是灿烂的。它不仅为地中海地区带来了两千年的恩泽，更为西方未来的发展规定了路径，确定了方向。正如恩格斯所言："没有希腊文化和罗马帝国所奠定的基础，也就没有现代的欧洲。"②也正因为如此，所以"言必称罗马"就像"言必称希腊"一样都是近、现代西方必须认真对待的大课题。

---

① 阿里斯提德斯：《罗马颂》，26。
② 《马克思恩格斯选集》，第3卷，北京：人民出版社，1995年版，第524页。

目　录

第一编　罗马的崛起

第三编　罗马文化

附 录

图 片 目 录

1

第一编

罗马的崛起

第一章 传说中的王政时代

第一节 罗马的建城

一、建城之前的传说

一切古代民族和国家起源的历史都难免与神话传说混在一起。关于罗马的起源，自古以来同样流传着很多故事。据说，特洛伊失陷后，埃尼阿斯带领家人、随从在神灵的引导下，来到意大利。当地的统治者拉丁努斯（Latinus）接纳了埃尼阿斯，并且把女儿拉维尼亚嫁给他。埃尼阿斯修建了一座城市，以妻子的名字命名为拉维尼乌姆（Lavinium）。拉维尼乌姆城建立后的第十三年，埃尼阿斯的儿子阿斯卡尼乌斯（Ascanius）修建了另一座城市，他把拉维尼乌姆的居民和其他希望得到更好居住环境的拉丁人迁移到这个新建造的城市中去，他称这座城市为阿尔巴（Alba），意思是"白色"。由于这个名字含义不够清晰，无法与另一个同名的城市区别，因此就加上了一个用来描述它的形状的词语"Longa"，意思是"长形的白色城市"。

阿斯卡尼乌斯统治三十八年之后去世，他的兄弟斯里维乌斯（Silvius）继承王位。斯里维乌斯在位二十九年，他的儿子埃尼阿斯（Aeneas）继承了王位，统治了三十一年。之后是阿尔巴继承王位，统治了三十九年。阿尔巴之后是卡派提乌斯（Capetus），在位二十六年。然后是卡皮斯（Capys），在位二十八年。再往后是卡里佩图斯（Calpetus），在位十三年。接着是提百里努斯（Tiberinus），在位八年。提百里努斯的继承人是阿格里巴（Agrippa），在位四十一年。阿格里巴之后是阿劳迪乌斯（Allodius），在位十九年。之后，阿汶丁乌斯继承了王位，在位三十七年。后来，帕阿卡（Proca）继位，在位二十三年。帕阿卡死后，阿穆利乌斯（Amulius）篡夺了本该属于自己哥哥努米托尔（Numitor）的王位。

图 1.1　战神马尔斯

阿穆利乌斯即位之后，企图将努米托尔家族斩草除根。他杀死了努米托尔的儿子，把努米托尔的女儿斯尔维亚（Silvia）送去当维斯塔贞女，维斯塔贞女不能结婚，这样，努米托尔就不会有后代与他争夺王位。这之后的第四年，斯尔维亚在前往献给马尔斯（Mars）的树林中去取供祭祀用的圣火时，在圣地被人强暴了。有人说，这是贞女的追求者干的，也有人说施暴者是阿穆利乌斯。不过，大多数的作家都讲述了一个神奇的故事，说是战神马尔斯使贞女怀孕。

斯尔维亚生下了双胞胎男孩。阿穆利乌斯命仆人把孩子装到箱子里，丢弃到第伯河。箱子在水上漂了一段时间，当洪水退去时，箱子撞到了石头上，孩子被扔了出来，他们哭泣着滚入泥浆中。就在这个时候，一只母狼出现了，它的乳房胀满了奶汁，它把乳头放到孩子嘴里让他们吮吸，用舌头舔去了他们身上的泥浆。一个牧羊人碰巧路过，他看到母狼正在哺乳婴儿，惊讶得说不出话来。牧人赶走母狼，把孩子带回家抚养长大，取名罗慕鲁斯（Romulus）和雷慕斯（Remus）。双胞胎兄弟长大成人后，外表英俊，品德高尚，气质出众。

图 1.2　卡庇托尔母狼哺育孪生兄弟像

　　大约十八岁时，他们同努米托尔的牧民在牧场分配问题上发生了纠纷。雷慕斯被抓去面见努米托尔。此时，两个少年已经从养父口中得知了自己的身世。努米托尔见到少年后，感叹这个年轻人长相英俊，觉得他的举止中颇有王者风范，他命令其他人都退下，问这个年轻人是谁，父母是谁。雷慕斯说，自己和同胞哥哥一出生就被放到了一片树林里，牧人救了他们并把他们养大。听到这儿，努米托尔已经猜出大概。后来，牧人拿来盛孩子的箱子为证。努米托尔确定这就是自己的外孙。祖孙三人相认后，他们设计杀死阿穆利乌斯，夺回王位。努米托尔当上了阿尔巴的国王。

　　阿尔巴城中的人口日益增多，把其中一部分人迁走才是明智之举，因此努米托尔决定建造一座新的城市，把它交给双胞胎兄弟管理。一批移民带着钱、武器、谷物、奴隶、牲畜和其他一切建立城市需要的东西迁出了阿尔巴。两兄弟把这些移民分成两部分，这么做的初衷是希望两批人互相竞争，通过竞争使建城工作早点完成。但是，这却带来很大的麻烦，引起了混乱。因为每队人推崇各自的首领，而兄弟两人此时也不再一条心，都想得到最高权力。两人在城市的选址问题上产生了分歧，争执不下，最后决定让神灵来裁判——谁先看到占卜的飞鸟，谁就统治殖民地。结果双方都说自己获胜，他们的追随者加入到争吵当中，并拿起武器开始械斗。战斗非常激烈，双方都死伤惨重。弟弟雷慕斯在这场战斗中被杀死。[①] 古代不同的作者对这场争论有不同的看法。李维认为，两兄弟在罗马建城的地点问题上发生争执，当他们以飞鸟的兆头占卜时，双方都说自己获胜。于是两个人都被自己的追随者祝贺为王。他们进行舌战时，愤怒的罗慕鲁斯把雷慕斯杀死。[②] 普鲁塔克记述道，两兄弟在城址一事上发生了争论，决定让飞鸟作征兆来解决这场争吵，罗慕鲁斯用欺骗的手段赢了。后来雷慕斯得知了这个骗局。当时罗慕鲁斯正在挖掘一条新城墙的壕沟，雷慕斯对一些地段的沟渠加以挖苦嘲弄，并且阻碍其他人工作。当他跃过壕沟时，受到

[①] 哈里卡纳苏斯的狄奥尼修斯：《罗马古事记》，2，87。
[②] 李维：《罗马史》，1，7，1～2。

袭击，当即死亡。① 尽管三位古典作家的说法不尽相同，但有一个共同点，即雷慕斯之死是兄弟二人争夺统治权的结果。

二、罗慕鲁斯和努玛建制

特洛伊被攻陷后的第 432 年，即公元前 753 年，罗慕鲁斯建立了罗马城。罗马王政时代的历史由此开始。

建城之后，罗慕鲁斯在外祖父的建议下，召开了人民大会。人民推举罗慕鲁斯为国王。罗慕鲁斯问卜，上天降下吉兆表示赞同，他就任国王。罗慕鲁斯功业卓著，他统治期间，不仅扩大了罗马的疆域，更重要的是确立了基本的国家制度。

罗慕鲁斯把全体人民分成三个部落，每个部落再分成十个库里亚。并且，把土地分为面积相等的三十块，每个库里亚分到一块土地，这些土地当中，首先要留出一些用来供给神庙和神殿，还要划出一些留为公共之用。

罗慕鲁斯把人们分成不同等级，根据每个人的能力分给工作和荣誉。他把出身高贵、能力很强、拥有财富、已经有孩子的人同穷人、出身卑贱、地位低下的人相区别。下层人被称为平民（希腊人称之为 demotikoi，意思是"人民"），那些地位高的人被称为"元老"，也许因为他们比其他人年龄大，也许是因为他们有孩子，或者因为出身高贵，或者这些原因都有。罗慕鲁斯把人民分成两个等级之后，制定了法律，明确了两个等级的义务。贵族担任牧师、官员和法官，帮助他管理公共事务。平民从事农业、饲养牲畜、做买卖。

为缓和贵族和平民之间的矛盾，他允许平民自由选择一位贵族作为自己的保护人。罗慕鲁斯不仅为这种关系取了一个很好听的名字，称其为"保护关系"，而且还规定双方的权利义务，使两者之间的关系对穷人有利。贵族的责任是把法律解释给委托人听，因为委托人对法律一无所知；当委托人缺席的时候，贵族要替他们履行义务；在涉及钱财的契约事务中，贵族要像对待自己的儿子一样为委托人做一切事情；当委托人因为契约问题

---

① 普鲁塔克：《希腊罗马名人传》上册，黄宏煦、陆永庭等译，北京：商务印书馆，1990 年版，第 50 页。有人说是罗慕鲁斯自己动手杀死其弟弟的，也有人说是罗慕鲁斯的追随者克勒杀的。

被告上法庭时，贵族要代表委托人出庭，在法庭上为他们辩护；简而言之，就是在私人和公共事务中，当委托人需要帮助的时候，贵族提供帮助。委托人的责任是，贵族为女儿准备嫁妆时，如果贵族没有足够的钱，委托人要提供帮助；如果贵族本人或者他们的孩子被俘虏了，委托人要交纳赎金把他们赎回来；委托人从自己的钱包里出钱清偿贵族在私人诉讼中的损失，当贵族被判处向国家交纳罚金时，委托人要出钱，这些钱不是借给贵族的，而是送给贵族的；分担贵族在竞选、祭祀和其他公共事务中的花费，同样就好像是他们的亲戚一样。无论是委托人还是贵族，将对方告上法庭，为对方的敌人当证人，投票反对对方，同对方的敌人站在一起，都被认为是违法的和不光彩的，按照罗慕鲁斯制定的法律，这么做就犯了叛变罪，任何人都可以把罪犯处死，作为祭品献给管理阴间的罗马神灵。保护人和委托人之间的关系可以持续很多代，同血缘关系差不多，儿子传给孙子，就这样一代代传下去。显赫的家族以拥有很多的委托人为荣，不仅保留着父辈传下来的保护关系，自己也争取得到新的委托人。这种保护关系同样适用于罗马的所有殖民地、加入的同盟中的所有城市、罗马的所有友邦、在战争中征服的城市。元老院经常把这些城邦和国家的纠纷交给罗马的保护人来处理。

罗慕鲁斯任命一些元老来帮助他管理公共事务。他从贵族当中挑选出了一百个人，挑选的方法如下：他首先从所有的贵族当中挑选出一个最优秀的人，在自己带兵外出征战时，可以放心地把国内事务托付给这个人。然后命令每一个部落都选出三位年长、审慎、出身高贵的人。这九个人挑选出来后，他命令每一个库里亚同样选出三个最优秀的人。库里亚选出了九十个人，加上部落选出的九个人和他选出的那一个，这样就选出了一百位元老。这个委员会的名字翻译成希腊语是 gerousia，意思是"年长者组成的委员会"，即元老院。

罗慕鲁斯从每个库里亚中选出十个年轻人，建立护卫队。这些年轻人来自于显赫的家族，身强力壮。护卫队被称作"celeries"，为"敏捷"之意。这些护卫队经常跟随罗慕鲁斯出现在城市中，身上佩戴着刀剑，执行他的命令。在战争中，他们挡在国王的前面，保护他。

国王保留着这些特权：第一，在宗教祭祀仪式和一切有关于神灵的活动中，地位最高。第二，对国家的法律、法规、习俗中的纰漏有监督权，他自己裁判最大的案件，小一些的案件交给元老们处理，但是要监督元老们的裁决。第三，他有召集元老和人民开会的权力，在会议上首先发表自己的观点并且执行大多数人的决定。元老院的荣誉和权力是：商讨国家大事并进行投票。平民有三项权利：选举官员；批准法律；在国王允许的前提下，决定战争的相关问题。不过，平民的决议必须得到元老院的批准才能生效。

为增加人口，罗慕鲁斯采取以下措施。第一，父母必须将男孩和第一胎的女孩抚养长大，禁止父母杀死三岁以下的孩子，除非孩子天生残疾或者畸形。违反规定的人将受到严厉的惩罚，甚至可能被没收一半财产。第二，欢迎其他城邦的人民移居罗马。罗慕鲁斯建立一个庇护所，接纳从外邦逃来躲避灾难的人。第三，抽签选出一些罗马人，派他们前往战争中被罗马人打败的城市，使那些被征服的城市成为罗马的殖民地，甚至会把公民权授予一些被征服的人。通过以上措施，罗马人口逐渐增加：在罗马建城之初，只有3000步兵和300骑兵，而当罗慕鲁斯去世之时，罗马有大约46000步兵和1000骑兵。

罗慕鲁斯培养人民虔诚、适度、公正、勇敢的品质。他修建神庙、圣所和祭坛，塑造神像，规定了神像的外观和象征物，介绍神灵的功能，确定宗教节日。教育人民认识并赞扬神灵的优点，严禁他们做亵渎神灵的事。每个库里亚选出两位年龄在五十岁以上、出身显赫、异常优秀、能力杰出、没有身体缺陷的人，作为神职人员。他们代表国家主持公共的祭祀活动，终身享受这项荣誉。国家免除他们的军役和其他劳役。由于有些仪式需要妇女或儿童主持，他命令祭司的妻子在丈夫主持仪式的时候进行观摩，以便在某些禁止男人参加的祭祀仪式上，她们可以主持。祭司的孩子在需要的时候也要帮忙。如果祭司没有孩子，就要从每个库里亚中挑选出最漂亮的男孩和女孩，男孩参加祭祀仪式直到成年，女孩在出嫁之前也要一直履行这项义务。罗慕鲁斯命令每一个部落都要选出一位占卜者出席祭祀仪式。这位占卜者，希腊人称 hieroskopos，意思是"重大事件的监督者"，罗马人保留着古代的称呼，称之为 aruspex。他命令各库里亚按规定举办祭祀仪式，祭祀所需的花费由公共财政拨付。罗慕鲁斯倡导俭朴地进行祭祀。虽然流传至后世的许多宗教制度是由第二王努玛制定的，但是罗慕鲁斯奠定了根基，确立了最基本的原则。

在婚姻家庭生活方面，法律这样规定：妇女通过神圣的婚姻嫁给丈夫之后，有权分享丈夫的所有财产，可以参加祭祀仪式。古代罗马人用术语"fatteate"来指代神圣的合法的婚姻，这个术语来源于共享斯佩耳特小麦。其意为妻子同丈夫分享这种神圣的重要的食物，他们的结合以同甘共苦为基础，形成了牢不可破的关系，任何东西都不能终止他们的婚姻。妻子是家庭的女主人，丈夫是男主人，他们地位相同。丈夫死后，妻子可以像女儿继承父亲的遗产一样，继承丈夫的财产。如果丈夫死后没有留下孩子和遗嘱，妻子可以继承全部的财产；如果丈夫有孩子，她同他们平等地继承遗产。妇女犯了错误，受到伤害的一方决定她受到什么样的惩罚。不过，如果是通奸或喝酒，则要由她的亲戚和丈夫裁决。罗慕鲁斯认为，妇女犯了这两项罪行应当判处死刑，因为这是妇女最大的耻辱。

在父子关系上，罗马的立法者给了父亲更多的权力，允许父亲卖掉儿子三次以获取钱财。这样一来，父亲处置儿子的权力比主人对奴隶的权力都大。奴隶一旦得到自由以后，就成为自己的主人；而儿子被父亲卖掉后，如果获得自由，他将再次受到父亲的控制，第二次被卖并且第二次获得自由后，他首先仍是父亲的奴隶，不过第三次被卖之后，他就不受父亲地控制了。

罗慕鲁斯军功显赫，在其统治前期，与邻邦进行了四次战争，分别是与凯尼纳（Caenina）、安特姆奈（Antemnae）、克鲁斯图墨里乌姆（Crustumerium）以及以库雷斯城（Cures）为首的萨宾人的战争。战争的起因是罗马人抢了萨宾人的妇女。

罗马人为何要抢劫妇女？普鲁塔克认为，罗马的男子很少人有妻室，于是罗慕鲁斯策划掠取妇女解决问题。李维和狄奥尼修斯则认为，罗慕鲁斯希望通过联姻赢得邻邦的友谊。但这些城邦认为罗马人只是一群乌合之众，不愿与之结盟。罗慕鲁斯于是决定大规模地抢夺邻邦妇女，用强迫的手段联姻。

罗慕鲁斯宣布将举办一场盛大的赛会。他派人送信到附近的城邦，邀请所有愿意出席的人参加。在赛会的最后一天，他发出一个特定的信号，罗马的年轻人冲上去抓住前来参加赛会的少女们。被抓的少女一共有六百八十三个。罗慕鲁斯挑选出了同样人数的未婚男子，按照每位少女母邦的风俗为他们举办了婚礼。当罗马人抢劫少女并且同她们结婚的消息在邻邦传开后，有些城邦考虑到罗马人的动机和事情的结果，就默认了。有些城邦被激怒。首先同罗马人进行战争的是凯尼纳人、安特姆奈人和克鲁斯图墨里乌姆人。开战的理由是妇女们被罗马人抢走，却没有得到令人满意的补偿。

罗慕鲁斯首先打败凯尼纳人和安特姆奈人。由于被抢妇女们求情，罗慕鲁斯决定不惩罚她们的同胞，不剥夺他们的自由和财产。他向每个城邦派出 300 个罗马人，这些城市不得不拿出三分之一的土地给殖民者。有3000 多名凯尼纳人和安特姆奈人愿意迁居罗马，罗慕鲁斯允许他们保留土地和财产，并把他们纳入部落和库里亚当中去。这样一来，罗马人口首次超过 6000。凯尼纳和安特姆奈就这样成为罗马的殖民地。

处理完这些事务之后，罗慕鲁斯带领军队进攻克鲁斯图墨里乌姆。这次战斗比前两次更为激烈。最终，罗慕鲁斯赢得战争。罗慕鲁斯同样把克鲁斯图墨里乌姆变成了罗马的殖民地。

罗马人相继打败了三个城邦，名声大震。罗慕鲁斯在战斗中的英勇表现和对被征服者的仁慈传遍了每一个城邦，很多人带领整个家族来投靠他。这引起了萨宾人的警觉。萨宾人在库雷斯城召开各城邦代表大会，决定在罗马尚未强大时消灭它，任命库雷斯的国王塔提乌斯（Tatius）为将军，并着手进行战争准备，计划在第二年率领大军进攻罗马。

萨宾人的军队中有 25000 名步兵和大约 1000 名骑兵。罗马人有 20000名步兵和 800 名骑兵。由于罗马驻防军首领之女塔尔佩伊亚（Tarpeia）的背叛，萨宾人轻而易举地占领了罗马人的要塞。但战斗仍然不分胜负。在双方相持不下时，被罗马人掠娶的萨宾妇女出面求和。最终，双方同意停战和解，缔结条约：罗慕鲁斯和塔提乌斯同为罗马人的国王，两人拥有相同的权威和荣誉。罗马城保留原有名字，其公民仍像以前一样被称为罗马人。所有愿意居住在罗马的萨宾人都可以留下来，被分配到部落和库里亚当中，享有与罗马人相同的权利。战后，国王塔提乌斯和三位出身最显赫的萨宾贵族留在罗马，一起留下来的还有他们的同伴、亲戚和委托人，罗马居民又增加了将近一倍。

在罗慕鲁斯和塔提乌斯共治的五年中，他们远征卡末里努斯人（Camerini），侵吞了卡末里努斯人三分之一的土地，把这些土地分给了自己的人民。当卡末里努斯人骚扰罗马殖民者时，两位国王再次远征。这一次，没收了卡末里努斯人的全部财产分给了自己的人民，大约有 4000 名卡末里努斯人移居罗马。

二王共治的第六年，塔提乌斯去世。罗慕鲁斯再次成为罗马城唯一的统治者。罗慕鲁斯晚年分别同萨宾人支系菲德内人、卡末里努斯人和第勒尼安族的维伊人进行了战争。距离罗马 40 斯塔德斯的菲德内城强大而繁华。当时，罗马人正遭受着灾荒的折磨，克鲁斯图墨里乌姆人从河道运来粮食救助，遭到菲德内人的抢劫。当罗马人索要时，菲德内人拒绝归还。于是罗慕鲁斯率军攻打菲德内人。激烈的战斗后，罗马人攻入城市。罗慕鲁斯惩罚了肇事者，留下 300 名罗马人驻防此地。他剥夺了当地人部分土地，分给了罗马人，把这个城市变成了罗马的殖民地。

这场战争结束后，罗慕鲁斯发动了对卡末里努斯人的战争。战争的起因是，罗马城曾受到瘟疫袭击，卡末里努斯人趁机叛乱，赶走了当地的罗马殖民者。灾难过后，罗慕鲁斯进行复仇，处死了叛乱的首领，允许士兵们洗劫这个城市，夺回罗马殖民者之前占有的土地，并留下一支强大的军队驻守当地。

接下来的战争对象是第勒尼安族的最强大的部落维伊人。战争的起因是维伊人也想占有菲德内城，他们派遣使者要求罗马撤出菲德内城，将占领的土地归还给菲德内人。遭到拒绝后，他们出动军队抢占菲德内城的土地，并在城外不远处安营扎寨。罗慕鲁斯派军队迎战。最终罗马人战胜。维伊人将第伯河畔被称作"七区"的乡村割让给罗马，放弃在河流口的造盐作坊，送 50 名人质到罗马以确保将来不再进行类似的冒犯。双方缔结了百年合约。罗慕鲁斯释放了被扣押在罗马而且渴望回家的俘虏，希望留在罗马的人，他给了他们公民权，将其分配在库里亚中，并让他们居住在第伯河畔。

上述战争结束不久，罗慕鲁斯突然消亡。其消亡的原因不明。有人说，他正在军营里与士兵们高谈阔论，晴朗的天空突然狂风暴雨，然后他就失踪了。也有人说，是贵族们阴谋杀害了他。罗慕鲁斯终年55岁，统治罗马37年。

罗慕鲁斯死后，元老院和人民都希望选出一位国王来主持政务，然而，在未来国王应从哪个集团选出的问题上，元老们争执不下。一些人认为应该从最早一批元老中选出；另一些认为，应从后来进入元老院、被称为新元老的人中产生。双方争吵了很久，最终决定从两个集团之外寻找合适人选。萨宾人努玛（Numa）被选中。努玛40岁左右，气质高贵，言行谨慎，在周边城邦中享有很高的声誉。元老院派代表团邀请努玛来罗马担任统治者。

新上台的努玛面临着社会矛盾复杂尖锐的局面。据狄奥尼修斯记载，当时罗马出现了相互对立的政治派别，元老院内部争吵不休。一派是阿尔巴人，他们认为自己同罗慕鲁斯一起开疆拓土，功不可没，因此要求首先发表意见，享受至高无上的荣誉，且应受到新移民的尊重。另一派是以萨宾人为首的新移居者。由于罗慕鲁斯和塔提乌斯曾经签订条约，保证他们享有与原住民相同的权利，所以他们认为自己不应被排除在荣誉之外。公民们也分成两派，分别追随各自的首领。此外，还有一些新加入到公民团体中的平民，由于未曾协助罗慕鲁斯打过仗，且被罗慕鲁斯忽略，所以，既未分得土地，也未获得任何战利品。这些人无家可归、贫困潦倒，不断挑起事端。

努玛首先解决上述问题：努玛把自己掌握的公共土地分配给贫民，解决他们的生计问题。为协调新旧两派贵族的矛盾，努玛在保证城邦旧贵族既得权利的前提下，授予新贵族一些荣誉。为满足公众需求，他将奎利那（Quirinal）圈入罗马城，扩大了城市的范围。缓和了社会矛盾后，他开始实施自己的执政纲领，坚信这些政策能够使罗马城变得繁荣昌盛。他利用宗教治国，倡导和平，鼓励人民从事农业，远离战争。他教化民众，教育人们要虔诚和正义。他并不是通过无用的说教，而是制定规则，他制定的许多宗教仪式和习俗一直保留到后世。

努玛首先确立个人权威，让人们相信他有神灵相助。他邀请很多罗马富人到家中，让他们参观房间，房间陈设简陋，尤其缺乏招待宾客的必需品。他安排他们暂且回去，晚上再来赴宴。这些人如约前来，看到了精美的器皿和各种美味佳肴。短时间内，根本无法准备如此多的食物。人们十分惊奇，确信有神灵帮助他。当时人们对神灵怀有一种深深的敬畏，宣称自己具有与神灵相通的能力，自己的指令来自神灵，人们会更乐意接受。

努玛利用宗教教化民众。他保留罗慕鲁斯制定的一切宗教礼仪，以此为基础，进行补充完善。他给那些还未受到崇拜的诸神奉献很多场地，建造许多祭坛和神殿。为祀奉的每一位神祇规定节日，任命祭司主管他们的庇护所与礼仪。制定有关斋戒、礼节、赎罪以及很多其他礼仪与信守的法律。庄严的宗教仪式树立神灵的威严，多种礼仪和宗教规则使人民虔诚。努玛设立了八种祭祀团体，分别具有不同的宗教职能。第一个团体是 30 个氏族长，他们为库里亚主持公共献祭。第二个团体是罗马人称之为弗拉米尼斯（Flamines）的祭司。第三个团体是骑兵队凯雷列斯（Celeres）的领袖们。他们保卫国王，镇压叛乱，主持某种特殊的宗教仪式。第四个团体是占卜者，他们向人们传达并解释神的旨意。第五个团体是保护圣火的贞女。第六个祭祀团体被称为萨利伊（Salii），他们由从贵族之外的人中挑出来的 12 个英俊的男人组成。第七个团体被称为费提阿里斯（Fetiales），在希腊，他们可能被称为"和平的仲裁者"。他们从最显赫的家族中挑选出来，终身担任这个神圣的职务。第八个团体由高层教会人员和罗马的高级官员组成，被称为 pontifices。他们有一切重大事情的决策权。涉及个人、官员和神职人员的一切宗教纠纷，他们都可以判决。

努玛利用神灵的约束力，遏制人们的贪欲。例如，为保护个人财产，他命令每人都要在自己的土地周围划上界限并堆上石头，把石头奉献给朱庇特，每年有一个固定的节日来祭祀这位神灵，祈求神灵保佑这地界。如果谁破坏地界，将被视为冒犯神灵，以渎神罪被处死。

努玛鼓励人们履行契约，营造诚信的社会氛围。他观察到，那些公开的、在证人面前订立的契约，大部分都会得到履行，这是因为订立契约的双方要考虑到在场人们对他们的监督作用。而那些没有证人在场订立的契约——这些契约的数量很多——只有订立契约双方的诚信作为保证，因此他认为非常有必要建立起一个诚信体系，让神灵来监督契约的履行。正义女神、西弥斯（司法律与正义的女神）、复仇女神和那些被希腊人称为厄里倪厄斯（或译依理逆司，三个复仇女神的总称）的神灵们自古以来就得到人们的敬畏和崇拜，但是 Faith，却没有得到公众和个人的尊敬。出于这样的考虑，他第一个为 Public Faith 建造了神庙，并且决定为她举办祭祀仪式，花费由公共财政出，祭祀的规模同祭祀其他神灵一样。结果人们的诚信度明显增强。

为督促人民辛勤劳作，以实现国家的自给自足，努玛把国家的土地分为若干 pagi，即"地区"。每个地区任命一位官员，官员的职责是检查视察辖区内的土地。这些官员经常去巡视，记录下来哪些土地耕种得很好，哪些土地耕种得不好，并把这些情况呈报给国王。国王奖励勤劳的农夫，训斥并且惩罚懒惰的人，敦促他们用心耕种土地。

努玛宣扬和平，反对战争。他在阿尔吉列图姆的尽头修建了亚努斯神殿，作为战争与和平的标志。当它开门时，表明这个国家处于战争状态，而当它关闭时，则表明周边的所有人民都处于和平状态中。普鲁塔克说，在努玛统治时期，庙门却一天没有看见开过，而是连续关闭四十三年之久，战争的偃息是如此彻底，如此普遍。不仅罗马人民在他们国王的正直和温和品德的影响下变得顺从，仿佛是着了迷；就连周围的城邦，也好像从罗马那里吹来一股习习微风，足以沁人心脾，怡情养性，使大家都渴望有一个良好的政体，和平相处，耕耘田地，在静谧中养育后代，礼祀众神。努玛在位期间，既没有战争，也没有内乱，更没有政治动乱的记载。[①] 努玛深受人民的爱戴，成为邻邦学习的榜样，也成为后代称赞的对象。

根据大多数历史学家的记载，努玛活了八十多岁，在位四十三年，留下了四个儿子和一个女儿。努玛的去世使举国上下悲痛万分，人民为他举办了盛大的葬礼。他被埋葬在第伯河另一边的贾尼库鲁姆（Janiculum）。

---

① 哈里卡纳劳斯的狄奥尼修斯：《罗马古事记》，20。

第二节　后五王治下的罗马

一、国王图鲁斯和安库斯的统治

努玛死后，元老院再次掌握了王国的权力，决定保持原来的政体不变，任命一些年长的贵族组成了摄政王（interreges）。摄政王顺应民意，选图鲁斯·赫斯提里乌斯为国王。图鲁斯的出身是这样的：麦都里亚（Medullia）是阿尔巴人建立的城邦，罗慕鲁斯征服了它，将它变成了罗马人的殖民地。当地有一个名叫赫斯提里乌斯（Hostilius）的人，出身名门、声名显赫，他从麦都里亚移居到罗马并且同萨宾部族的一个女子——赫西里乌斯（Hersilius）的女儿——结了婚，正是赫西里乌斯在萨宾人同罗马人开战时，劝说被罗马人掳走的妇女们到父亲那儿请求停战。赫斯提里乌斯跟随罗慕鲁斯南征北战，立下赫赫战功。赫斯提里乌斯的儿子长大成人后同一个出身名门的女子结了婚，他们的孩子就是图鲁斯。图鲁斯上任的那一年大约是公元前 672 年。

图鲁斯一上任就推行了一项很得民心的政策。前任的国王们都占有很多肥沃的土地，他们从这些土地上获得的税收不仅可以支付祭祀之所需，还能剩余很多供个人享用。罗慕鲁斯通过战争获得了一块土地，他死后没有继承人，继任者努玛就占有了这块土地。这块土地不是国家的公共财产，而归继任的国王所有。现在图鲁斯将这块土地分给了那些无地的罗马人，他说自己从父亲那里继承的财产已经足够支付祭祀所需和他本人的花销。这个仁慈的举措减轻了穷人的负担。他还将凯利乌斯山圈入罗马城，缺少住所的人都可以在那里分得足够的土地修建房屋，这样一来，就没有人缺少住所。他本人的房屋也修建在那里。这些是这位国王在国内政务中值得纪念的功绩。

在军事方面，图鲁斯统治时期发生了三次较大规模的战争。其中与阿尔巴人之间的战争过程曲折反复，影响巨大。这场战争的起因，古典作家的叙述略有不同。狄奥尼修斯说：

阿尔巴的行政长官克卢伊利乌斯（Cluilius）应当为两个国家间友好关系的中断负责任，他嫉妒罗马的繁荣，无法控制自己心中的妒火，决定让两个城邦卷入战争。由于没有正当理由对罗马人发动战争，于是他设计了这样一个计划：他允许那些最穷的并且最敢于冒险的阿尔巴人到罗马人的土地上掠夺，向这些人承诺保护他们免受伤害，这样就促使很多人去侵扰邻邦。因为没有受到惩罚，这些人就更加肆无忌惮地进行抢劫。如此一来，他就有了开战的理由——他断定罗马人不会任由对方抢劫不加抵抗，而一定会拿起武器，这样他就可以反诬罗马人是侵略者。并且他坚信，大多数的阿尔巴人都会出于对殖民地繁荣的嫉妒，而乐意接受这个诬陷同罗马人进行战争。这一切果然发生了。①

李维则认为图鲁斯是战争的发动者。因为这个王朝不仅不像前面的努玛王朝主张维系和平，反而比罗慕鲁斯更为好战。此外，他的年轻有为、他祖父的声名对他也是一种刺激，所以当想到这个国家衰弱无力，他无时无刻不想发动战争进行挽救，刚好罗马人民从阿尔巴抢来了牲畜，阿尔巴人也用同样的办法回敬罗马人，当时在阿尔巴当政的是克卢伊利乌斯。② 不管是哪方首先有战争的意图，对对方繁盛的嫉妒，想通过战争壮大自己，是战争的主要原因。当双方积极备战的时候，曾经被罗慕鲁斯打败而成为罗马殖民地的菲德内城和维伊城开始蠢蠢欲动。他们准备当罗马人和阿尔巴人两败俱伤的时候坐享渔人之利。罗马人和阿尔巴人得知了这个阴谋之后，决定和谈。图鲁斯和阿尔巴的首领福弗提乌斯（Fufetius）③ 会面，经过协商决定两国合并。但在谁统治谁的问题上争持不下，只能用武力解决问题。为了避免重大伤亡，双方各出一对三胞胎兄弟决斗，决斗的结果决

---

① 哈里卡纳苏斯的狄奥尼修斯：《罗马古事记》，3，2。

② 李维：《罗马史》，1，22。

③ 阿尔巴的行政长官克卢伊利乌斯做好了同罗马人进行战斗的准备。夜里，他在自己的帐篷里死去，死亡原因不明。他死之后，士兵们选麦提乌斯·福弗提乌斯（Mettius Fufetius）为将军并且授予行政长官所有的权力。参见哈里卡纳苏斯的狄奥尼修斯：《罗马古事记》，3，5。

定两个民族的命运。最终，罗马一方胜利。罗马人获胜后，阿尔巴的福弗提乌斯不甘心失败，同菲德内人和维伊人勾结，阴谋对付罗马人，以摆脱按照协定接受罗马人统治的局面。菲德内人和维伊人联合攻来时，罗马与阿尔巴约定一致对敌。但在战斗中，福弗提乌斯却临阵叛变，使罗马军队处境危急，幸赖图鲁斯机智勇敢才转劣势为优势取得最后胜利。战争结束后，图鲁斯审讯了战俘，证实了福弗提乌斯的背叛行为。作为惩罚，他毁灭阿尔巴城，将阿尔巴的居民分配到罗马的部落和库里亚中，帮助他们在选定的地方修建房屋，将罗马的公共土地分给穷人。具有四百八十七年悠久历史的阿尔巴城，曾经繁荣昌盛，曾经殖民了三十个拉丁城邦，最终被自己的殖民地毁灭了。

冬天过去之后，刚一开春，国王图鲁斯就率领军队进攻菲德内人。菲德内人虽未得到盟邦的公开帮助，但一些雇佣兵从许多地方前来投奔他们。依靠这些雇佣兵，菲德内人与罗马军队对峙了很久。最终，图鲁斯用栅栏和壕沟包围了城市，将菲德内人逼向绝境，迫使他们投降。图鲁斯成了菲德内城的主人，处死了叛军的首领，释放了其余的人。不过，他并未剥夺菲德内人的财产，也未改变他们的政体。之后，图鲁斯率领军队返回到罗马，将战利品和祭祀品献给神灵，并第二次举行凯旋式。

菲德内战争结束后，一些萨宾城邦起兵反对罗马。起因是：有一处萨宾人和拉丁人共同供奉的圣所，其中供奉着女神费罗尼亚（Feronia）。在特定的节日，人们从周围的城邦来到这里祭祀女神。商人、工匠和农夫来这里进行贸易。节日中，萨宾人劫持了罗马的显贵，将他们关押起来并且抢走财物。罗马人派出了一位使者前去交涉，萨宾人反而谴责罗马的避难所收容了萨宾的逃亡者。这场纠纷的结果是两个国家卷入了战争，双方投入了巨大的兵力，激战一天，死伤无数，直到天黑仍不分胜负。由于双方伤亡惨重，不愿意继续战斗，便都撤退了。经过充分的准备，他们再次交战，战斗发生在距离罗马 160 斯塔德斯的俄里特乌姆城（Eretum）附近。最终罗马人攻破了敌人的战线并占领了对方的营地。之后罗马人肆意践踏萨宾人的大片领土。国王图鲁斯第三次举行了凯旋式庆祝这次胜利。萨宾人派来了使者求和，罗马人索回了被掠走的俘虏、逃兵并获得赔偿金，赔偿金的数量是罗马元老院根据萨宾人抢走的牲畜和其他财物进行估价后确定的。尽管萨宾人接受了这些条件，却并不甘心。他们趁拉丁城邦动乱之机再次骚扰罗马。图鲁斯同拉丁人休战，集中力量对付萨宾人，大获全胜。罗马人洗劫萨宾人的营地，并到萨宾人的农村大肆掠取。这就是图鲁斯时期罗马人和萨宾人之间战争的最终结果。

与此同时，拉丁城邦第一次同罗马人发生了矛盾。起因是，他们不愿将对阿尔巴城的统治权交给罗马人。拉丁城邦在费勒尼提乌姆城（Ferentinum）集会，选出了两位将军——Cora 城的安库斯·普布利契乌斯（Ancus Publicius）和 Lavinium 城邦的斯普西乌斯·万契利乌斯（Spusius Vecilius），授予他们决定和战的权力。罗马人和拉丁城邦的战争持续了五年。不过，他们从来没有将军队集合起来进行大规模阵地战，没有大规模的屠杀，也没有任何城邦被夷平或是被奴役或是遭遇其他不可弥补的灾难。双方只是当谷物成熟的时候侵入对方的农村，掠夺谷物，然后带领军队回家，交换俘虏。

这些就是国王图鲁斯统治时期的成就，他在战争中的勇敢和面对危急时的镇定，都值得称赞。在统治了三十二年之后，他的房子突然着火，他、妻子、孩子和全部的仆人都在烈火中丧生。有人说雷电使他的房子着火，是神灵对于他忽视某些宗教仪式的行为感到恼怒而降下灾难（他统治时期废除了一些传统的宗教仪式，并且从外邦引进了一些新的仪式到罗马），但是大多数人认为这场灾难是人为造成的。

图鲁斯死后，按照传统的方式，元老院任命的摄政王选择努玛的外孙安库斯·马尔契乌斯（Ancus Marcius）为国王。公元前 640 年，安库斯就任。

安库斯发现他的外祖父努玛建立起的许多宗教仪式都被忽视了。大部分的罗马人都狂热地向往战争，想从战争中获取利益，不再像以前一样辛勤耕作土地。安库斯规劝人民要虔诚敬神。他称赞努玛建立起来的统治制度是非常完美的，通过法律的运用使所有的公民都能安居乐业。他建议人们恢复这种制度，重新致力于农业、家畜饲养，远离掠夺、暴力，不要企图从战争中获取利益。通过类似的呼吁，他使人们重新燃起对和平安宁、勤劳朴实的生活的向往。他召集了许多神职人员，让他们对努玛制定的宗教仪式进行评论，将这些评论刻写在橡木板上，竖立在广场上展览。安库斯恢复了那些已经中止的宗教仪式。为将懒惰的人们引入正途，他表彰那些勤劳的农夫，训斥不好好管理土地的人是不可信赖的公民。

安库斯希望像外祖父那样终生远离战争和灾难，然而事与愿违，战争与他终生相伴。当他开始执政并且推行温和的统治方式时，拉丁人很蔑视他，认为他缺乏勇气，没有能力指挥战争，于是从各个城邦派出了成群的强盗到罗马的领土上抢劫。当安库斯的使者要求拉丁人赔偿时，拉丁人宣称他们并不知晓这些抢劫行为，因此不必负责。并且说图鲁斯死后，他们与罗马人签订的和平条约就失效了。安库斯被迫率领军队攻打拉丁人，他包围了波利托里乌姆（Politorium），在拉丁援军到来之前降伏了这座城市。然而，他没有残忍地对待这些居民，而是允许他们保留自己的财产，将其居民迁到罗马，把他们分配到部落里。

第二年，由于波利托里乌姆城无人居住，拉丁人派遣移民过去，耕种那里的土地。安库斯再次率军攻占这座城市。他烧光了房屋、夷平了城墙，以免拉丁人利用它作为活动基地。

接下来的一年，拉丁人进军麦都里亚（Medullia）。这里是罗马的殖民地。拉丁人占领了这座城市。与此同时，安库斯占领了拉丁重镇特勒内（Tellenae），将当地居民迁往罗马，没有剥夺他们的财产，在城市中划出了一块地方供他们修建房屋。经过多次战斗，三年之后，安库斯从拉丁人手中夺回麦都里亚城。

夺回麦都里亚之后不久，安库斯又占领了菲卡那（Ficana），他将所有居民迁移到罗马，没有摧毁这座城市。但是后来，拉丁人派了殖民者到菲卡那耕种土地。安库斯被迫再次出兵，这次他将城市夷为平地以免后患。

除了和拉丁人，安库斯还与萨宾人、维伊人、伏尔西人进行了战争。根据狄奥尼修斯的记载，在与拉丁人进行战争的同时，安库斯惩罚了萨宾人支系菲德内人。起因是，萨宾人未遵守先前同国王图鲁斯签订的和平条约，多次到罗马的领土上抢劫。安库斯痛击萨宾人，处死其首领。惨败后的萨宾人再次求和。由于同拉丁城邦的战争尚未结束，安库斯便同萨宾人签订了停战和约。

大约是在上述战争之后的第四年，安库斯率领罗马军队和盟邦援军大举进攻维伊人（Veientes）。战争的原因是，维伊人曾经侵入了罗马的领土，掠夺了大量财物并且杀死了很多罗马人。战争开始后，维伊人带领大批军队出城迎战，在第伯河畔、菲卡那附近扎营。安库斯率领军队迅速出击，首先派出优势骑兵切断敌人通向农村的道路，迫使他们对阵交战。最终打败了敌人并且占领了他们的营地。安库斯回到了罗马，举行了凯旋式庆祝胜利。这之后的第二年，维伊人再次挑衅，要求安库斯归还罗慕鲁斯时代维伊人送给罗马的盐场。双方在盐场附近战斗。安库斯轻而易举赢得胜利，继续占有盐场。在这次战斗中，骑兵指挥塔克文（即后来的国王老塔克文）表现英勇。安库斯将其晋升至贵族和元老行列。

伏尔西人（Volscians）派出了成群的强盗抢劫罗马人的农田。安库斯率领大批军队进攻他们，获得了很多战利品，并且包围了他们的维利特雷（Velitrae）城，城中的老年人带着乞降的标志出城，不仅答应赔偿罗马人的损失，还愿意主动交出罪人。安库斯同他们签订了休战和约，接受了他们自愿提供的赔偿。

之后，一个未知其名的强大萨宾城邦出于对罗马繁荣的嫉妒，入侵并抢劫罗马人的农田，造成了严重的危害。他们还没来得及撤退，安库斯就率军赶来。安库斯击溃敌人，占领了敌人营地，夺回了被抢走的财物。

安库斯在取得对外战争胜利的同时，加紧国内事务的建设。他将阿汶丁山（Aventine）围进城墙大大增加了城市的面积。这座山高度适中，周长大约有十八斯塔德斯。敌人来犯时，这座山可以起到要塞的作用保护城市，同时可供从其他城邦迁来的人们居住。

安库斯另一项影响深远的举措是，在第伯河的入海口修建一个港湾，并在港口附近建起一座港城，名叫奥斯提亚（Ostia）。这样一来，大的桨船和载重超过 3000 蒲式耳的商船可以到达河的入海口，直接经第伯河将货物运载到罗马。而那些更大的船就在河口外抛锚，在奥斯提亚卸货，货物再用河船运输。罗马与海外的联系更加密切，促进了贸易的发展。

安库斯还将第伯河对岸的贾尼库鲁姆围入罗马城，在那里驻守了充足的驻军保护领航人的安全，防止河对岸的第勒尼安人抢劫商人。据说安库斯在第伯河上建起了一座木桥，方便两岸居民往来。

安库斯王统治期间有许多值得纪念的重大成就，当他将罗马交给继任者时，罗马已经比他登基时更为强大了。

二、埃特鲁里亚王朝

安库斯死后，元老院决定仍采用相同的方式，任命摄政王。摄政王召集人民进行选举，选举路西乌斯·塔克文为国王（公元前 616～前 578 年在位）。关于塔克文的来历有不同的传说。狄奥尼修斯记载，塔克文的父亲是希腊科林斯城的商人，由于战乱而移居塔奎尼城（Tarquinii），其子卢库莫（Lucumo）（即塔克文）自幼接受埃特鲁里亚文化。卢库莫继承了父亲的财富，他渴望公共生活，希望跻身上流社会，成为王国的管理者，但却受到土著公民的排斥，甚至连公民权都得不到。听说罗马非常乐意接收外邦人并授予他们公民权，卢库莫决定带着家人和朋友迁移到罗马。当他们一行到达贾尼库鲁姆山时，一只鹰突然从天而降，叼走了他的帽子，这只鹰在空中盘旋，消失在天空深处。而另一只帽子却落在他的头上。卢库莫的妻子是埃特鲁里亚人，懂得占卜术，她认为这征兆表明丈夫将会成为贵族。卢库莫拜见了国王安库斯。国王热情地接待了他，将他和朋友们安排到一个库里亚中，且在城里分配一块足够大的空地让他建起了房屋，此外还给了他一块土地。他改名路西乌斯·塔克文，并将巨额财富献给国王，在很短的时间内便得到了国王的友谊。他英勇善战，以其才智受到国王的赏识和信任。国王把他当成重要顾问，一切公私事务都同他商量，并在遗嘱中确定他为自己子女的监护人。塔克文的良好表现赢得了许多贵族的支持，他用友善的问候、令人愉快的言语、慷慨大方和其他方面的友好行为博得了平民们的好感。[①] 安库斯死后，塔克文被人们选为国王。

塔克文就任后首先发动对阿皮奥列人（Apiolae）的战争。阿皮奥列人和其他拉丁城邦认为安库斯死后，他们同罗马的和平条约就失效，于是在

---

① 哈里卡纳苏斯的狄奥尼修斯：《罗马古事记》，3，47～48。

罗马的领土上掠夺。塔克文派出了大批的军队进行复仇并且在对方最富庶的田地上进行破坏。阿皮奥列的拉丁盟邦派来了强大的援军。塔克文同他们进行了两场战斗，大获全胜。之后开始围困阿皮奥列城，让他的士兵们轮流攻打城墙，城中被困的人们由于以少对多，一刻都得不到喘息，最终被打败。城市被迅速占领，大部分的阿皮奥列人战死，剩下一小部分交出了武器，同其他的战利品一起被卖掉；他们的妻子和孩子都成了罗马人的奴隶，阿皮奥列城在抢劫一空后被烧掉。国王塔克文做完这些事并且将城墙夷为平地，然后带领军队回国了。

不久，塔克文又发动了对克鲁斯图墨里乌姆的征伐。这个城邦是拉丁人的殖民地，早在罗慕鲁斯统治时就投靠了罗马，但是在塔克文接任之后，它再次倒向了拉丁人的一边。克鲁斯图墨里乌姆人意识到敌强我弱，且缺少援军，便打开城门，派最年长和最杰出的公民出城，将城市交给了塔克文，只请求他对他们宽容仁慈。塔克文不战而胜，进城后，他没有处死任何一个克鲁斯图墨里乌姆人，只是惩罚了几个造反的头领，将他们永久驱逐出境。他允许其余所有的人保留他们的财产，像以前一样享受罗马公民的权利，不过，为了防止以后他们再起义，在城中留下了罗马殖民者。

抱有同样目的的诺梅图姆人也有同样的下场。他们依仗着拉丁人的支持，不断派成群的强盗到罗马人的土地上掠夺，公开与罗马为敌。塔克文派兵攻打他们时，拉丁人的援助到来得太晚了，他们单凭自己的力量无力抵抗罗马的大军，只好带着乞降的标志出城投降。

克拉提亚（Collatia）城的居民想要碰碰运气，便同罗马的军队开战，但是每次战斗都被打败，士兵死伤很多。他们被迫躲进城墙里面，不断地派人到拉丁城邦要求支援。但是援军到来得太缓慢，而罗马人又从很多地方攻城，最终他们被迫交出了城市。不过，他们受到的待遇远远不如诺梅图姆人和克鲁斯图墨里乌姆人。国王解除了他们的武器，罚了他们一大笔钱，在城中留下了大量的驻军，并任命侄子塔克文·阿鲁斯（Arruns）统治此地。阿鲁斯在父亲和爷爷去世后出生，所以没有继承到财产，因此被人们称作 Egerius，意为"贫穷的人"。不过，从他开始掌控这座城市起，他自己和后代都被称作克拉提亚乌斯。

征服了克拉提亚后，国王进军名叫科尔尼库鲁姆的城邦。这也是拉丁部族的一个城邦。国王对他们的领土进行破坏却没有遇到任何抵抗，因为没有人保卫它。国王紧挨着城市扎营，向当地居民表示愿意与他们缔结友好关系。但是科尔尼库鲁姆人不愿意结盟，依仗着城墙坚固，并且期待着盟军从四面八方赶来支援。国王从各个方向进攻城市。科尔尼库鲁姆抵抗了很长时间，罗马人损失巨大。但是科尔尼库鲁姆人由于不停地战斗已经筋疲力尽，并且内部又发生分歧（一些人想投降，另一些人主张抵抗到底），最终，城市失守。最勇敢的人在战斗中被杀死，胆小鬼因懦弱而自保，他们连同妻子和孩子被卖做奴隶。征服者将城市掠夺一空，然后烧掉。这件事使拉丁人愤恨难忍，他们投票决定组成一支联军对付罗马人。征召到一支人数众多的军队后，他们侵入罗马最富庶的农村，从那里带走了许多人质并且掠夺了大量的战利品。国王塔克文带领骑兵出征，但是却没有追上他们，他就入侵到对方的农村做了同样的事情。在侵入对方边境的征战中双方各有胜负。最后，在菲卡那城附近进行了一场鏖战，拉丁人溃败。

这次战斗结束后，塔克文带领军队返回罗马，提出与拉丁人和好。拉丁人自知无力与罗马抗衡，便接受了塔克文的建议。许多拉丁城邦主动向罗马示好，他们把城市送给塔克文，其中包括 Ficulea 和 Cameria。对此，其他拉丁城邦非常警惕，他们担心塔克文会征服所有拉丁人，决定联合起来对抗塔克文，并派使者到第勒尼安人和萨宾人那里求援。萨宾人承诺帮忙。五个第勒尼安城邦 Clusium、Arretium、Volaterrae、Rusellae 和 Vetulonia愿意提供援助。尽管得到了萨宾人和第勒尼安人的援助，拉丁人仍然惨败。塔克文得到了大量的俘虏和战利品，他把俘虏卖掉，把从营地中得到的战利品分给了士兵们。这次战争后，拉丁城邦被彻底征服。塔克文用最宽容最温和的方式对待他们，既没有处死也没有流放任何拉丁人，没有向他们索要钱财，而是允许他们保留自己的土地和传统的统治形式。不过，塔克文要求他们交还俘虏和掳走的奴隶，偿还从农夫那里抢走的钱，赔偿他们进行抢劫时造成的一切损失。这就是罗马人和拉丁人之间战争的结果。国王塔克文为这场战争的胜利举行了凯旋式。

接下来的一年，国王率领军队进攻萨宾人。两军在领土的交界处进行了一场战斗，战斗持续到夜晚，难分胜负。第二天，双方同时撤退，回去备战，计划来年春天再进行一场规模更大的战争。第二年，萨宾人经过充分准备，加上第勒尼安人的援军，力量大增。他们在菲卡那附近、阿尼奥河（Anio）和第伯河的交汇处扎营。萨宾人在河流两岸各建一个营地，为了方便往来，用船和木筏在河上架起了一座浮桥。塔克文用火攻的计谋，攻克敌营。塔克文在河的上游聚集船只和木筏，装满干燥的树枝、木柴、硫黄和沥青。等待风向合适时，命令点燃木柴，船只和木筏顺流而下，迅速到达敌军浮桥处，将桥点燃。萨宾人看到浮桥着火，迅速前往救火。塔克文趁机攻打其中一座军营。由于大部分的士兵都赶去救火，国王毫不费力地占领了营地。与此同时，另一支分遣队攻占了河对岸的另一座萨宾军营。塔克文在天蒙蒙亮时便派出这支分遣队，他们偷偷渡河，在萨宾人不易察觉的地方登岸。营地里的萨宾士兵被罗马人杀死了，一些士兵跳进了河中被淹死，许多人在救火时被烧死。塔克文轻而易举地占领了两座营地，将营地中的战利品分给了士兵们，将那些人数众多的俘虏带回罗马。经历了这场灾难，萨宾人屈服了，派了使者要求缔结六年的停战协定。

第勒尼安人因为经常被罗马人打败而怀恨在心，他们派使者索要俘虏，塔克文拒绝交还，将俘虏作为人质继续扣押，这件事使第勒尼安人更加恼火。第勒尼安人通过了一项决议，所有的第勒尼安城邦都应当参加对罗马人的战争，拒绝参战的城邦将被赶出联盟。他们派出了军队，渡过了第伯河，在菲卡那附近扎营，在叛徒的帮助下占领了那座城市，抓走了大量俘虏，并从罗马的领土上掠走了大量战利品。他们在菲卡那留下了大批的驻军，将其作为进攻罗马的基地。第二年开春，国王塔克文率领军队进攻第勒尼安人。他将军队分为两个部分，自己率领罗马的士兵们进攻第勒尼安人的城市，他的亲戚埃格里乌斯（Egerius）指挥主要由拉丁人组成的盟军进攻菲卡那。同盟的军队由于轻敌，差点全军覆没。塔克文指挥的军队破坏了维伊人的农田并且掠走了很多战利品。当第勒尼安人前来支援时，罗马人同他们进行了战斗并且大获全胜。夏天结束的时候，塔克文满载俘虏和战利品归来。在这场战争中，维伊人损失最大，他们眼睁睁地看着农村遭受罗马人蹂躏。塔克文国王三次侵入他们的领土，连续三年掠夺走他们土地的出产。维伊人的土地上再没有可供掠取的财物后，塔克文带领军队进攻另一个第勒尼安族城邦凯雷（Caere）。凯雷人派出大军出城保卫农村，虽重创了罗马人但自己的损失更惨重，他们只好逃回了城市。罗马人成了农村的主人，在那里掠夺了很多天，带着战利品回国。此时，塔克文对维伊人的征讨如愿取得胜利，他又带领军队攻打菲卡那，经过激烈的战斗，攻下城市。叛军的首领，一些人被当众斩首，另一些人被判处终身流放，他们的财产被分给了罗马殖民者和驻军。罗马人和第勒尼安人的最后一次战斗是在埃雷图姆附近萨宾人的领土上进行的。此时，萨宾人同塔克文签订的六年的停战协定已经到期，他们答应援助第勒尼安人。罗马军队行动迅速。大部分的萨宾援军还未来到，第勒尼安人就被打败了。这是两个国家之间规模最大的一次战争，第勒尼安人元气大伤，再无力同罗马抗衡。因这次胜利，国王塔克文举办了凯旋式。第勒尼安人派使者来罗马求和，塔克文答应不处死或流放任何人，不剥夺任何人的财产，不在任何第勒尼安城邦驻军，不索要贡金，允许第勒尼安人保留原有的法律和传统的统治方式。前提是，得到对所有第勒尼安城邦的最高权威。第勒尼安族人送给塔克文象征最高权威的物品，包括一顶金王冠、一个象牙宝座、一柄顶部栖息着一只鹰的权杖、一件用金子装饰的紫色外袍、一件紫色绣花长袍。据说，他们还送来十二柄斧头，代表十二个城邦。塔克文和第勒尼安人之间长达九年的战争就此结束。

此时，只有萨宾部族有实力与罗马对抗。萨宾人好战，他们国土辽阔又富饶，且距离罗马不远。塔克文非常渴望征服他们。他借口萨宾人曾经援助第勒尼安族人，要求对方交出犯人，萨宾人不同意，塔克文便对其宣战。萨宾军队实力与罗马军队旗鼓相当，他们之间的战争持续了五年，期间进行了许多次大大小小的战役，有时候是萨宾人占优势，但更多的时候是罗马人获胜。在最后的决战中，萨宾人出动了所有适龄的男子，罗马人召集拉丁人、第勒尼安人和其他盟邦的军队一起迎战。激烈的战斗持续了一整天，最终罗马人胜出。塔克文国王因这次胜利第三次举行凯旋式。第二年，他准备再次出兵攻打萨宾人时，萨宾人决定投降。塔克文欣然接受他们的臣服，同他们缔结了和平友好条约，条件与以前接受第勒尼安人投降时的一样。

塔克文重视军事行动，也关注内政建设。他在内政方面的作为如下：

塔克文一上任就急切想得到平民们的爱戴，他效仿前辈，从平民中挑选出 100 位贤人，这些人以英勇善战或是睿智而闻名，他让这些人成为贵族，进入元老院。这样罗马人首次拥有了 300 位元老（以前是 200 位）。

由于举办宗教仪式的次数增多，原有的四位维斯塔贞女不够用，他命令再增添两位。他制定措施惩罚不守贞洁的维斯塔贞女。

在城市建设方面，塔克文整修了广场，在广场周围修建店铺和柱廊，以供人们在那里执行法律，举行集会，处理其他国内事务。他用巨大的方形石头修筑城墙，之前，这些城墙都是临时性的建筑，非常粗糙。他修建下水道，将街道上的积水导入第伯河，这是一项伟大的工程。这项工程实用，耗资巨大。塔克文在阿汶丁山和帕拉丁山之间的低地上修建了一座大圆形剧场，在周围的看台上修建了有顶棚的座位（之前观众们都是站着看戏），将这些座位分给三十个库里亚，这样每一位观众都在指定的位置上就座。这座大剧场长三个半斯塔德斯，宽四普勒特拉（plethra）。围绕着两个长边和一个短边挖了一条沟来接水，沟深十英尺、宽十英尺。沟的后面建造了三层高的柱廊，最低的一层是石头座位，像在剧院里一样逐渐升高，一层比另一层高，柱廊的上面两层是木头座位。两个长点儿的柱廊通过那个较短的半圆形的柱廊连在一起，这样三条柱廊成为一体，就像一个椭圆形的剧场一样，柱廊的周长是八斯塔德斯，可以容纳 150000 名观众。另外一个较短的边没有建筑，只有一个供马匹出入的拱形入口。剧场的外面另外有一条一层的柱廊，里面是店铺和居民。有入口和斜坡供观众们进入这条柱廊中的每一个商店里，这样成千上万的观众可以方便地进入和离开。[①]
为了履行在对萨宾人的最后一次战役中向神灵们许下的诺言，塔克文着手修建朱庇特（Jupiter）、朱诺（Juno）和米涅瓦（Minerva）神庙。但是，还未为神庙奠基他就死了。后来，国王小塔克文为这座建筑奠基并且完成了大部分的工程。

---

① 哈里卡纳苏斯的狄奥尼修斯：《罗马古事记》，3，68。剧场是否能容纳 150000 名观众是值得怀疑的。

图 1.3　罗马主神朱庇特

老塔克文执政三十八年后去世，留下了两个仍是幼儿的孙子和两个已经结婚的女儿。他的女婿塞尔维乌斯·图利乌斯（约公元前578—前535年在位）继承了王位。图利乌斯的父亲是拉丁城邦科尔尼库鲁姆的贵族，母亲名叫奥克里西亚（Ocrisia），美丽贤惠。科尔尼库鲁姆城被罗马人占领时，图利乌斯的父亲被杀死，奥克里西亚已经怀孕，她被国王塔克文从战利品中挑出来送给了妻子做女仆。王后知道了这个妇女的身世，给予她自由，对她优礼有加。当奥克里西亚还是奴隶身份时，她生下了图利乌斯，因此图利乌斯名叫塞尔维乌斯（Servius），有卑贱之意。

关于图利乌斯的出生，有一个著名的传说。据说，从国王塔克文宫殿壁炉的火焰上出现了一个人的幻影，奥克里西亚看到了这个幻影。她把这件事告诉了国王和王后。王后解释说，这个征兆是在暗示一个比其他人都优秀的孩子将会出生，孩子的母亲将因那个幻影而受孕。其他占卜者确认了王后的判断。国王认为看到幻影的奥克里西亚是最合适的人选。因此，这个妇女打扮得像个新娘，独自被关在幻影出现的那个房间，这个妇女就受孕了，后来便生下了图利乌斯。[①]关于图利乌斯的另一个传说更加精彩离奇。据说，图利乌斯小时候，一天午后，他坐在宫殿的门廊下睡着了，一团火从他的头上冒出。王后和他的母亲正巧路过，母亲跑过来叫醒了他，他睡醒之后火焰就消失了。[②]王后认为这儿童天赋非凡，将成大器，便把他留在宫中，给予良好教育。

图利乌斯年幼还未成年时，就作为骑兵参加了塔克文对第勒尼安人的首次战役，他因战绩辉煌而出名，并受到了表彰。之后，同样还是对第勒尼安人进行征讨时，在埃雷图姆城附近的一次激战中，他勇冠三军，再次被国王授予"最英勇者"的称号。大约二十岁时，他指挥拉丁人派来的援军，帮助国王塔克文建立对第勒尼安人的最高统治。在对萨宾人的第一次战争中，他担任骑兵将军，击溃了敌人，并一直追击敌人至安特姆奈城（Antemnae）。因作战英勇，他再次获得奖励。他多次参加对萨宾人的战争，有时统领骑兵，有时指挥步兵，在所有的战斗中他都是"最英勇者"。

---

① 哈里卡纳苏斯的狄奥尼修斯：《罗马古事记》，4，2。参见李维：《罗马史》，1，39。
② 哈里卡纳苏斯的狄奥尼修斯：《罗马古事记》，4，2。参见李维：《罗马史》，1，39。

当萨宾人投降并将城邦交给罗马人时，塔克文把他看作是罗马人取得如此成就的主要因素，并给他戴上了胜利者的桂冠。他聪明睿智，善于应对各色人物。由于战功卓著，罗马人投票将他由平民升为贵族。国王把女儿嫁给了他。国王不仅将家庭的私事托付给他，还让他管理王国的公共事务。在所有事务中，他都表现得真诚而公正，赢得了民众的信赖。

安库斯的儿子们阴谋害死了国王塔克文，对王位虎视眈眈。在这个关键的时刻，塔克文的王后帮助图利乌斯得到了王位。王后帮助图利乌斯，一方面是因为他是她的女婿；另一方面是因为她从许多预兆中得知神已经选择这个人为罗马人的国王。而她的儿子已经死去，两个孙子仍年幼。她担心一旦安库斯的儿子们得到了王位，他们就会杀死两个小孩斩草除根。她将奥克里西亚、图利乌斯和女儿叫到面前，把年幼的孙子托付给图利乌斯。王后秘不发丧，告诉民众安库斯的儿子们是迫害国王的主谋，但他们并未得逞，并未杀死国王塔克文。国王只需静养一段时间便可恢复健康。她还说，国王指定图利乌斯暂时代理政务。图利乌斯获得了权力，他判处安库斯的儿子们终身流放并且没收了他们的财产。政局稳定后，图利乌斯才宣布塔克文去世。他作为王室的监护人，照料王室的私人事务和王国的公共事务。① 然而，贵族们认为这种行为并不合法。图利乌斯发表长篇演说，博得平民的同情，并且承诺废除贫民的债务，以讨好民众。通过库里亚投票，他成功地登上了王位，并进行了影响深远的政治改革。

首先，把整个国家按地域划分为 21 个部落（城区 4 个，乡村 17 个），并对全体自由居民（即贵族和平民）进行人口普查。在此基础上，根据财产多少把他们分为 5 个等级（如果把"不入级［infraclassem］"考虑在内，应为 6 个等级），不同的等级须提供数目不等的兵员，即一定数量的百人队。百人队既是军队单位，又是行政单位。其次，将军事组织的百人队创建为新型的民众会议，即森都里亚大会（Comitia Centuriata）。以往库里亚大会的重要职能都转归该会议。为了更好地说明，现列表如下：

---

① 参见李维：《罗马史》，1，40～42。哈里卡纳苏斯的狄奥尼修斯：《罗马古事记》，4，4。

森都里亚大会各等级划分表

等级	财产	提供百人队数
第一等级	100000 阿斯①	提供 18 个骑兵百人队 80 个重装兵百人队
第二等级	75000 阿斯	提供 20 个重装兵百人队
第三等级	50000 阿斯	提供 20 个重装兵百人队
第四等级	25000 阿斯	提供 20 个重装兵百人队
第五等级	12500② 阿斯	提供 30 个轻装兵百人队
工匠和乐师		组成 4 个百人队
"不入级"（infraelassem）		提供 1 个百人队

本表数据来源于哈里卡纳苏斯的狄奥尼修斯：《罗马古事记》，4

以上五个等级的百人队在武器装备上存在差别。第一等级使用的武器为长矛（hasta）和剑（gladius），装备则是青铜制作的头盔（galea）、圆盾（elipeum）、胫甲（oerea）和胸甲（loriea）；第二等级除胸甲和长方形盾牌（scutum）外，其他武器装备与第一等级相同；第三等级除没有胫甲外，其他装备与第二等级相同；第四等级仅武装以长矛和投枪（verutuln）；第五等级则携带投石器（funda）和投石。每一等级百人队中，还有青年百人队和老年百人队之分。青年百人队的战士年龄在 17 岁到 45 岁不等，老年百人队则在 46 岁到 60 岁之间。前者外出作战，而后者一般只负责防务。

以前凡遇大事，则按照特里布斯和库里亚召开民众大会。改革后，全体成年人按各级百人队分别排列站队。这种以百人队为单位的大会就是森都里亚大会，会上对所议大事按百人队进行投票，即一个百人队拥有一票表决权。先在第一等级投票，如未过大会总票数半数才在第二等级进行投票，依此类推，直到总票数过半。从上表我们可以看到，第一等级共 98 个百人队，占百人队总数的一半以上。如第一等级全票通过，则无须在第二等级进行表决，百人队大会的权力实质上掌握在第一等级之手。

这样一来，人民不再按照氏族和库里亚来划分，而按照以财产为基础

---

① 阿斯（as）为一种铜币，早期价值不能确定。

② 这是狄奥尼修斯的说法，李维的说法是 11000 阿斯。

的等级来划分。此后，库里亚大会虽仍存在，但其权力仅限于氏族事务。在特里布斯大会出现以前，森都里亚大会是罗马最主要的民众大会。①

在巧妙地处理好城市事务以后，图利乌斯实施了几项伟大的计划。他召集了所有拉丁城邦的首领，说服他们联合起来。这样，拉丁人就有能力对其他城邦施加影响。他还建议大家共同出资在罗马建一座庙宇，在那里进行公共祭祀，定期对其进行维修。如果城邦之间发生矛盾，可以在祭祀仪式上调解。之后，图利乌斯用各个城邦交上来的钱，在罗马的阿汶丁山上建造了一座神宇。他制定了处理城邦之间关系的法律，规定了节日庆典或集会时的礼仪。他将这些法律、规定和拉丁同盟的成员名单刻在铜柱上。

图利乌斯在位期间，他只进行过一次军事行动，那就是对第勒尼安人的战争。塔克文死后，那些原来臣服于罗马的城邦因图利乌斯出身卑微而轻视他，而图利乌斯与罗马贵族的矛盾使他们觉得有机可乘，他们拒绝维持原来的关系。维伊人被推举为这些城邦的首领，他们首先派使者到罗马，宣布与图利乌斯之间既没有主权依附关系，也没有友好或者同盟关系。凯雷和塔克文城的民众随即仿效，最后整个第勒尼安族人都拿起了武器。这场战争不间断地整整持续了 20 年，双方大军多次侵入对方领土，进行了一场又一场的鏖战。无论是与某些城邦的战斗，还是对整个第勒尼安人的战争，图利乌斯都取得了胜利，最终他迫使那些本不愿意接受他统治的人臣服。战争进行到第 20 年，这十二个城邦的人力物力在战争中消耗殆尽，他们决定仍然像以前那样臣服于罗马。各个城邦的使节带着求和的信物来到罗马，把城市交托给图利乌斯，恳求他不要对他们采取极端的措施。图利乌斯对他们进行了告诫，宣布结束战争。大多数城市得到了宽大处理，他们继续遵守与塔克文签订的条约的条款即可。而对于凯雷、塔克文城和维伊这三个挑起战争并诱使其他城市反对罗马的城邦，图利乌斯严惩不贷，剥夺了他们的部分土地，并把这些土地分给了后来加入罗马公民集体的人。②

为了报答命运之神对自己的青睐，图利乌斯修建了两座庙宇，一座修

---

① 李雅书、杨共乐：《古代罗马史》，北京：北京师范大学出版社，2004 年版，第 38 页。
② 哈里卡纳苏斯的狄奥尼修斯：《罗马古事记》，4。

建在被称为"牛市"的市场上，另一座修建在第伯河边。

公元前 535 年，罗马城发生了一件令全城人民震惊和悲痛的大事。伟大的国王图利乌斯被他的女儿和女婿残忍杀害。

图利乌斯与老塔克文的女儿结婚以后，育有两个女儿。两个女儿到了婚嫁年龄后，他将她们许配给老塔克文的孙子。长女大图里娅许配给了年长的路西乌斯·塔克文（即后来的国王），次女小图里娅许配给了年幼的阿鲁斯·塔克文。然而，造化弄人。长女是一个善良的女人，她温和有孝心，她的丈夫却傲慢专横。次女是一个恶毒的女人，她憎恨父亲，性格暴烈，而她的丈夫则温和谨慎。路西乌斯企图篡夺王位时，他的妻子就会祈祷并用泪水阻止他实施计划。而当善良的阿鲁斯放弃一切对岳丈不利的计划时，他那邪恶的妻子就会辱骂、责备他。善良的妻子恳求心术不正的丈夫安于命运，邪恶的妻子努力劝说本质上并不坏的丈夫争权夺利。不过，她们都没有达到目的，她们的丈夫都坚持主见，认为自己的妻子是一个大麻烦。最后，善良的妻子变得听天由命，而邪恶的妹妹想要除掉自己的丈夫，她认为姐夫更适合自己。

小图里娅把路西乌斯找来，鼓动他夺取王位，并且挑拨他与大图里娅离婚，与自己结婚，两人一起共谋夺权大事。路西乌斯终于找到知音他们很快结了婚。他们的婚姻并没有得到图利乌斯的赞同。两人一结合就开始谋划篡夺王位。他们联合对图利乌斯改革不满的贵族，收买没有正义感的平民。图利乌斯察觉到小塔克文的意图后，一再邀请小塔克文及其同伙，责备并警告他们，反复说明利弊，试图阻止他们做出对自己不利的事情。而小塔克文一意孤行。① 图利乌斯在元老院当着所有元老的面，质问小塔克文究竟为何要反对他。小塔克文认为，他的祖父是国王，由他继承王位理所应当。现在，他已经长大成人、有能力治理国家，图利乌斯应当把原属于塔克文家族的王位归还给他。图利乌斯谴责小塔克文忘恩负义。他强调说，自己并不在意王权，是人民投票让他做国王。国王的位置属于老塔克文，但不属于小塔克文，因为王位并不按照血缘关系传承，罗马的传统是，

---

① 参阅哈里卡纳苏斯的狄奥尼修斯：《罗马古事记》，4。

贤者为王。四十年的执政经历，证明自己胜任这个位置。除了人民外，旁人无权罢黜他。

之后，图利乌斯通知人民来广场集会。他在集会上做了感人的演讲。他历数自己的军功，列举了自己的辉煌成就，谴责小塔克文的卑劣行径。他还要辞去国王之职，证明自己并不贪恋权位。民众恳求他不要卸任，甚至有人要求砸死小塔克文。由于人民反对，小塔克文仓皇逃跑。

夺权行动失败后，小塔克文假意同图利乌斯和解，骗取图利乌斯的谅解。不久，小塔克文利用平民到乡下收割庄稼的机会，带领同伙全副武装来到广场上，召集元老们来开会。图利乌斯听到这消息，带了几个随从匆忙赶去。图利乌斯走进元老院，看见小塔克文身上戴满勋章坐在王座上，他呵斥道："你这可恶之人，谁给你权利让你穿上这身装束？"小塔克文反击道："你这胆大妄为、厚颜无耻的图利乌斯，你连个被释奴隶都不是，只不过是我祖父从战俘中挑选出来的奴隶，你这个奴隶的儿子居然敢说自己是罗马之王。"[①] 听到这般嘲笑，图利乌斯暴怒。他奋力冲上前去，想把小塔克文从王位上拉下来，结果却被小塔克文打败，并被追杀于回家途中。

路西乌斯·塔克文（约公元前 534—前 510 年在位）借助于暴力当上了国王。这个人不仅蔑视平民而且轻视贵族，尽管他是借助于贵族的力量获得权力。他废除了传统的风俗习惯、法律，改变了政体，实行个人独裁。小塔克文安排了一些勇士做自己的护卫，这些护卫手持刀剑和长矛，日夜守护国王，确保国王不受到任何伤害。他很少出现在公共场合，经常按自己的喜好随意裁定国家事务。因此，罗马人称他为"高傲者"。

夺权成功后，小塔克文开始消除异己。他杀死或流放了很多富人和名人，许多有影响力的人为避免招致杀身之祸主动地离开了城市。小塔克文消灭了元老院中最杰出的成员，让自己的亲信代替他们，幸存下来的元老被剥夺了讲话的自由，整个元老院成为国王的傀儡。贵族们哀叹命运弄人，预料到将来的形势会更糟糕，但又无力量阻止事态发展，改变现状。

平民的状况更悲惨。图利乌斯制定的保护平民的法律被小塔克文废除。

---

① 哈里卡纳苏斯的狄奥尼修斯：《罗马古事记》，4，38。

国王甚至连刻着这些法律的石碑都不放过，命令将这些石碑搬出广场并且毁掉。小塔克文废除了根据财产多少征税的制度，最穷的公民要交出同最富有的公民数额相同的税。这项政策使很大一部分平民倾家荡产。为防止人们聚集在一起策划推翻他，他禁止一切聚会，他派密探到各地，监督对现状不满的人。他从平民中挑出那些对他忠诚并且适合打仗的人，强迫剩下的人进行城市的公共建设。他继续进行祖父在位时未完成的工程：挖排水沟。所有的平民都从事着繁重的劳动。木匠、铁匠和石匠不能再干私活，被迫为建造公共建筑服役劳作。人们无一例外被这些工作折腾得筋疲力尽。

对外，小塔克文决定同拉丁城邦结盟。他把女儿嫁给整个拉丁部族中最优秀最有权力的人——屋大维·马尼利乌斯（Octavius Manilius）。小塔克文得到了这个人的友谊，并且通过他控制了每个城邦的重要人物。并设计处死反对他的拉丁贵族图尔努斯·赫尔道尼乌斯（Turnus Herdonius），进而取得了对整个拉丁部族的最高权威。拉丁人同罗马人签订了条约，条约的内容同之前与老塔克文和图利乌斯签订的一样。

小塔克文得到了对拉丁部族的最高权威后，他派使者到赫尔尼基人和伏尔西人的城邦，邀请他们同罗马结盟。赫尔尼基人一致同意与他结盟，但是伏尔西人的城邦中，只有两个即埃凯特拉（Ecetra）和安提乌姆（Antium）接受了邀请。为了保证同这些城邦签订的合约更加持久，小塔克文决定建造一座神庙供罗马人、拉丁人、赫尔尼基人和那些愿意同他结盟的伏尔西人共同供奉。每年他们都聚集到一个特定的地点，庆祝共同的节日，在一起举行盛大的聚会，共同进行祭祀活动。这个建议得到了所有城邦的同意。节日期间，他们共同聚会，停止战争，一起祭祀朱庇特。后人把这个节日称为"拉丁节"据狄奥尼修斯记载：共同庆祝节日和进行祭祀的城邦共有四十七个。[①] 参加节日时，有些城邦带来羔羊，有些带来乳酪，有些带来牛奶，还有一些带来一种蜂蜜蛋糕。他们共同献祭一头公牛，每个城邦得到一定数量的牛肉。

通过结盟增强了力量，小塔克文率军进攻萨宾人，并从盟邦那里得到

---

① 哈里卡纳苏斯的狄奥尼修斯：《罗马古事记》，4，49。

了援军，其数量远远超过罗马士兵的数量。在破坏了萨宾人的农村并且击败了前来迎战的敌军之后，小塔克文率领军队进攻居住在斯韦撒城的波麦提亚人。小塔克文攻下城市后，处死了所有带着武器的人，带走了不计其数的奴隶，所得金银总数不下 400 他连特。[①]，拿出十分之一修建一座神殿，其余分给士兵。每个士兵可分得 5 明那银子，按照 60 明那等于 1 他连特计算，400 他连特除扣去十分之一即以 40 他连特修建神庙外，尚有 360 他连特分给士兵，而 1 他连特可以分给 12 个士兵，则以 360 相乘，当时参加作战的罗马士兵总数应为 4320 人。在强大援军的支持下，小塔克文终于征服了萨宾人。萨宾人派使者求和，表示愿意投降，成为小塔克文的臣民，并且缴纳贡金。小塔克文满载财富返回罗马。

小塔克文统治期间，他与加比伊人（Gabii）之间的战争非常重要。此战持续了七年，给双方都带来了巨大的灾难。

加比伊是阿尔巴人建立的一个城邦，这个城邦强大而繁华。战争开始后，双方打起了消耗战。对峙中，罗马人首先气馁，他们认为应当接受敌人提出的一切条件尽快结束战争。小塔克文也灰心丧气，虽不想接受屈辱的条件结束战争，但又没有能力坚持下去。正在此时，他的大儿子塞克斯图斯（Sextus）献上良策。塞克斯图斯假装在结束战争的问题上与父亲意见不合，受到父亲公开的惩罚和侮辱，这件事哄传于外。于是他带着许多朋友和被保护民投奔了加比伊人。为了增加加比伊人对他的信任度，他带来大量的金银。之后，很多人都从罗马跑出来投奔他，假装要摆脱小塔克文的暴政。为了使加比伊人深信不疑，他还带领军队连续不断侵入父亲的领土，得到了很多的战利品。这与他的父亲预先知道他将会去哪里，故意戒备松懈有密切的关系。样一来，加比伊人更加坚信塞克斯图斯是忠实的朋友和杰出的将领，他们把他尊为大元帅。通过欺骗和阴谋得到了大权后，他又遵照父亲的指示，设毒计除掉了加比伊的很多贤能之士，从而导致加比伊人心惶惶，骚乱不绝。小塔克文乘机带领军队进攻加比伊城。午夜时分，做内应的塞克斯图斯打开了城门。小塔克文毫不费力地占领了城市。

---

① 哈里卡纳苏斯的狄奥尼修斯：《罗马古事记》，4，50。

图 1.4　朱诺大理石头像

不过，小塔克文在克城后并未处死或是流放任何一个加比伊人，而是授予他们罗马的公民权，并任命他的儿子塞克斯图斯为加比伊的国王。

加比伊战后，小塔克文暂时停止了对外战争，他想要履行祖父立下的誓言，建造神庙。小塔克文从斯韦撒战争获取的战利品中拿出十分之一完成这项工程。据说，工人们挖地基时，挖到一个人头，人头的脸面和皮肤就像活人的一样，流下来的血还是温暖的。占卜者解释说，这预示发现那颗头颅的地方将成为整个意大利的头。后来，发现头颅的地方就被称作卡庇托尔山，因为罗马人把头叫作 Capita。① 不过未等神庙建成，小塔克文就被赶走了。

据说，小塔克文统治期间，罗马人从一位外邦妇女手中得到了西比林（Sibylline）预言书。这部书对罗马历史的发展影响重大。当国家遭遇灾难，或者出现某些难以解释的奇观时，祭司会在元老院的命令下，查阅圣书的相关内容，以寻求有用的帮助。

小塔克文在位二十五年，最后被罗马人民赶下王位。起因是大儿子塞克斯图斯的暴行，他污辱了一位已婚的妇女。小塔克文当时正包围阿迪亚（Ardea），阿迪亚人英勇地保卫着自己的城市。围城战进行了很久，营地中的罗马人被漫长的战争折磨得疲惫不堪。那些留在罗马的人也因繁重的战争税收而筋疲力尽。起义一触即发。塞克斯图斯被父亲派到克拉提亚执行军事任务，他寄宿在亲戚路西乌斯·塔克文·克拉提努斯家中。克拉提努斯正在营地，他的妻子卢克莱提娅（Lucretia）盛情款待塞克斯图斯。塞克斯图斯对卢克莱提娅的美貌垂涎已久，趁克拉提努斯不在家，强奸了她。第二天，卢克莱提娅来到父亲家中，召集所有亲戚朋友，告诉他们自己的遭遇，然后拨出藏在衣服下的匕首，自杀了。这使在场所有人满怀憎恨和同情，他们表示愿意为保卫自由而死，不愿再忍受暴君的虐待。路西乌斯·朱尼乌斯·布鲁图斯（Lucius Junius Brutus）领导了这次起义。布鲁图斯与小塔克文有杀父屠兄之仇，他为了生存下来，就假装成傻子，逃过了小塔克文的毒手。布鲁图斯历数小塔克文父子的暴行，号召人们团结起

---

① 哈里卡纳苏斯的狄奥多鲁斯：《罗马古事记》，4，61。

图 1.5 布鲁图斯像

来，把小塔克文父子驱赶出罗马。他还建议，赶走国王之后，可以不再设置国王，而是任命两位任期一年的官员执掌国王的权力。人们通过投票选布鲁图斯和克拉提努斯为执政官。[①]

在军营的国王听说罗马城反叛，立刻带领儿子和亲信赶回去，希望平息动乱。却发现城门紧闭，城墙上满是全副武装的战士。国王回到营地，准备带军队进攻城市。但是执政官趁他离开时，送信到营地，鼓动士兵们造反，并通告了城中人民的决议。士兵们不再听从国王的命令。小塔克文希望破灭，只好带着家人亲信逃往加比伊城。罗马王政时代至此结束。

对于小塔克文一家被逐事件，历史学家曾有过多种分析。有人认为这是一场民族革命；也有人认为这是罗马贵族与平民联合起来反对国王统治的革命。但无论性质如何，这场革命确实改变了罗马发展的方向。罗马共和国正是在推翻王政以后才建立起来的。

---

① 参阅哈里卡纳苏斯和狄奥尼修斯：《罗马古事记》，4，82～85。

第二章　罗马的壮大

第一节　与意大利和迦太基人的战争

一、罗马征服意大利

王政时代的国王虽然为罗马以后的发展打下了基础，但就实际情况而言，这样的作用还是非常有限的。在共和之初，罗马还没有从根本上改变第伯河畔一个小国的地位。人口少、统治区域小、地理环境差[①]是当时罗马的主要特征。罗马随时都有可能被近邻消灭或吞并。北边的埃特鲁里亚人，东边和南边的厄魁人、萨宾人和伏尔西人，还有同文同种的拉丁人，都是其早期必须认真面对的强邻。新共和国的最初一百年，罗马人就是在不断与近邻的斗争中度过的。战争是罗马人最崇高的事业，也是罗马人最神圣的职责。

到公元前 5 世纪后半期，罗马的地理优势才有了一定的显现。公元前 431 年，他们打败了厄魁人，接着又多次击败伏尔西人。公元前 430 年，罗马人在战胜厄魁人后，再次发动对埃特鲁里亚维伊城的战争，并取得重大胜利。他们杀死维伊国王，将其甲胄作为战利品奉献给罗马的朱庇特神殿[②]。公元前 405 年，罗马人再次发动对维伊人的战争。经过十年苦战，他们终于通过地道作战的方法，于公元前 396 年攻克了维伊城。维伊战争开创了罗马人长期在外作战的先例。

---

① 公元前 508—前 503 年，罗马的公民人数大约为 13 万。参见哈里卡纳苏斯的狄奥尼修斯：《罗马古事记》，5，20。

② 这件战利品一直到奥古斯都时期还存在。

图 2.1　元老院和罗马人民石雕

罗马征服维伊的直接后果是：掠夺了大量的财富，吞并了维伊 30 万犹格的土地，从而使罗马的领土在原来的基础上扩大了一倍。罗马人"把维伊的土地分给每个平民，每位 7 犹格。其中既包括家长，也包括每家的儿子"①。以地养民，以民强兵，以兵扩地的罗马外向型发展模式开始形成。

公元前 4 世纪，北部意大利又来了新的移居者——凯尔特人，即高卢人。凯尔特人是埃特鲁里亚的北部近邻。他们"居住的村落并无围墙，也没有什么家具。他们以树叶为床，以肉为食，从事战争和农业，生活简朴，对艺术或科学一无所知。他们的财产包括家畜与黄金。因为这是他们随环境而迁徙时唯一能携带的东西。他们对朋友最讲义气。在他们之中，拥有追随者和朋友最多的人也是最受尊重和最有势力的人。"② 据说，公元前 391 年有一支高卢人闯入埃特鲁里亚，直达克鲁西城。克鲁西向罗马求救，罗马元老院派使者责令高卢人退回原来的居住地。罗马人和高卢人由此结

---

① 李维：《罗马史》，5，30。也有一种说法是每位公民得到 4 犹格土地，见狄奥多鲁斯：《历史集成》，102，4。

② 波利比乌斯：《历史》，2，17~18。

怨。公元前390年，高卢人进攻罗马，罗军溃败。当时整个罗马城除了卡庇托尔卫城外，皆被高卢人占领。罗马城遭受了有史以来最为严重的破坏。最后，高卢人"由于本土遭威尼提人的侵袭，只得匆匆与罗马人订立条约"，在接受罗马人交纳的一笔赎城金后，撤军返乡。[①] 高卢人攻占罗马本身就说明罗马城作为首都有其危险性，原因在于罗马四周没有保护罗马城的天然屏障。未来罗马最大的安全因素只能依靠罗马人工建造的城墙。

图 2.2 罗马建筑遗址

公元前4世纪中叶至公元前3世纪初，罗马开始把进攻的重点放在意大利的中部地区，先后发动了三次萨姆尼特战争，并取得了这场战争的最后胜利。萨姆尼特战争的胜利大大增强了罗马的实力，彻底改变了意大利半岛原先的政治格局。罗马人与南部希腊人之间的关系也因此由原先的间接关系变成了面对面的直接关系，双方间的冲突只是个时间问题。

公元前280年，罗马舰队开进他林敦湾，遭到希腊殖民城邦他林敦人

---

① 波利比乌斯：《历史》，2，18。

的袭击。为抗击罗马，他林敦人向希腊伊庇鲁斯的国王皮洛士求援。皮洛士应邀带领一支 25000 人的队伍来到他林敦港。"国王的军官们使他林敦人很窘迫。他们强住在他林敦的公民家里，公开地凌辱他们的妻子和儿女们。后来皮洛士禁止他林敦人宴饮以及其他社会集会和娱乐，认为这些事情跟战时情况不相适合，命令公民们受严格的军事训练，如果他们不服从的话，即处死刑。于是他林敦人为这些他们不习惯的训练和事务完全折磨得精疲力竭了；因此，他们从城市里逃往乡间，好像它是一个外国政府一样。"[①]初战，罗马战败。皮洛士虽然取胜，但死亡 4000 人。皮洛士认为此时议和对自己有利，于是派使者去罗马商谈和平协议。

罗马人由于皮洛士的声誉和近来他们所遭遇的灾难而胆怯，犹豫了很久。最后，绰号盲者的阿庇安·克劳狄（他因年老而失明）命令他的儿子们引导他到元老院议事厅来。他在元老院这样说："过去我因失明而悲伤；但是现在我深以没有同时失掉听觉为遗憾，因为我是从来没有料想到会看见或者听见你们有这种议论的。难道单单一个不幸的事件就使你们顿时忘掉了你们自己，以致把那个造成你们的灾祸的人和那些邀请他到这里来的人叫作朋友，而不叫作敌人，把你们祖先们的遗产交给路卡尼亚人和布鲁丁人吗？这不是使罗马人变为马其顿人的仆人又是什么呢？你们中间有人胆敢称此和约而不是奴役！"阿庇安举出了许多其他意义相类似的事情来，以鼓励罗马人的士气，如果皮洛士想要跟罗马人订立和约、建立友谊关系的话，让他退出意大利，然后派遣他的使团来。他留在意大利一天，我们就一天既不把他看作朋友，也不把他看作同盟者，既不把他看作罗马人的裁判者，也不把他看作罗马人的仲裁人。[②]

---

① 阿庇安：《罗马史》，上卷，北京：商务印书馆，1979 年版，第 47 页。

② 阿庇安：《罗马史》，上卷，北京：商务印书馆，1979 年版，第 49～50 页。古罗马诗人恩尼乌斯在其《编年史》中也转引过阿庇安·克劳狄的话。他说："昔日你们一向有坚韧刚毅的雄心，为何今日失去理智，要改变主意"。参见西塞罗：《论老年》，6，16。

图 2.3　皮洛士像

元老院在听了阿庇安的话后，迅速做出决定，与皮洛士战斗到底。罗马人充分发挥"九头蛇"精神①，最后把皮洛士赶出意大利。公元前275年，皮洛士退回希腊。三年后，他林敦向罗马投降。公元前270年左右，罗马基本上占领了意大利的南部地区，完成了除波河流域以外的意大利其余部分的征服任务，罗马成了意大利半岛上最强大的主人。公元前273年，甚至埃及国王托勒密二世也与罗马签订条约，承认罗马这支地中海地区的新生力量。

二、西西里争夺战

罗马崛起于意大利后，开始向西部地中海扩张。与当时称霸于西部地中海的海上强国迦太基发生正面冲突。西西里也就成了他们相互争夺的最前哨。

迦太基位于今北非突尼斯地区。相传，迦太基城创建于公元前814年，是腓尼基人在这里建立的一个殖民地。迦太基地理位置优越，旁边有良好的港湾，北通广阔的地中海。向北经西西里岛，可以与意大利贸易；向东可以与埃及、叙利亚和希腊等东地中海诸国交易；向西可以往西班牙开拓。到公元前3世纪前叶，迦太基已发展成为地中海，尤其是西部地中海世界的一个最具影响力的强大国家。

迦太基的政治体制较为复杂，古代作家的记载也不尽相同②。其机构主要有元老院、民众会议和两个行政长官③。元老院由300名元老组成，成员为终身职。他们享有制定法令和决定国家重大事务的最高权力；民众会议的职责主要是形式上通过某些重要的法令和决议；行政长官称苏菲特，握有最高军事指挥权。国家政权主要掌握在富有的商人和大地主手中。诺尼乌斯说："如果没有良好的协商机构和制度，迦太基不可能如此兴旺约600

---

① 希腊神话，九头蛇为一条怪蛇，砍掉一个头后，立即就会生出两个头。

② 从公元前264年到公元前146年，罗马与迦太基进行了三次战争。因为罗马人称腓尼基人为布匿人，因此历史上常常将这三次战争称作"布匿战争"（The Punic War）。参见亚里士多德：《政治学》，2，8～9；波利比乌斯：《历史》6，51；20，30；西塞罗：《论共和国》等。

③ 迦太基的主要行政长官叫"苏菲特"（shofetim），任期一年，由民众大会选举产生。

年。"① 由此可见迦太基政治的先进性。迦太基的公民是腓尼基殖民者的后代，大多从事航海业和工商业，对商业贸易尤为重视。为了保护商业利益，他们很早就建立了一支较强的海军。最初的海上官员和水手，除划桨手外，可能都由公民组成。公元前 4 世纪后，由于军队需要量增加，迦太基开始招募雇佣兵。迦太基的农业相对比较落后，土地主要由利比亚土著居民和奴隶耕种。与罗马相比，迦太基缺少一支耕战结合的、强大的公民兵队伍。

在公元前 3 世纪以前，迦太基对外政策的主要目标是保护自己的商业利益。据说，它曾于公元前 6 世纪与埃特鲁里亚人联合击败过意大利南部的希腊人，并于公元前 509 年与罗马人签订过对双方都有利的协议。协议内容如下：

> 罗马人及其同盟者与迦太基人及其同盟者之间，应依照以下条款友好相处：
>
> （1）无论罗马人或其盟友，除为风暴或敌人所迫外，均不得驶越美丽海岬。如有被迫登陆者，不得购买或带走除为修理船只或宗教仪式所需用品之外的任何东西，并必须在五日内离开此地。
>
> （2）登陆经商的人，如无传令官或城镇官员在场，不得从事任何交易。如果在利比亚或撒丁尼亚进行交易，卖主无论以什么价格出卖，只要有上述官员在场，都将得到国家的保护。如果罗马人来到西西里的迦太基辖区，那么他就能够享受与其他人同等的权利。
>
> （3）迦太基人不能损害阿尔德阿人、安契乌姆人、劳兰顿人、西尔策依人和塔拉西那人的利益，也不能损害罗马属下的其他拉丁城镇的利益。对于那些不属于罗马的拉丁城镇，迦太基人也不得擅自插手。如果他们已经攻占了某一城市，则应秋毫无犯，并完整地将其移交给罗马人。他们不得在拉丁姆地区修筑堡垒。如他们携带武器进入拉丁姆境内，则必须在夜晚来临之前离开。②

---

① 参见西塞罗：《论共和国》，1，残片，3。
② 波利比乌斯：《历史》，3，22。

从条约中可以看出，迦太基人已经把撒丁尼亚和利比亚岛完全看成是属于它统辖的地区。对于西西里岛却不同，只规定了受迦太基统辖的部分地区。罗马人在订约时同样也仅涉及拉丁姆地区，没有提及意大利的其余部分，因为当时的意大利还没有完全处于它的统治之下。

在此条约之后，大约在公元前348年，双方又缔结了另一条约。在这一条约中，迦太基把推罗和乌提卡也包括进去，并在美丽海岬之外又增加了玛斯提亚和塔尔塞乌姆，以此作为界线，不准罗马人越过这一界线进行远征掳掠或兴建城市。条约的内容大致如下：

> 罗马人及其同盟者与迦太基人、推罗人、乌提卡人及其同盟者之间，应按以下条款友好相处：
>
> （1）罗马人不得越过美丽海岬、玛斯提亚和塔尔塞乌姆进行掳掠、贸易或兴建城市。
>
> （2）迦太基人如占领了拉丁姆地区任何不属于罗马统辖的城市，他们可保持其战利品和俘虏，但必须把城市归还。如果迦太基人俘虏了那些与罗马人缔结过成文条约，但不隶属于罗马的城市成员，那么他们不得将俘虏带进罗马湾。若已带入，一经罗马人干预，俘虏即应释放。罗马人也应承担与此相同的义务。
>
> （3）罗马人在迦太基统治下的地区取得水或粮食，他们不得用这些粮食来伤害与迦太基缔结条约和建立友好关系的任何民族。迦太基人也同样不得有这类行动。若有人有此行为，将不以私人报复处罚，而应以触犯国法论罪。
>
> （4）罗马人不得在撒丁尼亚和利比亚从事贸易或兴建城市。除补充给养或修理船舶外，不得获取任何其他物品。被风暴所驱而停靠这些海岸者，应于五日内离去。在西西里的迦太基所辖地区及迦太基本土，罗马人可以经营任何商业，并销售准许公民出售的任何物品。迦太基在罗马也享有同样的权利。①

---

① 波利比乌斯：《历史》，3，23～24。

在这一条约中，迦太基人又一次强调了他们对利比亚和撒丁尼亚的所有权，并不准罗马人越雷池一步。但是另一方面，对于西西里，他们只提及了属于他们管辖的部分。罗马人对拉丁姆也做了同样的规定：不准迦太基人欺侮阿尔德阿人、安契乌姆人、劳兰顿人、西尔策依人和塔拉西那人，同时也禁止迦太基人欺侮那些坐落于拉丁海边且与这一条约有关的城市。

早期罗马人与迦太基人的最后一个条约缔结于皮洛士战争时，即迦太基为争夺西西里而进行的战争之前。在这一条约中，除了重申过去条约中业已规定的条款外，还增加了以下内容：

> 无论迦太基人还是罗马人，如有一方欲与皮洛士订立盟约，那么双方都将互相约定：当两国中的任何一方遭受攻击时，他们都将互相援助。不管哪一方需要支援，迦太基人都将供应运输船只及战舰；但战士的薪饷应由战士的所属国支付。如有需要，迦太基人也应在海上援助罗马人。但任何人都不得无视罗马人的意愿强令船员在罗马沿海登陆。[①]

这些条约表明，公元前 264 年以前，迦太基和罗马之间的关系还是相当友好的，彼此间都没有发生过大规模的冲突。

罗马人与迦太基人的冲突起因于"麦散那事件"，核心是争夺对西西里岛的统治权。

公元前 264 年以前，罗马人因忙于意大利内部事务，对西西里既没有任何领土需要，也没有任何政治、商业兴趣。迦太基和叙拉古是当时西西里的两大统治力量。前者控制着西西里岛的大部分地区，后者统治着以叙拉古城为中心的西西里东部区域。

叙拉古城（Syacusae，Siracusa 或 Syracuse）位于西西里岛东南部阿纳普斯河河口东北部，为阿奇阿斯（Archias）率领的一批科林斯人所建，建

---

① 波利比乌斯：《历史》，3，24～25。

城的时间为公元前 734 年。城市因建在东、西地中海及意大利与迦太基的交通要道上，所以发展很快。到公元前 4 世纪，叙拉古港业已成为该地区重要的贸易枢纽。叙拉古早先实行贵族政治，由掌握土地者（称"葛摩里"，Gamori）执政治国，后又出现过僭主政治和民主政治。伯罗奔尼撒战争期间，狄奥尼修斯一世利用武力，重建僭主政治。他当政近四十年，不断增强叙拉古的军事实力。约公元前 344—前 343 年，科林斯将军提莫勒昂（Timoleon，?—约公元前 337 年）渡海攻占叙拉古，结束了叙拉古的僭主政治。但不久叙拉古的科林斯政权又为阿加托克利斯（Agathocles，公元前 361—前 289 年）所夺取。

公元前 288 年，叙拉古的一些来自南部意大利和坎佩尼亚的雇佣兵强占位于西西里岛东北端的城市——麦散那。他们自称"玛美尔提"，即战神之子。叙拉古曾组织力量多次打击"玛美尔提"。公元前 270 年，希耶罗二世（Hieron II，约公元前 305—前 215 年）在叙拉古称"王"。公元前 264 年，希耶罗二世率军包围麦散那，准备消灭"玛美尔提"。"玛美尔提"求救于迦太基的一支舰队，并在他们的帮助下，打败了希耶罗二世的部队。

图 2.4　拉丁文"SPQR"

但迦太基人也有在麦散那长驻下去的意图，"玛美尔提"便向罗马求援。对于"玛美尔提"的请求，元老院犹豫不决，"然而，平民们虽然因不久前的战争而饱经磨难，急需重建家园，却愿意听从军事指挥官①的意见。他们列举理由说明：战争除了能够给国家带来整体利益之外，还显然能使公民战利品中获得丰厚的报偿，因此，他们赞成出兵援助。当这项措施在森都里亚大会上通过之后，执政官之一阿庇乌斯·克劳狄被任命为此次行动的总指挥，并奉命渡海前往麦散那"②。公元前 264 年，罗马军队开入西西里岛，第一次布匿战争（公元前 264—前 241 年）爆发。

罗马军队出师不久便击溃了叙拉古军队，而且还迫使迦太基军队后撤，解了麦散那城之围。此后，罗马军队势如破竹，直抵叙拉古城。叙拉古国王希耶罗二世是一位务实的政治家，见罗马实力如此强大，便迅速与罗马结成联盟。罗马和叙拉古联盟的形成加速了战争的进程。他们迅速将迦太基逐出麦散那海峡。迦太基并不甘心失败，又将大军驻扎于西西里南部重镇阿格立根特，力图以此为据点抗击罗马军队，但收效甚微。公元前 262 年，罗马攻克阿格立根特，大约有 2 万居民被卖为奴。

迦太基在西西里东南部地区的失败，并不意味着它已经失去了抗击罗马的能力，因为迦太基的主要军事力量是海军。为了迅速赢得这场战争，罗马政府决定建立一支海军。公元前 260 年，罗马在南意大利诸希腊盟邦的帮助下，建立了一支以 140 只五列桨大船为核心的舰队。因为罗马舰队刚刚组建，所以在机动性和作战经验等方面都远不如当时的海上强国迦太基。为了弥补这些弱点，并充分利用罗马步兵的优势，罗马人发明了一种新的设备——吊桥。这种吊桥被安装在船头，吊桥的一端有钩子，两面有护栏。当罗马的船和敌船靠近时，吊桥放下，吊桥前端的钩子就像乌鸦嘴一样钉住敌舰的甲板，步兵便从这里冲过去，与敌人展开短兵搏斗。这是罗马人扬长避短、充分利用自己的优势获取胜利的最重要的方法之一。正是利用这一优势，罗马人取得了第一次海战的巨大胜利。

公元前 260 年，刚刚组建的罗马海军在执政官盖约·杜伊利乌斯的领

---

① 指执政官。
② 波利比乌斯：《历史》，1，11。

导下，与迦太基海军在麦散那以西、西西里东北角的米雷海角遭遇。罗马军利用乌鸦战术，首次打败迦太基舰队。在这次战斗中，迦太基人损失了50只船。为了纪念这次海战的胜利，罗马人在广场上建立了一个圆形纪念柱，柱上饰以迦太基被俘获的船头和庆祝铭文。执政官杜伊利乌斯也因此获得了殊荣。据李维记载："他是罗马所有将领中第一个因海战而获得凯旋的人。因为这一原因，他被授予一项永久性的荣誉，即在他面前应有一个人持蜡制的火炬。当他外出用餐回来，笛手应吹笛迎接。"① 米雷一战，使罗马人一度控制了西西里大部分水域。西西里诸城纷纷归附罗马，迦太基在西西里的优势已不复存在，留给它的只有西西里西端的若干孤零零的据点。

就在这一时候，罗马人决定在海外开辟第二战场。公元前256年，罗马装备了230艘船只向北非出发，统领舰队的是这一年度的执政官伍尔索（Vulso）和列古鲁斯（Regulus）。罗马舰队与拥有350艘船只的迦太基舰队在西西里南面的埃克诺姆斯海角相遇，双方展开了一场有史以来最大规模的海战。罗马人投入的兵力是14万人，迦太基为15万人。在这次战斗中，罗马的吊桥再次发挥了威力，迦太基军遭到惨败。其中有30多艘船只被击沉，64艘船只被俘虏。而罗马人仅失去了24艘船只。此战不久，罗马军便在阿非利加北部登陆。

罗马登陆军最初在北非打了一些胜仗，占领了克鲁佩阿等城市，掠夺了一部分财富。但对迦太基的围攻显然是远征军在短期内不能完成的。元老院于是决定留下一名执政官和2万名士兵在北非驻守，其余的一名执政官和军队调回罗马。后来这支军队由于在一次战斗中错误出击，除了2000多人逃回外，其余的都被迦太基人消灭，罗马执政官列古鲁斯也在战斗中被俘。罗马人在海外开辟第二战场的计划随即落空。

此后，双方又断断续续地战斗了十多年。迦太基将领哈米尔卡坚守西西里西部的几个据点，并不时骚扰意大利沿海地区。罗马人又倾力造船，于公元前241年终于攻下迦太基在西西里的最后据点。迦太基在军事上完

---

① 李维：《罗马史》，17。

全失败的情况下，被迫向罗马人求和。当时的罗马指挥官鲁达提乌斯欣然接受了迦太基的求和要求。"因为他意识到罗马的资源已经被战争消耗殆尽，他用和约成功地结束了战争。"[①] 和约的大致内容是：

> 如果罗马人民同意的话，那么迦太基人和罗马人民之间就应该在下列条件下建立友谊：迦太基必须撤出西西里全岛，不得对希罗发动战争，也不得用武力干预叙拉古及其联盟的事务；迦太基必须把所有战俘无偿地交还给罗马人；迦太基人必须在 20 年内分批向罗马人支付 2200 优卑亚他连特白银。[②]

但当这些条款被送到罗马时，遭到了罗马人民的拒绝。后者选派了一个由十人组成的委员会去调查情况，提出新的解决方案。而从后来签订的协议的内容看，委员们对上述条款的款项并未做出实质性的改变，而只是对条款的某些部分稍微作了些修改。例如，他们把原定的支付期限缩短到了 10 年，将赔款数额增加到 3200 他连特，并要求迦太基人撤出在西西里岛与意大利之间的所有岛屿。这样，罗马在与迦太基人争夺西西里控制权的战争中终于取得了胜利。

三、汉尼拔战争

罗马与迦太基之间的第一次战争是世界古代史上规模空前的战争，战争历时 24 年，战争的结局无论对于迦太基人还是对于罗马人都有非常巨大的影响。

对于迦太基人而言，战争的失败不但使迦太基人失去了广大的土地，而且也使迦太基人失去了大量的资金。为了准备这次战争，迦太基从意大利、西班牙等地招募了大批雇佣兵，其中有利比亚人、西班牙人、南意大利人、坎佩尼亚人和高卢人等。对于这些雇佣兵来说，战争是他们谋生的主要手段，但战后，由于迦太基经济凋零、国库空虚，根本无力发放军饷，

---

① 波利比乌斯：《历史》，1，62。
② 波利比乌斯：《历史》，1，62～63。

因而引起了两万雇佣兵的不满与暴动。迦太基政府只得重新起用哈米尔卡为司令官，派兵镇压。大约经过 3 年 4 个月的时间，雇佣兵暴动才被最后平息下去。波利比乌斯认为：这是"我们所知道的所有战争中最残酷、最无法无的一次战争"①。

迦太基的雇佣兵起义不但削弱了迦太基自身的力量，而且又为罗马人染指撒丁尼亚岛提供了机会。公元前 238 年，罗马派军从迦太基手中夺取了撒丁尼亚岛。迦太基对此提出抗议。罗马以迦太基违令准备船队为由，向迦太基宣战。迦太基因雇佣兵战争已无力再与罗马交战，只好忍痛割爱，主动放弃撒丁尼亚，并向罗马交纳赔款 1200 他连特。

通过与罗马人的战争和随后的雇佣军之乱，迦太基决策层也逐渐意识到：大规模利用雇佣兵有很大的缺陷和弊端。这些缺陷和弊端主要表现在：雇佣兵不但无法与罗马军团抗衡，而且花费巨大；搞得不好，还会动摇国家的根基，成为国家的巨大威胁力量。正是建立在这一认识的基础上，迦太基全力鼓励哈米尔卡向西班牙发展，从而着手训练一支高水平的、代表迦太基利益的西班牙军队。当时迦太基只在西班牙南部沿岸有些贸易据点。公元前 237 年后，迦太基大将哈米尔卡率军侵入西班牙，经过哈米尔卡及其女婿哈斯德鲁巴两代人的征战和经营，迦太基在西班牙的势力大为增加。在哈斯德鲁巴时期，迦太基人还在西班牙的东南海岸建立了新迦太基城。这一城市后来发展成为西班牙的首府。更为重要的是：在扩展领土的过程中，迦太基人建立了一支训练过硬、能打硬仗的军队。

迦太基人在西班牙的发展和扩张最初并未引起罗马人的注意和重视。公元前 231 年，罗马为其盟邦马西利亚的商业利益曾派使者到西班牙，对哈米尔卡的行为进行调查。据说，哈米尔卡佯称经营西班牙是为了向罗马偿还赔款。或许是因为当时还没有危及罗马人自身的切身利益，所以罗马使团并没有对迦太基在西班牙的扩张加以指责。公元前 226 年，罗马再次派遣使者，与当时的执政者哈斯德鲁巴交涉西班牙事务。哈斯德鲁巴应允迦太基人在西班牙的发展将以埃布罗河为东部的界限。

---

① 波利比乌斯：《历史》，1，88，7。

罗马在取得与迦太基人战争的胜利后，信心和实力大增。它先占领了撒丁尼亚岛，后又向意大利北部发展。公元前 232 年，保民官提议在卢比孔河以南的高卢地区进行大规模的移民。弗拉米尼乌斯出任执政官后，继续推行征服和同化山南高卢的政策。公元前 224 年，罗马军打败波伊人。次年，罗马大军渡过波河，进攻高卢的另一大部族印苏布列斯人，并取得胜利。公元前 220 年，高卢部族因不敌罗马人的大规模进攻，纷纷投降。至此，罗马人基本上解除了长期困扰他们的高卢人之患。罗马虽然没有达到完全征服高卢的目的，但在高卢人的核心地区建立了两个拉丁殖民地，即普拉钦提亚和克列莫那。同时还修筑了两条通往北方的军用大道，其中弗拉米尼乌斯大道直通亚德里亚海边的阿利米浓港，奥列里大道沿埃特鲁里亚海岸通比萨。这些道路的开通不但加强了罗马对山南高卢的控制，而且也为罗马以后经济的发展创造了有利的条件。

在罗马人忙于征服高卢人的同时，迦太基人在西班牙的发展也相当惊人。公元前 221 年，哈斯德鲁巴被一名凯尔特人杀死，哈米尔卡的儿子汉尼拔被军队拥立为司令官。不久，军队的这一选择又为迦太基政府所确认。

汉尼拔上任后潜心经营，大胆开拓，很快就使迦太基在西班牙的统治范围向北扩至埃布罗河和托来多山。迦太基势力在西班牙的不断发展，使位于埃布罗河以东的西班牙城萨贡图姆十分不安。由于担心迦太基人的侵略，从公元前 220 年开始，萨贡图姆就不断向罗马求援。罗马元老院派使节到新迦太基，声称罗马有义务保护萨贡图姆的利益，警告迦太基主将汉尼拔不要侵犯该城。公元前 219 年，汉尼拔不理罗马的警告，率领 15 万大军围攻萨贡图姆。罗马因忙于伊利里亚战争，并未派兵援助萨贡图姆。萨贡图姆在寡不敌众的情况下，最后陷落。城内的大部分成年男子被杀。萨贡图姆的陷落，对罗马打击不小。元老院迅速做出决定，派遣以昆图斯·法比乌斯为首的使团前往迦太基。然而迦太基政府一再强调，攻陷萨贡图姆的目的并非针对罗马，不可能破坏两国间签订的条约。罗马使团与迦太基政府的交涉以失败告终。

昆图斯·法比乌斯掀起自己长袍的前襟，作了一个深兜形状，说

图2.5 罗马建筑遗迹

道："我们在这里给你们带来了战争与和平，你们自己选择吧！"但当他说这些话的时候，迦太基人同样傲慢地回答，"随你便！"于是，他放下袍子的前襟，大声喊道："我给你们战争！"在场的迦太基人都异口同声地回答，他们应战。①

迦太基和罗马之间的战争不可避免。公元前 218 年，罗马向迦太基宣战，罗马与迦太基之间的第二次战争爆发（公元前 218—前 201 年）。因领导这场战争的迦太基将领是汉尼拔，故又称作"汉尼拔战争"。

罗马人在宣战以前，就拟出了使战争局限于阿非利加和西班牙的作战计划。元老院在意大利征集 6 个军团的兵力，其中一部分派往迦太基的本土，另一部分派往西班牙②。罗马的目的是要捣毁迦太基在西班牙建立起来的进攻罗马的新基地。但汉尼拔采取先发制人的策略，毅然决定从北方越过阿尔卑斯山直捣罗马人的心脏——意大利，打一场无战略后方、无补给线的主动出击战，力图以此来打乱罗马人的战略布局③。

当汉尼拔已经从新迦太基出发时，罗马人还没有汉尼拔方面的确切情报。两执政官仍按计划分别率军向非洲和西班牙进发：塞姆普罗尼乌斯经西西里到阿非利加，科尔涅利乌斯·西庇阿经马西利亚到西班牙。当西庇阿到达罗纳河口在马西利亚登陆时，才发现汉尼拔已越过比利牛斯山。西庇阿想在罗纳河渡口堵截汉尼拔，但当西庇阿赶到渡口时汉尼拔已过河向阿尔卑斯山进发了。于是西庇阿迅速做出决定，派自己的弟弟格涅乌斯继续前往西班牙，自己则率一部分船队赶回意大利，准备迎击汉尼拔的进攻。

汉尼拔花了 15 天的时间翻越了阿尔卑斯山，成功地到达意大利半岛北部，达到了出其不意的目的。从迦太基出发到翻越阿尔卑斯山，汉尼拔总共用了 5 个月的时间，付出了很大的代价。据波利比乌斯记载：当汉尼拔到达波河流域时，迦太基的军队只剩下了 12000 名阿非利加人、8000 名伊

---

① 李维：《罗马史》，21，18。

② 派往西西里的士兵是 2.6 万，160 艘战船；派往西班牙的士兵是 2.4 万，60 艘战船。

③ 当汉尼拔决定从西班牙向意大利进发的时候，遇到的最大困难是军需的筹办。为此，汉尼拔曾多次开会讨论，寻找解决问题的最佳方案。汉尼拔的一位部下直言不讳，认为"只有一个办法可以穿越意大利"。这就是教会士兵吃人肉。参见李维：《罗马史》，9，24。

伯里亚人和 6000 名左右的骑兵。① 不过，汉尼拔进入山南高卢后，受到了罗马新征服的印苏布利斯人的热烈欢迎。汉尼拔从高卢人那里获取了大量的补给。不过，由 2 万余主力挑战一个拥有近 80 万兵力的罗马国家在人类历史上还是极其罕见的。这一点就连波利比乌斯也感到非常吃惊。他说：

> 为了用事实说明汉尼拔尝试去进攻的是一个多么强大的国家，他勇敢向之挑战，并几乎为之带来巨大灾难的帝国的力量是多么雄厚，我必须谈谈罗马的资源和他们当时兵力的具体数字。两执政官指挥的有 4 个完全由罗马公民组成的军团，每团步兵 5200、骑兵 300。另外每执政官军中还编入同盟军步兵 30000、骑兵 2000。临时调来协助罗马人作战的萨宾和埃特鲁里亚部队有骑兵 4000、步兵 50000 有余。罗马人将他们集中在埃特鲁里亚边境沿线，由一名行政长官级官员指挥。从住在亚平宁山区的翁布里亚和萨西纳提人中征集的兵力达 20000，同他们一起还有威尼提人和塞诺曼尼人 20000。罗马把这些人部署在高卢边境，命他们进入波伊人境内以牵制入侵者的兵力。以上是保卫罗马领土的现役兵力。此外，罗马自己还留有一支随时可以参加任何战斗的后备军：其中步兵 20000、骑兵 1500 完全由罗马公民组成，另有步兵 30000、骑兵 2000 是各同盟国提供的。

> 据报道，此外还有在册可征用的士兵，人数如下：拉丁诸城步兵 80000、骑兵 5000；萨姆尼特步兵 70000、骑兵 7000；亚皮言人和美萨比人步兵 70000、骑兵 16000；路卡尼亚人步兵 30000、骑兵 3000；马尔西人、马卢西尼人、弗兰塔尼和维斯提尼人共有步兵 20000、骑兵 4000，在西西里和他林敦还有两个后备军团，每团步兵 4200、骑兵 200。罗马人和坎佩尼亚人在册的有步兵 25000、骑兵约 23000。

> 据此，罗马和盟军能拿武器战斗的总人数为步兵 70 余万、骑兵 70000 多，而汉尼拔侵入意大利时兵力充其量不到 20000 人。②

---

① 波利比乌斯：《历史》，3，56。

② 波利比乌斯：《历史》，2，24，见《世界古代及中古史资料选集》，北京：北京师范大学出版社，1991 年版，第 242～243 页。

由此可见汉尼拔挑战罗马人的决心。

罗马人因为战略判断上的失误，导致战争初期非常被动。执政官西庇阿从西班牙回师意大利后，迅速赶往北部。不久，西庇阿军和汉尼拔军在波河支流提西努斯河附近相遇。双方发生激战，迦太基获胜。罗马军队损失三分之二。西庇阿被迫放弃波河以北，退守波河南部。这时原来派去阿非利加的塞姆普罗尼乌斯已到达西西里，元老院急忙召他回来与西庇阿会师。两执政官联军在波河南支流特列比阿河附近与汉尼拔再次交战。罗马军惨遭失败，4万人仅剩1万多人。上述两次战役充分显示了汉尼拔的军事天赋，在古代军事史上占有非常重要的地位。

公元前217年，塞姆普罗尼乌斯和西庇阿的任期届满，塞维留斯和弗拉米尼乌斯当选为罗马新的执政官。为了阻止汉尼拔军南下，元老院决定派他们分守两条大道：塞维留斯到阿利米浓防守弗拉米尼乌斯大道；弗拉米尼乌斯守卫穿越埃特鲁里亚的克鲁西大道。

汉尼拔在初步打败罗马人之后，开始南下。他挑选了无人把守的山口，穿过沼泽区，出奇兵在弗拉米尼乌斯大军的南面出现。弗拉米尼乌斯急忙调兵南下。公元前217年，罗马军队在特拉西美诺湖（Thrasymene）附近遭到汉尼拔的伏击，执政官弗拉米尼乌斯及15000名将士战死。对于罗马人来说，特拉西美诺湖之役又是一场巨大的灾难。波利比乌斯说：

> 当战败的消息传到罗马，国家政要对于这场灾难的严重性再也不能掩盖、再也不能大事化小，小事化了了。他们必须召集人民大会，公布实情。当行政长官在讲坛上宣布："我们在一场大战中被打败了"，此言所产生的震惊是如此之大，以至对那些在两个场合都在的人①来说，这一刻的灾难甚至比战役实际发生时还要严重得多。这并不令人惊讶。因为这么多年来，人民从未听到过公开承认失败的言论或事实，以至他们无法以平常的心态或有尊严地承受这样一次打击。②

① 指既亲历了那场战役，此刻又聆听行政长官的宣告的人们。
② 波利比乌斯：《历史》，3，85。

特拉西美诺湖战役之后，罗马局势非常危险。为应付危局，改变当时的被动局面，元老院选举法比乌斯·马克西姆斯为独裁官（Dictator）。独裁官一职在罗马史上已经有 30 多年没有任用了。

法比乌斯是一位有经验和智慧的元老。他就任后，采取保存自己实力的策略，尾随汉尼拔大军，使汉尼拔不能围攻任何城镇，但又竭力回避同汉尼拔作正面冲突；同时又坚壁清野，不时派小分队迂回阻截汉尼拔的后路和侧翼，使汉尼拔首尾难顾，不得安宁。法比乌斯认为：在没有办法迅速消灭汉尼拔的情况下，使用迁延战术是正确的。他的格言是："只有在迫不得已的时候，才与绝顶天才的军事家作战。"[①] 但这种战术也有一定的风险。因为汉尼拔在意大利土地上长时间的狂掠践踏是罗马及其同盟者无法承受的。有人甚至怀疑法比乌斯，认为他怯懦。[②] 但也有人认为他的战术是正确的。无论如何，到公元前 217 年末，汉尼拔洗劫了意大利的很多地方，但没有建立一个相对稳固的根据地。

公元前 216 年，法比乌斯六个月的独裁官任期已满，指挥权重新转回到新选出的两个执政官手里。要求迅速结束战争的呼声促使两执政官在条件不成熟的情况下仓促与汉尼拔决战。

公元前 216 年 8 月 2 日，战斗在阿普利亚坎尼城附近的平原上展开。当时双方的兵力是：罗马步兵比汉尼拔步兵多将近一倍，但汉尼拔的骑兵占较大的优势，由高卢、西班牙、努米底亚人组成的骑兵约 10000 人，而罗马只有 6000 骑兵。就军事经验和才能而言，罗马的两个执政官也远远比不上汉尼拔。

罗马的指挥官认为，在坎尼这样开阔的平原上作战，对罗马有利。因为罗马人不用惧怕汉尼拔的伏兵计，他们可以通过人海战术来压垮对方。但是汉尼拔毕竟是聪明绝伦的军事家，他在战前布阵时首先考虑的是当地的自然环境和气候特点。当他知道坎尼经常在中午时分开始刮猛烈的东风时，他选择背对着东风的阵地。当他发现战场旁边有一个长满树林的山谷时，他就事先在这里埋伏了一些骑兵和轻装步兵，命令他们在交战而风刮

---

① 阿庇安：《汉尼拔战争》，3。
② 法比乌斯，一译费边，因采用"拖延战术"，被当时一部分人讥讽为"迟缓者"（cunctator）。

起来了的时候，袭击敌人的后卫。他又武装了 500 凯尔特和伊伯里亚人，除他们的长剑外，还在他们的衣服下面暗藏了一把短剑，当他发出信号时，他们就使用短剑。他也把他的全部军队分作三个战斗行列，把他的骑兵队摆在两翼，尽量延长他们的距离，以便可能时包围敌人。同时，他还保留了一部分军队作为后备军，以供危急时灵活使用。战斗完全按汉尼拔的意图进行。罗马军虽拼死抵抗，但还是摆脱不了被动挨打的局面，最后全军覆没。在这场战役中汉尼拔军损失 6000 人，而罗马人则有 4.4 万人被杀，其中包括执政官一人及从军的元老院元老 80 人。这是罗马历史上遭受过的伤亡最多的一次失败。坎尼战役是以少数军队包围并全歼多数的一个著名战例，在世界军事史上占有十分重要的地位。

坎尼战役结束后，汉尼拔的骑兵司令曾向汉尼拔建议："您可能意识到了这次战役的后果。五天之内，您将在卡庇托尔山上设宴痛饮了。"但汉尼拔没有接受他的建议。这位司令官最后不无感慨地说："神灵确实没有把所有的智慧赐予同一个人。汉尼拔，您只能赢得胜利，但不知道如何利用胜利。"① 从以后的发展来看，汉尼拔有作战天赋，但确实没有将作战优势转化为战略和政治胜势的能力。

坎尼战役对于罗马的打击是非常严重的。据阿庇安说："当在罗马宣布这个惨败的消息之时，人们聚集在大街上，为他们的亲人痛哭流涕，呼叫着亲人的姓名，同时也为自己的命运悲伤担忧，因为他们不久也将成为敌人的囊中之物。妇女们领着自己的儿女向神祈祷，希望罗马的灾难马上结束。罗马的行政长官也举行祭祀，祈求诸神保佑罗马。"② 确实，在坎尼战役及其以前一年多的时间里，罗马已经连续数次遭受了大的失败，损兵折将 10 万人，几乎所有家庭都有失去亲人之痛。与此同时，中南部意大利和西西里的许多城市因为看到汉尼拔的胜利，一个个背叛罗马，其中有卡普亚、他林敦和叙拉古等，尤其是卡普亚和叙拉古的背叛给罗马造成很大的影响。卡普亚是中部意大利的工业首城，一直以生活富庶著称。它倒向汉尼拔，不仅给汉尼拔提供了良好的冬营基地，而且还为他提供了丰富的军需

---

① 李维：《罗马史》，22，51。
② 阿庇安：《汉尼拔战争》，5。

图 2.6　罗马妇女雕像

补给；更为重要的是，这一举动大大动摇了意大利同盟反抗汉尼拔的决心和信心。叙拉古是西西里的希腊名城。在希耶罗二世时，叙拉古一直是罗马人的忠实同盟。公元前 215 年，希耶罗二世去世，其孙继位。他一改原来的亲罗马政策，倒向迦太基。应该说，罗马在这个时候确实到了最危险的时候。不过，罗马人并没有失去勇气和力量。也就是在这关键时刻，元老院这一共和国的中坚发挥了至关重要的作用。它果断采取措施，征召 17 岁以上青年参军，并由国家购买奴隶，将其编成两个军团。同时，它还动用国库的全部财富，增加财产税，并以此来支援战争。在战术上则继续推行法比乌斯消耗敌人精力的迁延战术，避免与汉尼拔进行正面作战，使汉尼拔找不到与罗马进行决战的机会。此后，迁延不交战成了罗马在意大利所有作战行动的基本战术。

罗马在强硬派元老的领导下逐渐恢复了元气。公元前 212 年，罗马乘汉尼拔南下占领他林敦之际，迅速包围卡普亚。汉尼拔虽亲自救援，但一直未获成功。次年，卡普亚被罗马攻克，受到了严厉惩罚。卡普亚的元老院成员和几十位有影响力的公民被处死，一部分居民被卖为奴隶，大片土地遭没收，城市原先的自治权也被剥夺。对于卡普亚的严惩确实起到了杀一儆百的作用，在某种程度上确保了罗马的最后胜利。随着卡普亚的收复，迦太基人在意大利的主要优势已逐渐转往罗马一方"[1]。

几乎与此同时，罗马又派马尔凯鲁斯分海、陆两路围攻叙拉古。马尔凯鲁斯是汉尼拔战争时期涌现出来的优秀将领。但在进攻叙拉古时，他遇到了很大的麻烦。这些麻烦主要来自叙拉古的伟大数学家和工程师阿基米德。因为阿基米德制造了一些杀伤力很强的新型军事武器，叙拉古人正是利用这些武器多次击败罗马人的进攻。其中重要的有阿基米德利用杠杆和滑轮原理设计的投石机和抓船机。投石机把石头抛入罗马军队的步兵阵列中，抛到逼近城墙的舰船上。抓船机则利用铁爪把舰船抓起，提到半空，然后将其摔碎。在阿基米德的先进技术面前，罗马人损失惨重。公元前 212 年早春，马尔凯鲁斯利用阿尔基密斯节叙拉古军队饮酒过多这一时机，向

---

[1]　阿庇安：《汉尼拔战争》，7。

图 2.7 老西庇阿青铜像

叙拉古发动进攻，并一举成功。军队进城时，罗马统帅马尔凯鲁斯曾下令活捉阿基米德，但许多士兵未接到命令。一名罗马士兵冲进阿基米德家中。阿基米德正在沙堆上专心研究几何，他刚说了一句"不要动我的图"，罗马士兵的利剑就刺进了他的胸膛。对于阿基米德的死，甚至连马尔凯鲁斯也痛惜不已。叙拉古城的失陷，使罗马基本恢复了在西西里的统治。此后，战争的天平逐渐倒向有利于罗马的一边。公元前209年，罗马收复了他林敦以及萨姆尼乌姆和阿普利亚的一些要塞。汉尼拔逐渐被挤到意大利南部的狭小地带。

公元前207年，汉尼拔的弟弟哈斯德鲁巴获准去意大利援助汉尼拔。他经西班牙北部越阿尔卑斯山到北意，得到高卢人支持，队伍有所壮大。但是罗马人俘获了哈斯德鲁巴派去与汉尼拔联系的信使，从而获取了哈斯德鲁巴的行军路线。罗马军队以逸待劳，在翁布里亚美陶路斯河口，一举击败迦太基援军，主将哈斯德鲁巴战死疆场。汉尼拔在获悉援军失利的消息后，只得退守南部意大利的布鲁丁。

公元前205年，年轻的西庇阿破例当选为罗马执政官。西庇阿是公元前210—前206年统率西班牙罗马军队的总指挥①。经过4年的努力，西庇阿不但打垮了西班牙的迦太基势力，捣毁了汉尼拔的西班牙基地，而且还锻炼了一支掌握新战术、使用新武器的新式罗马军队。西庇阿就任执政官后，极力主张开辟第二战场，把战争打到迦太基本土去。他认为："如果不派遣一支罗马军队进入阿非利加境内，给迦太基本土施加压力的话，罗马人要摆脱汉尼拔和迦太基人对意大利的骚扰显然是不可能的。"② 他的建议得到了森都里亚大会的鼎力支持，最后元老院允许他率军远征阿非利加。西庇阿先把部队运到西西里，经过周密准备，在非洲乌提卡登陆。公元前204年双方多次交战，互有胜负。公元前203年，大平原一战，西庇阿以奇兵击败迦太基军。同年，汉尼拔被迦太基当局召回国内。公元前202年，双方在迦太基以南的扎马附近发生激战。这是一场规模很大的会战，双方各投入兵力4万人，罗马方面得到马西尼撒之助，骑兵占优势，汉尼拔多

---

① 在西庇阿以前，他的父亲和叔叔一直在西班牙战场上作战，牵制汉尼拔的行动，最后皆战死疆场。

② 阿庇安：《汉尼拔战争》，9。

了一些战象，骑兵力量不如罗马。战斗的最后结果是罗马人取得了胜利。此战罗马人损失 2500 人，汉尼拔损失 25000 人，被俘 8500 人。[①] 扎马之战，是汉尼拔第一次也是最后一次失败。西庇阿则因为这次胜利而取得了"大阿非利加（Africanus Maior）"的称号。

对于罗马人来说，赢得了扎马之战，实际上也就赢得了整场战争。因为到这个时候，迦太基人已经基本上失去了与罗马抗争下去的任何能力。公元前 201 年，迦太基在罗马人的高压下，被迫接受罗马人提出的条约。条约规定：迦太基必须放弃阿非利加以外的全部领土；除保留 10 艘船舰外，其余一律交给罗马；迦太基必须向罗马赔款 1 万他连特，分 50 年付清；未经罗马许可，迦太基不得与任何国家交战。为了保证履行上述条款，迦太基还向罗马交出 100 名人质。历时 18 年之久的汉尼拔战争最后结束。汉尼拔战争开创了一支军队挑战一个国家的先例。

应该说，罗马取得汉尼拔战争的胜利是一件非常不易的事。胜利的原因固然很多，但很主要的一条就是罗马元老院的坚强领导。元老院是罗马共和国的核心，也是共和国公民社会的灵魂，在国家生活的所有领域都拥有广泛的权威。共和之初，元老一般由罗马执政官任命。公元前 3 世纪后半叶以后，监察官接掌了鉴定和任命元老的权力。根据相关法律，监察官每五年对元老进行一次审核、修订，开除不称职的元老成员，并不时从有杰出成就的公民中补充新鲜血液进入元老院。元老院成员因为大多来自刚刚卸任或卸任不久的高级官员，行政和军事经验丰富，判断和决策能力超群。希腊哲学家西尼阿斯把他们的决策会议誉作是"诸王集会"。[②] 元老院一般都从罗马的国家利益出发，对内实行"和谐"的政治路线，以妥协来协调各方的利益，以妥协来调整共和政体各机构的关系，把一些事情托付给杰出的权威人物，把另一些事情留给民众协商，按民众的意愿行事，[③] 汉尼拔战争 18 年间，罗马几乎没有发生过严重的内耗；对外又坚决实施罗马原则，对高傲者严惩不贷，对卑微者宽容有加，审时度势，打、拉有度。汉

---

① 阿庇安：《布匿战争》，8。

② 阿庇安：《萨姆尼特人的历史》。

③ 西塞罗：《论共和国》，1，45。

图 2.8　穿托迦的巴贝里尼

尼拔战争期间,元老院是国家的大脑、民众的依靠、信心的源泉和胜利的保证。它所制定的政策,如:捣毁汉尼拔的西班牙基地,拖垮汉尼拔的迁延战术以及在迦太基开辟第二战场等,都反映了元老院的远见卓识,对胜利结束汉尼拔战争意义重大。

所以,从某种意义上说,元老院的正确领导保证了汉尼拔战争的胜利,而战争的胜利又给罗马人带来了另外一个意想不到的成果,即更加巩固了元老院在国家事务中的领导地位。

对于汉尼拔的军事才能,后世史家皆有评价,其中著名的有李维和波利比乌斯。

李维认为:汉尼拔被派往西班牙,受到当地军队的热烈欢迎。随着这位年轻人的到来,老兵们感到,哈米尔卡又回到了他们的中间。汉尼拔的容貌和他的一颦一笑都使他们看到了他当年的父亲:

> 他的神情中透露着同样的活力,他的眼睛里闪耀着同样的火光。不久之后,他就不再需要仰仗人们对他父亲的记忆来使他获取爱戴和服从了,他本人的素养足以达到让人爱戴、使人服从。统帅军队的能力和乐于服从的性格很难紧密相伴。而在汉尼拔身上,两者得到了完美地融合。这种融合使他既得到了指挥官的赞赏,又得到了部下的尊敬。在任何一次需要魄力和勇气的战斗中,哈斯德鲁巴都更愿意起用汉尼拔,而不是其他军官;而在他的指挥下,士兵们总能表现出最大的锐气和自信;他不惧危险,显示出高超的作战能力;无论身体还是精神上,他都不屈不挠,能够忍受酷暑与严寒;他的饮食绝不是为了满足口腹之欲,而是为了维持体力;他醒着的时间和睡眠的时间从不由昼夜的变化来决定:只有当他完成了任务之后,他才歇息,并且,不需安静的环境和柔软的床铺以求熟睡。在站岗、执行警戒任务时,人们常常看到他躺在光秃秃的平地上,在普通士兵中间和衣而卧;他的武器装备就像他的坐骑一样,总是十分精良的,但他衣着朴素,和其他任何一个与他同等级别的军官没有什么不一样;无论是骑马还是徒步作战,他都像一位斗士,总是冲锋在前,最后一个撤离阵地。这

些就是他的优点，这些优点是伟大的。然而，他的缺点也很明显：毫无人性的残忍、比一般的布匿人更背信弃义、全然漠视真相、荣誉和宗教，漠视誓言和其他所有人视为的神圣之物。这就是那位在哈斯德鲁巴麾下效力 3 年的那个人的复杂性格。在这 3 年中，他所做过并见过的一切，都足以成就其成为一位杰出的军事将领。[①]

波利比乌斯则从管理这一层面对汉尼拔作了深刻的分析。他说：

当人们考虑到汉尼拔战争所持续的时间，并仔细回顾大大小小的战役、他的围城战、城市从这一方投向另一方、在各个阶段所面临的困难，总之，只要对他的所有策划以及计划执行有所了解，人们都无法不对汉尼拔的指挥艺术、他的勇气和作战才能表示敬佩。他与罗马人进行了整整十六年连续不断的战争，从未从战场上解散自己的队伍，而是像一个优秀的船长，将如此一支庞大军队置于自己的控制下，既没有使他们背叛自己，也没有使他们彼此反目。尽管他的军队由不同的国家、不同的民族组成，但他却成功地做到了这一点。与他在一起的有阿非利加人、西班牙人、利古里亚人、凯尔特人、腓尼基人、意大利人和希腊人。这些人在法律、习俗、语言或其他方面没有任何自然的共性。然而，他们的将领竟然有能力将自己一人的声音、一人的意志强加于这样一群完全不同的士兵身上。更何况，这一切并不是在一成不变的条件下，而是在变化莫测的环境中，在命运的大起大落中实现的。由此，我们有充分的理由对汉尼拔在这些方面的才能表示钦佩，并可以有把握地说，如果他先是征服了世界的其他地方，最后再回来征服罗马，那么他的一切计划都将成为现实。[②]

波利比乌斯是希腊人反抗罗马的将军，领过兵，打过仗，所以对汉尼拔在领导方面的评价是很有道理的。

---

① 李维：《罗马史》，21，4。
② 波利比乌斯：《历史》，11，19。

第二节　对地中海地区的征服

一、征服地中海西部地区

就罗马而言，汉尼拔战争是其走向兴盛的转折点。这次战争摧毁了它在地中海地区的强大竞争对手——海上强国迦太基，从而使其一跃成为这一地区最强大的国家，其军事实力、财政实力都是这一地区的其他任何国家所不能比拟的。随着罗马实力的增长，国家土地、人力和资源的不断增加，罗马的政策也发生了很大的变化。在随后的半个多世纪里，罗马开始实行干预他国内政、建立自己势力范围的扩张主义政策，对西班牙的征服就是这种政策的必然结果。

罗马人对西班牙的征服并不是一步到位的，而是花了很长的时间，采用了武力和外交等多种方法。从现有的材料看，汉尼拔战争以后，罗马人从迦太基人手里夺得的只是西班牙南部的若干地区，并没有征服当地的全部居民。为加强对被征服地区的管理，罗马人在这里设立了两个行省，即近西班牙行省（Hispania Citerior）和远西班牙行省（Hispania Ulterior）。行省总督由元老院选派，任期一般为两年。除远、近西班牙行省外，西班牙的内陆地区还居住着众多独立、自由、强悍的部落。后来，由于罗马官员对所属或非所属部落采取高压、侵略和掠夺政策，因而不时引起当地居民的反抗。但因为这种反抗带有明显的种族和地方色彩，因此很容易被罗马镇压。

公元前154年，为反抗罗马将军的残暴和不义行为，西班牙各部落纷纷起义。北部和中部的凯尔特和伊伯利亚人以及中西部的路西塔尼亚人都参加了这次起义。起义的规模如此之大，以至元老院竟把公元前153年的执政官派往西班牙。为了使执政官尽快到任，就任执政官之职的传统日期也由每年的3月15日改为每年的1月1日。进入公元前2世纪40年代以后，在西班牙路西塔尼亚地区又出现了一次起义。据说，领导这次起义的是一位名叫维里阿萨斯的牧人，他曾迫使罗马人承认他为路西塔尼亚之王，

"罗马人民之友"。这次起义一直延续了九年之久。

当然，在西班牙战事最为激烈的还要数努满提亚战争①。努满提亚是西班牙中部的一个强大的城市。战争断断续续打了若干年，直到公元前134年小西庇阿被罗马调往西班牙作指挥官，才最后结束了这场战争②。此后，西班牙在相当长的一段时间内保持了安定的局面。而西班牙除西北部地区以外的大部分地区也都并入了罗马帝国的版图，成为罗马帝国的一部分。

在对西班牙进行战争的同时，罗马人又向迦太基人发动了一次战争，史称"第三次布匿战争"。这场战争的原因显然与迦太基的快速发展有关。汉尼拔战争以后，迦太基积极发展经济，除迅速恢复一部分商业外，还在北非广大地区改进农业耕作方法，发展农业生产。战后第十年，迦太基已能提前偿还原准备分50年才能还清的赔款，而且还有大批余粮供给罗马在东地中海的远征军。迦太基经济上的壮大显然是罗马人不愿看到的。

当然，造成第三次布匿战争的导火线是努米底亚战争。努米底亚(Numidia)是迦太基的西邻。汉尼拔战争之后，罗马把努米底亚酋长马西尼撒立为全努米底亚国王。马西尼撒为加强对努米底亚的统治，在外交上忠于罗马，不时向罗马远征军送粮送军需。罗马人视他为自己国家的亲密伙伴。在内政方面，马西尼撒建立了一支由5万人组成的常备军，不断兼并附近的弱小部落，扩大自己的领地；同时还把分散的游牧部落改变为定居的农业部落。此外，他还乘迦太基兵败力衰之机，多次侵入和掠夺迦太基的沿海殖民地。公元前150年，马西尼撒再次进犯迦太基，遭迦太基反击。一年后，罗马以迦太基违反公元前201年和约中的条款为由向迦太基宣战，第三次布匿战争正式爆发（公元前149—前146年）。

战争爆发后，罗马迅速派遣军队前往北非。由于迦太基人同仇敌忾，英勇奋战，罗马军围城一年毫无进展。公元前147年，罗马公民选举年轻的科尔涅利乌斯·西庇阿·埃米利乌斯为执政官。因他是西庇阿·阿非利加的过继孙子，所以历史上又把他称作小西庇阿。小西庇阿接任执政官后，

---

①　后来历史上有名的提比略·格拉古也参加了这场战争。
②　关于西班牙战争的史料，主要参见波利比乌斯：《历史》，35，1～5；李维：《罗马史》，32、35、39、40、41；阿庇安：《伊伯利加》，8，39；16，98。

一方面整顿罗马在迦太基的军队，另一方面又以强大的兵力围攻迦太基。公元前 146 年迦太基城被罗军攻克。根据元老院的命令，迦太基城被夷为平地，城中的幸存者皆被出卖为奴。不久，罗马人便在迦太基的废墟上建立了一个行省，即阿非利加行省。存在了 600 余年的迦太基最终在地球上消失了。

二、征服地中海东部地区

罗马对迦太基的彻底征服使罗马的军事实力和经济实力达到了有史以来最鼎盛的时期。战争的胜利使罗马获取了大量的财富和资源，从而也为它的进一步对外扩张打下了坚实的物质基础。

罗马在战胜迦太基以后，西部地中海的强敌已不复存在，罗马军事的重心转向了地中海东部地区。

公元前 3 世纪至公元前 2 世纪时，东部地中海地区有若干希腊化国家，其中以巴尔干地区的马其顿王国、叙利亚地区的塞琉古王国、埃及的托勒密王国和小亚细亚的帕加马王国最为著名。从地缘上说，与罗马人靠得最近的是马其顿王国。它自然也就成了最先遭受罗马打击的希腊化国家。而这一点就是当时的希腊人也早有预料。公元前 217 年，希腊举行和平会议，埃托利亚同盟的一位代表就告诉马其顿人和希腊人，西部的汉尼拔战争无论谁胜，都将对马其顿和希腊形成威胁。因此，他建议马其顿和希腊人："目前，至少在西方爆发这场兵力众多、规模浩大的战争时，应该协调一致、为自身安全采取防范措施。因为，即使是我们中对国事最漠不关心的人也都清楚：在这场战争中，无论是迦太基人战胜了罗马人，还是罗马人战胜了迦太基人，获胜者绝不可能满足于意大利和西西里的统治权，他们必定会不惜践踏正义，将野心扩展至我们这里。因此，我恳求所有人，尤其是菲力普国王应对这一危险有所警惕。"[①] 这话很有先见之明。罗马击败汉尼拔后，其征战的矛头不是别的地区，正是马其顿和希腊。

---

① 波利比乌斯：《历史》，5，104。

图 2.9　玻璃杯

图 2.10　货币上提图斯·昆克图斯·弗拉米尼努斯的人头像

　　罗马与马其顿的战争开始于汉尼拔战争初期。当时，由于汉尼拔军的接连胜利，马其顿国王菲力普五世错误地认为这是其削弱罗马实力的大好时机。于是他便派人于公元前217年与汉尼拔缔结了同盟条约，公开打起了反抗罗马的大旗。罗马人通过外交努力，不但离间了马其顿人与一些希腊小国的关系，而且还赢得了帕加马、罗德斯和阿卡亚等同盟的支持。正是在这些小国的帮助下，罗马取得了第一次马其顿战争的胜利。

　　公元前200年，汉尼拔战争刚刚结束，罗马便以菲力普攻击罗马的盟邦为由向其宣战。当时欧洲两大主要军事强国之间的历史性冲突由此爆发。公元前199年夏天，罗马军通过伊利里亚突入北部马其顿。次年，罗马又派弗拉米尼努斯为罗马驻希腊军总指挥，具体负责与菲力普的战争。公元前197年，双方在帖撒利亚东部的基诺斯契法莱（Cynoscephalae，意为"狗头山"）发生大战。这是马其顿方阵与罗马军团之间的一场生死战。战斗打响后，罗马人向方阵发动了一次又一次的攻击，以疲惫马其顿军队，扰乱他们纵深而严密的队形。凡是方阵里显露紊乱征候的地方，就有企图楔入这个笨拙不灵的人群中的罗马中队出现。最后，当20个中队自侧翼和后方攻击方阵时，方阵的队形被打乱，纵深有序的士兵马上变成了四处逃窜的人群。会战最终以马其顿菲力普的失败而告结束。基诺斯契法莱之战是罗马人与马其顿人之间所进行的第一次大规模的战斗，罗马军团的优越性在这次战斗中得到了充分的发挥。

　　为了恢复和重建战后马其顿和希腊的秩序，罗马成立了十人委员会。公元前196年，委员们从罗马来到希腊，具体协助罗马总指挥弗拉米尼努斯解决希腊和马其顿的战后事务。根据十人委员会的建议，罗马元老院批准了罗马与马其顿的条约。条约允许菲力普仍为马其顿国王，但他必须支付少量赔款，交出几乎所有的船只；菲力普此后不得干预希腊事务，他必须从希腊撤兵，把原来占据的希腊据点交还给阿卡亚和埃托利亚联盟。在处理完马其顿事务以后，罗马人又对希腊作了具体的安排。这一安排是在伊斯米亚运动会上宣读公布的。李维对此有过下述精辟的描述。他这样写道：

　　观众入座以后，一位传令官由一位吹号手陪伴来到竞技场的中心。比赛的开幕仪式常常是在这里举行的。在吹奏让人安静的号曲以后，传令官宣读了下述公告，"罗马元老院和征服菲力普国王及马其顿人的将军提图斯·昆克提乌斯命令：所有科林斯人、弗契阿人、罗克里亚人、优勃爱人、马革尼西亚人、帖撒利人、帕尔海比阿人以及排提奥底斯的阿卡亚人都将获取自由免除贡赋，在自己的法律下生活。"这一目录包括了所有过去受菲力普国王统治过的城邦。

　　传令官把这一公告宣读完毕。人们因太激动以至都没有听清公告的全部内容。他们几乎不能相信自己听到的是真的，一个个惊讶得你瞧瞧我，我看看你，好像这是在做梦。人们都不能相信自己的耳朵，纷纷向旁边的人询问他们自己的利益会不会受到影响。当每个人都渴望重新听到这一命令、重新看到他们自由的通知者时，使者被再次召来并重新将上述公告宣读了一遍。至此，人们才相信，令人高兴不已的消息是真的。全场立即响起了雷鸣般的掌声和喝彩声。从经久不息的掌声和欢笑声中，我们似乎可以看到，就大众而言，人生的最大幸事莫过于获取自由。除埃托利亚以外的希腊人都欢迎这样的解决办法。①

　　公元前179年，帕尔修斯（Perseus）在菲力普五世去世后继承王位。帕尔修斯继位不久，便一改其父的对外政策。一方面与色雷斯、塞琉古和比提尼亚王室联盟，另一方面又号召希腊人起来反抗罗马。罗马害怕马其顿实力的增强，于是便在公元前171年向马其顿宣战。这场战争一共打了3年（公元前171—前167年）。

　　战争初期，双方互有胜负。公元前168年，罗马军总指挥鲍鲁斯运用机动灵活的军团在皮德纳与帕尔修斯进行决战。马其顿方阵再次被罗马军团打败。帕尔修斯被迫投降。

　　第二年，鲍鲁斯受命对参加马其顿同盟的各希腊城市施以残酷的报复，

---

　　① 李维：《罗马史》，33，31～32。

仅伊庇鲁斯一地就有几十座城市遭抢掠，15 万俘虏被出卖为奴。这是古代战争史上最残忍的劫掠活动。据记载，鲍鲁斯在罗马的凯旋式一共进行了三天，其掠夺财富之多着实令人难以置信。也正是在这次战争之后，罗马人免除了所有公民的直接税。

那么，罗马人为什么能多次击败马其顿方阵呢？这显然与罗马的军事制度有关。众所周知，罗马实行的是公民兵制。每一位年龄在 17 岁到 46 岁的公民，只要不是属于最低一级或者还没有参加过 20 次步兵战斗或 10 次骑兵战斗的，都有义务服兵役。参军是罗马人的职责，是罗马公民的特权。凡是进入服役年龄的士兵在平时都必须参加严格的军事训练，增强体质，培养能力。军团是罗马对外作战的主要单位。军团的优势是：首先，军团能排成几线，可视情况依次投入战斗，形成有效的战斗力。而方阵采用的是集体冲击，战斗的结局常常取决于一次性带有巨大爆发力的冲击，因为在预备队内没有能投入战斗的生力军。其次，军团由轻装兵、长矛兵、主力兵和后备兵四部分组成，具有很大的灵活性，统帅既可以使用自己的轻装部队和骑兵同敌人全线接战，由轻装兵和骑兵发动较长距离的进攻，又可以用第一线的长矛兵抵御敌人方阵的攻击；同时还可以出动主力兵去短兵搏击，拖垮敌人，并最后用后备兵去取得胜利。而方阵则一旦交锋，就只有输赢。成功与失败皆依赖于前数小时的战果。最后，军团能够充分发挥指挥将军的作用。如果指挥者想终止会战，他就可以让军团中的预备队占领阵地，然后令已投入战斗的部队从中队的间隙后撤，既保证军团自身的安全，也保证其战斗力不受影响。[①] 军团能够使士兵的体力始终保持在最佳状态。而这一切显然是马其顿方阵所不具备的。

皮德纳战役以后，马其顿被分割为四个"小共和国"，四国各成立自己的政府和议会。它们彼此独立，不得往来。马其顿地区事实上已经成了罗马的属地。亚历山大帝国留下的三国均分天下的局面已经随着马其顿的消亡而不复存在。罗马人以地中海西部强国的身份迅速进入爱琴海周

---

① 参见杨共乐：《罗马史纲要》，北京：商务印书馆，2007 年版，第 82～83 页。

图 2.11　向阿波罗献祭像

围地区，并不时干预塞琉古和托勒密王国的事务。

不过，罗马对马其顿的压迫，马上引起了马其顿人民的反抗。公元前149年，一位名叫安德里斯库斯的马其顿平民，自称是帕尔修斯的儿子菲力普，领导了一场较大规模的反抗罗马人的战争。他得到了拜占庭等希腊城市的支持，多次击溃罗马军队，后因叛徒出卖，起义遭镇压。此后，马其顿变成了罗马的一个行省，其自治权被最后剥夺。罗马人又在这里修筑了一条大道，即阿格纳提亚大道。它起自亚德里亚海海滨，止于爱琴海北端。其目的显然是为了加强罗马人对这块新征服地区的统治和控制。

公元前147年，希腊又爆发了大规模的反罗马运动。领导这场运动的是希腊的阿卡亚同盟。同盟的首领科林斯城甚至还爆发了痛打罗马使者的事件。罗马派执政官麦米乌斯前往镇压。麦米乌斯率领四个军团从马其顿出发，占领了科林斯，并根据元老院的命令，将其夷为平地，所有幸存者皆被出卖为奴。此后，中希腊和南希腊并入罗马，成了罗马的一个行省——阿卡亚省，长期处于罗马的统治之下。

在马其顿战争期间，罗马还与塞琉古安提奥库斯三世发生过一次大的战争。这是罗马人的东进政策与塞琉古安提奥库斯三世向西发展战略之间产生矛盾的结果。应该说，在公元前200年以前，塞琉古同罗马根本没有任何关系。当时的罗马正与迦太基苦战，显然无力过问东方的事务。而安提奥库斯三世也把大量的精力放在与波斯和中亚巴克特里亚的作战上，无心西顾。但从公元前203年开始，他把矛头指向叙利亚和小亚细亚。经过一系列的战争，他先后占领了叙利亚南部、巴勒斯坦、小亚南岸和西岸的部分地区，其中包括希腊人在小亚的一些城市。公元前197年，他又把希腊在小亚的名城以弗所建成叙利亚的第二首都。公元前196年，安提奥库斯三世在巩固自己在亚洲的地位后，野心膨胀，他甚至宣称赫勒斯滂海峡以西，色雷斯的一部分应归塞琉古所有。安提奥库斯三世实力的加强，对罗马的东方同盟者构成严重的威胁。为了保护自身的安全和利益，这些同盟者如帕加马和小亚细亚的其他一些希腊城市都请求罗马出兵干涉。那时罗马人刚取得了马其顿战争的胜利，罗马将军弗拉米尼努斯还留在希腊。但罗马元老院对出兵亚洲与安提奥库斯三世作战没有兴趣。

公元前195年，汉尼拔逃到了东部叙利亚安提奥库斯三世的宫廷，劝说安提奥库斯三世组成反罗马大联盟，与罗马人作战。这就引起了一些罗马有识之士的高度重视。公元前194年，大西庇阿被选举为执政官。他积极主张对东方采取强硬政策，变马其顿为行省，以防止马其顿与安提奥库斯三世联合起来，共同对付罗马。不过，他的建议遭到了迦图等人的反对，没有产生作用。这实际上也使罗马失去了一次制止安提奥库斯三世向西发展的机会。

公元前192年，安提奥库斯三世带军渡过黑海海峡，进入欧洲来到色雷斯。一部分希腊城市倒向叙利亚国王。罗马于公元前191年派军进入帖撒利亚。四月，双方在温泉关发生激战。罗马仿效当年波斯打败斯巴达王李奥尼达的先例，绕到敌后击败安提奥库斯军，迫使安提奥库斯三世的军队退出欧洲。安提奥库斯三世的失败使他的那些希腊同盟者立即归顺了罗马，罗马实力大增。

公元前190年，罗马军与安提奥库斯的舰队在科里库斯海角发生战斗。当时罗马的舰队为80艘军舰，塞琉古军为89艘。虽然从数量上说罗马不及塞琉古，但它得到了帕加马和罗德斯海军的大力支持。战斗的结果是安提奥库斯遭到惨败。在这次战斗中，塞琉古损失了42艘船只，剩下的47艘退回以弗所。自此以后相当长的一段时间里，安提奥库斯的船只再也不敢开往大海。

公元前189年，双方又在小亚细亚的马格尼西亚发生激战。罗马人大约有3万人。安提奥库斯的军队是罗马的一倍多，大约有7万人，其中有1万6千名重装步兵，1万2千名骑兵，2万多名轻装兵，54头大象及数量众多的镰刀战车。面对马其顿方阵，罗马指挥官先派兵攻击保护方阵两翼的骑兵，然后用很多的骑兵和轻装部队将方阵包围起来，使其既无法冲锋，也无法疏散，处于有力无处使的尴尬状态。沉重、密集的马其顿方阵被罗马军队团团围困，慢慢蚕食，没有一点还手的能力。罗马人获得了辉煌、惊人的成功。他们在一天之内，打败了可怕而号称不可战胜的马其顿方阵，而且是在异地作战的复杂环境中取得的胜利。这次胜利遏止了叙利亚王国西进的步伐，使"众王之王"的叙利亚国王变成了"过去曾经有过的一个国王——安提奥库斯大王"。

战后，安提奥库斯派使者向罗马执政官求和。执政官巴布利乌斯答复如下：

安提奥库斯贪得无厌的天性是他遭遇目前和过去不幸的原因。他占有一个广大的帝国，罗马人没有反对他。而他夺取了原属于他的亲戚和我们的朋友托勒密的领土——叙利亚。于是他侵入了和他毫无关系的欧罗巴，征服了色雷斯，在刻索尼苏斯设防，重建莱西马基亚。他从那里进入希腊，剥夺了那些最近由罗马人解放的人民的自由，继续侵略，直到他在温泉关之役被击败溃逃时为止。就是在那个时候，他还没有放弃他的贪婪的政策，因为虽然他在海上屡次被打败了，但是直到我们渡过了赫勒斯滂，他都没有求和。那时候，他很藐视地拒绝了我们对他提出的条件，又聚集了一支大军，无数的物资，继续对我们进行战争，决定和远远优于他们的人交战，直到他遭遇这场大灾难时为止。我们本来可以正当地把严厉的处罚加在他的身上；但是我们不惯于滥用我们自己的繁荣，或加重别人的不幸。我们向他提出和过去同样的条件。只作一些小的补充，使之有利于我们，并且有助于他自己将来的安全。他应当完全放弃欧罗巴和道鲁斯山脉这一边的全部亚细亚领土，边界以后再另行确定；他应交出他所有的战象，交出由我们规定的船舰数目。以后他不能豢养战象，只能有我们所允许的数目的船舰；他应当交出由执政官选择的 20 名人质，偿付因他而引起的这次战争的战费，现在交 500 优卑亚他连特，元老院批准和约时，再交 2500 他连特，另外再交 12000 他连特分 12 年按年在罗马付给。他还应当把所有的俘虏和叛徒交出，把他根据他和攸美尼斯的父亲阿塔鲁斯所订协议而取得的土地的其余部分交还给攸美尼斯。如果安提奥库斯接受这些条件而不欺诈的话，在得到元老院批准后，我们给他和平与友谊。[①]

① 阿庇安：《罗马史》上卷，北京：商务印书馆，1979 年版，第 380~381 页。

公元前 189 年，双方在罗马执政官答复的基础上签订了和约。和约的实质性内容包括：安提奥库斯必须放弃对欧洲和小亚细亚的领土要求，赔款 15000 优卑亚他连特，12 年内偿清；除保留 10 只舰船外，其余全部交给罗马。至此，塞琉古已完全失去了与罗马抗争的能力，沦为罗马的附庸。

与地中海西部战争相比，罗马对于东方的战争有其明显的特点，就是善于利用外部的资源与力量，通过结盟和团结同盟者这种形式为自己服务，也就是用外交来增强实力，赢得胜利。结盟是古代世界合理组织力量的一种方式，同时也是利用他人之力保存和发展自己的重要武器。在罗马以前，雅典人和斯巴达人都分别组建过提洛同盟和伯罗奔尼撒同盟，并以此一度使自己成为称霸希腊世界的霸主。东方战争时期的罗马也和雅典、斯巴达一样采用了结盟这一手段，并取得了重大成就。不过，在对待同盟国的关系问题上，罗马“既没有像雅典人那样采取竭泽而渔的剥削政策，也没有像斯巴达人那样采取强迫服从的高压政策”。[1] 其政策的重点始终是“尊重和给予一定的实惠”相结合。罗马在经济上对于同盟者的政策是不收税。在同盟者看来，罗马始终是他们的坚强后盾，是他们实际利益的保护者。一旦同盟者遭受外来势力的欺压，罗马总能竭尽全力捍卫同盟者的利益。罗马对同盟者实行的这种明智政策所产生的积极影响到东方战争时期已经表现得非常明显。这我们可从下述统计表中看得很清楚。[2]

罗马和同盟者兵源配置表

时间（公元前）	罗马军团数	罗马同盟士兵数	罗马军队士兵总数
200	8	83500	127500
199	6	68000	101000
198	8	68800	112800
197	6	69800	102800
196	10	84300	139300
195	10	95100	150100
194	8	68800	112800

---

[1]　参见杨共乐：《罗马史纲要》，北京：商务印书馆，2007 年版，第 78 页。
[2]　表格数据来自 P. A. Brunt：*Italian Manpower*，225 B. C. —A. D. 14，Oxford at the Clarendon Press，1987，p. 424。

续表

时间（公元前）	罗马军团数	罗马同盟士兵数	罗马军队士兵总数
193	8	68800	112800
192	10	84300	139300
191	12	105600	171500
190	13	110900	182400
189	12	98700	164700
188	12	100500	166500
187	8	83800	127800
186	10	68200	123200
185	8	73500	117500
184	8	73500	117500
183	8	73500	117500
182	10	86300	139300
181	8	82100	126100
180	8	72800	116800
179	8	65400	109400
178	7	47650	86150
177	7	46650	85150
176	10	63300	118300
175	7	44400	82900
174	7	44400	82900
173	7	44400	82900
172	6	42400	75400
171	10	66800	123400
170	10	66800	123400
169	8	65600	111200
168	10	76400	124600

　　从这里，我们能够发现从公元前200—前168年，同盟者每年向罗马提供的部队人数相当于罗马全部军队总数的一半以上。这在世界古代史上几乎是绝无仅有的事。就是这些部队所赖以依靠的军粮也大多来自行省和同盟者①。很显然，如果没有同盟者的无私奉献，罗马要在远离国土、粮食缺

---

① 李维：《罗马史》，36，2，8；37，2，12；37，50，9；42，31，8。

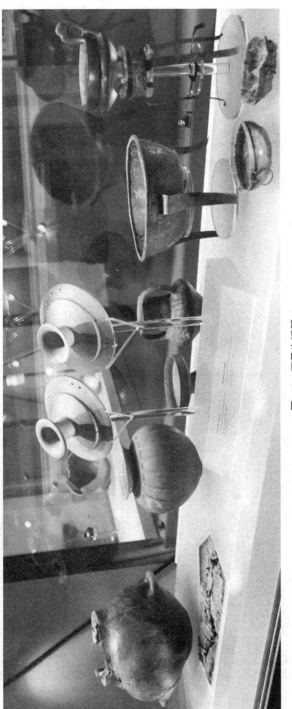

图2.12　罗马生活器皿

图2.13 罗马生活用品

乏的希腊进行大规模的军团作战，并取得辉煌的胜利是不可能的。

　　总之，罗马的崛起并非一天之功，也非一代之力。它是罗马军事、政治等多种因素综合作用的结果，是罗马人留给人类的重要奇迹。罗马的成功崛起不但为罗马获得了巨大的财富，而且也为罗马开创了一个新的地域帝国，改变了罗马自身的社会风气。地域性帝国的形成为罗马的发展创造了更大的机会，但同时也为罗马带来了许多新的矛盾。随着罗马地域帝国的出现，罗马原先的社会结构发生了明显的变化。社会分工更加明细，社会阶层更加复杂，社会矛盾更趋尖锐。数量日益增多的奴隶和奴隶主的矛盾、罗马公民内部的矛盾、罗马同被征服者之间的矛盾、罗马奴隶主与意大利同盟者的矛盾以及罗马奴隶主阶级上层集团之间的矛盾都相互交织，相互渗透。如何解决崛起后的罗马所面临的矛盾，这一直是摆在公元前 2 世纪与公元前 1 世纪之间罗马政治家和民众面前的重要课题。

第三章　崛起后的罗马

第一节　共和政体的衰亡

一、奴隶和农民的抗争

罗马的奴隶制出现很早，但把奴隶大规模地使用于农业等生产领域，那还是大征服以后的事。由于在农业中大量使用奴隶，这样就为奴隶起义创造了条件。公元前196年，埃特鲁里亚的乡间奴隶发动起义，旋即遭到罗马军队的镇压。罗马史学家李维在描述这次事件时说："此次事件，许多人被杀戮，有些或被鞭笞或被钉死在十字架上"[①]。公元前185年，一个类似的起义发生在阿普利亚，有7000名奴隶被抓。到公元前2世纪30年代，在意大利西南的西西里岛终于爆发了参加人数更多、规模更大的奴隶起义。

西西里岛是罗马在海外建立的第一个行省，享有"罗马的谷仓"之美称。这里土地肥沃，水源丰富，雨量适中，非常适合农作物的生长。经过罗马人和当地居民一百年左右的经营，西西里发生了很大的变化，出现了许多奴隶制庄园。几十万名奴隶在这里艰苦劳动，为奴隶主创造财富。然而，奴隶主们为了增加收入，节省支出，甚至常常不给奴隶以最一般的衣食，奴隶们生活在水深火热之中。狄奥多鲁斯对西西里爆发的奴隶战争曾有过这样的记录。他说：

> 自迦太基人第二次被罗马人击败以后，西西里大约有60年时间处

---

① 李维：《罗马史》，39，29。

于国泰民安的状态。此后便出现了奴隶战争。奴隶战争的爆发主要有以下原因：西西里人在生活富裕并拥有大量钱财以后，就开始购买大量奴隶。他们从奴隶市场上购买成批奴隶，并立即在奴隶们身上打上烙印。他们将年轻的奴隶用作牧人，其余的则按需使用。他们对奴隶十分苛刻，很少关心奴隶的生活，也很少供给衣食。结果，多数奴隶只得靠行盗维持生活，由此便时常出现流血事件。行省总督曾试图对他们进行镇压，但因慑于强盗所有者的权威和声望而只得罢休，默认强盗在行省各地的劫掠。因为大部分土地占有者（也即强盗们的主人）是罗马骑士（equites），他们是审理有关行省事务案件的法官；因为行省案件常常涉及总督本人，所以总督对骑士们十分敬畏。

受尽苦难的奴隶们再也不能忍受这种状况了，他们一有机会就聚集起来，一起讨论暴动的可能性，直到最后付诸行动。[①]

导致第一次西西里奴隶起义的直接原因是恩那城一位名叫莫菲拉斯的奴隶主对奴隶的残暴。公元前137年，有一些奴隶从莫菲拉斯的农场来到他家，要求他发给一些必需的衣服。这位奴隶主不但没有答应，而且还鞭打他们，这引起了奴隶们的强烈不满。是年夏天，莫菲拉斯农场的奴隶联络其他被奴役的400名同伴，发动起义。一位叙利亚籍的奴隶优努斯被推举为首领。优努斯是一位巫师。起义军在他的领导下很快占领恩那城，杀死大奴隶主莫菲拉斯。与此同时，西西里西南部的阿格立根特也发生了西里西亚籍奴隶克勒翁领导的奴隶起义。不久，两支起义军在恩那城会合，起义力量进一步加强。随着起义军的节节胜利，西西里中部和东部地区的许多奴隶加入了起义军的队伍，一时间，起义人数达20万。这是有史以来历史上发生的规模最大的一次起义。

这次起义的一大特点是起义军在恩那城建立了自己的国家，取名为"新叙利亚王国"。优努斯被推荐为国王，克勒翁为副手和统帅。在国王之下有一套比较完备的政府机构，设有人民会议、人民法庭和由若干名"智

---

① 西西里的狄奥多鲁斯：《历史集成》，34，2。

者"组成的议事会。起义军的另一个特点是打击对象非常明确，他们关注自由农民的利益，不损害他们的财产。狄奥多鲁斯说："在所有这一切当中最值得注意的是，起义的奴隶很理智地关注着未来，他们没有把小庄园烧掉，没有破坏其中的财产以及储藏的果品，也没有侵扰那些继续从事农作的人。"[①] 由于起义军纪律严明，所以有许多贫民参与起义军的活动，成了起义队伍的一部分。

公元前 132 年，罗马派重兵对起义军进行残酷镇压，克勒翁率部英勇抵抗，但终因寡不敌众，最后失败。克勒翁阵亡，优努斯被俘，后死于狱中，在恩那城的 2 万多起义军被杀。起义军在西西里坚持了五年之久，充分展示了自身的力量。这次起义表明，奴隶已经成为罗马必须重视的一支社会力量。

在罗马社会中，农民公民一直是罗马国家的栋梁，共和的支柱。是他们挡住了外族的一次次入侵，是他们击垮了强大的皮洛士和汉尼拔，是他们打出了一个罗马的地中海世界，支撑起了罗马的崛起。他们是罗马成功对外扩张的主力，他们是缔造罗马地域性帝国的主人。然而不幸的是：崛起罗马不但没有给他们带来更多的利益，相反还使其饱尝了失去土地的苦涩和面临破产的困境。"付出"与"获取"之间的严重失衡终于导致了格拉古兄弟的改革。

格拉古兄弟是公元前 2 世纪下半叶古罗马共和国的著名政治家和改革家。兄长叫提比略·格拉古，弟弟叫盖约·格拉古。兄弟俩的改革内容虽有不同，但其侧重点还是土地改革。

西西里起义后不久，罗马内部的大土地所有者和失地农民之间的矛盾进一步激化。矛盾的焦点是罗马奴隶制经济的快速发展，从而使罗马和意大利的农民大量破产，丧失土地。普鲁塔克说："罗马人在战争中从他们的邻居那里得来的土地，一部分卖掉了，还有一部分作为公有地指定租佃给贫穷的公民使用，他们只要向国家交纳少量租金就行了。当富人们开始用高租金排挤穷人时，罗马政府制定了一个法令，禁止任何人占用 500 犹格

---

① 西西里的狄奥多鲁斯：《历史集成》，35。

以上的土地。在短时期内这条法令抑制了富人的贪婪，并且有助于穷人，因为他们仍旧可以在他们所租佃的土地上继续耕作，并继续拥有他们最初所分到的份地。但是，后来相邻的富人用伪造的人名将这些租佃的土地设法转到自己手里，到最后索性将大部分土地公开地放在自己的名下。"① 破产失地的农民在失去土地后无处栖身，只得到处流浪。他们在罗马的柱廊上、在纪念性建筑物上，甚至在房屋的墙上都张贴了标语，要求国家把大土地所有者侵占的土地重新分配给平民。正是在这样的背景下，提比略·格拉古当选为公元前 133 年的保民官。

提比略·格拉古出身于名门望族，其父亲老格拉古是罗马有名的政治家，历任西班牙总督、执政官和监察官等要职。母亲是罗马著名将军大西庇阿的女儿。提比略·格拉古从小受过良好的教育，有报效国家的雄心，曾参加罗马人与努满提亚人的战争，解救了 2 万余罗马士兵的生命。

提比略·格拉古就任不久，他便提出了土地改革法案。按照提比略·格拉古的弟弟盖约·格拉古的说法："当提比略·格拉古到努满提亚去的时候，途经托斯坎尼，看到那里居民稀少，耕地或放牧的都是外来的蛮族奴隶，于是他第一次想到了这个日后招致他们兄弟俩无穷灾祸的公共政策。"② 提比略·格拉古土地改革法案规定：任何人占有土地不得超过 500 犹格，如果他有儿子的话，长子和次子可以各占 250 犹格，但每家占有公有地的总数不得超过 1000 犹格。凡超过这一总数的土地一律收归国有。收归国有的土地按每块 30 犹格的标准，分给无地公民。此外，法案还规定，公民分得的土地必须世袭。提比略·格拉古建议由公民大会选出三人委员会，具体负责公有地的收回和分配。

提比略·格拉古法案不但规定了占有公共土地的最高数额，而且还建议成立三人委员会来具体处理土地的丈量和分配，因此遭到了既得利益者的强烈反对。提比略·格拉古为使自己的法案得到通过，一方面积极做反对派的工作；另一方面又在特里布斯大会上发表演说，争取更多的公民的

---

① 普鲁塔克：《提比略·格拉古传》，见杨共乐选译：《罗马共和国时期》下，北京：商务印书馆，1998 年版，第 121 页。
② 普鲁塔克：《提比略·格拉古传》，见《罗马共和国时期》下，第 122 页。

支持。他说："漫游在意大利的野兽，都还有洞穴栖身，而为意大利奋战不惜牺牲的人们，除了空气和阳光之外，却一无所有。他们无家无室，携妻带子到处流浪。那些身为统帅的人，鼓励士兵为保卫祖宗坟墓宗祠而战，这不过是在撒谎。因为在士兵中，没有一个有世代相传的祭坛；在这么多的罗马人中，没有一个有祖先的坟墓。他们在作战时出生入死，都只是为保全别人的奢华享乐。他们虽然被称为世界的主人，但是他们却没有一寸土地。"① 他说："罗马人所占有的土地大部分是从征服得来的，他们还有占领世界上其他可以居住的土地的希望；但是现在最困难的问题是：他们是要有许多勇敢的士兵去征服世界上其他地区呢？还是要由于他们的衰弱和互相嫉妒，使敌人把罗马人已经取得的土地夺去呢？"② 在提比略·格拉古的不断努力下，法案终于获得通过。

提比略·格拉古土地法案虽然通过了，但由于这一法律涉及对土地的重新审核、收回和分配，所以情况十分复杂。为了使立法变成现实，提比略·格拉古竞选连任下一届的保民官。贵族们趁机对他进行攻击，污蔑他想当国王。在选举下一年度保民官时，大祭司长那西卡带领部分元老冲入特里布斯大会会场。提比略·格拉古及其 300 名拥护者被杀，尸体被抛入第伯河。③ 土地委员会虽然被保存下来，但实际上已是名存实亡。

提比略·格拉古被杀后十年，农民的土地问题再度成为罗马内政的焦点。公元前 123 年，提比略的弟弟盖约·格拉古担任保民官职，他重提提比略·格拉古的土地法，并恢复了三人土地委员会的工作。与此同时，他还进行社会和经济改革，采取一系列争取和扩大支持者的措施。其中主要有：给城市公民提供较多福利的粮食法；打破元老院贵族司法权垄断的审判法；把亚细亚行省的包税权交给骑士的亚细亚行省包税法；用国家资金支持修筑公共道路的筑路法；在迦太基等地设置罗马殖民地的殖民法，等等。这些法律旨在保护平民的利益，减轻罗马公民的就业压力，发挥政府在公共领域中的领导和建设作用，深受平民的欢迎。

---

① 普鲁塔克：《提比略·格拉古传》，8。
② 阿庇安：《罗马史》下卷，北京：商务印书馆，1985 年版，第 11 页。
③ 普鲁塔克：《提比略·格拉古传》，6。

公元前122年，盖约·格拉古顺利当选为保民官。在这期间，他提出了给被征服的罗马同盟者以罗马公民权的法案。应该说，这一法案对于罗马同盟者来说是公正的，对于罗马的发展也是有利的，完全符合罗马的长远利益。但就罗马人而言，因为涉及眼前利益，所以对这一法案皆持否定态度。盖约·格拉古也因此落选公元前121年的保民官职。

盖约·格拉古卸任后，一部分对盖约·格拉古政策不满的贵族和骑士趁机对盖约·格拉古和他的拥护者进行攻击。他们要求废除盖约·格拉古的迦太基移民法，并将其送到特里布斯大会上进行表决。在讨论这个提案的会场，双方发生争执，盖约·格拉古的拥护者打死了一个执政官的扈从，元老院乘机宣布紧急状态。盖约·格拉古及其拥护者退至阿汶丁山，罗马元老院派遣军队镇压。盖约·格拉古及其追随者3000余人被杀，其尸体被抛进第伯河内。格拉古兄弟改革就这样失败了。

格拉古兄弟改革是崛起后的罗马内部矛盾不断发展的结果。它的失败表明，罗马的"共和原则"已经为上层集团的"利益原则"所替代，公民"生命至上"的理念开始动摇，公民内部的裂痕明显加深，共和国的内战业已到来。

二、军事改革与军事独裁

罗马的崛起，领土的扩大，大大地增加了罗马政府管理国家的难度；遍布各地的起义以及被征服者反抗罗马的斗争，给罗马的公民兵体制提出了严重的挑战。兵源匮乏越来越成为当时罗马人所面临的重大现实问题。正是在这种大背景下，罗马出现了马略改革。

马略出身贫寒，曾是执政官麦铁鲁斯家的食客，出任过保民官、行政长官和西班牙总督。由于长期从军，他对罗马军队的利弊了如指掌。

导致马略改革的主要导火线是朱古达战争。朱古达是北非努米底亚的国王。努米底亚一直是罗马的同盟国，对罗马战胜迦太基、维护北非的安全起过重要的作用。公元前118年，努米底亚国王去世，王国陷入混乱状态。公元前112年，朱古达夺取契尔塔城，杀死在契尔塔居住的大批意大利商人。罗马元老院被迫向朱古达宣战，朱古达战争正式爆发。

战争开始后，朱古达利用罗马军队将领贪财的心理，以黄金为武器，不断贿赂指挥官，从而使这场战争一直处在朱古达而不是罗马的掌控之中。公元前 107 年，马略当选为罗马执政官，具体负责指挥朱古达战争的任务。

马略上任后，对罗马的军队进行一系列的改革。首先，以募兵制替代征兵制。马略放弃了传统的财产限制，"不再按照原来实行的等级征兵的原则方法，而允许任何公民志愿参军"①，从而使大量的无产者进入罗马军队的行列，改变了罗马传统的只有有产公民才能参军的习惯。其次，延长士兵服兵役的年限。规定士兵服役的年限一般为 16 年。为保证士兵服兵役期间的生活，马略实行固定的军饷报酬制，由国家来供给士兵的薪饷和武装。普通步兵每年可领取 1200 阿斯，百人队队长加倍，骑兵则为三倍。罗马的公民兵开始走上了职业化的道路。此外，马略还在改革军团组织、改进武器装备和严肃军队纪律等方面做了很多行之有效的工作。

马略的军事改革为解决罗马的兵源问题开辟了广阔的途径，同时也因为加强训练和组织协调而提高了罗马军队的野外生存能力和战斗力。其直接的后果是通过这次改革，罗马迅速地结束了朱古达战争，摆脱了由北方侵袭意大利的森布里亚人和条顿人的威胁，成功地镇压了公元前 104 年爆发的第二次西西里奴隶起义。但它也给罗马带来了严重后果，改变了军队的性质，即由一支从农忙中抽出时间为国服务的农民军队，变成了一支效忠将军甚于效忠国家的职业武装力量。士兵和国家之间的关系日益被士兵和将领之间的关系所替代，"发财致富"已经替代"保家卫国"成了士兵参军的主要目标，训练有素的士兵业已成为罗马社会无法忽视的重要力量。这支力量既有可能成为共和国的保卫者，也有可能成为共和国政权的颠覆者。所以，从某种意义上说，马略的军事改革在为国家消灭了一些敌人的同时又为罗马制造了另一些新的敌人。

在第一次西西里奴隶起义爆发后的第 33 年，西西里岛再次爆发大规模奴隶起义。这次起义主要是由西西里总督涅尔瓦停止释放奴隶事件所引起的。

公元前 104 年，罗马两面临敌。一面是北非的朱古达，一面是北部的条顿人、森布里亚人的入侵。罗马被迫两线作战，兵力明显不足。为了迅

---

① 萨鲁斯特：《朱古达战争》，86。

速结束战争，元老院"允许马略在位于地中海东岸的民族中寻求军事援助。于是，马略便送信给比提尼亚的国王尼科美达斯，请求他的援助。国王回答说，比提尼亚的大多数人已为收税人控制，他们现在正分散在罗马各行省充当奴隶。元老院随即颁布一项法令，同盟国的公民不应在罗马行省充当奴隶。各省总督应当释放他们。遵照元老院的指示，普布利乌斯·李锡尼·涅尔瓦这位当时在任的西西里总督马上组织了听证会，并释放了一些奴隶。结果，不到几天，在西西里就有 800 多人获得了自由。全岛的奴隶都急切地等待着自由的到来。面对这种情况，富人们匆忙聚会，恳请总督停止这一活动"[①]。历史学家西西里的狄奥多鲁斯认为："或许是因为受了富人的贿赂，或许是他愿意偏袒他们，无论如何，在法庭上审讯这些案件的时候，当有的奴隶要求他使他们获得自由时，他斥责他们，并命令他们回到自己的主人那里。"[②] 面对毫无希望的前途，奴隶们愤然起义。首先举起起义大旗的是西西里岛西部赫拉克里亚城附近的 80 名奴隶。起义发生不久，他们就推举其领导者萨维乌斯为王，取名"特里丰"（是叙利亚国王常用的名字）。起义军以特里奥卡拉为中心，屡次击败罗马军队。

公元前 103 年，罗马元老院不顾北方日耳曼人入侵的威胁，把一支新征募的 17000 人的正规部队调入西西里战场。公元前 101 年，起义遭镇压。此后，罗马对西西里的统治更加严厉，西西里奴隶的地位更趋恶化。

与此同时，相当多的罗马同盟者也参加了反对罗马人的斗争。应该说，同盟者在罗马崛起过程中，起了非常重要的作用。罗马的军队几乎一半以上都来自同盟者。但他们在政治上没有公民权，不能参与罗马高层和地方的管理，与罗马官吏无缘；在经济和军事上，他们得不到罗马士兵应得的份地以及相等的战利品。也就是说，他们只有义务而没有权利。这些意大利同盟者都希望通过和平的方法获取罗马公民权，但都没有成功。公元前 122 年，盖约·格拉古提出给罗马同盟者以罗马公民权的法案，遭到失败。公元前 100 年的保民官萨图尔乌斯和公元前 91 年的保民官德鲁苏再次提议将公民权赠予意大利同盟者，同样遭受挫折。德鲁苏还为此惨遭暗杀，付

---

① 西西里的狄奥多鲁斯：《历史集成》，36。
② 西西里的狄奥多鲁斯：《历史集成》，36。

出了生命的代价。

公元前 90 年，意大利中部阿斯库伦城的居民打响了武装反抗罗马的第一枪。他们杀死了罗马驻守该城的官员。起义马上得到了其他意大利同盟者的响应。除了埃特鲁里亚、翁布里亚等罗马附近地区以外，整个意大利特别是中部和南部意大利民众都参加了暴动。罗马政府在武力镇压无效的情况下，被迫采用分化政策，宣布：凡未参加暴动，忠于罗马的"同盟者"将获取罗马公民权；接着又宣布：在两个月内放下武器的暴动者可获得罗马公民权。这些措施迅速瓦解了反抗者的力量，加速了同盟战争结束的步伐。公元前 88 年，罗马取得了同盟战争的最后胜利。

同盟战争在罗马历史上处于十分重要的地位。它打破了罗马公民对政府特权的垄断地位，实现了意大利人多年的梦想，加速了意大利广大地区和罗马融合的过程，从而促进了罗马意大利民族的形成。就眼前利益而言，罗马公民似乎有所损失，但从长远的角度看，罗马还是最大的赢家。

就在罗马人忙于同盟战争之时，在东方发生了本都国王米特里达梯进攻罗马亚细亚行省的事件。米特里达梯是晚期希腊化东方最重要的人物之一。早在其 11 岁时，他就失去了父亲，过了 7 年的流浪生活；18 岁时，成为本都国王。米特里达梯的目标是想在东方建立一个伟大的王国。为此，他必须把罗马的势力赶出小亚细亚。公元前 189 年，他命令小亚官员和居民"攻击并杀害他们城市中生活的所有罗马人和意大利人，包括他们的妻室儿女以及出身于意大利的被释奴隶；抛其尸于野外，不得安葬；与他一起共分他们的财产"[①]。他声称："将惩办那些埋葬死者，或隐藏通缉不报的人；悬赏那些告密或将隐藏者杀害的人。规定：杀害或出卖主人的奴隶可以获取自由；杀害或出卖债权人的债务人，可以免除债务的一半。"[②] 在米特里达梯的鼓动和胁迫下，整个亚细亚地区发生了大规模屠杀当地罗马和意大利商人、高利贷者的活动。"以弗所人将那些躲在阿尔特密斯神庙，紧紧抱住女神神像的人拉走，处死。帕加马人用箭射杀那些逃往埃斯库拉比乌斯神庙的人，虽然这些人还紧紧抱住埃斯库拉比乌斯神像。阿德拉密提

---

① 阿庇安：《米特里达梯战争》，4。
② 阿庇安：《米特里达梯战争》，4。

乌姆人追入海中，捕杀那些游水逃跑的人，并将他们的子女淹死于水中。原属于罗德斯的考那斯人在和安提阿的战争之后，最近刚由罗马人解放。他们追捕那些躲在元老院办公厅中维斯塔神像旁的意大利人，将他们拖出神庙，当着母亲的面，先把小孩杀掉，然后杀害母亲本人，最后将其丈夫们杀死。特拉利斯的公民们，为了避开亲手制造这种血腥的罪行，就专门雇用了一位名叫狄奥菲拉斯的人来干这件事。狄奥菲拉斯属于野蛮的、穷凶极恶的巴富雷哥尼亚族人。他把要加害的人引诱到和谐神庙中，在那里将其杀害，砍断那些还抱住神像的人的双手。"① 这就是在亚细亚的罗马人和意大利人的命运。据说，在亚细亚地区，一天之内被杀的罗马人和意大利人就达 8 万人之多。这些都表明亚细亚人不但畏惧米特里达梯，而且对罗马人也怀有深深的仇恨。

面对米特里达梯的挑衅，罗马决定出兵征讨，并任命苏拉为东征军总指挥，负责东征事务。不过，这一任命立即遭到了骑士、新公民、城市平民及马略老兵的反对，他们希望马略出任总指挥。公元前 88 年，苏拉刚离开罗马不久，马略的支持者就召开公民大会，在会上做出了任命马略为东征军总指挥的决议。苏拉在"交权与抗争"之间，选择了后者，亲率东征军攻打罗马。双方在罗马城发生了激战。"没有武装的群众从屋顶向他们（指苏拉的军队）投掷石头，阻挡他们向前推进，并将他们赶回到城墙边。正在这个时候，苏拉本人赶到现场。见此情景，他大喊放火烧房，并亲自拿着燃烧的火把，冲向前面；同时下令弓箭手把带火的箭射向房顶。"② 罗马城最后被苏拉的军队占领。用罗马自己的军队攻打罗马自己的首都，这在罗马历史上是第一次。

苏拉攻占罗马城后，大肆捕杀马略党人，宣布马略及其支持者为"罗马人民的公敌"，他们的财产被充公③。此外，他还迫使公民大会通过几项法令，宣布元老院为最高权力机关，并从自己的拥护者中补充 300 名元老成员；不经元老院批准，公民大会不得通过任何法案。公元前 87 年，苏拉

---

① 阿庇安：《米特里达梯战争》，4，23。

② 普鲁塔克：《苏拉传》，9。

③ 按罗马法律，被宣布为"国家公敌"的人，任何人（包括奴隶）都有权将其杀死。这种大规模的"公敌宣告"从马略、苏拉时代开始，直到共和国灭亡为止，一直是贵族上层党同伐异的重要手段。

离开罗马，正式率军东征。

苏拉的东征军先到希腊，击败米特里达梯主力。这时，马略派在罗马复辟，宣布苏拉党为"公敌"，捕杀苏拉党羽。公元前 85 年，苏拉在后方不稳的情况下，匆忙与米特里达梯订立一个并不苛刻的和约，宣告米特里达梯战争的结束。①

公元前 83 年春，苏拉以胜利将军的姿态，回师意大利。苏拉派和马略派之间的战争再次爆发。一年间，大约有 10 万人死于内战。公元前 82 年冬，苏拉进入罗马，大肆屠杀马略的支持者。与此同时，元老院又宣布苏拉为无限期的独裁官。第一个军事独裁政府开始在罗马史上出现，罗马的共和制原则遭到破坏。在其独裁期间，苏拉改组元老院，从自己的亲信中选拔 300 人为元老。此外，他还把司法权再次从骑士手中夺回给元老院，以加强元老院在国家事务中的领导地位。他规定：对于公民大会通过的各项决议，元老院都拥有否决权。不过，苏拉的独裁政权并没有维持很久，公元前 78 年，苏拉去世，他为自己口授了墓志铭。其大意为：

> 我是幸运的苏拉！我的生活历程，超过了我的朋友和我的敌人！干前者，我报之以善；于后者，我待之以恶。②

随着苏拉的去世，他的各项强制性政策也逐渐为后来的政治家所废弃。但他所推行的独裁制形式对罗马共和政治影响巨大。

三、共和政制的灭亡

罗马的崛起给意大利带来了巨大的发展机会，但同时也使意大利的社会结构产生了很大的变化。其中非常明显的一点是：意大利出现了大批外来的奴隶。"斯巴达克起义"就是这些外来奴隶领导和参加的罗马历史上最重要的奴隶起义。

---

① 和约规定，本都国王米特里达梯退出自战争以来所占领的所有土地，交付 3000 他连特赔款，移交 80 艘战舰。

② 参见普鲁塔克：《苏拉传》，38。

"斯巴达克起义"的主要领导者是斯巴达克（Spartacus）。斯巴达克是色雷斯人，曾当过雇佣兵，后因多次逃亡被卖为奴，在卡普亚一所角斗士学校做角斗士。

公元前73年，有70余名卡普亚角斗士在斯巴达克的率领下逃往附近的维苏威山。他们以维苏威山为据点，不断接受许多逃亡的奴隶和一些来自农村的自由民，发展自己的力量。他们先后击败克劳狄和瓦列里乌斯率领的罗马军，起义力量达到7万人。

公元前72年秋，元老院派两名执政官率军镇压。斯巴达克率大部起义军绕罗马而北行。一路上连续打败罗马执政官及山南高卢总督率领的军队，成功到达阿尔卑斯山脚下。起义人数亦达到12万之众。此后，起义军又南下意大利。对于斯巴达克的突然南下，史学界有许多不同的说法，但著者认为主要还是阿尔卑斯山的阻挡无法使大规模的起义军迅速离开意大利。

面对斯巴达克的南下，元老院非常惊慌，马上宣布国家处于紧急状态，并选定克拉苏为军事统帅，与起义军作战。克拉苏上任后，加强纪律，整顿军队，恢复早先的"什一抽杀律"，增强罗马军队的整体作战能力。

公元前71年，克拉苏和斯巴达克的军队在阿普利亚会战。斯巴达克在战斗中牺牲，起义军被罗军击败。余部为庞培所剿灭。[①] 起义最后失败。

公元前70年，剿灭斯巴达克起义有功的克拉苏和庞培被选为罗马执政官。他们颁布了一系列废除苏拉体制的法令，从形式上恢复了被苏拉破坏的共和国。克拉苏和庞培因此而深得罗马人民的拥护。

公元前67年，为了镇压海盗，保民官奥路斯·盖比尼乌斯向公民大会提交法案，提议授予庞培特别的军事统帅权：他在赫尔古利斯石柱以内的全部海面和离海岸50公里以内的陆地上拥有绝对的权力；他获准拥有15个副将，可以自由地征集他所需要的兵力，统领200艘船只，并可随意从国库中提取他所需要的资金。[②] 不久，公民大会授予庞培"海上独裁官"的

---

① 有关斯巴达克起义资料，参见阿庇安：《内战史》，1，14，166～120；普鲁塔克：《克拉苏传》，8～11。

② 参见普鲁塔克：《庞培传》，25；阿庇安：《米特里达梯战争》，94。二者的记述大体相同，但在某些细节上略有出入。普鲁塔克认为庞培可以随意从国库中提取所需资金，阿庇安明确指出是6000他连特。

图 3.1　庞贝壁画

大权，具体负责剿灭地中海世界的海盗，任期三年。庞培就任后，采用分段清剿的方法，集中精力攻击一点，效果很好，不到三个月，他就完成了消灭地中海海盗的任务。罗马恢复了与各行省之间的正常海上交通，地中海交易网更趋稳定。

公元前66年，庞培获得与本都国王米特里达梯作战的指挥权。经过三年苦战，彻底击败本都军队，结束了米特里达梯战争。罗马在小亚地区建立了本都和比提尼亚行省。

公元前64年，庞培入侵叙利亚和巴勒斯坦，灭亡叙利亚王国，并把叙利亚领土归并罗马，建立叙利亚行省。

公元前62年，庞培凯旋。一时间庞培成了罗马城中最有权势的人物，其他的政治家皆因为庞培的出色表现而黯然失色。

克拉苏是当时罗马最富有的政治家，渴求财富是其一生的重要特点。普鲁塔克说：

> 罗马人肯定都说，克拉苏的许多美德皆因为一个缺点而变得黯然失色了，这就是对于利润的渴求。而我以为，这一缺点比起他的其他缺点更为明显。它只会使其他缺点更不引人注目。他的贪婪的最好证明，是他用来获取金钱和大量产业的那些方法。因为在起初，克拉苏的财富还不到300他连特，而当他成为执政官的时候，则把自己财产的十分之一献给赫尔古利斯，大摆宴席款待宾客，并从自己的财产中给每一位罗马人三个月的粮食……这些财富的较大部分（如果讲老实话，这些财富的较大部分远不会使他获取荼光）都是从火灾和战争中捞来的，他把民众的灾难作为个人敛财、获取最大利润的手段。[1]

克拉苏的财产主要来自被苏拉没收的政敌财产的拍卖以及罗马火灾后被烧房子的低价购买，他做的是房地产生意。

---

[1]　普鲁塔克：《克拉苏传》，2。

图 3.2　庞培头像

图 3.3　恺撒头像

恺撒（公元前 100？—前 44 年）是罗马共和国末叶最伟大的政治家、军事家。不过，他的成功并不依赖于财富，而主要依靠他对平民的接近和与苏拉及其党人的势不两立。作为罗马的政治家，恺撒从政的时间相对较晚。公元前 63 年，恺撒才当选为大祭司长。次年，他担任行政长官，期满后出任远西班牙总督。因恺撒平时慷慨好施，负债累累。在他将要就任远西班牙总督之时，债主们因为怕恺撒死于行省，所以联合起来不让他离开罗马。后来幸亏得到克拉苏的担保，债主才放他就任。恺撒和克拉苏之间的关系也因此更为密切。一年后，恺撒从远西班牙归来，这时的恺撒和一年前的恺撒已经有了很大的变化。他放弃凯旋式，积极参与下年度执政官的竞选活动。

而当时的形势又对恺撒十分有利。公元前 62 年，庞培从东方回来后，元老院惧怕他功高独大，所以一直不批准他在东方的各项措施。恺撒趁此机会与庞培和克拉苏合作，共同挑战罗马政制。公元前 60 年，他们三人秘密结成军事同盟，史称"前三头同盟"。为巩固这一同盟，恺撒还把十四岁的女儿嫁给近五十岁的庞培。依靠三人的协作，恺撒顺利当选为公元前 59 年的执政官。

恺撒就任执政官后，马上提出三项法案：建议把坎佩尼亚的公有地分配给庞培的老兵和有三个孩子的贫困公民；建议元老院批准庞培在东方的一切命令；建议把包税人的税金降低三分之一。这些法案无论对庞培还是对克拉苏都十分有利，因此很快获得通过。执政官任期结束后，恺撒出任山南高卢（即内高卢）和伊利里亚总督职位，任期五年。那尔旁·高卢总督死后，他又获得了对这一地区的治理权。这样，恺撒名副其实地成了罗马历史上第一个享有两个行省总督头衔的人。

公元前 58 年，恺撒在罗马的代言人克劳狄被选为保民官。克劳狄立即提出针对西塞罗的放逐法案，西塞罗被迫远离罗马政治，流亡马其顿（公元前 58 年 3 月至公元前 57 年 8 月）。同年，恺撒赴山南高卢任总督。他以罗马治下的山南高卢为据点，向西不断入侵当时并不属于罗马的山北高卢地区。经过三年的苦战，恺撒占领了大部分山北高卢领土，并把罗马西北边界推进到莱茵河岸。为协调"三头"之间的关系，公元前 56 年，恺撒、

图 3.4　西塞罗半身像

庞培、克拉苏以及二百多名元老在埃特鲁里亚北部的路卡城聚会。会议决定，恺撒在高卢总督任期结束后，续任五年；庞培和克拉苏担任公元前55年的执政官，期满后，庞培出任西班牙总督五年，克拉苏出任叙利亚总督五年。不久，公民大会通过了"三头"在路卡会议上达成的协议。公元前55年，庞培和克拉苏就任执政官。克拉苏在任期未满的情况下就来到了叙利亚，谋划与安息人的战争。公元前53年，克拉苏在卡雷与安息人的战斗中阵亡，"三头"变成了"两头"。

在"两头"中，恺撒的发展显然超过庞培。庞培在公元前55年执政官任满后，并未离开罗马到西班牙任职，而只派他的副将去经营西班牙。相比之下，恺撒则凯歌高奏，将势力推进到山北高卢全境，并渡过莱茵河，深入日耳曼人居住区。著名历史学家兰克认为：恺撒完成的对高卢的占领，"是世界历史上的重大事件之一，因为后来整个西方的形态都是以高卢为基础的"。"恺撒不仅夺取了高卢，而且还使高卢变得罗马化和文明化"[1]。此外，他还分别于公元前55年和公元前54年两度入侵不列颠，将罗马帝国的领土通过英吉利海峡扩大到不列颠。塔西佗认为，恺撒是"罗马人中最先率军进入不列颠的人"[2]。

面对恺撒在高卢的巨大成功，庞培公开与元老院联合，共同阻止恺撒势力的发展。公元前49年1月1日，元老院做出决定：恺撒在高卢总督任满后（公元前49年3月1日）必须解散军队。如果不解散军队，他将被宣布为公敌。恺撒面临着"要么交权、要么顺从"这一非常痛苦的抉择。

公元前49年1月10日，恺撒做出最后决定：亲率第十三军团渡过卢比孔河，进攻罗马。恺撒的这一举动一直是中外史学家争论的焦点。从恺撒的角度而言，这是出于无奈；而从元老院的角度而言，这是对共和国的挑战，是一种严重的犯罪行为。面对恺撒的快速挺进，庞培和元老贵族因准备不足，弃罗马而逃。恺撒占领罗马。公元前49年冬天，恺撒被宣布为独裁官。但他随即放弃这种非常权力，就任公元前48年的执政官。此后，他便开赴东方与庞培作战。

---

① ［德］利奥波德·冯·兰克：《历史上的各个时代》，北京：北京大学出版社，2010年版，第17页。
② 塔西佗：《阿格利可拉传》，13。

图 3.5　庞培像

图 3.6　"垂死的高卢人"头像

　　公元前 48 年，庞培和恺撒在法萨卢发生激战，恺撒获胜。庞培带领部分手下逃至埃及，为托勒密廷臣所杀。恺撒追踪庞培至埃及，以埃及国王杀害庞培为由，干涉埃及王位之争，立克娄奥帕特拉为埃及女王，开了罗马政要干预埃及事务的先河。

　　公元前 45 年 9 月，恺撒回到罗马，长达四年之久的罗马内战至此结束，恺撒成了罗马唯一的最高统治者。恺撒在内战中取胜的原因固然很多，但最重要的还是：成于对共和制的破坏。此后，他从罗马元老院那里得到了许多重要的头衔。公元前 46 年，恺撒被元老院任命为任期十年的独裁官，有权拥有侍从 72 人。公元前 44 年，元老院再次通过决议任命他为终身独裁官，这一行为完全否定了共和政府由行政官员定期负责的制度。此外，他还拥有执政官、终身保民官、大元帅、风俗长官、大祭司长等头衔。名义上，罗马的共和国度依然存在，但实际上，罗马共和制度已不起任何作

图 3.7　恺撒像

用，它的一切权力都已集中在恺撒手里。共和国几乎成了恺撒的代名词。

恺撒独裁期间，全面进行改革，内容包括：安置老兵，保护老兵的利益；改革元老院，把一些非元老贵族出身的奴隶主选进元老院，并将元老的人数增加至 900 人；将公民权扩大至一些行省，如高卢和西班牙等；改善行省条件，严惩贪污勒索的行省总督，剥夺行省总督的军权，改革行省税收制度，规定直接税由国家征收，间接税仍采用包税制，由骑士承包征收。

恺撒的独裁触及了罗马贵族的传统利益，因此遭到他们的强烈反对。在元老院舆论和武力都无法解决问题的情况下，他们选择了暗杀。公元前 45 年 3 月 15 日，共和派集团在元老院议事厅刺杀了毫无防备的恺撒。恺撒的死因固然很多，但最重要的一条就是：死于对共和制的依恋。恺撒的死表明，他还是没有找到解决共和国危机的方法。

图 3.8　带有恺撒头像的银币

恺撒死后，罗马的政局发生重大变化。恺撒的亲信安东尼、骑兵长官雷必达和恺撒的养子屋大维在混乱中逐渐掌握权力。他们于公元前43年10月在意大利北部波诺尼亚城附近举行会议，并一致达成协议："三头"共同执政五年，三分行省，安东尼统治高卢，屋大维控制阿非利加、撒丁尼亚和西西里，雷必达统治西班牙；意大利由他们三人共同治理；亚德里亚海以东地区尚在共和派的控制之下，由安东尼和屋大维负责征讨；历史上常常将安东尼、雷必达和屋大维三人公开结成的同盟，称作"后三头同盟"。如果说前"三头"还要照顾到共和国的形式的话，那么后"三头"则完全是凌驾于共和国之上的政治联盟。

公元前43年11月，公民大会通过法律，任命屋大维、雷必达和安东尼为"建设共和国的三头"，授予他们在五年内处理国家事务的大权。在同盟执政期间，"三头"大肆捕杀政敌，大约有300位元老和2000名骑士被杀。罗马历史上著名的政治家、大文豪西塞罗也被"三头"列为"公敌"，惨死于后"三头"的屠刀之下。

公元前42年，安东尼和屋大维越过亚德里亚海，出兵巴尔干，在马其顿的腓力比附近打垮共和派。腓力比战役之后，"三头"重新分工。安东尼前往东方，处理东部事务；屋大维返回罗马，负责老兵的安置工作。

公元前40年夏，"三头"再次达成协议，规定：安东尼统治东方行省，负责对帕提亚的战争；屋大维掌管西方行省；雷必达只负责阿非利加；意大利仍由三人共管。

公元前36年，屋大维剥夺雷必达的军权，只留给他一个大祭司长的空头官衔。"三头"实际上只剩下了"两头"。

公元前40年夏天以后，安东尼一直在东方行使权力。他为埃及女王所惑，把塞浦路斯和叙利亚的一些土地让给埃及；他还与埃及女王克娄奥帕特拉结婚，育有3个儿子，在埃及过着养尊处优的生活。这样，安东尼与罗马意大利民众之间的距离越来越远。屋大维乘机发展自己在意大利的势力。公元前32年，整个意大利向屋大维宣誓效忠，并要求屋大维领导"后来在亚克兴获胜的那次战争"。此后，元老院和公民大会正式通过决议，向埃及宣战。公元前31年9月，屋大维率领军队与安东尼和克娄奥帕特拉会

图 3.9　奥古斯都头像

图 3.10　奥古斯都像

战于希腊西海岸的亚克兴海角，克娄奥帕特拉和安东尼率先逃离战场，克娄奥帕特拉和安东尼军大败。对于罗马人来说，亚克兴海战是一次决定性的战争，历史学家也一直把它视作是罗马史上的转折点。在这次战争中屋大维消灭了安东尼的主力，奠定了他在罗马内战中最后胜利的基础。公元前30年，屋大维率军进入埃及，安东尼和克娄奥帕特拉双双自杀。从此，埃及这个地中海东部最后一个国家也失去了独立，成了罗马帝国的一块属地——一个由屋大维直接管理的特殊行省。屋大维还因此从埃及获取了10亿塞斯退斯的财富，其富裕程度超越了罗马国家。[1]

屋大维成功了，屋大维胜利了，屋大维终于赢得了战争，结束了内战。屋大维的胜利表明，罗马共和国的政治制度已经过时了，必须有一种新的制度来替代它。而这一制度的真正创立者恰恰不是别人，正是屋大维本人。

第二节　元首制的建立

一、奥古斯都新政

公元前29年8月，也就是亚克兴海战后两年，屋大维从埃及返回意大利。为他的到来，元老院做了许多准备。他们在布隆图辛港和罗马建立了凯旋门，门上刻着"是他拯救了共和国（Res Publica Conservata）"的字样。屋大维的生日、亚克兴之战的日子以及屋大维进入亚历山大里亚的日期被定为神圣的节日。元老院还按照共和国习惯为屋大维举行了三次凯旋式，以纪念其对伊利里亚、亚克兴和埃及三场战争的胜利。屋大维本人被神化，他的名字和神的名字一起被罗马人民赞颂。人民欢呼久违了的和平，诗人们唱出了"现在让我们饮酒，现在让我们自由自在地快步起舞"的欢快心情。

为尽快消除战争对罗马的影响，凝聚长期涣散的人心，恢复民众的信心，屋大维郑重其事地举行了关闭亚努斯神庙的古老仪式，使民众在心理

---

[1]　苏埃托尼乌斯：《圣奥古斯都传》，41，1；狄奥·卡西乌斯：《罗马史》，51，21，5。

上感受到和平的珍贵。这在罗马历史上是第三次，但是是非常重要的一次。
它向人们正式宣布罗马内战的结束和新时代的到来。

图 3.11　奥古斯都广场上的雕像

此外，屋大维颁布大赦令，取消后"三头"时期发布的众多不合法、
不合理的命令，结束以前的一切非法行为①。这一措施一下子拉近了屋大维
与罗马人民之间的关系，使罗马人民之间因内战而形成的裂痕很快得到了
弥合。

与此同时，为消除紧张的军事气氛，让更多的人分享和平的成就，屋
大维还用从东方掠夺来的巨额财富犒赏士兵，馈赠市民；大规模地组织娱

---

① 狄奥·卡西乌斯：《罗马史》，52，2，5。

乐活动，向公民发放口粮、物品，拨巨款赈济遭受战祸或天灾的地区，稳定人心；为安置多余的老兵，使他们妥善退役，他给十几万士兵发放了优厚的退伍抚恤金，把他们分别分派到在意大利和西方行省新开辟的十几个殖民地上。这一措施实际上也为西部行省经济的快速增长打下了基础。

整顿经济秩序、恢复业已凋敝的罗马意大利经济是内战结束以后摆在屋大维面前的另一重要任务。为发展生产，屋大维免除了内战时期人们所欠的国债，替许多人偿还或免除了债务，同时又把利率降低至战前的1/3。公元前28年，屋大维开始对罗马和意大利进行大规模的整改和扩建工作。为此，他与其大将阿格里巴共同制订了建设罗马城和意大利的宏伟计划，其中有神庙、会堂、水道、公路、驿站等，这一措施一方面解决了战后部分罗马公民的就业问题；另一方面也对罗马的经济恢复起了巨大的推动作用。

同年，屋大维亲自主持进行了一次户口普查，并重新确定了元老院元老名单①。通过这次普查，屋大维把自己的名字放在元老名单中第一的位置上，被称为首席元老（Princeps Senatus）。元老人数也从一千减为八百。同时，他还让最优秀的平民进入贵族行列，并且在罗马举行了隆重的被除献祭式，向神祈求和平。

对于饱受内战之苦的罗马人民来说，和平是他们当时最想要得到的东西，屋大维正是抓住了人民渴望和平的心理，做了顺应民心的事，因此深得民众的拥护和欢迎。

公元前27年1月13日，屋大维在新成立不久的元老院会议上宣布，他要卸除大权，把权力重新交给共和国。1月16日，元老院为赞颂屋大维对罗马做出的贡献，正式授予他"奥古斯都（Augustus）"的尊号，决定在屋大维家的门上挂了一个公民冠，在元老院会堂中设置一面金盾，镌文感念屋大维的"勇敢、仁慈、公正和笃敬"。

为寻求帝国北部的自然边界，公元前25—8年，奥古斯都数次派兵征讨意大利北部阿尔卑斯山附近的一些野蛮部落，最后将其征服。罗马的北

---

① 这个工作已经有42年没有做了。

部边界也自然被推至多瑙河流域。公元前 16 年，莱茵河以北的日耳曼人渡过莱茵河，侵入帝国境内的高卢地区。奥古斯都乘机反击，并取得重大胜利，征服了莱茵河至易北河流域的广大地区，将帝国的西北部疆域扩至易北河流域。后因公元 9 年的条托堡之败，罗马军队被迫放弃莱茵河以北的土地，退守莱茵河南岸。罗马帝国北方的疆界随即确定下来。兰克充分肯定了打开阿尔卑斯山与外界联系的重要性。他说："试想，倘若阿尔卑斯山谷未开化的人群如同一道横梁一样挡在文明世界与其他西方国家之间的话，那么，中欧文明的传播是无法想象的。自从阿尔卑斯山区开放之后，罗马人就开始从两侧推进，一侧由提比略率领人马向潘诺尼亚挺进，另一侧则一直挺进到了德国的威斯特法伦地区。在这里虽然他们打了败仗，然而整个莱茵河流域以及多瑙河以南地区全都罗马化了。科隆和奥格斯堡成了罗马城市"[①]。

公元前 24 年，罗马发生部分贵族谋杀屋大维事件。此年，屋大维辞去执政官职。作为补偿，元老院颁布特别法令，授予屋大维享有与执政官同等权力的执政官权。公元前 19 年，这一权力又变为终身。与此同时，他在公元前 36 年获得的终身保民官一职也得到了确认。

公元前 33 年至公元 14 年罗马执政官名表

33	Imp. Caesar Divi f. Ⅱ	L. Volcacius Tullus
suff.	L. Autronius Paetus	
suff.	L. Flavius	C. Fonteius Capito
suff.	M. Acilius Glabrio	
suff.	L. Vinicius	Q. Laronius
32	Cn. Domitius Ahenobarbus	C. Sosius
suff.	L. Cornelius Cinna	M. Valerius Messalla
31	M. Antonius Ⅲ (only in the east)	Imp. Caesar Divi f. Ⅲ
suff.	M. Valerius Messalla Corvinus	
suff.	M. Titius	
suff.	Cn. Pompeius	

[①]　兰克：《历史上的各个时代》，北京：北京大学出版社，2010 年版，第 17 页。

30	Imp. Caesar Divi f. IV	M. Licinius Crassus
suff.		C. Antistius Vetus
suff.		M. Tullius Cicero
suff.		L. Saenius
29	Imp. Caesar Divi f. V	Sex. Appuleius
suff.		Potitus Valerius Messalla
28	Imp. Caesar Divi f. VI	M. Vipsanius Agrippa II
27	Imp. Caesar Divi f. Augustus VII	M. Vipsanius Agrippa III
26	Imp. Caesar Divi f. Augustus VIII	T. Statilius Taurus II
25	Imp. Caesar Divi f. Augustus IX	M. Iunius Silanus
24	Imp. Caesar Divi f. Augustus X	C. Norbanus Flaccus
23	Imp. Caesar Divi f. Augustus XI	A. Terentius Varro Murena
suff.	L. Sestius Albanianus Quirinalis	Cn. Calpurnius Piso
22	M. Claudius Marcellus Aeserninus	L. Arruntius
21	M. Lollius	Q. Aemilius Lepidus
20	M. Appuleius	P. Silius Nerva
19	C. Sentius Saturninus	Q. Lucretius Vespillo
suff.	M. Vinicius	
18	P. Cornelius Lentulus Marcellinus	Cn. Cornelius Lentulus
17	C. Furnius	C. Iunius Silanus
16	L. Domitius Ahenobarbus	P. Cornelius Scipio
suff.		L. Tarius Rufus
15	M. Livius Drusus Libo	L. Calpurnius Piso
14	M. Licinius Crassus Frugi	Cn. Cornelius Lentulus Augur
13	Tiberius Claudius Nero	P. Quinctilius Varus
12	M. Valerius Messalla Appianus	P. Sulpicius Quirinius
suff.	C. Valgius Rufus	L. Volusius Saturninus
suff.	C. Caninius Rebilus	
11	Q. Aelius Tubero	Paullus Fabius Maximus
10	Africanus Fabius Maximus	Iullus Antonius
9	Nero Claudius Drusus	T. Quinctius Crispinus Sulpicianus
8	C. Marcius Censorinus	C. Asinius Gallus

7	Tiberius Claudius Nero Ⅱ	Cn. Calpurnius Piso
6	D. Laelius Balbus	C. Antistius Vetus
5	Imp. Caesar Divi f. Augustus ⅩⅡ	L. Cornelius Sulla
suff.	L. Vinicius	Q. Haterius
suff.	C. Sulpicius Galba	
4	C. Calvisius Sabinus	L. Passienus Rufus
suff.	C. Caelius（Rufus?）	Galus Sulpicius
3	L. Cornelius Lentulus	M. Valerius Messalla Messallinus
2	Imp. Caesar Divi f. Augustus XIII	M. Plautius Silvanus
suff.	C. Fufius Geminus	L. Caninius Gallus
suff.	Q. Fabricius	
1	Cossus Cornelius Lentulus	L. Calpurnius Piso
suff.	A. Plautius	A. Caecina Severus
1	C. Iulius Caesar	L. Aemilius Paullus
suff.		M. Herennius Picens
2	P. Vinicius	P. Alfenus Varus
suff.	P. Cornelius Lentulus Scipio	T. Quinctius Crispinus Valerianus
3	L. Aelius Lamia	M. Servilius
suff.	P. Silius	L. Volusius Saturninus
4	Sex. Aelius Catus	C. Sentius Saturninus
suff.	C. Clodius Licinus	Cn. Sentius Saturninus
5	L. Valerius Messalla Volesus	Cn. Cornelius Cinna Magnus
suff.	C. Vibius Postumus	C. Ateius Capito
6	M. Aemilius Lepidus	L. Arruntius
suff.		L. Nonius Asprenas
7	Q. Caecilius Metellus Creticus Silanus	A. Licinius Nerva Silianus
suff.		Lucilius Longus
8	M. Furius Camillus	Sex. Nonius Quinctilianus
suff.	L. Apronius	A. Vibius Habitus
9	C. Poppaeus Sabinus	Q. Sulpicius Camerinus
suff.	Q. Poppaeus Secundus	M. Papius Mutilus

10	P. Cornelius Dolabella	C. Iunius Silanus
suff.	Ser. Cornelius Lentulus Maluginensis	Q. Iunius Blaesus
11	M'. Aemilius Lepidus	T. Statilius Taurus
suff.	L. Cassius Longinus	
12	Germanicus Iulius Caesar	C. Fonteius Capito
suff.		C. Visellius Varro
13	C. Silius A. Caecina Largus	L. Munatius Plancus
suff.	A. Caecina Largus	
14	Sex. Pompeius	Sex. Appuleius

公元前 18 年，屋大维利用保民官的权力，又对以前关于背叛祖国和人民的所谓"大逆法"进行重新解释，规定：凡背叛元首，或以任何方式对元首不敬的行为，都可视为叛国大罪。元首即国家，国家即元首，元首和国家之间也就成了同义反复。

公元前 16—前 13 年，奥古斯都巡视高卢。罗马对奥古斯都的倚重越来越大。当他还在高卢之时，贺拉斯就代表民众，恳请他回来。他这样写道，你的国家恳求你回来，"只要你在这里的话，牛儿就能平安地漫游草地，而凯勒斯神就会使庄稼收获丰盛。水手们将在海上无忧无虑地航行，公正的荣誉也不会遭受损害。"只要奥古斯都在这儿的话，"谁还会惧怕帕提亚人或游牧的斯基泰人？谁还会惧怕穿梭森林间的日耳曼人？谁还会在乎伊比利亚的战争？每个人都整天劳作于故土的小丘上，把葡萄蔓搭缠上孤零零的树枝。夜幕降临，（他们）愉快地回家宴饮，在奠酒时，献酒予作为神灵的您。"① 奥古斯都成了时代的保护者，社会和平和安全的靠山。公元前 12 年，屋大维被人们推荐为罗马最高祭司团祭司长。

此后，全体人民又非常一致地献给奥古斯都"祖国之父"的称号。最初是平民派代表到安提乌姆城去劝进，但遭到他的拒绝；后来在罗马趁他在观剧时，他们又群聚剧场请他接受；最后是元老们在元老会堂劝他接纳尊号。由瓦莱利乌斯·麦撒拉代表全体元老致辞劝进："恺撒·奥古斯都

---

① 贺拉斯：《颂诗》，4，5。

啊，愿好运和吉祥眷顾你和你的家庭，我们觉得我们这样做是在祈求我们国家的长久昌盛和我们城市的幸福。元老院和罗马人民一致欢呼您为'祖国之父'。"奥古斯都听后，热泪盈眶，致答辞说："既然已经达到了我的最高愿望，元老们啊，除了把你们的这个一致批准的荣誉保留至我生命的最后以外，我还能向永生的神灵乞求什么别的呢？"① 屋大维正式接受"国父（Pater Patriae）"的尊号，享有照看好自己的子女——罗马民众的责任②。是年为公元前 2 年。

随着元首制的确立，元首的命令和法令实际上成了罗马有效的法律。而在司法方面，元首法庭审理案件的范围日益扩大。由行政长官主持，骑士阶层任法官的法庭只能审判一般的民事、刑事案，元老院法庭也只负责审理上诉案。其余的案件皆由元首法庭负责审理。

至此，屋大维从罗马国家那里获得的权力已经达到了登峰造极的地步，他实际上已经成了凌驾于罗马所有制度之上的"君主"。这也就是奥古斯都新政的实质。

二、屋大维的自我评价

屋大维在罗马当政 44 年，贡献卓著，成绩斐然。在其去世之前一年，屋大维曾写过一个自传，对自己的一生、对自己的业绩作过总结③。从留下来的文本中，我们能够了解到他总结的具体内容，大致可以归纳为以下几个方面：

第一，保卫共和国，把共和国从一小撮人的暴政压迫下解放出来，维护了国家的统一。

屋大维认为：当他十九岁时，他主动用自己的财产组织了一支军队并利用这支军队使处于一小撮人暴政压迫下的共和国恢复了自由。

屋大维依照法律程序流放了刺杀恺撒的人，使他们的罪行得到惩罚。当其发动反对共和国的战争时，他在战场上两次战胜了他们。他收复了亚

---

① 苏埃托尼乌斯：《圣奥古斯都传》，58，见《罗马十二帝王传》，北京：商务印书馆，1995 年版，第 83 页。

② 辛尼加：《论仁慈》，14。

③ 狄奥·卡西乌斯说：奥古斯都的第二个遗嘱"记载着他的所有业绩，而且他下令将它铭刻于其神殿周围的铜柱上"。狄奥·卡西乌斯：《罗马史》，33。

德里亚海以东一切行省、当时大半在众小王酋掌握中的昔里尼省以及此前收复的曾于奴隶战争中被占领的西西里和撒丁；他镇压了海盗，给海上带来平静。在这次战争中，他把近三万名从主人那里逃跑并拿起武器反对国家的奴隶交还给原来的主人，让其自行惩治；他战胜了在西班牙、高卢和达尔马提亚等地的敌人。

作为胜利者，屋大维胸怀宽容之心。他宽恕了所有乞求原谅的公民。对于外邦人，凡可赦免而无害于安全者，他都宁愿赦免而不将其消灭。整个意大利都自愿向他宣誓效忠，并要求他领导亚克兴之战。高卢和西班牙诸省，阿非利加、西西里和撒丁等行省也都向他宣誓效忠。

屋大维一生中，"曾两次举行小凯旋式，三次举行凯旋式，二十一次获得凯旋将军称号"，"有九个国王或王子走在他的凯旋马车之前"，三次关闭亚努斯——奎里努斯神庙大门。这在罗马以前的历史上都是绝无仅有的。

图 3.12　罗马和平祭坛全景

第二，整顿元老院，进行人口财产普查，了解国家资源方面的家底；立新法，树榜样，规范行省的治理模式。

当屋大维第五次就任执政官（公元前 29 年）期间，他遵守人民和元老院之命，增加了贵族人数。他三次重订元老院人选名单。在他第六次就任执政官（公元前 28 年）期间，他与马尔库斯·阿格里巴一起进行了一次人口财产调查。此次登记的罗马公民人数为四百零六万三千人。公元前 8 年，屋大维又以执政官权为依据，独自举行了一次人口调查。此次登记的罗马公民人数为四百二十三万三千人。公元 14 年，他又以执政官权为依据，与提比略·恺撒一起举行了第三次人口调查。此次登记的罗马公民人数为四百九十三万七千人。

屋大维通过新立法，恢复了已遭废弃的许多祖先的旧传统；他本人也在许多方面为后代树立了效仿的榜样。公元前 13 年，他成功地处理了西班牙和高卢行省的事务，赢得了行省民众的广泛欢迎。

第三，关心老兵和罗马平民的生活，建殖民地，赠钱款，设老兵退伍基金，既考虑罗马当下的安定，更关注罗马长远的发展。

在屋大维第五次就任执政官之时，即公元前 29 年，他把为庆祝他凯旋而征集的加冕黄金三万五千磅归还给意大利诸自治市和殖民地。在粮食极端缺乏的时期，他承担起粮食供应总监之责。在执行此职数日之后，他便通过使用自己的财力和人力购进粮食，使全体公民免除了饥饿之苦。

遵照恺撒的遗嘱，屋大维付给罗马平民每人三百塞斯退斯；公元前 29 年，他以自己的名义从战利品中赠给每人四百塞斯退斯；公元前 24 年，他从自己的财库中再次赠给每人四百塞斯退斯；公元前 23 年，他十二次用自己的钱购买粮食进行分配；在他第十二次任保民官时，第三次发给每人四百塞斯退斯。其赠款每次所泽的人数皆不少于二十五万。公元前 5 年，他向三十二万城市平民每人赠送六十狄纳里乌斯。公元前 2 年，他给当时接受国家发放食粮的平民每人六十狄纳里乌斯，获得者二十余万人。此外，他还从战利品中发给在殖民地定居的士兵每人一千塞斯退斯。接受这笔赠款的人数约十二万人，分在各殖民地。公元前 14 年，他又把一些自治市的土地划分给了他的士兵。为此，他向各自治市偿还了银钱，总数达六亿塞

图 3.13 展现奥古斯都治下的罗马和平的壁刻

斯退斯；为行省付出了约二亿六千万塞斯退斯。从公元前 7—前 2 年，他让服役期满的士兵返回自己原籍，用现款向他们发放了退伍金。为此，约花了四亿塞斯退斯。

此外，屋大维还四次用自己的财产资助国库，共向国库管理人拨款一亿五千万塞斯退斯。公元 6 年，他从自己的财库拨款一亿七千万塞斯退斯作为士兵退伍基金，以保证退伍士兵享有较为安定的生活。

第四，重视民众的精神生活，支持竞技活动，让罗马平民分享胜利的成果，远离政治。

屋大维多次以自己及家人的名义，举办角斗表演，在这些表演中约有一万人参加战斗；多次以自己及外孙的名义，从世界各地聘请运动员为人民举行体育表演；多次以自己及其他官员的名义，举办各种赛会。公元前 17 年，屋大维作为十五人祭司团的团长，与同僚马尔库斯·阿格里巴一起，代表十五人祭司团举办了新时代大庆盛会，把罗马帝国带进了和平发展的新高峰。公元前 2 年，屋大维第一次举办了马尔斯神赛会。此后，每年都举行这种赛会。此外，屋大维曾二十六次以自己及其家属的名义，在竞技场、广场和圆形剧场举行追猎非洲野兽的表演，在此类表演中约有三千五百头野兽被猎杀。在第伯河对岸，也即恺撒园林的地方，屋大维还为人民举办了一次海战表演。为此，挖了一千八百尺长、一千二百尺宽的水域。在这次表演中有三十艘三列桨或二列桨的尖头战船和许多小船参加战斗。在这些船上，不算桨手约有三千名战士。竞技之风因屋大维的鼓励而迅速发展，并逐渐成为罗马社会的时尚。

第五，斥巨资建神庙、修广场，大力修建公共建筑，装点罗马城。

屋大维修建了众多建筑物，其中包括：元老院会堂和与之相连的卡尔齐边大殿，帕拉丁山上的阿波罗神庙及其柱廊，神圣朱理亚庙，卢佩卡尔神龛，弗拉米尼乌斯竞技场的柱廊（后称"屋大维亚柱廊"），还有大竞技场的观礼台，卡庇托尔山上的"打击者朱庇特"和"雷轰者朱庇特"神殿，奎里努斯神庙，阿汶丁山上的米涅瓦、朱诺天后和解放者朱庇特诸神庙，位于神圣大道起点的拉瑞斯神庙，维利亚山头的培那戴斯神庙，以及座落于帕拉丁山上的青年神庙和大母神庙。

屋大维还花巨款重修了卡庇托尔大庙和庞培剧场，修复了因年久失修而多处损坏的水道及相关的引水管道，把一条新的源泉引入被称为马尔齐亚的水道，修完了恺撒时期开始修建并已完成大部分的朱理亚广场和位于卡斯托尔神庙和萨图恩神庙之间的大会堂。

公元前 28 年，屋大维遵照元老院的决议，在罗马城修复了八十二座神庙，当时待修的神庙没有一座被忽略。此外，他还重修了弗拉米尼乌斯大道，重修了除穆尔维桥和米努齐桥之外的所有桥梁。

图 3.14　罗马万神殿顶部

第六，开疆拓土，寻找天然屏障作为罗马帝国的边界，确保罗马长治久安。

屋大维把罗马人民一切行省的边界都向外延伸了。他使高卢和西班牙诸省恢复了和平，也使从格地兹到易北河口被海洋包围的广大日耳曼地区获得了和平；使从近亚德里亚海地区起直到托斯卡海为止的整个阿尔卑斯山恢复了和平，没有把不该进行的战争加给任何人民；他的舰队从莱茵河河口向东在海洋上航行直达森布里亚人的地界。在屋大维的领导下，罗马的两支军队几乎同时开进了埃塞俄比亚和阿拉伯（又名"福地"）；两个民族都有大批军人在战争中被歼，许多城镇被占领。在埃塞俄比亚，部队前进直达梅洛埃附近的那帕塔镇；在阿拉伯，部队进到萨白安地区的马里巴城。他使埃及变成了罗马帝国的一部分。他征服了潘诺尼亚诸部落并将之并入罗马帝国，把伊利里亚的边界扩展到多瑙河边。

　　第七，依托外交手段，提升罗马形象，保证罗马国境线的安全，为罗马边界寻找另外一条可靠安全的屏障。

　　屋大维从帕提亚人手中收复了他们以前从三个罗马军团夺去的战利品和军徽，并迫使他们不得不千方百计寻求与罗马人民建立友好关系。许多国王派子孙前往罗马，学习罗马文化，体验罗马人民的良好信誉。印度国王的使臣也常被派遣出使罗马，此前他们从未觐见过任何罗马将军。巴斯塔尼人和斯基泰人以及住在顿河两岸的萨尔马提人，还有阿尔巴尼人、伊伯利人和米底人等的国王都派遣使者来寻求与罗马人民的友谊。

　　当奥古斯都去世时，元老院公开宣读了他的遗嘱。遗嘱建议他的后继

图 3.15　奥古斯都神圣雕像

者放弃更为大规模的扩张，保持住已被他规划、经营的帝国边界，即：西至大西洋边；北至莱茵河和多瑙河；东至幼发拉底河；南边则到阿拉伯和非洲的沙漠地带。罗马帝国的边界首次被奥古斯都确定下来。

《奥古斯都自传》被蒙森赞誉为"拉丁铭文之女皇"，但就内容的逻辑性而言，这一自传显然不如恺撒的作品。不过，从屋大维提出的 7 大政绩中，我们可以看到罗马政治家的评判标准，就是对神的贡献、对国家的贡献、对公民民生方面的贡献以及在国家外交方面的贡献。在这些方面，屋大维应该说做得相当出色。他的自传看上去是对自己一生业绩的总结，但实际上是为后人精心制作了一本理政治国的教科书，为后人树了一面旗帜，立了一面镜子，一面无言的镜子。[①]

图 3.16　"世界之王"奥古斯都

---

① 在奥古斯都的遗嘱中包括将他自己撰写的自传内容刻在纪念碑的铜板上，立于其陵墓的入口处。见苏埃托尼乌斯：《圣奥古斯都传》，101。

第二编

帝国罗马

第四章 元首治下的帝国

第一节 帝国的黄金时代

一、朱理亚·克劳狄王朝

奥古斯都晚年，帝国出现了一些动乱和不稳定的现象。公元6年，潘诺尼亚和伊利里亚爆发起义，奥古斯都派提比略前去镇压，直到公元9年这次起义才被镇压下去。在与日耳曼人的战争中，屋大维损失惨重，其中有三个军团被日耳曼人消灭。潘诺尼亚战争和日耳曼条托堡之败引起了一系列政治和财政危机，罗马行省居民对罗马统治的不满日益表面化，罗马城内的贵族和平民中间也出现了许多不利于元首政治的言语。但年老的奥古斯都显然已经无力解决元首制的这些难题了。不过，只要奥古斯都还活着，就足以维持他本人、他全家以及整个罗马帝国的和平，人们就不会有什么忧愁。

公元14年9月14日，奥古斯都在南巡意大利途中不幸染病，逝世于坎佩尼亚的诺拉城，终年七十七岁。据说，他在弥留之际，曾对前去探望的朋友们说了一句常用于评论罗马喜剧的话。他说：

> "我的戏已经演完了，
> 现在请大家为我鼓掌吧，
> 让我在掌声中退场。"

最后，他向李维娅道别："永别了，李维娅，永远记住我们的婚姻生活。"

图 4.1 李维娅雕像

奥古斯都用这种方式告别了亲人。①

屋大维完成了自己的历史使命，用元首政治解决了罗马内战之后国家的政权组织问题。对于元首死后的事务，他虽然很关心，但一直没有找到一个很好的解决办法。奥古斯都没有男性子嗣，只有一个与斯克里波尼娅生的女儿，名叫朱理娅。朱理娅的第一位丈夫是玛尔凯鲁斯，但结婚不到三年就死了。亚克兴战役之后，奥古斯都又物色阿格里巴作为自己的继承人。为此，他把朱理娅嫁给阿格里巴。不幸的是阿格里巴于公元前12年去世，死于屋大维之前。此后，他又把继承人放在培养朱理娅的两个儿子——盖约·恺撒（时为8岁）和路西乌斯·恺撒（时为6岁）上，他们都被奥古斯都收为养子。为了把两个外孙培养成合格的继承人，奥古斯都殚精竭虑，可谓费尽心机。公元前5年，15岁的盖约·恺撒被破例任命为公元1年的执政官；公元前2年，满15岁的路西乌斯·恺撒也得到与哥哥同样的荣誉。然而，遗憾的是，巨大的不幸再次落到奥古斯都的头上。公

图 4.2　奥古斯都广场和战神神庙

———————

① 苏埃托尼乌斯：《圣奥古斯都传》，99。

元 2 年，路西乌斯死于去西班牙任军职的途中；公元 4 年，盖约也在从亚美尼亚返回罗马的路上死去①。奥古斯都在万般无奈的情况下，只得按妻子李维娅的建议，把李维娅与前夫生的儿子提比略·克劳狄收为养子，并将其确定为自己未来的接班人。塔西佗认为：在公元 2 年到 14 年，提比略也就"成了没有继承人的皇室的主人。"②

提比略接任元首时，已经 56 岁。新元首上任后的第一件事就是谋杀阿格里巴与朱理娅的小儿子阿格里巴·波斯图姆。塔西佗说："波斯图姆虽然没有卫兵，也没有武器，但派去（执行命令的那位）果断的百人队长，还是费了很大的力气，才把他杀掉。在元老院里，提比略对此事只字不提，伪托是出于他父亲的命令，似乎奥古斯都曾授命负责监视的保民官，一旦他瞑目离世，立即杀害在押的波斯图姆。"③塔西佗对此评论道："过去奥古斯都对这个青年曾常加严谴，并曾通过元老院的法令把他放逐，这些都是没有疑问的。但是奥古斯都生前从来没有硬着心肠处死过一个亲属，尤其是让他以牺牲一个亲外孙的生命去减轻一个继子的忐忑不安，这更让人难以置信。因此，更大的可能是提比略和李维娅二人，前者受戒惧之心的驱使，后者则出于继母的妒忌，匆忙合谋杀害了他们所猜忌的青年。"④

提比略所做的第二件事就是主持元老院会议，讨论奥古斯都的葬礼。维斯塔贞女先出示奥古斯都的遗嘱，指定提比略和李维娅为第一继承人，李维娅被接入朱理亚氏族，并获得"奥古斯塔"称号。作为第二继承人的是奥古斯都的孙辈和曾孙辈；第三继承人则是一些声望卓著的贵族，尽管他素来憎恶大多数的贵族。给家族的遗赠并不超过一般公民的规模，但是赠给国家和人民的却达到 4350 万塞斯退斯⑤，近卫军每个士兵 1000 塞斯退斯，城军每人 500 塞斯退斯，所有军团或步兵队⑥战士每人 300 塞斯退斯。

---

① 塔西佗：《编年史》，1，3。
② 塔西佗：《编年史》，6，51。塔西佗：《编年史》上册，北京：商务印书馆，1983 年版，第 316 页。
③ 塔西佗：《编年史》，1，6。参考李雅书先生的译文，见《塔西佗〈编年史〉选》，北京：商务印书馆，1980 年版，第 13 页。
④ 塔西佗：《编年史》，1，6，见《塔西佗〈编年史〉选》，第 13 页。
⑤ 罗马银币，相当于 1/4 狄纳里乌斯。
⑥ 通常指意大利志愿兵，这种部队不编入罗马军团，但与军团并列。帝国时代约有 30 个这样的步兵队。

图 4.3　李维娅庄园壁画

图 4.4　建筑石柱

　　然后讨论奥古斯都的葬礼问题。塔西佗认为："最突出的两个意见是阿西尼乌斯·加鲁斯和路西乌斯·阿伦提乌斯提出的。前者提议葬礼仪仗队伍应该通过一个凯旋门；后者提议把死者生前所制定的一切法律的名目和他所征服的一切民族的名字都排在遗体的前面。此外，瓦勒利乌斯·麦撒拉建议每年都应重新向提比略宣誓效忠。提比略当时问他这个意见是不是由提比略授意的。他回答说：这是他本人的意见，当事关公共利益时，他总是只相信自己的判断，即使冒犯别人亦在所不惜——这是那时对他唯一得体的谄媚术了。元老院嚷着要让元老们亲自把遗体抬到火葬场。恺撒①以高贵的谦逊免除了他们这个任务；又用布告警诫人民，不要重演从前那种有辱于神圣朱理亚②葬礼的过分热情行为，也不要要求奥古斯都在人民广场火葬，而应在奥古斯都已定的安息之所马尔斯广场③举行火葬。"④

图 4.5　罗马遗迹

---

　　①　指提比略。
　　②　指朱理亚·恺撒。
　　③　奥古斯都的陵墓是在他第六任执政官时（公元前 28 年）修建的，位于马尔斯广场北部，在弗拉米尼乌斯大道和第伯河之间。
　　④　塔西佗：《编年史》，1，8。

奥古斯都葬礼结束以后，提比略便开始了在罗马长达 23 年的统治。对于提比略一生的情况，塔西佗曾作过以下的评述："他以普通公民的身份或是以重要官吏的身份生活在奥古斯都治下时，是其生活和名誉中一个崇高的时期。当日耳曼尼库斯和德鲁苏斯还在世时，他表现了伪善的品德，这是他狡诈地隐蔽自己真实思想的时期。当他的母亲还在世时，他仍是一个有好有坏的人物。在他喜爱或畏惧谢雅努斯的时候，人们只是讨厌他的残酷，但是他的淫欲却是隐蔽着的；最后，当羞耻和恐惧对他已不再是一种约束力量的时候，他只按照自己的本性为所欲为，这样他就彻底陷入罪恶和丑行了。"[①] 塔西佗的总结实际上也确定了西方学者评价提比略的主调。

图 4.6　罗马拱门建筑图

不过，就政绩而论，提比略统治时代虽不能与奥古斯都时代相比，但也算得上国家富足，人民安康。他因袭奥古斯都的成例，精兵简政，协调各方关系，加强行省的管理；同时，遵照奥古斯都的遗愿，不轻易对外用

---

①　塔西佗：《编年史》，6，51，北京：商务印书馆，1983 年版，第 316 页。

兵，为罗马赢得了 20 年的和平环境。财政方面崇尚节俭，不举行大众公共娱乐，但积极开矿，发展贸易，增加收入，20 余年国库积累丰厚。在其即位时罗马国库积存为 1 亿塞斯退斯，至其去世时增加至 27 亿塞斯退斯。因此，公平而论，作为一位政治家，提比略在内外事务方面做得不是最好，但还是有成就的。

图 4.7 大地女神浮雕

对此，当时人亚历山大里亚的斐罗在觐见提比略的继任者盖约时所阐述的内容就更有说服力。斐罗认为：提比略·恺撒死后，盖约·恺撒（又称卡里古拉）所承继的帝国是个幅员辽阔的罗马帝国，几乎包括了整个世界。"他的承继不是通过派系争斗，而是通过法律完成的。"无论是帝国的东西南北，还是陆上海洋，都在罗马帝国的名下形成和谐的整体。"帝国之内，蛮族与希腊人相融，士兵与公民相敬。谁不对他那神奇、难以形容的繁荣充满赞赏和惊奇呢？"

卡里古拉继承了大量累积的财富、金银——一些是金条，一些是硬币，一些作为饮器的装饰物，其他一些则是供展览用的手工制作的工艺品；他也继承了强大的军事力量，有完整的步兵、骑兵和海军。此外，还有源源不竭地向罗马提供税收的收税收系统。

卡里古拉继承的统治区域占据了人类居住的世界的大部分。"幼发拉底河（Euphrates）和莱茵河（Rhine）两条河是它的界线，莱茵河把我们与日耳曼人和更野蛮的民族分开，幼发拉底河把我们与帕提亚人、萨尔马提亚人、斯基泰人隔开，这些种族的凶猛不逊于日耳曼人；但是，正如我在上面所言，其统治区域囊括了海洋之内与海洋之外，从日出处延至日落之地。所有的罗马人民、意大利人民以及欧罗巴、亚细亚民族皆享受着快乐。他们的愉悦感远远超过他的前任统治［的时代］。"①

这就是提比略留给盖约的罗马。公元37年提比略去世后，卡里古拉继承的就是这样一个帝国。人们真诚地拥立他为元首，并对他的统治寄予厚望。苏埃托尼乌斯说：元老院和那些涌进元老院议事大厅的群众"根本不顾提比略的遗嘱，而是一致同意立即将（罗马的）最高权力全部授予他，"②这一行为"实现了罗马人民，或者更恰当地说，实现了整个人类的最大展望，因为他是大多数省居民和士兵所希望的元首，他们中许多人都了解他的幼儿时代，整个罗马市民也都希望他成为元首，因为他们都怀念他的父亲日耳曼尼库斯，同情他的几乎灭绝的家族。"③"人民高兴之极，以致据说在不到3个月内竟宰杀了16万头牲畜献祭"④。以深受民众爱戴上台的卡里古拉，据说在一场大病后改变主意，开始模仿东方专制君主的作风，不尊重元老，随意侮辱、流放或杀戮上层公民，搞得元老上层人人自危。苏埃托尼乌斯记载了他的许多暴行，例如：他命令一些在罗马"担任过要职的元老穿着托加跟在他的车后跑步好多里，让一些人手拿餐巾站在他的床的一头侍候吃饭；同时将另一些人秘密处死……他罢免了一个忘记宣布其生日的执政官，使国家有3天时间没有了最高长官。他的一个财务官被指控犯有谋反罪。他命令剥光这位财务官的衣服，将其放在士兵们的脚下，好让士兵们站稳将

①　Philo of Alexanderia, *On the Embassy to Gaius*, 2，8～9。
②　苏埃托尼乌斯：《盖约·卡里古拉传》，14。
③　苏埃托尼乌斯：《盖约·卡里古拉传》，13。
④　苏埃托尼乌斯：《盖约·卡里古拉传》，14。

其狠打"①。在财政上，他挥霍无度。提比略 20 余年积蓄的国库经不住其 3 年的折腾。公元 39 年以后，罗马各地谋反、暴动、自立元首现象不断，政局严重不稳。公元 41 年，罗马近卫军高官发动政变，将卡里古拉刺死在宫中。他是第三位死于剑下的名叫盖约·恺撒的人②。元首卡里古拉被大众唾弃，这本身就说明元首政治有很大的局限性。它的存在依赖于元首自身的素养、自身的行为，也依赖于近卫军和军队的忠诚。

图 4.8　提比略与被神化的奥古斯都

---

① 苏埃托尼乌斯：《盖约·卡里古拉传》，26，见《罗马十二帝王传》，北京：商务印书馆，1995 年版，第 169~170 页。译文有改动。

② 第一位名叫盖约·朱理乌斯·恺撒·斯特拉波，被刺于公元前 87 年；第二位就是盖约·朱理乌斯·恺撒，被刺于公元前 44 年。

卡里古拉被杀后，克劳狄继元首位。后者是卡里古拉的叔叔。其继位的程序是先被近卫军拥立，再为元老院所确认，在位时间 13 年。克劳狄从小喜欢历史，受过很好的训练，曾用希腊文写过 20 卷《埃特鲁里亚历史》、8 卷《迦太基史》等作品。历史学家李维是他的教师。

克劳狄可谓是奥古斯都家庭的丑小鸭，因为他在 55 岁以前皆不被人看好，只是卡里古拉突然被杀才使其成为元首。但克劳狄又是奥古斯都家庭的白天鹅，他使奥古斯都开创的事业又有了新的进展。他完善了自奥古斯都以来逐步建立起来的元首制新政权机构。这些机构包括：元首办公厅、御前会议、元首财政部门、最高法院等。他建设了罗马城的海上出口——奥斯提亚港，完成了自卡里古拉开始建筑的引水渠，兴建了富基努斯湖排水工程。他先后在不列颠、毛里塔尼亚和色雷斯设立了 5 个新的行省，使罗马帝国的保护层更加严密。塔西佗认为："他是最先重新经略不列颠的"罗马人①。非常值得一提的是：他使一些出身卑微的被释奴隶成为掌控罗马权力的核心人物，

图 4.9 奥斯提亚港遗迹

---

① 塔西佗：《阿格利可拉传》，13。弗拉维王朝的创立者韦斯帕芗是罗马不列颠军务的主要负责人。

使长发高卢上层进入了元老院。有关长发高卢上层进入元老院的问题，罗马元老间曾进行过激烈的争论。反对者认为：

> 意大利还没有衰败到连首都罗马的一个咨议机构都组织不起来的程度。在过去，对于那些和罗马人有血统关系的民族来说，一个由罗马人组成的元老院就足够了；他们并不因为古老的共和国而感到脸红。而且即使在今天，人们还引用在古老的制度下罗马的性格为世人提供的德行和荣誉的范例！维尼提人和印苏布里人已经冲进了元老院，难道这还不够吗？难道他们还要把大群的外国人带到城里来，就好像这座城市被攻占了吗？对于罗马贵族的后裔和来自拉丁姆的贫穷的元老还有什么荣誉留给他们呢？一切事物都要转到有钱的人们手里去；然而这些人的祖父、曾祖父却曾经统率着同罗马为敌的部落屠杀过我们军团的士兵，并曾在阿列西亚包围过圣朱理乌斯。而且是不久前的事情啊，何况我们更没有忘记过去妄图破坏卡庇托尔神殿和罗马卫城中献神的战利品的那些高卢人。当我们想到这一点时我们又当如何呢？尽量让他们享有公民的头衔吧；但是元老的标记和长官的荣誉，还是不要被他们玷污为好！①

克劳狄元首对此提出了不同意见，而且在他召集的元老院会议上发表了下面的讲话：

> 萨宾人克劳苏斯是我的始祖，他在成为一个罗马公民的同时又取得了贵族的称号；我从祖先身上受到鼓舞：在治理国家时要采取与他们一样的政策，那就是把一切真正优秀的东西都移植过来，而不论它来自什么地方。因为我不是不知道，朱理亚家族是从阿尔巴到我们这里来的，多科伦卡尼乌斯家族是从卡美里乌姆来的，波尔齐乌斯家族是从图斯库路姆来的；且不用向远古的时候探索，元老们都是从埃特鲁里亚、路卡尼亚以及整个意大利选进来的；最后，意大利本身扩展到阿尔卑斯山，

---

① 塔西伦：《编年史》，11，23，北京：商务印书馆，1983年版，第337～338页。

这样就不仅仅个人，就是不少国家和民族也完全被包括到罗马人的整体里来了。当波河以北各地区的意大利居民取得了公民权的时候，我们在国内建立了巩固的和平，在国外取得了胜利；而我们利用我们的军团遍布于天下各地这一事实，把最强壮的行省居民加到他们中间去，这样就使这个凋敝的国家重新有了力量。巴尔布斯一家是从西班牙来的，和他们同样显赫的一些家族则是从那尔旁·高卢来的，难道这也是什么值得遗憾的事情吗？这些人的子孙还都活着，他们对他们的祖国罗马的爱丝毫也不比我们差。拉西第梦和雅典虽然拥有强大的武力，可是终于免不了灭亡的命运，难道这不正是因为他们始终把被征服者当作外人看待而采取排斥态度的缘故吗？但是我们自己的始祖罗慕鲁斯却又很贤明，他竟然一天之中战胜并随即同化了一个民族！甚至我们过去的一些国王都是外国人：被释奴隶的儿子担任官职，这也并不像人们一般错误地认为的那样是什么新鲜事情。古时这样的情况是常常发生的。有人可以反驳说，谢诺尼人同我们打过仗啊。那么也许伏尔西人和厄魁人从来没有向我们打过仗？也许有人会反驳说，我们的罗马曾被高卢人占领过，可是我们难道不也曾把人质送到托斯坎尼人那里去，并且从萨姆尼特人的轭下穿过去么？而且如果我们回顾一下我们过去的历次战争，没有一次战争是在比对高卢人的战争更短的时期里结束的：从那时起，那里便一直对我们保持着忠诚的和平。现在他们已经在风俗习惯方面、文化方面并且通过婚姻关系而同化于我们了，让他们把他们自己的黄金和财富带到我们这里来，而不要留在我们的边界之外他们自己那里吧！元老们，现在被认为是极其古老的任何制度，都有一个时期是新的：在贵族的高级长官之后有了平民的高级长官；后来在平民的高级长官之后又有了拉丁人的，而拉丁人的之后又有了意大利其他民族的高级长官。今天我们的创举也会变为过去的一个构成部分，而今天我们根据前例加以辩护的事例，将来也会成为前例的。[①]

---

① 塔西佗：《编年史》，11，24，北京：商务印书馆，1983 年版，第 338～340 页。

最后，元老们同意了元首的发言。结果埃杜伊人就第一次在罗马取得了参加元老院的权利。塔西佗认为："他们所以取得这样的权利，是因为他们长久以来和罗马就有盟约的关系，而且在高卢人的城市里，他们是唯一拥有'罗马人民的兄弟'这样头衔的城市。"① 用开放的姿态对待行省上层、用吸纳的政策同化行省上层，这对于帝国未来的治理影响巨大。

公元54年，克劳狄去世，其年仅16岁的养子尼禄在近卫军的拥戴下登上元首位。元老院马上批准了近卫军的决定。尼禄在上任初期的前8年，还能按规矩办事。尼禄的老师辛尼加也写书表扬。他这样写道：

> 恺撒，你可以大胆地宣称：所有被神托付给你看管守卫的东西都完好无损；在你的统治下，国家没有遭受任何来自暴力和欺诈的伤害。你一直以来所追求的是不犯任何错误——这可是稀有的赞颂，至今还没有敬献给其他国君。你的所有努力没有白费，人们对你的无可比拟的善意没有忘恩负义，人们在评说你时并不吝惜溢美之词。人们纷纷感激于你；你对于罗马人的和蔼可亲没有人比得上，你是罗马的最大和持久的福祉。不过这也是你给自己身上加上的沉重负担。现在再也没有人谈起神圣庄严的奥古斯都或者提比略·恺撒的早年岁月，也没有人去寻求你自身以外的楷模叫你去模仿，因为你统治的标准就是你自己已经给出的文治武功。如果你的善意不是自然而然的，而只不过是一时之举，那是会十分困难的，因为没有人能长久地戴假面具；冒充者很快就会原形毕露。但是一切有根有据的东西，或者说一切从坚固的大地中生长出来的东西，都会在岁月的流逝中发扬光大。②

但从公元62年开始，尼禄的残暴本能逐渐暴露，并一发不可收拾。大批政要被杀，行省各地反抗尼禄统治的起义不断。其中不列颠人的反抗更大、更强烈。他们认为：

---

① 塔西佗：《编年史》，11，25，北京：商务印书馆，1983年版，第340页。
② 辛尼加：《强者的温柔》，北京：中国社会科学出版社，2005年版，第162页。

　　我们低首下心，而所得到的是加之于我们的更严酷的勒索，好像我们成了甘心情愿屈服的人了。曾经有一个时候，统治着我们的是一个国王，而现在我们的头上却来了两个国王：一个是屠杀我们生命的总督，一个是劫夺我们财产的财务使。他们彼此倾轧也好，他们志同道合也好，对于受他们统治的臣民说来都是同样的遭殃。这个手下的骄兵悍将，那个手下的恶仆狠奴，都一齐向我们施行凶暴和凌辱。什么都逃不过他们的贪婪；谁都逃不过他们的淫欲。在战争中，那些身强力壮的人肆行劫杀；而现在呢？在我们家里抢劫的、掳走我们子女的、强迫我们去当兵的，却大多是一些不中用的懦夫；好像除了不许我们为保卫自己乡土而牺牲以外，其他什么事情我们都该死似的。但是，只要我们不列颠人算计一下我们自己的人数，我们就可以看出，那些渡海过来的罗马兵士只算是微乎其微的几个人。日耳曼人和罗马人只有一河之隔，并没有海洋的天险，但他们已经奋起而摆脱枷锁了。我们为我们的乡土、为我们的妻子、为我们的双亲而战；而罗马人呢，他们只是为了贪婪、为了放肆。只要我们一鼓起我们祖先们那样的勇气，罗马人一定就会逃跑，像死去的朱理乌斯一样地逃跑。我们不要因为一两场战斗失利就感到惊慌失措。悲惨的命运会使我们具有更强烈的怒火和更坚决的毅力。何况，所有的神灵现在都正在怜佑着我们，他们已经把罗马的将军引到了别处，把罗马的军队领到离我们很远的另外一个岛上去了。我们已经踏上了最艰难的一步，我们已经周密地策划好了。而在这样的图谋中，大胆尝试固然有危险，但一旦机密泄漏，危险就更大了。[①]

　　于是，不列颠人在一个出身王家的妇人鲍蒂赤雅（Boudicea）的领导下，袭击分散屯戍在各处的罗马驻军，攻击附近的殖民城。起义延续了近十年，沉重地打击了罗马在不列颠的统治。公元 68 年，尼禄在众叛亲离的困境下自杀身亡，给罗马留下了一个混乱的帝国。朱理亚·克劳狄王朝最后灭亡。

---

① 塔西佗：《阿格利可拉传》，15～16，北京：商务印书馆，1985 年版，第 23～24 页。

二、弗拉维王朝

尼禄被推翻以后，各行省军团和近卫军竞相拥立自己的指挥官为元首，并因而爆发内战，一年中有三位元首被杀。最后，负责犹太战争的指挥官韦斯帕芗在叙利亚总督的帮助下，在犹太军团、埃及军团和多瑙河军团的拥戴下夺得罗马帝国的元首宝座，建立了罗马史上有名的父子王朝——弗拉维王朝（公元69—96年）。

图 4.10　韦斯帕芗元首头像

韦斯帕芗（公元9—79年）出身于意大利的萨宾地区，属于骑士家庭，是罗马第一个出身于非贵族阶层的元首。公元69年12月22日，罗马元老院授予韦斯帕芗通常授予元首们的全部荣誉和特权，使他有权采取他认为对国家利益有利的一切措施。10 个月后，韦斯帕芗回到罗马。在位期间，他进行了一系列改革。在军事方面，变革招兵模式，规定：除近卫军在意大利人中间招募外，各地驻军在行省招募，分别轮流到本省以外地区驻屯。这一措施大大地扩大了罗马的兵源渠道，改变了罗马军队的性质。在国家管理方面，广泛吸纳行省上层进入国家最高管理行列。他将行省富户千余家从西班牙和高卢等地迁入罗马，充入罗马的元老和骑士队伍，授予西班牙所有城市和西方许多城市以拉丁公民权，以扩大帝国和元首政治的社会基础。从此，罗马帝国政权不仅取得了罗马、意大利奴隶主的支持，而且也获得了各行省上层的热烈拥护。在财政方面，紧缩宫廷开支，广开税源，增加收入。经过韦斯帕芗几年的努力，罗马财政大为好转。弗拉维竞技场（Flavian Amphitheatre）就是在这一时期动工兴建的。

图 4.11　大竞技场拱门

公元 79 年，韦斯帕芗去世，其长子提图斯（公元 79—81 年在位）继位。提图斯是一位普遍受人喜欢和爱戴的元首。"他有特殊的天才、教养或好运，因而赢得了民众的好感。"① 在位期间，他继续推行韦斯帕芗的帝国政策。在行省，修筑新路；在罗马，最后完成弗拉维竞技场的建设。不过，在他统治期间，意大利也遭受了一些巨大的灾难。在罗马，发生火灾，连续烧了 3 昼夜，同时还发生了前所未有的瘟疫。面对这些大灾大难，提图斯"不仅表现出元首的焦虑，而且还表现出盖世无双的父爱。一方面，他颁布敕令安慰人民；另一方面，他拿出自己的钱财进行救济。""在罗马大火期间，他没有说话，只是喊道：'全部损失都是我的！'他把自己别墅的全部装饰用于修复建筑物和神庙。为了加快工程进度，他委任了几名骑士级的官员。为了解除瘟疫和同疾病做斗争，他采用了占卜和医疗等各种手段，查遍了所有祭祀方法和一切良药。"② 公元 79 年，在坎佩尼亚，维苏威火山突然爆发，埋没了庞贝、赫兰尼乌姆、斯塔比、奥普隆提斯等城镇③。非常幸运的是，小普林尼在写给当时罗马著名史学家塔西佗的两封信中保存了维苏威火山大爆发以及死于这次灾难的老普林尼临终时的具体情况。所述的内容虽不详尽，但就这一特殊历史事件而言，这是仅存的文字记载。为说明问题，现特将小普林尼给塔西佗的相关信件陈录如下：

> 你让我写一份我舅父去世前后情况的说明以便你能当作依据写一篇更为确切的记载以传诸后世。这一要求是我极乐于接受的。因为能借你的大手笔来描述他去世之前的实际情况真是他的莫大荣幸！我深信这将使他的光辉永垂不朽。

> 尽管他是在一个景物极秀丽的地区发生的一次使人永远难忘的不幸灾难中同许多城市和一大批人民一同遇难而死的，从而使他得到了人们的某种长久的记忆；尽管他本人也曾写过许多不朽的著作，但是我确信能够蒙你在你的将为万世传颂的作品中提到他，会使他的声名流芳千古。我认为那些蒙上天之恩赐赋以才华有能力作出值得传述之事迹或写出值

---

① 苏埃托尼乌斯：《圣提图斯传》，1。
② 苏埃托尼乌斯：《圣提图斯传》，8，见《罗马十二帝王传》，北京：商务印书馆，1995 年版，第 321～322 页。译文略有改译。
③ 自然科学家老普林尼在这场灾难中不幸遇难。庞贝又译庞培伊。

图 4.12　罗马马赛克镶嵌画

得传颂之文章的人是幸福的人，但最幸福最得天独厚的莫过于那些具有这双重天赋的人。我的舅父由于他自己的著作再加上你的大手笔之助，无疑将能添居这后一行列。因此，我更加甘心情愿地应承，不，应该说乞请，你给予我这项任务。

当时他正和他统率的舰队一起驻在米散那。八月二十四那天的下午一点左右，我母亲要他到外面去观看一种特别巨大而且样式异常的云雾。他那天上午晒过日光浴，然后洗了一个冷水浴，悠闲地吃了午餐，正开始读书。他马上要来了鞋子走上了一块高地以便最清楚地观看这一极不寻常的现象。在当时那样的距离不可能辨认清楚这些云烟是从什么山上发出来的，但后来知道了是来自维苏威。我不能更准确地向你形容这片云雾的形状，只能说它像一棵松树，因为它像一棵树干一样高插入云，顶端又扩展成一些枝叉；我想一定是有一股强烈的气流夹带着这些东西直冲天空，到高处气流变弱包裹不住这些东西，就形成一片四散的烟雾，也许是这些东西本身重量下落的压力造成这种形象。它忽而呈白色，忽而又呈一片黑色，而且斑斑点点，好像把土和焦渣都带上了天空。

我舅父本是一位真正博学之士，他看出这个现象十分重要，认为值得到近处去观察。于是命人准备了一条轻便的船，并吩咐我如果愿意可以随他同去。我回答说自己宁愿留在家里学习。当时他确实还亲自给我留了一个作文题。

当他走出住宅的时候，他收到巴苏的妻子来克蒂娜的一个条子，她对当前的危险十分惊恐（他们的别墅正在我们下面，除了海路之外，别无他路可撤离）。她热切地恳求他搭救她以免大难临头。于是他改变了自己最初的意图，从初时一个哲学家的想法转而抱了一种见义勇为的念头。他命令出动一些大船，不仅要帮助来克蒂娜，也要帮助其他许多人，因为在这一风景美丽的滨海地区，别墅极密。他自己也搭乘了一只大船，把航向直指危险的地区，迫不及待地向着人们逃出的方向前进。他毫不惧怕，一心想要赶到那可怖的目的地去对那继续不停的活动和景象做就近的、尽兴的观察。

他愈接近这个地区，火山喷发出来的大量灰尘、沙砾就愈一阵紧似一阵，而且更加炽热炙人。不久就开始落到船上，其中还夹杂着刚刚凝固的熔岩块和被火烧得焦黑正在爆裂的石砾。这时海水也陡然高涨起来，同时又有大量的土石从山上崩塌下来堵塞了海岸。此时此地他不得不考虑一下是否应该退回去。考虑了一会儿他对催促他赶快做出决定的船长说："好运气常伴随着勇敢者，送我到庞贝城去吧！"庞贝城位于斯台比亚海角，距离他当时所在处还有半个海湾之遥（你知道那里海岸缓慢地伸展成一个圆弧，形成围绕海水的港湾）。他的行李早已装在船上以备远行。当时斯台比亚一带还未感到危险十分临近，但这个地方离火山很近，可以看清一切，不过一旦有大爆发它就很危险。当时他决定如果逆风停止，就回转。当时风向对送我舅父到庞贝城却很有利。到了那里，他一直安慰、鼓励并拥抱他受惊的朋友。为了平息大家的恐惧，他故意表现出十分镇定的样子。若无其事地让人引他到一个浴堂去，沐浴之后，他安详地坐下来吃晚餐，好像非常愉快，或者说，至少表面上看来是这样（无论怎么说都很够英勇）。

这时可以望见在维苏威火山上有好几处燃烧着大火。冲天的怒焰凶猛地向四方延烧着。火光灿烂夺目，把漆黑的夜晚照得如同白昼一般。但是我舅父为了减轻大家的恐惧，一直说有些火光是惊慌失措的人们自己点燃的，说能见到那么多火是由于一些被弃的别墅着了火。在这之后，他就回到房里去休息了。很肯定的是他真的睡着了。因为他卧室的守卫人员听到了他鼾声大作，他很肥胖所以鼾声大。但当时通往他住所的院子里已经积了厚厚的一层火山熔岩石砾和火山灰，如果任他继续留在那里，会无法撤出的。于是人们把他叫醒，引他出来回到庞贝城众人所在之处，那里整晚大家都坐以待旦。他们大家商议是留在房屋里好还是出去到露天里好。房屋由于反复的强烈震动而摇晃不停，感到好像要被从根基撕裂一样地摆动着。但是另一方面，在露天里，他们又害怕不断降落的火山灰和熔岩石砾，尽管这种石块多孔质轻。总的比较起来，在户外还是危险较小一点；我舅父从道理上衡量，得出了这样的结论，别人则从担惊受怕的程度上衡量，也得出同样的结论。他们用头巾把枕头绑在头顶，这是他们抵御那像暴雨一样降落在他们周围的火山灰和熔岩块的全部保障。

这时在其他地方已经是白天了，但在那个地方，比最漆黑的夜晚还黑暗。幸赖人们点了许多火把和其他种灯火才照亮了。他们当时考虑最好先下到海边以便可以就近看到是否可能转到海上去。但是他们发现海浪仍旧很高，而且是逆方向的。就在这个地方，我舅父躺倒在一片没使用的旧帆上，不断地要冷水喝而且喝了很多。不久，一阵强烈刺鼻的硫黄气味弥漫过来，这是火焰的先导，随之冲天的烈火燃烧起来了。这火迫使他周围的人们四散奔逃，他也被惊醒了。在两个奴隶的搀扶下，他站了起来，但立即又倒下。我推测是某种特殊浓烈的气体窒息了他，堵塞了他的呼吸器官。他的呼吸系统本来就比较脆弱多病，而且当时正因感冒而发炎。

当再次天亮以后（即他最后见到的白天之后的第三天），人们发现了他的遗体。他完好无损，像生前一样穿着整齐，姿势像熟睡而不像死亡。

当时我母亲和我都留在米散那。但这同历史无关，而你要询问的只是关于我舅父的死，因此我这封信就写到这里。不过请允许我再加一句，我忠实地向你叙述的都是我亲见的或当时亲耳听到的最可靠的报道。请你斟酌选用最合适的部分。因为一封信同一段历史大有不同，而且写给一个朋友同写给公众也大有区别。再见。[1]

另一封信对火山爆发写得更多，更详细。小普林尼这样写道：

据你说，我应你要求所写的关于我舅父之死的信引起了你的好奇心，使你不仅想知道我们留在米散那的人受了多少惊吓，还想知道我们遭到了多大的损失。（因为上次的信讲到这里就停止了）。

"虽然我受惊吓的魂魄畏缩了，可我的口将要讲。"[2]

那天我舅父出发之后，我把其余的时间都用在学习上了（这也是我

---

① 小普林尼：《书信集》，6，16。见李雅书选译：《罗马帝国时期》，上，北京，商务印书馆，1985 年版，第 169～173 页。

② 维吉尔：《埃尼阿斯记》，2，12。

留在家里的目的）。这之外，我沐浴、吃饭和休息，睡眠短而有间断。那几天一直都有一些地震，因为在坎佩尼亚，地震是司空见惯的，我们也不怎么惊慌。可是那天晚上地震激烈的程度使人觉得大地不是在震动，而是要整个地翻转过来。我母亲惊慌地跑到我卧室来，我也正在起床想去叫醒她，怕她还在熟睡。我们在屋前的庭院里坐了下来，庭院正处在房屋和大海之间。我不知应该把我那时的情况叫作勇敢还是缺少经验。当时我还不满十八岁，但是我要了一本李维的作品读了起来，甚至泰然地继续做我一直在做的摘录。刚巧有一位刚从西班牙到来的我舅父的朋友来到了我们这地方，他看到我母亲和我静坐在那里，我手里还拿着一本书，他便尖锐地批评我母亲的容忍和我的满不在乎。尽管如此，我仍继续专心致志地读我的书。

清晨，天色微晓，还不到六点时，我们周围的房子开始颤抖起来。虽然我们站在户外露天的地方，可是庭院面积小，而且周围有房子，如果房子塌下来肯定有可怕的后果。直到这时我们才决定离开城镇。有些普通百姓也极度惊慌地跟着我们走，人们宁愿听从别人判断而不信任自己（惧怕达到极点时很像谨慎）。他们迫使我们不得不继续前进，因为身后已经跟了一大串人了。

从住宅出来之后，我们在一个极端奇异和可怕的景象前呆住了。我们命令准备的车辆虽然都停在平地上，但它们却不停地前后左右滑动着，即使把石块卡在轮子底下也无法使它们停稳。然后我们又看到海好像是被大地的抽动所牵引一样被吸回去了。至少可以肯定的是岸边的沙滩相当大幅度地扩大了，许多海生动物被困在干旱的沙滩上。在另一面，从一团可怖的黑色云雾中一阵阵冒出蛇一样的一股股岩浆蒸汽，它们一下子又突然闪现成一长串奇幻的火焰，看上去像闪电一样，但长大得多。

这时，我提到的那位从西班牙来的朋友以更为友好和诚挚的口气对我们说："如果你的兄弟、你的舅父还活着的话，他一定希望你们两人都平安无事。如果他已去世了，他的愿望也是要你们活下去。因此，为什么你们还不赶快逃命呢？"我们说当我们不确知他的安全的时候，我们绝不能考虑自己的安全。于是我们的朋友不再同我们啰唆，匆匆地走开了，用最快的速度使自己摆脱危险。

这之后不久，我所形容过的那一大团黑云开始降落下来，覆盖了整个海面。它包围并隐藏了卡普里岛，锁住了米散那海角，使人什么都看不见了。于是我母亲开始恳求、劝说，以至于命令我尽最大努力去逃生。她说一个青年人是可以做得到的，而她年老体胖，跑不动了，只要不连累我跟着死，她死而无怨了。我回答说，不同她一起我也活不成，同时拉着她的手催她快走。她很不情愿地跟着我，还不时地责怪自己拖累了我。这时火山灰已开始落在我们身上，只是分量还不算很大。我回头看一下，只见极浓厚的一片暗黑的烟雾紧跟在我们后面像一股洪流顺着我们身后的地面滚滚而来。我当时提出在我们还能看得清的时候，先转到路边去，以免被后面拥挤而来的人群挤倒在路上，在黑暗中被人践踏而死。还没等我们在路边坐稳，无边的黑暗已经笼罩了我们。那种黑暗不像一个无月光或多云的夜晚，而更像是在一个关紧了门而灭了灯火的暗室里那样一片漆黑，你可以听见妇女的尖叫、儿童的哭声和男人的喊声。一些人找孩子，另一些人找父母，还有些人找妻子或丈夫，只能听声音来辨认人。有些人叹息，抱怨自己命苦；另一些则惋惜自己的家庭，还有些人乞求一死了事，显然是由于极端怕死。许多人伸手向天哀求神灵怜悯，但是大多数人已经觉得没有什么神灵了，天地末日已经来临！

甚至还有些人幻想了许多恐怖的事而加剧了实际的危险。有些新来的人说在米散那有某某房屋倒塌了或着火了，其实都是假的，可是人们都相信。不久，天空一点点地显得亮了一些，我们觉得这很像有火要到来的预兆而不是天亮了（事实果然如此）。不过火离我们很远。不久之后又黑了下来，而且又来了一阵浓厚的火山灰雨，我们不得不时时站起身来抖一抖尘埃，因为不然我们会被埋起来，甚至会被它们的重量压倒。在这场惊心动魄的灾难之中，我自己并没有表露过丝毫害怕的情绪。这话听来似乎有夸口之嫌，事实上我是从一种很可怜、但却很强有力的慰藉中得到了支持的，不然我也做不到这点。这支持我的力量就是我当时以为全人类都遭到了同样的灾难，我只是在随着世界本身的灭亡而灭亡。

终于这一可怕的漫无边际的黑暗一点点地稀薄起来变成一种云或烟，

并逐渐散开了；于是白天真的回来了，甚至出了太阳，不过像日食一样显得苍白无华。当时呈现在我们眼前的每件物品，在我们余惊未定的眼神看来似乎都变了样，它们表面像积雪一样都厚厚地积了一层灰尘。

于是我们回到了米散那，尽可能恢复了一下精神和体力，在期待和焦虑中度过了一个难熬的夜晚。说实在的，后一种心情要多得多，因为地震还在继续，有几个过于担心的人用吓人的猜测把他们自己和邻人的灾难说得十分恐怖。然而即使如此，尽管经历了那样大的危难，而且危难还在威胁着我们，但我母亲和我在收到关于我舅父的消息之前不打算离开那个地方。

现在你可以读一读我的这篇叙述，它够不上一篇严肃的历史，也没从如何把它变为你的东西来着眼；实际上如果你觉得它连一封信的价值都不够，那你只好怪你自己不该让我写了。再见。①

维苏威火山爆发对于意大利的冲击是巨大的。为了重建坎佩尼亚，提图斯从前执政官中抽签选拔督察官，拨款救灾。他把被维苏威火山夺走生命又无继承人的那些人的财产以及元首自身的钱财用于被毁城镇的重建，以元首的心胸和关爱慰藉遭灾民众的痛苦。

提图斯从小对建筑和艺术兴趣浓厚。公元 80 年，罗马大竞技场在罗马落成。提图斯元首正式宣布大竞技场建成，庆祝仪式持续进行了 100 天。罗马大竞技场的建成表明，罗马当时的国势已经如日中天。随着帝国力量的增强以及元首自身对艺术的钟爱，罗马境内的艺术也有大放异彩之势。《拉奥孔群雕》就是经过提图斯留给人类的重要遗产。老普林尼说："这件作品珍藏在提图斯的宫廷里，是一切绘画和雕刻之中的极品。罗德斯岛的阿格桑德罗斯、派里多罗斯和阿塔诺多罗斯三位杰出的艺术家按照一种总的设计，用一整块石头，把拉奥孔和他的两个儿子以及巨蛇的神奇的缠绕雕刻出来了。"② 非常庆幸的是这一形象逼真的雕像于 1506 年 1 月被一些挖掘提图斯浴室的意大利人重新发现，这是人类艺术史上的重大事件。

---

① 小普林尼：《书信集》，6，20，见《罗马帝国时期》，上，第 173～176 页。
② 老普林尼：《自然史》，36，37。

图 4.13　大竞技场走廊

《拉奥孔群雕》取材于特洛伊的故事。故事的梗概是这样的：特洛伊阿波罗神庙的祭司拉奥孔警告特洛伊民众，要注意希腊人设下的诡计，不要把他们的木马搬进特洛伊城。庇护希腊人的雅典娜在获知这一消息后，立即派两条大蛇缠住拉奥孔和他的两个儿子，让其无法脱身与特洛伊民众接触，揭穿希腊人的计谋。群雕上展现的就是大蛇绞缠拉奥孔及其儿子们的情景。巨蛇的神力、拉奥孔和他的儿子们的无奈与痛苦以及人随蛇的缠绕而产生的扭动都通过金字塔式的构图充分展示给观众，给其以一种极其深刻的影响。18世纪德国学者温克尔曼曾对《拉奥孔群雕》给予了很高的评价。他这样写道：

> 《拉奥孔群雕》保持了在一切激情之下透出的一种伟大而又沉静的特征，在拉奥孔的面容上，而且不仅是在面容上描绘出来了，尽管他在忍受最剧烈的痛苦。全身上每一条筋肉都现出痛感，人们用不着看他的面孔或其他部分，只消看一看那痛得抽搐的腹部，就会感觉到自己也在亲身领受这种痛感。但是这种痛感并没有在面容和全身姿势上表现成痛得

图 4.14 拉奥孔群雕

要发狂的样子。他并不像在维吉尔的诗里那样发出惨痛的哀号，张开大口来哀号在这里是不许的。他所发出的毋宁是一种节制住的焦急的叹息，像萨多勒特所描绘的那样。身体的苦痛和灵魂的伟大仿佛都经过衡量，以同等的强度均衡地表现在雕像的全部结构上。拉奥孔忍受着痛苦，但是他像菲罗克忒忒斯那样忍受痛苦：他的困苦打动了我们的灵魂；但愿我们自己也能像这位伟大人物一样忍受困苦。

这种伟大心灵的表情远远超出了优美自然所产生的形状。塑造这雕像的艺术家必定首先亲自感受这种精神力量，然后才把它铭刻在大理石上。①

如果说是艺术家给了《拉奥孔群雕》以不寻常的灵魂的话，那么提图斯元首对它的关爱与珍藏更使其多了几分神秘和宝贵。

图 4.15　罗马凯旋门

① 莱辛：《拉奥孔》，北京：人民文学出版社，1984 年版，第 5～6 页。

提图斯在位两年后去世，兄终弟及，他的弟弟图密善被立为元首。图密善是一位"残忍无度""狡诈阴险"的元首。在对内政策方面，他行事专制，独断专行，以"主人和神"自居，打击、排挤元老院，经常以没收财产为由，向惯于逃税的达官贵人征税。人民失去了自由。生活于这一时代的塔西佗说："我们真是处在极度受奴役的状态。我们的'告密人'已经剥夺了我们说话和听话的权利：如果健忘能与沉默一样轻而易举，那么，我们会把记忆和语言一同丢弃。"[①] 在对外政策方面，图密善推行扩张政策。公元 83 年，他派兵越过莱茵河，向北侵入日耳曼地区；次年，他又向不列颠泰晤士河以北地区派兵，但遇到了当地居民的顽强抵抗。据塔西佗说，有一位名叫卡尔加库斯（Calgacus）的当地酋帅，曾对准备赴战的不列颠民众这样说道：

当我一想起这次战争的起因和我们目前处境的窘迫的时候，我的心就激动得厉害，因为我相信：整个不列颠获得自由的开端就在今天，就在我们这个同盟。我们全都是还没有被奴役过的人；但现在，我们的后面已经再没有退路了，罗马的兵船已经威胁着我们，海洋也不能再保障我们的安全了。因此，战争、诉诸武力，不仅是勇敢的人建功立名的时机，也是贪生怕死的人的唯一生路。以往抵抗罗马人的那些或胜或败的战役，还在我们身上留下了最后一线得救的希望；因为我们是全不列颠威名最著的一族，因为我们住在不列颠的腹地，因为我们见不到那些被征服者的海洋，所以，连我们的眼睛都还不曾受过奴役的毒疫的污染。对于我们这些居住在天地尽头、居住在最后一小块自由土地上的人们而言，这个保持着不列颠光荣的人世仙境，直到今天以前一直是我们的一个保障。而人们对于自己所不知道的事物总觉得是有些神妙莫测的。但是，现在不列颠的边涯已经暴露无遗了。我们以外不再有别的部落了，除了波涛，除了岩壁，就只有那比波涛、岩壁更为可怕的罗马人，就只有那即使你卑躬屈膝也是逃不了他们的压迫的罗马人了。那些蹂躏世界

---

① 塔西佗：《阿格利可拉传》，2。

的强盗！陆地已经被他们糟蹋得干干净净，他们现在又要到海上来抢劫了。如果他们的敌人是富足的，那他们就贪得无厌地掠夺敌人的财物；如果他们的敌人是贫穷的，那他们就千方百计地把敌人置于他们的魔爪之下；东方也好，西方也好，哪儿都不能使他们感到满足。全人类中也只有他们才对于无论穷富的人都怀着同样迫切的贪心。去抢、去杀、去偷，他们竟把这些叫作帝国；他们造成一片荒凉，他们却称之为天下太平。

儿女和亲人，天生就是每一个人最亲爱的人；但现在却要把我们的儿女和亲人从我们身边调走，送到别处去当奴隶。我们的妻子和姊妹，纵然能避免敌军的强奸，也会在亲善和好客的名义下遭受玷辱。我们的财物被他们当贡税收走，我们的收成变成了他们的储积。就是我们自己的肢体，也只有在侮骂和鞭打之下去做清除森林池沼那些不胜其疲劳的苦工。生下来就是奴隶的奴隶也只被出卖一次，而且，他们还是由他们的主人养大的；但是，不列颠却日复一日地养大和出卖着自己的人去给别人做奴隶。我们看到，在一个家庭里，新来的奴隶常常是老伙伴的嘲笑对象；同样地，在这一个早就受奴役的世界中，我们正是新来的奴隶，正是最不值钱的人，所以我们是注定了要任凭宰割的。如果我们这儿有肥沃的原野、有矿山、有海港，那么，或者还可以让我们上那些地方去做工而保留我们的残生，但我们什么也没有。我们的勇敢，我们坚强不屈的精神，已经是主子们看不顺眼的东西；何况那曾经保障我们安全的遥远和隐僻，更会使他们放心不下。由于这一切，你们绝不可能有求得宽赦的希望，不论你们看重的是安全，还是光荣，总之，除了鼓起勇气以外，没有别的更好的道路可走了。不列甘特斯人在一个女人的领导下尚且能烧掉一个殖民城和攻陷一个营地，要不是他们在胜利以后疏忽怠慢的话，他们早就摆脱枷锁了。现在，瞧我们的吧，瞧我们这些坚强不屈、从来没有丧失过自由的人们吧！要让他们在第一次会战中就来领教领教，在喀利多尼亚还有什么样的英雄好汉！[①]

卡尔加库斯继续说：

你们以为罗马人作战的勇敢也会和他们平时的淫荡一样厉害吗？要知道，只是由于我们的内讧，才造成了他们的威名；只是由于他们对手的错误，才造成了他们军队的光荣；他们的军队都是由四方八面各个种族的人拼凑起来的，只有胜利，他们才能团聚在一起；一打败仗，他们便会土崩瓦解。那些高卢人、那些日耳曼人，（说来很惭愧）还有那些不列颠人，虽然他们拿自己的血肉来替异族统治者作战，可是，他们以前与罗马人敌对的时间，远较他们现在受罗马人奴役的时间更为长久，能认为他们都会忠心赤胆地归附罗马人吗？靠恐惧来联系感情是不稳固的，一旦恐惧消失以后，那些人就会开始仇恨了。一切鼓舞着胜利的力量都在我们这一方面。在罗马人那方面，没有妻子在鼓励他们前进，没有双亲在斥责他们败退。他们之中，有许多人没有家乡，即或有家乡，也不在此处。他们的人数是很少的，他们处在生疏的环境里是感到不安的，他们举目四望，所见到的苍天、碧海和深林都使他们有置身异地之感；诸神已经把他们像瓮中之鳖一样地送到了我们的手中。不要被他们那无用的漂亮的装饰，被那金的、银的闪光所吓倒，那些东西既不能保护谁，也不能伤害谁。就是在敌人自己的战线里，我们还可以找到我们的帮手。那些不列颠人会懂得他们应该替谁作战；那些高卢人会回想起他们往日的自由；那些日耳曼人会抛弃他们，像最近乌昔鄙夷人逃跑了一样。此外还有什么可怕的呢？他们的坞壁都已经空了，他们的殖民城只剩下了老弱残兵；在心怀不服的百姓和横加暴虐的统治者的城市里，只有仇视和异心。在这一面，你们有一位将军和一支军队；在那一面，有着贡税、矿山的苦工和种种受奴役的痛苦。你们究竟是打算长期忍受那苦难呢，

---

① 塔西佗：《阿格利可拉传》，30～31，北京：商务印书馆，1985年版，第32～34页。

还是想立刻向他们报仇呢？这就要在这个战场上来决定了。当你们投入战斗的时候，想一想你们的祖先和你们的后代子孙吧！①

不列颠的反抗者虽遭镇压，但其为保存自身的生存空间敢于亮剑的精神非常值得后人尊敬。

公元 96 年，图密善在一次政变中被杀。参加谋杀活动的有图密善的亲密朋友和妻子。苏埃托尼乌斯记录了罗马社会各主要阶层对图密善之死的态度。他说："人民听到他的死讯无动于衷，而士兵却十分悲痛……他们准备为他报仇……元老们却兴奋异常，争先恐后地来到元老院议事厅，在那里用最龌龊和最凶残的语言谩骂、攻击这位已故的元首。他们甚至拿来梯子，当场扯下他的盾牌，砸碎他的肖像。元老院最后还通过一项决议，决定：涂掉他在各处的题词，清除有关他的所有纪念物。"② 由此可见元老院对图密善的憎恨程度。

对于尼禄死后直至图密善的历史，塔西佗有过这样的评述。他说：

> 这是一段充满了灾难的历史，在这里面有恐怖的战争、激烈的内讧。这些内讧即使没有大动干戈也是恐怖的。有四个元首被杀；发生了三次内战，更多的对外战争，常常是国内战争与国外战争同时进行：在东方成功了，在西方却遇到不幸。伊利里亚受到骚扰，高卢诸行省动荡不安，不列颠被征服之后很快地又失掉了。撒尔玛塔伊人和苏埃比人起来反对我们。达西亚人由于在对我们的战争中互有胜负而取得了荣誉；甚至帕提亚人由于一个冒称尼禄的人的诡计，也几乎拿起武器来反对我们。此外，意大利还被一些灾难折磨着，这些灾难都是前所未有或是多年未有，或者多年未有、最近才又发生的。坎佩尼亚的十分肥沃富庶的海岸上的城市都被吞没或是被毁了；罗马遭到大火的浩劫，它的最古老的神殿烧掉了，连卡庇托尔神殿也被市民烧毁了。

---

① 塔西佗：《阿格利可拉传》，32，北京：商务印书馆，1985 年版，第 34～35 页。
② 苏埃托尼乌斯：《图密善传》，23，参见《罗马十二帝王传》，北京：商务印书馆，1995 年版，第 342 页。

图 4.16　罗马广场遗址

神圣仪节遭人亵渎；名门大族常常发生奸情，海上到处是亡命者，临海的悬崖上沾满了死者的血迹。在罗马则是更加可怕的暴行。高贵的出身、财富、拒绝或是接受官职，这一切都会成为进行控诉的理由，而德行则会引起货真价实的毁灭。控告者所得到的报酬和他们所犯的罪行是同样令人憎恨的东西；因为他们中间的某些人取得了祭司职位和执政官职位作为赃物，另一些人则取得了元首代理官的地位和宫廷中的潜在势力，他们到处为非作歹，引起了憎恨和恐怖。奴隶们受贿陷害他们的主人，被释奴隶受贿陷害他们的保护人。那些没有仇人的人结果却毁在自己的朋友的手里。[①]

塔西佗是当时人，他对罗马当时政治和社会现象的评论应该有它的合理性，但也不应否认，他的观点也有明显地偏向元老贵族的倾向。

三、安敦尼王朝

继弗拉维王朝之后的是安敦尼王朝（公元 96—192 年）。它是罗马历史上最强大的王朝。罗马经济到这一时期，已经达到了鼎盛的阶段。安敦尼王朝共经历了六位元首，即涅尔瓦、图拉真、哈德良、安敦尼、马尔库斯·奥里略和康茂德。之所以称为"安敦尼王朝"，是因为当时的罗马统治者一般都认为，安敦尼统治时期是罗马帝国最发达和最安定的时代，并认为元首本人就是最理想的典型。因此，在传统上就为他确立了"虔诚的（Pius）"这一荣誉称号，并将涅尔瓦所开创的王朝称之为安敦尼王朝。[②] 这个王朝非常明显的一个特点就是：这些元首的继承基本上不依赖于血缘关系，除了马尔库斯·奥里略最后将元首的头衔传给自己的儿子康茂德以外。在罗马的政治实践中，既没有长子继承制的理论，也没有父死子袭的必然传统。

---

① 塔西佗：《编年史》，1，2。
② 严格地说，只有最后三位元首统治时期可称为安敦尼王朝。

图 4.17　罗马凯旋门

令人吃惊的是，安敦尼王朝时期罗马的情况，在我国的史书中也有反映。据范晔的《后汉书·西域传》记载：

> 大秦国一名犁鞬，以在海西，亦云海西国。地方数千里，有四百余城。小国役属者数十，以石为城郭。列置邮亭，皆垩墍之。有松柏诸木百草。人俗力田作，多种树蚕桑。皆髡头而衣文绣，乘辎𫐉白盖小车，出入击鼓，建旌旗幡帜。所居城邑，周围百余里。城中有五宫，相去各十里。宫室皆以水精为柱，食器亦然。其王日游一宫，听事五日而后偏。常使一人持囊随王车，人有言事者，即以书投囊中，王至宫发省，理其枉直。各有官曹文书。置三十六将，皆会议国事。其王无有常人，皆立贤者。国中灾异及风雨不时，辄废而更立，受放者甘黜不怨。

这里所反映的大秦大致上就是罗马这一时期的状况。这说明在公元1—

2世纪，罗马与中国之间的交往已经非常密切了。

安敦尼王朝的第一位元首是涅尔瓦（公元96—98年在位）。涅尔瓦（Marcus Cocceius Nerva）大约出生于公元35年，与朱理亚·克劳狄王朝的元首没有直接的血缘关系。到弗拉维王朝的时候，他曾两次成为荣誉执政官，参与公元96年推翻图密善的宫廷政变。因其以文见长，被当时人赞誉为"当时的提布鲁斯"。他的这些出身和特长，正好与元老院的要求相吻合。所以在图密善被推翻后，元老院一致推选他为元首。塔西佗认为涅尔瓦是一位"善于把两种不能结合起来的东西——权威与自由——结合起来"的人。他开启了罗马新的"幸福时代"①。能得到塔西佗的高度称赞，这显然是很不容易的。涅尔瓦尊重元老院，保证元老的人身和财产安全，凡国家的一切重要事务都与元老院磋商，元老们对此非常满意。此后元老们又开始讨论起国家大事，思考立法等事务了。他赦免了被图密善放逐的人，恢复了他们的财产，从政治上和经济上确保他们以前的地位。

意大利一直是罗马帝国的政治和经济中心，但由于奴隶制的发展，土地荒芜现象明显，从而造成了公元前1世纪意大利农业的严重衰落。科鲁美拉在《论农业》一书的序言中说：

> 我曾一再听到我们国家的领导人报怨说现在土地变得贫瘠了，说近年来气候也变得恶劣了，对农业有害了。我还听到有人对这种说法表示赞同，认为很有道理：他们说由于早先的过度生产，地力已经消耗殆尽，再也不能像往昔那样给人类提供丰富的果实了。我认为这种说法很不符合事实。大自然从宇宙的造物者获得了无穷无尽的生产力量，设想她会像害了瘟疫一样变得贫瘠不毛那简直是罪过。大地是天生神圣的，气数注定她青春常在。她是万物之母，她生育了万物，并将永远继续生育下去。一个有良好判断力的人绝不能相信大地会像有生有死的人类一样变得衰老。而且我不相信我们所遭到的各种不幸是上天愤怒造成的，应该说是由于我们自己的过错。因为我们的祖先向

---

① 塔西佗：《阿格利可拉传》，3。

来是把农业交给最优秀的人手给以最精心的照料和经营；而我们却把农业像交给执刑者去惩罚一样，交给我们的奴隶中最糟的那部分人去掌握。①

随着农业生产的衰落，意大利居民的贫困化倾向越来越严重，以致涅尔瓦不得不创立国家慈善抚养制度（Alimentum）。与此同时，涅尔瓦又从国库中筹集出一笔基金。需要小额贷款的地主可以以较低的利息（5％）从这笔基金中得到贷款。此外，涅尔瓦还召开特里布斯大会通过了一项土地法②，将价值6000万塞斯退斯的土地分配给贫民。涅尔瓦的这些措施对意大利社会的稳定和经济的发展有一定的积极作用。

然而，涅尔瓦毕竟是一位文人，没有军事经验，对于近卫军在罗马政治中的作用不甚明白。公元98年，近卫军在卡斯佩里乌斯·埃里亚努斯的带领下包围元首寝宫，涅尔瓦在近卫军的胁迫下被迫让步。这件事使他认识到：没有军队等武装力量的支持，元首是无法对帝国行使统治的。于是，他便认罗马的一位军事将领图拉真为继子，并授予他恺撒的名字和保民官的权力。收养制度是涅尔瓦在万般无奈的情况下发明的。不过，这一制度确实很有效。它既保证了涅尔瓦自身的安全，又在相当长的时间里避免了因元首之争而引起的内乱。

公元98年，涅尔瓦因病去世。正在科隆（Cologne）戍边的图拉真奉召继元首位③。图拉真（Marcus Ulpius Trajanus）公元53年9月出生于西班牙，他的父亲是远西班牙（巴埃蒂卡）的罗马殖民者的后裔，母亲是西班牙人。公元91年出任执政官，公元98年第二次出任执政官，27天后，涅尔瓦病逝，图拉真成为罗马元首（公元98—117年在位）。他是以外省贵族的身份登上罗马元首宝座的第一人。在罗马历史上，这是开先例的大事。它表明罗马的元首可以出现于行省。

---

① 李雅书选译：《罗马帝国时期》上，北京：商务印书馆，1985年版，第46页。
② 这是帝国时期人民大会最后一次立法活动。
③ 他的正式名称为恺撒·涅尔瓦·图拉真·奥古斯都。

图 4.18　波斯科雷阿莱庄园的墙饰

图 4.19　波斯科雷阿莱庄园壁画

图 4.20　罗马遗址夜景

图拉真是一位军事统帅，有丰富的行政经验，在他的背后更有强大的上日耳曼尼亚军团。当他被推举为元首时，他并没有立即赶到罗马，而是发布命令严惩妄图夺取权力的野心家。一年后，图拉真来到罗马，采取多种措施缓和矛盾。他尊重元老院的政治地位，遇事都与元老院商量，有意任命一些东西方各行省的贵族成为元老院成员。这对于获取行省贵族的支持影响巨大。

与此同时，图拉真在沿袭涅尔瓦国家慈善抚养制度的基础上，扩大政府对基金的资助数额，用以养育更多的贫苦孤儿，而且把资助的范围扩大到整个意大利。贫穷的孩子和孤儿每月可以领到一定的津贴，男孩 16 塞斯退斯，女孩 12 塞斯退斯，一直至成年①。为了使这一制度更有效，同时又更有利于管理，图拉真规定：由地方当局来直接负责管理这一事务，但在执行过程中，他们必须接受中央政府的监督。图拉真还鼓励有钱的地方官

---

① 庶出的也有，具体数字是男孩 14 塞斯退斯，女孩 10 塞斯退斯。按规定：罗马男子成年的时间为 17 岁，女子成年的时间为 14 岁。

吏积极募捐，支持这一工程。

振兴意大利的农业是图拉真关心的重要事务之一。为此，他曾采取措施力图用低息贷款帮助小农民和小地主发展生产。另外，还强令规定：凡不愿把自己财产的三分之一投在意大利地产上的人都不能作长官候选人；并且认为一切谋求官职的人，如不把罗马和意大利视作自己的家乡，而只把它当作旅途的休息场所或旅馆看待的，都是极卑鄙的。图拉真的这一措施因为是强制性的，所以很难产生强大的作用。不过，它确实促进了意大利土地价格的上涨。

行省是罗马的宝库，重视对行省的治理是元首的重要职责。为加强对行省的控制，图拉真任命一批忠于职守的亲信到行省去做总督。小普林尼就是其中的杰出代表。公元 111—113 年间，小普林尼担任罗马东部地区比提尼亚—本都行省的总督。他曾致信图拉真，就"当地基督教教徒应如何处理"这一问题向元首请示。书信的内容如下：

> 陛下，每当遇到疑虑，我惯于请示于您，乃因您最能解除忧惑，令我茅塞顿开。过去，我从未接触过基督徒之官司，故不知如何应对……眼下对于被指控为基督徒者，我的做法是亲自询问于彼，'汝为基督徒否？'彼若曰然，则再三相询，并以刑法相威胁。彼若顽固而又曰然。则令推出处死。盖因无论其信仰若何，其固执与倔强如斯，理当受到处罚。亦有他人愚昧如彼者，因其为罗马公民，我乃签署命令，遣其至罗马受审。
>
> 然而事情通常如此。自我处理此类问题以来，控告日增，花样迭出。又有匿名名册出现，罗列诸多被指为基督徒者……彼等（基督徒）宣称，其全部罪证或过错不过定期于拂晓相聚，轮流吟唱赞美基督之颂歌，一如赞美神明，且宣誓相约，非为犯罪之勾当，而为禁止欺诈、偷盗、通奸、谎报借贷及拒不归还借贷之物。依其习俗，仪式之后，彼等散去，未几再聚而食，亦为寻常无害之食物……我发现此无它，仅为堕落而无节制的崇拜而已。
>
> 我因此而推迟审查，速速请示陛下。乃因我以为有此之必要，尤

其考虑到所涉之人甚众。属于各个年龄、各个阶级的众多男女均遭受指控，且仍会如此。不仅城市受到此种卑劣崇拜之感染，村庄和农庄亦如此。①

图拉真元首给小普林尼写了复信，内容如下：

> 爱卿普林尼，你亲自审讯被控为基督徒者，所做甚是。盖不能以固定之形式，定普遍之原则。彼等不应受到搜捕。若彼被控于你，且罪状确凿，则理应受罚。但若彼否认为基督徒，且以祈祷吾邦神明而为证，则无论其过去可疑与否，亦将因其悔悟之意而获赦。然匿名之册不应用之于指控，此类污物产生极为恶劣之影响，不合本朝精神耳。②

与此同时，小普林尼还就尼科米底亚公共水道的修建问题询问过图拉真。他这样写道：

> 尼科米底亚的公民为了建设一条长水道已经耗费了 331 万 8 千塞斯退斯，但水道依然没有完工，最后还是被毁弃了。于是，又花了 20 万开始修建另外一条水道，但现在又处于停顿放弃的状态。尽管是恶性浪费，但为了解决当地居民的用水问题，新的花费也是无法避免。
>
> 我已经亲自考察了水质清澈的水源区。按照最初的设计计划，如果不纯粹仅让城市中较低的区域受益，就须建一条引水渠。虽然可以利用现存的一些拱门建筑，但其他的只能取石料于原先的建筑。我认为有的也可改用泥砖，这样取料容易，成本也较低。
>
> 为了不使同样的浪费再次发生，只好请求元首派一名水渠专家或建筑专家前来支援。因为我的主要任务就是，让建筑结构实用、美观，

---

① 小普林尼：《书信集》，10，96。
② 小普林尼：《书信集》，10，97。

使其与您的治世业绩相配。①

图拉真告知小普林尼：

> 必须采取措施为尼科米底亚人民提供水源，我相信你会全力以赴做好这项工作的。同时，你一定要彻查究竟是谁的失误导致尼科米底亚迄今为止浪费了这么多的钱财，是否有人通过开建和放弃水渠建设而已经获取了利益。我等着你的调查结果。②

对于让元首派遣水道和建筑专家前去支援，图拉真甚为不满。他这样说道：

> 你不会缺建筑师。因为没有一个行省会缺这方面的专家。当我们的建筑师常常来自希腊的时候，设想较快地从罗马派送建筑师肯定是不可行的。③

从图拉真和小普林尼的通信中，我们能够知道图拉真对行省的指示型管理模式。

图拉真的一系列政策得到了元老院的拥护和赞赏，元老院特意将"最佳元首（Optimus Princeps）"这一称号赠送给他。

在对外政策方面，图拉真结束了奥古斯都不向外扩张的政策，突破由奥古斯都设定的东部和多瑙河下游的边界线，推行久违了的扩张主义路线。征服达西亚、战胜帕提亚是其最重要的两大成就。

公元 101—106 年，图拉真曾两次兴兵攻打多瑙河下游的达西亚人。达西亚部落是多瑙河沿岸各部落中最大的一个。公元 1 世纪末，戴凯巴图路斯成为达西亚人的首领，在多瑙河沿岸形成了一股强大的势力。图拉真为

---

① 小普林尼：《书信集》，10，37。
② 小普林尼：《书信集》，10，38。
③ 小普林尼：《书信集》，10，40。

图4.21　凯旋门

了消除这股势力对罗马形成的威胁，从 101 年开始向达西亚人发动战争。他把罗马军队扩大到 30 个军团，而且还增加了每一军团的人数以及与正规军协同作战的辅助部队。但因为路途遥远，地理环境复杂，所以第一年图拉真并没有取得较为重要的胜利。

第二年，罗马大军推进，从四面八方迫近戴凯巴图路斯的首都撒尔米杰盖图扎。戴凯巴图路斯的军队被击溃，被迫签定条约，规定：戴凯巴图路斯在形式上保持独立，但必须拆毁一部分要塞；另一部分要塞必须接纳罗马卫戍部队驻守。

公元 105 年，戴凯巴图路斯再次挑起战端。他们围攻罗马卫戍部队，骚扰罗马的美西亚行省。这是罗马人民所不能容忍的，而这一行为确实也给图拉真提供了一个吞并达西亚的借口。图拉真立即派 12 万大军进攻戴凯巴图路斯。在数次激战后，戴凯巴图路斯兵败自杀，达西亚成了罗马的一个行省。小亚细亚和多瑙河沿岸的大批老兵和殖民者被移居于此，成为罗马人同化当地居民的重要力量。为纪念图拉真的胜利，达西亚人的首都撒尔米杰盖图扎被最后改名为 Colonia Ulpia Traiana Augusta，它逐渐发展成了罗马达西亚行省的主要城市。

达西亚战争给罗马带来了巨大的财富，图拉真为此曾一次赏赐给朱庇特神庙 5000 万塞斯退斯。罗马人在这一时期修建了许多宏伟建筑，都与这次征服有密切的关系。为了庆祝达西亚战争的胜利，元老院通过决议，建立图拉真纪念碑，宣布罗马公民享有 123 天节日。但达西亚战争的结束也意味着多了一条新的需要保卫的边境线。罗马人在多瑙河和达西亚地区驻扎的部队及其数量首次超过了莱茵河地区。

征服达西亚之后，图拉真又把侵略的矛头直指帕提亚，开始了他一生中最大的也是最后的一次战争。自公元前 1 世纪中叶以来，帕提亚与罗马一直是战争不断，互有胜负。公元 105—106 年，罗马在阿拉伯沙漠之间的大部分地区和西奈半岛建立了一个新行省——阿拉伯行省。接着在公元 114 年，图拉真又亲率大军向帕提亚进攻。一路占领了亚美尼亚、两河流域，攻陷了帕提亚的首都特西丰，直抵波斯湾。他是第一个，也是最后一个到过这一地区的罗马元首。图拉真在此建立了三个行省，即在原亚美尼亚王

图 4.22　意大利骏马

国的土地上建立亚美尼亚省，在亚述的故址上设立亚述省，在两河流域建立美索不达米亚省。

经过图拉真的一系列扩张活动，罗马帝国的版图扩大到了前所未有的程度。但图拉真在亚洲西南部所取得的这些胜利是暂时的。就在图拉真与帕提亚作战的时候，他的后方爆发了犹太人的起义。图拉真回师镇压，不久便病逝于小亚细亚。图拉真之死实际上也就宣告了罗马扩展时期的结束。

图拉真的文治武功在罗马还是很有影响的。就是在图拉真去世250多年以后，元老院在按照惯例宣告一位新君主继位的文告中，还希望新君主能在造福人民方面超过奥古斯都，在善良方面超过图拉真。

图拉真在弥留之际，将哈德良收为养子。哈德良也是西班牙人，原系图拉真的表侄[1]。图拉真死后，叙利亚军团推荐哈德良为元首，不久元老院又正式批准他为罗马人民的元首[2]。

在罗马历史上，哈德良（公元117—138年在位）是一位智慧理性的元首。他对罗马帝国的治理理念与他的前任有所不同。他不同意图拉真的"帝国主义"政策，认为用和平管理的方法来巩固祖辈用暴力所征服的国土更为有效，所以在他继位后不久，就与帕提亚王国缔结和约，结束东方战争。他放弃了图拉真所设立的亚述省和美索不达米亚省，并且让亚美尼亚重新成为仅仅依附于罗马的小王国，划定幼发拉底河为罗马帝国的东方边界。这一政策立即遭到了图拉真军队将领们的强烈反对。他以处死反对者的方法解决了这一问题。在其他边界上，哈德良也放弃了大规模进攻的政策，而仅着眼于防守。他在罗马与日耳曼边界线上（现在德意志的南部）筑了一道长城，绵延320公里，把莱茵河上游与多瑙河上游连成一片。此外，他又在不列颠岛北部修筑了横贯东西的"哈德良边墙"，全长117公里，以防御那些未被征服的不列颠北方"蛮族"的入侵。

哈德良元首是罗马历史上第一个以帝国为家的人。在其任职期间，他把大部分时间都消耗在意大利之外。他巡游了帝国的全部行省，努力改善士兵的生活条件，改变从前统治者的严酷和残暴，从而获取士兵对元首的

---

① 哈德良生于公元76年，图拉真是其年轻时的保护人。
② 哈德良所采用的称号是元首恺撒·图拉真·哈德良·奥古斯都。

图 4.23　哈德良别墅上的马赛克画

图 4. 24　马赛克镶嵌画中的尼罗河

信任和爱戴。帝国意识在哈德良的心目中占有很重要的地位。

哈德良时代是罗马国家制度官僚化的重要发展阶段。哈德良把奥古斯都创建的御前会议变成一个官僚机构，御前会议的成员定期从国库中拿到薪金，因此，御前会议本身便失去了独立处事的最后痕迹，日益成了仰承元首意旨的工具。随着御前会议权力的不断增加，元老院的作用则日趋削弱。此外，他还让自由民担任政府的重要工作，起用确实有能力的人为官。到了他统治的后期，骑士几乎挤走了所有的被释奴隶，成为真正的官吏阶层。至此，帝国的管理效力、管理层次和管理水平都有了明显的提高。

加强法制建设，统一行政长官告示是哈德良的重要工作。公元 130 年，哈德良命令著名法学家萨尔维乌斯·朱里阿努斯（Selvius Julianus）整理校订历年来的行政长官告示，并予以必要的修改，将其编纂成集。这一编纂工作完成于公元 130 年到 138 年之间，经哈德良咨请元老院决议通过，予以公布，正式成为具有法律效力的文本。这就是历史上有名的"永久敕令"（edictum perpetuum）。此后，凡行政长官告示皆以此为标本，不得擅自更改或标新立异，行政长官的立法创制权也随着"永久敕令"的诞生而失去了作用。

哈德良时期战争很少，最大的一次军事行动发生在他统治的后期，其镇压的对象是巴勒斯坦的犹太人。公元 132 年，哈德良出巡巴勒斯坦。他想在耶路撒冷的原址上另建一座新城，使之成为罗马人的居留地；同时，又想在原先耶路撒冷的耶和华神庙的旧址上建立罗马主神朱庇特神庙，以加强对犹太人的控制。这就引起了巴勒斯坦全部犹太居民的强烈反对。他们在牧师叶列萨尔和绰号巴尔—科克巴（意为星辰之子）的西门的领导下，发动了大规模的反罗马起义。起义军坚持了 3 年，最后于公元 135 年被罗马军队镇压。在这次战争中，大约有 50 个设防据点和 985 座村庄被摧毁，58 万人被杀。保存下来的犹太人也就失去了他们的乡邦，流落到世界各地。

公元 138 年，哈德良病逝，其养子安敦尼继位。安敦尼是哈德良妻子的外甥侄子，也是罗马历史上第一位出身于高卢地区的元首。他继位时 51岁，统治罗马 23 年。在其执政期间，他基本上继承了哈德良的政策，而且

图 4.25　哈德良庄园

在有些方面还做得比前任好。元老院称他为"庇护"（Pius），表示他是罗马讲究美德的典范；又称他为"Optimus Princeps"，表示他是最好的元首。在位期间，他首先将大量私产捐给国库，免除人民的欠税，并承担全部节日费用；他还购买大量的酒、油、麦等免费分配给贫民；他发展经济，勤俭治国，死后国库盈盈，结余达 27 亿塞斯退斯。在位时，他虽然没有离开过罗马一天，但"各省一片兴旺繁荣景象，他严格监督各省的地方长官。"①各行省在他的统治下都很幸福，罗马帝国经历了少有的和平时期。正是在这种和平的环境下，罗马进入了又一文化繁荣期。不过，在这一时期唱主角的是行省的作家。斯特拉波、阿庇安、普鲁塔克、斐洛等都是这一时期在文化领域里涌现出来的杰出代表。安敦尼的行为对他的养子影响很深。马尔库斯·奥里略曾对他有过下述评价。他说：

> 在我的养父②身上，我体会到了什么是亲切和善，但对于他经过深思熟虑决定下来的事情，他又是那么果断坚决；他不图虚名，不在乎凡俗的荣耀；他热爱工作，能持之以恒；只要是有利于公众的建议，他都乐意倾听；他赏罚分明，不偏不倚；他行事张弛有度，懂得什么时候坚持，什么时候放松；他不事男风；重视别人的感受，不强求朋友必须与他一起吃饭，陪伴左右，若是他们有事不能脱身，就无须来见他。在商讨国家大事时，他一丝不苟地对待每一个问题，总是能耐心倾听，不会因满足于初步印象而就此止步；他重视朋友情谊，不三心二意，也不会沉迷不已；他乐天知足，时时处处显得愉快开朗；他富有远见，细微之处也能考虑周全，但却不以此自夸；他禁止在公共场合对他欢呼赞颂，也对一切谄媚深恶痛绝；他治国兢兢业业，精打细算，即使受到责难也不以为意；他敬神，但不迷信；他爱民，但不会不择手段地迎合、讨好民众；他在任何事情上都头脑清醒，意志坚定，洁身自好，不好新骛奇。
>
> 对于命运之神恩赐的生活享受，他欣然领受，从不大肆炫耀，而

---

① 《马克思历史学笔记》，北京：红旗出版社，1992 年版，第 4 页。
② 即古罗马元首安敦尼·庇护。

是自然地享受；如果这一切不再唾手可得，也不留恋渴求。没有人能说他是诡辩家、能说会道的家奴，或者卖弄学问的人，他思想成熟、性格完善，不受谗言所迷惑，能约束自己，也能管理他人。

除此之外，他只对真正的哲学家深怀敬意，那些自称哲学家的人则不在此列，而且他从不让自己受这些人的影响。他平易近人，性格随和，但绝不失分寸。他懂得适当地保重身体，又不过分贪生；他不太注重仪表，但不是不修边幅，由于自身的适当保养，他很少生病、吃药或额外调养。最令人敬佩的一点，是他一贯乐于提携英才，从不妒贤嫉能，对有一技之长，如拥有雄辩之才或法律、道德知识的人，他尽量使他们各得其所，享有名声；他遵循祖制，但并不让人觉得他墨守成规。另外，他不喜欢变动，很少突发奇想，总是长居故地，专注于同样的工作，在头痛病发作过去之后，他又很快恢复如初，精力充沛地处理日常事务。他很少有秘密，即使有也都是有关国家政务的；他对于建造公共建筑、分配公共财产非常谨慎精细，绝不铺张浪费，因为他做这些事情不是为了贪图虚名。

他不在不合时宜的时刻洗澡，不讲究宫殿的豪华、饮食的精美、衣着的华丽或是奴隶的美貌。他的袍子是在他的海滨别墅罗内姆做的，其他物品则来自拉努维阿姆。我们都知道他是怎样对待请求宽恕的塔斯丘佗的税吏的，他从来都是这样。在他身上，找不到任何粗暴、无情和专横的影子。同时，他也不是人们所说的那种惯于温言软语的人，他事无巨细地计划所有事情，从容、镇定，有条有理，精力充沛，有始有终。和人们对苏格拉底的记载一样，他也善于享受但绝不沉溺，对这些东西很多人是软弱得既不能放弃、也做不到有节制地享受的。既有力量去承受，又能保持清醒，这是一个人灵魂完善、不可战胜的标志，正像马克西姆斯在疾病中所表现的那样。①

正是因为有这样一位君王父亲，"使我去掉了身上所有的虚骄，使我懂

---

① 马尔库斯·奥里略：《沉思录》，1，16，李娟、杨志译，北京：北京理工大学出版社，2009 年版，第 6～7 页。

图 4.26 马尔库斯·奥里略像

得即便没有卫兵守卫、没有华丽的服饰、没有火把照明，没有雕像装饰，我们照样可以生活。而且身为统治者的儿子，如果要过普通人的那种生活，并不会因此降低他的身份。或是使他忽视自己为民众谋福利的责任。[①]

公元 161 年，年近 74 岁的安敦尼在对官员们说了"仁厚公平（aequanimitas）"这一警语后逝世，养子马尔库斯·奥里略和维鲁斯继位，安敦尼王朝进入了两位元首共同执政的短暂时期。

新元首上任之初，罗马继承近 200 年的繁荣，经济持续发展，富人的慈善活动活跃，出资惊人。例如：有一位名叫 A Plutius Epaphroditus 的商人曾为地方城市修建过一座神殿。这一铭文已被发现，其内容如下：

> A Plutius Epaphroditus，这位丝织品交易商独自出资修建了一座神殿，其中有维纳斯的青铜塑像、分置于神龛里和青铜大门两旁的四尊青铜像、一座青铜祭坛和所有圣器。为了举行落成典礼，他分送给每位市议员 10 个狄纳里乌斯，给每位奥古斯都六人祭司团 3 个狄纳里乌斯，给城内经营小酒馆的老板每人 1 个狄纳里乌斯。同时他还在 Gabies 城里存了 10000 塞斯退斯，望市议员和奥古斯都六人祭司团利用这笔经费的利息，在每年 9 月 28 日，也就是他女儿 Plutia Vera 生日的当天到他的饭厅举行公众欢宴。如果他们忽略不做此事，那么这笔钱将回收到 Tusculum 自治市。神庙建立于市政官指定区域，落成时间为 L. Venuleius Apronianus 与 L. Sergius Paulus 第二次任执政官那一年（公元 168 年的 5 月 15 日）。

公元 166 年，罗马有一支商队经海路来到中国。这些资料皆保存在《后汉书》等中国的史书中。

不过，大约也就在这一时期，罗马的东界出现了一些不稳定的迹象。帕提亚国王伏尔吉西斯三世侵入叙利亚，维鲁斯率兵反击。起初罗马军队

[①]　马尔库斯·奥里略：《沉思录》，1，16，李娟、杨志译，北京：北京理工大学出版社，2009 年版，第 8 页。

进展顺利，他们不但将帕提亚人驱逐出叙利亚和亚美尼亚，而且还深入美索不达米亚，并再次占领了帕提亚的两个都城——塞琉西亚和特西丰。两城被夷为平地，维鲁斯凯旋罗马。不过维鲁斯在凯旋罗马的时候，也给罗马带来了可怕的瘟疫。罗马大约每天有2000人死于这一瘟疫。医生们对此束手无策，罗马人民则谈病色变、紧张惶恐。

公元168年，外多瑙河的日耳曼部落如马克曼尼人、汪达尔人和夸德人成批侵入罗马帝国的边境。他们不但蹂躏了罗马东北部行省的广大地区，而且还扫清了进入意大利的大门。这是自汉尼拔战争以来，意大利本土所面临的一次非常严重的挑战。两位元首急忙召各地奴隶、土匪和外国蛮族从军，并亲自率军与马克曼尼人进行战争。公元169年，维鲁斯因病死于兵营，马尔库斯·奥里略继续作战。敌人在受到多次打击后，被迫投降。为了保护北方边境的安全，马尔库斯·奥里略决定"让一些野蛮人定居帝国境内，还让他们在罗马部队中服役"①。这在罗马历史上还是第一次。从此以后，罗马的兵源发生了明显的变化，日耳曼人逐渐代替罗马公民和行省居民成了罗马军队的主体，罗马军队的蛮族化倾向开始出现。

公元178年，马克曼尼人和夸德人再次进犯罗马边境。马尔库斯·奥里略再次亲自率军征讨。两年后，马尔库斯·奥里略因染瘟疫死于文都滂那（即今维也纳）。当时罗马与马克曼尼人和夸德人的战争还在进行，形势对罗马非常不利。

继承马尔库斯·奥里略统治罗马的是他的亲生儿子康茂德。早在公元176年，马尔库斯·奥里略就任命康茂德为共治者，此外还派了许多学问渊博的学者作为他的老师，希望他能好好继承他父亲的事业。不过，康茂德是一位优柔寡断的人物，治国能力非常欠缺。

在他当政的前三年，由于马尔库斯·奥里略推荐给他的顾问们的努力，使原来的政府形式、运作规范、甚至思想原则都基本上保存了下来。虽然康茂德自己整天沉溺于各种享乐之中，沉溺于竞技场上，但罗马的政局还

---

① 《马克思历史学笔记》，北京：红旗出版社，1992年版，第4页。

算得上稳定。罗马人也与马克曼尼人和夸德人缔结了和约。

公元 183 年，罗马发生了阴谋谋杀元首的事件。刺客被近卫军捉住，并立即供出主谋是元首自己的妹妹鲁启拉。阴谋泄露后，鲁启拉先被流放，后又被处以死刑。这次谋杀事件，对于康茂德影响很大。"那些原来因常常坚持己见使他心怀畏惧的大臣，现在他都怀疑他们全是暗藏的敌人。在过去的几位元首的统治下其道不行因而已接近消灭的告密人，现在看到元首一心要在元老院中寻找不满和反叛情绪，立即又大肆猖獗起来。原来马尔库斯·奥里略一直把元老院看作是国家最重要的一个咨询机构，完全是由最有成就的罗马人组成；而现在在任何方面的出色表现却都成了罪名。占有大量财富更会刺激告密人的口味；坚持廉洁奉公实际暗含着对康茂德的不端行为的无言的斥责；重大贡献则表明一种带有危险性的超人才能；另外，父亲的友情便必然招致儿子的仇恨。可疑就等于铁证；审讯等于判决。"[①] 此后，康茂德便大肆屠杀贵族，搞得贵族和部众人人自危，不得安宁。公元 192 年 12 月 30 日，近卫军长官列图斯带领一些宫廷官吏发动政变，将康茂德杀死。

康茂德是安敦尼王朝中唯一一位在政变中被杀的元首。他的被杀本身就宣告了安敦尼王朝的结束。罗马帝国也逐渐从繁荣和平的时期进入了政治和经济全面危机的时期。

第二节　危机中的帝国

公元 193 年，康茂德元首被杀。这不仅意味着安敦尼王朝的结束，也宣告了长达两百多年的"罗马和平"的终结。随着奴隶制经济的衰落以及边境危机的频仍，罗马帝国逐渐步入了危机四伏的 3 世纪。以公元 235 年为界，公元 193—284 年的帝国历史可明显地分为两个阶段，即：塞维鲁王朝和 3 世纪危机。

---

① 　爱德华·吉本：《罗马帝国衰亡史》，黄宜思、黄雨石译，北京：商务印书馆，1997 年版，第 85～86 页。

图 4.27 马尔库斯·奥里略对士兵讲话

图 4.28　卡拉卡拉元首半身像

一、塞维鲁王朝

处于元首制最后发展阶段的塞维鲁王朝，先后经历了五位元首的统治。他们分别是塞维鲁（公元193—211年在位）、卡拉卡拉（公元211—217年在位）、马克里努斯（公元217—218年在位）、埃拉加巴路斯（公元218—222年在位）和亚历山大·塞维鲁（公元222—235年在位）。塞维鲁王朝所做的最大的两件事是：元首集权和军事专制。

（一）元首集权

元首制实质上是披着共和外衣的个人统治。元首制发展的过程，就是共和传统与民主因素逐渐衰退，元首个人权力不断增长的过程。这一过程至塞维鲁王朝时期臻于极致。

第一，元首集中了行政权。在塞维鲁王朝，帝国的行政管理趋向统一，元首控制了罗马、意大利和行省的行政运作。在罗马、意大利，虽然共和时期的行政官员，如执政官、行政长官、营造官和财务官等还在，但他们业已丧失了实际的职权，成了徒具空名的摆设。至于行政官员的选举，则更是形式而已，民众根本没有选择官员的权力。对此，法学家莫迪斯蒂努斯（Modestinus）在阐释朱理亚法（*Lex Julia*）时已说得非常明白，即：行政官员的任命权来自元首而不是人民①。元首通过以城市长官、近卫军长官为代表的官僚系统，掌握了罗马和意大利的行政大权。这具体表现在：城市长官接管了市政官员的职权，发展成整个罗马城管理系统的首脑。与此同时，近卫军长官也从单一的罗马卫戍司令，发展为罗马和意大利的行政首脑。几乎在所有行政部门，近卫军长官都能代表元首行使权力。

行省是帝国的主要组成部分。行省管理权力的逐渐集中是元首集权的重要表现。这种集中主要表现在：1）元老院行省数量渐减。公元前27年，奥古斯都大致根据有无驻军的情况，把行省分为元首行省和元老院行省，分别由元首和元老院行使治权。此后，元老院行省的数量渐减，这是因为

---

① Justinian, *Digest*, 48, 14, 1, English translation edited by Alan Watson, Philadelphia: University of Pennsylvania Press, 1985.

帝国把所有新征服地区以及许多原来的附属国列为元首行省。在必要的情况下，尤其当发生外敌入侵或内战，需要采取直接军事行动时，元首能接管任何元老院行省。为防止行省总督权力过大，元首缩小现有行省的规模，如塞维鲁把叙利亚和不列颠各分为两个行省，归元首管辖。2）元首对元老院行省的监管日趋严密。凭借最高大权（imperium maius），元首插手元老院行省的管理，逐步掌握了对元老院行省总督发号施令的权力。在元首制伊始，元首仅仅对元老院行省总督进行建议性的指导。至塞维鲁王朝时期，元首几乎控制了元老院行省和元首行省的所有行政权。元首毫无例外地对元首行省总督和元老院行省总督发布指示，总督则必须主动向元首请示，执行元首的命令。元首干涉元老院行省总督的人选安排。狄奥·卡西乌斯声称，早先元老院行省总督是由元老院通过抽签的方式从候选人中任命的，后来有人管理不善，这为元首干预提供了理由，元首逐渐接管了所有元老院总督的任命权。"元首亲自起草一份与元老院行省数目相等的总督候选人名单，让元老院从这些人中抽签选出"①，与其说这反映了奥古斯都时期的情况，不如说反映了狄奥·卡西乌斯所处亚历山大·塞维鲁时期的现实。

第二，元首集中了财政权。元首要加强对帝国的统治，就必须掌握足够的经济资源，拥有国家的最高财政权。元首的财政集权，首先表现在元首地产的增加上。元首的大宗地产来自对政敌财产的没收。在塞维鲁统治初期，帝国经历了长达四年的内战。内战后，塞维鲁处死了大量政敌及其支持者，没收了他们的财产。此外，塞维鲁还继承了安敦尼家族庞大的财产，接收了一些社会赠予。元首地产遍布高卢、西班牙和意大利。以意大利的元首地产为例，据塔西佗记载，提比略时期，元首在意大利的地产很少；公元2世纪末期，大约有30％的意大利地产以这样或那样的形式归元首掌握；在塞维鲁时期，元首地产遍布意大利各地，以至于在意大利的八大区域都有管理元首地产的财务代理人（procurator）②。为管理元首地产，

---

① 狄奥·卡西乌斯：《罗马史》，53，14。
② 塔西佗：《编年史》，4，6；Kathryn Lomas，edited，*Roman Italy*，338 *BC—AD*200 *A Sourcebook*，New York：St. Martin's Press，1996，p.116；Tenney Frank，edited，*An Economic Survey of Ancient Rome*，Vol.5，Baltimore：The Johns Hopkins Press，1933—1940，p.81。

图 4.29 塞维鲁元首全家像

塞维鲁专门设立新的财政机构——元首财库（*fiscus*），赋予元首个人财产与帝国公共财产类似的地位。在卡拉卡拉时期，元首除了没收政敌的财产，还经常向个人和城市索取献礼和王冠金，征集大量的实物，设立新税，把以前 5% 的释奴税和遗产税增加为 10%。公元 212 年，卡拉卡拉把罗马公民权授予帝国全体自由民。此后，行省居民除了缴纳原有的各种赋税以外，还要与罗马公民一样负担遗产税和其他各种税款。

191

其次表现在对帝国财政的控制上。元首通过财务代理人管理行省财政。在元首行省，财务代理人从一开始就取代财务官，负责财政收支；元老院行省的财务代理人起初只负责管理元首的私人地产，后来也获得整个行省的财务大权。可见，财务代理人是元首控制帝国财政尤其是地方财政的重要工具。在元首制时期，财务代理人的数量一直呈增长趋势，在奥古斯都时期为 20 多人，至塞维鲁时期已增至 170 多人。^① 财务代理人数量的不断增加，说明元首加大了对帝国财政的控制力度。更为重要的是，元首直接控制了国库的收入。至塞维鲁王朝，元老院不再征收直接税，元首行省和元老院行省的收入皆被纳入元首财库。公共财产和元首个人财产之间的实际区别业已消失。

第三，元首集中了司法权。在元首制初期，元首与共和机构共同行使司法权。对于民事案件，人们可以向执政官、行政长官申诉，也可以向元首及其官员上诉。至塞维鲁王朝时期，罗马行政长官的司法职能缩小，其管辖范围也从整个意大利缩小至罗马城。对于刑事案件，在元首制初期，除了元首法庭以外，陪审法庭、元老院法庭都可予以审理。随着元首制的发展，陪审法庭在公元 1 世纪末期已经湮没无闻，以前由陪审法庭审理的案件皆转移到了元首法庭和元老院法庭。在朱理亚·克劳狄王朝时期，元老院法庭发挥了重要作用。借助麦凯纳斯之口，狄奥·卡西乌斯建议：凡是涉及指控和流放元老、处死元老或剥夺元老公民权的案件，元首都要提交元老院审理。当然在审理这类案件时，元老院要遵从元首的意愿，保护元首的利益。^② 至塞维鲁王朝，元老院已不再是最高上诉法庭。元老院的司法审判也只限于元首所提交的案件。

至塞维鲁王朝，司法审判已成为元首的主要事务。除元首亲自审判外，元首的官吏也代其行使司法权。在罗马和意大利，城市长官和近卫军长官接管了共和官员的司法事务，罗马城及其周围 100 个里程碑（milestones）之内的案件由城市长官审理，在此范围之外的案件则归近卫军长官审理。

---

① Geza Alföldy, *The Social History of Rome*, translated by David Braund and Frank Pollock, London & Sydney: Croom Helm, 1985, p. 167.

② 狄奥·卡西乌斯：《罗马史》，54，15，2；52，31，3～4。

图 4.30　卡拉卡拉元首头像

司法权完全转到了元首名下。

第四，元首集中了立法权。在元首制早期，随着公民大会职能的丧失，元老院获得公民大会的立法权，元老院决议（*Senatus Consultum*）成为帝国立法的主要来源之一。元首也依据高级行政长官的权力，以谕令的形式直接参与立法。不过，元首通常以提议的方式对元老院决议施加影响来间接立法。元首的提议被称为诏书（*oratio principis*）。随着元老院逐渐屈从于元首及其官僚机构，元老院的立法职能明显衰退，元老院决议也就成了元首意志的附属品。在哈德良时期以来的法律阐释中，法学家都习惯于引用实质性的元首诏书，而不是名义上的元老院决议。至塞维鲁王朝，元首立法摆脱了元老院决议的形式，元首谕令成了帝国立法的主要途径。据统计，奥古斯都和朱理亚·克劳狄王朝时期有确切年代记录的元老院决议共有 62 个，而元首谕令只有 4 个；然而从哈德良（公元 117—138 年在位）到瓦勒利阿努斯（公元 253—260 年在位）时期，有确切年代记录的元老院决议有 29 个，而元首谕令却增至 31 个[①]。元首谕令具有明确的法律效力。

尽管元老院已经没有实权，但它仍是元首政治的一个重要因素。直到塞维鲁王朝，元首大都出身意大利贵族或行省贵族。除了公元 217 年以近卫军长官身份成为元首的马克里努斯，塞维鲁王朝的元首都是元老出身，为元老院成员，且至少担任过一次执政官职。因此，这一时期的元老院在政治上仍占有一席之地。元老仍参与国事的讨论。作为民意的代表，元老院在形式上授予元首及其家族成员权力和头衔。元首到达罗马和离开罗马时，元老们都要迎接和欢送。公元 193 年，当塞维鲁向罗马进发时，由 100 名元老组成的使团到因特拉姆那（Interamna）迎接塞维鲁。元老们每天都要问候元首，等候元首的召见，当然，遭到拒见也是常有的事。在卡拉卡拉远离罗马时，他的母亲朱理娅代他接受元老们的问候。除了迎来送往，元老还要出席一些重大场合，如凯旋式、葬礼、赛会和饮宴等。

在军事上，元老院早已不参与军务，但元首仍向元老院通报军情。如，公元 197 年，塞维鲁在内战中打败阿尔比努斯之后，就在元老院发表演讲，

---

① R. J. A. Talbert, *The Senate of Imperial Rome*, New Jersey: Princeton University Press, 1984, pp. 437~450.

向元老们陈述战况。卡拉卡拉虽然疏于政务且轻视元老，但他还是数次向元老院写信通报有关情况，如，公元 213 年，卡拉卡拉写信给元老院，讲述帕提亚统治者内部的争斗。公元 218 年，马克里努斯向元老院通报了帕提亚战争的情况。

元首握有军权，但并没有把元老等级排除在外。在元首制的前两个世纪，元首尽力维持军队的罗马特征，高级军官主要来自意大利贵族或西部罗马化的行省贵族。在塞维鲁时期，大多数军官仍然出身元老等级或自治市贵族，如在公元 200 年，33 个军团的统帅中有 29 人出身元老等级。不过，塞维鲁也大量地以骑士充实军队的管理层，如：把新建的 3 支军团的指挥权都交给了骑士。这在以前是不可想象的。塞维鲁之所以采取这种政策，与其说是有意排斥元老，不如说是由于对元老们的表现感到失望。元老统帅并非职业军官，面对严峻的局势，他们不能适应现实的需要。许多元老不但不愿担任军事保民官（Military Tribune）一职，而且还通过各种理由逃避承担这一风险性大、工作条件艰苦的军事职务。在奥古斯都和提比略时期，没有担任军事保民官的元老占到总数的 35%，在塞维鲁和卡拉卡拉时期，这一比例分别上升为 57% 和 61%[1]。元老们远离军职，就很难制约元首、管理国家，即使当了元首，也很难服众。历史学家赫劳狄安在描述叙利亚军团推举的元老元首阿尔比努斯时，就一针见血地说，阿尔比努斯是一个过惯了安逸享乐生活的人，根本无法胜任军事统帅的职务[2]。卡拉卡拉经常指责元老无能，始终认为士兵比元老优秀。元老们越脱离军队，就越失去政治上举足轻重的地位。

总之，公元 3 世纪初期，元首加强了对行政权、财政权、司法权和立法权的控制，帝国权力进一步从共和机构转移到元首手中。

在塞维鲁王朝时期，元首的集权得到了明显体现，但军队主宰下的元首政治本身隐含着许多不确定因素，具有很大的风险性。

---

① Léon Homo, *Roman political Institutions from City to State*, translated by M. R. Dobie, London: Routledge, 1996, pp. 353～354.

② Herodian, *History of The Empire*, 3, 6, 7.

（二）军事专制

元首的权力奠基于军队的支持之上，但披着共和外衣的元首制一直掩饰这一事实。塞维鲁王朝抹去了残留的法律和自由的微弱形象，将元首军事专制的实质表现得相当充分。

在塞维鲁王朝时期，帝国军队的征募、构成和管理都发生了变化。罗马帝国长期实行防御性对外政策，其军队主要分布在边界行省和罗马城。行省驻军分为军团和辅军。在元首制初期行省军团的构成中，罗马和意大利人占绝大多数。自公元 1 世纪后期以来，由于意大利人日益不愿从军，罗马化的行省承担了更多的军役。在哈德良时期，意大利人已经很少在军团中服役，士兵的征募范围逐渐扩展到边界地区。对罗马士兵碑铭的研究表明：在奥古斯都至卡里古拉时期的士兵构成中，意大利人占到 65％；至

图 4.31 与蛮族作战

公元 2 世纪，意大利人所占比例迅速下降至 1%[①]。此外，随着"罗马和平"的到来和军团在行省的长期驻扎，军队与地方的联系日益增多。哈德良时期出现了军团"区域征募"原则，军团士兵主要来自营地附近的行省以及周边的非驻军行省。这一变革对军队的构成产生了深远的影响。以埃及某些军团的退役老兵为例，据统计，在奥古斯都或提比略时期，这些退役士兵的 50% 来自加拉提亚，25% 来自埃及的希腊自治市，15% 来自叙利亚和希腊东部，其余的来自西部行省；而在公元 168 年，这些军团的退役老兵中有 65% 来自埃及，其余的来自希腊东部，没有士兵来自加拉提亚或西部行省[②]。到塞维鲁时期，行省军团非罗马化的现象更加明显。塞维鲁还改善了士兵的待遇，使士兵与当地人的同居合法化，从而大大加速了军队的本土化进程。辅军在帝国时期有了正式编制，他们来自半罗马化的行省，与军团士兵并肩作战，并防守着帝国漫长的边境线。为了吸引行省居民加入辅军，帝国规定：辅军士兵在退役之后，能够得到罗马公民权。随着行省地位的提高，至公元 2 世纪早期，辅军与军团之间的区别逐渐模糊。

罗马驻军以近卫军为核心，此外还有城市大队（*Urban Cohorts*）和消防队（*Vigiles*）。近卫军是元首的个人卫队。与行省军队相比，近卫军士兵享有更好的服役条件和待遇。在元首制初期，近卫军是从意大利征募的，其主要来源地是埃特鲁里亚、翁布里亚、拉丁姆和罗马殖民地。公元 1 世纪中叶以后，近卫军的组成也出现了行省化的趋势。维特利乌斯（公元 69 年）把支持自己的莱茵军团编入近卫军；哈德良时期的近卫军主要从西班牙、诺里库姆和马其顿地区征募；塞维鲁解散了旧式近卫军，从行省军团尤其是他所统率的军队中挑选精兵，组建了一支新近卫军。据狄奥·卡西乌斯记载，行省化的近卫军"相貌彪悍、言谈粗俗、行为野蛮"[③]。

总之，至塞维鲁王朝，军队征募和管理的行省化已非常明显。这不仅影响到罗马公民与没有公民权的自由人之间的关系，也影响到以意大利为

---

① Graham Webster，*The Roman Imperial Army of the First and Second Centuries A. D.*，New Jersey，1979，p. 103.

② ArthurE. R. Boak，*A History of Rome to 565 A. D.*，New York：Macmillan Co.，1932，pp. 292~293.

③ 狄奥·卡西乌斯：《罗马史》，74，2，6。

图 4.32　罗马近卫军士兵

中心的帝国政府与地方行省之间的权力格局。军队不再代表罗马帝国的利益，他们越来越关心自己营地所在的地区，日益成为行省利益的代言人。

　　自公元 193 年以来，行省尤其是多瑙河行省的战略地位日益显现。与奥古斯都时期相比，公元 3 世纪（公元 235 年之前）帝国军队的部署发生了变化。行省军团仍布防在莱茵河、多瑙河和东方边界地区，不过莱茵河军队从 8 个军团减少为 4 个、多瑙河军队从 7 个军团增加到 12 个、东方军队从 3 个军团猛增为 10 个。由此可见，帝国的军事战略重点从莱茵河地区转移到东部和多瑙河边界。

　　元首军事专制的凸显是塞维鲁王朝的重要特征。共和末期以来，骄兵悍将一直是困扰罗马政局的一大毒瘤。元首制建立伊始，元首就以大元帅的身份掌握了军权。公元 2 世纪末期以来，随着边界压力的增大，元首上战场亲自指挥战争也是常事。卡拉卡拉甚至与士兵同甘共苦，与普通士兵一起完成任务，同吃同住。元首与军队的关系越来越密切，军队成为元首政治中最重要的因素。亚历山大·塞维鲁从母亲那里得到的建议是：元首不必亲自冲锋陷阵，因为为元首冒险是其他人的事。事实证明这一建议已经多么不合时宜！因为元首个人的统治已经明显地与其军事能力联系起来。亚历山大·塞维鲁不能胜任军事统帅的职责，其错误的决策致使军队屡遭失败，因此招致了军队的怨恨。这也加速了塞维鲁王朝的覆灭。

塞维鲁王朝实行赤裸裸的军事独裁。塞维鲁在临终前曾嘱咐儿子："让士兵发财，其余的人可以不管！"这固然表明元首政治的军事专政性质，更表明以经济手段获取士兵的支持有多么重要！据记载，塞维鲁曾向他的儿子展示了存满金钱的财库和神殿，并且说：我们有足够的财力来供养军队，所以有能力粉碎任何来自外部的阴谋[1]。一方面，塞维鲁用更好的服役条件来吸引和安抚军队；另一方面，塞维鲁用强硬的手段来控制军队。塞维鲁时期的法学家马尔西阿努斯在法律阐释中说：如果没有元首的命令，擅自作战者要被处死[2]。有两位军事长官就是因引起塞维鲁的猜忌而被处决的。塞维鲁在对军队的控制方面还算是成功的。从他结束内战直到病逝，罗马没有发生过严重的兵变事件，之后元首权力的交接也较顺利。卡拉卡拉遵从塞维鲁的遗言，用大量的金钱贿赂军队。为了满足贿赂的需要，卡拉卡拉采取竭泽而渔的措施来搜刮钱财。除了没收政敌的财产，他还经常向个人和城市索取献礼和王冠金，征集大量的实物。卡拉卡拉的母亲为此曾警告他，不要把如此多的钱花在士兵身上，但是卡拉卡拉却挥舞着剑回答说："只要拥有这个，我们就不会缺钱。"[3] 卡拉卡拉的统治得到了军队的认可，即使后来他命丧士兵之手，但那也只是几位军官发动的阴谋，而不是因为军队整体的兵变。至马克里努斯时期，元首面临两难境地，因为除了一些现金赏赐，国家不可能给予士兵全额的薪俸，更无法满足士兵提出的其他要求。更为严重的是，由于没有妥善安置集结在东部同帕提亚作战的军队，马克里努斯从一开始就没有得到军队的支持，而且，他掌权之后又沉溺于奢靡的生活，较少关注军队的情况，从而引起了军队的极大不满。马克里努斯的统治仅仅维持了一年多。之后的元首埃拉加巴路斯也是由军队选出的，但他没有成功地控制军队。他所关心的只有宗教和享乐。继任的亚历

---

① Herodian，*History of The Empire*，3，13，4.

② 查士丁尼：《学说汇编》，48，4，3。

③ 狄奥·卡西乌斯：《罗马史》，77，10，4。

山大·塞维鲁也不是一位称职的军事统帅。他缺乏军事指挥才能，处事优柔寡断。尽管有记载说亚历山大·塞维鲁对军队管理严厉，堪称干练的统帅，但这里所反映的亚历山大·塞维鲁至多是元老们理想中的元首而已。

对元首来说，军队是一把"双刃剑"。它既是元首统治的支柱，又是能够左右政局的重要力量。塞维鲁是一名出色的军事统帅，他懂得如何有效地控制军队。一旦元首们不再有塞维鲁的铁腕手段，一旦金钱贿赂难以为继，军队就会变得难以驾驭，而这正是在塞维鲁王朝末期诸元首与军队关系的真实写照。正像罗斯托夫采夫所说，塞维鲁所奠定并为卡拉卡拉所巩固的国家新结构的基础注定要继续存在下去，并发挥作用[①]，而他所谓的国家新结构的基础就是军队。元首军事专制摧毁了元首制存在的基础，从而引发了现有政治格局的变革。

二、3 世纪危机

公元 235 年，塞维鲁王朝被暴动的士兵推翻。此后的 50 年是帝国历史上最黑暗、最混乱的时期之一。在此期间，城市破落、农村荒凉、边境告急、内战连绵，帝国政府全面瘫痪，史称"3 世纪危机"。

3 世纪危机的特征之一是士兵动辄哗变、将领频繁篡权。据统计，在公元前 27—235 年的 200 余年间仅有 27 个元首，而公元 235—284 年的 50 年间至少有 22 个元首[②]。尤其在伽里恩努斯（260—268 年在位）时期，除瓦勒利阿努斯和伽里恩努斯两位共治的合法元首以外，各地先后篡权夺位者逾 30 人。这一时期究竟出了多少元首，我们无法作出精确的统计。连年的混战致使生灵涂炭。如公元 238 年马克西米努斯（235—238 年在位）进攻意大利时，埃奎利亚（Aquileia）周边的乡村居民就遗弃房舍逃到城内避难，因为他们知道，在士兵的掌控下自己不会有好下场。事实也是如此，在向埃奎利亚进发途中，马克西米努斯的士兵砍断大批树木和葡萄藤，放火焚烧村庄，毁坏农田，给当地居民带来了深重的灾难。罗马帝国的内耗

---

① 罗斯托夫采夫：《罗马帝国社会经济史》，马雍、厉以宁译，北京：商务印书馆，1985 年版，第 587 页。
② Alan K. Bowman, edited, *Cambridge Ancient History*, Vol. 12, Cambridge University Press, 2005, p. 28、p. 110.

严重地削弱了边境的防御力量，外族乘机突破边防，大批涌入帝国境内。其中主要有东方的波斯人和北部的日耳曼人。以哥特人为例，继公元228年哥特人首次成功劫掠巴尔干行省之后，他们相继在公元256、258、263、264、265、267和270—284年进入小亚细亚或希腊，在多瑙河和黑海地区造成严重的灾难。甚至作为帝国首都的罗马城也多次受到外族入侵的威胁。

外族入侵虽然波及面广，但具有不平衡性。当时受影响最重的区域有：山北高卢和下莱茵河地区、上莱茵河和上多瑙河地区、下多瑙河和黑海地区、东部边界的行省——卡帕多西亚、美索不达米亚和叙利亚。在六七十年代的战乱中，高卢遭受的损害尤为严重，其人口数量迅速下降，土地大量荒废。由于276年日耳曼人的入侵，高卢最富足的地区遭受洗劫，大多数城市丧失了原先的生机与活力。雷苏城的陶器大工场更是难逃厄运，那里的商店皆成了废墟，废墟"行列绵延，长约五英里"[①]。在普洛布斯（公元276—282年在位）时期，高卢遭到更加严重的打击，法兰克人、阿拉曼尼人、汪达尔人和勃艮第人越过莱茵河边界，洗劫了60多个城镇。许多城市长满了野草和灌木，成为野兽出没的地方。

整个帝国几乎处于瘫痪状态，根本无法建立起合法有序的行政管理。尽管当时留传下来的文献记载稀少，但相关的碑铭等也清楚地提到了士兵、官员的暴行。士兵和官员频繁地敲诈位于交通要道附近的城乡居民。据碑铭记载，公元238年，色雷斯行省斯卡特帕拉（Scaptopara）村的村民上诉戈尔狄亚努斯三世（238—244年在位）："派往别处的士兵不走自己的路，却来我村，强迫我们为其提供住处和粮食，不给任何补偿。行省官员以及许多特派的检查人员也来这里使用温泉。我们也就时常接待他们"，"现在我们已经无法承受这种压迫，真的，我们可能会像其他人一样舍弃自己的住所……如果再压迫我们，我们就从自己的故乡逃亡。"[②] 无独有偶，在244和247年，菲里吉亚行省阿拉古亚（Aragua）自治市的隶农和农民上诉元首："我们虽然地处内陆，但经过阿庇亚地区的军官、士兵、城市的权

[①]　汤普逊：《中世纪经济社会史》上册，耿淡如译，北京：商务印书馆，1997年版，第15页。

[②]　引自周一良、吴于廑主编：《世界通史资料选辑》，上古部分（林志纯主编），北京：商务印书馆，1962年版，第415页。

贵和政府官员常常不走大道，而是向我们直扑过来，征用并非法劫掠我们的人力和耕牛等"①。行省居民饱受兵祸之苦。据记载，奥勒良（公元270—275年在位）对士兵的忠告是："不要偷别人的家禽或羊，不要拿走葡萄、粮食或油、盐、木柴，而满足于自己的配给。你们应该从敌人那里获取这些物品，而不是从行省人的眼泪中得到这些物品"②，这说明士兵劫掠居民财产是当时普遍存在的现象。

人们悲叹时局的混乱、军匪的横行以及法制的荡然无存。公元3世纪中叶迦太基主教塞普里安说："看，道路被匪徒占据了，海上被海盗封锁了，到处是战争、营房、血腥的恐怖。全世界灌注了互相屠杀所流的血；如果只是个人杀人，就被认为是犯罪，然而，如果是公然杀人，反被认为是勇敢之行。有罪可以不受惩罚，这不是由于没有罪恶，而是由于坏事大得骇人听闻……尽管法律写在十二铜表上，但是就在法律面前实行犯罪，侵犯法权。"③ 雪上加霜的是，由于战乱和食物短缺，瘟疫猖獗，如从公元250年一直持续到265年的瘟疫造成大量居民死亡，帝国减少了约二分之一的人口。帝国境内的广大民众陷入了苦难的深渊。不堪重负的城乡人民揭竿反抗，或沦为所谓的"盗匪"。公元240年，阿非利加爆发萨比尼阿努斯（Sabinianus）领导的起义，遭到毛里塔尼亚总督的严厉镇压。在西西里，公元263年大规模的奴隶起义爆发，"好不容易才被镇压下去"。在沉重的税收和债务逼迫下，3世纪60年代高卢爆发了规模庞大、持续时间较长的巴高达运动。帝国东部的伊骚里亚（Isauria）出现了所谓"盗贼"的活动，遭到了普洛布斯元首的围剿。城市平民也参与暴动。公元273年，罗马爆发的铸币工暴动甚至蔓延到城市居民中，自由手工业者和国有奴隶联合抵抗政府军队，在一次战斗中他们杀死约7000名罗马士兵。民众频繁的起义是帝国社会矛盾尖锐化的重要反映与表现。

正如罗马不是一日建成的，其帝国也不是一日即衰亡的。从3世纪60

---

① 引自 Naphtali Lewis & Meyer Reinhold, *Roman Civilizations*, *Selected Readings*, Vol. 2, New York: Columbia University Press, 1955, pp. 453~454.

② *The Scriptores Histores Augustae*, Aurelian, 7.

③ 引自周一良、吴于廑主编：《世界通史资料选辑》，上古部分，北京：商务印书馆，1962年版，第408页。

年代末到 70 年代伊利里亚元首统治时期，帝国局势有所缓和，并且出人意料地维持了统一。这一局面的形成，首先归功于来自伊利里亚行省的元首。他们都是适应帝国形势的强有力的士兵统帅，以个人威望赢得了士兵的信任。虽然他们最后也成为军事阴谋的牺牲品，但这些阴谋是一部分人所为，大多数士兵并未参与其中。其次，帝国的统一符合社会民心思治的愿望，为民心所向，深受民众的拥护。

对于帝国 3 世纪危机，古往今来有很多不同的说法。但由于反映这一时期的史料主要是公元 4 世纪中后期和拜占庭时期学者们的追述，受其思想观念的影响，后来的学者大都强调元首与元老的互相敌视，渲染军事统治者的残暴和元老等级的没落，突出罗马统治的可怕衰落。应该说，绝对的判断和结论是不合适的。历史不仅复杂，而且需要不断地总结。如上所述，3 世纪危机不仅在时间分布上具有阶段性，在地区表现上也不均衡。危机对帝国各地的影响不同，这从区域考古发掘中可以看出。在这一时期的文献中，不列颠、西班牙以及高卢西部和西南部几乎没有留下任何记载。由于来自不同地区、出身不同的社会等级以及宗教信仰等方面的分歧，同时代的人实际上对这一时期的看法有很大反差，这也是导致史学家争论不休的重要原因[①]。我们应该对 3 世纪危机进行具体的分析。概括地说，3 世纪危机有以下几个特点特别值得关注。

第一，元首制的政治危机。元首制是一种微妙的政治制度。具有浓厚共和色彩的元首权力，建立在保民官、大元帅和大祭司长职务的基础上。由于缺乏明确有效的继承制度，所以元首制不可避免地带有大量不确定因素。一方面，这很容易导致统治阶级内部为争夺最高统治权而相互猜忌，以及宫廷阴谋和刺杀元首事件；另一方面，也为军队干预朝政、左右元首的废立提供了可乘之机。自奥古斯都设立常备军以来，近卫军和行省军团一直是威胁元首权力和帝国稳定的重大因素。尤其是在元首突然去世，无法确定由谁接替其职位的情况下，更容易出现由近卫军和行省军团主导的

---

① G. A. Alfoldy, *Crisis of the third century as seen by contemporaries*, *Greek*, *Roman and Byzantine Studies*, 15（1974），pp. 89-111；Ramsay Macmullen, *Roman Government's Response to Crisis AD* 235 − 337, New Haven and London：Yale University Press，1976，Chap. 1.

内战。在 3 世纪危机中，元首需要亲自指挥对外战争，但他不可能同时出现在多个受到威胁的地方，这就为将领篡权夺位提供了机会。好人和坏人、贵族和下层人，甚至许多野蛮人都无差别地谋求元首职位，社会秩序混乱和失去控制。元首制几乎成了无秩序的代名词。军队是悬在元首头顶上的"达摩克利斯之剑"，它随时随地都可能落下，威胁到元首的生命，引发剧烈的政治动荡。

在元首制中，元老院是不可缺少的因素。因为元首的权力需要得到元老院形式上的承认和批准；元首要保持稳固的统治，也需要元老院的支持，需要一批具有良好素养的元老贵族担任各类官职。至塞维鲁王朝，元首大体上摆脱了共和机构的束缚，元老院的残余势力也在 3 世纪危机中消退殆尽。危机时期的元首大多出身骑士等级，公元 235 年还出现来自色雷斯的蛮族元首马克西米努斯。元首在军事职务中更多地任用骑士，而不是元老。一般认为，伽里恩努斯剥夺了元老的军权。[①] 元老在退出军事职务的同时，也失去了行省的行政管理职务。虽然元首的废立取决于军队，一旦条件允许，在行省掌权的元首仍早早地来到罗马，经由元老院来为他们的权力披上合法的外衣。元老院甚至有采取政治主动的两个特例，其一是公元 238 年元老院公开对抗马克西米努斯，选出两名共治的元老元首普布利乌斯和巴尔比努斯；其二是公元 275 年奥勒良统治结束后，军队把选举元首的事务交给元老院。在军队的默许下，元老院推举塔西佗为元首。这表明，元首的权力来自人民的观念依然存在。但元老元首不能胜任军务，因而并非帝国最需要的人，他们的统治都很短暂。到公元 282 年，元老院对元首形式上的授权也被取消了[②]。元首的频繁更替，以及元老院职权的丧失动摇了元首制的根基，引发政治危机。

第二，帝国统一体制的缺陷。由奥古斯都开创的元首制保证并维护了罗马和意大利的统治地位，以及行省的被统治地位。经过两个多世纪的

[①] Aurelius Victor, *Epitome de Caesaribus*, 33. 34, Lipsiae: In aedibus B. G. Teubneri, 1961.

[②] 公元 282 年，卡路斯成为第一个不经元老院授权而掌权的元首，见 Eutropius, *Historiae Romanae Brevarium*, 9. 18., Rev. John Selby Watson edited, *Justin Cornelius Nepos and Eutropius*, London: G. Bell and Sons, Ltd., 1910。

"罗马和平"，行省经济取得长足发展，而意大利实力下降，行省和意大利的地位差别也失去了实质意义。卡拉卡拉于公元212年颁布敕令，把罗马公民权授予帝国全体自由民，这表明行省与意大利地位差别的消失。帝国权力中心逐步从罗马、意大利转移到行省，元首出身的变迁就反映了这一情况。朱理亚·克劳狄王朝的元首出身罗马贵族，弗拉维王朝的元首出身意大利贵族，安敦尼王朝的元首来自西班牙或高卢行省，塞维鲁王朝的元首来自阿非利加或东部行省。在3世纪危机时期，随着帝国的重心转移到边界行省，元首通常来自色雷斯、潘诺尼亚和伊利里亚地区。但从元首频繁的更替来看，单个行省的实力有限，没有哪个行省能代替意大利成为帝国的真正中心。公元3世纪末，罗马帝国形成了三个大区：由西班牙、高卢和不列颠组成的西部区；由意大利、阿非利加和多瑙河周边地区组成的中部区；由整个东部行省组成的东部区。这三个大区奠定了此后罗马帝国政治版图的格局。

众所周知，早期帝国并非民族国家或集权国家，它仅仅是由各自治城市和行省组成的松散共同体。新民族的要素到处都已具备；各行省的拉丁方言日益分歧；一度使意大利、高卢、西班牙、阿非利加成为独立区域的自然疆界依然存在。但是，任何地方都不具备能够把这些要素结成新民族的力量。对于广袤领土上的帝国民众来说，只有一个把他们联结起来的纽带，这就是罗马国家，以意大利为核心的罗马帝国！

意大利的衰落是灾难性的。元首个人的力量和并不完善的统治体制，不能保证对帝国实施有效的控制，更无法抵御同时在边境出现的多处入侵。行省不指望这时实际上已不存在的帝国政权的保护，它们自己组织防卫，有时竟做得相当成功！在伽里恩努斯时期出现的地方政权——高卢帝国（公元260—274年）和帕尔米拉帝国（公元260—272年）——即是证明。帝国的统治方式必须加以改变，可行的办法是共治和分权。之前就有这样的先例，在安敦尼王朝后期，随着边境多事，罗马国家首次出现分享同等权力的两位统治者，马尔库斯·奥里略与路西乌斯·维鲁斯实行共治。3世纪危机时期，共治和分权思想进一步发展。公元238年，元老院任命具有同等权力的两位元首普布利乌斯和巴尔比努斯：普布利乌斯主管军务，巴尔比努斯负责行政；公元253—260年，瓦勒利阿努斯和伽里恩努斯父子

图 4.33　夕阳下的帕尔米拉遗迹

实行分区共治：瓦勒利阿努斯负责东部，而伽里恩努斯管理西部。公元282年，卡路斯和卡里努斯父子也实行过类似的分区共治。

第三，元首制的经济危机。就像罗斯托夫采夫所说，早期帝国最大的弱点既不在于行政组织的败坏，也不在于城市浪费金钱，更不在于急需保卫边境以防御侵略战争；最大的弱点在于帝国整个组织的基础（特别是经济基础）脆弱不堪[1]。早期帝国的税制有很大弊端，由于各行省的情况千差万别，帝国各地的税收并不统一，其税率大多沿用旧例。由于税率缺乏弹性，国家收入有限，而且各地欠税很多。据统计，公元2世纪早期仅意大利一年就欠税1500万狄纳里乌斯；公元1世纪早期中部希腊的欠税超过其数额的12％；公元1—2世纪埃及某些年份和地点的欠税达到或超过其数额的50％[2]。在和平时期，帝国财政大体上能收支相抵，但自公元2世纪末期以来，随着边境多事和奴隶制经济衰退，帝国财政捉襟见肘。在3世纪危机期间，罗马帝国的城乡经济遭受严重打击，农村中拖欠税款的情况非常严重。各行省之间的经济联系中断，对外贸易也无法正常进行。正规的税收体制已经很难维持下去。为了应付财政匮乏，元首减轻钱币中贵金属的含量，加入大量贱金属，这导致货币大幅贬值。在塞维鲁时期，标准金币的贵金属含量从奥古斯都时期的98％降至50％，金币和银币中的贱金属占到50％～60％；在伽里恩努斯和克劳狄二世（公元268—270年在位）时期，安东尼银币的贱金属含量分别上升到90.95％和98.5％，最后成为含银量稍高于1.5％的铜币。货币贬值引起物价飞涨，在2世纪正常情况下1摩底小麦的价格为1/2狄纳里乌斯或更低，但公元301年戴克里先颁布的价格敕令把小麦的价格固定在100狄纳里乌斯/1摩底（低于市场价格），是前者的200倍[3]。可见当时物价的狂涨程度！通货膨胀也使传统税收大幅缩水。统帅们问鼎元首职位的重要筹码是军队，而赢得军队的支持需要付出高昂的经济代价。对每一个僭位者或合法元首来说，他们的要务就是为军队敛取钱币、粮食、军服和武器装备等，而他们谁都无暇也不愿以合法的

① 罗斯托夫采夫：《罗马帝国社会经济史》，第517页。

② Ramsay MacMullen, *Corruption and the Decline of Rome*, Yale University Press, 1988, p. 42.

③ A. H. M. Jones, *Inflation under the Roman Empire*, *Economic History Review*, New Series, Vol. 5, No. 3 (1953), pp. 295～296、p. 299.

方式行事和约束自己，把自己的敛取限于国家正常收入范围以内。因而，之前仅仅用以应急的临时征用成为惯例。"罗马国家从来不曾有过一种正规的预算，一旦遇到紧急情况，元首既无后备资金可以取用，又不曾设法逐渐加税以增添正规收入，通常弄钱的办法就是按照城邦的原则取之于民，或以临时税的名目，或靠征收和抄用"①。就像狄奥多尔·蒙森所说，罗马帝国经济领域的危机，是引起政治领域危机的主要原因②。

图 4.34　罗马的东方门户帕尔米拉

---

① 罗斯托夫采夫：《罗马帝国社会经济史》，第 701 页。
② Theodor Mommsen, *A History of Rome under the Emperors*, English translation by Clare Krojzl, London and New York, 1996, p. 257.

　　第四，城市自治的萎缩。帝国早期缺乏一个完善、有效的行政管理体系，因而官员数量有限。在奥古斯都时期，元老院行省总督和军团长官约为 52 人，骑士财务官 25 人，在行省任职的元老和骑士不超过 100 人[1]。官员数量的有限意味着帝国政府在很大程度上依靠自治城市和有组织的公民公社来维持统治，官僚体制仅系一辅助机构和监督机构。在城市管理上，元首的新政府体系与旧共和机制并存。一方面，城市被纳入到帝国的政府体系，其大政方针、军事外交政策都由帝国统一管理。另一方面，城市实行自我管理，其管理机构主要有市议会、公民大会和市政官员。市议会是自治市的最高权力机构，大都由 100 位年龄在 25 岁以上、财产不少于 10 万塞斯退斯的市元老组成。市元老（议员）负责城市的管理、赋税的征收等事务，他们主要来自卸任的行政长官，在社会地位上仅次于元老和骑士等级。市政官员主要有审判官（*duoviri iuridicundo*）、营造官和财务官。罗马政府极少干预城市事务，如果说它也有所干预的话，那只是协助城市对其事务推行更为有效的管理而已。

　　自公元 2 世纪下半叶，尤其是 3 世纪以来，城市的自治权力逐渐衰落。首先，这与城市财政紧张有关。当帝国经济繁荣发展时，城市的收支尚能维持平衡，但在 3 世纪危机时期，富庶的城市成为士兵、外族、起义者劫掠的主要目标，城市经济遭受重创。其次，这是城市自由与自治空间日益缩小的必然结果。随着元首集权，帝国逐步加强对城市的控制。韦斯帕芗是第一位对自治市进行限制和干预的元首。他定期派遣督察使（corrector）到行省自治城市和意大利自治市进行视察，检查它们的账目和各项公共工程建设。到公元 2 世纪，帝国日益直接干预城市的财政、司法事务。在图拉真时期，总督对城市的监督有多种形式，他们调查和审计城市的财政，并采取补救措施，如偿还债务等。据小普林尼记载，图拉真派遣他到本都—比提尼亚行省的罗马殖民地阿帕米亚（Apamea）调查公共账目[2]。除了总督的监管，自涅尔瓦或图拉真时期始，元首经常直接任命财务专使

---

　　① Mason Hammond, *The City in the Ancient World*, Cambridge, Massachusetts: Harvard University Press, 1972, p. 298.
　　② 小普林尼：《书信集》，10，47～8。

（*curatoresrei publicae*）来引导城市的经济，协助城市更有效地管理自己的财产，削减使城市生活更为舒适安逸的费用。据统计，公元 160—260 年，亚细亚地区出现 30 个财务专使；公元 196—270 年，北阿非利加出现 32 个财务专使；公元 2 世纪早期至 3 世纪晚期，西部行省出现 27 个财务专使①。在哈德良和马尔库斯·奥里略时期，元首派出了一批监督官，对城市的账目和兴建的公共设施进行就地审查。统治者根据监督官审计的结果，处理了一批管理不力的城市长官，并撤销了一些财务管理混乱城市的自治权，使之归并于行省政府。尽管行省总督、督察使、财务专使、监督官的数目有限，不能对众多城市的管理产生实质性影响，但它们标志着城市自治权力的衰落。

到公元 2 世纪中叶，有迹象表明富人对公务活动缺乏兴趣，市政职务逐渐从荣誉变成负担。公元 3 世纪以来，市议员承担的职责日益沉重，他们的首要任务是为帝国征税！为了保证帝国收入，市议员被迫以自己的财产为担保征税，他们面临倾家荡产的危险。据《查士丁尼法典》记载，在卡拉卡拉时期，为了补足其丈夫没能征齐的税款，寡妇获得的遗产被充公；因为同样的原因，在奥勒良时期孩子的地产被扣押；在卡路斯（公元 282—283 年在位）时期，妇女的嫁妆被当作交纳税款的抵押物②。丧失财产之后，市议员沦落为社会下层。他们动辄被国家官吏囚禁和处以体罚，毫无人身保障。公元 3 世纪末期埃及的纸草保存有一篇神谕，在其一系列的问题中至少有 4 个是反映时代情况的："我会逃亡吗？""我会成为使节吗？""我即将成为库里亚（市元老院）成员吗？"，"我的亡命生涯会结束吗？"③城市贵族逃避市政职务，这一问题已经引起统治者的重视。市议员对国家负责，国家向他们摊派许多义务而不给予相应的权力，城市的自治就这样被摧毁了，早期帝国以中央政府与自治城市并行的两元统治体制走向衰落。

最后，古典文化的危机。危机不仅在物质层面上改变了人们已有的利

---

① Graham P. Burton, *The Roman Imperial State*, *Procincial Governors and the Public Finances of Provincial Cities*, 27 B. C-A. D. 235, *Historia*, 53（2004），p. 339.

② 引自 Ramsay Macmullen, *Roman Government's Response to Crisis AD 235 – 337*, New Haven and London: Yale University Press, 1976, pp. 169~170。

③ *Select Papyri*, NO. 195.

益格局，而且在心理和精神层面上，冲击了现有的、已经相对稳定的价值体系。自元首制建立以来，古典文化中的理性主义和人本主义传统逐渐消失，这种情况在文学、艺术、史学和哲学等领域中表现得尤为突出。帝国的思想家大多成了歌功颂德的能手；"哲学家们不是单纯赚钱谋生的学校教师，便是纵酒取乐的有钱人所雇佣的小丑。"① 法学家也为元首服务，恩格斯在谈到罗马帝国的法学家时指出，"至于另一类的思想家，即法学家，则对新秩序赞赏不已，因为一切等级差别的取消，使他们得以全面制定他们心爱的私法，因而他们就为君主制定了空前卑鄙的国家法"②。就宗教领域来说，由于整个地中海区域处在统一的政治与文化中，传统的多神教不再满足已经成长起来的宗教需要和已经改变的政治关系了。"旧罗马宗教产生的时候，罗马还只是一个小小的城国，而它的居民主要是从事农业的。对于氏族的和家族的神，以及对于掌管一切农业程序的自然界的小神的崇拜便很好地满足了这一居民的宗教需要……朴素的多神教，它只适合于早期共和国的原始的社会关系。"③ 在 3 世纪危机时期，城市的衰落直接影响到贵族文化和城市的生活方式，以城市为载体的古典文化出现严重危机。文学、艺术、法学、史学和哲学等停滞不前。城市的衰落进一步加剧了依托在城市之上的传统宗教的危机，神庙、剧场、广场和会堂遭受战火，神像被掠走，神庙被焚烧或推倒以建设应急的城墙。城市贵族很少担任祭司职务或举办公共庆典，更不用说恢复神庙。人民混淆因果，把元首被杀的厄运与正在到来的瘟疫联系起来，或把大规模宗教庆典的取消与军事灾难联系起来。他们认为，神灵如果不是失灵，就不会对他们所遭受的灾难保持沉默。

　　思想危机遍及罗马社会日益广大的集团，而这正是基督教发展的契机。形成于公元 1 世纪中叶的基督教，最初是奴隶和被释奴隶、穷人和无权者、被罗马征服或驱散的人们的宗教。虽然在 3 世纪危机时期，帝国的不同地方都发生了相当大规模的迫害基督徒的事件，但收效甚微，危机使罗马社

---

① 《马克思恩格斯全集》，第 19 卷，北京：人民出版社，1963 年版，第 332 页。
② 《马克思恩格斯全集》，第 19 卷，北京：人民出版社，1963 年版，第 333 页。
③ 科瓦略夫：《古代罗马史》，王以铸译，北京：生活·读书·新知三联书店，1957 年版，第 943 页。

会日益广泛的阶层都被囊括到新宗教的范围里来。据说，3世纪中叶，在意大利存在着60个有组织的教区。基督教甚至在罗马城也有很大影响，在公元251年罗马教会有46个神父、7个管事、42个侍僧、52个读经者，维持着1500个孤儿寡妇；由此可见当时罗马也许有着3万～4万个基督徒。[①]作为基督教的发源地，帝国东部的基督徒自然要比帝国西部的多。与传统宗教不同，基督教讲求人的道德上的完善，个人和上帝的直接联系，个人对罪恶的责任。基督教文化与罗马传统的价值观是冲突的，"基督教……和古典世界观却有水火不相容之势。古典是理性至上，它却是神学至上；古典是人本主义，它却是神本主义；古典强调和谐秩序中的自由发展，它却以上帝包揽一切，万流归宗于神的至高的统治。"[②]总之，基督教是传统价值观崩溃的产物，是被城邦宗教及其伦理所束缚的个性的解放。虽然这种解放带有不充分的和片面的性质，但在个人解放的长期历史过程中，这却是向前迈进的巨大的一步。

总之，3世纪危机中的罗马帝国，处于从早期元首制向后期君主制转变的关键阶段。危机集中暴露了元首制与社会现实的矛盾与冲突，但它具有阶段性和不平衡性。危机并没有导致帝国衰亡，帝国反而为适应新形势进行了体制调整。

马克思在《黑格尔法哲学批判》中指出，"在许许多多国家里，制度改变的方式总是新的要求逐渐产生，旧的东西瓦解等，但是要建立新的国家制度，总要经过真正的革命。"[③]元首制的死亡和君主制的新生，也是在危机与革命中酝酿，并由戴克里先最后完成的。

公元284年掌权的戴克里先不仅是一名杰出的军事将领，更是一位卓越的政治家。为了加强统治，戴克里先对帝国的统治体制进行了卓有成效的改革，建立了公开的君主制。戴克里先改革奠定了后期帝国体制的基本框架，开启了晚期罗马帝国的新时代。

---

① 汤普逊：《中世纪经济社会史》上册，耿淡如译，北京：商务印书馆，1997年版，第77页；Eusebius, *The Ecclesiastical History*，7，43。
② 朱龙华：《罗马文化》，上海：上海社会科学院出版社，2003年版，第320～321页。
③ 《马克思恩格斯全集》，第1卷，北京：人民出版社，1956年版，第315页。

第五章　帝国的余声

第一节　戴克里先改革

一、君主制的建立

罗马君主制最早可以追溯到共和末期的军事独裁。公元前82年，以武力夺取政权的苏拉开始实行独裁统治，但只坚持了三年，他便以突然隐退的形式宣告独裁的结束；公元前48年，在内战中胜出的恺撒实行独裁统治，但不到四年，他就被部分元老刺死于元老院内。有了恺撒的前车之鉴，掌权之后的屋大维不再敢公开实行独裁统治，他把罗马共和国的传统和惯例当作是实行其自身统治的手段和工具，建立了元首制。

在传统贵族势力的影响下，帝国初期的共和色彩浓厚。历经朱理亚·克劳狄王朝半个多世纪的统治，以及内战的打击和专断元首的迫害，罗马显贵家族的影响日渐式微。据统计，在奥古斯都时期的执政官中贵族出身者占到50%，这一比例在提比略和卡里古拉时期降为27%，在克劳狄时期降为21%，在尼禄时期降为15%[①]。公元69年韦斯帕芗即位时，影响较大的共和显贵家族几乎都远离政坛。以科尔涅利乌斯家族为例，整个弗拉维王朝时期，只有4位科尔涅利乌斯·楞图路斯和3位科尔涅利乌斯·西庇阿从政；至于其他共和显贵家族，只有5位瓦列里乌斯·美撒拉和1位法比乌斯·马克西姆斯在这一时期出现[②]。原先占据高位的罗马贵族逐渐被意

---

①　Barbara Levick, *Claudius*, London：Batsford, 1990, p. 95.

②　Mason Hammond, *Composition of the Senate*, A. D. 68－235, *Journal of Roman Studies*, 47 (1957), p. 75.

大利人或者行省贵族取代。因此，无论在公元68年朱理亚·克劳狄王朝灭亡，还是在公元96年弗拉维王朝结束，元首个人统治的原则再也没有受人质疑过。这是因为人们已经意识到，共和国不可能重新建立、帝国不能没有统治者，人们所关心的只是由谁来担任元首的问题。历经元首制三百多年的发展，个人统治的体制已经得到广大民众的认可与支持。

戴克里先顺应时代需求，建立公开的君主制。他完全放弃了奥古斯都之前把自己装扮成合法统治者的做法，毫不掩饰地以专制君主的面目出现。他自称是远在普通公民之上的神，或接近于神的人。戴克里先采用尤维乌斯（Iuvius）的称号，给予共治者马克西米安赫尔古利乌斯（Herculius）的称号。这两个称号的寓意是：戴克里先就像朱庇特一样，用智慧推动宇宙的运行；马克西米安就像所向无敌的英雄一样，铲除世上的恶魔和暴君。其他两位共治者君士坦提乌斯和伽勒里乌斯也分别取得尤维乌斯和赫尔古利乌斯的称号。戴克里先的正式头衔不再是"第一公民"，而是"主人（Dominus）"。在觐见和举行宫廷典礼的时候，戴克里先竭尽世上之奢华，他身穿织金的丝制衣服，脚蹬镶着宝石的鞋子，头戴富丽堂皇的冠冕。戴克里先极少出现在公众场合，让人觉得君主有一种高深莫测的神秘感。那些有幸见到他的高级官员，在拜见他时，必须行跪拜吻袍之礼。除了跪拜仪式，君主以及与君主有关的一切都被冠以"神圣"之名，罩上"神圣"的光环，戴克里先试图以此在君主与普通人之间隔出一道不可逾越的鸿沟。历史上把戴克里先所建立的这种制度，称作君主制（Dominatus）。

为了维护君主权威，这些宫廷仪式显然是必要的。帝国早期的宫廷礼仪就过于简单：元首具有可接近性，元老和人民仅仅以拜见高级官员的礼节来问候元首；元首穿着质朴，作为其权力标志的只是紫袍罢了。因此，元首受到的尊重不够，不足以令人畏惧。以奥勒良（公元270—275年在位）为例，他舍不得穿丝绸衣服，也不愿用黄金装饰自己的宫殿和衣着；在罗马期间，他宁愿住在萨鲁斯特或图密善的花园，也不习惯待在豪华的宫殿中；奥勒良的宫廷保卫措施也远远不够，由于身边的卫兵不多，所以他在前往拜占廷的途中遇刺身亡。就跪拜（adoratio）仪式来说，在罗马共和国后期，它只出现于极其特殊的情况之下。克劳狄（P. Clodius）为了

让元老们否决某项法案，在元老院向所有的元老下跪①；鲁古路斯
(Lucullus) 有一次因反对某一件事与恺撒的意见相左，为了求得恺撒的原
谅和宽恕，他不得不向恺撒下跪②。在帝国早期，由于受共和传统的影响，
仅仅个别元首如卡里古拉和图密善鼓励这一风习。但随着对元首个人崇敬
和谄媚之风的盛行，跪拜在社会上层中比较常见。在戴克里先时期，跪拜
这一宫廷仪式变成强制性的。一定级别的官员甚至君主家族的成员都需要
对君主行跪拜之礼。长期让人听命膜拜的行为，无形中增加了人们对君主
的崇拜、敬畏心理。

古代作家和许多现代史家把戴克里先确立的君主制与波斯的君主专制
联系起来，认为这是以东方的君主专制取代罗马的元首制。这种见解在今
天看来未免过于牵强。我们不能否认罗马君主制受到外部的影响，但如果
罗马帝国本身没有为君主专制提供肥沃的土壤以及适宜的环境，东方的君
主专制就无法在这里开花结果。罗马君主制的确立，证明在东、西方社会
发展之间存在着某些非常明显的共性，即："从古代国家的历史发展趋向来
说，无论是古代东方国家抑或希腊、罗马，都最终归属于专制主义，只不
过在时间上有先后，发展程度上有所差别而已"③。

二、"四帝共治"制

事实证明，在内忧外患的双重压力下，一个人根本无法治理整个罗马
帝国。戴克里先便在罗马帝国推行了一种新的统治模式，即"四帝共治"
制。最先出现的是两人共治。公元 285 年，戴克里先任命马克西米安为恺
撒，次年又提拔后者为西部奥古斯都，自任东部奥古斯都。在接下来的数
年中，戴克里先和马克西米安分别转战于帝国的东部和西部地区。不过，
两人共治并没有解决奥古斯都的继承人问题，而且也无法减轻奥古斯都的
军政负担。公元 293 年，戴克里先任命君士坦提乌斯和伽勒里乌斯为恺撒，
分别充任马克西米安和自己的助手，四人共同治理帝国。他们的大致

---

① Cicero, *Ad Atticus*, 1，14，5.
② 苏埃托尼乌斯：《圣朱理乌斯·恺撒传》，20，4。
③ 施治生、郭方主编：《古代民主与共和制度》，北京：中国社会科学出版社，2002 年版，第 20 页。

图 5.1　四帝共治中的四帝

分工是：戴克里先直接统治色雷斯、亚细亚和埃及；伽勒里乌斯治理除色雷斯之外的整个巴尔干地区；马克西米安治理意大利、西班牙和阿非利加；君士坦提乌斯治理高卢和不列颠。为密切奥古斯都与恺撒的关系，伽勒里乌斯娶了戴克里先的女儿，君士坦提乌斯娶了马克西米安的女儿。为了解决皇位继承的无序状态，戴克里先规定，奥古斯都统治满 20 年后，必须交卸权力，恺撒继任奥古斯都，同时任命新的恺撒，即新的继承人。这就是罗马历史上第一个明文规定的皇位继承制度。

共治君主之间等级严密。奥古斯都对其恺撒有主导性影响。一般来说，除非得到奥古斯都的特殊授权，恺撒不参与国事决策。古代作家的记载表明，伽勒里乌斯采取任何措施都需得到戴克里先的同意。如公元 297—298 年取得波斯战争的胜利后，伽勒里乌斯希望进一步扩大胜利成果，在波斯设立新行省，但遭到戴克里先的反对，结果是罗马与波斯签定了和平协议。两位恺撒虽屡次出征并攻城略地，但根据严格的规定，他们的业绩完全归功于两位父亲。公元 303 年，戴克里先和马克西米安在罗马举行凯旋式时，伽勒里乌斯和君士坦提乌斯都没有参加。这种森严的等级体制，引起伽勒里乌斯的不满，他曾抱怨自己处于次要地位和最后的级别："在过去的 15 年来，我一直在伊利里库姆和多瑙河岸奔波厮杀，长期与蛮族人斗争，而其他人则悠闲地控制更广阔的地区和更安定的区域"[①]。戴克里先和马克西米安虽然级别一致，但其称号尤维乌斯和赫尔古利乌斯明显地表明，他们之间是领导与被领导的关系。两位恺撒的级别也不同，君士坦提乌斯的地位高于伽勒里乌斯。教会史家犹西比乌斯就按照级别次序来称呼各个共治君主。虽然在 30 年之后，拉克坦提乌斯嘲笑"神（戴克里先及其共治者）"的名称尤维乌斯和赫尔古利乌斯已经被人遗忘，但他仍能以此名称来称呼他们。

虽然共治和分权是早已出现的统治形式，但"四帝共治"制绝对是戴克里先的首创。对于这种新颖的统治形式，同时代的人和后来的作家都作过诸多评价。拉克坦提乌斯认为，戴克里先把帝国分成四部分，以此扰乱

---

① Lactantius, *The Manner in which the Persecutors Died*, 18, From http://www.ccel.org/fathers2/ANF-07/TOC.htm.

整个世界的秩序①。半个世纪之后的作家奥里略·维克多（Aurelius Victor）赞赏戴克里先的这一制度，认为共治者之间有明确的管辖区域的划分②。奥里乌斯·维克多以及许多公元4世纪的编纂史家之所以得出以上结论，很大程度上是因为，在他们所处的时代，整个帝国已经分为四大区域——高卢、意大利、伊利里亚和东方。在戴克里先时期，共治君主的统治区域界限并不明确，更没有得到法律的确认。鉴于恺撒的职权低于奥古斯都并受其节制，这一安排并非四分帝国。可以说，"四帝共治"制的区域划分更多的是在帝国东部和西部进行的。此前帝国东、西部的分野早已显现，在卡拉卡拉和兄弟盖塔短暂的共治期间，有人就建议把帝国分为东、西两部分，卡拉卡拉统治西部欧罗巴的所有行省，盖塔统治东部的亚细亚诸行省。戴克里先及其恺撒在帝国东部采取了更有弹性的安排。公元297—298年，戴克里先不但让伽勒里乌斯抗击波斯，而且与伽勒里乌斯在多瑙河一起作战。戴克里先本人数次经过多瑙河行省，从那里发布敕令，在潘诺尼亚举行执政十周年庆典。"四帝共治"制的东、西区域划分也并不绝对。作为这一体制的开创者，戴克里先可以超越各自的负责区域，在帝国的任何部分作出决议，其敕令以四位共治者的名义通行于整个帝国。例如，阿非利加行省处于马克西米安的统辖范围内，但在公元296年的亚历山大里亚，戴克里先答复了阿非利加总督的请求，发布关于取缔摩尼教的敕令③。再如公元288年戴克里先在列提亚帮助马克西米安镇压查波尼斯人（Chaibones）、伊鲁隶人（Eruli）的叛乱。奥里乌斯·维克多记录了共治者之间微妙的平衡关系："他们来自伊利里亚，虽然文化素养不高，但他们对国家作出了杰出的贡献，在奥勒良和普洛布斯时期获得的军事技能，使他们经得起乡村和战争生活的艰苦锻炼。这些锻炼弥补了他们缺少贵族气质的不足。他们和谐相处，都把戴克里先作为一位父亲或将成为伟大神灵的父亲"④。

---

① Lactantius, *The Manner in which the Persecutors Died*, 7.

② Aurelius Victor, *Epitome de Caesaribus*, 39, 30.

③ 引自 Lewis, Naphtali & Reinhold, Meyer, *Roman Civilizations*, *Selected Readings*, Vol. 2, New York: Columbia University Press, 1955, pp. 580～581。

④ Aurelius Victor, *Epitome de Caesaribus*, 39, 29.

顺应了分权共治的历史发展趋势，"四帝共治"制在维护君主的统治和保障帝国的安全方面起了非常重要的作用。由于"四帝共治"制的实行，帝国境内地方行省的分离势力销声匿迹，同时边境也得到巩固。两个世纪之后的异教作家左西姆斯（Zosimus）认为，戴克里先的决策是英明的，"由于戴克里先的远见卓识，每个地方的蛮族都遭到强大军队的狙击"①。但在戴克里先和马克西米安于公元305年双双退位以后，"四帝共治"制又面临很大的麻烦，帝国再次陷入长期的内战之中。究其原因，首先，"四帝共治"制幻想共治君主之间存在尽善尽美的和谐，本身很难经得住时间和实践的考验。戴克里先虽以四人的名义发布敕令，但在发布敕令之前，戴克里先并没有与其他共治者达成一致的决议。如当戴克里先和伽勒里乌斯决定迫害基督徒时，他们没有咨询马克西米安和君士坦提乌斯的意见，而仅仅以书信的形式告之，并让其采取一致行动。因此，公元303年，戴克里先在尼科米底亚发布第一道迫害基督徒的敕令时，各个君主对敕令的贯彻程度是不同的，马克西米安和伽勒里乌斯实施迫害基督徒的政策，但君士坦提乌斯对基督徒的迫害是象征性的②。另外，戴克里先和伽勒里乌斯任命新恺撒时，并没有与西部的马克西米安和君士坦提乌斯协商。总之，"四帝共治"制缺少协调机制。由于没有定期的磋商机制，共治君主很少聚集在一起，他们之间的交流仅以书信的方式进行。在政令的贯彻执行中，帝国政府也不具备对共治者进行有效监督的手段。"四帝共治"制对大权在握的君主不可能有什么约束力。其次，"四帝共治"制没有成功地解决皇位的传承问题。按照规定，奥古斯都统治满20年后，必须退位，由恺撒继任奥古斯都，同时任命新恺撒。公元305年，戴克里先和马克西米安双双退位，君士坦提乌斯和伽勒里乌斯如愿继承奥古斯都的职位，后者任命塞维鲁（Severus）和达亚·马克西米努斯（Daia Maximinus）为恺撒。但这一权力交接是不成功的，因为马克西米安本身就不愿退位；在恺撒人选上，"四帝

---

① 左西姆斯：《新历史》，2，40。
② 犹西比乌斯认为，君士坦提乌斯没有参与迫害，没有推倒教堂，也没有采取任何对基督徒不利的新措施，相反他还保护了基督徒，这有美化君士坦提乌斯的嫌疑，见 Eusebius, *The Ecclesiastical History*, 8；相比之下，拉克坦提乌斯的看法更客观：君士坦提乌斯为了维护共治者表面的和谐，推倒了教堂，但没有对基督徒进行人身迫害，见 Lactantius, *The Manner in which the Persecutors Died*, 15。

共治"制完全排斥了血亲世袭继承原则，马克西米安的儿子马克森提乌斯和君士坦提乌斯的儿子君士坦丁都被排斥在继承圈之外。所以，这种体制存在着很大的内部隐患。

三、行省改革

在奥古斯都时期，行省处于被统治的地位。对行省最有效的治理方法是将其分成元老院行省和元首行省。经过三个世纪的发展，行省的地位有了明显的提高，上述行省管理模式就显得相当落伍了。为加强对行省的管理，戴克里先在稳定了帝国局势之后于公元297—305年间又对行省进行了全面的改革。改革主要包括：

第一，统一行省管理。在元首制时期，罗马和意大利仍保持对行省的统治地位。帝国的管理并不统一，依照不同的治理方式，罗马帝国分为四个部分：由元老院、市政官员管辖的罗马城区和意大利半岛；由元老院管辖的元老院行省；由元首管辖的元首行省；作为元首私产、由元首派人代理的埃及。随着行省经济的发展以及元首对行省的重视，行省的地位逐渐上升。至3世纪，罗马、意大利和行省之间统治与被统治的藩篱逐渐消失。

戴克里先取消了元首省和元老院省的划分，统一了帝国的行政管理。他把旧的行省分割成更小的管理单位，整个帝国被划分为101个行省。意大利丧失了特权地位，除了罗马城区周围100英里的地方（仍由元老级别的城市长官控制），整个意大利半岛分为16个行省。埃及也分为3个行省。行省总督一般为骑士级别的镇守使（*praeses*）。

第二，设立行政区（*dioceses*）。每个行政区由数个行省组合而成，整个帝国划分为12个行政区：不列颠、高卢、维也纳（南部高卢）、西班牙、意大利、阿非利加、潘诺尼亚、美西亚、色雷斯、亚细亚、本都和东方区（包括埃及、叙利亚、美索不达米亚和阿拉伯）。行政区由骑士级别的近卫军长官代理（*vicarius*）管辖。行政区的设立，是为了进一步加强对行省总督的监管，便利帝国政府对行省总督的控制。行政区以及近卫军长官代理的出现表明，帝国管理机构日趋完善。

第三，推行军政分权的原则。为了解决军队干政的问题，戴克里先剥夺了总督的军权，把军队从文职指挥管理体系分离开来。在行省尤其是边界行省，军权和行政权区分明显，骑士级军官 *duces*（军事长官）掌握军权，由文职人员担任的总督负责政治、经济和司法事务。*duces* 不同于帝国早期负责军事行动的统帅，是有固定管辖区域、范围不一的地区军事首脑。重要边境地区的 *duces* 可能掌握几个行省的军事指挥权，但他只有军权。当时的颂词家曾对 *duces*（军事长官）和 *iudices*（文职长官）做过区分。[①]这是一项重大革新，因为自共和时代以来，公职人员的权力都是综合性的。*imperium* 是对行政权力最完整、最充分的表述，它包含了军事、行政和司法权力。为了提高军事效率，从哈德良时期以来，军政职务日益分开。在伽里恩努斯时期至戴克里先执政之前，军政分权的原则已经运用到元老管理的行省。元老总督明显地不再行使军权，但骑士总督仍然综合了军政权力。到戴克里先时期，骑士级行省总督也实行军政分权。当然，在局势不完全稳定的情况下，军政分权的原则并不能得到彻底贯彻，一些不安定行省的总督仍统率军队。这种分权也只是君主统辖下的分工而已。

戴克里先的行省改革是对帝国权力运作系统的重新调整。行省改革之后，帝国政府与地方行省的权力结构发生了变化。这主要表现在：

第一，帝国加强对行省的经济控制。戴克里先废除了不均衡分配的税制，取消了以前自由城市和意大利城镇享有的赋税豁免权，统一了全国的税收。行省总督为近卫军长官、财库大臣（*magister privatae*）和国库财政总管（*magister largitiones*）收集税款，使得来自行省的赋税大大增加。因此，基督教作家指控戴克里先和马克西米安嗜好敛财，"为了供养军队，戴克里先进行无孔不入的搜刮……极端贪婪的他绝不允许动用他的财库"，"马克西米安的财库中都是非法得来的钱财"。[②] 为了改善金融的流通，戴克里先进行币制改革，取消行省发行的钱币，控制货币的铸造与发行；同时，戴克里先以行政手段干涉商品和劳务的价格。由于物价高涨，公元 301 年，

① C. E. V. Nixon and Barbara Saylor Rodgers, edited, *In Praise of Later Roman Emperors: The Panegyrici Latini, with introduction translation, and historical commentary*, 10. 2, University of California Press, 1994.

② Lactantius, *The Manner in which the Persecutors Died*, 7；8.

他发布物价敕令，以保持物价稳定；戴克里先还以行政手段加强对工商业的控制，工匠们被编入各个行业组织，按政府的规定进行工作而不得擅自离开本行业，从而使其失去了选择其他职业的自由。而在帝国早期，只有一部分矿山和采石场处于国家管制之下，大部分加工制造业掌握在私人手中。总之，帝国利用国家权力，加强了对行省经济的控制和干预。

第二，帝国加强对行省的政治控制。在帝国早期，行省总督手下并没有整套的官僚机构，不同程度的地方自治相当广泛地存在。通过行省改革，戴克里先扩大了中央政府的权力和职能，建立从中央到行省多层次的行政机构和管理部门。行省总督负责辖区内的所有行政事务，维持驿道的运转和公共工程的修建，保证城市政府的正常运作，贯彻中央指令。据拉克坦提乌斯记载，他使一切都充满恐惧，行省也被分割成小块，每一地区、每一城市都驻扎了大批的官员和税吏。依靠赋税生活的人超过纳税人。[①] 拉克坦提乌斯的描述反映了一定的现实，行政集权的必然结果便是官僚机构的膨胀，以及政府行政开支的扩大。具体来说，"行省总督人数增加了一倍，新行政区的官员总数是 40 至 50 人，军事指挥官的人数是不确定的，但至戴克里先统治末期可能达到 20 人"[②]，每个官员还拥有一定数量的办事员和勤务员。行政集权还导致政府职能的扩张，官员不受公众监督，容易变得独断独行。公元 331 年君士坦丁的一道敕令表明，中央政府不能有效控制官员的滥用职权行为，包括行省总督在内的各级别官员普遍存在腐败行为。[③]

第三，帝国加强对行省的司法管辖。帝国早期的司法管理并不统一，行省的司法权由元首和元老院共同掌握。总督依据行政长官职权，在巡回审判中主持公正。行省总督的主要工作之一是颁布法规，主管日常司法事务，受理叛国罪及其他重大犯罪案件，受理牵涉到罗马人的诉讼和行省居民的争讼。行省自治市有一定程度的司法自由，意大利自治市的司法事务

---

① Lactantius, *The Manner in which the Persecutors Died*, 7.

② A. H. M. Jones, *The Later Roman Empire*, 284-602, *A Social*, *Economic*, *and Administrative Survey*, Vol. 1, Oxford：Basil Blackwell, 1964, p.51.

③ 《狄奥多西法典》, 1, 16, 7。*The Theodosian Code*, ed. by J. Harries and I. Wood, Ithaca, N.Y.：Cornell University Press, 1993.

也由元老院和罗马市政官管理。公元 2 世纪以来，意大利自治市出现了一系列管理混乱的现象，政府为此加强了对自治市司法事务的监督和引导。公元 212 年，卡拉卡拉将罗马公民权授予全体自由民，意大利的司法特权消失，这也标志着地方市政官司法权力的弱化。在戴克里先时期，由于行省的分化和行政权与军事权的分离，总督有更多的机会监管司法事务。除了那些军事、财政领域的特殊案件，行省总督对案件都有初审的权力。公元 294 年的一道敕令规定，"原则上要求总督亲自审理所有的司法案件，如果总督忙于其他事务，也仅能委托小型案件，即使委托也要由总督作出裁定，司法代理人仅仅是具体执行裁决"①，这表明戴克里先和马克西米安通过总督对其行省辖区实施了更加严密的司法控制。

第四，帝国加强对行省的军事控制。奥古斯都的军事体制强调和保证了意大利对行省的控制，军官和士兵大多来自意大利或西部行省的拉丁化地区。自公元 1 世纪后期以来，由于意大利人日益不愿从军，罗马化的行省承担了更多的军役。军队的行省化对帝国政局产生了重大影响。总督的重要职责是保卫本省的安全，抵御外敌和镇压内乱，总督任期的延长又为其培植和扩大势力、实现个人野心提供了良机。如在公元 69 年的内战中，三个篡位者都是行省总督出身。在 3 世纪危机期间，军队、行省、将领和总督的力量得到前所未有的展现，以至于军队在行省搞分裂割据，操纵元首废立，这在某种程度上为新统治者提出了新的问题。不过，戴克里先在行省推行的军政分权的管理模式，的确起到了强化中央集权，限制地方分裂的作用。如果一个军事指挥官企图叛乱，他必须在行动之前与其他行政官员结成联盟，否则，很难成功。军政分权使军队反叛的概率大为减少，"对政府的公然挑战很少，即使发生骚乱，如果政府有决心，也能轻易将其镇压。军事统帅很少反叛，即使反叛，他们成功的机会也很少"②。

在维持边境防御和阻止帝国内部出现离心倾向方面，戴克里先的行省

---

① 引自 Millar Fergus, *The Emperor in the Roman World* 31 *BC* － *AD* 337, Ithaca, N. Y.：Cornell University Press, 1992, p. 318.

② A. H. M. Jones, *The Later Roman Empire*，284-602, A Social, Economic, and Administrative Survey, *Vol.* 1, *Oxford*：Basil Blackwell, 1964, p. 406.

图 5.2 凯旋门浮雕

改革是相当成功的，中央对行省的集权统治取得很大成效。这体现在戴克里先执政以来长达 20 年的稳固统治上。但公元 4 世纪下半叶以后，帝国对行省的管理体制逐渐僵化，僵化的体制直接扼杀了地方行省发展的主动性和积极性。

四、官僚体制的完善

随着君主制的建立，相对复杂和更加集权的官僚机构出现了。这一时期的官僚机构直接铲除了共和残余，所有与共和制有联系的官职都成了荣誉称号。全部权力都集中到了君主和以君主为首的官僚机构之中。官僚机构成明显的金字塔状，自上而下依次是君主、近卫军长官、近卫军长官代理和行省总督。

君主身边有庞大的官僚队伍。地位仅次于君主的近卫军长官，拥有军权、司法权、财政权和总理一切行政事务的管理大权。每个奥古斯都和恺撒之下都设有近卫军长官，埃斯克勒比杜图斯（Asclepiodotus）就是君士坦提乌斯的近卫军长官。他曾于公元 296 年协助君士坦提乌斯收复不列颠。① 辅佐君主处理事务的宫廷文秘处，设有档案官（*magister memoriae*）、书信官（*magister epistularum*）和诉讼官（*magister libellorum*）。虽然他们之间没有明晰的权限划分，但其侧重点还是非常明显的：档案官侧重起草批复，书信官侧重处理法官咨询，诉讼官侧重准备司法审判。宫廷文秘处是在帝国早期档案吏（*a memoria*）、书信吏（*ab epistulis*）和诉文吏（*a libellis*）的基础上出现的。管理宫廷财政的是国库财政总管和财库大臣两位官员，国库财政总管通过财政代理（*rationles vicarii*）和行省总督，征收货币税、关税、自由捐献和王冠金，他们还管理铸币厂和矿山、君主的衣柜以及频繁出现的现金赏赐；财库大臣则通过地区长官（*magister*）及其下属财政代理，征集土地税和归君主所有的庞杂地产税。来自这一部门的收入不被看作君主个人的，而用于普通的公共支出。

与帝国早期的情况类似，这一时期的御前会议（*consilium principis*）仍属非正式团体。据拉克坦提乌斯记载，戴克里先为了减轻人民对自己的指责，曾召开御前会议，就迫害基督徒的问题征求一些行政官员和军事统帅的意见。② 由于御前会议在很大程度上与行政部门分离，最终的决策权完全掌握在君主手里。至君士坦丁时期，内阁（*Consistum*）取代了御前会议。这对帝国统治体制的发展具有重要意义，"元首制和君主制的一个基本不同是，御前会议转变为内阁，前者是实施君权的非正式机构，后者成为君主专制统治的代言人"③。君士坦丁时期的文献提到，内阁下设有密探职能的秘密稽查使（*agentes in rebus*）。担任秘密稽查使的是中央特派人员，他们负责调查行省情况，严密监视人民的动向。作为专制皇权的显著标志，太监在戴克里先时期大量出现。在帝国早期，太监的使用并不普遍，他们在宫廷中的地位也不稳固。但到了戴克里先时期，情况发生了变化，太监

① Aurelius Victor，*Epitome de Caesaribus*，39，42；Eutropius，*Historiae Romanae Brevarium*，9，22.

② Lactantius，*The Manner in which the Persecutors Died*，11.

③ J. A. Crook，*Consilium Principis*，*Imperial Councils and Counsellors from Augustus to Diocletian*，Cambridge：Cambridge University Press，1955，p. 103.

变得位高权重，作为宫廷和君主身边炙手可热的人物，他们对君主影响极大。当然，宫廷中的官员还包括军官、宫廷警卫人员等。地方官员主要包括近卫军长官代理、行省总督等。

从历史层面上看，晚期帝国庞大的官僚队伍是从早期帝国人数相对稀少的元首随行人员发展而来的。元首只是一个具有社会影响的公民，这种影响体现在他随从的数量和特质上。在朱理亚·克劳狄王朝时期，帝国的宫廷机构初步设立，国家的管理与元首私人的家业管理之间无明晰界限，被释奴隶被元首委以重任。据塔西佗记载，"提比略在意大利的地产很少，他家中也只有人数不多的被释奴隶"[①]。此外，元首提拔拥有固定财产并具备一定资质的骑士，担任近卫军长官、埃及长官、粮务官等。骑士还成为元首的财务代理人，代表元首行使对行省财政的管理。至弗拉维王朝，帝国宫廷机构中被释奴隶的数目有所减少，但整个变化并不明显。至安敦尼王朝，越来越多的宫廷职务由骑士担任。作为对这一现实的反映，普林尼在献给图拉真的《颂词》中说，"许多元首虽然是公民的主人，但却是他们的被释奴隶的奴隶；他们的统治受到被释奴的左右……你严格管束被释奴，因为你知道一个平庸元首的主要表现是被释奴隶的显赫"[②]。至哈德良时期，骑士几乎取代了所有的被释奴隶，担任宫廷职务。宫廷职务完全由骑士担任，这标志着元首宫廷的机构变成了帝国的中央机构。为了推动骑士等级的正规化建设和加强对骑士等级的管理，哈德良将骑士等级划分为三个阶层，分别担任不同级别的官职、领取不同的年薪。在 3 世纪危机时期，骑士取代元老，担任军事统帅和行省总督。至戴克里先时期，元老等级丧失了军政职务，仅仅少数的行政职务，如阿非利加、亚细亚行省总督和罗马城市长官可由元老担任。骑士成为政府官员的主体组成部分。

官员有严格的等级秩序。自公元 2 世纪以来，公民内部逐渐出现分化，社会上层（*honestiores*）和下层（*humiliores*）在身份与地位上存在明显差别。君主制确立后，随着君主与人民之间关系的改变，人民对待君主及其官员更多的是奴颜婢膝和阿谀奉承。因此，在等级制度中级别与称号更受

---

① 塔西佗：《编年史》，4，6。
② Pliny, *Panegyricus*, 88.1~2。

重视。在戴克里先时期，官员可分为元老级别和骑士级别。元老官员的荣誉称号为"世家出身者（*viri classimi*）"。骑士官员的高级称号为"最优秀者（*viri perfectissimi*）"，如近卫军长官、行省总督。骑士官员的低级称号是"杰出者（*viri egregii*）"。至公元 3 世纪末期，"杰出者"已经成为没有实职的荣誉称号，但它享有公职豁免权。如公元 299 年在埃及财务秘书的法庭中，一名法官为奥里乌斯·普路塔克乌斯申诉道："由于拥有'杰出者'的称号，他（奥里乌斯·普路塔克乌斯）享有城市派差的豁免权。以前他向我们神圣的主人奥古斯都和恺撒请求这一荣誉称号，而且得到批准"[①]。

等级差别的另一个典型表现是着装的不同。公元 3 世纪以来，随着行政职务的军事化，社会各等级最明显的区别体现于市民和军士（*milites*）之间。不担任任何官职者为市民，他们要穿着平民的装束；任职者为军士，其中元老和骑士都穿着一件宽外袍（托迦），他们的服饰有单独的条纹，以便与那种一般的斗篷和其他的战时装束相区别。军队的制服更能直观地表现等级之间和等级内部不同阶层之间的差别。正规士兵配有红色皮革制成的腰带（*cingulum*）、带有紫色镶边的白色斗篷（*chlamys*）、白色的裤子和绣有彩色勋章的外衣。军官在晋升时，可以获得贵重衣物的赏赐。当然，等级标识还有很多细节，诸如服装的不同颜色、重量和装饰物等都代表不同等级。

官员享有一定的特权。首先，官员享有财政特权。官员在任职期间，领有正规的薪俸，免于特定的税收、各种名目的费用、人力差务（*munera personalia et sordida*）和许多繁重的公职，他们在卸任之后还可享受一定的待遇。自公元 3 世纪末期，随着差务成为国家义务，具有更大价值的差务豁免权被看作军政官员薪俸的重要组成部分。据公元 3 世纪末—4 世纪初的法学家赫尔莫杰尼阿努斯（Hermogenianus）记载，"那些忠实地管理君主财产的官员，即使没有君主的任命书，在任职期间也免于市政负担。同

---

① 转引自 Millar Fergus, *The Emperor in the Roman World 31 BC—AD 337*, Ithaca, N. Y.：Cornell University Press，1992，p. 289。

样的原则适用于那些担任粮务官或消防队长官的人员"①。其次，官员享有司法特权。早在公元 2 世纪，作为社会上层的元老、骑士和市议员等级就享有一定的司法特权。就刑事处罚来说，社会上层适用更宽大的惩罚，很少适用死刑。对他们通常的处罚方式是流放，而不是发配至矿山做苦工。在民事案例中，对社会上层的量刑要依照当事人的等级、地位而定。

官僚体制的完善，使官员的任命和晋升、司法管理、财政管理都有章可循。元首政治的运作依赖于元首的素养，元首的自身行为。与元首制时期相比，君主对帝国的管理更有章法了。在社会经济相对落后的时代，罗马帝国的管理集权能达到这种程度，实在令人难以置信。琼斯认为，"虽然税收的征集是缓慢和不完备的，不时地要取消欠债，但大量的财政收入保证了兵员的征募、军队的补给和武器装备的供应。总体来说，政府的指令得到贯彻，法庭的判决得到执行。"② 狄奥多尔·蒙森总结说，元首政治完全建立在元首个人统治的基础上；而君主制时期，官僚机构系统地分担了以前由元首处理的国家事务，使之能在没有君主参与的情况下得到妥善处理。③ 这是官僚机构完善的结果，更是社会进步的体现。

官僚体制的发展导致官员人数增多和机构膨胀。据估算，在卡拉卡拉时期大约有 300 名民政官员，而在后期帝国的民政部门中，大约有 3 万或 3.5 万名官员。④ 官员腐败的现象普遍存在。据公元 288 年的埃及纸草记载，海普坦诺米亚（Heptanomia）和阿西诺伊（Arsinoite）联合行政大区的人民抱怨官员的营私舞弊行为，"许多试图依靠国库地产来养肥自己的人，都挖空心思为自己创立了一些官职头衔，如行政官员、秘书、督导，他们丝毫不为国库的利益着想，而是一心只想侵占国库的收入"⑤。尽管晚期罗马帝国在行政效率和法律的施行、城市经济的恢复、贵族生活质量上

---

① 查士丁尼：《学说汇编》，27，1，41，1。

② A. H. M. Jones, *The Later Roman Empire*, 284-602, A Social, Economic, and Administrative Survey, *Vol.1, Oxford: Basil Blackwell*, 1964, p. 406.

③ Theodor Mommsen, *A History of Rome under the Emperors*, English translation by Clare Krojzl, London and New York, 1996, p. 400.

④ Ramsay MacMullen, *Corruption and the Decline of Rome*, Yale University Press, 1988, p. 144.

⑤ *Select Papyri*, No. 226，译文参见《世界古代及中古史资料选集》，北京：北京师范大学出版社，1999 年版，第 288～289 页。

有所提高，但官僚体制的运作要求每时每刻都要有足够的人力、物力储备，而在经济上任何大量非生产性人员的费用都是对其他人的沉重负担。在某种意义上说，过分集权不但不能提高反而降低了政府的行政效力。在司法领域，君主法庭超负荷运转；在行政管理领域，集权控制使政府机制的运作更缓慢，人员更庞杂。爱德华·吉本对此评价说，"戴克里先把帝国、行省、一切行政和军事的分支机构全都分割成小块儿。他在政府这架大机器下面增添更多的轮子（官僚），以使它运行的速度减慢，却更为保险"[①]。

对于戴克里先的改革，赞成的有，反对的也有；评价高的有，持否定态度的也有。拉克坦提乌斯就是持否定态度的人，他把戴克里先看作是"发明各种阴险狡计、坏事做尽的人"。他认为：

> 这个人既狡猾又怯懦，扰乱了整个世界。他让三个人分掌他的统治权，把世界分成四份，因之使军队倍增，因为每个统治者都拼命扩大自己手下的兵力，使之比以前一个皇帝时的兵力还多。接受国家发薪的人比交纳赋税的人还多。巨大排场的结果使小农资源枯竭，农田弃置，农耕地变成一片荒芜。
>
> 他使一切都充满恐惧，行省也被分割成小块。出现许多总督府，更小的官府则更多，它们驻在每一地区和几乎每一自治市，也增加了许多新的税收督察使，行政官员和副大区长等。送到他们手中的案件很少是民事，更多的是判刑和没收财产。他不仅时常征用，甚至不断地征用无数的财物，在强求一切的过程中做了无数的坏事。
>
> 为支持军队，他进行了无孔不入的搜刮。然而戴克里先又以极端的贪婪和狡狯死保住他的财库绝不允许动用。他经常从特别资源吸取资金以保他的财库不受丝毫损减。同样，当他以各种罪恶行径把物价弄得飞涨时，他又试图制订法令限制物价。这一切造成了不少流血事件，人们非常惧怕。市场上什么也看不见，物价更高了。最后，在许

---

① 爱德华·吉本：《罗马帝国衰亡史》，黄宜思、黄雨石译，北京：商务印书馆，1997年版，第215页。

多人丧失生命后，不得不废除这一限价法令。①

拉克坦提乌斯还认为，戴克里先有无尽无休的建筑癖好。

他从各行省抽调不少资源来维持劳力、工匠、运输车辆以及一切为进行公共工程而需用的人力、物资和金钱。这里修个大会堂，那里修个跑马场，这里修个造币场，那里又建一个武器工厂，这里为他妻子建一座住宅，那里又为儿女建一座。忽然间又把尼科米底亚城的一大部分拆毁，携带妻子儿女搬到另一地方，好像从一个被敌人占领的城市逃出来一样。当不惜使行省破产而完成这些建筑时，他又说："这些建得不好，拆了重建！"于是人们不得不把刚建成的拆毁重新再修。说不定修完后还得再拆。通过这样反复返工，他企图使尼科米底亚城与罗马城并驾齐驱。②

在拉克坦提乌斯眼里，戴克里先就是强取豪夺的恶魔与罪人。

拉克坦提乌斯的观点虽然不一定全面，但还是值得学者认真考虑的。

五、君主制与元首制的差异

公元 3 世纪末期，罗马帝国完成了从元首制向君主制的转型。任何统治体制都是一定历史和环境条件下的产物。虽然元首制和君主制都是建立在军队之上的个人统治，但由于时代背景的不同，它们的统治形式有很大差异。

（一）元首和君主

在元首制和君主制时期，罗马帝国的最高统治者分别称元首和君主，他们权力的来源、权力的行使有很大不同。

在权力来源上，元首的权力来自人民。由于在法理上罗马仍为共和国，

---

① 《世界古代及自古史资料选集》，北京，北京师范大学出版社，1991 年版，第 280～281 页。译文略有改动。

② Lactantius, *The Manner in which the Persecutors Died*, 7.

一切地位与权力都创自元老院或公民大会，元首的权力具有浓厚的共和色彩。通过担任保民官（*tribunicia potesta*）、大元帅（*imperium maius*）和大祭司长（*pontifex maximus*）职务，元首获得最高行政权、军权、行省统治权和宗教权。直到公元 3 世纪末期，这些职务一直是元首权力的基础。虽然后来元首逐步集权，但也强调其权力来自人民的授予，如公元 3 世纪初期法学家乌尔比安的论述：元首的决议具有法律效力，因为人民把最高统治权和支配权转移给他。[①]

在元首制时期，个人崇拜成为元首用以加强和提升其地位的重要手段。元首崇拜表现为：经过元老院的神化，元首在死后成为神；元首在统治期间也能获得特殊的荣耀，尤其在自治市和行省，元首得到类似神灵一样的崇拜。罗斯托夫采夫指出：奥古斯都王朝所有的元首，都迫切地感到需要巩固他们的权力，需要在单纯的法律基础以外替他们的权力找寻更多的基础，一再努力推行对元首的宗教崇拜并使之成为一种国家制度。[②] 在东方行省，人们对统治者的崇拜由来已久，对统治者的崇拜自然地转化为对元首的崇拜，但是在罗马和意大利，元首禁止人们把他奉为神明，不论元首有多么崇高的威望，神圣的荣誉也只是在死后由元老院授予。

君主的权力来自神。由于缺乏明确有效的继承制度，3 世纪以来在军队的操纵下，帝国政局动荡不安。统治者需要寻求某种形式的意识形态，作为自己政权的合法性来源。作为君主制的开创者，戴克里先强调他与神的关系，强调君主统治的神圣性，以表明其合法性和不可亵渎性。戴克里先和共治者马克西米安自称朱庇特和赫尔古利乌斯之子，"像朱庇特是天上的统治者、赫尔古利乌斯是地上的平定者一样，在帝国的伟大事业中戴克里先做出决定，而马克西米安具体执行这样的决定"[③]。皇权神化可以被看作帝国统治体制的重要变革，标志着君主专制达到了一个新的高度。仪式是习俗社会中的法律，是公开宣布一种关系的缔结。为了表现其权力的超

---

①　查士丁尼：《学说汇编》，I，4，1。

②　罗斯托夫采夫：《罗马帝国社会经济史》，第 121 页。

③　C. E. V. Nixon and Barbara Saylor Rodgers, edited, *In Praise of Later Roman Emperors*: *The Panegyrici Latini*, *with introduction translation*, *and historical commentary*, 10，11，6。

自然性与神圣性，戴克里先制定了一系列宫廷礼仪，要求所有接近他的臣民在觐见时行跪拜吻袍之礼，而不是传统的致意（salutation）。戴克里先远离臣民，偶尔在公众场合出现时，他头戴王冠，穿着镶有珍珠宝石装饰的紫袍。以严格的宫廷仪式为特征的觐见意味着，君主是世界的统治者，忤逆君主不仅被认为是犯罪，而且是亵渎神灵的行为。

在权力的行使上，元首的权力是有限的和隐蔽的，其权力的行使离不开传统共和机构；君主的权力是绝对的和赤裸的，其权力的行使离不开官僚机构。

第一，立法权。首先，行使立法权的主体不同。在元首制时期，公民大会的立法权转移至元老院，元老院决议具有了法律效力。元首只是以最高行政长官的名义发布谕令，他一般通过控制元老院决议的方式来间接立法。作为一种立法来源，元老院决议一直存在到公元 3 世纪初期。在君主制时期，帝国在立法来源上的多样性消失了，君主是法律的唯一来源。其次，立法的适用范围不同。元首谕令并非一般意义上的法律，而是针对具体案例颁发的，并不具有普遍意义。在戴克里先时期，君主立法适用的范围扩大，其敕令反映了帝国的总体利益，而不再针对特定的事件与具体的案例，从而具备了真正的立法特征。自弗拉维王朝至戴克里先掌权的整个两百年间，实际上普遍性的敕令相对稀少，它们也并非行省居民最关心的，但在戴克里先时期，铭文中突然出现许多冗长而详细的君主敕令，记载同一敕令的铭文也出现在不同的地方。如：公元 297 年，埃及长官传达了戴克里先有关税收改革的敕令，要求市政官员把两道敕令的副本送到每个村庄或居民点；公元 301 年著名的物价敕令出现在帝国的许多地方，尤其是东部地区。可见，这一时期君主的敕令在帝国范围内有广泛的影响。

第二，司法权。首先，行使司法权的主体不同。在元首制时期，无论民事诉讼还是刑事案件，元首与共和机构都有权审理。在君主制时期，君主及其官僚机构独立地行使司法权。戴克里先日常工作的大宗事务是处理司法问题。对戴克里先来说，虽然行省总督和近卫军长官处理了大量的司法事务，而且在司法审判中他也得到宫廷秘书的帮助，但司法工作仍是一项繁重的任务。公元 303 年第一道迫害基督徒的敕令发布之后，尼科米底亚的宫殿发生大火，戴克里先不时地亲自主持对可疑"纵火犯"的审判。其他共治君主也受理人民的请求，据记载，君士坦提乌斯在其统治区域内多次主持司法审判[①]。君主受理的上诉案件很多，以至于必须限制其数量，公元294年戴克里先规定，"请求的权力不能不加区分和没有保留地授予任何人"[②]。其次，司法的适用范围不同。在元首制时期，元首以最高行政官员的身份行使司法权，其司法审判的范围有限。在君主制时期，君主司法审判的范围扩大到整个帝国。以罗马城的司法管理为例，在元首制时期，元老级别的城市长官在罗马城区以及周围100个里程碑的范围内行使司法权，在戴克里先时期城市长官的司法权仅限于罗马城区；罗马的行政长官继续行使司法权，但仅仅局限于有关监护的案例等。

第三，行政权。行使行政权的主体不同。在元首制时期，除了元首及其官僚机构，共和传统官职仍然存在，并继续发挥行政功能。在戴克里先时期，君主是权力的唯一来源。共和官职不再有任何直接的政治意义，虽然执政官以下的财务官和行政长官等共和官职依旧存在，但他们的主要任务是举办赛会。君主独揽任命权，亲自任命几乎所有的军政要职（执政官也由君主任命），他对属下和臣民有生杀予夺大权。对此琼斯评价说，虽然古代的通信落后，但帝国行政集权达到难以置信的程度，因为包括行省总督在内的所有高级行政官员和包括军团保民官在内的所有军官，他们的任命书都由君主亲自签署。[③]

第四，财政权。行使财政权的主体不同。在元首制时期，元首和元老院共同管理财政。在君主制时期，君主独揽了财政大权，这为其专制统治奠定了物质基础。戴克里先统一了全国的税收，把公元3世纪临时征收捐税的劫掠性做法合法化、制度化和永久化。由于掌握了大量的物资，帝国因而有能力兴修大量的工程，如303年戴克里先在罗马建造了规模庞大的

---

① C. E. V. Nixon and Barbara Saylor Rodgers, edited, *In Praise of Later Roman Emperors: The Panegyrici Latini, with introduction translation, and historical commentary*, 7, 5, 1.

② 《查士丁尼法典》，7，62，6，4。引自 Ramsay Macmullen, *Roman Government's Response to Crisis AD 235-337*, New Haven and London: Yale University Press, 1976, p. 76。

③ A. H. M. Jones, *The Later Roman Empire*, 284-602, A Social, Economic and Administrative Survey, *Vol. 1, Oxford*: Basil Blackwell, 1964, *p.* 403.

浴场。戴克里先也在帝国其他地方大兴土木，他"从各行省抽调不少资源来维持劳力、工匠、运输车辆以及一切为进行公共工程而需用的人力、物资和金钱。这里修个大会堂，那里修个跑马场，这里修个造币场，那里又建一个武器工厂，这里为他妻子建一座住宅，那里又为儿女建一座"①。为了保证对军队和官僚机构的物资供应，戴克里先也修建了许多国家工厂。

为了改善金融的流通，戴克里先进行币制改革，取消行省发行的钱币，从而控制货币的铸造与发行，提高了君主对帝国经济的干预能力。戴克里先利用国家权力干预经济，如公元301年他发布物价敕令，企图以行政手段干涉商品和劳务的价格。公元3世纪90年代恢复对不列颠的统治后，君士坦提乌斯把不列颠的许多工匠迁往高卢，以修建毁于战火的城市奥顿。这些事例很好地阐释了君主对经济的控制。

（二）元老院

在元首制时期，元老院是不可或缺的统治机构，在行政、财政、司法、立法等方面发挥重要的作用；至君主制时期，元老院已不再是一个政治实体和管理机构。

在元首制时期，元老院参与帝国的行政管理。随着公民大会职能的丧失，元老院接管了公民大会对市政官员的选举权，执政官、财务官、保民官、行政长官、高级祭司、元老院行省的总督等不同级别的官员都要经过元老院选举产生。作为民意的代表，元老院的承认是任何元首具有合法权力的前提和基础。元老院有权授予元首及其家族成员权力和头衔；如果元首行为不端，元老院有权宣布其为公敌，而且废除他所制定的规章制度。

在元首制时期，元老院参与财政管理。财政管理一直是元老院的传统职能。在形式上，元老院掌管国库。国库是国家的重要财政机构，其收入来源有：元老院行省的收入、意大利国有土地的收入、释奴税、关税、引水桥税等。除了管理国库，在名义上元老院还处理一般的财政事务。狄奥·卡西乌斯声称，未经元首或元老院批准，行省总督不能增加税收，甚

① Lactantius, *The Manner in which the Persecutors Died*, 7.

至到他生活的时代，元老院至少在名义上保有同等的权力。[①] 同样，元老院有权减免受灾城市的赋税，并提供救济。这些都显示元老院仍处理大量的财政事务。尽管元老院在财政事务中有某种程度的参与，但它从未控制财政。元首有权动用国库的资金。由于许多国库的收入来源逐渐转归元首财库，元首财库得到迅速发展，而国库日益空虚。奥古斯都支援国库的资金总计1.5亿塞斯退斯，提比略支援国库资金1亿塞斯退斯，尼禄统治初年也支援国库4000万塞斯退斯。[②] 元首财库逐渐取代国库成为罗马国家的财政中枢，这意味着国库重要性的缩减，以及元老院财政管理职能的弱化。在塞维鲁王朝，元老院已彻底丧失管理国库的权力，不再征收直接税，元首财库获得元首行省和元老院行省的收入。从公元3世纪中叶以来，史料不再反映元首私人财产与国家财产的划分，元首财库包括国家所有的收入和财产。

在元首制时期，元老院参与司法管理。元老院是受理大逆案件（*Maiestas*）的一般法庭。借助麦凯纳斯之口，狄奥·卡西乌斯建议，凡是指控和流放元老、处死元老或剥夺元老公民权的案件，元首都要提交元老院审理，当然在这样的案件审理中元老院要遵从元首的意愿，保护元首的利益。[③] 元老院对大逆案件的审理一直持续到公元3世纪。有关管理不善（*Repetundae*）的案件也由元老院受理。据统计，在朱理亚·克劳狄王朝，行省官员因为勒索等不法行为受到元老院审判的共有23次。[④] 至少在公元2世纪早期，行省居民对总督侵吞财物的不法行为仍上诉元老院。至塞维鲁王朝，元老院不再是最高上诉法庭，元老院的司法审判实际上仅限于元首所提交的案件，而且此类案件大多涉及元老等级，更高的司法权几乎完全转移到帝国官员名下。

在元首制时期，元老院参与立法事务。随着公民大会立法职能的消失，元老院决议被认为表达了人民的意志，发展成为立法的主要来源之一。元

① 狄奥·卡西乌斯：《罗马史》，53，15。
② 狄奥·卡西乌斯：《罗马史》，53，16～21；58，21；塔西佗：《编年史》，13，31。
③ 狄奥·卡西乌斯：《罗马史》，54，15，2；52，31，3～4。
④ R. J. A. Talbert, *The Senate of Imperial Rome*, New Jersey: Princeton University Press, 1984, pp. 507～509.

图 5.3　墓碑上的浮雕

老院决议的内容广泛，不仅涉及公法领域，也开始影响私法领域。对于元老院的立法职能，元首必然加以干预，但元首更多的是以提议等方式对元老院决议施加影响。从安敦尼王朝后期以来，元老院的立法活动急剧减少，元老院决议日益成为元首意志的附属品。至塞维鲁王朝，元老院的立法活动仅限于听取和被动地批准元首相应的咨文，元老院决议实际上不再是有效的立法来源。

总之，元老院对于履行传统职能而言不可或缺。元老等级仍是帝国的统治阶级，甚至在骑士等级担任各种职务之后依然如此。元老院被看作"帝国的柱石"。但作为共和机构，元老院不适于管理庞大帝国的烦琐事务。元老院是共和国的灵魂和象征，其自由观念与元首的个人统治更是格格不入。元首也不可能完全信任元老贵族，因为在理论上，任何元老贵族都可以通过成功的叛乱或密谋僭取元首之位。在元首的干预下，元老院的职能弱化。

在君主制时期，元老院已经成为名存实亡的政治化石。自3世纪危机以来，战争的紧迫性往往要求统治者长时间远离罗马。戴克里先是由军队推举的，但掌权之后他没有到罗马争取元老院的批准。大约在3世纪末期，罗马城作为帝国唯一都城的作用结束了。戴克里先与其他三位共治君主分别进驻尼科米底亚、米兰、多瑙河畔的锡尔米姆（Sirmium）和莱茵河畔的特里尔（Trier）。四帝的宫殿没有一个设在罗马，这是前所未有的。即使国家无战事，君主们一般也不在罗马。据统计，戴克里先可能在公元285年到过罗马，公元303年他在罗马停留的时间也未超过两个月；马克西米安曾四次在罗马逗留。[①] 公元290—291年戴克里先和马克西米安举行会晤，但他们所选择的地点并非罗马，而是意大利的米兰，罗马不再是帝国的权力中心。君主不在罗马，罗马就失去了其帝国中心的地位。由于君主远离罗马，元老院与君主的宫廷和官僚机构失去联系，戴克里先也摆脱了共和传统的最后微弱的束缚。全部权力集中到君主和以君主为首的官僚机构中，与共和制有联系的官职都成了荣誉性的。虽然元老院被保留下来，但这个

---

① Timothy D. Barnes, *The New Empire of Diocletian and Constantine*, Cambridge and London：Harvard University Press，1982，pp. 49～60.

没有君主参加的元老院萎缩为罗马的市议会，仅仅被当作帝国的装饰，"与君主的朝廷和实际行政机构失去一切联系的罗马元老院，实际上已成为卡庇托尔山丘的一座令人起敬但毫无用处的古迹纪念碑了。"① 在所有的正式程序中，戴克里先从未表示要咨询元老院的意见。元老院在帝国管理机构中的地位完全被日益膨胀的官僚机构所取代。行省总督几乎都由君主任命的骑士来担任。元老院也丧失了对意大利的管理权，他们所剩下的仅限于对罗马城进行管理。甚至在罗马，元老院也要受到帝国官员的限制。元老院只限于管理竞技表演和元老们的义务等问题，而且它的所有决议都须经君主批准。对官员们来说，元老称号只是一种奖赏和头衔，没有实际的政治意义。

对于元老院在这两种统治体制中的地位和作用，狄奥多尔·蒙森有过精辟的论述，"相比之下，奥古斯都时期的元老院是帝国政府的内在组成部分，但戴克里先时期的元老院已经名存实亡"② 元老院职权的彻底丧失，标志着元首制的终结和君主制的确立。

（三）平民

从最严格的意义上说，平民指的是贵族以外的全体公民。对元首来说，平民是不可忽视的群体。对君主来说，平民的地位微不足道。

在元首制时期，平民具有特殊的地位。作为第一公民的元首，仅因自己的卓越才能和优良品德而居于他人之上。在法律上，元首与平民的地位是平等的。元首应像父亲一样地照管平民，而不是他们的主人，更非神。公元 100 年普林尼担任执政官，在就职时他按照惯例在元老院发表了致图拉真的《颂词》。深受共和传统影响的普林尼认为，作为管理元老院、罗马人民、军队、行省和同盟者的元首，应当从所有的人中选出，元首统治的是罗马公民而非奴隶，③ 言外之意，元首与平民的地位是平等的。关于元首制时期平民的地位，借助伽尔巴（公元 68 年）之口，塔西佗认为，"罗马帝国与由国王统治的国家的情况不同，后者那里有固定的统治家族，而其

---

① 爱德华·吉本：《罗马帝国衰亡史》，第 212 页。
② Theodor Mommsen, *A History of Rome under the Emperors*, p. 364.
③ Pliny the Younger, *Panegyricus*, 7, 5～6.

他的人都是奴隶；但罗马人却是既不能忍受完全的奴役，又享用不了完全的自由"①，这是现实社会的真实写照。所以，对平民来说，元首具有可接近性。另一方面，随着公民大会逐渐淡出政治舞台，平民失去了直接参与国家决策的平台。与共和时期相比，平民的人身保障以及政治、经济、当兵等各项权力弱化，平民已经无力制约元首。正如狄奥·卡西乌斯所说，元首与人民之间的对抗不可同日而语，人民只能用言语和手势表达他们的感情，而元首会毁灭他的对手。② 随着元首制的发展，平民的地位继续下降，元首与平民之间逐渐向统治与被统治的关系转化。公元212年卡拉卡拉颁布敕令，帝国的全体自由民获得公民权，这标志着建立在人民和元老院之上的罗马国家的最终消亡。现在的罗马公民权丧失了它的政治意义，仅表明具有这种身份的人生活在帝国的某一城市而已，这意味着平民与国家关系的疏远和平民相对价值的降低。

在原则上，只要元首的权力仍来自人民，元首的宫廷设在罗马，平民还能发挥一定的政治作用。在公元41年卡里古拉被杀后，执政官和元老院决心恢复共和国，但聚集在会场周围的平民要求由克劳狄继承元首之位。公元238年元老院推举普布利乌斯和巴尔比努斯为元首之后，人民要求任命戈尔狄亚三世为恺撒。在公元193—197年的内战期间，平民在罗马的竞技比赛中自发地表达了对内战的不满。平民也可以利用公共场合，要求元首处死他们所敌视的显赫人物。据狄奥·卡西乌斯记载，在竞技场中平民对近卫军长官普拉提阿努斯说，"你为什么胆怯？你为什么脸色苍白？你拥有的权势和财富比3位元首（塞维鲁、卡拉卡拉和盖塔）的还多"③。公元222年埃拉加巴路斯被杀时，人民和士兵杀死了他的财务吏奥里略·尤布路斯（Aurelius Eubulus）。

平民是一个庞大的社会群体，他们的举动直接关系到罗马城，乃至整个国家政局的稳定，因此元首需要加强对他们的控制。元首对平民的任何结社活动都极为警惕和猜疑，那些即使完全无害或甚至抱着有益社会的目

---

① 塔西佗：《历史》，1，16。
② 狄奥·卡西乌斯：《罗马史》，59，13。
③ 狄奥·卡西乌斯：《罗马史》，76，2，2～3。

的而组成的团体，也很难得到元首的认可。另一方面，为了收买人心，元首还在经济上优待平民，不时地给予罗马平民丰厚的赏赐。元首实行"面包加竞技"的政策，不但保障罗马平民粮食和生活用品的供应，还为他们举办竞技、娱乐表演。据塔西佗记载，在提比略时期，粮价过高引起混乱，平民连续数天提出了许多要求，他们对元首的这种放肆态度以前还很少见，尽管提比略十分恼怒，但也不敢对平民的要求漠然视之。[①] 另据记载，在亚历山大·塞维鲁时期，罗马人曾经抱怨牛肉和猪肉的价格太高，元首积极采取措施来降低物价。虽然 3 世纪危机时期物资紧缺、粮食供应不足，元首仍给罗马平民特殊的待遇，确保为他们提供充足的粮食，不时地赠予他们钱物，为他们举办赛会。

图 5.4　罗马大竞技场

　　在君主制时期，平民处于臣民的地位。君主与平民之间的关系发生了变化。国家（君主）的利益完全凌驾于平民的利益之上。共和时代公民与

---

① 塔西佗：《编年史》，6，13。

非公民的区分，转换为高高在上的专制君主与匍匐于其脚下的臣民之间的对立。君主不再是第一公民，而是"神"或类似于"神"，人民对于君主更多的是阿谀奉承和奴颜婢膝。在卡里古拉和图密善之后，戴克里先是第一个在正式场合允许自己被称为"主人"、接受人民膜拜的君主。君主高高在上，平民难得见到君主。在公元 290 或 291 年戴克里先和马克西米安的米兰会晤期间，只有一定级别和地位的人才能见到君主；米兰的普通公民要是能见到君主，绝对是一件非同寻常的事。戴克里先在统治期间很少驾临罗马，在公元 303 年执政二十周年庆典时，戴克里先曾在罗马作过短暂停留，但是由于不能忍受罗马平民放肆的言语，在距离担任下一次执政官还有 13 天的时候，就怒气冲冲地离开罗马，[①] 因为他已经习惯人民对他的俯首帖耳。正如爱德华·吉本所说，和奥古斯都装出的谦卑一样，戴克里先也始终在那里进行戏剧表演；但必须承认，这两台喜剧，前者远比后者具有更开明、更合乎人情的性质。前者的目的是掩盖，后者的目的则是尽量展示出君主对罗马世界所拥有的无限权力。[②]

　　总之，公元 3 世纪统治体制的变革，是罗马帝国两个半世纪以来元首及其官员权力增加、元老院和平民地位下降的必然结果。君主专制是罗马社会经过长期发展而形成的。通过改革，戴克里先成功地废除了所有传统的、由元老院观念和惯例对个人权力实施的限制，以君主专制取代了元首制。

　　适当的统治体制是社会和文明发展的关键，而制度的自我创新，更是文明自我保存和发展的唯一途径。制度领域的变革与更新，不仅对社会的发展和进步具有重要的先导意义，更重要的是，它为罗马文明本身注入了生机与活力。总之，戴克里先改革既确立了罗马当时的统治方针，又指明了罗马未来发展的方向。

---

① Lactantius, *The Manner in which the Persecutors Died*，17.
② 爱德华·吉本：《罗马帝国衰亡史》，第 215 页。

第二节 帝国的衰亡

一、君主专制的强化

公元 324 年，君士坦丁重新统一罗马帝国。在君士坦丁时期，君士坦丁继承和完善了戴克里先确立的君主体制，使罗马的君主专制达到了一个新的高度。这不仅保证了罗马帝国短期的稳定，同时也为新的腐败提供了最有利的生存土壤。

（一）君主制的进一步完善

在君主位置的传承上，君士坦丁确立血亲世袭继承制。公元 305 年，戴克里先和马克西米安退位，君士坦提乌斯和伽勒里乌斯如期继承奥古斯都的职位。后者任命塞维鲁和达亚·马克西米努斯为新恺撒。公元 306 年，君士坦提乌斯病死，其子君士坦丁和马克西米安的儿子马克森提乌斯先后被军队拥立为奥古斯都。这时，心有不甘的马克西米安也重返政治舞台，恢复了奥古斯都的头衔。为了争夺地盘和最高统治权，他们诉诸武力，帝国陷入长期内战。直到 324 年，君士坦丁才取得最后胜利，成为帝国唯一的统治者。长期争夺最高统治权的内战表明，"四帝共治"制没有成功解决皇位传承问题，只会成为帝国分裂和新一轮内战的根源。因此，君士坦丁废除"四帝共治"制，用"家天下"的统治模式治理国家。由于罗马帝国疆域广袤，各地区文化背景和民族成分复杂，难以管理，君士坦丁先后在公元 317 年、324 年、333 年，任命其子克里斯普斯、君士坦丁二世、君士坦提乌斯二世、君士坦斯为恺撒；公元 335 年，君士坦丁任命侄子德尔马提乌斯为恺撒；接着，君士坦丁又将侄子汉尼拔里阿努斯（Hannibalianus）任命为"万王和本都人民之王"。诸恺撒协助君士坦丁管理国家。临终之际，君士坦丁没有把统治权传到某个儿子手中，而是把帝国交给他的三个儿子，即：由君士坦丁二世控制不列颠、高卢和西班牙地区；由君士坦提乌斯二世控制色雷斯、西亚和黑海地区；由君士坦斯控制意大利、阿非利加、达西亚和马其顿地区。血亲世袭继承制度由此开始。这一举措是罗马

图 5.5　君士坦丁奖章

图 5.6　君士坦丁雕像头部

帝国继承制度的重要变革，它意味着皇位可以像私人财产一样传给具有血缘关系的后代，从而把君主制推向了新的家族统治的方向。然而，令君士坦丁没有想到的是，君士坦丁去世后，皇室内部仍然爆发了数十年血腥的争夺权力的斗争。君士坦丁的直系血亲继承人和家族男性大都丧生于这场斗争之中。直到公元 353 年，君士坦丁的次子君士坦提乌斯二世才重新统一了帝国。

自君士坦提乌斯二世统治以来，罗马帝国通常由两个甚至更多君主共同治理。各共治君主的权力有大小之别，其称号也有高低之分。一般权力较大君主的称号为奥古斯都，权力较小君主的称号为恺撒。公元 363 年，君士坦丁家族的最后一位君主朱里阿努斯在与波斯人作战中丧命，接着军队拥立军官瓦伦提尼安一世为君主。瓦伦提尼安一世任命其兄弟瓦伦斯为东部君主，自任西部君主，实行两人共治。公元 378 年瓦伦斯死后，狄奥多西一世继承东部帝国的君主位。公元 395 年狄奥多西一世去世，以君士坦丁堡为中心的东部帝国由其长子阿尔卡狄乌斯（Arcadius）统治，以罗马为中心的西部帝国则由其次子霍诺里乌斯（Honorius）统治。从此以后，罗马帝国一分为二。

在宗教上，君士坦丁把基督教作为统一帝国的精神支柱。公元 313 年君士坦丁联合李锡尼在米兰发布敕令，无偿归还基督徒的集会场所以及教会财产，基督教取得合法地位。由于基督徒的数量不到帝国人口的五分之一，君士坦丁允许罗马的传统宗教继续存在。罗马神庙及其祭司、大祭司的旧制也得以维持。由于统一的帝国必须有与其相适应的统一教会，君士坦丁在扶植基督教的同时，严格控制教会，努力使它成为国家机器的一部分。教会的教义、活动和人事安排都必须听命于君主。君士坦丁利用国家权力严厉镇压基督教异端，帮助教会建立统一的组织。如公元 325 年，他召开尼西亚会议，统一基督教教义。总之，异教时代的神化王权，让位于基督教的君权神授。爱德华·吉本对此做出如下评述，"公众认为他（君士坦丁）是被上天派来统治人世的说法满足了他的虚荣，他的成功又使他有理由相信自己享有的最高统治权来自神授，而这种权力却是以基督启示的真实性作为基础的。"① 这一评述说明，基督教成了帝国君主对内实行精神统治的工具。君士坦丁去世后，后继的帝国君主大多支持基督教。公元 379 年执掌政权的狄奥多西一世，就是一位虔诚的基督教徒。公元 392 年，他正式宣布，基督教为罗马帝国的国教。在他当政时期，异教崇拜被最后禁止，古典文化遭到大规模破坏。

在军事组织方面，君士坦丁强化了手中的武装力量。公元 312 年，君士坦丁解散近卫军，以宫廷卫队（*scholae palatinae*）取而代之。宫廷卫队共分为五个兵团：护卫团（*protecores*）、宫廷护卫团（*domestici*）、部族骑兵团（*gentiles*）、盾牌团（*scutarii*）和铠甲团（*armaturae*），每个兵团 3500 人。其中护卫团与宫廷护卫团的名称常常结合起来或相互代替使用，称为御前侍卫旅。君士坦丁剥夺了近卫军长官的军权之后，设立军事长官（*magistri militum*），"授予他们权威来约束士兵，并惩罚犯罪的士兵，以此来削弱行政长官的权力"②。军事长官又分为步兵长官（*magister peditum*）和骑兵长官（*magister equitum*）。

同时，君士坦丁还创建了一支大型巡防军。在戴克里先时期，巡防军没有正式的编制，实际上是为了应付紧急战况，由从边境军队暂时选出的分遣队组成。为了镇压人民起义和从事远征，君士坦丁组建了一支特殊的巡防军，使其驻扎在远离边境、交通良好的城镇。巡防军由从日耳曼部落中招募的新兵和从边境军队中选拔的人员组成，它下设由骑兵长官指挥的骑兵分队（vesillationes，500 人的骑兵单位）和步兵长官指挥的军团（legiones，1000 人的步兵单位）。巡防军享有更高的特权和待遇。异教作家左西姆斯谴责君士坦丁削弱了边防军的实力，"转移边界地区防御工事中的大部分士兵，把他们安置在无须护卫的城镇，既放弃了边界地区的所有防务，又损害了有大量军队驻扎的内地城市，许多居民不堪士兵之扰，完全舍弃了城市。同时，习惯了城市公众娱乐和节庆赛会的士兵，变得柔弱。

---

① 爱德华·吉本：《罗马帝国衰亡史》，第 451 页。
② 左西姆斯：《新历史》，2，54。左西姆斯认为，这种改变对于国家事务具有极大的危害，会使士兵无所畏惧，为所欲为。这种观点是值得商榷的。当军队管理和薪水的发放由同一个军官负责时，军官控制了士兵，他就有机会为自己谋取帝国的权力。当军官的权力毫无约束时，可能会重蹈 3 世纪危机的覆辙。因此，君士坦丁采用分而治之的策略是明智的。

图 5.7　君士坦丁堡的十一位雕刻家迎接圣骨

图 5.8　凯旋门浮雕

总而言之，君士坦丁是导致帝国衰落到目前如此悲惨状态的罪魁祸首。"[1]
但公元325年君士坦丁颁布法令，将边境军队的服役年限从24年降至20
年，[2] 这表明君士坦丁对边防军的重视。君士坦丁的改革的确使罗马军队发
生了显著的变化，并且影响深远。它加强了君主对军队的控制，使军队直
接处于中央政府的指挥之下，令军队无法像以前那样肆无忌惮、为所欲为。
这对罗马帝国的安全是十分有用的。

图 5.9　君士坦丁凯旋门

①　左西姆斯：《新历史》，2，55。
②　《狄奥多西法典》，7，20，4。

　　此外，君士坦丁还大大增加了军队中日耳曼人的比例。由于兵源枯竭，帝国愈来愈多地依赖从蛮族特别是日耳曼各部族中招募的士兵。把非罗马人征入辅军早已成为罗马国家的传统，但在帝国晚期，这一现象达到登峰造极的地步。据统计，公元 4 世纪末，在帝国出生的士兵已不到军队总数的四分之一。许多日耳曼士兵在罗马军队中得到擢升，有的进入了宫廷卫队，甚至被擢升为高级将领。某些有识之士很为此担心，认为雇佣罗马的敌人、罗马奴隶的同种族人及蛮族当兵是很危险的；占据要职的蛮族早晚会在憎恨自己主人的奴隶中找到有力的支持，而且会借助他们征服帝国。事实也是如此，军队的蛮族化影响到罗马帝国的未来发展，不仅导致军队构成的变化，而且使帝国军队的整体形象发生改变，"罗马人和蛮族人之间在装具和武器上的一切差别都消失了，而在体力上和精神上都占优势的日耳曼人就跨过已丧失罗马特征的军团的遗骸而前进了"①。

　　在行政管理上，君士坦丁强化对地方的控制。在各行政区之上，君士坦丁创建高卢、意大利、伊利里亚和东方四个大行政区。② 各大行政区的划分基本与戴克里先时期四位共治者的管理范围一致，但大行政区的管理者不再是奥古斯都或恺撒，而是帝国最高级别的行政官员——近卫军长官。为了保证各大行政区不至于脱离自己的控制，君士坦丁先后让取得恺撒称号的两个儿子克里斯普斯和君士坦提乌斯二世分别驻守在东方大行政区和伊利里亚大行政区。在这一管理体系中，军权和行政权被严格地分割开来。近卫军长官的职能发生了重大变化。首先，近卫军长官管理固定的地区，这使其在行政管理上的作用加大，而对军队的控制却弱化了。其次，近卫军长官负责军队补给、粮食供应和新兵征募，这使他们能有效地制约军事长官。第三，近卫军长官还负责邮驿和国家工厂，保留对行省总督的全面控制权。"君士坦丁这些改革的主要目的，与其说是为了削弱权力过大的近卫军长官的职权，不如说是因为君士坦丁意识到官员需要兼具能力与经验，

---

①　《马克思恩格斯全集》，第 14 卷，北京：人民出版社，1964 年版，第 26 页。
②　左西姆斯：《新历史》，2，53～54。

一个人身上很难集中军事、司法、财政和管理经验。"①

君士坦丁在戴克里先改革的基础上，进一步完善了帝国的官制。他增设官僚职位，扩大官吏人数。公元 320 年君士坦丁设立的执事长官（*magister officiorum*），是君主身边最高级别的行政官员。他们协助君主处理内外事务，控制宫廷卫队，保障君主及其宫殿的安全。执事长官通过数量庞大的秘密稽查使（*agentes in rebus*），有效地控制着帝国各级官员。秘密稽查使遍布帝国各地，代表上级向下级颁发敕谕，监督地方贯彻执行中央的指令，并及时向中央汇报地方官的表现及其可靠程度。通过执事长官以及分布于帝国各地的秘密稽查使，君士坦丁控制着从中央到地方的统治体系，保证了君主对地方统治机构的监察与管理。在其统治期间，政府中还第一次出现了一些宫廷职务，其中主要有：内务大臣、财政大臣、司法大臣以及皇室刑法大臣等。

在君主最高权力的绝对控制下，一个对君主个人负责的庞大官僚机构逐渐形成。元老等级的人数增加。戴克里先曾剥夺了元老贵族对行省的统治权，并将他们从最高行政管理的职位上排斥出去。由于元老等级的经济实力雄厚，君士坦丁转变了对元老贵族的政策，重新任命他们担任高级管理职务。② 在公元 4 世纪，官吏卸任后获得元老称号。随着元老等级的人数扩大，骑士头衔逐渐被取消。官僚机构形成更严格的等级，每一级别的官员都有对应的特权和极其严格的标识。官员的荣誉头衔有以下三个：最高的直接对君主负责的官员是"建有功勋者（*viri illustrious*）"，有执政官、近卫军长官、罗马和君士坦丁堡的城市长官、骑兵长官和步兵长官、宫廷中侍奉君主负有神圣职责的七位大臣。其次是"德高望重者（*virispectabiles*）"，其官职和地位显然高于一般市议员，有近卫军长官代理、代行执政官和 *duces*。第三是"世家出身者（*viri classimi*）"，它原是元老院成员的专门头衔，后用以称呼那些由元老院选出、担任行省总督的

① A. H. M. Jones, *The Later Roman Empire*, 284-602, A Social, Economic, and Administrative Survey, *Vol*. 1, *Oxford*: Basil Blackwell, 1964, p. 101.

② T. W. Arnheim. Michael, *The Senatorial Aristocracy in the Later Roman Empire*, Oxford: Clarendon Press, 1972, pp. 216～219.

图 5.10　罗马凯旋门浮雕

官员，即卸任执政官。官员地位的高低通过严肃的礼节表现出来。人们见到帝国的高级官员，总要加上一些令人莫名其妙的称谓，如：真诚的阁下、庄严的阁下、高贵的阁下、卓越的阁下、崇高和绝妙的伟大阁下、辉煌和雄伟的大人阁下等。官员对君主负责，他们之间的关系在公元 357 年君士坦提乌斯二世对罗马的访问中表现得很明显：

> 人们高声欢呼向他致意，巨大的欢呼声在山谷和海岸之间回荡。奥古斯都却肖然不动，镇定自若，就像置身巡视于行省那样平静。
>
> 经过高大的城门时他会俯下身子（尽管他个子很矮）；他的脖颈仿佛固定了一般，两眼总是平视前方，从不左顾右盼（宛如一座雕像）；即使车身颠簸，他也不会摇头晃脑；他既不咳嗽，也不擦脸，揉鼻子，甚至双手都没有动一动。[①]

这种生动的描写，正是晚期帝国君臣之间僵化的政治关系的集中体现。随着君主权力的专制性越来越强，对君主的反抗和不服从不仅被当作犯罪行为，而且被认为是渎神行为。在君士坦提乌斯二世时期，埃奎塔尼亚行省（Aquitania）所发生的一个案件反映了这一时代特征。有个多事的老翁应邀参加一场豪华的盛宴。这样的宴会在当地很常见。老翁发现两条镶有紫色花边的亚麻床单。由于仆人的缝纫手艺好，两条宽大的床单看似只有一条。他还看到了由相同材料制成的台布。于是老翁抓起布料，将它们扎成斗篷的形状，使之看起来类似于奥古斯都的皇袍。这个举动便使这个举办盛宴的富有之家遭到了灭顶之灾。[②] 在西班牙行省，一位秘密稽查使参加一次家庭宴会，主人家的奴隶在傍晚拿来烛火，并按照当地风俗大声喊道："愿我们征服黑暗！"这位稽查使听后十分不快，最后以阴谋罪毁灭了这个家庭。[③] 与帝国早期针对个别民事诉讼的元首批复相比，帝国晚期出现了把一般违法行为纳入刑事镇压领域的倾向，总体指导性的公法和刑法

---

① 阿米阿努斯·马塞利努斯：《罗马史》，16，10，9～10。
② 阿米阿努斯·马塞利努斯：《罗马史》，16，8，8。
③ 阿米阿努斯·马塞利努斯：《罗马史》，16，8，9。

图 5.11　维纳斯像

的数量大增。帝国法律所规定的重罪在普林尼时代仅有 16 种，而至公元 200 年增至 28 种，至公元 300 年则多达 40 种；除了以剑刺死外，其他更凶残的处罚形式，如钉十字架、火刑等也出现了。[①]

图 5.12　钱币上的君士坦丁

　　君士坦丁开创了东部帝国的新时代。在戴克里先时期，帝国的行政管理重心已经东移。君士坦丁在重新统一罗马帝国之后，没有把罗马作为宫

---

①　Ramsay MacMullen，*Corruption and the Decline of Rome*，Yale University Press，1988，p. 139.

廷所在地，而选择了东部古城拜占庭。左西姆斯对拜占庭的防御优势做出如下描述："这座城市矗立在高地上，是地峡的一部分，处于色拉斯（Ceras）和普罗滂蒂斯（Propontis）两个海湾围绕之中……城墙从山西面的维纳斯神庙延伸至海边，与克里梭波利斯（Chrysopolis）相对。在山的北面，城墙延伸至码头，并越过码头到达海岸，这个海岸与进入攸克塞因海（Euxine，即黑海）的通道相对。"① 公元 330 年，君士坦丁迁都于此，改名"新罗马（*Nova Roma*）"，后人称之为君士坦丁堡。在东方建立新都，这是罗马帝国自公元 3 世纪以来政治、经济和文化中心东移的必然结果。左西姆斯在总结君士坦丁迁都的原因时说："君士坦丁放弃了传统宗教，招致元老院和罗马人民的憎恨，因此他不能忍受整个城市对他的咒骂，想找一个与罗马同样大的城市，在那里为自己建造一座宫殿。"② 这种说法不无道理，迁都显示了君士坦丁放弃异教的决心。由于东方各地区人民久已习惯于专制统治，迁都东方也有利于进一步巩固君主的专制统治。新建的君士坦丁堡不仅丝毫不逊于鼎盛时期的罗马城，而且享有与古都罗马同样的地位。此后，君士坦丁堡就成为东地中海和黑海地区的政治、军事和经济要地。讲拉丁语的西部与讲希腊语的东部之间的联系和交往日趋减少，两者的地区差异日益加剧。君士坦丁迁都实际上加速了帝国东部和西部之间的分离。

（二）腐败现象严重

随着复杂的官僚体制的逐步确立，腐败，这一与权力密切相关的孪生兄弟，也随之出现。腐败一旦侵蚀政府赖以运转的官僚体制，国家的混乱也就不可避免。概括地说，晚期罗马的腐败主要包括：

第一，经济腐败。在帝国晚期，比较正规的统一税收体制已经形成。其具体办法是：把帝国分成若干固定的税区，定期统计各地的人口及土地财产数目，作为征税的依据。帝国每年都根据需要拟定财政预算，所以税收数额并不固定。由于庞大的军政开支，自公元 324—364 年，年度预算增

---

① 左西姆斯：《新历史》，2，52。
② 左西姆斯：《新历史》，2，52。

长了一倍。到帝国末期，土地税率已经超出共和后期的税率大约 3 倍，国家征收的税额，占全部农业产量的四分之一到三分之一。[①] 腐败很快遍布整个分配税额和征收赋税的过程。在官员估算税额和分配差役时，大土地所有者、富豪常常贿赂官员，偷逃税款，将负担转嫁给比他们地位低的人。公元 313 年，君士坦丁愤怒地宣布，"城市的高贵者（*potentiores*）与负责确定税额的官员（*tabularii*）勾结，在自治市的税册上弄虚作假，把税负转嫁到穷人（*inferiores*）身上"[②]。赋税的实际征收有相当多的不公正。由于每年的税收数量并不固定，具有一定的弹性，实际征收多少基本上由总督或长官决定。在君士坦提乌斯二世时期，"高卢的长官例行性地把税额提升到法定数量的 3.5 倍"[③]。大体来说，臣民的纳税数额一般比官方数目高出 30％。总之，在理论上，各个等级的税负保持平衡，但实际上，税负的重担压在了小民身上，后者被迫承担官僚机构、军队、宫廷的开销。

穷人纳税而富人免税或减税，这是经济腐败的典型表现。各级贪官污吏造成的财税黑洞以及豪绅地产主逃避国家税负所造成的越来越大的空缺，最终都转嫁到普通生产者身上，加剧了社会不公和贫富分化。在官僚制度中，也有一些防范侵吞税款的措施，主要包括：第一，任用一些官员来监视或检查另一些官员。最初的检查是秘密进行的，后来就逐渐制度化了。这种检查的一个突出的例证是，分开军事官员和文职官员的职能，把赋税的征收工作从军人手中接收过来。第二，建立一种擢升制度，使某些人不致由于长期担任同一职务而滋长独立性。第三，建立一种吸收新人的制度，官僚体制靠它不断补充新手，从而使自身摆脱对特权阶级的依赖。[④] 但是，在贪污腐化已经成为制度性问题的情况下，"贿赂公行，非法渔夺习以为常，企图采取一大套暗中侦查的办法和官员彼此相互监督的制度来制止这

---

① 引自佩里·安德森：《从古代到封建主义的过渡》，郭方、刘健译，上海：上海人民出版社，2001 年版，第 85 页。

② 《狄奥多西法典》，13，10，1。

③ Ramsay MacMullen, *Corruption and the Decline of Rome*，Yale University Press，1988，p. 43。颂词家 Mamertinus 称高卢总督为邪恶的强盗，因为在朱里阿努斯到高卢之前，他们把税收提升到如此高的数额，见 C. E. V. Nixon and Barbara Saylor Rodgers, edited, *In Praise of Later Roman Emperors：The Panegyrici Latini，with introduction translation，and historical commentary*，11. 1. 4 and 4. 1。

④ 约翰·希克斯：《经济史理论》，厉一平译，北京：商务印书馆，2005 年版，第 19 页。

些现象均属徒劳无益。每一次增加官吏的名额，每一次扩大监督人员的队伍，其结果都只是增添了靠贿赂贪污为生的人数。"[①] 捐税、国家的差役和各种代役租使人民大众日益陷于穷困的深渊；地方官、收税官以及兵士的勒索，更使压迫加重到使人不能忍受的地步。商业所得到所保持的东西，都在官吏的勒索下毁灭了……普遍的贫困化，商业、手工业的衰落，人口的减少，都市的衰败，农业退回到更低的水平——这就是罗马人的世界霸权的最终结果。[②]

第二，政治腐败。经济基础决定上层建筑，在经济腐败日趋严重的同时，政治腐败现象也与日俱增。围绕在君主身边的执事长官、太监和秘书，尤其是出身贫寒的太监，他们一旦得势极易贪污腐化、横征暴敛。在阿尔卡狄乌斯（公元395—408年在位）时期，君士坦丁堡皇宫的太监优特罗皮乌斯就公开以权谋私，"宦官受到贪婪的鼓舞，打开主人的钱柜，现在已经是富可敌国。把罗马的行省，都拿来定出价码好朋比分肥。有的人为了获得亚细亚代行执政官头衔的总督，用自己的庄园行贿。有的人用妻子的珠宝买到叙利亚。有的人只能用父亲的产业换取比提尼亚的统治权。在优特罗皮乌斯戒备森严的办公室里，有一张很大的图标可以公开参阅，上面标明行省不同的价格。"[③] 阿米阿努斯·马塞利努斯就说，瓦伦斯君主的大臣总想要占有别人的财产。行政官员的腐败已经司空见惯，公元4世纪晚期的君主狄奥多西一世甚至公开出售行省职务，也不管购买者的德行或者能力如何，认为出价最高的竞标者是最适合的人选。金匠、银行家、甚至最卑贱的从业者都可以担任市政官员，君主把行省卖给了出钱最多的买家。[④]

随着越来越多的官员贪污受贿，君主们不得不再任用秘密稽查使、秘书或公证人作为特派员（Special Agent）来监督这些官吏。但是，这些特派员在执行任务时，不会放过每个敲诈的机会。如公元355年，高卢统帅

---

① 罗斯托夫采夫：《罗马帝国社会经济史》，第698~699页。

② 《马克思恩格斯选集》，第4卷，北京：人民出版社，1995年版，第149页。

③ 爱德华·吉本：《罗马帝国衰亡史》，第3卷，席代岳译，长春：吉林出版集团有限责任公司，2007年版，第180页。

④ 左西姆斯：《新历史》，4，110；市政官员公开宣布，他们必须尽可能的聚敛，以赚够自己买官的钱，见左西姆斯：《新历史》，4，111。

塞尔维努斯（Silvanus）遭人诬陷，被控图谋不轨。君士坦提乌斯二世派秘密稽查使阿伯德米乌斯（Apodemius）前去调查，但阿伯德米乌斯到达高卢后，对事实真相漠不关心，相反，他召集当地的财政官，以敌对情绪攻击统帅的属下和被保护人，好像统帅已经被判处死刑。[1]"行迹尤为恶劣的是那成千上万的秘密警察，即所谓政治警察，他们的职务是监视人民和监视帝国的全体官吏。"[2] 帝国越是走向没落，捐税和赋役就越是增加，官吏就越是无耻地进行掠夺和勒索。以至于罗马国家变成了一架庞大的复杂机器，专门用来榨取臣民的膏血，这使居民对帝国心怀仇恨。

第三，军队腐败。在贪腐之风盛行的前提下，相对独立的军队也出现了腐败行为。君士坦丁改革之后，大多数士兵从边境进入或大或小的城市，城市也就成为帝国士兵敲诈和掠夺的对象。军队移居城镇虽然便于军需供应，但城市生活中令人志气消沉的奢侈风气，在无形中毒害和腐蚀着罗马军队，仆役和豪华奢侈已成为军队的必需。军队开始厌弃疲劳的训练制度。据记载，长期以来罗马士兵以护身铠甲来保护自己，但随着军纪的松弛和训练的欠缺，士兵的体能和毅力日渐衰退，他们抱怨铠甲太重，不愿再穿。久而久之，格拉提安（公元375—383年在位）君主就准许士兵可以不穿铠甲，后来士兵们连头盔都不戴了，并丢掉了在营地设防的习惯。这些平时散漫的士兵即使开赴战场，也无法抵御敌人的攻击。[3]

克扣军饷是军官贪腐的惯用手段，这种行为严重挫伤了士兵们的作战热情，降低了军队的战斗力。军需官操纵账目，在物资供应线路上大量夺取、克扣和私卖军需物资，这必然导致供应短缺。公元358年朱里阿努斯接管高卢地区的军事指挥权时，首先面临的就是军队供应短缺、薪俸不足的问题，至公元360年这一问题仍未解决。[4] 军官还热衷于敲诈本应由他们保护的居民。阿非利加的军事统帅罗曼努斯（Romanus）就是这类军官的代表。公元365年，有游牧部落围攻阿非利加的大莱普其斯（Lepcis），民

---

① 阿米阿努斯·马塞利努斯：《罗马史》，15，5，8。
② 罗斯托夫采夫：《罗马帝国社会经济史》，马雍、厉以宁译，北京：商务印书馆，1985年版，第699页。
③ 孟德斯鸠：《罗马盛衰原因论》，婉玲译，北京：商务印书馆，2001年版，第102～103页。
④ 阿米阿努斯·马塞利努斯：《罗马史》，14，10，3；15，5，29；17，9，6；20，8，8。

众请求罗曼努斯的保护，但罗曼努斯出兵的前提是军队要得到充足供应和4000匹骆驼，由于其索取得不到满足，罗曼努斯就40天没有采取任何保护民众利益的行动。虽然当地民众多次上诉君主，但罗曼努斯买通御前司法大臣，逃脱了惩罚。后来，游牧部落又发动多次袭击，被逼无奈的阿非利加人参加摩尔人菲尔穆斯（Firmus）的叛乱阵营。[①] 又如，瓦伦斯时期的统帅鲁比契努斯（Lupicinus）和马克西姆斯（Maximus）也非常贪婪。公元376年瓦伦斯允许百万西哥特人越过多瑙河，移居美西亚，让统帅鲁比契努斯和马克西姆斯具体负责此事。当渡过多瑙河的西哥特人饱受食物匮乏的折磨时，这两个人或其他经过他们允许之人以最阴险的动机对新来者犯下罪行，想出一个个令人不齿的交易。为了生存，西哥特人被逼得卖儿卖女。[②] 忍无可忍的西哥特人拿起武器，由帝国的同盟者变为帝国的敌人。

由于腐败，军队缺少装备和物资供应；由于腐败，士兵在未经允许的情况下长期擅离职守，帝国军队的战斗力大大降低了。罗马士兵对保卫自己的国家也不再热心了，入侵的日耳曼人经常不战而胜。自公元378年亚德里亚堡之战以来，日耳曼人如潮水般地涌入罗马帝国。据同时代人记载，蛮族人在地上到处移动，好像在跳舞而不是在作战，据说其中一个蛮族统领对罗马士兵的孱弱感到吃惊，因为杀罗马士兵比杀羊还容易。公元408年西哥特人在首领阿拉里克的带领下第二次入侵意大利，他们没有遇到任何阻拦，就好像在节日期间一样漫步到波诺尼亚（Bononia）。[③] 据教会史家保罗·奥罗西乌斯记载，公元407年入侵的蛮族能轻易地穿过高卢地区。[④]

第四，司法腐败。在晚期帝国，司法腐败之风盛行。在瓦伦斯时期，君主不再受理上诉，"贪婪的法官和律师联合起来，在法庭上出卖小民的利益，维护军官或强权的宫廷人员。由此他们获得财富或地位"。[⑤] 在阿尔卡狄乌斯和霍诺里乌斯时期，由于君主年幼，实权则分别掌握在监护人——

---

① 阿米阿努斯·马塞利努斯：《罗马史》，28，6。
② 阿米阿努斯·马塞利努斯：《罗马史》，31，4，10～11。
③ 左西姆斯：《新历史》，5，163。
④ Paulus Orosius, *Seven Books of History Against the Pagans—The Apology of Paulus Orosius*, translated by Irving Woodworth Raymond, 7，40，3，New York: Columbia University Press, 1936.
⑤ 阿米阿努斯·马塞利努斯：《罗马史》，30，4，1。

图 5.13　罗马士兵与异族勇士

努菲努斯和斯提里科——手里，政府的司法体制尤其腐化，各个司法长官借机从中获利，但君主对此一无所知。相反，君主按照努菲努斯和斯提里科的请示做出批复，诉讼中的输赢依据贿赂的多少而定。①

作为司法队伍的主要成员，律师也成为司法腐败的助推者。律师由之前荣誉性的无偿职务，变为获利丰厚的国家官职。在帝国后期，各官僚机构都有数量不等的律师，普通下级官员有30名律师，中等官员如埃及长官有50名律师，高级官员如罗马和君士坦丁堡城市长官有80名律师，近卫军长官有150名律师。帝国的法律多如牛毛，既晦涩难懂又相互矛盾，令人无所适从，这也为司法人员牟取私利提供了机会。有些律师到处散布流言蜚语，引起各种争吵和矛盾，以使自己从中渔利；有的则用各种花言巧语蒙骗寡妇和无子嗣的家庭，企图侵吞别人的遗产；有的在法庭上歪曲事实真相，为自己牟取暴利；有的虽然不具备律师的资格和水平，但为了获取收入，在城市四周鼓动诉讼。② 司法获利更达到了公开化的程度。在司法审判中，诉讼当事人必须支付大量钱物。公元331年一条向行省颁发的法令，列举了各审判程序的收费价码，其中收取费用的环节有：法官审判，法官的首席助手进行正式介绍和登记，警卫、百夫长和其他官员出庭，把司法文件送至被告等。③ 公元362或363年努米底亚的城市提姆加德（Timgad）展示了一个诉讼价目表：诉讼伊始，申诉人需要向总督的主要下属支付费用（commoda），如果案件不需要任何秘书或传讯人的送达距离在一米之内，需要5蒲式耳小麦或等同价值的钱币；超过那一距离每米另加2蒲式耳小麦（送达海外需要100蒲式耳小麦）；不论哪种情况，首席法官的主要助手得到一半费用。各司法官员另有不同的收费，律师（scholastici）获得5或10、15蒲式耳小麦；抗辩吏（exceptores）获得5、12、20蒲式耳小麦；起诉吏（libellensis）得到2蒲式耳小麦；另外，特定的司法审判至少需要4或6个高级秘书，所以无法形成固定收费。④

---

① 左西姆斯：《新历史》，5，131。

② 阿米阿努斯·马塞利努斯：《罗马史》，30，4，9～11。

③ 《狄奥多西法典》，1，16，7。

④ 引自 Ramsay MacMullen，*Corruption and the Decline of Rome*，Yale University Press，1988，p.151。

司法腐败关系到政权的存亡。公元 475 年左右，高卢地区马赛的主教萨尔维安愤怒地指责这种掠夺，"巴高达是被凶恶残忍的法官所搜刮的人，是受压抑的人，是生路断绝的人……他们之成为巴高达，不正是由于不公正的行为、由于法官的不义行为、由于法官宣布某些人不受法律保护和大肆搜刮吗？由于法官把社会义务当作获取个人利益的工具，把赋税作为自己的囊中物，他们不负责人民托付给他们的事情，而像强盗那样，劫掠并折磨他们。"[①] 因此，许多罗马人纷纷逃往野蛮人占领的地方，脱离罗马的统治。

二、城市的衰落

公元 4 世纪，帝国政治的变革带来了城市建设的短暂复兴，金币的发行也使城市经济状况趋于稳定。但两者都是有限的、不可靠的。城市的发展，绝大部分集中在受君主直接保护的新兴的军事和政治中心，如米兰、特里尔、萨丁卡（Sardica）和君士坦丁堡。在晚期帝国的专制体制下，城市财政枯竭，城市居民的生存空间受到挤压。市议员（curiales）不堪重负，市政日趋瓦解。

城市财政枯竭表现为，城市收入减少。城市收入的主要来源是地租、借贷利息以及当地富人的捐赠，其中公地是城市经济的基础。从公元 3 世纪蛮族入侵开始，城市的规模日趋缩小，越来越多的城市公地被私人占用或遭国家没收。城市萎缩在帝国西北部表现得最为明显。这是因为，与东部城市相比，西部城市的发展基础相对薄弱，对农业的依赖性更大。这里大多数城市的规模缩小为原有的几分之一，有的甚至变成了名副其实的城寨。阿米阿努斯·马塞利努斯在公元 4 世纪 50 年代回忆说，高卢地区之前繁荣富庶的城市埃文提库姆（Aventicum）和奥顿在最近数十年令人痛心地衰落了。[②] 至公元 4 世纪末期，城市的财政状况更加糟糕，以至于政府强迫富人出钱购买官职，以平衡城市的收支。

在城市收入减少的同时，城市的开支却有增无减。城市负有征收赋税、抵御入侵、维护道路的职责以及定期交纳王冠金等义务。王冠金源于共和

---

① 引自周一良、吴于廑主编：《世界通史资料选辑》，上古部分，第 418～419 页。
② 阿米阿努斯·马塞利努斯：《罗马史》，15，11，12；16，2，1。

时代城市为庆祝统帅的凯旋而捐献的金冠。在帝国初期，王冠金成为举行盛大庆典或庆祝元首掌权，特别是庆祝其执政五周年时，市民们（主要是市议员阶层）自愿承担的捐献。后来，王冠金演变为帝国的一项正规收入，加重了城市的负担。日益增加的城市义务，再加上全国性义务，成为大部分城市居民的灾难。当时的法学家把义务分成需要付出金钱的财产义务和需要付出劳动的人身义务两种。财产义务包括：征收捐税，举办竞技大会，给城市平民分发供应品，为军队和官吏提供运输工具和饲料等。人身义务有：修理道路、修建公共建筑和水道，押运城市和全国的实物供应，进行城市调查，征募新兵等。此外，还有一些与军队出征、国家邮驿、觐见君主的使团等有关的临时义务。

城市的自治权更加名存实亡。自公元 2 世纪以来，元首的统治机构日益强化对城市的监督。元首设立的监管城市财政事务的财务专使（*curatores rei publicae*），后来成为常设官职。元首设立的督察使（*corrector*）也变成了意大利各个行政和司法辖区的正规人员。在公元 3 世纪，帝国接收了意大利和行省自治市大部分的立法权，逐渐剥夺了它们的管理职能，财务专使和督察使把帝国各地降低到同样依附的地位。为保护城市下层民众免受执法官或豪强们的欺压，公元 4 世纪中叶帝国设立护民官（*defensor*）。它后来逐渐成为握有财政权、警察权以及部分司法权的城市最高官员。等级的增加和官僚机构的完善，使城市官员的数量日益增多。据记载，在帝国后期，安条克至少有 1500 名常驻官员，为总督、东部伯爵和军事长官服务。甚至中等城市提姆加德（Timgad）也至少有 70 人任职。[①] 总体来说，"罗马城市日益失去活力，原来保有的自治权也大都名存实亡，它的财政、行政、官员选举等，往往操纵在各省总督之手。城市不再具有罗马'光荣传统'的象征了。"[②] 城市已经成为一个仅仅具有财政和社会阶级意义的行会集团。

枯竭的城市财政和名存实亡的自治权进一步恶化了市议员的境况。无论对于帝国还是城市来说，市议员都是必不可少的社会政治力量。他们不

①　Ramsay MacMullen, *Corruption and the Decline of Rome*，Yale University Press，1988，pp. 79～80.

②　马克垚：《西欧封建经济形态研究》，北京：人民出版社，2001 年版，第 6 页。

仅负责自治市的管理，而且保证中央政府的税收征集。戴克里先税制改革后，国家动用士兵或国家代理人统一征收赋税，但进行财产调查和征集直接税的工作仍由市议员承担。为了完成税收任务，市议员不得不以自己的财产为担保，如果他们的征税达不到规定数额，其财产将被充公。帝国晚期的税负加重，但社会上层享有赋税和差役豁免权。当时，大地产主、高级官吏和军队将领都被列入元老这个世袭的特权阶层，享有赋税豁免权。另外，犹太人、教士、行会成员、医生、学者、士兵和行政人员也享有程度不同的豁免权。这样一来，有纳税义务的人越来越少，纳税人身上的税负越来越重。不少人因躲避税负而选择逃亡，市议员往往为了补足税款而破产。这是因为，市议员如果逃避义务，或凑不足税款，就要坐牢，甚至要被处死。当然，市议员等级内部的分化也很显著。随着官僚机构的完善和职务的增多，更多的市议员上层成为国家官员，而市议员的下层却是每况愈下。

市议员的身份成为一种负担，帝国政府有时甚至把它作为一种处罚手段，把犯有过失的官吏贬为市议员。公元 4 世纪的利巴努斯（Libanius）曾经生动地描述过市议员的状况，说他们如何在睡梦中或吃饭时被叫去，去收实物税或维修道路或运送粮食，如有差错，就会受到惩罚。因此利巴努斯把市议员比作奴隶，说他们由于不堪其苦，宁愿抛弃家业逃走，以换取自由。[①] 市议员的人数在日益减少，为改变这一状况，帝国政府以立法的形式进行干预，《狄奥多西法典》收录了几乎 200 条有关市议员的法令。[②] 据统计，从公元 337 年到 4 世纪中叶，帝国针对市议员逃避任职的问题，出台了诸多法律条文，但涉及东部的仅有 2 条。这说明，在西部帝国，市议员逃亡的情形更为严峻。为此，帝国政府严格限制对派差和公职豁免权的授予。如，至公元 3 世纪晚期，竞技比赛中的获胜者还能享受派差豁免权，但由于经常出现贿赂和舞弊行为，戴克里先和马克西米安规定，"特权仅仅授予那些一直参与比赛，而且至少获胜三次的运动员，其中一次是在罗马

---

① 引自 A. H. M. Jones, *The Later Roman Empire*, 284－602, *A Social*, *Economic*, *and Administrative Survey*, Vol. 1, Oxford: Basil Blackwell, 1964, pp. 749～750。

② Ramsay MacMullen, *Corruption and the Decline of Rome*, Yale University Press, 1988, p. 44.

或希腊获得的，同时获胜者要保证没有行贿受贿行为"[1]。帝国政府适当放宽对市议员等级的资格审查。如作为安条克市议会的成员，阿米阿努斯·马塞利努斯坚决反对朱里阿努斯君主有关市议员的政策，"最令人无法容忍的是，朱里阿努斯不公正地让一些人加入市议会，成为城市元老，而这些人或是外籍人，或是由于出身和特权的关系，他们本可以不加入市议会"[2]。从公元4世纪中叶起，任何一个拥有或租有25犹格以上土地的人，都可以自动加入市议会。

尽管如此，至公元4世纪末，市议员人数仍不到原有的十分之一。以高卢的城市为例，公元367年长官弗劳伦提乌斯（Florentius）说：如果在每个居民中心判处3名市议员死刑，这一判决可能无法付诸实施，因为没有那么多的市议员[3]。利巴努斯在公元363年提到类似的情况，"市议员的人数大幅减少，城市的议员几乎都不辞而别，他们成为士兵或元老"。30多年后，利巴努斯提到安条克的市议员时说，"以前我们有600名市议员，甚至1200名，而现在只剩下60名。"[4]

当然，市议员终究是奴隶主统治阶级的一部分。他们有司法特权，在社会地位上高于普通平民，如在刑罚上，他们可以享有部分豁免权；在担任一系列市政职务后，也可以获得某些荣誉头衔。他们虽然也饱受帝国官员的欺凌，但对民众横征暴敛，很惹人痛恨。高卢地区马赛的主教萨尔维安曾经说过：这里的那些城市，不仅城市，还有那些城镇和乡村，哪一个市议员不是暴君呢？公元4世纪晚期和5世纪的一些记载中经常有这类控诉。在这一时期，虽然市议员等级在总体上衰落，但是对阿非利加行省的研究表明，他们仍然有活力，仍有富有的和有公益心的议员，仍有人死后愿意把财产赠予城市。可见，随着秩序的恢复和城市的修建，市议员等级仍为自己的城市感到骄傲。

古罗马文明的核心是城市。城市不仅是中央与地方政治联系上的重要

---

[1] 《查士丁尼法典》，10，54，1。引自 Millar Fergus, *The Emperor in the Roman World 31 BC—AD 337*, Ithaca, NY: Cornell University Press, 1992, p.457。

[2] 阿米阿努斯·马塞利努斯：《罗马史》，25，4，21。

[3] 阿米阿努斯·马塞利努斯：《罗马史》，27，6，7。

[4] 引自 Ramsay MacMullen, *Corruption and the Decline of Rome*, Yale University Press, 1988, p.47。

环节，更是罗马法律制度、政治制度、思想文化乃至语言和风俗传播的重要场所和本地区的经济中心。城市的生存状况关系到罗马帝国的兴衰存亡。

第一，城市的衰落削弱了帝国的经济基础。罗马帝国的经济基础是城市经济，而城市经济建立在保有早期奴隶制经济特色的中小土地所有制上。城市尽管有发达的商业贸易，不过这是以土地财产和农业为基础的城市，城市的经济基础是农村高度发达的奴隶制生产方式。奴隶制生产方式立足于奴隶劳动力的增加，它没有自然再生产的内部机制，其活力有限。随着奴隶来源的大幅度减少，农业经济在公元 2 世纪达到发展的极限之后，处于停滞状态。在帝国后期，奴隶制已经过时了，无论在乡村的大规模农业方面，还是在城市的工场手工业方面，它都已经不能提供值得费力去取得的收益，因为它的产品市场已经消失了。帝国繁荣时代的庞大生产已收缩为小农业和小手工业，这种小农业和小手工业都不能容纳大量奴隶了。以奴隶劳动为基础的大庄园经济，已不再有利可图。田庄一个一个地被分成了小块土地，分别租给缴纳一定款项的世袭佃农，或者租给分成制农民。国家对城市土地所有者的压迫，使得在他们土地上劳作的奴隶和隶农遭到

图 5.14　罗马建筑遗址

了比以前更加残酷的剥削，从而纷纷投奔大地产主，寻求豪强、官吏和军人的保护。这进一步加速了中小土地所有者的破产。

市议员（元老）是地方经济发展的中坚力量。城市元老从事农业、手工业和商业，为罗马帝国提供粮食和手工业产品。他们对城市经济的贡献还在于，通过自愿捐赠的方式为地方修筑公共工程，如道路、引水渠、神庙、公共浴场和剧场等，地方的福利事业也大多依赖城市元老或富人的自愿捐助。由于市议员抵押自己的财产，为帝国政府收税，他们也是帝国经济的支撑。在帝国晚期，随着贸易和工业的不断衰退，经济重心转移到乡村。元老、富豪大都离开城市，居住于自己的田庄内；很多市议员想方设法离开城市；供应城市的工商业者无生意可做，也离开中心城市到乡间去谋生。城市人口的流失，剥夺了城市至关重要的经济资源和社会活力。

随着奴隶制经济以及与其密切关联的城市的衰落，手工业和商业的萎缩，与城市无关的大地产成长起来。帝国西部的大地产在范围大小上与庄园不同，因为庄园是城市领土的一部分，所以庄园主的所有制受城市所有制的限制，而大地产则是独立领地，领地的所有权只受国家的限制；庄园与奴隶制经济的方式相联系，而大地产则是与农奴制经济的方式相联系的。[①] 大地产所有者靠牺牲城市和破产了的邻居的利益来扩大自己的土地，以收买或者干脆霸占的方式掠夺城市和他人的财产。大地产的发展改变了建立在奴隶劳动和自由市场上的古典经济体系的特征。

第二，城市的衰落缩小了帝国的统治基础。城市是罗马帝国的统治中心，国家管理的效力在很大程度上依赖城市。但城市并非独立的政治单位，由市议员、自治市贵族统治的城市，控制并管理着城市周边的农村地区。在帝国时期，公民大会已经名存实亡，行省居民积极参与城市建设。罗马人的爱国心，主要体现为对自己城市的爱护和忠诚。如公元363年朱里阿努斯君主在与波斯人作战中身亡后，约维安（公元363—364年在位）把尼西比斯（Nisibis）割让给波斯，尼西比斯的城市居民不愿接受波斯人的统治，他们恳求君主不要放弃尼西比斯，让他们沦落为野蛮人，因为他们已

---

① 《罗马奴隶占有制崩溃问题译文集》，北京：科学出版社，1958年版，第31页。

经世代接受罗马文明。① 最后尼西比斯的城市居民移居毗邻的罗马城市阿密达（Amida），而当地的部落和乡村居民接受了波斯人的统治。当然，城市的元老贵族也充实了帝国的官僚队伍。随着城市的衰落，帝国原先广大而庞杂的奴隶主集团的统治机构，变得越来越像一个奴隶主的上层分子——大地产主和主要保留在东方各省较小城市里的富有阶层——的统治机构。

在晚期罗马帝国，城市政治生活的范围日益缩小，城市主要是作为帝国权威的行政控制中心，并由帝国官员来管理的。很多市议员破产；也有许多市议员通过各种方式摆脱负担，从自治市的义务中解脱出来，有的向上爬到元老地位，有的加入僧侣阶层，有的参军。官职的增多又为市议员的上层成为国家官吏提供了机会。从公元 337 年到 4 世纪中叶，由于其社会地位和文化素养，市议员成为官吏的主要来源之一。有一些市议员因为经济不济，只得释放奴隶，把自己较大一部分土地廉价出售。他们变成小地产主，自己耕种所留下的小块土地。一些市议员则把土地向债权人抵债，而自己变成了悬愿制的土地占有者，或成为私人地产及皇室地产上的佃农。还有一些市议员自愿将自己的土地让给某一个大地产主，变为后者的隶农，特别常见的是他们变成皇室地产上的隶农。最后只有极少数城市显贵参与市政管理，而他们也对政治失去了兴趣，力图弄到一些特权，使他们能够解除市政上的差事。由中小地产主主导的城市已不再是帝国的坚实支柱和基层组织了。

第三，城市的衰落预示着古典文化即将退出历史舞台。古罗马文化首先是城市的文化、公民社会的文化。由于农民、奴隶劳动者和城市贫民构成城市人口的绝大部分，城市的统治基础狭窄。罗马文明虽然扩展到广大的地区，但只限于城市中的上层人士，包括城市无产者和乡下农民在内的广大民众，依然处在原来的落后状态。

城市和工商业的衰败意味着，长期以来曾给予罗马城市以活力的那种公民精神的丧失以及与它们密切相关的城市生活的萎缩。城市的奴隶主以及与他们有关的知识分子，最敏锐地感到思想危机。许多城市贵族失去了

---

① 左西姆斯：《新历史》，3，91。

道德的目标意识，玩世不恭和逃避现实的思想影响着他们。他们拒绝高尚的文化，罗马城中"以前曾经追求高尚生活的、为数不多的几个家庭，现在也充斥着懒散的娱乐游戏，回响着靡靡之音，丝竹之声不绝于耳。总之，哲学家让位于名伶，修辞学家被演员所取代，图书室被关闭，安静得如同坟墓，水动风琴被造了出来，竖琴大如车，笛子重得连演奏者也难以举起……后来城中粮食匮乏，外籍人干脆被驱逐出城，那些从事高尚文化事业的人（尽管没有几个）也被迅速驱逐，那些追捧喜剧女演员的人，或者是那些附庸风雅的喜剧迷却被留在城中，3000名伶同他们的歌队一起留下来，同样数量的教坊师傅也留了下来，无人对此质疑"。① 城市贵族精神上堕落、缅怀过去，所以他们所创立的宗教哲学体系都带有消极性和颓废情绪。在科学、文学和艺术领域，他们没有任何重大的创作。贵族们厌倦了城市生活，公元4世纪后期东部帝国的一个观察家写道："在这座城市里，每一个富有的元老都适合担任高官。但是他们冷漠地站在一边，宁愿去安逸地享受他们的财富。"② 罗马民众普遍的无权地位及其无法改变的现状，必然导致他们意志消沉和精神颓废。在政府举办的挥霍无度的娱乐活动中，生活空虚的城市平民正逐渐迷失了自我。"在社会下层和穷人中，有些人整夜泡在酒馆里，有些人整天待在剧场中……有些人在赛场和赌场中吵吵嚷嚷，发出各种怪声；他们最喜欢看赛车比赛，从日出到黄昏，风雨无阻，仔细比较着赛车手和他们马匹的细微优劣。最引人注目的是数不清的平民聚集在一起，他们脑袋里充满渴望，盼望着赛车的最终结果。罗马的国家大事被这些行为所取代。"③

随着古典文化的衰落，基督教在整个罗马世界传播，基督教文化成为社会主导。公元356年，君士坦提乌斯二世禁止所有的异教祭祀活动，关闭异教徒的神庙，但传统宗教对社会以及人们的文化观念的影响仍然很大。在公元357年君士坦提乌斯二世对罗马的访问情景中，我们看到了一个基

---

① 阿米阿努斯·马塞利努斯：《罗马史》，14，6，18～19，译文参见叶民：《最后的古典》，天津：天津人民出版社，2004年版，第176页。

② J. P. V. D. Balsdon, *Life and Leisure in Ancient Rome*, New York: McGraw-Hill, Inc., 1969, p. 203.

③ 阿米阿努斯·马塞利努斯：《罗马史》，14，6，25～26。

督教化了的君主对罗马古典文化的折服："君士坦提乌斯来到罗马广场的时候，他被深深地吸引了，城市各处辉煌的景象令人目不暇接……他视察城区和郊区各地，在七丘的山坡上或平地上休憩，他对所见的一切都感到惊奇：朱庇特神庙高耸入云，似乎它的高度超过世上所有的神庙；公共浴场的面积如同行省一般大小；由巨石建造的剧场宏伟壮丽，一眼看不到顶端；万神殿大得如同罗马的一个城区，高大的穹顶优美无比；你可以登上高高的纪功柱上的平台，观看上面的君主雕像；维纳斯和罗马女神庙、和平广场、庞培剧场、音乐厅、露天运动场以及其他的建筑装点着这个永恒的城市。他来到了图拉真广场，这是天下最美的广场，天上的神祇也非常喜爱它。他完全被美景吸引住了，望着周围的建筑，无法用语言来描绘，人类再也无法仿造出相似的美景来"①。

基督教的发展不但改变了帝国居民的精神状态，而且也改变了人们的生活方式。以城市为代表的古代希腊、罗马文明的核心价值是理性和以人为本。现在怀疑主义代替了对科学知识的渴望，对彼岸世界的兴趣排挤了对现实世界的关注，国家的盛衰兴亡和个人的荣辱得失都降到了微不足道的地位。

三、社会的变革

从主观方面来说，社会是研究晚期罗马帝国历史的重要单位。公元 4 世纪以来，帝国社会分崩离析。每况愈下的社会下层民众受到了最大限度的控制，失去了享受罗马自由的权力，也丧失了对于罗马帝国的尊敬，而大地产主的独立性也日渐加强。由于社会凝聚力的丧失，晚期罗马帝国随着人们的普遍冷漠而走向了历史的尽头。

（一）凝固的社会等级

为保证国家税收，帝国政府运用各种强制手段阻止社会各阶层之间的流动，以加强对臣民的控制。依据地位、行业和职务，把人们划分为固定

---

① 阿米阿努斯·马塞利努斯：《罗马史》，16，10，13～17，译文参见叶民：《最后的古典》，天津：天津人民出版社，2004 年版，第 155～156 页。

类别的社会结构逐渐形成。通过强制手段，帝国政府最大限度地控制了下层民众。为了强化统治，统治者采取这些措施是必然的，正如阿尔弗德所说，"强制性和集权化是帝国君主制度对晚期古代的逐步增长的经济困难、社会和政治问题，以及意识形态的冲突所能做出的唯一反应了"[1]。

在乡村居民中，隶农（coloni）是最为典型、成分差别最小的阶层。隶农最初是指共和末期自由劳动、耕种自己土地的农民或移民。那时的大土地所有者已开始把土地分成小块，分租给包括奴隶在内的佃耕者，后者也被称为隶农。到了公元2世纪，隶农制渐趋流行。不论是来自破产农民，或者奴隶，隶农都日益附着于土地，向奴隶主交租，提供劳役。与奴隶不同，隶农有权拥有土地，缔结合法婚姻，至少最初他们有权参军。直到公元3世纪，大地产上的隶农仍未被限制人身自由。公元332年，君士坦丁颁布法令："任何人，如果在他的地产内找到了别人的佃农，不但应把佃农送还原来的地方，而且应该负担佃农在那个时期（即归他所有的期间）的人头税。至于佃农自己，凡是意图逃亡的就应该被束缚于不自由的地位，由此，在这种奴役地位的惩罚之下，他们就会被迫完成与自由人身份对应的义务。"[2] 这项措施的意图是，把自由的小土地所有者和隶农束缚在地产主的土地上，实际上是把农民的自由交给地产主。君士坦丁还把在农村征收正规税的责任委诸大地产主，从而加强了大地产主对隶农的监督和奴役。隶农每年缴纳一定的款项，依附于土地，并且可以与那块土地一起被出售；这种隶农虽不是奴隶，但也不是自由的，他们不能和自由民通婚。他们是中世纪农奴的前辈。[3]

自公元3世纪以来，帝国加强了对若干行业的控制，主要包括：为城市居民提供衣食住行的行业以及与军队和保卫生命财产有关的行业。到亚历山大·塞维鲁时期，一切手艺和行业被强制合并起来，置于国家的控制下，它们对国家承担一定的义务，同时享有一些特权。帝国经常发布敕令，

---

[1]　Geza Alföldy, *The Social History of Rome*, translated by David Braund and Frank Pollock, London & Sydney: Croom Helm, 1985, p. 187.

[2]　《狄奥多西法典》, 5, 17, 1。

[3]　参见《马克思恩格斯选集》, 第4卷, 北京：人民出版社, 1995年版, 第149～150页。

禁止行会成员逃避职责，进入军队或从事其他行业。如果发现有人为逃避职责而转让财产或晋升到更高等级，应责令此人恢复原来的职业。对其他与罗马、君士坦丁堡食物供应相关的行会，帝国也有类似的规定，例如强迫面包师傅和屠夫坚守他们的职业，留在他们的行会中，或者他们在退休时提供一个代替者。有些在国家作坊里劳动的手工业者，还被打上烙印，以防他们逃跑。这就把某些团体从私人组织变成为国家服务的组织。行会本身也成为一个课税单位。在君士坦丁时期，政府责成同业行会用联保的方式，保证其成员如数缴纳实物和税款。为了增加政府收入，君士坦丁增设金银税（Chrysagyron），其主要征收对象是城市工商业者。工商业者的概念比较宽泛，甚至放债者和妓女也被包括在内，在市场出售产品的农夫也要支付此税。金银税的征收数量依据纳税人的家庭人口、财产、拥有奴隶和牲畜的数量情况加以估算。尽管该项税收占国家岁入比例很小，却常常使纳税人措手不及。每当四年一次的金银税开征时，整个城市中到处是抱怨和悲叹声。一旦有人穷的一无所有，等待他的就只有被拷问和鞭笞。为了凑足税款，母亲甚至被迫卖子，父亲把女儿卖为妓女。[①]

在罗马帝国的各社会阶层中，市议员的地位仅次于元老，而高于普通平民。在戴克里先时期，市议员实际上成为世袭的等级。针对市议员逃避任职的现状，国家制定诸多相应对策。在没有特别许可的情况下，市议员被禁止离开居住地，"总督应负责将离开自己所属自治市、迁往其他地方的市议会成员召回自己本土，并责令其完成应担负的职责。"[②] 公元 320 年有敕令规定，凡自治市议员或其后代，或任何拥有足够财产适于承担强制性公共义务的自治市公民，一律不得以宗教职务为借口逃避自治市义务。[③] 公元 325 年有敕令规定，加入军队的市议员以及早已被提名为市议会成员的那些人，凡经查证核实确属此类情况者，应予遣返原籍，被送回原来的城市，恢复其自治市议员资格。[④] 总之，至公元 4 世纪上半叶，市议员在法律

① 左西姆斯：《新历史》，2，57。
② 《狄奥多西法典》，12，1，19（公元 331 年）。
③ 《狄奥多西法典》，12，1，5。
④ 《狄奥多西法典》，12，1，10。

上成为世袭的社会等级，被固定在其出生的城市，其服务成为强制性的。

世袭原则进一步用于军役。现役士兵的儿子要继承父亲的职业，如果他们拒绝服役而且年龄超过 25 岁，就成为市议员。公元 319 年有敕令规定，应服兵役的军人之子，有的怠惰成性，不愿履行其应负之强制性军役，有的懦弱甚至不惜自残肢体以图逃避军役。此种人如经查证，因手指折断不堪服军役，则应责令他承担市议员所应担负的强制性义务。[①]

罗马国有奴隶劳动的持久和直接的使用，是古典时代后期的重要特征。日常的公共劳动，如修建道路、建筑物、引水排水系统都是由国有奴隶完成的。在军队的武器装备以及军事和内政机构的供应中，很大一部分是由帝国专有的工业部门负责的，后者的人员配备来自军事附属人员和家生国有奴隶。从君士坦丁时代开始，为国家机关制造制服的部门，也如军事部门那样受管制。在帝国的铸币和麻织品工厂劳作的是国有奴隶；武器制造也掌握在有军职的世袭工人手中。因此，真正大规模的生产部门与商品交换总量同步地大幅度减少。

总之，通过强制手段，帝国政府最大限度地控制了下层民众。就像奴隶一样，商人、手工业者和隶农被迫世袭其业，这种强迫性继承还扩及市议员和士兵。个人出身在决定社会地位方面的作用越来越大。固定的社会体制，虽然保证了财政税收的稳定来源和物资的充足供应，但这种人为的职业划分，束缚了人身自由，妨碍了经济生活的自由发展，不利于贸易和商业发展。

凝固的社会等级使社会矛盾有了新的发展。在帝国最后几百年的普遍迫害与奴役中，社会下层内各等级之间的差别逐渐消失。因为关于税收、差役、职业继承的强制体系是不自由的一种新形式，这种不自由在人民中的大多数派别达到相似的程度。奴隶和自由贫民之间、奴隶和隶农之间、农民和城市手工业者之间的旧的区别消失了。专制体制未给个人自主或自由留有余地，所有的人同样地受到压迫，他们对罗马国家只留下了憎恨和厌恶。

罗马人对于帝国已经绝望了，有些人公开反叛，有些人投靠大地产主。

---

① 《狄奥多西法典》，7，22，2。

甚至有人向往野蛮部落的那种生活方式。在走投无路的时候，农奴或事实上的自由人常逃到日耳曼人，甚至匈奴人那里去。公元 448 年，一个投奔匈奴人的逃亡者认为，"在匈奴人中间的新生活，比他在罗马人中间的旧生活还好。罗马臣民在和平时期的境遇，比受战祸还更痛苦，因为勒索赋税凶猛得很，又因为法律实际上不是对所有的阶级都生效的，富人犯罪不受处罚，而穷人犯罪则蒙受刑法制裁。"① 萨尔维安对西罗马帝国灭亡前的社会状况曾作如下的描述："穷人遭搜刮，寡妇在呻吟，孤儿被蹂躏，以致他们当中有许多出身名门受过良好教养的人也逃到敌人那里，以免死于社会迫害所加的折磨之下，也就是到蛮族那里去寻求罗马的人道"，"他们绝不后悔离乡背井：因为他们宁愿在奴役的外表下过自由人的生活，而不愿在自由的外表下过俘虏的生活。"② 萨尔维安的描述显示，民众已经对丧失了公平与正义的帝国失去信心。

（二）独立的大地产主

在晚期帝国尤其是西部帝国的社会等级中，乡村的大地产主（*potentiores*）是唯一兴旺的阶层。早在帝国前期，随着"罗马和平"时代的到来，地产集中的趋势日趋明显。据老普林尼记载，整个迦太基的地产就掌握在 6 个大地产主手里。后来，尼禄处死了这 6 个大地产主。③ 这些被没收的大地产成为元首地产。元首本人就是帝国时期最大的地产主。而到涅尔瓦时期，阿非利加的私人地产几乎达到了与城市领土同样大小的面积。在帝国西部，大地产主并吞着周围的小块土地，不断增加着他们的实力，而在帝国东部一些人通过升迁、受贿或通过经营奢侈品而兴盛起来。公元 3 世纪以来，虽然元老贵族日渐失去对帝国的控制，却拥有巨额财产。公元 4 世纪时西部元老贵族的平均富有程度 5 倍于 1 世纪之时。他们仍是一个很有势力的集团，有很大部分农业居民——安置在土地上的奴隶、被释奴隶、隶农和被保护人——纷纷从中小地产主的土地转到大地产主的土地上寻求庇护，他们集中到大庄园，进一步强化了大地产主的实力。自由农民为了

---

① 汤普逊：《中世纪经济社会史》上册，耿淡如译，北京：商务印书馆，1997 年版，第 42 页。
② 引自周一良、吴于廑主编：《世界通史资料选辑》，上古部分，第 418～419 页。
③ 老普林尼：《自然史》，18，7，35。

逃避国家官吏的暴力压迫和勒索，也纷纷投靠有势力的大土地所有者。自由农民和自由手工业者基本上都沦为世袭大领地的农奴，他们住在茅舍密集的村落里。罗马元老们的地产分散在帝国各地。如辛玛库斯（Quintus Aurelius Symmuchus）在罗马附近、南意大利有 15 座别庄，而在萨姆尼亚、阿普利亚、西西里、毛里塔尼亚还有庄园。谢克特·彼特罗尼乌·普罗布的领地也同样分散在罗马世界的不同地区。① 据公元 422 年的一项材料记载，罗马君主在阿非利加的皇庄多达 735100 公顷，在比萨琴那有 735750 公顷，分别占两省总面积的 18.5％ 和 15％。据当代罗马史家琼斯估算，一个中等富有的罗马元老贵族在行省占有的土地面积一般为 600 平方英里，有的元老贵族的地产规模更多达数千平方英里。② 土地垄断的弊病已非常严重，实际上势力强大的地主贵族阶层已经占有整个帝国的土地。

大地产堪称罗马社会的毒瘤。大地产是一个相对独立的经济单位。向大地产上的居民征收国家租税，远不是一项轻而易举的任务。逃税问题，在西部地产主中是长期的地方性弊病。公元 4 世纪后期，帝国把在乡村征收实物税的责任委托给大地产主，384 年狄奥多西一世的法令规定，"高贵者的家族，即大地产主分摊了这一实物供应职责。但他们只服从规劝，没有必要命令他们。"③ 大地产是一个相对独立的政治单位。以元首地产为例，在帝国早期，元首地产虽然以城市的形式组织起来，但却脱离自治市的管理，是由元首督察使而不是市政官员管理的。元首地产享有特殊待遇，逐渐脱离普通法的管辖。据塔西佗记载，在提比略统治早期，法庭把元首个人和另一地产主之间的诉讼当作公民之间的诉讼。④ 但至克劳狄时期、提比略统治后期，作为大地产主的元首拒绝法庭就有关其地产的诉讼做出判决，设法让元首地产的管理者取得普通司法的豁免权。⑤ 在晚期帝国，大地产主的领地组成一个独立整体，是帝国官吏力所不及的地方。甚至连行省总督都不敢招惹大地产主，也不敢侵害受其保护的人。大地产是一个相对独立

① 阿米阿努斯·马塞利努斯：《罗马史》，27，11。
② 引自马克垚：《西欧封建经济形态研究》，北京：人民出版社，2001 年版，第 12～13 页。
③ 《狄奥多西法典》，11，15，2。
④ 塔西佗：《编年史》，4，6。
⑤ 苏埃托尼乌斯：《克劳狄传》，15，1；塔西佗：《编年史》，12，60，1；60，4。

的军事单位。大地产主行使着过去地方政府的军事职责，他们拥有自己的堡垒、监狱和军队。大地产主居住的别墅设有防御工事，其四周围绕着奴隶和隶农的村落和庄子。他们从奴隶和隶农中抽人组成武装队伍，以便与强盗和蛮族斗争。一些罗马大地产主已有家丁护卫，家丁除由主人处获得饮食外，还得到马匹、武器的供应。家丁执行护卫主人的任务，对之忠诚。由于乡村的治安状况非常糟糕，盗贼横行，抢劫成风，佃户无权无势，身家性命朝不保夕，政府不得不把农村的治安委托给大地产主来管理，实际上佃户也就归他们管辖了。总之，西部大地产主在政治、经济上的独立趋势逐渐增强。

随着统治阶级内部社会分化的加剧，晚期帝国权力的主体结构出现了严重的分歧。在意大利、西班牙、高卢和阿非利加，元老贵族仍然是最有经济实力的阶层，但是，作为帝国政治权力来源的军事指挥机构已经与之分离，落入了出身社会下层的军官之手。帝国军事机构与贵族体系相互脱节，一种结构性的对抗局势出现了。在晚期帝国的政坛上，元老贵族、大地产主等统治阶级上层是不积极的。他们大都退居乡间，不太过问外面事务，过着豪华奢侈的生活。到公元 5 世纪，帝国已成为一具空壳。政府只存在于理论而非现实之中。昔日一度强大而集中的政府权力已经不复存在。真正的权力实际上掌握在一群有势力的私人土地所有者手中。

总之，公元 4 世纪以来，占人口绝大多数的社会下层生活在无可救药的、残酷无情的贫困之中，他们对帝国充满仇恨。实力雄厚的大地产主脱离了帝国权力的主体结构，其独立性越来越强。晚期罗马帝国整个社会结构同政治制度之间的分裂和疏离，造成了社会与国家的脱节，导致了地方行政的崩溃，从而使整个帝国陷入了混乱或瘫痪的状态。

四、西罗马帝国的灭亡

公元 5 世纪，古罗马文明进入了最后阶段。君士坦丁迁都君士坦丁堡以后，由于长期存在的社会和经济差异，罗马帝国东部和西部之间的分野越来越明显。公元 395 年，狄奥多西一世死后，他的两个儿子阿尔卡迪乌斯与和霍诺里乌斯分别管理帝国东部和西部。帝国分裂的客观事实被最后固定下来。帝国的分裂严重削弱了西部帝国的实力。因为东部帝国的人口更稠密，其农业较少地依赖大地产。东部帝国的城市跟西部较新的城市相比规模更大，数量更多，商业上也更活跃。东部帝国的相对平稳与西部帝国的政治、军事和社会经济困境形成了十分鲜明的对照。

蛮族入侵是西部帝国面临的严峻问题。北方的日耳曼人对摧毁西罗马帝国起了重要作用。在日耳曼各部落集团中，比较活跃的有：东哥特人、西哥特人、汪达尔人、法兰克人、阿拉曼尼人、盎格鲁人、撒克逊人、伦巴德人等。在公元4世纪，日耳曼人主要以移民的方式进入罗马帝国。在匈奴人西迁的推动下，西哥特人于公元376年最先进入罗马帝国。进入帝国的西哥特人，遭到罗马官吏的残酷压榨，于公元377年公然与政府作对。公元378年的亚德里亚堡之战，实际上开启了帝国灭亡的序幕。从公元5世纪起，日耳曼人则主要以入侵者的姿态出现在战场上。公元410年，西哥特人在首领阿拉里克的率领下，攻陷罗马城，罗马城的永恒性不复存在。大约与此同时，汪达尔人、苏维汇人和阿兰人联合进攻高卢地区。公元450年，匈奴人开始发动了对西部帝国的进攻，成了瓦解西罗马帝国的重要力量。公元455年6月，罗马城又遭到了汪达尔人的洗劫。就在西罗马帝国穷于应付匈奴人和汪达尔人的进攻之际，法兰克人和勃艮第人又大举入侵高卢地区。本应积极抵抗入侵的帝国居民，因不堪压迫，反而把入侵的日耳曼人奉为"救星"，配合日耳曼人的行动。如汪达尔人在公元429年5月夺取北非时，"当地居民没有表示出任何严重抵抗的迹象；博尼法斯（北非的罗马总督）曾用哥特人的雇佣兵来保卫希波，而当地居民并未予以多少协助，乡间的游牧部落或是采取暧昧态度，或是利用罗马总督的困难进行攻击和从事掠夺的远征。"[①] 至公元5世纪70年代，罗马帝国在西部的大片领土已经丧失，汪达尔人控制了北非、撒丁尼亚和科西嘉等地；西哥特人统治了西班牙地区；法兰克人和勃艮第人占据了高卢地区。西罗马帝国的统治区域仅限于意大利半岛。

内部经济的衰落对西罗马帝国的灭亡影响重大。由于帝国有效控制的

---

① 　赫·乔·韦尔斯：《世界史纲》上卷，吴文藻、谢冰心等译，桂林，广西师范大学出版社，2001年版，第443页。

图 5.15　君士坦丁凯旋门上的浮雕像

地域日趋缩小，而军费支出又居高不下，财政陷入极度困难之中。西部帝国的多数城市都已衰落，其人口数量和空间范围萎缩，与形同虚设的行政中心或防御中心无异。在奴隶制大庄园高度集中的意大利、西班牙和高卢，为应对日益困难的奴隶制经济，大地产主被迫停止直接供养为数众多的奴隶，转而将他们安置在小块土地上，让他们自己养活自己，而地产主则收取剩余价值。罗马帝国奴隶制社会内部的矛盾日益发展，不管是隶农、被束缚在土地上的奴隶、受庇护的小农，还是蛮族的移民，其实际地位都逐渐接近起来。他们形成一个隶农阶层，是农业的主要生产者。恩格斯把这种介于自由民和奴隶之间并有某种生产独立性的新的小生产者称为"中世纪农奴的前辈"。这样，在奴隶社会的母胎内，孕育了封建生产关系的因素。但是新的因素还不能迅速代替奴隶制的生产方式，已经过时的国家机器还顽强地阻碍着封建因素的成长。"奴隶制已不再有利，因此也就灭亡了。但是垂死的奴隶制却留下了它那有毒的刺，即鄙视自由民的生产劳动。在这里罗马世界就陷入了绝境：奴隶制在经济上已经不可能了，而自由民的劳动却在道德上受鄙视。前者是已经不能再作为社会生产的基本形式，后者是还不能成为这种形式。只有一次彻底革命才能摆脱这种绝境。"① 要使新的社会形态代替过时的旧社会形态，必须通过暴力革命。

更加频繁的民众反抗问题考验着西部帝国。奴隶、隶农和其他下层民众，因为不堪压迫，公开起义。巴高达和阿格尼斯特运动就是西部帝国境内爆发的两次规模庞大的人民运动。波及高卢和西班牙行省的巴高达运动，自公元 2 世纪末开始，在 3 世纪 70、80 年代进入高潮。由于受到马克西米安的镇压，巴高达运动在公元 285 年以后一度低落。公元 5 世纪以来，由于难以忍受的财政和租金的压力以及元老贵族们的挥霍和奢靡之风，巴高达运动又以新的规模爆发起来。"在高卢境内肆无忌惮的劫掠越来越凶，有毁灭一切的趋势，一切可资牟利的东西都被人以极其粗暴的方式劫走。"② 据记载，公元 407 年巴高达分子袭击了途经阿尔卑斯山隘的罗马军队。他们不仅歼灭了罗马官兵，而且缴获了大量的战利品。公元 447 年，罗马大

---

① 《马克思恩格斯选集》，第 4 卷，北京：人民出版社，1995 年版，第 150 页。
② 阿米阿努斯·马塞利努斯：《罗马史》，28，2，10。

将艾息阿斯调遣阿兰人前去镇压，巴高达运动最终失败。在公元4世纪30年代至40年代，北非爆发了规模巨大的阿格尼斯特运动，运动的参加者除了奴隶、隶农和其他贫苦人民，还有遭受罗马压迫的柏柏尔人。40年代后，阿格尼斯特运动因遭到镇压而暂告失败。到了70年代，在毛里塔尼亚的部落首领菲尔穆斯的领导下，阿格尼斯特运动又一度达到高潮。公元373年，罗马政府派狄奥多西前往镇压。两年之后，起义主力遭受重挫。起义再次转入低潮。巴高达运动和阿格尼斯特运动沉重打击了罗马统治者，大大加速了西罗马帝国的灭亡。

与东部帝国相比，西部帝国还面临着更加严峻的军事叛乱。就罗马帝国的政治艺术而论，他们从来没有发明出确保政权移交的有效机制。这种弊端为许多将领提供了难得的篡权机会。如在瓦伦提尼安一世（公元364—375年在位）统治时期，至少有10名，甚至13名非王室出身的人为争夺王位不惜铤而走险。[①] 另据统计，公元455—476年，罗马政局非常混乱，在这21年时间里，罗马共出现了9个君主，其统治时间平均不及3年。[②] 军队尤其是军队将领的地位越来越突出，他们是这一时期帝国统治阶级中最有权势的人。公元4世纪以来，几乎所有的罗马君主都是靠以军队将领为主的特权阶层的支持而登上皇位的。罗马统治者同日耳曼上层之间往往通过联姻来巩固彼此的关系。公元476年，蛮族将领奥多亚克（Odoacer）废罗马君主罗慕鲁斯·奥古斯都，传统上认为这一事件标志着西罗马帝国的灭亡。

西罗马帝国最终灭亡了。随着西罗马帝国的灭亡，西方历史上规模空前的、伟大的古罗马文明也宣告终结，让位于正在成长中的西欧中世纪文明。

自古以来，或有感于古罗马曾经的伟大，或有感于古罗马文明对西方世界的持续影响，人们对西罗马帝国的衰亡问题有浓厚的兴趣。早在帝国晚期，异教徒和基督徒就互相指责对方是导致帝国衰落的罪魁祸首。近现代史家对这个问题的研究更是数不胜数。或许，对于如此宏大的问题，人们永远找不到标准答案，但它确实有巨大的吸引力。几乎每个人都能在罗马帝国的衰亡中找到自己所需要的东西。

---

① 迈克尔·格兰特：《罗马史》，王乃新、郝际陶译，上海：上海人民出版社，2008年版，第327页。
② 杨共乐：《罗马史纲要》，北京：商务印书馆，2007年版，第279页。

第 三 编

罗马文化

第六章　共和时期的罗马文化

第一节　文学与史学

一、拉丁文学的兴起与发展

拉丁文学的兴起与拉丁文的发明和发展有很大的关系。拉丁文（Lingua Latina）是拉丁文学的书写载体，属字母文字，是拉丁人在学习和吸纳近邻先进文化的基础上，结合自身的特色创造出来的。古典拉丁文有23个字母，其中21个与埃特鲁里亚文字有关。

古典拉丁文最早出现于王政时代。我们现在见到的最早的拉丁字母刻在普莱纳斯特大饰针上，属于公元前7世纪的文物，内容为"马尼乌斯为努马西乌斯制作了我"。

公元前449年，罗马出现了用拉丁文写成的《十二铜表法》。全文毁灭于公元前390年高卢人的入侵。从后人的辑本中，我们还是能够看出至公元前5世纪中叶拉丁文的发展情况。现录《十二铜表法》的第一表内容如下：

第一条：若【有人】被传出庭受讯，【则被传人】必须到庭。若【被传人】不到，则【传讯人】可于证人在场时，证实【其传票】，然后将他强制押送。

第二条：若【被传人】托词拒【不到案】或企图回避，则【传讯人】得拘捕之。

第三条：若【被传人】因疾病或年老妨碍【出庭受讯】，则【传讯人】可给他驮载的牲口。若不愿意，则可不必提供篷车①。

第四条：自己有产业者【出庭受讯时】之保证人，应【只是】自有产业之人。无产业公民的保证人，则任何人愿意者均可为之。

第五条：效忠者及归顺之人与罗马人民一样有立约及让与的权利②。

第六条：谈判之事，则亦由【原告人】在【出庭受讯时】提出请求③。

第七条：若【当事人双方】不能和解，则【他们】应在午前到市场或会议场④进行诉讼。出庭双方应依次申辩【自己案件】。

第八条：到了午后，【长官】则对【出庭受讯时】出席一方的要求予以批准。

第九条：若双方均到庭【受讯】，则以日落时为【诉讼】之最晚时限。

用法律行文来说明审判的基本条例并将其公布于众，这本身就说明拉丁文字的成熟程度。

拉丁铭文是早期拉丁文的重要展示形式。保存至今的拉丁铭文中，献给西庇阿父子的墓志铭特别珍贵，具有历史、文献等多个层面的价值。献给西庇阿·巴尔巴图斯（曾任公元前 298 年度的执政官，公元前 290 年度的监察官）的墓志铭这样写道：

> 路西乌斯·科尔涅利乌斯·西庇阿·巴尔巴图斯，格涅乌斯之子，一位勇敢而睿智的男子，兼具英俊的外表与高尚的品德，曾担任过你们的执政官、监察官、营造官，夺取了萨姆尼乌姆的陶拉西亚

---

① 参阅奥鲁斯·格里乌斯：《阿提卡之夜》，16，26。"驮载的牲口"指套着牲口行驶的四轮车。篷车指一种四面密闭并铺着草垫的坚固的木轮车，常用以装载重患者和老人。

② 本条据《罗布古典丛书》本，可能是指意大利同盟者忠于罗马或归顺于罗马者，在缔结契约方面的权利。

③ 盖约在其十二铜表注释（1，22，1. D. II. 4）中指出，被传出庭之人，若在前往长官处的路上与对之提出诉讼者取得和解，应获得自由。

④ 会议场是在市场上的一个地方，人民集会、审判及执行判决均在那里举行。

（Taurasia）、基苏那（Cisauna），征服了整个路卡尼亚，带回了很多人质。①

献给西庇阿·巴尔巴图斯之子的墓志铭是：

> 路西乌斯·西庇阿，是罗马公认的最优秀者。他是巴尔巴图斯的儿子，曾担任过你们的营造官、执政官和监察官。是他征服了科西嘉岛，还有阿勒利亚（Aleria）这座城市。他为气候女神献上了一座神庙，以回报女神对他的庇佑。②

上述墓志铭颂扬西庇阿父子的军功政绩，是两篇典型的个人小传。从上述铭文看，到公元前 3 世纪，罗马人显然已经能够熟练地使用拉丁文了。

公元前 272 年，南意大利他林敦城被罗马攻陷。居住在意大利南部的希腊人安德罗尼库斯（约公元前 284—前 204 年）被罗马人俘获，带到罗马，成为李维乌斯家的一名家庭教师。为教学所需，他翻译了荷马的《奥德赛》。这一译文虽然不是完善的作品，有幼稚、粗糙之缺陷，但在当时还是得到了罗马民众的称赞。③ 据说他翻译或创作过悲、喜剧多部，在罗马演出，颇受好评。同时，他还用拉丁文创作诗歌，是已知的最早使用拉丁文写作诗歌的人，在罗马文学史上占有重要的地位。④

从公元前 3 世纪后半叶开始，拉丁文在学者的不断努力下，逐渐发展并完善起来。其中起主要作用的学者有：奈维乌斯和恩尼乌斯。

奈维乌斯（约公元前 270—前 200 年），罗马人，是拉丁人中的第一位诗人，也是罗马"长袍剧（fabula togata）"和"混成剧"的创始人，被称为"拉丁文学之父"。他用拉丁文、罗马题材和罗马内容写叙事体诗，是第一位把罗马同特洛伊联系起来加以叙述的诗人，也是第一位用戏剧讽刺罗

---

① *Remains of Old Latin*（Archaic Inscriptions），Inscriptions Proper，Epitaphs，1～2.
② *Remains of Old Latin*（Archaic Inscriptions），Inscriptions Proper，Epitaphs，3～4.
③ 西塞罗：《布鲁图斯》，23，71；李维：《罗马史》，27，37。
④ 苏埃托尼乌斯：《名人传》。

图 6.1　罗马母狼

马政治揽权现象而遭判下狱的诗人。① 主要作品有《母狼》《克拉斯提狄乌姆》和《布匿战纪》。其作品即使到贺拉斯时期也仍受欢迎。② 奈维乌斯在去世之前，亲自为自己撰写了墓志铭。墓志铭的内容如下：

> "倘若不死的诸神也为凡人流泪，
> 卡墨娜神便会为诗人奈维乌斯悲哀哭泣。
> 在他去了奥尔库斯（地狱之神）的居地后，
> 罗马人便遗忘了会说的拉丁语言。"

格里乌斯在《阿提卡之夜》一书中认为这可以看作是对奈维乌斯的公正评价。③ 即使到公元前 1 世纪中叶，西塞罗还认为他的作品给大家带来了

---

① 罗马的言论自由是有一定限制的。诽谤罪是大罪，可判处死刑。
② 贺拉斯：《书札》，2，1，53。
③ 奥鲁斯·格里乌斯：《阿提卡之夜》，1，24。

"快乐"。① 恩尼乌斯（公元前239—前169年）是古罗马学者十分钟爱的诗人，出生于南意大利卡拉布里亚的鲁狄埃，精通希腊、奥斯坎和拉丁文三种语言。公元前204年，他随迦图从撒丁尼亚来到罗马。此后，他参与罗马人的军事战争，用拉丁文写作史诗，讲述罗马人的生活和战争故事，并于公元前184年获得罗马公民权，成了真正的罗马人。《编年史》是其最重要的作品。此书从特洛伊战争写起，一直写到公元前172年。全诗据说有18卷，可惜仅存600行，用"命运注定"来解释罗马成为世界主宰的必然性和合理性。在古代，这部史诗深受学者、民众喜爱。其警句犹如神谕，流传广泛。他自誉："及我这一时代之前，还没有人登上过缪斯们的峻岭，领会过诗歌的学问。"② 他的名言有："我承认有神，但神不关心人的作为，否则就会有善恶必报的行为——然而这很罕见。"③ "哲学探索必要，但不必太多；因为并非所有的人都热衷于哲学。"④ "聪慧之人容易封住嘴里燃烧的烈火，但很难控制其连珠之妙语。"⑤ 恩尼乌斯也写过一些悲、喜剧诗和讽刺诗，对拉丁文的发展影响很大。卢克莱修认为：恩尼乌斯是"第一个从那迷人的希利康山上带来常青之叶的桂冠"的人，"注定要在意大利各族中间永享盛誉。"⑥

恩尼乌斯在去世前，曾自己留言：

"公民们，

请看看恩尼乌斯老人的雕像，

他曾经歌颂过你们祖辈的丰功伟业。"他希望：

"不要用泪尊崇我，不要在葬礼上哭泣，

为何？

因为人们的传颂将伴我永生。"⑦

① 西塞罗：《布鲁图斯》，19。
② 西塞罗：《演说家》，51。
③ Ennius，*Telamo*，Frag.
④ 奥鲁斯·格里乌斯：《阿提卡之夜》，5，15。
⑤ 西塞罗：《论演说家》，2，54，222。
⑥ 卢克莱修：《物性论》，117~119。希利康山是希腊神话中诗与诗人灵感的产生地。
⑦ 西塞罗：《图斯库兰辩论集》，1，15，34。

图 6.2　一位年轻女人的肖像

恩尼乌斯老人的愿望确实得到了实现。

戏剧是罗马早期文化的重要组成部分。公元前 240 年，为庆祝罗马人在迦太基战争中的伟大胜利，罗马营造官首次决定在罗马节上（Ludi Romani）上演一种真正的戏剧。戏剧作品的写作开始在罗马受到重视。公元前 200 年前后，执政官每年推出 6 个悲、喜剧供上演，这就促进了悲、喜剧写作的发展。当时出现了一系列喜剧诗人，其中最著名的有出生于翁布里亚的 T. M. 普劳图斯。普劳图斯（公元前 254—前 184 年）出身下层，熟悉、了解罗马民众的精神需要，其作品及其表演形式大多来自平常的生活。他用拉丁文写了二十多本喜剧作品，其中著名的有《安菲特律昂》《爱吹牛的战士》《孪生兄弟》《俘虏》《波斯人》《布匿人》等。他是第一位有多部完整作品保留下来的罗马剧作家。普劳图斯作品的语言和诗韵节律简

图 6.3　悲剧面具

图 6.4 比基尼少女

洁明了，幽默风趣。剧中的主人公常常具有"风流荒唐、闯荡无稽但又热情奔放"等特点。剧中笑料不绝、玩笑不断，融讽刺挖苦与滑稽粗鲁于一体，贬时代之陋习，笑社会之百态。普劳图斯的喜剧在公元前 1 世纪曾反复上演，反响强烈。普劳图斯去世后，出现了一首悼念词。原文如下：

> 普劳图斯故去了，喜剧落泪了，舞台荒凉了，嘲笑、嬉戏、妙语，还有各种诗歌格律，沉浸于悲哀痛哭之中。①

图 6.5　罗马马赛克镶嵌画

---

① 奥鲁斯·格里乌斯：《阿提卡之夜》，1，24。普劳图斯对后世的影响很大，莎士比亚和莫里哀等戏剧大家都采用过他的喜剧手法。

继普劳图斯之后的著名罗马喜剧作家是泰伦斯·阿非尔（公元前195—前159年）。他出身奴隶，来自阿非利加，在罗马受教育后获得自由。他与小西庇阿集团来往很多，善写喜剧，保存下来的有：《安德罗斯妇女》《阉奴》《婆母》《两兄弟》《福尔米昂》和《自惩者》6部作品。这些作品约写成于公元前2世纪60年代。沃尔卡基乌斯·塞狄吉图斯（Volcacius Sedigitus）写道："当阿非尔奉献给人民6部喜剧后，他离开（罗马）到亚细亚旅行去了。此后，人们就再也没有见到过他。他的生命也就这样结束了。"① 阿夫拉涅乌斯的评价是："没有人能与泰伦斯齐名。"西塞罗对泰伦斯给予了很多赞扬。他说："你，泰伦斯，也只有你用精选的语言改编了米南德的作品，用拉丁语将其翻译。在我们的公众舞台上，你演出了他的作品，使观众屏气凝神。你总是把每一个词都说得优雅甜美。"② 恺撒对他的评价是："你，'半个米南德'，已被公正地置于最伟大的作家之列。你是最纯正文体的爱好者。"恺撒认为：如果泰伦斯能够提高诗的优雅程度，那么他的喜剧就可以取得希腊喜剧的同等荣誉。③

公元前2世纪以后，罗马戏剧逐渐脱离文学领域，而向世俗短剧发展。对于罗马早期的戏剧作家，公元前1世纪初期的学者沃尔卡基乌斯·塞狄吉图斯曾经在《诗论》中有过下述评论。他说：

> 许多人提出疑问，
>
> 应该如何为喜剧诗人排名。
>
> 要解决你的这个问题，我颇费脑筋；
>
> 如果有人与我的意见相左，不必在意。
>
> 我将第一的位置给了凯基利乌斯·斯塔提乌斯。
>
> 普劳图斯无可争议地位居第二；
>
> 奈维乌斯第三，因为他有火热的激情。
>
> 如果有第四的话，应该是李锡尼。

---

① 苏埃托尼乌斯：《名人传·泰伦斯传》，4。

② 苏埃托尼乌斯：《名人传·泰伦斯传》，5。

③ 苏埃托尼乌斯：《名人传·泰伦斯传》，5。

图 6.6　出自庞贝城的金项链

> 我将阿提利乌斯放在李锡尼之后，
>
> 然后是泰伦斯，他排第六位。
>
> 图尔庇利乌斯第七，特拉贝亚第八。
>
> 我乐意将第九的棕榈枝献给鲁斯基乌斯，
>
> 恩尼乌斯作为一位年代久远的诗人只能排位第十。[①]

  这一排名是对拉丁早期戏剧诗人贡献的全面总结，是罗马人重新认识自我的重要组成部分，对罗马文化的进一步发展意义重大。排名的出现表明罗马人在追求武力的同时，也开始意识到文化的重要价值。

  在罗马早期文化中，诗歌具有不可替代的地位。最初的拉丁诗文与戏剧有较密切的联系，写诗歌者出身低下，常常是意大利或希腊的人。迦图说："当时诗歌艺术不受尊重，如果有人从事诗歌创作或在宴会上表演，那么他就会被人们称作是游手好闲之人。"[②] 贵族上层写诗歌者很少。卢西里乌斯是最早出身罗马上层的诗人。卢西里乌斯（公元前180—前103年）出身于山南高卢的贵族家庭。他不作歌颂神灵的颂诗，也不写叙述事实的史诗，而选择用抒情之诗抒发个人的情感。卡图卢斯（公元前84—前54年）是另一位写爱情诗歌的诗人，写现实与理想之间的距离，写梦想无法实现时的痛苦。在叙写爱情方面，卡图卢斯的最大源泉来自他自己对比他大十岁的克劳狄娅狂热而又苦恼的爱恋。流传世界的著名对句："*Odi et amo. Quare id faciam，fortasse requiris. Nescio，sed fieri sentio et excrucior*". [③]（我恨爱交加。你或许会问我为何如此，我无法回答，但我确实为爱 怀恨折磨得痛苦不已。）就出自卡图卢斯之手。在书写亲情方面，卡图卢斯把情置于诗之中，把情移于文之内，使其对早逝哥哥的思念变成为历史的永恒记忆。他这样写道：

> 穿越无数部族，

---

① 奥鲁斯·格里乌斯：《阿提卡之夜》，15，24；6，14，8。瓦罗对罗马早期诗人的评价。

② 奥鲁斯·格里乌斯：《阿提卡之夜》，11，2。

③ 卡图卢斯：《歌集》，85。

踏破万重风浪，

我来到这里，

向哥哥敬献祭礼，

以了却对你的哀思，

与你孤寂的亡灵直述，

即使没有回音。

既然命运将你从我的身边夺走，

可怜的哥哥，

我只能恳求你姑且收下按祖制放在你坟前的祭品。

享用吧，已被弟弟泪水浸透的祭礼。

告辞了，哥哥，

请多保重，

愿平安永伴。①

图 6.7　罗马石棺浮雕

----

① 卡图卢斯：《歌集》，101。卡图卢斯的哥哥葬于特洛伊。

图 6.8　站在小球上的胜利女神

真可谓字字深情，句句刺心，兄弟情谊尽在诗人的独白之中。

卢克莱修（公元前 99—前 55 年）是公元前 1 世纪的另一位重要诗人，是《物性论》一书的作者。他写诗的目的是教人讲道理，而不是抒发个人情感，更不是供人娱乐欣赏的。《物性论》这一题目来自苏格拉底以前的学者所讨论的《论自然》。全书共分六卷，每卷有一千多行，是作者在极度困难的情况下，呕心沥血，"忍受一切辛苦""熬过无数不眠之夜"后结下的硕果。[①] 在写作此书以前，作者祈求埃尼阿斯之母——维纳斯，祈求她赐给作者的诗篇以永恒的美丽，也祈求她将野蛮的战争停止消失。[②]《物性论》这部很长的诗歌，思想超前，辞藻华丽，内容主要涉及对宇宙万物和自然现象的解释和举例论证，既非叙事，又不抒情，文字里富有哲理，内容中渗透着真理。许多说法与中国古典的思想有异曲同工之妙。例如：

> 人们总愿望取得荣名和权位，
> 以便他们的好运在坚固的基础上
> 能稳久存在，
> 以便他们自己能应有尽有，
> 平静安乐地过生活——
> 但是，全都徒然；因为当他们卖命攀登名位的山峰的时候，
> 他们使自己的路径变成危险可怕；
> 而即使当他们有一天爬到了上面，
> 妒忌有时会像雷电一样轰击他们，
> 轻蔑地将他们抛至最黑暗的地狱；
> 因为，瞧，所有的峰顶和一切比别处更高的地方，
> 都受妒忌的雷电所击而冒烟；
> 所以远不如安静地服从，
> 胜于一心想做最高的主宰，

---

① 卢克莱修：《物性论》，1。
② 卢克莱修：《物性论》，1，40。

做帝国的占有者。①

罗马缔造了帝国，而一些政治强人总希望占有罗马人赢得的帝国，成为帝国的主宰，以图平静安宁之生活。卢克莱修认为，这种希望终将落空，因为"木独秀于林，而风必摧之"，"峰独拔于山，而雷必击之"。又如：

一个人如果破坏了公共安宁的盟约，
就绝不容易过一种镇静安详的生活。
因为即使他逃避了神和人们的眼睛，
但他还是会害怕永远无法藏住的罪行。②

卢克莱修告诫人们：信则安，失去诚信则永远无法获取安宁。不得安宁之因来自外界，更来自内心。善恶皆报在这里都有了很好的阐述。

卢克莱修是一位朴素的唯物主义者。他反对宗教，是较为彻底的无神论者。卢克莱修认为万物有其存在和运动的规律，一切都源于不灭的物质本身的属性。神无法主宰万物的存在与运动。那么，是什么原因

把神灵的神威遍布在许多伟大的民族中间，
使城市充满了许多神坛，
教人每年举行庄严的仪式——
那种在伟大的国家和通都大邑
即使今天也仍然盛行着的仪式；
正是因此在可怜的人类心中
现在仍然种下了那战栗的畏惧，
而这种畏惧又使新的神庙
在大地各处仍然高高升起，
并驱策人们在节日成群结队

---

① 卢克莱修：《物性论》，5，方书春译，北京：商务印书馆，1982年版，第331页。
② 卢克莱修：《物性论》，5，第333页。

去参拜它们，——

这一切都不难用话语加以解释。①

在科学还很不发达的古代能够提出这样的问题，并不惜与世俗的观念决裂去回答这些难题，无论其精神还是勇气都值得后人认真学习。

从体例上说，卢克莱修的《物性论》属诗歌，但它并不枯燥。罗马文学巨匠西塞罗说，卢克莱修的诗歌"既显示出其才识的高超，又显露出其技艺的超群"。② 卢克莱修《物性论》的出现表明：拉丁文已经走出了"贫乏"时代，走进了能够独立承担学术性研究任务的语言发展阶段。她不仅能够胜任民众平常的思想交流，而且也能展示难度很大的抽象意识，陈述宇宙起源与人类文明等复杂的世界永恒问题。

与诗歌相比，拉丁散文的出现比较晚。迦图（公元前234—前149年）是第一位有名的拉丁散文家。他写过一部罗马史，书名为《创始记》，可惜只有部分片段流传下来。迦图还写过其他散文作品，其中《论农业》一书保存至今。

经过数代写作者的不断努力和创造，拉丁文至公元前2世纪中叶逐步发展成为与希腊文并立的文字。公元前133年，在罗马发生了提比略·格拉古改革，拉丁演说对公民大会的影响越来越大。此后不久，盖约·格拉古又在提比略·格拉古改革的基础上对罗马的经济、政治和司法进行了改革。格拉古兄弟的改革虽遭失败，但也确实在罗马政坛展示了演说的力量，使更多的人关心演说、关心政治、关心政论或辩论材料的收集。散文体拉丁文迎来了快速发展的时代。

从格拉古改革到恺撒时代是罗马的内战时代，也是政治斗争较为激烈的时期。政治家们常常在元老院的讲台上演说，在群众的集会上讲演。政治演说和法律演说不但成了罗马社会的主要风尚，而且也成了共和政治竞争取胜的重要武器。演说术的盛行不但加速了政治民主化的进程，而且也大大促进了拉丁散文的发展。一时间，拉丁演说家作为一支新的政治力量，

① 卢克莱修：《物性论》，5，第333～334页。
② 西塞罗：《致昆图斯》，2。

图 6.9　演说家像

在罗马异军突起，马尔库斯·安东尼』（三头之一安东尼的祖父）、李锡尼、克拉苏等都是当时著名的演讲专家。当然就拉丁文学层面而言，成就最大的还要数西塞罗。

西塞罗（公元前106—前43年）是共和后期罗马著名的政治家、思想家和文学家，一位"语言大师和爱国者"，被誉为罗马的德谟斯提尼。[①] 他的活动和作品主要集中在政治和思想领域。演说是西塞罗走向成功的法宝，是其修炼一生的功夫。他充分利用拉丁文的特点，并对其加以发展、完美，古拉丁演说在西塞罗的手下达到了高峰。从演说技巧上说，西塞罗的演说吸纳了亚细亚和阿提卡的风格，"时而有巧妙的讽刺，繁复的浮夸；时而又有直截了当的抨击和怒斥"，对罗马社会影响很大。西塞罗的演说作品被大量保留下来，其中著名的有《反维列斯》《反喀提林》四篇和《腓力比克》（又名《反安东尼》）14篇。西塞罗用精美的拉丁散文撰写自己的演讲词，把拉丁文学推高到与罗马实力相一致的地步。恺撒曾动情地对西塞罗说："您发现了演说术的宝库，也是使用这些宝库的第一人。您施惠予罗马人民，给国家带来了荣耀。您的功绩比那些最伟大的将军们合起来的功绩还要伟大、还要辉煌。因为增长人类的知识要比开拓罗马的疆域更显崇高。"[②]老普林尼把西塞罗称作是："雄辩术和拉丁文学之父！"[③] 罗马教育家昆体良在其《演说术原理》中也对西塞罗给予了很高的评价。他说：

> 我们的演说家取得了可与希腊人媲美的成就。我可断言西塞罗绝不逊色于他们中的任何人。[④] 在我看来，他成功地集聚了德谟斯提尼的力量、柏拉图的丰富和伊索克拉底的完美。但他不是仅仅靠细心学习达到这一点的。他的绝大部分甚至全部优点，都出自他本人，出自他永不枯竭的超人的天才。正如品达所言，他不是聚集雨水，而是涌出

---

① 奥古斯都所言。见普鲁塔克：《西塞罗传》，49，5。
② Oskar Weise, *Language and Character of the Roman People*, K. Paul, Trench, Trübner & Company, limited, 1909, p. 86. 参见老普林尼：《自然史》，7，30；西塞罗：《布鲁图斯》中说：您是修辞演说的先驱者和创造者，配得上罗马人民之美名与声望。见西塞罗：《布鲁图斯》，72～73。
③ 老普林尼：《自然史》，7，30。
④ 昆体良：《演说术原理》，10，1，105。

活泉。①

在昆体良看来，西塞罗之名不纯粹属于一个人，而是属于整个演说界。②

朗吉努斯在其《论崇高》一书中更对西塞罗的演说风格与德谟斯提尼作过深入的比较，认为：德谟斯提尼的崇高风格主要在于峻峰独立，而西塞罗的优点则是蔓延均衡。"德谟斯提尼是热烈、快速、有力、令人敬畏的，犹如狂风或闪电，烧尽或卷走眼前的一切；而西塞罗则如遍野之烈火，奔腾蔓延于整个田野。这是来自其内心的火焰，充足、持久。只要其愿意，可以随意摄取养分，随处将它释放。"③ 朗吉努斯分析：西塞罗的风格适合于滔滔不绝的演讲；适合老问题的阐发、文章的收尾和枝节的处理；同样也适合于描述性和辞藻华丽的文章以及历史、自然哲学和文学等方面的文章。④

公元前1世纪60年代以后，罗马政治斗争日益残酷，共和体制面临严重危机，恺撒、安东尼等政治强人连续执政，政治环境不允许西塞罗过分自由地参政议政。他为此转向研究哲学与伦理学，一心创作，写出了《论义务》《论神性》《论共和国》《论法律》《论善与恶》《论老年》等作品，为后世留下了一大批宝贵的文化遗产。此外，西塞罗还为后人保留了大批书信，⑤ 内容涉及罗马的政治、经济、军事和文化，是研究共和国末季罗马社会的重要史料。公元前43年，西塞罗被后三头之一安东尼的军队杀害，享年63岁。安东尼为此消除了一位经常攻击他的政敌，而罗马却永远失去了一位共和制的保护者，失去了一位引领拉丁文化发展的巨擘。

瓦罗（公元前116—前27年）是共和晚期另一位重要的学者。他勤奋好学，知识渊博，被昆体良誉为"全罗马最博学多识的罗马人。他著述颇丰，拉丁语造诣精深，精通古物及希腊罗马的历史。"⑥ 其作品涉及语文、

---

① 昆体良：《演说术原理》，10，1，108。
② 昆体良：《演说术原理》，10，1，112。
③ 朗吉努斯：《论崇高》，12。
④ 朗吉努斯：《论崇高》，12。
⑤ 这些作品大部分都由他的被释奴隶提洛搜集出版。
⑥ 昆体良：《演说术原理》，10，1，95。

图 6.10　葡萄装饰品

历史、考古、哲学、科学等多个学科。瓦罗一生共写了 374 种 620 卷不同的著作，可惜只有少量保存下来。《论拉丁语》和《论农业》是其传世之作。其中《论拉丁语》类似辞书，主要记述拉丁语的起源、词意的演化和语法的归纳。全书共 25 卷，创作于公元前 47—前 45 年，公元前 43 年出版。第一卷是引言，一开始是一篇致西塞罗的献词。第二卷至第七卷论述了单词是如何产生并运用于事物及其思想的。第八至十三卷涉及从其他词中产生的派生词，包括词干派生词、名词的变格以及动词的变化形式。第十四至十九卷论及句子结构。第二十至二十五卷似乎继续讨论着相同的题目，同时又对文体修辞有所关注。在这二十五卷中，流传至今的除了第五卷至第十卷外，还有一些残存的片段。瓦罗从希腊前辈那里汲取了很多营养，但他更关注自身的独立实践，更主张从拉丁语资料中获取拉丁词语。《论拉丁语》一书的出版表明：拉丁文已经成为一种成熟的语言走上地中海世界。这对于加强罗马对地中海世界的统治意义重大。西塞罗曾对瓦罗及其作品有过这样的评价。他说："当我们还像游客徘徊、迷路于我们城内之时，是您的著作引领我们正确回家，使我们最终认识到我们是谁，我们在哪儿。您已经揭示了我们建城的时间、历史的纪年、罗马宗教和祭司的法规、民政和军政的制度……"[1] 西塞罗在这里既肯定了瓦罗的学术成就，同时也对瓦罗的学术价值给予了很高的赞赏。

二、罗马早期史学

罗马早先的史学由年代记发展而来。其记录的内容主要包括天灾、异兆、公共祭祀以及高官选举和在职高官姓名等。农事耕作因涉及民众的生存大局，所以也成为年代记记录的重点。大祭司长把每年所发生的国家大事写在白板（*tabula alba*）上，置于宅前，让人民熟知其事。[2] 这样的作品被称为大年代记。大年代记从严格意义上说只是一些简单的记录，离"史学"还有很大的距离。

公元前 3 世纪末叶，随着罗马实力的增强，罗马人对自身历史的重视

---

① 西塞罗：《学园派哲学》，1，3，9。
② 西塞罗：《论演说家》，2，52。

304

也达到了新的高度。他们开始不满足于简单的记载，不满足于口头的传说，而是着手撰写罗马自己的历史。从现有的材料可知，最早写作历史的罗马学者有皮克脱和琴其乌斯。

1. 皮克脱与琴其乌斯

皮克脱曾参加过第二次布匿战争，对于战争的残酷性有深刻的了解。其著作《罗马史》从神话时代写起，一直写到作者生活的时代。遗憾的是只有少数片断保留下来。

琴其乌斯为罗马元老，是坎尼战役的幸存者，曾于公元前 210 年担任罗马行政长官。他用希腊文写过一部《罗马史》。

2. 迦图

迦图（公元前 234—前 149 年）是古罗马著名的政治家，也是第一个用拉丁语写作《罗马史》的罗马人。他政治经验丰富，学养深厚，读过修昔底德的作品，"对希腊和意大利的历史掌故如数家珍"。[①] 迦图一生曾发表过一百多篇拉丁演说，写过至少七部著作。《创始记》是其中最重要的一部。全书共七卷，从罗马及其他意大利城市的起源，一直写到马其顿战争胜利（公元前 168 年）及其以后数年的事。此书已佚传，现仅存断片 143 块。迦图写作这一史著的目的在于以爱国的事例和道德观来教育和塑造青年一代的民族认同与刚强性格。迦图是罗马历史上少有的把史学与教育结合起来考虑的学者。较为庆幸的是迦图还有一部《农业志》完整地保存至今。李维称赞迦图是罗马史学的鼻祖（*Historiae conditor*）。

公元前 130 年，在罗马出现了编纂和整理大祭司记录及罗马早期档案材料的巨大工程。大祭司长斯恺沃拉（*Scaevola*）亲自主持了这项工作，最后的成果形式是出版了 80 卷本《大年代记》。

也就在公元前 2 世纪中叶，罗马史学进入了新的发展阶段，出现了一位杰出的希腊籍罗马史专家，即麦加罗波利斯的波利比乌斯。

3. 波利比乌斯

波利比乌斯（约公元前 200—前 118 年）出身于希腊麦加罗波利斯的贵

---

① 科尔涅利乌斯·奈波斯：《迦图传》，3，1。

图 6.11　路多维西石棺图

图 6.12　路多维西石棺正面浮雕

族家庭，受过良好的教育，对政治事务有独特的爱好。公元前 168 年，担任阿卡亚联盟骑兵司令，参与希腊人反罗马统治的活动。公元前 167 年，兵败，被作为人质送往罗马。波利比乌斯在罗马滞留十六年，与鲍鲁斯·埃米利乌斯家族建立了极好的友谊。公元前 151 年，他被释回家；公元前 146 年，他目睹了迦太基城的毁灭；公元前 118 年，波利比乌斯为其终身所爱的骑马运动所害，坠马而亡。去世以后，曼丁尼亚、特吉亚等地都有纪念波利比乌斯的雕像，麦加罗波利斯和莱可苏拉还刻有两段纪念铭文。麦加罗波利斯的铭文内容是：波利比乌斯"游历四方，是罗马人的盟友，曾平息了罗马对希腊人的愤怒。他写过一部罗马史，叙述众多种事情，其中包括罗马人怎样同迦太基人开战，战争起于何故，最后又怎样在经历了千难万险后，由西庇阿……结束战争，并将迦太基夷为平地的。罗马人在接受波利比乌斯建议后所采取的那些行动都取得了很好的成就；但据说一旦他们违背他的建议，就会犯错误。所有属于阿卡亚同盟的希腊城邦都从获得罗马人的准许，让波利比乌斯为他们设计政体，草拟法律。"① 莱可苏拉的铭文主要包括两层意思：（1）如果希腊完全按照波利比乌斯的建议去做，它就不会陷落；（2）在希腊落难之际，是波利比乌斯拯救了希腊。② 内容虽短，但很深刻。

《历史》是波利比乌斯创作的主要作品，其选择回答的主要问题是：罗马人究竟是以何种手段、在何种政制下，用不到 53 年的时间，成功地将世界上几乎所有人类居住的地方置于自己的统治之下的？他认为：这在人类历史上是绝无仅有的事。③ 因为历史上出现的帝国都不及罗马帝国。"波斯人在一段时期里曾拥有强大的权力与广阔的领土，但是他们每次试图冒险跨越欧亚的边界时，帝国的安全便会受到威胁，甚至会置自身的生存于危险之中。拉西第梦人在结束了多年的希腊争霸战争之后，最终获得了霸权，但他们也仅仅保留了不到 12 年的时间。马其顿人在欧洲的统治限于亚德里亚海延伸至多瑙河流域。而这只占整个大陆很不重要的一部分。随后，他们推翻了波斯帝国，成了亚细亚的主宰。虽然从地理和政治上看，他们的帝国即使至今还被视作是业已存在过的帝国中的最大一个，但他们仍将世界上大部分人类居住的地区留在帝国的疆域之外。他们甚至从未试图对西西里、撒丁或利比亚这些地区进行扩张，而且说句实在话，他们对欧洲西部那些最凶猛好战的种族也一无所知。然而罗马人则不同，他们不只是将世界上的局部地区，而是将几乎整个世界置于自己的统治之下，其拥有地域之广前无古人，而且在未来也不会出现真正令其恐惧的对手。"④

波利比乌斯把《历史》的起点设在："第 140 届奥林匹亚盛会之时（公元前 220—前 216 年），下面是当时发生的一些事件：（1）在希腊爆发了所谓'同盟战争'，也就是由德米特留斯之子、帕修斯之父、马其顿的菲力普所领导的与亚加亚人联合对抗埃托利亚人的战争；（2）在亚细亚，一场为争夺科埃拉——叙利亚的战争在安提奥库斯和托勒密·菲罗帕托之间展开；

---

① 波桑尼阿斯：《希腊记事》，8，30。
② 波桑尼阿斯：《希腊记事》，8，37。
③ 波利比乌斯：《历史》，1。
④ 波利比乌斯：《历史》，2。

图 6.13　罗马广场遗迹

（3）在意大利、利比亚及其相邻地区爆发了罗马与迦太基间的战争，其常常被称为'汉尼拔战争'。这一系列事件发生的时间与西库昂的阿拉图斯撰写的历史相衔接。"① 但考虑到希腊人"对罗马与迦太基战前的军力和他们的历史发展状况知之甚少，因而我认为有必要在叙述这段历史之前加上前言和第一卷，以免人们在阅读正文时因为缺乏此前的历史知识而茫然失措，问一些罗马人是依靠何种计策、倚仗何种力量与资源进行战争，并成为我们这部分世界（指希腊部分）陆地和海洋的主人的。"② 波利比乌斯认为："读者阅读了这部分以及其中的梗概后，就会明白：罗马人有充分的理由怀有创建世界帝国的雄心，并拥有足够实力与手段来实现它的目标。"③

波利比乌斯认为促使其创作《历史》的原因是：

命运之神几乎主导世间万物，使其朝着同一方向、同一目标发展。历史学家的使命就是让读者们以同一视角来审视她（命运之神）完成这一总体目标的过程。的确，正是这种现象促使我去承担自己的天职。第二个原因是，我的同代人还没有写过一部通史。若有人写过的话，我写作的动力就会小得多。照目前的情形看，我知道有几位近代的学者仅就个别的战争，或和这些战争相关的事件，写过一些作品；但就我所知，还没有人对那些事件做过总体、综合性的研究，以判断事件发生的时间、起因及如何导致最终的结果。因此，我认为不能无视或忽略命运之神最卓越、最有益的成就。因为，虽然命运之神总是不断创造一些新的花样，总是在人们的生活里扮演角色，但她从来没有完成过像在我们这个时代那样的作品，成就过这样的凯旋。我们无法指望从那些记载个别事件的历史中感受到这一点，正如我们不能仅凭轮流走访世界上每座最著名城市、或目睹它们各自的城市规划，就能立即得出整个世界的形貌、组织和秩序。这是根本不可能的事。④

---

① 波利比乌斯：《历史》，3。
② 波利比乌斯：《历史》，3。
③ 波利比乌斯：《历史》，3。
④ 波利比乌斯：《历史》，4，郝彤原译，杨共乐改译。

在先前的时代，可以说世界历史中包括了一些互不相干的事件，

　　每件事的起因与结果就像它们所在的地理位置一样相互孤立、毫无关联。然而，从我所叙述的时代开始，历史就成了一个有机的整体。意大利和利比亚发生的事件与希腊和亚细亚的事件密切相关，所有事情都导向一个统一的结局。①

在波利比乌斯看来，

　　那些自以为通过孤立性历史的研究，就能对整个历史有一个正确观念的人，就好比一个人看到曾经鲜活美丽的动物被分割的肢体时，幻想自己目睹过这个动物生前运动时的优雅体态。若是有人当场将这个动物组装拼合起来，恢复其生前的美丽形态，然后将它展现在此人面前，我相信他会立即承认：自己先前的想象更似梦中的臆想，离实际相去甚远。因为，我们虽然能够从局部得到有关整体的一些概念，却永远不能获取知识或得到精确的看法。因此，个别的历史对于了解事物整体、确定真相，其作用微乎其微。的确，只有通过研究所有特定事物之间的相互联系、了解彼此之异同，我们才有可能观察事物的总貌，才能从历史中获取益处和乐趣。②

波利比乌斯的整体史观由此可见。

波利比乌斯高度重视政治体制与军事制度对历史所产生的重要的作用。同时，他对汉尼拔和西庇阿等历史人物也有中肯的评价。尤其是对汉尼拔的评价更值得读者深思。他高度赞赏汉尼拔的指挥艺术、勇气和作战才能。他认为，汉尼拔"与罗马人进行了整整16年连续不断的战争，从未从战场上解散自己的队伍，而是像一个优秀的船长，将如此一支庞大军队置于自己的控制下，既没有引起他们对自己的反叛，也没有让他们彼此间反目。

---

① 波利比乌斯：《历史》，1，3。
② 波利比乌斯：《历史》，4，郝彤原译，杨共乐改译。

尽管他的军队来自不同的国家、不同的民族，但他却成功做到了这一点。"
而且"这一切并不是在一成不变的条件下，而是在变化莫测的环境中，在
命运的大起大落中实现的。"由此，"我们有充分的理由对汉尼拔在这些方
面的才能表示钦佩。"① 这些评价显然已经超出了民族间的怨恨，是冷静思
考的结果。

波利比乌斯高度关注历史的作用，认为："没有比过去的知识能为人类
的行为带来更好的指导了。事实上，可以毫不例外地说，所有历史学家都
一心一意地将下述理念作为自己写作的最高目标。即：历史这门学问为从
政者提供真正的教育与最好的训练；从他人的灾难中，人们可以清楚地也
是唯一地学习如何勇敢地承担'命运'所赋予的兴衰哀荣。"② 波利比乌斯
的《历史》确实为当时的希腊人修筑了一个堡垒，修筑了为其从难以应付
的世界现实中撤离下来的避难所。让希腊人从罗马征服世界的豪气中、从
一次次反抗罗马的失败中走出来，勇敢地承受命运的安排，这就是波利比
乌斯的最终目的。

波利比乌斯前后有多名学者从事写作工作，但他们的作品都已失传，
唯有波利比乌斯的著作保存了相当多的一部分（约为全书的三分之一），这
本身就说明波利比乌斯作品的重要性。

进入公元前1世纪以后，罗马的史学又有了新的发展，出现了恺撒和
萨鲁斯特写作的重要作品。

4. 恺撒

恺撒是罗马共和晚期著名的政治家、军事家，同时也是出色的演说家。
他撰写的《高卢战记》及《内战记》又使他在罗马的史学上占有一席之地。

恺撒进入政坛的时间较晚，公元前62年才任行政长官；次年去远西班
牙任总督；公元前60年与庞培、克拉苏结成"三头联盟"；公元前59年当
选为执政官；公元前58年出任山南高卢和伊利里库姆总督。此后，率军与
日耳曼和高卢诸部落进行战争，历时9年。在此期间，他征服了整个外高
卢地区，几次越过莱茵河，把罗马的西北边界扩展至莱茵河，大大地拓展

---

① 波利比乌斯：《历史》，11，19。
② 波利比乌斯：《历史》，1。

了罗马的领土疆域，为意大利争得了更宽广的防卫空间。此外，他还两次率军来到不列颠，占领了不列颠的众多地区。在此期间，他又以每年一卷的规模撰写了七卷《高卢战记》，具体记录了公元前58—前52年恺撒在高卢的军事活动。

《高卢战记》的最后一卷为恺撒的部下伊尔提乌斯（Hirtius）所写，内容涉及恺撒在高卢期间最后两年的活动。

对于恺撒的《高卢战记》，伊尔提乌斯有过很好的评价。他说：

> 即使别人极精心撰写出来的作品，都无一不在这部《战记》的优美文笔之下。这部《战记》的出版，虽说是要使史学家不致缺乏有关这些伟大事业的知识；但它所博得的众口一词的赞扬，反倒弄得史学家好像失去了一个机会，而不是得到了一个机会。不过，我们在这里给它的赞扬，要比别人给它的赞扬更多些，因为一般人只知道他怎样出色地、完善地写成了这些战记，但是我却知道他写作时是多么得心应手、一挥而就。恺撒不仅有最流畅和最雅致的文笔，而且还有最确切的技巧来表达自己的意图。[①]

《内战记》是恺撒继《高卢战记》后写就的另一部重要著作，主要记录了以庞培与恺撒为代表的公民间内战。它与《高卢战记》和《亚历山大里亚战记》《阿非利加战记》《西班牙战记》合称为《恺撒战记》。

恺撒的《内战记》大约完成于蒙达之役之后。写作的目的非常明显。其一是推卸内战的责任；其二是宣传自己的政治主张；其三是贬斥、揭露庞培派的无能。"应该说，通过写作来抒发自己的政治主张并非始于恺撒，但如此自觉、如此明确地利用写作来宣传自己、宣传自己的战绩实属恺撒首创。恺撒既具备武司令的天赋，又有文将军的才华。用'武能治国、文能安邦'来形容他，恺撒当之无愧。"[②]恺撒的作品因为大多来自其亲身经历，所以有非常重要的史料价值。

---

① 恺撒：《高卢战记》，任炳湘译，8，北京：商务印书馆，1979年版，第209页。
② 杨共乐：《西方文明探源：希腊罗马专题论集》，北京：北京师范大学出版社，2014年版，第79页。

图 6.14 罗马遗址

5. 萨鲁斯特

萨鲁斯特（公元前 86—前 34 年）是恺撒的部下，也是一位较有自觉意识的罗马史学家，萨宾人，曾于公元前 53 年就任罗马保民官。公元前 50 年被逐出元老院，公元前 49 年出任财务官，公元前 46 年为行政长官，此后又任过阿非利加诺瓦省（或译新阿非利加省）总督。恺撒被刺后，不再参与公共事务，专心研究罗马的历史。他的作品有：第一，《对晚年恺撒发表的演说，论共和国》，创作于公元前 50 年以前。第二，《给晚年恺撒的信，论共和国》，创作于公元前 46 年。第三，《喀提林阴谋》，约于公元前 43 年发表。第四，《朱古达战争》，约于公元前 41 年发表。与此同时，萨鲁斯特还完成了最后一部作品《历史》。

《对晚年恺撒发表的演说，论共和国》是萨鲁斯特为恺撒治理共和国提出的建议。因为"形势需要我们所有的人为你出谋划策。"[1] 萨鲁斯特首先

---

[1] 萨鲁斯特：《对晚年恺撒发表的演说，论共和国》，1。

图 6.15　恺撒头像

分析了对手的情况，认为：

> 恺撒，你与著名的对手进行战争。你的对手英勇、觊觎权力，但没有得到命运的眷顾。他的追随者是少部分人，而且许多是出于个人动机来到庞培那里的。[①] 萨鲁斯特建议，作为胜利者，要仁慈治国，因为"一个残酷的统治者总是给别人带来更多的痛苦，而不是长久的秩序，在残酷的统治者面前，人们胆战心惊；这样的人深陷长期和危险的战争，在战争中没有安全，到处是危险和恐惧。相反，那些实行仁慈统治的人发现一切都是幸福和繁荣的；甚至他们的敌人对待别人也更加友好。"[②] 同时，要使公民和谐一致，消除内乱的毒瘤。而要做到这一点就需要抑制公民疯狂的挥霍和抢劫，使年轻人远离堕落，消除颓废。真正的仁慈在于，保证公民不会犯下遭受流放的罪行，使他们远离放荡和欺骗性的娱乐，建立和平和一致；不要纵容罪行或容忍罪行，不要让他们为了暂时的满足而造成将来的不可弥补的恶习。此外，你所要确保的是，受到赏赐和免费粮食腐蚀的平民应该有他们的职业，使其不参与公共恶习；我们的年轻人可以从事正直和勤勉的工作，而不是奢侈和追逐财富。因为金钱是万恶之源。胜利者总是鄙视财富，被征服者总是觊觎财富。最后，你必须保证，意大利和行省可以更加安全；军事服役要合理、公正，不要像以前那样，一些人参加了30多次战争而一些人则一次也没有应征，应该把曾赏赐给懒散者的粮食分发给自由城镇、殖民地，分发给那些复员回到家乡的士兵。[③]

《给晚年恺撒的信，论共和国》是萨鲁斯特给恺撒的另一封信。萨鲁斯特认为：

> 我们的国家分为两个等级，贵族的和平民的。在以前，贵族掌握

---

① 萨鲁斯特：《对晚年恺撒发表的演说，论共和国》，2。
② 萨鲁斯特：《对晚年恺撒发表的演说，论共和国》，3。
③ 萨鲁斯特：《对晚年恺撒发表的演说，论共和国》，3～8。

主要的权利，但平民的人数最多，力量最大。因此，在许多场合发生妥协。贵族的权利一直受到抑制，而平民的权利得到扩张。但在那些时期内，平民享受自由，是因为没有人的权利凌驾于法律之上，而且贵族超过平民是在声誉和勇敢的行为上，而不是在财富或炫耀上；在田地里或在军事领域，最下层的公民并不缺乏他所希望的荣誉。

但当安逸和贫穷逐渐把平民从田地中排挤，而且迫使他们居无定所时，他们开始垂涎别人的财富，把他们的自由和国家当成交换的对象。就这样，曾经统治和控制所有民族的人们逐渐堕落腐化，每个人从权利的所有者变为一个人的奴隶。因此，我们的这些人最初形成了坏习惯，接着按照不同职业和生活方式产生分化，因为他们没有共同的纽带，所以他们并不适合统治国家。但如果新公民增加他们的数量，我期望，所有人会重新唤起自由的信念；因为新公民希望维持他们的自由，那些已经是公民的人会放弃奴役的束缚。因此，我建议你把这些新公民与以前的公民一起安置在殖民地；因为通过这种方式，我们就会增强军事力量，平民也因为忙于有益的职业，将停止公共争执。①

萨鲁斯特深知这也会引起强烈的反对，所以，"我的统帅，你有必要注意使自己身边多一些真诚的朋友，增加防御。"② 萨鲁斯特认为：在那些追逐财富所在的地方，教育、良好的品格、天分都不能阻止人们最后屈服于它。财富常常丧失伟大的帝国。当虚荣心超过荣誉，当财富超过美德时，人就会转向享乐。在财富被看作身份的地方，那里的荣誉、正直、节制和所有的美德都得不到高的评价。因此必须降低金钱的重要性。不要因为财富来选择执政官或行政长官，而要依赖他的价值。只要消除人们对金钱的赞誉，贪婪的力量就会向美德低头。③ 萨鲁斯特严厉批评贵族，认为："派别完全由无能的贵族组成，他们类似铭文，除了著名的家族名称，他们不能做出任何贡献。我认为，像路西乌斯·波斯图米乌斯、马尔库斯·法佛

①　萨鲁斯特：《对晚年恺撒发表的信，论共和国》，5。
②　萨鲁斯特：《对晚年恺撒发表的信，论共和国》，6。
③　萨鲁斯特：《对晚年恺撒发表的信，论共和国》，7。

尼乌斯之类的人都像是船上多余的装载。当船只安全到达时，这些装载有一些用处；如果发生任何灾难，他们是第一个被投弃的对象，因为他们的价值最小。"①

　　萨鲁斯特懂得，元老院是共和国的灵魂，只要平民服从元老院，执行元老院的决议，那么元老在决策上就强大。② 萨鲁斯特指出：

　　他们的祖先时代，即使受到最困难战争的困扰，即使他们损失了马匹、人力和物力，他们也从不担心以武力来维持他们的霸权。空虚的财库、敌人的力量、灾难都不能吓倒他们或阻止他们保卫胜利的成果。他们的成功在于元老院成员的镇定，而不仅仅是战场上的胜利；因为那时共和国是一致的，所有的公民都在为共和国奋斗；人们结盟只是为了抗击敌人，每个人为国家奉献一切，而不是为了自己。相反，今天的贵族懒散、懦弱，虽然他们没有体验艰难，不了解敌人，没有军事经历，但他们在国内结成派系，而且傲慢地宣称对所有国家的霸权。正直的元老受到压制，元老院常常被一些人所绑架，朝令夕改，以他们的好恶而好恶。在萨鲁斯特看来，元老院有两种途径获得更大的力量：第一，增加人数，第二允许他们投票。投票给予元老独立行动的勇气，而增加人数则有利于提供保护和创造更有价值的机会。③

　　萨鲁斯特一再强调，他提建议的目的是尽可能快地拯救自己的国家；不使罗马人民伟大和不可征服的统治衰落和分裂。④

　　《喀提林阴谋》是萨鲁斯特书写的第一部重要的历史作品。他创作此书的目的是希望通过精神的创造，使自己名垂后世。他在书的开头就这样写道：

　　无论是谁，如果他们想超越于其他动物之上，他们就应当尽一切力量而不是无知无识浑浑噩噩地度过自己的一生，像生来就垂头向地

① 萨鲁斯特：《对晚年恺撒发表的信，论共和国》，9。
② 萨鲁斯特：《对晚年恺撒发表的信，论共和国》，10。
③ 萨鲁斯特：《对晚年恺撒发表的信，论共和国》，10～11。
④ 萨鲁斯特：《对晚年恺撒发表的信，论共和国》，12。

并且受食欲的摆布的禽兽那样。反之，我们的全部力量则既在于精神，也在于肉体。我们让精神发号施令，肉体则俯首听命。精神是我们和诸神所共有的，肉体则是我们和禽兽所共有的。因此我认为我们应当用智慧的力量，而不是用肉体的暴力去寻求荣誉，这样我们才可以使自己尽可能长久地名垂后世，因为我们享受的一生是短促的。①

《喀提林阴谋》属于当代史范畴，受修昔底德影响较大，内容以叙事为主，主要记录罗马元老喀提林为争得执政官地位，利用罗马社会两极分化加深，对立情绪严重的客观形势，与以西塞罗等为代表的执政当局进行抗争，并最后遭到镇压的整个过程。非常值得注意的是，在《喀提林阴谋》一书中还保存了恺撒在元老院会议上的一次讲话。当时会议的主题是讨论决定在押的喀提林同伙朗图路斯等人的命运。这是恺撒留下来的最重要的演讲，也是用历史事实来解决现实问题的经典文本。恺撒这样说道：

> 各位元老，考虑困难问题的任何人都应当把憎恨和友情，愤怒和怜悯抛弃。如果有这些情绪的干扰的话，人们就不容易把真理分辨出来，也从来没有一个人在不能控制自己情绪的情况下还能维护自己最重大的利益。如果你运用理智的话，它会充分发挥自己的作用；如果你受制于感情，让感情控制了你，你的思维活动便软弱无力了。元老们，这里我可以举很多例子，说明过去国王和各族人民由于受愤怒或怜悯之心的影响而作出了错误的判断。但是我却宁愿向你们提醒过去的这样一些情况，当时我们的祖先由于不受情绪的摆布而作出了公正合理的行动。②

接着，恺撒以祖先之前例来说明量罪而罚、惩罚有度之重要。他说：

> 当我们为反对国王帕尔修斯而进行马其顿战争的时候，由于罗马

---

① 萨鲁斯特：《喀提林阴谋》，1，王以铸、崔妙因译，北京：商务印书馆，1995年版，第93页。
② 萨鲁斯特：《喀提林阴谋》，51，王以铸、崔妙因译，北京：商务印书馆，1995年版，第136页。

人民的支持才成长起来的罗得斯人的光荣伟大的国家对我们不忠，对我们采取仇视态度。但是战争结束后罗得斯人的问题付诸讨论时，我们的祖先却不加惩罚地放走了他们，因为他们担心有人会说引起宣战的是罗得斯人的财富而不是对于他们所干坏事的憎恶。

同样的，在全部几次布匿战争期间，尽管迦太基人在和平时期以及在停战期间往往干出许多可恶的事情，罗马人即使在有机会的时候也决不进行报复，他们考虑的是应当怎样做才符合他们的尊严，而不是法律容许他们对他们的敌人进行报复到什么程度。元老们，你们同样应当小心，不要使普布利乌斯·朗图路斯和其余人们的罪行在你们心目中较之你们自己的尊严占有更大的分量，应当小心不要更多考虑你们的愤怒，而不考虑你们美好的名声。如果可以找到一种同他们的罪行相适应的惩罚，那么我便赞同这一没有前例可循的惩罚。但是，如果罪行的严重超过所有人所能想象的程度，我却建议我们的惩罚应当在法律规定的限度以内。①

此后，他又对当选执政官西拉努斯主张的处死在押喀提林同伙的观点提出了不同的看法，认为这样做会对其他犯罪产生影响，因为：

所有坏的先例都是从好的具体事件产生出来的；但是当国家的统治权落入无能之辈或坏人手里去的时候，新的先例常常会从罪有应得的那些人身上转到罪不应得和无辜的人们身上去了。

拉西第梦人在他们征服了雅典人之后曾安排了 30 名长官对他们进行统治。这些人开始的时候不经审判便处死了那些最坏的和受到普遍憎恨的公民，人民对此欢欣鼓舞，拍手称快，说他们干得好。但是后来他们逐渐胡作非为起来，僭主们不分好人坏人一律随他们的高兴想杀就杀并且吓住了其余的人。这样这个国家便受到了奴役并且不得不为了自己愚蠢的欢欣而受到了沉重的惩罚。

---

① 萨鲁斯特：《喀提林阴谋》，51，王以铸、崔妙因译，北京：商务印书馆，1995 年版，第 136～137 页。

　　我们自己都记得，当征服者苏拉下令处死了达玛西普斯和依靠共和国的灾难而飞黄腾达的其他这类人的时候，有谁不曾称赞他的行为呢？所有的人都宣称，那些通过内战而危害祖国的罪恶的阴谋家是罪有应得的。但那只是一场大屠杀的开头；要知道，不论任何时候，只要任何一个人觊觎另一个人在城里或乡间的房屋，最后甚或他的财物或他的衣服，他就设法把这个人列到被宣告不受法律保护者的名单上。这样，那些曾因达玛西普斯之被处死而欢欣鼓舞的人不久他们自己也就被匆匆忙忙地推向刑场，并且直到苏拉使所有追随他的人都大发横财之后屠杀才告中止。

　　我个人认为，无论对马尔库斯·图利乌斯还是对我们的时代来说，我都根本不担心会发生那样的事情，但是在这样一个巨大的共和国里，人是千差万别的，什么人都有。很可能在今后一个什么时候，当另外的一个什么人成了执政官并同样统率着一支军队的时候，人们可以相信，他确实是能干出某种坏事来的。当一位执政官依照这样的先例，遵从元老院的命令把刀抽出来的时候，有谁能给他划一条界线，又有谁能限制他呢？[①]

最后，恺撒提出在涉及公民生命等事务时，最好能够继承祖先已经检验过的成功经验，因为：

　　元老们，我们的祖先是绝不缺少智慧或勇气的，但他们的自尊心却不妨碍他们吸收外国的做法，只要那些做法是可取的。从萨谟奈人那里，他们采用了他们的大多数的进攻和防御武器；从埃特鲁里亚人那里，他们采用了他们的长官的大部分的标记。总之，只要他们在联盟者甚至敌人那里发现适合于他们的东西，他们便极为热心地行之于国内，而对于成功的事物他们是宁愿仿效而不是嫉妒。但是，就在那同一个时代，他们却按照希腊人的习惯笞打公民并且对犯罪的人处以极刑。后来，当国家趋于成熟并由于人口增多而发生派别之争的时候；当无辜者开始受到迫害而这类的其他坏事也干了出来的时候，他们于

①　萨鲁斯特：《喀提林阴谋》，51，王以铸、崔妙因译，北京：商务印书馆，1995年版，第139～140页。

是便制订了波尔奇乌斯法以及其他有关法律，允许被判罪的人选择放逐的惩罚。元老们，我认为这就是一个特别令人信服的理由，说明为什么我们不应当采纳一项新的政策。用贫乏的资源创造了这一如此强大国家的那些人较之我们这些勉强保住了他们光荣地挣得的产业的人肯定是有更大的优点和智慧的。

如此说来，是不是我建议允许罪犯离开，任凭他们去壮大喀提林的力量呢？绝不是这样！我的意见毋宁是这样：他们的财产应当充公，他们本人应当被囚禁在最强大最自由的城市里；此外，今后任何人都不能把他们的案件提交元老院或提交罗马人民，否则元老院便认为这样做的人企图危害国家的福利和社会的安全。①

发表演说的恺撒当时是当选行政长官，他的建议由于遭到西塞罗和小迦图的反对而没有在元老院得到通过，但他的勇气和冷静却赢得了下层平民的赞赏。

喀提林阴谋最后遭到了镇压，但全军的人却有了不同的反应，"有人悲伤、有人高兴、有人哀悼。"罗马还是没有找到公民内部的和谐之路。

《朱古达战争》主要记述了罗马人民同努米底亚人的国王朱古达进行的一场战争。促使萨鲁斯特写作此书的目的是：第一，因为这是一场长期的、血腥的、胜负难分和反复无常的战争；第二，因为这在当时是第一次对新贵傲慢行为进行抵抗的战争；第三，这场战争影响深远，它打乱了人和神之间的一切事物，使得国内的争端终于发展成为内战，从而使意大利惨遭蹂躏。② 这场战争断断续续打了 6 年，结果以罗马的胜利而告结束。

《朱古达战争》是一部集完整性与反省性于一体的著作。完整性主要体现在叙事上，而反省性着重表现于评述间。把事实叙述清楚是萨鲁斯特作品的重要原则，把问题分析透彻是萨鲁斯特作品的重要特征。萨鲁斯特认为共和国内部派系争斗是罗马一切灾难的主因。萨鲁斯特说：

要知道，在迦太基被摧毁之前，罗马人民和元老院一道和平而稳

---

① 参阅萨鲁斯特：《米古达战争》，5，王以铸、崔妙因译，北京：商务印书馆，1995 年版，第 219 页。
② 萨鲁斯特：《喀提林阴谋》，51，王以铸、崔妙因译，北京：商务印书馆，1995 年版，第 140～140 页。

图 6.16　利比亚圆柱遗迹

健地治理着共和国。在公民中间没有任何争荣誉或争权力的纷争；对敌人的恐惧保存了国家的美好的道德风尚。但是当人民的内心摆脱了那种恐惧的时候，由繁荣幸福而造成的恶果，即放荡和横傲自然而然地便产生出来了。这样，在苦难时期他们曾经渴望过的和平在他们取得了它之后，却表明它比苦难本身更加残酷和辛酸。因为贵族开始滥用他们的地位，人民则滥用他们的自由，他们每个人都为自己打劫、抢夺和抄掠。这样，社会便分裂成两派，而共和国就在这两派之间的争斗中被撕得粉碎。[①]

贵族们因为有强大的组织，所以常常能把民众力量压制下去。

于是贵族便滥用他们的胜利到肆无忌惮为所欲为的程度，他们杀害和放逐了许多自己的敌人，但这样做并不是使自己在未来变得强大而只是使人们怕他们。通常正是这样一种情况毁了那些伟大的国家，因为这时是一派不择手段地想把另一派压倒，并且极为残酷地向被征服的另一派进行报复。[②]

在《朱古达战争》一文中，萨鲁斯特留下许多值得后人关注的警句，如：

没有什么比人类的本性更伟大、更崇高，它本身并不缺乏力量或耐力，而缺乏的却是勤奋；

精神是人的生活的引导者和主人；

命运不能把诚实、勤奋或其他优良品质给予任何人，也不能把它们从他们身上夺走；

漂亮的容貌、巨额的财富以及体力还有诸如此类的天赋很快就会消逝，但才智的辉煌成就却如灵魂一样不朽；

用武力统治自己的国家或臣民，即使你有权力纠正弊端并且确实

---

① 萨鲁斯特：《朱古达战争》，41，王以铸、崔妙因译，北京：商务印书馆，1995年版，第258页。
② 萨鲁斯特：《朱古达战争》，42，第259页。

纠正了弊端，但这种统治依然是一种暴政统治；

　　权力产生贪欲，无限不受约束的贪欲蹂躏、破坏一切；

　　妒忌总是紧跟光荣之后；

　　傲慢是贵族的通病；

　　使人获得荣誉的是武器而不是家具。

　　萨鲁斯特的《历史》共五卷，内容主要涉及公元前78—前67年间共11年间的罗马史，全书有一些书信、演说留存至今。著名的有：执政官雷必达向罗马人民所做的演说、菲力普斯在元老院的演说、盖乌斯·科塔向罗马人民的演说以及保民官马克尔对平民的演说。此外，还有庞培给元老院写的信和米特里达梯给帕提亚国王写的信。

　　对于萨鲁斯特的著作，早在古代，就有人提出过评论。瓦莱乌斯·帕特尔库鲁斯在《罗马史纲要》中把他与修昔底德相提并论[①]；昆体良认为萨鲁斯特与修昔底德相比不相上下[②]；马尔提阿利斯把萨鲁斯特称作是罗马史学的第一人；[③] 奥古斯丁也把以真实著称的头衔给予萨鲁斯特[④]。但也有学者对萨鲁斯特的作品提出过不同的意见。阿西尼乌斯·波里奥在评论萨鲁斯特的作品时，说萨鲁斯特的作品因过分使用古词而受到损害。[⑤] 奥古斯都也认为萨鲁斯特有模仿迦图《创始记》的痕迹。[⑥] 庞培的被释奴隶勒那乌斯更大骂萨鲁斯特是"流氓、恶棍、贪婪和好色之徒，其生平和著作都很怪异。此外，他不学无术，剽窃古代作家的语言，尤其是迦图的语言。"[⑦] 但这些都不能动摇萨鲁斯特在罗马史学领域的崇高地位。

　　6. 西塞罗

　　西塞罗是恺撒和萨鲁斯特的同时代人，也是罗马的大文学家。虽然没有留下历史学方面的著作，但他对历史的看法还是值得认真关注的。例如，

---

① 瓦莱乌斯·帕特尔库鲁斯：《罗马史纲要》，2，36。
② 昆体良：《演说术原理》，10，1，101。
③ 马尔提阿利斯，14，191。
④ 奥古斯丁：《上帝之城》，1，5。
⑤ 苏埃托尼乌斯：《语法学家》，10。
⑥ 苏埃托尼乌斯：《圣奥古斯都传》，86，3。
⑦ 苏埃托尼乌斯：《语法学家》，15。

西塞罗认为："历史是时代之见证，真理之光辉，记忆之续存，生活之导师，往事之信使。"[①] 历史关心的是"远离我们这代人记忆所及的种种行为"，[②] 而这种行为又需要通过人们的研究来完成，那么如何才能做好历史学研究呢？西塞罗为此提出了自己的看法，他认为历史学本身就"由事件和语言构建。叙述事件要求有时间顺序，有地点描写。由于人们对重大的和值得记忆的事件要求的首先是计划，其次是行动，然后是结局。因此，在叙述计划时需要指出作者赞成什么，在叙述发生过的事件时不仅要说明发生了什么和说过什么，而且还要说明是怎样发生的和怎样说的，在说明事件结局时要阐述清楚所有的原因，不管是偶然性的，或是符合理智的，或是轻率的行为，最后在谈到声誉、名望都很昭著的人物时不仅要说明他们的业绩，而且要说明他们的生活和性格。最后，词语特色和语言风格要通顺流畅，轻松平稳如涌溢的流水，没有审判语言的严厉，没有诉讼贯有的尖刻。"[③] "写历史的首要原则是必须说真实的，其次必须敢于陈述全部真相，毫无偏袒，没有个人恩怨。"[④] 西塞罗高度重视历史的作用。他认为：如果对出生之前发生的事情一无所知，你就始终停留在儿童时代。因为只有通过历史记载才能把我们的人生融入我们祖先的生命中去。此外，引用历史上的典范，就会给演讲提供权威性和可信度，还能给听众提供最大的快乐。[⑤] 他重审："所有文学、哲学和历史，都会激励高尚的行为，在这些文字之光没有照耀到的地方，这种激励会被埋没在黑暗之中。我们引用和承继了希腊罗马伟大作家为我们描绘的种种图景，它们不仅可以引导我们深思，而且可供我们仿效！"[⑥] 西塞罗的历史观对于未来的罗马历史学发展还是有一定影响的。

7. 其他

公元前1世纪，在罗马出现了一种新的史学体例——传记体。科尔涅

---

① 西塞罗：《论演说家》，2，9，36。
② 西塞罗：《论主题建构》，1，27。
③ 西塞罗：《论演说家》，2，15，63～64。
④ 西塞罗：《论演说家》，2，15，62。
⑤ 西塞罗：《演说家》，34，120。
⑥ 西塞罗：《为诗人阿尔基亚辩护》，6，14。

利乌斯·奈波斯的《外族将领传》就是这一体例的典范。科尔涅利乌斯·奈波斯是山南高卢的原住民，与西塞罗等罗马新贵有密切的关系。[①]《外族将领传》所选择的将领都是公元前5世纪到前4世纪的希腊人，其中11人为雅典人、3人为斯巴达人、1人为叙拉古人、2人为底比斯人、1人为卡尔狄亚人、1人为科林斯人。虽然传记内容多来自前人的作品，但科尔涅利乌斯·奈波斯通过传记体例将其重新编撰，对于读者更好地了解相关人物的生平功业，深入理解希腊历史意义较大。

第二节　罗马早期教育

一、罗马的公民教育

人之所以为人的根本原因之一就在于教育。教育是提高人类自身素养的一种手段，是开启民智的钥匙。近代思想家洛克曾在《教育漫谈》中高度评价教育对人类的作用。他说："我们日常所见的人中，他们之所以或好或坏，或有用或无用，十分之九都是由他们的教育所决定的。人类之所以千变万别，便是由于教育之故。"古代罗马的教育不但培养了罗马公民自身的品质，改变了罗马公民的形象，而且也促进了罗马公民对国家的认同，对罗马统一民族性的形成意义重大。

从罗马建城到共和结束，罗马的教育可以明显地分为两个阶段。第一阶段是家庭教育的阶段。父母是教师，子女是他们的学生，传统则是最主要的教材。这一时期，又被称为罗马的传统教育阶段。第二阶段则为学校教育阶段。在这一阶段里，罗马人既引进了希腊人的教育思想和教育方法，又对其进行了深刻的改造。当然，在罗马学校教育的第二阶段，家庭教育并没有消失，它还是起着重要的作用。

众所周知，罗马早期社会是农耕社会。农业是社会的基础；家庭是社会的主体，也是社会生产的主要组织单位。公民们"勤劳奋斗，黎明起床，

---

① 科尔涅利乌斯·奈波斯曾为迦图、阿提库斯和西塞罗等写过传记。

图 6.17　一位少年像

开门吩咐奴婢，给慎重的债务人结算到期的账目，聆听长辈的叮嘱，关心晚辈的教育，教训他们过节俭的生活的，增加财富。"[①] 儿童们未来的优良品行和正确的社会责任感都来自家庭的培养。

家庭教育的拉丁文为"Educatio"，其字根为"Educo"，原意为"养育"、"教养"和"栽培"。一般来说，早期罗马的家庭教育主要包括言行教育和课本教育两大类。

言行教育就是长辈把自己所积累的知识和经验通过言传身教的方法将其传授给下一辈。言行教育与经验教育有密切的关系。这种教育在早期罗马可以说相当普遍。小普林尼（约公元 62—112 年）对此曾有过明确的记载。他认为：

> 在古代，这是公认的惯例，即：年轻人通过观察前辈们的行为、听从前辈们的教诲，然后获得他们自己日后行事的准则，并将它们转交给我们的年轻一代。年轻人为此需从服兵役开始他们的前期训练，逐渐熟悉服从命令，从他人那里学会如何领导；公职候选人需在参与政事前站在元老院大厅的门外，观看元老院的议事规则。父亲是自己的老师，没有父亲的也有一个杰出的长者承担父亲的职责。于是人们通过榜样事例（这是最有效的教育方法）学会行使提案人的权力、陈述观点的权力、官员的权职和其他普通成员的特权。他们学习何时让步、何时坚持、该讲多长时间、何时应保持沉默、如何区分互相矛盾的提案，如何提出相关修正案。一句话，就是元老院的处事的整个过程。[②]

年轻人通过对长者的观察，学会他们自己不久要做的事情，而且知道轮到他们教育后代时，应该做些什么。言行教育的内容主要包括：农业技术、军事技术以及社会经验的传授。在空闲之际，父辈们经常带儿子到广场、会场学习军事、决策与演说等方面的技术与本领，使儿女们在见习中

---

① 贺拉斯：《上奥古斯都书》，103～106。
② 小普林尼：《书信集》，8，14。

逐渐掌握日常的政治、军事和文化知识。此外，作为必修的准则，罗马的儿童还得学习《十二铜表法》等法律条例。[①]

家庭教育的质量明显地取决于父母亲的文化知识素养和他们对教育的重视程度。在这一时期内，最能代表罗马上层家庭教育的，就是老迦图的子女教育法。

据普鲁塔克记载：

> 老迦图非常重视子女的教育。儿子刚刚懂事，迦图"就亲自指导儿子阅读书籍，虽然他有一位学识渊博的奴隶。这位奴隶名叫契罗(Chilo)，他曾担任过学校教师，教过许多小孩的课。迦图还亲口告诉我们：让儿子由于阅读缓慢等原因而遭到奴隶的训斥或拉耳朵是不对的。他也不敢把教育儿子这样重大的事完全委托给奴隶去作。正因为如此，所以他既是自己儿子的读写教员，又是他的法学教师和体育教练。他教他的儿子扔标枪，用盾牌作战、骑马。此外，还教他拳击。他也注意对他进行忍冷耐旱能力的训练，并亲自领他到巨浪滔滔的第伯河中强游。他告诉我们，他亲手用大字写了一部罗马史，以便他的儿子不出家门就能了解和熟悉自己的祖先以及他们的习惯。他宣称，在他的儿子面前，如像在维斯塔贞女面前一样，他非常注意讲话的方式，尽力不讲下流话。他还说，他永不与他的儿子一起洗澡。"[②]

普鲁塔克接着写道：

> 迦图努力把培养儿子的德行，诱发儿子的兴趣，并使他的精神与美好的自然本性相一致作为己任。但他发现儿子的身体比较虚弱，无法忍受艰苦的生活。所以他允许在生活上给他照顾，不让他过着像自己那样的苛刻生活。然而迦图的儿子虽然在体质上不如别人，但还称得上是一位刚强不屈的战士。在反对帕尔修斯的战斗中，他在鲍鲁

---

① 在西塞罗时代，罗马少年就得学习《十二铜表法》。西塞罗：《论法律》，2，23。
② 普鲁塔克：《迦图传》，20。

斯·埃米利乌斯的领导下作战勇敢。在这次战斗中，他的剑不知是由于不慎还是由于剑柄潮湿而滑落于地。对此，他十分痛心，立即请求同伴给以援助。在同伴们的掩护下，他再次冲入密集的敌群。在长时期的残酷战斗以后，他终于成功地清除了这里的敌人，并在无数的武器和死人堆里（这里既有朋友的尸体也有敌人的尸体）找到了自己的宝剑。为此，指挥官鲍鲁斯曾给予他高度的表扬。现在我们还能看到迦图给他儿子的一封信。在信中，迦图高度地赞扬了儿子舍身找寻宝剑的高贵热情。[①]

罗马传统教育的目的非常明显，就在于培养合格的罗马公民，培养能解决实际问题的人。广场与战场是罗马青少年实践的场所；公共生活又为罗马青少年提供了日用的课本；国家制度及地方风俗则更是规范罗马青少年行为的导师。

罗马学校教育的产生与希腊人，尤其是南意大利的希腊人有密切的关系。公元前303年，一些希腊教师来到罗马，在这里创设小学，以补充家庭教育之不足。公元前272年，罗马攻占他林敦。有许多希腊人被俘到罗马，著名的文法学家安德罗尼库斯便是其中的一员。他以自己翻译的《奥德赛》为译本，教罗马儿童读书识字。学校教育在安德尼库斯的倡导和践行下开始在罗马发展起来。

公元前2世纪中叶，希腊本土为罗马征服，希腊学术大量进入罗马，希腊学者、教育家也成批涌进罗马，在这里办学、传道、授课。对于希腊文化，罗马存在两种态度：一种以年轻人为代表，他们欢迎希腊文化，认真倾听希腊学者的演讲，常常为希腊人的演讲魅力所折服；另一种以迦图为首的元老派为代表，他们害怕年轻人过分追求知识上的声誉，而忽略了军事上的成就。迦图甚至以预言家的口吻宣称："罗马城一旦充斥了希腊字母，罗马人也就失去了他们自己的帝国。"[②]公元前173年，两位伊壁鸠鲁派教师被元老院逐出罗马，理由是他们宣传享乐主义，对罗马的简朴传统

[①]　普鲁塔克：《迦图传》，20。
[②]　普鲁塔克：《迦图传》，22～23。

形成威胁。十二年后，元老院又颁布命令，禁止希腊哲学家及修辞学家到罗马居住、生活。禁令全文如下：

> 盖约·法尼乌斯·斯特拉波和马尔库斯·瓦莱利乌斯·麦撒拉任执政官时，行政长官马尔库斯·庞波尼乌斯向元老院提出建议。元老院就哲学家和修辞学家的问题进行了讨论，并作出决议，要求行政长官马尔库斯·庞波尼乌斯保持警觉，保证从国家的利益出发，遵守自己的就职誓言，不许哲学家和修辞学家在罗马留居。[①]

公元前92年，监察官格涅乌斯·多密提乌斯·阿赫诺巴尔布斯和路西乌斯·李锡尼·克拉苏再次发布命令。内容如下：

> 我们听说有些人引进了一种新的学问，吸引我们的青年人成群结队地去听他们授课。这些人自认为是拉丁语修辞学家；我们的青年人整天不干他们该干的事，而热衷于与这些修辞作家鬼混。我们的祖先已经为他们的子孙规定了要上的学校和要学的课程。这些违背祖先规矩和习俗的变革，既不受我们的青睐，显然也不合适。因此，有必要把我们的看法告诉那些开办这类学校和常去听课的那些人，使其知道我们不欢迎这些修辞学家。[②]

然而，元老院对希腊文化的阻止并没有产生重要的作用。从安德罗尼库斯那时开始成长起来的希腊—拉丁文学，到公元前2世纪中叶，已经得到了罗马公民的普遍认可和喜爱。广受欢迎的各类"文法"学校应运而生。公元前1世纪初，第一所具有民族特色的拉丁文法学校在罗马诞生。不久，在罗马又出现了一些拉丁修辞学校，有了用拉丁语教学的老师，并开始形成严格的学校分级制度。

初级学校为小学。每一位7～12岁的男女儿童都可到小学求学。学费

---

① 苏埃托尼乌斯：《修辞学家》，1。
② 苏埃托尼乌斯：《修辞学家》，1。

一般由教师自由规定。罗马的小学教育一开始就是文字教育。其程序常常为先读后写。罗马史学家狄奥尼修斯为我们提供了这方面的详细信息。狄奥尼修斯说："当我们接受教学读书时，首先我们一心知道字母的读法，然后是字母的形状和它们的重要性、字母与字母的不同之点，然后再认识字和它们的变格"，知道它们的音调后，再去了解其余的东西。"我们只有在完成上述事情以后，才开始一个音节一个音节地写，一个音节一个音节地读。最初，读、写速度很慢。只有过了相当长的一段时间，当字的组成完全印在我们脑海中时，我们才能非常轻松地使用它们。"然后，我们就能仔细地念初级课本，再读别的课本。在学童掌握了一定的文字后，教师才教授算术。① 因为在罗马数字中没有十进位中的"0"字，所以，儿童们学起来有些困难，往往需要花费很多时间才能学懂。罗马人从幼年时期就开始学习算术，学会怎样把一斤（一斤分为十二两）分成一百份。"阿尔比努斯的儿子，你回答：从五两减去一两，还剩下多少？你现在应该会答了吧。""还剩下三分之一斤。""好！你将来会管理你的产业了。五两加一两，是多少？""半斤。"② 贺拉斯所说的就是罗马学童在学校所受教育的最好反映。

学校管理严厉、残暴。体罚学童是学校管理的重要手段。"主罚教师怒气冲冲，被罚儿童呼天喊地"，这就是罗马学校生活的真实写照。受罚学生常常被同学抬在肩上，接受教师鞭打。文学巨匠贺拉斯的老师路西乌斯·奥尔比利乌斯·普庇乌斯就是常用鞭子抽打学生的典型。贺拉斯称他为"鞭笞者（plagosus）"。马尔苏斯认为他是"对任何人都挥舞皮鞭和大棒"的人。③ 这种体罚制度在罗马一直非常流行，即使到帝国后期亦是如此。④

罗马的中等学校又称文法学校，是在学习希腊教育经验的基础上建立起来的。最初，罗马中等学校的教学用语是希腊文，教材也是希腊作品，教师大多也是希腊人。到公元前 1 世纪初叶，随着罗马文化自觉的出现和

① 哈里卡纳苏斯的狄奥尼修斯：《论文学写作》，25。
② 贺拉斯：《诗艺》，322～330。
③ 苏埃托尼乌斯：《语法学家》，9。贺拉斯：《信札》，2，1，70。
④ 奥古斯丁（公元 354—430 年）曾回忆他被送去学校学习的情景。他这样说道："我接下来被送到学校，去学习阅读和写作。可怜的人哪，我不清楚学习这些知识有什么用。然而，我若在学习上偷懒，就会挨打。"奥古斯丁：《忏悔录》，1，9，14。

发展，中等学校的授课内容也发生了变化，拉丁文和拉丁文学等课程都成了核心课程的内容。据说，罗马城里，有一个时期竟出现了二十多所学生众多的学校。[①] 当时学生们采用的主要教材有：狄奥尼修斯·特拉克斯的《希腊语法》和拉米乌斯·帕莱蒙的《拉丁语法》。

罗马贵族或富人子弟，在结束文法学校的学习以后，可以进入修辞学校，接受三至四年的修辞教育。罗马的修辞学校最初皆为私人创立。[②] 修辞教育的目的在于培养专门的雄辩人才，以适应社会和政治的需要。帝国时期的历史学家苏埃托尼乌斯曾这样指出："许多学过修辞学的人都登上了元老和高级官员的职位"。[③] 修辞学校的课程主要包括修辞学和辩论术，内容包括军事、政治、法律、哲学、伦理、文学、历史、地理、音乐、天文、数学、物理等。[④] 修辞学校的教学方法，首先是熟读名篇，然后再按教师指定的题目做辩论演习。当时修辞学校经常出现的辩论题目主要有两类：

第一类与国家政治权利有关。例如：弗拉米尼乌斯在担任保民官期间（公元前232年）曾提出要制定土地法。当他在公民大会上夸夸其谈时，他的父亲把他从讲台上拉下来。后来他的父亲被指控犯了不敬罪。指控的理由是："你犯了不敬罪，因为你把一位保民官从讲台上拉下来。"他父亲回答说："我没有犯不敬罪。"这里的问题是：弗拉米尼乌斯的父亲犯了不敬罪吗？父亲的理由是："我在对我的儿子行使权威。"反对的理由是："正好相反，他在用属于他自己的作为父亲的权威（这是一种私人权威）来削弱一位保民官的权威（这是民众的权威）所以他犯了不敬罪。"辩论的焦点是：使用父亲的权威（私权）来反对一位保民官的权威（公权），有罪吗？[⑤]

第二类与家庭、财产关系有关。例如：

（1）一些商人在布隆度辛卸货，船上装的是奴隶。由于害怕海关收税员，他们给一个年轻漂亮、可卖高价的奴隶佩带了护身符，穿上镶红边的

---

① 苏埃托尼乌斯：《语法学家》，1。
② 到韦斯帕芗时，才出现了由政府出资创办的公立学校。
③ 苏埃托尼乌斯：《修辞学家》，1。
④ 中世纪所谓的七艺，即文法、修辞、伦理、音乐、数学、几何及天文都与罗马修辞学校的课程有一定的渊源关系。
⑤ 西塞罗：《论主题建构》，18。

图 6.18　罗马壁画

托迦。经过这样的乔装打扮，奴隶很容易瞒过了检查。到达罗马后，他们受到了起诉，并被要求释放这个奴隶，理由是主人已自愿释放了他。

（2）法律规定：如果有位妇女被诱奸，则她有两条路可走：一为控告诱奸者于死命，一为不送嫁妆而嫁给他。当一名男子诱奸了两名妇女，其中一名要求置他于死地，另一名则选择要嫁给他。此案如何审理？

（3）有一年夏天，一些年轻人从罗马去奥斯提亚，走到海边，在那儿碰到几个正在撒网的渔夫，约定花费若干钱买下网中所获。付过钱款，等了好久，渔网终于出水了。人们发现捕到的不是鱼虾，而是满满的一篮子黄金。出资者说，这篮黄金理当属于他们，而渔夫则说应属于渔夫。试问这篮黄金应当归谁？

同类的问题还有：假如有人向渔夫包购水中网内的鱼，不料渔网拉上来时，并不是鱼而是珍珠。试问买鱼人有没有权利要这些珍珠？

这些题目基本上与家庭、财产有密切的关系，是法庭审理时经常会碰到的问题。

在辩论中，论证训练是关键，而所有论证都要通过归纳或演绎来完成。在西塞罗的《论主题建构》里保存了许多用归纳或演绎来说明问题的案例。其中有许多不但在当时有用，就是到现在也对我们有重要的启示作用。例如：

> "陪审团的先生们，你们宣誓要依法裁决，你们必须服从法律。但是服从法律就是遵循写在法律条文里面的内容。除了立法者本人精心撰写的法律条文，还有什么东西能够更加明确地表明立法者的意图？因此，没有书面条文，我们就无从得知立法者的意图和法律的必要性；我们无论如何不能允许伊帕米浓达问我们解释法律的意思，哪怕他没有站在法庭上；再说我们既然已经有了法律，为什么还要忍受由他来解释立法者的意图，不依据相当清楚的书面条文，而依据对他有利的东西。因此，陪审团的先生们，如果你们必须服从法律，那么你们就不能这样做。你们要是遵守写在法律条文中的内容，为什么就不肯裁决他的行为违法呢？"……"我们要么保存迦太基人的力量，不去消灭

它，从而生活在对迦太基人的恐惧之中，要么必须摧毁他们的城市。但我们一定不要生活在恐惧之中。换句话说，我们一定要摧毁他们的城市。"[1]

这些例子充分说明罗马人已经能够很好地使用逻辑推理这一重要的论证工具了。

为了训练学生的快速思维，教学时常常会提供正反双方的意见，使学生能够较好地把握正方和反方的不同观点。其中著名的案例有：海盗首领之女案。案情是这样的：一位青年人被海盗掳走，向其父写信求救，但其父无法筹到钱款。海盗首领之女看中了这位青年人。她向青年人说，只要他发誓娶她，她就能帮他获救。这位青年人答应了海盗首领之女的要求，遂很快获得自由。但此事无法为其父接受。不久，一位富有的女人要求这位青年人与她结婚而放弃海盗首领之女。由于这位青年人不愿意，其父就剥夺了他的继承权。双方辩护的理由分别如下：

第一、为青年人辩护的理由：

1）遵守诺言，为罗马人的美德；

2）应该感激救命之人；

3）讽刺其父之无能；

4）娶一个富家之女为妻不大合适。

第二、为父亲辩护的理由：

1）父权大于一切是天经地义的事；

2）与海盗首领之女结亲是一种耻辱；

3）在逼迫状况下所做的誓言，任何一方都可以毁约；

4）海盗为社会之敌人，自由民不能与之为伍。[2]

---

[1]　西塞罗：《论主题建构》，1，39。译文参见王晓朝译：《西塞罗全集·修辞学卷》，北京：人民出版社，2007年版，第182页。

[2]　老塞涅卡：《辩论实习》，1，6。

学生从正反两个方面的理由中学习雄辩的技巧与方法。这对学生的成长意义重大。

一般而言，罗马的青年尤其是共和末叶的青年若要在政治上有更大的发展，都会选择到希腊去学习深造。大家熟悉的布鲁图斯、贺拉斯和西塞罗等就曾在雅典上过学，恺撒、卡西乌斯等也曾在罗德斯岛留过学。非常幸运的是我们今天还能够读到在雅典读书的西塞罗的儿子给西塞罗的秘书提罗写的一封家信。我们从这里可以大致了解到罗马留学生当时的生活、思想以及学习的情况。其内容如下：

日复一日的焦急等待，46天之后邮差终于把您的信送到了我这儿。它们的到来令我喜悦万分：因为虽然我最亲切和最心爱的父亲的来信使我获得了最大的愉悦，但您的信令我的欣喜画上了圆满的句号。因此，我不再为我一度停止写作而懊悔，而宁可为此感到高兴；因为您的仁慈使我笔头的缄默获得了巨大的报偿。您毫不犹豫地接受了我的道歉，我甚为感激。亲爱的提罗，我确信，送到您手中的关于我的报告回应了您最衷心的祝愿和希望。我会让它们得以实现，会尽我最大的努力使这种日渐清晰起来的信仰在我的心中倍增。您许诺说要充当我声誉的号兵，您可以满怀信心地实现您的诺言了。

年幼无知犯下的错误使我感到如此悔恨与痛苦，以至于我不仅在内心畏惧面对我的所作所为，也痛恨听到有人提起它。我知道我也确信您替我分担了这种苦闷与悲伤。对此我并不感到惊奇！您希望我功成名就，您也同样以此要求自己；因为我曾经表示过您是我全部好运的陪伴者。您既然已经遭受了我所有的痛苦，现在我也希望您会从我身上体验到双倍的喜悦。我向您保证，我对克拉提普乌斯（Cratippus）的依恋之情与其说来自一位学生还不如说来自一位儿子：因为虽然我喜欢听他讲课，但我也特别迷恋他的行为举止。我整日与他在一起，夜间的大部分时间也常常如此：因为我尽可能说服他和我一起用餐。这种亲密的感情业已在我们之间建立起来，因此他经常意外地在我们用餐的时候拜访我们，放下哲学家的威严与我们自由自在地嬉笑。他就是这样一个人——如此令人愉快，如此杰出——以至于您会想尽快找机会和他熟识。我也要提一下布鲁提乌斯（Bruttius），我从来不会让他离开我的身边。他是一个严格按道德要求生活的人，同时也是最令人愉快的伴侣。因为在他身上，娱乐不会与文学和我们熟悉的日常哲学探究相分离。我在他隔壁租了一处住所，尽可能用我微薄的津贴来接济他有限的财力。而且，我已经开始用希腊语和卡西乌斯（Cassius）练习演说术，喜欢用拉丁语与布鲁提乌斯演练雄辩。我的那些亲密朋友和日常伙伴是克拉提普乌斯从米提利尼（Mitylene）带来的——他们都是优秀的学者，克拉提普乌斯在他们中间声誉最高。我还见到了许多伊壁鸠鲁学派的人、雅典的领袖人物、李奥尼达（Leonides）和其他诸如此类的人物。现在您应该知道我的大致情况了！

您在信中谈到了高尔吉亚（Gorgias）的性格。实际的情况是，我发现他在我日常的演说术练习中起了很大的作用；至于别的情况，我遵循父亲的训谕，因为他写信命令我立刻放弃高尔吉亚。我不会在这件事情上犹豫不决，因为我害怕我会制造麻烦使父亲质疑。而且，如果我对父亲的决定再发表什么看法的话，恐怕会冒犯父亲。不过，对于您的关心和建议，我很欢迎也会虚心接受。我接受您缺少时间的道歉；因为我知道您总是那么的忙。我很高兴您买了一份地产，衷心祝愿您的购买会大获成功。您别对我在信中对您表示庆贺而感到惊讶，因为这是对您写信告诉我您的买卖的回应。您是有财富的人！您必须抛弃城邦的举止：您已经成为一名罗马的国家绅士。这一刻，我的眼前浮现了您亲切的脸庞，它是多么清晰啊！我似乎看见您正在为您的耕地购买东西，正在与您的管家谈话，在您宽大外衣的一角里还留着吃甜点时丢下的种子。至于钱的事情，很抱歉不能到场帮您处理。不过，我亲爱的提罗，如果财富和我在一起的话，不要怀疑我将来对您的援助；尤其是当我得知这份地产是为我们共同的利益而购买的时候。我托付您办的事，给您带来了麻烦——太感谢了！但我求您尽早给我派一位秘书来——如果可以的话，请派一位希腊人；因为他将帮我省去大部分抄笔记的烦扰。总之，照顾好您的身体，以后我们还要一起进行一些文学讨论呢，我让安特罗斯（Anteros）把信给您。①

很显然，罗马对于希腊的教育制度是认可的，希腊文化对于罗马的影响也是深刻的。但如果仅仅依此而简单地把罗马的教育制度归结为对希腊教育制度的搬抄，那也是错误的。因为罗马人虽然主动向希腊人学习，但并不完全抄袭希腊的制度、方法，而是在自动地模仿希腊教育制度的基础上，又对它做了进一步的发展。所以，罗马的教育制度，不只是对希腊教育制度的保存，而更是对希腊教育制度的完善和改进。

二、早期罗马的教育思想

罗马的学校教育是在学习希腊文化的基础上建立起来的，但它有非常明显的民族性。大约到公元前 2 世纪以后，罗马自身的教育理论日趋完善。现有的材料表明：罗马最早的教育著作是老迦图的《儿童教育论》、瓦罗的《教育九书》。当然最具影响力的还是西塞罗的教育理论。从现有的资料中，我们可以看出，西塞罗的教育理论和思想主要包含在《论主题建构》《论演说家》和《布鲁图斯》这三部关于演讲术的论文中。

《论主题建构》是西塞罗青少年时期的作品。他在《论演说家》一书中曾提到过这部书。他这样说道："我在少年或青年时期根据我的笔记写就的作品是概述性的、粗糙的，与我们现在的年龄和我们经历过的、从如此众多的重要案件中获取的经验也很大的距离。"② 不过，他的作品确实给我们提供了许多有关罗马共和国后期演说术教育方面的重要资料。

《论演说家》是西塞罗的成熟之作，完成于公元前 55 年。它不是一本具体的传授如何运用演说术的教材，而是一本通过论辩方法论述演说术自身理论的著作，强调实践的经验，强调演说家自身素养的培养，强调演说术自身规则的把握。此书是西塞罗在丰富的实践经验与成熟的理论思考的

---

① Eva March Tappan, ed., *The World's Story：A History of the World in Story，Song and Art*，14 Vols.，（Boston：Houghton Mifflin，1914），Vol. Ⅳ：*Greece and Rome*，pp. 402~405.

② 西塞罗：《论演说家》，1，2。

基础上完成的，是西塞罗所有作品中的上乘之作。

《布鲁图斯》为西塞罗完成于公元前 46 年的作品。此书较为详尽地阐述了演说术的理论和实践以及演说术发展的历史。此外，本书还提到了一系列罗马著名的演说家，反映了西塞罗本人所接受的演说术教育的经历，是西塞罗有关演说思想的重要代表性作品。

按照西塞罗的理论，教育的根本目的在于培养演说家，培养有理政经验的演说家。西塞罗认为，在罗马的社会生活中，"演说能力在任何和平和自由的社会中都起着至关重要的作用。"[①] 演讲术教育是塑造罗马政坛精英和法律人才的重要手段。无论是从政、立法，还是法庭辩论，都需要公民掌握一定的讲演技能。而作为一名优秀的政治活动家，演讲术就显得更为重要。西塞罗本人就是通过演说获取成功的典范。

教育的价值在于改造人，在于"学以致用"。学生学习的目的，不仅仅是为了提高智力，而更重要的是为了把所学的知识有效地应用到公共和私人生活中去，为社会和个人服务。西塞罗认为：真正的演说家可以"以自己的威信和智慧为自己赢得巨大的荣耀，而且能够给众多普通公民以及整个国家带来巨大的幸福和安宁。"[②] 他劝说青年人继续演说术的学习和研究，"以便为自己赢得荣誉，为朋友提供服务，为国家做出贡献。"[③]

西塞罗认为，哲学家与演说家有所不同。哲学家的特点是好学深思；演说家的优势是擅长口才。哲学家只作思想内在的表达或文字的阐释；演说家要用语言向大众阐述。演说家一定是哲学家，而哲学家则不一定是演说家。因为要成为一名成功的演说家，就必须具备良好的哲学素养和雄厚的知识基础。而要做到这一点，他就必须进行严格的修辞学训练，收集证据、安排材料、口头演讲和记忆。这些系统化的训练是一般人不能坚持的。这也是西塞罗认为演说家较少的重要原因之一。[④] 在教育方法方面，西塞罗主张博闻强记，多诵文学精品。他反对对学生施行体罚。

---

① 西塞罗：《论演说家》，2，33。
② 西塞罗：《论演说家》，1，34。
③ 西塞罗：《论演说家》，1，34。
④ 西塞罗：《论演说家》，1，5。

罗马大教育家昆体良对于西塞罗的教育思想有很高的评价。他认为：西塞罗是在雄辩术实践和雄辩术理论方面独放异彩的人。"因为在罗马人中，他是唯一一位将雄辩天赋与教授雄辩术结合起来的人。"[1] 前人们在西塞罗的演说术理论面前最好谦逊地保持沉默。

共和国晚期，罗马除了学校教育以外，又出现了一种新的追求自觉学习、追求终身训练的现象。这方面在罗马政治家身上表现得更为明显。据苏埃托尼乌斯记载："西塞罗在直到出任行政长官之前，一直用拉丁语同时也用希腊语练习演说，甚至在年事渐高时还和未来的执政官希尔提乌斯和潘萨一起用拉丁语练习演说。他称他们两人为自己的学生和大孩子。一些史家记载，格涅乌斯·庞培在内战前夕重新开始练习朗诵，正是这样他才战胜了盖约·库里奥这个口才出众的年轻人。后者当时是恺撒的辩护律师。甚至在穆提那战争期间，奥古斯都和马尔库斯·安东尼也没放弃练习演说术。"[2] 就主观目的而言，政治家们对于修辞、演说的重视显然是为了解决现实的问题，但它确实对于推动罗马演说术教育的发展意义重大。

第三节　科学与法学

一、农学与地理学

拉丁民族是古代世界典型的农耕民族，农业是罗马最重要的生产部门。重视农业是罗马政府的重要职责。根据老普林尼的记载：那些对田地疏于耕耘的公民常常会受到监察官的指责。[3] 迦图也说：我们的祖先在赞扬一个好人时，就称赞他是一个好农民，好庄稼人。凡是受到这样称赞的人，就被认为受到了最大的称赞。[4] 迦图认为：那些最坚强的人和最勇敢的士兵都出身农民；农民的利益最清廉、最稳妥、最不为人所妒忌。从事这种职业

① 昆体良：《演说术原理》，12，1，20。
② 苏埃托尼乌斯：《修辞学家》，1。见《罗马十二帝王传》，北京：商务印书馆，1995年版，第359页。
③ 老普林尼：《自然史》，18，3。
④ 迦图：《农业志》，序；老普林尼：《自然史》，18，3。

的人绝不心怀恶念。① 他们"所过的生活就是一种神圣而又对人有益的生活。"② 由于农业在罗马社会中所处的核心地位，所以，早在公元前 2 世纪，罗马就出现了专门研究意大利农业的专（译）著。这些作品不但大大提升了罗马认识世界的能力，而且也使罗马改造世界的行为有了更合理的理论支撑。

迦图是古罗马杰出的演说家和文学家，同时也是拉丁农学的创始人。他于公元前 160 年完成的《农业志》是罗马历史上第一部农业著作。此书是迦图在总结自身实践经验的基础上写就的经典作品，融知识与经验于一体，是当时不可多得的农事指南书，对社会影响很大。

图 6.19　罗马镶刻公鸡

迦图的《农业志》用拉丁文写成，全书共 162 章。作者迦图是士兵、文人、政治家，但最重要的他还是一位农民、一位有知识的农民。他在雷阿特、图斯库鲁姆、坎佩尼亚、维那弗鲁姆、卡西鲁姆等地都有地产，书

① 迦图：《农业志》，序。
② 瓦罗：《论农业》，3，1。

中的许多观点都是其长期实践的结果。迦图论述了意大利中等庄园的选择原则、经营模式、庄园人员的配置原则以及庄园的大致规模和庄园工作的四季安排。迦图式庄园以自给自足为主，但对意大利的商品市场并不陌生、也不抵触。从历史的视角看，迦图式庄园应该是由小地产向大地产发展过程中的非常典型的中间形式。

迦太基灭亡后，按照元老院的决定，由西拉努斯主持的一个委员会曾将迦太基人马哥的 28 卷《论农业》译成拉丁文。公元前 88 年，罗马又出版了由卡西乌斯翻译的希腊文本。书中介绍了许多取自希腊作品的材料。[①] 50 年后，罗马又出现了另一部农学著作瓦罗的《论农业》（或译《农业志》）。这是他留给我们的所有著作中唯一一部较为完整的著述。

瓦罗的《论农业》完成于公元前 37 年，是瓦罗在 80 高龄时写成的，共三卷，第一卷献给其妻丰达尼亚，因为她刚买了一处地产，很想利用这一地产而获取利益；第二卷则献给对牲畜有兴趣的朋友图尔拉尼乌斯·尼格尔；第三卷献给瓦罗的近邻和非常友好的朋友皮尼乌斯。第一卷谈农业，包括引论、农业的目的和范围、宅院建筑、土地耕种、农作物的扶理、收藏和加工等；第二卷是关于牲畜饲养的，主要论述畜牧业的起源和牛、马、骡、猪、羊、狗等家畜的选购、饲养、繁殖和疾病的防治；第三卷讨论在农庄范围内的动物饲养，主要论述家禽、鸟类、兽类、蜜蜂和鱼类的饲养和营利。在写作体例上，此书采用的是一问一答的方式，以回答问题来展开并分析议题，最后得出结论。《论农业》专业性强，有理论高度，也有实践经验，是一部十分难得的农业指导书。

与迦图的《农业志》相比，瓦罗的《论农业》又有了许多自身的特点。这些特点主要包括：第一，比较忠实地记录了公元前 1 世纪意大利的经济生活状况，保存了不少比较真实和饶有趣味的史实；第二，自觉地规范了农业的概念，并对之加以阐述；第三，分析了经营农业的目的与手段，论述了庄园、劳动力与庄园分布地点的关系，展示了意大利庄园的市场活力。从这部著作中，我们既能看到瓦罗对传统农业的留恋，又能发现瓦罗对当

---

① 西塞罗：《论演说术》，1，58；瓦罗：《论农业》，1，1。

图 6.20　帕比里乌斯庄园

图 6.21　罗马镶刻画

图 6.22　庄园壁画

图6.23 出自波斯科雷阿莱王园的拟人画像

代农业的重视。留恋传统农业是因为传统农业给罗马提供了众多优秀的士兵和淳朴的民风；重视当代农业则是因为只有当代农业能给庄园占有者带来丰厚的利润，让其在城市里过上舒适的生活。

图 6.24　罗马镶刻画

维吉尔是罗马第三位专门论述农业题材的作家，他的《农事诗》是应麦凯纳斯之命而写作的，大约创作于公元前 36—前 29 年之间，也就是罗马内战正酣，而意大利形势相对平稳之时。全书分成农业的耕种、园林的管理、畜牧和养蜂等四大诗章。《农事诗》歌颂了意大利的美好，介绍了意大利的农事知识，描写了农业对民族的影响。《农事诗》不但给农夫传播了农业知识，而且也给读者带来了乐趣。用诗歌来宣传农业知识在拉丁作品中还属首次。屋大维曾连续几天听取维吉尔和麦凯纳斯为其朗诵这一作品。由此可见《农事诗》的力量和维吉尔的价值。[①]

罗马共和时期的农业虽然变化很大，但有一点是一致的，即：大家都

---

① 苏埃托尼乌斯：《维吉尔传》，26～29。

图 6.25　金盘

很关注农业，都很留恋共和早期的农耕生活；农民是罗马士兵的源泉，是罗马军队的支柱；农兴则民安，农稳则国盛。农业始终是罗马最重要的生产部门，是罗马安全和罗马和平的基础。

罗马人对地理学的认识有一个过程。在早期，罗马人对地理学并不感兴趣。一直到公元前 2 世纪，罗马的地理学随着对外扩张的成功开始发展起来。波利比乌斯是最早论及罗马地理学知识的学者。他写的《历史》中专设第 34 卷论述地理，目的有二：一是保证历史叙述的完整性；二是使地理资料的撰述相对集中。非常遗憾的是，第 34 卷已经全部遗失了。我们只能通过后来的地理学家才能了解它的大致内容。

继波利比乌斯以后，罗马较有名的地理学家是阿尔提米多鲁斯。阿尔提米多鲁斯生活于公元前 2 世纪末叶至公元前 1 世纪前叶，出生于小亚的以弗所。由于家境殷实，他周游了地中海的绝大部分地区，著有 11 卷本《有人居住世界的地理学》。遗憾的是这一著作已经失传，现在只有一个节本保存下来。它的部分内容都保留于斯特拉波等作家的著作里。

罗马帝国的建立开阔了罗马人的视野，加深了罗马人对世界的认识，从而也就促进了罗马地理学的快速发展。出于军事需要和管理方便，奥古斯都的亲密战友和大将阿格里巴编制了已知世界的巨幅地图。帕加马的梅尼普斯大约于公元前35～前25年之间，写了一部三卷本的《内海航行记》，对地中海沿岸地带的地形状况做了详尽的描述。《内海航行记》的出现本身就说明罗马帝国对于地中海的整体认识已经达到了一个新的高度。此外，查拉克斯的伊西多鲁斯也于公元前20年左右完成了一本名为《帕提亚旅程》的著作。该著作对帕提亚的地形了如指掌。书内既有商道路线，也有沿途风光；既有村庄、大市镇、堡垒、城市、宫廷等名称，也有各城市间之距离。内容之细，计算之精，着实令人震惊。辛尼加（公元前4年—公元65年）在其流放期间也写过《自然科学诸问题》一书。书中详细叙述了自然地理的各种对象和现象。不过，对罗马地理学贡献最大的还要数斯特拉波的《地理学》。

斯特拉波（约公元前64—公元23年），古罗马时代著名的希腊地理学家，是描述地理学派的杰出代表，在世界古代地理学史上占有重要地位。

斯特拉波出身于本都地区阿玛西亚（Amasia）的一个贵族家庭，兼具希腊与亚细亚血统。[①] 他家境殷实，受过良好的文化教育；早年在奈萨（Nysa）上学，师从阿里斯托德姆斯（Aristodemus）学习各门功课，其中包括修辞学与文法；[②] 公元前44年，第一次来到罗马，之后在出色的地理学家和文法学家特拉尼昂（Tyrannion）[③] 门下求学。[④] 正是特拉尼昂使他窥见了地理学研究的门径，为其以后步入地理学研究的殿堂打下了基础。

---

① Strabo, *Geography*, with an English translation by Horace Leonard Jones, Harvard University Press, Books 1—2, Introduction, xiii-xvi, 1917.

② Strabo, *Geography*, 14, 1, 48.

③ 卢库鲁斯俘获特拉尼昂，将其解往罗马，他在那里传道授业，在他的学生中，有西塞罗的两个儿子。西塞罗称他是卓越的地理学家。Strabo, *Geography*, with an English translation by Horace Leonard Jones, Harvard University Press, Books 1—2, Introduction, xvii, 1917.

④ Strabo, *Geography*, 12, 3, 16.

在罗马，斯特拉波还受教于逍遥派哲学家薛纳库斯（Xenarchus）[1]，并与鲍提乌斯（Boethus）[2]一起学习亚里士多德哲学。那时，他已经了解到，波塞冬尼乌斯是他那个时代最为博学的哲学家。[3]在其受教育的过程中，斯特拉波主动吸纳波塞冬尼乌斯等斯多葛派哲学家的观点，以丰富自己的思想与学说。

斯特拉波曾多次前往罗马。[4]而在罗马的时间，也是他一生中极为重要的时期。他不仅接受了学术训练，开阔了视野，提升了自我，而且还搜集资料，结交了重要人物。公元前29年，斯特拉波结识了奥古斯都的亲信大将埃利乌斯·加鲁斯。次年，埃利乌斯·加鲁斯就任埃及总督，斯特拉波随同前往。斯特拉波旅居埃及多年。他充分利用亚历山大里亚图书馆的便利条件，大量阅读并摘录前人的相关著作，搜集丰富的写作素材。他还游历了埃及的许多城市，并随同加鲁斯出征埃塞俄比亚，到达埃塞俄比亚边境地区。广泛的游历在他的《地理学》著作中有直接体现，"从亚美尼亚向西，我旅行到远至撒丁尼亚海对面的第勒尼亚（Tyrrhenia）地区，从攸克塞因海向南，我到达了埃塞俄比亚边界地区。在地理学家中，不会有谁比我旅行得更远。事实上，在西部地区比我旅行得远的那些人，在东部则没有我旅行得远；在东部比我旅行得远的那些人，在西部则没有我旅行得远。关于南北走向的地区，情况同样如此"[5]相关资料的搜集整理，广泛的旅行和实地考察，使他为学术巨著的创作积累了宝贵财富。

斯特拉波的《地理学》和《历史概要》，就是在上述基础上完成的。斯特拉波是著名的地理学家，但人们常常忘记，他首先是一位出色的历史学家。他的47卷本的《历史概要》，涵盖了从迦太基衰落到奥古斯都时期的

---

① Strabo, *Geography*, 14, 5, 4, 薛纳库斯生于塞琉西亚（Seleuceia），曾生活于亚历山大里亚、雅典，后来迁居罗马，从事教师职业。与埃里乌斯（Areius）和奥古斯都都保持了很好的友谊，一直到老年都非常受尊敬，最后病死于那里。

② Strabo, *Geography*, 16, 2, 24, 西顿城的斯多葛派哲学家。

③ Strabo, *Geography*, 16, 2, 10, 波塞冬尼乌斯是阿帕美亚（Apameia）人，斯多葛派哲学家。

④ 公元前44年（19或20岁）他第一次到达罗马，此后分别在公元前35年（29岁，6.2.6）、公元前31年（32或33岁）、公元前29年（34年或35岁）、公元前7年前往罗马。Strabo, *Geography*, with an English translation by Horace Leonard Jones, Harvard University Press, Books 1—2, Introduction, xxi-xxiii, 1917。

⑤ Strabo, *Geography*, 2, 5, 11.

历史。① 然而不幸的是，本可以与《地理学》比肩而立、争奇斗艳的《历史概要》已经失传，仅有少数残篇流传至今。我们只能从《地理学》、约瑟夫以及普鲁塔克的作品中浏览到它的些许信息。

斯特拉波的《地理学》，是西方地理学史上的一部经典著作。全书共 17 卷，前两卷为绪论。其中，在绪论部分，他追溯地理学的源头，反驳埃拉托色尼等人的攻击，捍卫荷马在地理学史上的奠基地位；论证他重新论述地理学的必要性与合理性：一方面，新的征服与探索活动，打开了人类活动的新区域，而这些区域是前辈地理学家所不熟悉，或不完全知晓的。另一方面，由于新的发现及学术进步，纠正前辈地理学家作品中存在的缺陷成为可能。在绪论中，他还批判了埃拉托色尼（Eratosthenes）、希帕库斯（Hipparchus）、波塞冬尼乌斯（Posidonius）和波利比乌斯等前人著作中的错误观点，探讨了《地理学》的目的、效用及服务对象，提出了地理学家的主要任务、主要关注点，论述了他所考察的对象、资料来源和创作原则，并制定了写作大纲。

第 3 至第 17 卷，他分论当时西方人已知的世界各地区，内容包括各地的自然特征、地理沿革、道路里程、居民、风俗习惯、神话故事、物产、经济状况、城市和政治组织等诸多方面。斯特拉波以欧罗巴为开端，进而以伊比利亚为起点展开描述，沿着人类居住世界的北部，由西向东至印度，而后，沿着人类居住世界的南部，由东向西至利比亚。其中，第 3 卷，主要描述伊比利亚。在本卷中斯特拉波使用了波里比乌斯、阿尔特米多鲁斯（Artemidorus）②、波塞冬尼乌斯，埃拉托色尼等人提供的资料。在他的描述中，伊比利亚地区的腌鱼业，图尔德塔尼亚富饶的物产、丰富的矿产、便利的航运、发达的商业贸易，金银矿石的冶炼、提纯的方法，路西塔尼

---

① Strabo, *Geography*, with an English translation by Horace Leonard Jones, Harvard University Press, Books 1～2, Introduction, xxviii-xxix, 1917; Strabo, *Geography*, 1, 1, 23 及其注释 1 (《罗布古典丛书》译本, 第一册, 1997 年重印本, 第 46～47 页)。

② 阿尔特米多鲁斯（Artemidorus）（公元前 2 世纪末至前 1 世纪初），是出生于以弗所的希腊人。他沿地中海海岸和外西班牙航行，在亚历山大里亚撰写了 11 卷的地理学著作。他的记述，特别是对于西部地区里程的记述，比较准确，但也存在错误与混乱之处。关于东部的水域和埃塞俄比亚，阿尔特米多鲁斯依靠阿加塔契德斯（Agatharchides）的资料，增加了远至 Cape Guardafui 地区的里程及详细描述。关于印度，他主要依据亚历山大著名作家及美加斯提尼斯（Megasthenes）的资料。Simon Hornblower and Antony Spawforth, *The Oxford Classical Dictionary*, third edition, Oxford New York, Oxford University Press, 1996, I, p. 182。

亚人的风俗习惯，元老院行省和元首行省的治理情况，给我们留下了深刻的印象。斯特拉波在文中彰显的主题之一，就是罗马人在结束纷争、带给当地居民安宁、和平与文明方面发挥着重要作用。

第 4 卷分述高卢、不列颠和阿尔卑斯山及其附近的地区。作者使用了恺撒、阿尔特米多鲁斯、波塞冬尼乌斯、波里比乌斯等人的资料。罗马人给当地带去文明的生活方式，仍是斯特拉波着力表现的一个主题，仅从他的如下表述中便可见一斑，"不过，由于罗马人的征服，随着时间推移，生活在玛西里亚人所在地区之外的蛮族人变得越来越温和，他们已经放弃战争，转向了市民和农耕生活……"①；"……人们把那一地区的所有蛮族人都称为卡瓦里人。不，他们已不再是蛮族人，在很大程度上已成为典型的罗马人，无论在讲话方式上，还是在生活方式方面，甚至在某些人的公民生活方面，都是如此。"②

第 5 卷和第 6 卷是对意大利和西西里的描述。在这两卷中，一部分资料来自斯特拉波的实地考察，一部分源自埃弗鲁斯（Ephorus）③、阿尔特米多鲁斯和波塞冬尼乌斯等人的作品。在对南部意大利描述中，叙拉古安提奥库斯（Antiochus）④ 的著作也成为斯特拉波的一个重要资料来源。其中，斯特拉波在撰述第 6 卷时，考察罗马崛起的历史过程，分析罗马的统治方式，从地理与环境的角度探索罗马建立霸权的原因，值得关注。

第 7 卷主要描述欧洲的北部、西部和中部地区，其中对辛布利人、盖塔人、潘诺尼伊人、奥塔里亚塔人、斯科尔狄斯西人和勒勒吉斯人等都进行了详细描述。在这一部分，作者主要运用了以前学者的资料，文中被直

---

① Strabo, *Geography*, 4，1，5.

② Strabo, *Geography*, 4，1，12.

③ 埃弗鲁斯（公元前 405—前 330 年），塞玛（Cymē）人。他编撰了 30 卷的《历史》。这部史书上起赫拉克里斯族（Heraclidae）的回归，下至培林图斯（Perinthus）之围，他的儿子德摩菲鲁斯（Demophilus）撰述了第三次神圣战争（Third Sacred War）。他取材广泛，并且时常对材料进行认真甄别。在古代，它因其准确性而受到赞誉。他的著作被狄奥多罗斯（Siculus）、普鲁塔克广泛引用，也是斯特拉波《地理学》的主要资料来源之一。Simon Hornblower and Antony Spawforth, *The Oxford Classical Dictionary*, third edition, Oxford New York, Oxford University Press, 1996, Ⅱ, p. 529.

④ 叙拉古的安提奥库斯是生活于公元前 5 世纪的希腊历史学家，其著作有《论意大利》（*On Italy*）（Strabo, *Geography*, 6.1.4）Simon Hornblower and Antony Spawforth, *The Oxford Classical Dictionary*, third edition, Oxford New York, Oxford University Press, 1996, I, p. 109。

接提到的古典作家有阿波罗多鲁斯、埃拉托色尼、埃弗鲁斯、波里比乌斯、赫西俄德、德米特里乌斯、塞奥波姆普斯等 40 余人。

第 8 卷、9 卷、10 卷，主要描写希腊，其中包括马其顿、雅典、彼奥提亚、瑟萨利、埃托利亚、克里特及其他岛屿。对希腊的描述在全书中占有三卷内容。其描述具有以下特点：斯特拉波利用较大的篇幅为荷马的地理学观点辩护；所用史料来源广泛，既有他本人实地考察所得，又有前辈学者作品的丰富信息，在书中涉及的有名可考的古典作家近 70 人，这在对其他部分的描述中是没有过的；埃弗鲁斯的论述和资料占有突出地位，其中的缘由，诚如斯特拉波所言，"我使用埃弗鲁斯的资料比任何其他权威的资料都多，因为正如杰出的作家波利比乌斯所证实的那样，对于这些问题，他非常谨慎。"[①]

第 11 卷描述了小亚细亚北部远至巴克特里亚的区域。由于亚历山大远征经过了其中的部分地区，亚历山大史家的作品成为斯特拉波主要的史料来源之一。波塞冬尼乌斯、埃拉托色尼、阿尔特米多鲁斯、阿里斯托布鲁斯（Aristobulus）[②]、阿波罗多鲁斯（Apollodorus of Artemita）等人的作品，也是其主要的资料来源。值得注意的是，斯特拉波利用了提奥发尼斯（Theophanes）和德里乌斯（Dellius）的报道。前者曾和庞培一起出征小亚，[③] 到过阿尔巴尼地区，后者则随安东尼远征帕提亚，并且还担任了一名指挥官。[④] 由于他们曾亲自到过那些地区，其报道具有较高的可信性。此外，他还使用了阿波罗尼德斯（Apollonides）和欧尼西克里图斯（Onesicritus）[⑤] 等人的资料。

---

① Strabo, *Geography*, 9, 3, 11.

② 阿里斯托布鲁斯，卡萨德莱亚人（Cassandreia），为亚历山大史家。在伊普苏斯（Ipsus）大战之后（公元前 301 年），他撰写了一部有关亚历山大统治的历史，其中有涉及到地理与植物的丰富资料，但仅有一些残篇留存，Simon Hornblower and Antony Spawforth, *The Oxford Classical Dictionary*, third edition, Oxford New York, Oxford University Press, 1996, I, p. 161。

③ Strabo, *Geography*, 11, 5, 1.

④ Strabo, *Geography*, 11, 13, 3.

⑤ 欧尼西克里图斯，Astypalaea 人，第欧根尼的学生，曾当过亚历山大大帝的舵手。公元前 325 或 324 年在海上航行时，他是尼阿库斯的副手。他撰写了一部赞颂亚历山大的作品，留存下来的引文，主要是关于印度，特别是关于婆罗门哲学和穆西卡努斯（Musicanus）王国的描述。他是第一位详细描述锡兰（斯里兰卡）的作家。Simon Hornblower and Antony Spawforth, *The Oxford Classical Dictionary*, third edition, Oxford New York, Oxford University Press, 1996, III, p. 1068。

第 12 卷描述了小亚细亚的卡帕多西亚、本都、帕夫拉高尼亚、比提尼亚以及远至南部吕西亚的广大地区。斯特拉波的家乡就在这一地区。[①] 他的实地考察是其主要资料来源。除了实地考察外，埃弗鲁斯、阿波罗多鲁斯、希罗多德、荷马、德米特里乌斯（Demetrius）等人的作品构成了他的文献资料来源。斯特拉波在这一卷的描述特点是：内容非常详细；穿插当地重大历史事件，例如庞培在本都地区的征战及其管理；[②] 彰显罗马人在这一地区的权威；突出对城市的描述，例如斯特拉波详细描述了考玛纳城的历史沿革、城市布局、管理方式、祭祀仪式及祭司职位、城市商业和服务业、城市周围地区的物产。

第 13 卷主要描述了小亚细亚特洛伊周围的地区，斯特拉波的主要史料来源是荷马的作品；另一个资料来源是德米特里乌斯的作品，他是特洛伊附近斯塞普西斯（Scepsis）当地的学者。此外，斯特拉波还利用了其他人的资料，比如柏拉图[③]和出生于塞玛城的诗人赫西俄德的作品。[④] 值得注意的是，斯特拉波在描述每一个地区和城市时，都会详细列举它们历史上的著名人物。

第 14 卷主要描述了与伊奥尼亚和潘菲里亚相邻的沿海地区及众多岛屿。这些地区也为斯特拉波所熟悉，不过他还利用了埃弗鲁斯、阿尔特米多鲁斯、阿波罗多鲁斯、荷马等人提供的信息。详述各座城市的名人，仍然是这一卷的特色。

第 15 卷是对印度、阿里亚纳（Ariana）和波斯地区的描述。显然，斯特拉波并未去过印度，对印度的描述，基本上借鉴了前人的资料。然而，他并非随意使用现成资料，而是对它们进行了分析和甄别。他在印度一卷的开篇，明确指出，"迄今为止"所有关于它的描述，都无法提供准确的信

---

① Strabo, *Geography*, 12, 3, 39.
② Strabo, *Geography*, 12, 3, 1.
③ Strabo, *Geography*, 13, 1, 25.
④ Strabo, *Geography*, 13, 3, 6.

息，只能选择那些最接近事实的信息。① 亚历山大史家②、尼阿库斯
（Nearchus）③、美加斯提尼斯（Megasthenes）④、阿里斯托布鲁斯、欧尼西
克里图斯，埃拉托色尼等人的作品，构成了斯特拉波对印度描述的主要资
料来源。对于阿里亚纳和波斯地区的描述，斯特拉波主要依据了尼阿库斯、
欧尼西克里图斯、埃拉托色尼、波里克莱图斯和埃斯库罗斯的资料。

　　第 16 卷主要是对亚述、叙利亚和阿拉伯地区的描述。其主要史料来源
是阿里斯托布鲁斯、埃拉托色尼、波塞冬尼乌斯、阿尔特米多鲁斯和尼阿
库斯的作品。斯特拉波的朋友埃利乌斯·加鲁斯曾奉奥古斯都之命，远征
阿拉伯。斯特拉波在描述阿拉伯地区时，还利用了埃利乌斯·加鲁斯的相
关报道。⑤ 在对上述地区的描述中，亚历山大的活动，罗马人、帕提亚人在
这些地区的行动，罗马人与帕提亚人之间的关系，阿拉伯地区的香料生产、
香料贸易和交通路线，成为作者关注的重点。

　　第 17 卷是对埃及、埃塞俄比亚和利比亚的描述。斯特拉波在埃及进行
过旅行和实地考察，行文中多处显示着他在当地的旅行经历。⑥ 在这一卷
中，实地考察是他的主要资料来源。他还利用了埃拉托色尼、波塞冬尼乌
斯、卡里斯提尼斯（Callisthenes）等人的作品。在这一地区，斯特拉波重
视对自然现象的探源；⑦ 关注埃及行省的行政管理、政区划分、官职设置、

---

① Strabo, *Geography*, 15, 1, 2～10.
② 斯特拉波在行文中常常会以"亚历山大作家说""亚历山大史家认为"等模糊的形式引用他们的作品。
③ 尼阿库斯，克里特人，亚历山大大帝的伙友。公元前 334 年至前 329 年，他任吕西亚和潘菲里亚总督。
他指挥舰队在希达斯皮斯河（Hydaspes）及印度南部到底格里斯河的海岸航行。他的关于亚历山大远征的传记非
常流行，其残篇保留在斯特拉波和阿里安的作品中。Simon Hornblower and Antony Spawforth, *The Oxford
Classical Dictionary*, third edition, Oxford, New York, Oxford University Press, 1996, Ⅲ, p. 1032.
④ 美加斯提尼斯（公元前 350—前 290 年），是一名外交家和历史学家。西比提乌斯（Sibyrtius）是亚历山
大大帝任命的阿拉科西亚（Arachosia）和伽德罗西亚（Gedrosia）地区的总督（他至少统治到公元前 316 年）。
美加斯提尼斯一直追随西比提乌斯。公元前 302 年至前 291 年，美加斯提尼斯是外交使团成员，他的使团（也许
不止一次）访问过印度北部的孔雀帝国。Simon Hornblower and Antony Spawforth, *The Oxford Classical
Dictionary*, third edition, Oxford New York, Oxford University Press, 1996, Ⅲ, p. 952。
⑤ Strabo, *Geography*, 16, 4, 21～24.
⑥ Strabo, *Geography*, 17, 1, 24, 29, 34, 38, 46.
⑦ 例如，他正确地认识了尼罗河泛滥的原因，并将"雨水导致尼罗河泛滥"的这一观点，从卡里斯提尼斯
溯源之荷马，斯特拉波：《地理学》，17, 1, 5。

驻军及税收状况；重视对城市和商业贸易的描述。^① 埃及独特的动植物也是作者关注的对象^②。对埃塞俄比亚和利比亚的描述，其资料主要来自于希罗多德、阿尔特米多鲁斯、波塞冬尼乌斯。值得注意的是，他还引用了罗马历史家加比努斯（Gabinus）的资料^③。在这一部分，迦太基和迦太基战争是作者关注的重要对象。在全书末尾，斯特拉波首先追述了罗马国家由小到大、由弱到强的发展历程，明确指出了它所控制的地区、它周围的邻居、它统治范围内辖区的类型，最后，他落笔于罗马行省，描述了行省的划分原则、行省的划分、类型、历史沿革及每个行省所辖的区域。^④

斯特拉波在《地理学》中所使用的资料，既有源自作者本人实地考察所得的内容，也有来自同时代当事人报道的信息；既包含前辈地理学家著作的内容，也含有某一地区当地作家或史家作品的信息。斯特拉波在使用前人的资料时，并非简单照搬，而是进行了批判与分析。^⑤

斯特拉波认为，自己的职责是对人类居住世界的描述。^⑥ 他说，"在这部著作中，我必须抛弃那些琐屑和不重要的事情，致力于高尚和伟大之事，致力于蕴含实际用处，或值得纪念，或令人愉悦之事。"^⑦ 在描述中，他不仅关注一个地方的自然属性，而且注意它们之间的相互关系；他不仅重视自然因素对人文现象的客观影响，而且研究历史原因对地理的重要作用；他不仅描述存在于地表的生物、陆地和海洋，记载重大历史事件、重要行政系统和商业贸易往来，把描述地理学推向顶峰，而且对人类居住世界进行分类划分，使自己成为区域地理学研究的卓越代表。

法国学者保罗·佩迪什认为，斯特拉波《地理学》内容的丰富程度"是任何一位古代地理学家所望尘莫及的"，在奥古斯都时代，"没有出现任

---

① 斯特拉波对于埃及亚历山大里亚作了详细描述，斯特拉波：《地理学》，17，1，7～8。他关注商业贸易，例如，他在斯特拉波：《地理学》，17，1，13中对埃及商业及税收的描述，直接反映了罗马统治下的亚历山里亚在世界商业中的地位，以及当时的埃及与印度和埃塞俄比亚之间繁荣的商业贸易状况。

② Strabo, *Geography*, 17, 2, 4～5.

③ Strabo, *Geography*, 17, 3, 8.

④ Strabo, *Geography*, 17, 3, 24～25.

⑤ 不过，在《地理学》中，斯特拉波常常捍卫荷马的地理学观点，对其作品不加批判地引用，我们在使用相关资料时，需进行分析和甄别。

⑥ Strabo, *Geography*, 2, 5, 8.

⑦ Strabo, *Geography*, 1, 1, 23.

何一部著作，能同斯特拉波的不朽巨著相提并论，无论是从概念的广泛性方面还是从资料的丰富性方面都是如此。"① 霍雷斯·理纳德·琼斯（Horace Leonard Jones）在《地理学》英文版序言中更盛赞："斯特拉波的《地理学》，不仅仅是一部地理学著作，它是基督时代开启之后，有关人类居住世界广阔区域信息的百科全书。"② 这部"百科全书"不仅为我们留下了这一时代的重要信息，也是在罗马统治之下人们认识世界的结晶，更是人们认识能力增强的有力见证。

总之，是严格的学术训练、充足的信息材料资源、广泛的实地考察经历、地理学自身的发展与学术积淀，以及罗马帝国崛起的客观现实等诸多因素，共同铸就了斯特拉波的经典学术巨著，使其成为地理学史上的一座丰碑。《地理学》使斯特拉波伟名流芳；《地理学》更使罗马帝国影响长存。

二、罗马法的形成与发展

罗马法是罗马人民天才的最高体现，是罗马人留给人类文明的一份最宝贵的遗产。罗马法因罗马而名，因罗马而行。广阔的帝国与强大的实力可以使罗马把分散的规则结集成法律，将有效的法规扩展至不同的地区和世界。德国法学家耶林曾在《罗马法的精神》一书里形象地说过：罗马曾三次征服世界：第一次以武力；第二次以宗教；第三次则以法律。而这第三次也许是其中最为平和，最为持久的一次征服。罗马法的作用由此可见。

按照唯物主义的观点，法律并不是从来就有的。它的出现与社会生产的发展有密切的关系，与人类自身的需要有密切的关系。恩格斯说："在社会发展某个很早的阶段，产生了这样的一种需要：把每天重复着的产品生产、分配和交换用一个共同规则约束起来，借以使个人服从生产和交换的共同条件。这个规则首先表现为习惯，不久便成了法律。随着法律的产生，就必然产生出以维护法律为职责的机关——公共权力，即国家。随着社会

---

① ［法］保罗·佩迪什：《古代希腊人的地理学——古希腊地理学史》，蔡宗夏译，葛以德校，北京：商务印书馆，1983 年版，第 160～161 页。

② Strabo, *Geography*, with an English translation by Horace Leonard Jones, Harvard University Press, Books 1～2, Introduction, XXX, 1917.

的进一步的发展，法律进一步发展为或多或少广泛的立法。这种立法越复杂，它的表现方式也就越远离社会日常经济生活条件所借以表现的方式。"[①] 罗马法就是罗马社会经济不断发展的产物，同时也随着罗马社会的变化而变化。

罗马法是一个整体概念，指的是"通行于整个古代罗马世界的法律"。法律的总称为"Jus"，具体的法律称为"Lex"。一般而言，罗马法可分为三个时代，即公民法、万民法和统一法时代。前两个时代属共和国时期，后一个时代属帝国时期。

公元前 6 世纪中叶到公元前 2 世纪中叶是罗马公民法占统治地位的时代。习惯法（又称不成文法）和成文法是其主要形式。西塞罗曾对习惯法和成文法有过这样的定义。他认为：

> 习惯法可以是一个原则，在很轻微的意义上它源于自然，以后又被习惯——比如宗教——所滋养和加强，它也可以是……从自然中产生但被习俗所增强的法律，也可以是随着时间的流逝而得到公众的批准、已经成为共同体的习惯的任何原则。属于习惯法的有契约、衡平和先例。契约就是某些人之间的协议。衡平就是正义的事情，对所有人都公平。先例就是从前根据某人或某些人的意见决定的事情。成文法就是写成书面文件向民众公布、要民众遵守的事情。[②]

在建城之初，罗马所行的是"被一般人接受并默认为社会生活中相互关系之规则的传统原则"，即习惯法。这种习惯法既没有成文形式，也没有固定的解释内容，具有很大的不确定性，常常会被贵族滥用、误用。当然，正如梅因所言，这不应该"仅仅视为一种僭取或暴政的手段。在文字发明以前，以及当这门技术还处于初创时代，一个赋予司法特权的贵族政治成了唯一的权宜手段，依靠这种手段可以把民族或部落的习惯相当正确地保

---

① 《马克思恩格斯选集》，第 3 卷，北京：人民出版社，1995 年版，第 211 页。
② 西塞罗：《论主题建构》，2，54。译文参见王晓朝译：《西塞罗全集·修辞学卷》，北京：人民出版社，2007 年版，第 206～261 页。

存着。正是由于它们托付于社会中少数人的记忆力，习惯的真实性才能尽可能地得到保证。"①

罗马大约于公元前 5 世纪中叶进入了成文法即"法典"时代。公元前450—前449 年，罗马颁布了非常重要的成文法典——《十二铜表法》。

《十二铜表法》成功颁发的原因主要有二：一是平民反对贵族斗争的推动；二是罗马民族文化素养的提升，尤其是文字表述水平的提高与进步。《十二铜表法》的原始文献已于公元前 390 年毁于战火。现存的是不完整的辑录本，大致内容如下：

第一表审判引言、审判条例

第二表审判条例（续）

第三表债务法

第四表父权法

第五表监护法

第六表获得物、占有权法

第七表土地权利法

第八表伤害法

第九表公共法

第十法神圣法

第十一表补充条例（一）

第十二表补充条例（二）

从《十二铜表法》的内容里我们能够看出：第一，这一法律的大部分内容来自习惯法；第二，宗教与政治相混的现象非常明显；第三，内容复杂，甚至混乱。公法与私法、刑法与民法；同态复仇与罚金、氏族继承与遗嘱等内容相互掺杂。第四，对债务奴役制规定得极为严酷。这一法律明确规定：若债务人无力偿还债权人的债务，那么债权人就可以将债务人处死，或把他卖至第伯河以外的地方。如果有若干债权人时，甚至可以将债务人的尸体肢解。因此，恩格斯指出："后世的立法，没有一个像古雅典和

---

① ［英］梅因：《古代法》，北京：商务印书馆，1984 年版，第 7～8 页。

古罗马的立法那样残酷无情地、无可挽救地把债务人投在高利贷债权人的脚下，——这两种立法都是作为习惯法而自发地产生的，都只有经济上的强制。"①

《十二铜表法》赋予罗马社会的好处主要是：保护了罗马平民，"使他们不受有特权的寡头政治的欺诈，使国家制度不致自发地腐化和败坏。"②《十二铜表法》赋予罗马法律的意义是：条文明确，量刑定罪有了看得见的标准，从而避免了许多有意无意的人为因素。

《十二铜表法》开启了罗马成文立法的序幕，促进了罗马国家的立法工作。以后出现的卡努利乌斯法、李锡尼·赛克斯都法、波提利乌斯法、霍腾西乌斯法等都是罗马根据不同时期的条件而相继通过的重要法律。

一般而言，从公元前 242 年开始，罗马法逐步突破罗马城法的小圈子，从单纯的公民法时代走向了公民法与万民法并存的时代。因为从这一年开始，罗马出现了专门负责外部事务的外事行政长官。而由此开始的这个时代一直要到公元 2 世纪末至 3 世纪初统一法的出现而告终。众所周知，公民法与万民法是两个不同的概念。公民法（Jus Civile），又称市民法，是罗马国家"为了本国公民颁行的法律"。渊源主要是早期罗马社会的习惯、公民大会和元老院所通过的带有决定性的决议等。内容主要涉及罗马共和国的行政管理、国家机关及一部分诉讼程序等。罗马公民法所依据的是属人主义而非属地主义原则，其法律主体仅限于罗马公民，居住在罗马城或其他地区的异邦人与公民法无关，不受此法的节制与保护。公民法的主要缺陷是主体范围太小。自由人要成为权利主体并获得法律的保护，就必须首先具有罗马公民的资格，亦即获得罗马公民权。然而，这部分人充其量不过是罗马国家内部全体民众的少数（见公元前508—前130年罗马公民人数统计表）。没有罗马公民权的意大利人和行省居民尽管人数众多，但都不是公民法的权利主体，不受公民法的保护。这种缺陷严重地阻碍了罗马社会的发展。

---

① 《马克思恩格斯选集》，第 4 卷，北京：人民出版社，1995 年版，第 167 页。
② ［英］梅因：《古代法》，北京：商务印书馆，1984 年版，第 11 页。

公元前508—前130年罗马公民人数统计表

年代	人口数	材料来源
公元前 508 年	130000	哈里卡纳苏斯的狄奥尼修斯：《罗马古事记》，5，20。
公元前 503 年	120000	希罗尼努斯：《阿伯拉罕以来的年代学》，01，69，1。
公元前 498 年	150700	哈里卡纳苏斯的狄奥尼修斯：《罗马古事记》，5，75。
公元前 493 年	110000	哈里卡纳苏斯的狄奥尼修斯：《罗马古事记》，6，96。
公元前 474 年	103000	哈里卡纳苏斯的狄奥尼修斯：《罗马古事记》，9，36。
公元前 465 年	104714	李维《罗马史》，3，3，9。
公元前 459 年	117319	李维《罗马史》，3，24。
公元前 392 年	152573	希罗尼努斯：《阿伯拉罕以来的年代学》，01，69，1。
公元前 339 年	165000	犹西比乌斯：《年代学》，01，110，1。
公元前 319 年	250000	李维：《罗马史》，9，19。
公元前 292 年	262321	李维：《罗马史》，10，47。
公元前 289 年	272000	李维：《罗马史》，概要，11。
公元前 279 年	287222	李维：《罗马史》. 概要，13。
公元前 275 年	271224	李维：《罗马史》，概要，14。
公元前 264 年	292234	李维：《罗马史》，概要，16。
公元前 251 年	297797	李维：《罗马史》，概要，18。
公元前 246 年	241712	李维：《罗马史》，概要，19。
公元前 240 年	260000	希罗尼努斯：《阿伯拉罕以来的年代学》，01，134，1。
公元前 234 年	270713	李维：《罗马史》，概要，20。
公元前 225 年	273000	波利比乌斯：《历史》，2，24。
公元前 209 年	137108	李维：《罗马史》，概要，36。
公元前 204 年	214000	李维：《罗马史》，概要，29，37。
公元前 194 年	143704	李维：《罗马史》，35，9。
公元前 189 年	258318	李维：《罗马史》，38，36。
公元前 179 年	258794	李维：《罗马史》，概要，41。
公元前 174 年	269015	李维：《罗马史》，42，10。
公元前 169 年	312805	李维：《罗马史》，概要，45。
公元前 164 年	337452	李维：《罗马史》，概要，46。

续表

年代	人口数	材料来源
公元前 159 年	328316	李维:《罗马史》,概要,47。
公元前 154 年	324000	李维:《罗马史》,概要,48。
公元前 147 年	322000	希罗尼努斯:《阿伯拉罕以来的年代学》,01,158,2。
公元前 142 年	328442	李维:《罗马史》,概要,54。
公元前 136 年	317933	李维:《罗马史》,概要,56。
公元前 130 年	318823	李维:《罗马史》,概要,59。

随着罗马疆域的不断扩大,随着罗马商业贸易的发展,随着罗马人与意大利人及行省居民联系的加强,到公元前 3 世纪中叶,在罗马终于出现了专门审理涉及臣民案件的行政长官。他们颁布告示,受理并仲裁各种案件,解决公民与异邦人、异邦人与异邦人之间的利益冲突。比公民法范围更大的"国际法"开始出现,这就是古罗马史上著名的"万民法"。

万民法(*Jus Gentium*),意即"各民族共有的法律",属于全人类共有。它被定义为"自然理由在所有人当中制定的法",必须"得到所有民族共同的遵守"。万民法是继公民法之后与时俱进的产物,是罗马私法体系的一个重要组成部分,其主要功能是用来调整罗马公民和异邦人之间以及异邦人与异邦人之间的民事法律关系。"它包含着各民族根据实际需要和生活必需而制定的一些法则;例如战争发生了,跟着发生俘虏和奴役,而奴役是违背自然法的(因为根据自然法,一切人都是生而自由的)。又如几乎全部契约,如买卖、租赁、合伙、寄存,可以实物偿还的借贷以及其他等,都起源于万民法。"[①] 从形式上说,万民法并不是由立法机关所制定的法律,而是通过罗马外事行政长官所颁布并被罗马国家用强制力保证实行的法律。这种法律的出现和发展完全是当时社会发展的必然。

万民法的出现和发展大大地弥补了公民法的不足,促进了帝国的罗马化进程,为罗马统治者残酷剥削和压迫行省居民找到了重要的法律依据。恩格斯指出:"罗马的占领,在所有被征服国家,首先直接破坏了过去的政

---

① 查士丁尼:《法学总论》,北京:商务印书馆,1997 年版,第 7 页。

治秩序，其次也间接破坏了旧有的社会生活条件。其办法是：第一，以罗马公民与非公民（或国家臣民）之间的简单区别，代替了从前的等级划分（奴隶制度除外）；第二（这是主要的），以罗马国家的名义进行压榨。……最后，第三，到处都由罗马法官根据罗马法进行判决，从而使地方上的社会秩序都被宣布无效，因为它们和罗马法制不相符合。"①

万民法的规范源于其他民族的习惯法、行政长官告示、法学家解答及元首或君主敕令等。万民法所调整的是异邦人与异邦人之间以及罗马人与异邦人之间的关系，因此克服了以往公民法那种狭隘的民族性，更能适应罗马整个帝国社会各阶层的利益需要。

与罗马文明相比，希腊人更关注自由。他们留下了民主与哲学，充分展示个人自由的魅力；而罗马人则更重视法制。他们留下了丰富的法律和帝国管理的成功经验，把社会秩序的建设置于法制化的体制之内。正如英国学者巴里·尼古拉斯所言：

> 在几乎所有其他智力创造的领域，罗马人曾是希腊人虔诚的学生，但在法律方面他们却是老师。在他们手里，法律第一次完全变成了科学的主题，他们从作为法律原材料的细碎规则中提炼出原则并精心构建成一个体系。这一提炼进程之所以重要，不仅是因为它能够使规则制定工作变得简化，还因为原则不同于规则，前者蕴含丰富：一位法学家可以通过对两三项原则的组合创造出新的原则，并且由此创造出新的规则。②

罗马法学家的力量不仅在于他们有能力在前所未有的规模和复杂程度上创建和操纵这些抽象原则，而且还在于他们清楚地觉察到社会生活和贸易生活的需要，注意到如何采用最简单的方法取得所希冀的实际结果。当自己规则体系的逻辑与适宜性所提出的要求发生冲突时，他们乐于摒弃这种逻辑。如果说法是"实践的理性"的话，毫不奇怪，罗马人依靠他们在这一实践上的天才，能够在法中找到一块完全适合

---

① 《马克思恩格斯全集》，第 19 卷，北京：人民出版社，1971 年版，第 331 页。
② ［英］巴里·尼古拉斯：《罗马法概论》（第 2 版），北京：法律出版社，2004 年版，第 3 页。

于他们的智力活动园地。①

　　奥古斯都元首制帝国的建立，结束了罗马内战时期军阀混战、百姓涂炭的混乱局面。领土广袤、社会稳定的帝国环境又给淳朴的罗马人提供了施展个人和群体才能的绝好机会。富有智慧的罗马人正是在这种大背景下，利用自己的勤劳和才干，创造出了许多令后人赞不绝口的奇迹。高度有效的行政管理体系，灵活机动的办事原则，注重实际的务实精神，气势宏伟的罗马建筑，博大精深的罗马法律以及简洁优美的罗马文学都是罗马人留给后人的宝贵财富。

---

① ［英］巴里·尼古拉斯：《罗马法概论》（第二版），北京：法律出版社，2004 年版，第 3 页。

第七章　帝国时期的罗马文化

第一节　诗歌的黄金时代

一、维吉尔

诗歌是希腊文明高度发达的象征和反映。"言必称荷马"也是希腊文化的重要特征。荷马史诗为无数的希腊人提供了想象的空间和艺术创作的源泉，也给希腊人树立了高不可攀的范本。超越荷马一直是希腊人奋斗的目标，也是崛起后的罗马必须认真思考的难点。经过数百年的努力，罗马人终于迎来了新的成功。公元前 26 年，有一位名叫普罗佩提乌斯的诗人正式向世人宣布：

> 认输了吧，罗马的作家们；
> 认输了吧，还有你们希腊人：
> 一部比《伊利亚特》更伟大的巨著正在诞生。①

这部正在诞生的作品的作者就是奥古斯都时代的诗人——维吉尔。

奥古斯都时代，内战消失，政通人和，百业俱兴。文学艺术在奥古斯都的倡导和关怀下，欣欣向荣，百花盛开，其中尤以诗歌为甚。诗人们都把元首制国家和大自然视为一体，将其看作是情感的依托和倾诉的对象，赋予人格的魅力，尽情地赞美歌颂，给以荣耀。他们坚信奥古斯都是恢复

---

① 苏埃托尼乌斯：《维吉尔传》，30。苏埃托尼乌斯认为：《埃尼阿斯纪》无论在内容的丰富还是在内容的复杂性方面都超过荷马的史诗。

图 7.1　美惠三女神浮雕

世界和平、建立理想秩序的天使，是带领民众走向幸福的领袖。在诗人们的歌唱下，奥古斯都开始走上神坛。

正好生活于奥古斯都时期的维吉尔（公元前 70—前 19 年）是歌唱时代的先驱、罗马民族的精英、拉丁诗坛的圣王。他出生在北部意大利曼图阿城附近的一个小村庄，先后在克列蒙那、米迪奥拉努姆和罗马求学。后来得到麦凯纳斯的支持，来到罗马。在罗马，他有自己的住宅。不过，他隐居坎佩尼亚和西西里的时间比在罗马的时间多得多。

早年，维吉尔写过一些诗作，如"蚊子"等。"蚊子"的内容大致如下：一个牧羊人因酷暑睡熟树下，一条蛇朝他游来。恰在此时，从沼泽地

367

飞来一只蚊子，叮咬他的前额，吵醒了酣睡的牧羊人。牧羊人打死了蚊子，又将蛇杀死。为感激蚊子的吵醒之功、救命之恩，他为蚊子立了一块碑，在上面刻了两行小诗。内容是：

> 小小的蚊子啊，
> 牧羊人感谢你的救命之恩，
> 作为回报，为你举行葬礼。[①]

为了赞美阿西尼乌斯·波里奥、阿尔菲努斯·瓦鲁斯和科尔涅利乌斯·迦鲁斯，维吉尔创作了《牧歌》。[②]《牧歌》共十首，用时 3 年。它抒发了牧人对故乡、土地的留恋，情深义重，发自肺腑；它鞭挞了内战对民众的损害，立场鲜明，痛快淋漓；它抒发了诗人对大自然和人的热爱，情意纯朴，优雅迷人；它书写了诗人对美好未来的憧憬，情真意切，令人感慨。诗中写道：

> 现在到了库玛谶语里所谓最后的日子，
> 伟大的世纪的运行又要重新开始，
> 处女星已经回来，又回到沙屯的统治，
> 从高高的天上新的一代已经降临，
> 在他生时，黑铁时代就已经终停，
> 整个世界又出现了黄金的新人。
> 圣洁的露吉娜，你的阿波罗今已为主。
> 这个光荣的时代要开始，正当你为执政，
> 波利奥啊，伟大的岁月正在运行初度。
> 在你的领导下，我们的罪恶的残余痕迹
> 都要消除，大地从长期的恐怖获得解脱。
> 他将过神的生活，英雄们和天神他都会看见，

---

① 苏埃托尼乌斯：《维吉尔传》，18。
② 因为在分配波河以北土地时，这些人曾经救过他，使其免于破产。《牧歌》创作于公元前 41—前 39 年。

他自己也将要被人看见在他们中间。

他要统治着祖先圣德所致太平的世界。①

《牧歌》对黄金时代的预言和呼唤，打动了饱受内战之苦的民众，说出了他们的共同心愿。因此，一发表就获得成功。歌唱家迅速将它搬上舞台，使其成为广受罗马民众欢迎的精神食粮。②

公元前 36 年，为表达诗人对麦凯纳斯的敬意，他开始创作《农事诗》。③《农事诗》花了诗人 7 年的时间。据说他每天习惯于一早口述多行已有腹稿的诗句，然后在这天的其余时间将它们凝练成很少的几行。有人幽默地评论说：维吉尔之写诗犹如雌熊产仔，渐渐地将它们舔出一个模样来。④《农事诗》共四卷，除了歌颂农业、园艺、畜牧和养蜂以外，还花了很多笔墨书写意大利的富饶以及对罗马的贡献。例如：

> 无论是盛产各种奇珍的米底树林，旖旎美丽的恒河平原，还是遍布黄金的赫尔姆斯河（Hermus），都无法与意大利媲美；巴克特里亚、印度，盛产香料的潘凯亚（Panchaea）沙漠也不能与意大利比肩。在这片土地上，没有喷火的公牛曾经将可怕的毒龙之牙种在土中⑤，田间的作物也从来没有被头盔和密集的长矛覆盖。意大利处处瓜果飘香，巴古斯的马西科酒四溢横流，这里是橄榄的故乡，是欢快的牧群的家园。战马骄傲地从平原上飞驰而过；雪白的绵羊和公牛——最高贵的牺牲，经常沐浴在克里图姆努斯神圣的泉水中——在罗马举行凯旋式时，走向神灵的祭坛。在意大利，春天永驻而没有酷暑，牲畜繁殖出双倍多的幼仔，树材生产出双倍多的果实；没有凶残的老虎和野蛮的狮子，没有乌头草迷惑不幸的采摘者，也没有布满鳞片的巨蟒游走于

---

① 维吉尔：《牧歌》，4，5～30，杨宪益译，上海：上海人民出版社，2009 年版，第 33～35 页。略有改译。

② 苏埃托尼乌斯：《维吉尔传》，25。

③ 诗人与一位老兵争夺田地而发生斯打，幸得麦凯纳斯相救，才免于一死。见苏埃托尼乌斯：《维吉尔传》，20。《农事诗》创作于公元前 36—前 30 年。

④ 苏埃托尼乌斯：《维吉尔传》，22。

⑤ 即，意大利人不能像 Colchis 那样吹嘘拥有存在于神话中的荣誉，在 Colchis，伊阿宋驱赶着喷火的公牛，将底比斯毒龙的牙齿种在那里。

　　大地之上或盘卷起巨大的躯体。①

又如：

　　她养育了强健的马尔喜人和萨宾人、吃苦耐劳的利古里亚人、擅
于投掷标枪的伏尔西人，还养育了德西乌斯家族、马略家族、伟大的
卡米卢斯家族，英勇的西庇阿家族，还有你，最伟大的恺撒，你已在
亚细亚大地的尽头取得胜利，如今将懦弱的印度人赶离罗马的堡垒
之外。②

　　诗中还多处表达了诗人对屋大维的高度尊敬。屋大维非常欣赏维吉尔
的《农事诗》，当他从亚克兴归来，途经阿特拉医治喉疾时，维吉尔曾连续
4天为他朗诵《农事诗》。当维吉尔嗓子读哑后，麦凯纳斯继续把没有读完
的诗作读完。

　　早在《农事诗》创作结束以前，维吉尔就接受了一项新的任务，即：
"不久，我将歌颂恺撒所进行的激烈战斗，让他的英名永扬。"③《埃尼阿斯
纪》就是维吉尔的兑现承诺之作。现成的《埃尼阿斯纪》情节曲折，引人
入胜。长诗共12卷，30余万字。作者编写的主旨显然是：第一，论证罗马
祖先和罗马建国的合理性，使之符合罗马的道德规范和荣誉感；第二，激
发罗马人热爱祖国的感情，以对古代英难的怀念唤起人们对当今领袖应有
的爱戴。前3卷主要写有关特洛伊战争的传说、埃尼阿斯与诸神的关系，
以及他携族人逃离特洛伊，途经色雷斯、克里特等地的经过。第4、5卷写
他行经迦太基和西西里等地时所发生的情况，陈述了在爱情和使命之间，
埃尼阿斯的艰难选择。奥古斯丁曾在其《忏悔录》中写到了他看到这段叙
述时的感慨，他为迦太基女王狄多的死、为她的失恋自尽而流泪。④ 第6卷

---

① 维吉尔：《农事诗》，2，136—154，张子青译，译文略有改动。
② 维吉尔：《农事诗》，2，167—172，张子青译，译文略有改动。
③ 维吉尔：《农事诗》，3，46～47。
④ 奥古斯丁：《忏悔录》，1，13。

以后主要写来到意大利后在拉丁姆与当地人之间发生的一系列故事。在这部著作中，维吉尔把罗马人的精神提炼得非常精到。这就是：对高傲者严惩不贷，对卑微者宽容有加。

奥古斯都非常关心维吉尔的创作。在他出征坎塔布里亚时，曾写信给维吉尔，要求维吉尔把《埃尼阿斯纪》的部分内容送给他看。作品基本写成后，维吉尔给奥古斯都朗读了第 2 卷、第 4 卷和第 6 卷的内容。当维吉尔朗诵到第 6 卷屋大维娅儿子的名字时，屋大维娅悲痛欲绝，晕了过去，好长时间才醒过来。[①]

维吉尔去世前，作者并未最后完成任务，只写成了 12 卷。据迦太基的苏尔比基乌斯记载，维吉尔曾想将未完成的诗稿烧掉，但是

> 瓦利乌斯和杜卡没有这样做，
> 还有你，最伟大的君主，也竭力反对，
> 关于拉丁姆的故事才得以挽救。
> 在那熊熊的大火中，
> 不幸的帕加马（指特洛伊）几乎再次毁于烈火，
> 特洛伊城险些再遭毁灭。[②]

在临终前，维吉尔曾一再想提取他的书箱，希望亲手将诗稿焚毁，但没有人把书箱拿给他。他只得把作品托付给瓦利乌斯和杜卡，要求他们除了他本人已经公布的诗外，不得再发表他的其他作品。公元前 19 年 9 月 22 日，维吉尔逝世于布隆图辛，后葬于那不勒斯。墓碑上刻着下述铭文：

> 曼图阿生养了我，卡拉布利亚夺走了我，帕尔特诺佩现在又将我收留。我歌唱过牧场、赞美过田园、颂扬过领袖。[③]

---

① 苏埃托尼乌斯：《维吉尔传》，31～32。
② 苏埃托尼乌斯：《维吉尔传》，38。
③ 苏埃托尼乌斯：《维吉尔传》，36。

维吉尔的生平，说明了他真正是罗马这个国家的诗人。"任何真正懂得他的诗的人也都不能否认，这些诗中留下了他一生的全部痕迹。的确，他得益于其他诗人的地方很多，他摆脱不了他那一门艺术中前人的羁绊。他的作品中一切提到鸟儿的段落差不多全都是从荷马、赫西俄德、阿拉塔斯或提奥克里塔那里得来的。但是，这些段落虽然是从上述几位诗人一脉相承下来的，虽然还带有祖先的特征，却是活生生的新一代，并不是纯粹的模仿者所仿制的无生气的副本。它们的美和真不是希腊诗歌的美和真，而是意大利诗歌的美和真。不管什么人，只要他把别的罗马人、西塞罗、弗斯塔斯和日耳曼尼库斯所翻译的阿拉塔斯著作的译本，同维吉尔的第一部农事诗比较一下，就一定会注意到一个纯粹的翻译者和一个把新的生命和不朽的生命灌输到前辈作品中去的诗人是多么的不同。在维吉尔的全部诗篇中，很难发现哪一行提到鸟类或任何其他动物的习性的诗句同意大科博物学所说的事实不合。"① 维吉尔有继承，但更有创造。

维吉尔去世后，瓦利乌斯应奥古斯都的要求，把维吉尔将要完稿的《埃尼阿斯纪》在稍作修改后公开出版，从而使维吉尔的史诗得以传承。《埃尼阿斯纪》史诗的保存是人类文化史上值得庆贺的一件幸事。它与诗人的创作具有同样重要的地位。因为正是保存了这部作品，才使后人能够充分认识维吉尔的诗才，领略维吉尔的风采。

贺拉斯曾赞颂维吉尔，他这样说道："维吉尔和瓦利乌斯，陛下钟爱的诗人，却没有辜负您的赏识和您的赠品，他们沐浴皇恩而使您扬名于远近；诗人歌颂英雄人物的风度和精神，比起古铜的铸像还要动人、逼真。我的《闲谈》的诗篇只能匍匐于泥尘。他们的英雄史诗却巍然直迫云霄，歌咏遥远的国度、天涯海角的河山。蛮邦异族的领域，孤峰绝岭的危关，讴歌皇恩浩荡，使干戈偃息于一旦，和平神殿大门洞开，万民膜拜于祭坛，罗马在您的治下使帕提亚人丧胆——但愿我也有这样的魄力操纵我的笔端。"② 维吉尔的诗意蕴深厚，影响久远。但丁把他视为自己的导师，英国诗人丁

---

① 鲍桑葵著：《美学史》，张今译，海口：海南出版社，2005 年版，第 116～117 页。

② 贺拉斯：《诗话——上奥古斯都书》，245～257。见《缪灵珠美学译文集》，北京，中国人民大学出版社，1998 年版，第 72 页。译文有改译。

尼生更以创作《致维吉尔》一诗给予颂扬。他这样写道：

> 罗马的维吉尔，你歌唱了
>
> 伊利昂（指特洛伊）崇高的宗庙被大火烧毁，
>
> 伊利昂陷落，而罗马兴起，
>
> 你唱征战、忠孝、狄多的火葬堆。
>
> 你爱自然景色，语言大师啊，
>
> 你超过田功农时的作者，
>
> 幻想的提炼、诗意的熔铸
>
> 在无数金色的诗句里闪烁。
>
> 你歌唱庄稼、森林与田地，
>
> 你歌唱葡萄园、牛马和蜂房，
>
> 缪斯姐妹们的全部魅力
>
> 常在一个寂寞的字眼里开放；
>
> ⋯⋯
>
> 你看见茫茫宇宙大千世界
>
> 如何被宇宙精神所驱动；
>
> 为人类不可知的劫数而悲，
>
> 你的崇高表现在悲悯之中。
>
> 你是逝去世纪之光，像明星
>
> 至今辉映幻渺幽晦的此岸；
>
> 你就是金枝，在消失无踪的
>
> 帝王、王国和黑影之间灿灿；
>
> 如今古罗马的广场已经沉寂。
>
> 帝王的宫殿都已荡然无存，
>
> 唯有你诗律的滚滚涛声
>
> 永远发出罗马帝国的回音；
>
> 如今奴隶的罗马已经覆灭，
>
> 自由人的罗马已将她替代，

> 而我，来自孤悬北方的岛国，
>
> 一度曾与整个人类文明隔开，
>
> 曼图阿诗人啊，我向你敬礼，
>
> 我从最初的日子起就爱你，
>
> 你唱出了古往今来人的嘴唇
>
> 所能铸造的最庄严的韵律。①

维吉尔为罗马造就了一座伟大的丰碑。

二、贺拉斯

贺拉斯（公元前 65—前 8 年）是继维吉尔之后的另一著名拉丁诗人。贺拉斯出生于南意大利阿普利亚和路卡尼亚边界的一个小城——维努西亚城，是一位被释奴隶的儿子。父亲做过收税员。不过，低微的出身并没有使贺拉斯失去接受优质教育的权利。他到罗马学习修辞学，去雅典攻读哲学与文学。公元前 44 年，恺撒被刺，内战之火迅速蔓延，把不谙戎马的贺拉斯卷进了"与恺撒·奥古斯都抗争的战涡"②。贺拉斯参加了共和派布鲁图斯的军队，担任下级军官。腓力比一战，贺拉斯丢盾逃跑，其财产也被后三头没收。公元前 41 年，屋大维颁布大赦令，贺拉斯得以在罗马获得一个小公务员的职位，业余时间从事诗歌写作。"可耻的贫穷迫使我写作诗歌"。公元前 38 年，贺拉斯结识维吉尔，并由维吉尔推荐给麦凯纳斯，成为麦凯纳斯的核心成员。麦凯纳斯向其馈赠了一座庄园，给他提供了极为优雅的创作条件。在麦凯纳斯的呵护下，贺拉斯终于成了歌唱新时代的闯将。③

公元前 35—前 29 年，贺拉斯出版了其早期的讽刺诗和长短句。公元前 23 年，贺拉斯又发表了他的代表作《颂诗》，诗人对屋大维结束内战感激之

---

① 飞白译：《古罗马诗选》，广州：花城出版社，2001 年版，第 77～78 页。
② 贺拉斯：《书札》，2，2。
③ 麦凯纳斯对贺拉斯关怀备至。就连在遗嘱中也希望奥古斯都如关心自己那样，关心贺拉斯。见苏埃托尼乌斯：《贺拉斯传》。

图 7.2　胜利女神像

至，对国家的统一安定和奥古斯都的政绩赞扬有加。贺拉斯的诗质朴热忱，不时流露出真诚的爱国情怀。诗虽不长，但常在微言中蕴含着大义或哲理。

公元前 17 年，罗马举行新时代大庆典，贺拉斯受命创作百年大庆赞美诗《世纪颂》。《世纪颂》把贺拉斯推向了诗坛的顶峰，同时也把罗马的伟大和奥古斯都的伟绩永远地留在了世界。《世纪颂》这样写道：

> 福玻斯以及森林之王后，天空中璀璨的光耀戴安娜，喔，世代受崇拜和景仰的神，我们遵循西比林圣谕，在神圣的时光，向诸神祷告，祈求保佑。精选的少女、虔诚的男儿为宠爱七丘的诸神献唱颂歌。啊，滋养众生的太阳神，你驾着光亮的马车带来白昼，随之又将其藏匿，再生再隐始终不易，你发现比罗马城更强之城亘古未有。

> 按时管辖平安生育的 Ilithyia，保护我们的母亲，无论你是喜欢称作 Lucina，还是喜欢叫 Genitalis，养育我们的青少年，护佑父亲制定的有关婚姻和结婚的法典。我们祈祷新的子孙繁荣，每一轮 110 年的世纪节持续不绝，音乐和比赛三天三夜爆满。

> 喔，预言真实的命运之神，像已经被注定的那样，保留罗马权力的稳固，把美好的命运与过去的成就紧密相连。

> 五谷丰登、六畜兴旺的大地用麦穗冠奉献给 Ceres 神，愿朱庇特有益的风雨赐予丰收。

> 宽大和仁慈的阿波罗请放下你的武器，倾听少儿们的祈求；众星之冠的月亮女神，请细听少女们歌唱。

> 啊！诸神，如果罗马是你们的作品，生息于埃特鲁里亚海岸的战士出自特洛伊。他们受命去创建一个新家和新城；虔诚的埃尼阿斯，国家的承继者，在烈火熊熊的特洛伊城毫发无损地出逃得救，为他们开辟了一条自由之路，注定获取更多的成就。如是，啊，诸神，请赐我们的青年敏学于正义之道，赐年长者以平静和安宁，赐罗慕鲁斯的后裔富裕充足，子嗣昌盛，荣耀无限。

> 安基塞斯和维纳斯的荣耀后代，用乳白的牛仔奉献，祈求你们，让他取得在战争中明显优势，对被征服的敌人善待有加！帕提亚人已

经害怕陆上和海上的强大主人，害怕阿尔巴的斧头，近来傲慢的印度和斯基太人也正寻求我们的答复，久遭轻蔑的忠信、和平、光荣、旧日的谦恭及美德，已聚起勇气回归；人人可见这里有装满财富的丰饶角。带着银装琴弓，能预言未来的福玻斯，罗马九位缪斯之良友，以其益于健康的医道，赐颓枝以新生——福玻斯成竹在胸地以公正崇敬的目光，注视帕拉丁的祭坛，将罗马之伟大和拉丁姆的繁荣推向新阶段，推向无比美好的新时代。

主持阿汶丁和阿尔吉图斯的戴安娜注意15人的恳求，倾听并赞扬男儿们的祈祷！这就是朱庇特和众神的意志，我们怀着美好而坚定的希望回家，训练有素的乐队唱颂福玻斯和戴安娜的美誉。①

贺拉斯的诗典雅优美，自信大方。麦凯纳斯视贺拉斯为罗马诗坛的巨人，奥古斯都也曾公开断言贺拉斯将因其作品而名扬千古。而贺拉斯本人则更自豪地声称，他的诗歌将永存，他的生命会永生。他曾在其《颂诗》中这样写道：

> 我已经建立了一座纪念碑。
> 它比青铜恒久，
> 比国王的金字塔雄伟。
> 无论是倾盆的暴雨、肆虐的北风，
> 还是岁月的更替、光阴的流逝都无法将其摧毁。
> 我不会完全死去，我的大部分将躲过死神：
> 我（的声誉）将随后世的赞誉与日增辉。
> 只要祭司和沉默的贞女仍上卡庇托尔献祭，
> 出身卑微的我，
> 无论在汹涌的奥菲都斯河喧闹之地，
> 还是在道努斯统治过的缺水的村民之中，

① 杨共乐：《罗马史纲要》，北京：商务印书馆，2007年版，第198～199页。

都会赞颂不已。

因为是我首先把伊奥尼亚的格律融入了意大利的节拍。

迈尔珀迈纳啊（诗歌的女神啊），

请接受由你帮助而赢得的崇高荣誉，

愉快地给我戴上德尔斐的桂冠。[①]

贺拉斯不仅用文字讴歌罗马的伟业，而且还用《诗艺》为罗马帝国的诗人建构路标，为罗马诗学指明发展的道路。《诗艺》是贺拉斯的经验之谈，同时也是诗人对诗学理论的一种探索，是罗马诗学的主要经典。贺拉斯认为：

我们的诗人对于各种类型都曾尝试过，

他们敢于不落希腊人的窠臼，

并且（在作品中）歌颂本国的事迹，

以本国的题材写成悲剧或喜剧，

赢得了很大的荣誉。

此外，我们罗马在文学方面（的成就）也决不会落在我们的光辉的军威和武功之后，

只要我们的每一个诗人都肯花功夫、花劳力去琢磨他的作品。[②]

贺拉斯的才能得到了奥古斯都的赏识。奥古斯都曾要求贺拉斯担任他的秘书，这在他给麦凯纳斯的信中可以看得很清楚。他这样写道："此前，我能亲自给朋友们写信，但现在由于公务繁忙，身体欠佳，所以我希望能把我们的朋友贺拉斯从你那里调过来，让他来到我这儿，帮我起草信件。"但奥古斯都的这一请求遭到了贺拉斯的婉拒。对于贺拉斯的行为，奥古斯都不但没有怪罪，相反却关爱有加。他写信给贺拉斯告诉他："在我的家里，你将享有一切权利，就像你在自己家里一样。你这样做是合适的和正

---

① 贺拉斯：《颂诗》，3，30。
② 贺拉斯：《诗艺》，杨周翰译，北京：人民文学出版社，1997年版，第152页。

当的。因为，如果你的健康状况许可的话，我愿意我和你之间享有这样的友谊。""我是非常重视你的，即使你很傲慢，对我的友情不屑一顾，我也不会以傲慢相敬。"当然奥古斯都也对贺拉斯讲过气话。当他看了贺拉斯的几篇《闲谈》后，他很生气，"因为在你的大量作品中没有选择与我谈论而宁愿与别人闲谈。你是害怕后人因为看到你和我们之间的亲密关系而轻视你吗?"此信促使贺拉斯写了一封长长的《上奥古斯都书》，解释奥古斯都的质问。其前四句是：

> 恺撒啊，您肩负重任，为国事日理万机，
> 用军队将意大利保卫，
> 纯风习将意大利教化，
> 立法律将意大利整饬。
> 我若用喋喋不休的闲谈，
> 浪费您的时光，
> 必将使公共福祉惨遭损害。①

由此看来，把贺拉斯说成是"典型的御用文人"显然是值得商榷的。

三、提布鲁斯、普罗佩提乌斯和奥维德

自从卡图卢斯以来，罗马诗人笔下抒发自己情感世界的爱情诗逐渐增多，提布鲁斯、普罗佩提乌斯和奥维德显然是最重要的人物。

1. 提布鲁斯

提布鲁斯（公元前 1 世纪中叶—前 19 年）是罗马哀歌体爱情诗的泰斗。他出身于骑士家庭，在拉丁地区有自己的一座庄园。他当过兵、打过仗，与墨萨拉有很好的关系。提布鲁斯曾作诗两卷，第 1 卷发表于公元前 27 年，有诗 10 首，其中 5 首献给一位名叫黛丽娅的女子；第 2 卷包括诗 6 首，主要写对一位名叫涅墨西斯的女子的爱情。他的诗虽短，但很有价值。

---

① 贺拉斯：《书札》，2，1，1～4。

昆体良认为："我们以爱情哀歌向希腊人挑战，我认为提布鲁斯是这种诗歌类型的最为纯正而典雅的诗人。"[①] 提布鲁斯只活了 30 多岁，其墓志铭这样写道：

> 提布鲁斯啊，
>
> 你，维吉尔的伙伴，
>
> 不公正的死神把年轻轻的你送到了天国，
>
> 今后或许再没人能为温柔的爱情谱写哀歌了，
>
> 再没人能为国王的战争谱写英雄史诗了。[②]

2. 普罗佩提乌斯

翁布里亚人普罗佩提乌斯，大约出生于公元前 1 世纪中叶。他属于麦凯纳斯集团成员，写过《哀歌集》一册，主要描写对卿提娅的爱情，其中也有部分涉及罗马的现实，涉及对奥古斯都的歌颂。例如，他在第 2 卷第 16 首诗里这样写道：

> "请看那位领袖（指安东尼），不久前让虚妄的轰鸣响彻亚克兴海面，军队遭覆灭：不光彩的爱情使他向后调转舰队。逃至大地的边缘去寻求庇护的场所。请看恺撒的德行啊，请看恺撒的荣耀。他依赖武器获胜，同时又把武器收起。"

在罗马，就是有一些人喜欢普罗佩提乌斯，喜欢他带有真情的情诗。

3. 奥维德

奥维德（公元前 43—17 年）是奥古斯都时代最重要的诗人之一。他出身于罗马城以东一个名叫苏尔莫的小城的骑士家庭，从小受过很好的教育。奥维德酷爱文学，而且诗才横溢，随便写什么都会写成韵文诗句，在当时

---

① 昆体良：《演说术原理》，10，1，93。
② 苏埃托尼乌斯：《提布鲁斯传》。见苏埃托尼乌斯：《罗马十二帝王传》，张行明等译，北京：商务印书馆，1995 年版，第 378 页。

的文学圈里有很大的影响。公元 8 年，"诗歌和错误"摧毁了他。[①] 他被奥古斯都贬谪（Relegatio）到黑海边的托米城，并在这里痛苦地度过了余生。

奥维德从 20 岁开始进行文学创作，前后四十余年，写过多种诗歌。他的创作按时间先后可以分为三个阶段：第一阶段为青年时代的作品，有《论爱情》（又译《恋歌》）、《爱的艺术》、《论美容和装饰的艺术》等，内容以爱情诗为主，其中《爱的艺术》是最著名的一首。《爱的艺术》是传授情爱之道的教科书。作者脱离了教谕诗的轨道，穿起了当代罗马的时装，展示了现实生活的风情，其中不乏轻佻之笔，深度刻画男女间的情爱之事，逆时代政治之潮流，为罗马当权者所不许。诗中还多处以泼辣的幽默对奥古斯都的政策大加嘲讽，大有视政治为儿戏的蛮劲。例如：奥古斯都鼓励意大利青年参军为国，但他却歌颂罗慕鲁斯的从军抢婚，并以此为乐。他这样写道：

> 罗慕鲁斯啊，是你首创烦人的游乐：
> 强抢萨宾女子给单身汉寻欢。
> 那年头，没有天篷遮盖大理石剧院，
> 舞台也没有用番红花汁渲染；
> 简陋的舞台，随便挂着些树叶编的
> 花环，——反正帕拉丁绿叶满山；
> 人群坐在一块块草根土砌的台阶上，
> 几枝树叶缠着头发，蓬乱，粗蛮。
> 他们环顾四周，各人挑选看中的少女，
> 虽不言语，内心里已骚动不止。
> 直到伴随着笛子奏出的粗腔野调，
> 舞蹈表演者在平地跺脚三次，
> 一片喝彩声里（这喝彩实在不文明）
> 国王向部下发出了"抢！"的指令。

---

① 奥维德：《悲愁诗》，2，207～208。

他们立即跳起，狂呼声泄露了渴望，

伸出情欲之手向少女们扑去。

宛如逃避老鹰的鸽子——最胆小的鸟，

宛如逃避恶狼的新生的羊羔，

她们也这样怕冲上来的野蛮男人，

这时谁还能脸不变色心不跳？

她们都一样恐惧，表现却各各不同：

有的撕头发，有的坐下吓傻了；

有的哀伤不作声，有的徒劳把娘叫；

这个哭那个呆，这个不动那个逃。

抢到的姑娘被带走——婚床上的战利品，

恐惧反而使她们更楚楚动人。

假如女的拒不服从伴侣，挣扎太凶，

贪欲的汉子干脆就抱走勿论，

说声："何必用眼泪糟蹋温柔的眼睛？

我对你，就等于你爸对你母亲。"

啊，罗慕鲁斯，你只会犒赏你的武士，

若给我这等奖赏，我也要去从军！

请注意：自从那年代形成神圣习俗，

剧场至今以陷阱威胁着美人。①

《爱的艺术》引起了元首的强烈不满。奥维德也因此被指责为"放荡和私通的导师"。②

奥维德的壮年时代是其创作的第二阶段，作品主要以《变形记》和《历法志》为代表。约公元前 2 年，奥维德发表了一部长诗《变形记》，用诗歌的形式重述希腊古典的神话故事，其中有：阿波罗追求达夫涅和达夫涅变成桂树的故事；朱庇特变成牛劫走欧罗巴的故事；农神之女被冥王劫

---

① 飞白译：《古罗马诗选》，广州：花城出版社，2001 年版，第 172～173 页。
② 奥维德：《悲愁诗》，2，212。

走的故事；高傲的尼奥柏失去七儿七女的故事；代达洛斯和伊卡罗斯自制羽翼飞翔的故事；美狄亚帮助伊阿宋夺取金羊毛的故事等。诗人的最大成功就在于：第一，他能有机地把各类分散的神话组合起来，将其编织在一部诗作之中；第二，对所有神话进行罗马化的改造，使其适合于罗马人的文化土壤，成为罗马文化的重要组成部分。

在《变形记》的最后1卷，诗人巧妙地加进了对罗马祖先的歌颂，加进了对奥古斯都的颂扬，使诗歌更加贴近现实，更加贴近时代。他这样写道："恺撒的武功文德并茂，后来成为天上的星宿；但是他成为天上星宿并非完全因为征战得胜，政绩昭著，光荣立就，而主要因为后继得人。恺撒最大功业在于是当今元首（奥古斯都）之父。"[1] 他断言："大地上只要有人居住的地方，甚至海洋，都将归他统治。"[2] 他认为：恺撒"在天上看到自己儿子的善政，他承认这些善政比他自己的更为伟大，他看到儿子青出于蓝很是快慰。虽然为人子者不准人们把他的功业评得比父亲还高，但是名誉是不容阻挡的，不服从任何人的意志的；不管他的意欲如何，他的名誉还是在上升。"奥维德在诗中祈祷所有的罗马神灵："千万把奥古斯都放弃他统治的世界而登天、在天上倾听我们的祷告的日期推迟到遥远的将来，推迟到我们死后！"[3]

奥维德与贺拉斯一样，对自己的作品充满自信。他坚信："任凭朱庇特的怒气，任凭刀、火，任凭时光的蚕食，都不能毁灭我的作品。时光只能销毁我的肉身，死期愿意来就请它来吧，来终结我这飘摇的寿命。但是我的精粹部分却是不朽的，它将与日月同寿；我的声名也将永不磨灭。罗马的势力征服到哪里，我的作品就会在那里被人们诵读。如果诗人的预言不爽，我的声名必将千载流传。"[4]

《历法志》是用诗句形式记录有关宗教的礼仪和罗马的历法，具有明显的爱国主义思想。

---

① 奥维德：《变形记》，杨周翰译，北京：人民文学出版社，1984年版，第376页。
② 奥维德：《变形记》，第379页。
③ 奥维德：《变形记》，第379~380页。
④ 奥维德：《变形记》，第380页。

黑海十年构成了奥维德作品的第三阶段。在荒凉的黑海海岸，极其孤独的奥维德写了许多诗，有的直接或间接地献给元首，恳求宽恕；有的寄给罗马的朋友，请求他们帮助他重返罗马。但一直未能如愿。公元 18 年，奥维德带着终身的悔恨和遗憾孤苦伶仃地在托米去世。黑海十年，奥维德写的诗歌主要有：《悲愁诗》（Tristia）、《黑海来书》和《自传》。这时的诗情调忧郁，现实生活真正成了他的诗歌创作的源泉。用诗人自己的话说："它们不是由才能与艺术创造，灾难本身提供了丰富的素材。"①

四、卢卡努斯

卢卡努斯（Marcus Annaeus Lucanus，英文称 Lucan，公元 39—65 年）为罗马帝国初期史诗作家，因其所著史诗《内战纪》（De Bello Civili）② 而闻名于世。

卢卡努斯于公元 39 年出生在拜提卡行省（Baetica）的科尔杜巴（Corduba，今西班牙的科尔多瓦），为罗马移民的后代。他的祖父是著名的修辞学家老塞涅卡（Lucius Annaeus Seneca）；两位伯父分别是诺瓦图斯（Marcus Annaeus Novatus）与著名的哲学家、政治家小塞涅卡（Lucius Annaeus Seneca）；他的父亲梅拉（Marcus Annaeus Mela）出身骑士阶层，娶了科尔杜巴当地一个较有名气的演说家卢卡努斯（Acilius Lucanus）的女儿阿奇莉娅（Acilia）为妻。

卢卡努斯出生后不久，即被送至罗马，在少年时期得到小塞涅卡的抚养和教导。小塞涅卡在公元 49 年被从科西嘉岛召回，成为尼禄的老师后，政治地位迅速上升，尤其在尼禄即位（54 年）后，成为御前首席顾问，富贵至极。优越的家族背景使得卢卡努斯有机会受到当时最好的教育。他在雄辩术学校学习修辞学，展现出高超的天赋和才能，又师从哲学家科尔努图斯（Cornutus）学习斯多葛派哲学，并赴雅典进修。

---

① 奥维德：《悲愁诗》，5，1，27～28。
② 在英语世界，这部史诗通常也被称作《法萨利亚》（The Pharsalia）。但手稿本的标题是 De Bello Civili，意为 "Concerning the Civil War"。之所以会出现 The Pharsalia 的名称，很有可能是因为有人将第 9 卷中的 Pharsalia nostra（L. 985）误译为 "my poem, the Pharsalia." 参见 J. D. Duff, Lucan: the Civil War, Loeb Classical Library, London, W. Heinemann, 1928, introduction, p. xii。

　　据苏埃托尼乌斯的记载，在公元 60 年举行的庆祝"尼禄尼亚节"（Neronia）的赛会上，卢卡努斯当众朗诵了一首赞颂元首的颂辞，获得了尼禄的赏识。出于对文艺的热衷和对卢卡努斯的欣赏，尼禄将他从雅典召回，在他尚未达到法定年龄的情况下，破例授予其财务官的职位，后又任命他为占兆官（augur）。然而好景不长，尼禄不久便下令禁止卢卡努斯发表、朗诵诗作，导致二人关系破裂。关于这一事件，古典作家们普遍给出的解释是尼禄妒忌卢卡努斯的才能，压制他的诗名。但真正的原因可能是卢卡努斯的政治立场。他虽然在《内战纪》前几卷中极力歌颂尼禄，但仍旧抱有强烈的共和思想，贬斥恺撒。这一做法直接威胁到元首统治的合法性，引起了尼禄的反感和警惕。[1] 在满心怨愤的驱使下，卢卡努斯加入了披索（Piso）阵营，企图废黜和杀死尼禄。最终阴谋败露，卢卡努斯被尼禄赐死，在浴室中割腕自杀，年仅 26 岁。他的父亲和两位伯父也受到牵连而被勒令自裁。

　　卢卡努斯生前创作了许多作品，例如诗歌《尼禄颂》（Laudes Neronis）、《俄耳甫斯》（Orpheus）、《农神节》（Saturnalia），散文《罗马之焚》（De incendio urbis）、《坎佩尼亚书信》（Epistulae ex Campania）等，但仅有史诗《内战纪》传世。

　　《内战纪》是卢卡努斯创作的一部六音步史诗。它虽然在文体上采用了诗歌体，但从内容上看，却叙述了公元前 49—前 48 年由庞培、迦图率领的元老院与恺撒的斗争历程，是一部排除了神对历史的干预，以人事为中心，以真实历史为题材，严格按照时间顺序叙事的历史史诗。[2] 它的目的是探究内战爆发的深层原因，揭示罗马盛衰之理，通过对客观历史的深刻反思，得出用于教谕世人的教训。

---

　　[1]　参见王焕生：《古罗马文学史》，北京：中央编译出版社，2008 年，第 376～377 页。

　　[2]　事实上，在奥古斯都时期，塞维鲁（Cornelius Severus）、裴多（Albinovanus Pedo）和埃纳（Sextilius Ena）等诗人均将内战的历史作为写作的材料。这表明在公元前后，罗马文人开创了一种与神话史诗不同的体裁，即以客观历史为叙述内容的历史史诗。尤其在赫兰尼乌姆纸草（Herculaneum Papyrus）中，考古学家们发现了与维吉尔同时期的诗人拉比里乌斯（Rabirius）的史诗《亚克兴战纪》（Bellum Actiacum）残篇。这部史诗讲述了安东尼和屋大维在亚克兴海角的决战。由此观之，卢卡努斯似乎继承了这一史诗创作传统。参见 Susan H. Braund, Lucan: Civil War, Oxford World's Classics, Oxford: Oxford University Press, 1992, introduction, p. xix.

在开篇伊始，卢卡努斯先指出了内战爆发的原因：第一，是盛者必衰和三巨头同盟必将破裂的宿命；第二，是庞培和恺撒实力的膨胀、竞争；第三，即最深层的原因，是罗马社会的腐化堕落。关于最后一点，卢卡努斯继承了萨鲁斯特、李维等史家的道德史观，形象地描绘了一幅世风日下的社会图景：

> 当罗马征服了世界，命运女神（Fortuna）赐予她过多的财富时，繁荣逐走了美德，从敌人那里掠夺来的战利品引诱人们过上了侈靡的生活；他们无休止地贪求财富和豪宅；贪婪之心拒绝那曾经令人饱足的粗茶淡饭；男人们争穿那些连年轻的妻子们都不合适穿的衣服；勇气之母——清贫，被男人们所离弃；各个民族的毒药（即奢侈品）都涌入罗马。接下来，罗马人开疆拓土，直到那些土地——卡米卢斯曾在那里推着铁梨，像库里乌斯那样的男人们很久以前曾在那里挥舞古老的铲锹——变成由外族农民（即奴隶）耕种的大地产。这样一个民族无法在安宁的和平中寻得愉悦，也不会放下武器享受自由。于是他们迅速狂热起来，在贪欲的驱使下犯下卑劣的罪行。倚仗利剑，威吓国家成为巨大的荣耀，强力成为衡量正义的标准。从此，法律（lex）和平民的法令在暴力中通过；保民官和执政官都破坏了公义；从此，罗马的束棒成为贿赂的俘虏，人民（populus）也竞售自己的选票，而年复一年地在马尔斯广场上横行的腐败毁灭了这个国家；从此，高利贷和利息贪婪地等待着还贷的时刻；人们将诚信扫地出门，纷纷在战争中牟利。①

之后，卢卡努斯开始正式叙述内战的进程。恺撒渡过卢比孔河后，一路势如破竹。罗马全城陷入恐慌；凶兆频现，预示着大灾难即将降临。对此，卢卡努斯的描写非常生动，具有极强的画面感：

. ① Lucanus，*De Bello Civili*，1，160～182.

　　元老院的厅堂被撼动，祖国的父亲们（元老们）从座位上窜起，将可怕的宣战书抛给执政官后仓皇而逃。那时候，由于不知道去何处避险，去何处逃难，每个人只知道在拥挤的人群中接踵逃命，被逃难的队伍裹挟到未知的地方。他们冲进逃难的长队。见到此景，有人可能以为房屋着了大火，或者大地震来临后房屋在崩塌中坠坠摇晃。疯狂逃命的难民们盲目地向城外奔去，好像他们要逃离灾难，只有越过祖先们建造的城墙……没有年迈的父亲有气力去拦下儿子，没有悲泣的妻子留住丈夫，也没有人有充足的时间向家神祈祷，祈福避祸。没有人在逃离前驻足自己的门口，哪怕多看一眼这个他深爱着的、可能再也不会看到的城市。[①]

　　迦图见此情景决定放弃中立的立场，加入庞培派。庞培军在意大利节节败退；庞培在布隆图辛艰难突围，逃向伊庇鲁斯（Epirus）。恺撒占领罗马后实施独裁，将国库财产据为己有，然后向西班牙进发，在马西利亚与当地的居民鏖战，征服了马西利亚人。恺撒军在西班牙战胜了庞培派将领佩特雷乌斯和阿弗拉尼乌斯，却在亚德里亚海和利比亚遭遇惨败。就在这时，庞培派在伊庇鲁斯召开会议，执政官莱恩图鲁斯发表了号召元老院继续战斗的演说。演说辞铿锵有力，具有高峻之美：

　　祖国的父亲们，如果你们还有一颗与拉丁人的品质和古老血统相称的勇敢之心，就不要再考虑我们所在的这片土地，不要再考虑我们距离被占领的罗马有多远，而是承认远老院现在的样子，你们依然有权力通过任何法令，首先宣告这一条吧——所有的国王和民族都知道这一事实——我们是元老院。不论是在北方寒冷的大熊七星下，还是在烈日炎炎、昼夜等长的南方，不论命运女神将我们带往何方，国家大权都在我们手中，统治帝国的权力都会与我们同在！当卡庇托尔山上的圣殿被高卢人付之一炬时，卡米卢斯就住在维伊，而当时的维伊

---

① Lucanus, *De Bello Civili*, 1，487～498；1，504～509。

就是罗马！我们的命令从未因移动地点而丧失权威。如今，悲伤的建筑、空荡的房屋、噤声的法律、在阴郁的节日中关闭的法庭，都落入恺撒的手中。但是被恺撒控制的元老院厅堂，只看见了在罗马尚未被抛弃时它所逐出的那些元老。现在，从那伟大的队伍中来的每一位元老都不是逃亡者。①

恺撒也迫不及待，在平息军队哗变后，率军渡海进入伊庇鲁斯，与庞培军决战。但是安东尼在意大利按兵不动，迫使恺撒独自在深夜乘舟渡海前去催兵，结果因遭遇暴风雨而未能成功。恺撒最终决定实施围攻战，修筑巨大的工事以图困死在佩特拉城安营的庞培军。庞培军在付出惨重代价后突围成功，并利用恺撒的决策失误大败敌军，一路追击至帖撒利。在那里，庞培的次子塞克斯图斯通过女巫艾瑞克索的魔法，得知未来的恐怖景象。在法萨卢大战当天，两军展开空前惨烈的战斗，恺撒军奋勇拼杀，庞培军则士气低落：

> 天空被武器所遮盖，交错横飞的武器遮天蔽日，把大地笼罩得一片黑暗。但是，飞枪造成的杀伤太少了！仅仅铁剑就可以满足同胞间的仇恨，让持剑者刺进罗马人的心脏。庞培的士兵们紧紧排列在一起，将他们盾上的饰物互相紧靠，形成了一条密不透风、坚不可摧的墙。结果，他们站在如此紧密的阵列中，几乎没有空间挥动自己的手和武器，只要一挥动手中的武器，就会伤到战友。恺撒的士兵们裹挟着狂暴的气息，急速冲进庞培的军阵，穿过盾牌和士兵杀出一条血路。他们刺向编织成的铠甲上挂着沉重环链的地方——那里是铠甲保护胸膛的部位，甚至刺穿了在这后面的心脏，并且刺向掩护在整副铠甲下的每一处部位。一方的军队在抵御忍受，另一方则在疯狂进攻。在庞培军一侧，铁剑冰冷且无用武之地，但是在恺撒军一侧，每一把罪恶之剑都是火热的。机运女神（Fortuna）推进时，卷走这巨大的灾难。②

---

① Lucanus, *De Bello Civili*，5.17～34.
② Lucanus, *De Bello Civili*，7，519～520，489～505.

庞培战败后向东逃亡，在莱斯博斯岛（Lesbos）与妻子相会，然后逃往西里西亚，欲投奔帕提亚，但遭到众元老的反对而改变决定，前往埃及。庞培逃至埃及后遭到埃及人的背叛和杀害。与此同时，迦图率领庞培军余部从帖撒利撤出，前往利比亚。在沙漠中，迦图表现出坚韧不屈的伟大品格，成功地率军完成苦难的行军，最终到达绿洲。而恺撒也率军追击至埃及。在埃及，恺撒陷入宫廷斗争，被克娄奥帕特拉所迷惑、利用，沉湎于埃及宫廷的奢侈生活。埃及的反罗马势力纠集军队，阴谋杀害恺撒。恺撒逃往法罗斯岛后，陷入敌军的包围。史诗在此处中断，应是卢卡努斯尚未完成作品，突然自杀所致。

《内战纪》中关于内战历史的记载基本源自西塞罗、波里奥、李维、恺撒等古典作家的作品，符合史实之处居多。但是，卢卡努斯并非就内战论内战，而是从整个罗马历史的角度，对内战的历史地位进行了深入的思考，架构起比较完整的历史思想体系。这种认识主要体现在三个方面：第一，在《内战纪》中，从罗马建城内战时期，罗马历史中几乎所有的重要事件和历史人物都有所提及。这表明，卢卡努斯曾得益于李维《建城以来书》等罗马通史著作，对罗马历史的发展过程有较为完整的了解。第二，卢卡努斯认为，庞培和恺撒分别继承了苏拉和马略的政治遗产，在内战爆发前迅速崛起为政治巨头，有赖于克拉苏和茱莉娅的居中调解而未走向冲突。随着克拉苏和茱莉娅的殒命，二人最终不可避免地走向冲突。因此，内战是苏拉与马略内战、庞培和恺撒政治实力的崛起、克拉苏和茱莉娅之死层层推进的结果。第三，卢卡努斯在将道德视作罗马历史的阶段划分标准同时，将其视作罗马历史得以连续的内在依据。从罗慕鲁斯建城到布匿战争罗马人凭借伟大的道德一次次克服险境，国势日上。自布匿战争结束后，罗马的道德在社会风气、政治生活、宗教信仰三个方面全面崩坏，最终将罗马推进内战的深渊。但是，在内战中，罗马的道德在内容上没有发生变化，更未消亡。仍有一些罗马人坚守着古老的美德，迦图甚至还将其推向了极致，达到了令古代的祖先们都望尘莫及的程度。内战结束后，罗马在尼禄时代迎来道德的复兴，开始进入新的历史阶段。对此，卢卡努斯写道：

　　但是，如果命运（fata）没能找到其他的方式来迎接尼禄的诞生，如果一个永恒之国让诸神付出了高昂的代价，天界在雷霆之神——它的君王与凶猛的巨神们决斗后才由他统治，啊，诸神，那么我们就不抱怨什么了：这样的罪行甚至算不上很高的代价。①

　　因此，罗马的道德虽有兴衰变化，却永恒不灭，犹如一条不断的线索将两个历史阶段贯穿起来。内战则成为罗马"堕落阶段"和"复兴阶段"的区分点和连接点。

　　值得注意的是卢卡努斯对命运、神意与历史的关系的认识。卢卡努斯虽然以史诗体写作《内战纪》，却一反荷马、维吉尔等史诗诗人的传统，将神灵排除出人类的历史进程之外。例如他明言写道："不用怀疑，没有诸神统治我们"②，"凡人的事务从未被天神们放在眼中"③。同许多古典史家一样，卢卡努斯将历史的动因归结于命运。首先，他认为命运分两种：fatum是一种固定的、不可抗拒的力量，类似神意、天命；fortuna是一种随机的漂移不定的力量，类似运气、机缘。其次，fatum是罗马历史的根本动因。因为"造物主（parens）在元火熄灭并开始执掌太始的混沌时，就定下了永恒的因果（命运）之链，将自己同样置身于他的普遍法则之中，并且用一条永不变动的fatum之线，划分在规定的岁月内运行的宇宙"。④ 而罗马的历史正是在fatum的指令下运行的。因此，早在宇宙创始时，fatum就注定了罗马日后要经历崛起、堕落、内战的历史过程。最后，fortuna是偶然性的动因，最终服从fatum的安排。例如，恺撒战胜庞培是fatum毁灭罗马的重要一步。在这一步中，虽然fortuna有时也会帮助庞培取得一些胜利，却无法改变庞培注定失败的结局。可以说，在卢卡努斯的笔下，fatum

---

　　① Lucanus, *De Bello Civili*，1，33～37. 虽然卢卡努斯在此没有明言道德在尼禄时代的复兴，但综合考虑卢卡努斯对罗马历史的认识以及奥古斯都时代诗人们对新时代的赞颂，我们基本可以断定，他心目中的尼禄时代应该是罗马传统道德复兴的新历史阶段。而他本人作为罗马民族精神的坚守者和颂扬者，也成为罗马精神复兴的历史阶段的经历者和见证者。

　　② Lucanus, *De Bello Civili*，7，445～446.

　　③ Lucanus, *De Bello Civili*，7，454～455.

　　④ Lucanus, *De Bello Civili*，2，7～11.

与 fortuna 之间的关系规定了罗马历史前进的方向和具体变化，使得罗马在永恒中走出了一条兴衰治乱的历史之路，在滚滚大势中上演了一幕幕丰富多变的历史情景。

在古典时期，《内战纪》的流传相当广泛。苏埃托尼乌斯曾记载了《内战纪》的流行状况："我还记得他（卢卡努斯）的诗怎样被人们公开朗诵，这些诗也被出版、销售，虽不乏勤勤恳恳、仔细认真的出版者，但也有做得马虎草率的。"佩特罗尼乌斯（Petronius）在其作品《萨蒂利孔》（Satiricon liber）中记载了当时诗人们对史诗创作的一种观点，认为《内战纪》没有分清历史记述和历史史诗的区别，专注于历史事件的叙述而缺少虚构和想象，背离了荷马、维吉尔的史诗创作传统。相较之下，将卢卡努斯视为杰出诗人的观点更为普遍。铭辞诗人马尔提阿利斯（Martialis）称阿波罗将拉丁竖琴的第二个琴拨赐给了卢卡努斯（第一个给了维吉尔）；塔西佗在《关于雄辩术的对话》中亦有"维吉尔、贺拉斯和卢卡努斯的作品可以增进演说中的诗意之美"的观点。昆体良则从修辞学和雄辩术的角度审视《内战纪》，称卢卡努斯"相比对于诗人而言，更是雄辩家的典范"。然而，也有学者将卢卡努斯视作历史学家。弗洛鲁斯（Florus）在叙述内战爆发的原因、恺撒军在伊利里亚的延滞等事件上明显参考了卢卡努斯的记载。到 4 世纪时，文法学家塞尔维乌斯（Servius）在为《埃尼阿斯纪》1.382 注疏时，认为"卢卡努斯不应被视为诗人，因为他看起来创作了一部历史（historia）而非诗歌。"

在中世纪，《内战纪》不仅避免了许多古典著作的不幸命运，反而流传愈广。一方面，诗人们纷纷学习、模仿《内战纪》中的修辞，引用、改写其中的诗句，奉卢卡努斯为诗人的典范，另一方面，将卢卡努斯视作历史学家的观点在中世纪的知识精英群体中相当流行。约达尼斯（Jodanis）称他"首先是历史学家，其次是诗人"。7 世纪时，伊西多尔（Isidore of Seville）曾在《语源》（Origines）中称卢卡努斯"写的是历史而非诗歌"。不过，也有学者综合了"史家"和"诗人"两种观点，例如，12 世纪的法国神学家安塞姆（Anselm of Laon）与 13 世纪的法国诗人阿努尔夫（Arnulf of Orleans），认为诗歌的主题必须是想象的；《内战纪》中既有诗

歌 的 虚 构 成 分，也 有 史 著 的 求 真 特 点；卢 卡 努 斯 与 尤 文 纳 里 斯（Iuvenalis）、泰 伦 提 乌 斯（Terentius）、贺 拉 斯 等 诗 人 不 同，他 既 是 诗 人 也 是 史 家。在 文 艺 复 兴 时 期，《内 战 纪》依 旧 流 行。一 些 史 诗 作 家，例 如 阿 里 奥 斯 托（Ariosto）、塔 索（Tasso）明 显 受 过 卢 卡 努 斯 的 影 响；乔 叟 称"他（卢 卡 努 斯）为 这 些 学 者 们 提 供 了 罗 马 人 物 之 伟 业 的 记 载"；但 丁 更 是 在《神 曲·地 狱 篇》中 将 卢 卡 努 斯 视 作 与 荷 马、维 吉 尔、贺 拉 斯、奥 维 德 并 列 的 大 诗 人。

奥 古 斯 都 与 朱 理 亚·克 劳 狄 王 朝 时 代 是 罗 马 诗 歌 的 最 发 达 时 期。此 后，罗 马 虽 然 还 出 现 了 不 少 诗 人，像 马 尔 提 阿 利 斯、尤 文 纳 里 斯、奥 索 尼 乌 斯、克 劳 狄 安 等，但 他 们 的 声 誉、地 位 以 及 作 品 的 影 响 力 都 不 及 奥 古 斯 都 时 期 的 诗 人。一 般 认 为，克 劳 狄 安 是 古 代 罗 马 最 后 一 位 重 要 的 诗 人，被 人 们 誉 为 是"把 荷 马 的 音 韵 与 维 吉 尔 的 心 灵 结 合 为 一 的 人"。

第二节　帝国的哲学家

一、爱比克泰德

爱比克泰德（Epictetus，约 55—约 130 年）是古罗马著名的斯多葛派哲学家。关于他的生平我们所知甚少。约公元 55 年，爱比克泰德出生于罗马东部弗里吉亚（Phrygia）的希拉波利斯（Hierapolis）的一个奴隶家庭。约 5 岁时，他被卖到罗马，成为权贵埃帕弗洛迪图斯（Epaphroditus）的奴隶。爱比克泰德不但出身低微，而且身体羸弱，腿有残疾，据说这是他做奴隶时受到严酷惩罚的结果。从早年开始，爱比克泰德就崇拜神灵，并显示出很高的哲学天赋，他师从当时著名的斯多葛派哲学家盖约·穆索尼乌斯·鲁弗斯（Musonius Rufus），且深受影响。最终，爱比克泰德成为鲁弗斯最有名气的学生。被主人释放后，爱比克泰德在罗马一直从事哲学教学，直到公元 89 年，元首图密善担心哲学家们日益强大的影响力会对自己的地位构成威胁，驱逐包括爱比克泰德在内的哲学家。之后，爱比克泰德在伊庇鲁斯的尼科波利斯（Nicopolis）建立一所哲学学校，在那里他的声望吸引了大批追随者，其中包括许多上层社会的罗马人，直至 80 岁终老于此。

爱比克泰德生活的罗马帝国初期，是一个新旧更替的时代。在经济领域，高度发达的奴隶制经济取代了传统的农业经济；在社会生活领域，传统的家庭、宗教和道德观念也不复存在；在政治领域，随着城邦共和体制瓦解，一切主动权都从元老贵族手中转移到元首及其臣属手中。由于公民与国家关系的疏离，个人日益从政治生活退回到个人生活。在一个纷繁的，充满权力、金钱、荣誉、欲望、快乐与不幸的世界里，我们如何才能过上幸福而充实的生活？我们如何才能够做个好人呢？这是爱比克泰德终生致力寻求的两个问题。爱比克泰德一辈子授课教导别人，并且完全实践着自己的伦理道德思想。他一生清贫，长期居住在一所小屋里，除了一张床，一盏灯以外，几乎一无所有。

爱比克泰德本人没有撰写任何著作，其思想之所以流传后世，他的学生阿利安（Arrian）功不可没。

首先，阿利安记录了爱比克泰德的教学内容，并整理为《论说集》（Discourse），其中的四卷保存下来。可以说，《论说集》最完整地保存了爱比克泰德的思想。在《论说集》中，爱比克泰德没有谈论宇宙论，没有讨论太多的逻辑学，他从头到尾就是以生动、诙谐的语言，谈论怎样在生活中做一个人，一个自由的人，有人的尊严的人。针对人们在日常生活中遇到的各种各样的困境，爱比克泰德在第一卷就提出，什么是在我们权能之内的事情，什么不是我们权能之内的事情，这是其学说的中心命题。"在我们权能范围之内的东西是意愿和所有意愿的东西。不在我们权能之内的东西有身体、器官、财产、父母、兄弟、子女、国家"[1]，可见，完全取决于我们的事物只有自由意志、理性、选择；其他的事物，包括身体、财富、家庭、城邦等，都不取决于我们。这是因为，爱比克泰德赞同早期斯多葛派哲学家们的自然哲学观点，强调由火、土、气和水四种元素构成的万物不断地循环往复，其本性是消逝不定的，只有人的理性是与神同在的、永恒的。"我们要充分利用属于我们权能之内的东西，而至于其他不属于我们

---

[1] Epictetus, *Discourse*, 1，22，9，见《爱比克泰德论说集》，王文华译，北京：商务印书馆，2009 年版，第 118 页。

的东西，我们就只能让它顺其自然本性了。可是，它的自然本性又是什么呢？当然是神的意志了。"① 人们对理性之外的事物都应该持无所谓的、无动于衷的态度。爱比克泰德哲学的研究对象就是这种"在我们权能范围之内的东西"。爱比克泰德从不同角度，即表象、欲求和避免、选择和拒绝、判断与赞同、自由意志的角度，对这种"在我们权能范围之内的东西"进行了分析描述，从而阐明了人类达成幸福的不同进路，这几种进路之间并非互不相干，而是一种多而一的关系。爱比克泰德认为，"表象"不仅是感性的，而且是理性的，它与语言和概念密切相关，故"表象"可以成为"赞同"和"判断"的对象。因个体的语言和概念储备的差异，所以对表象的处理又是个体性的，如何运用表象是一种个体性的事件，而表象的理性特征又赋予了人以重构表象的可能性。正因如此，人可以"正确运用表象"。正确处置表象是一种持续的生活实践，因此服从自然是爱比克泰德要求的基本的人生态度。当人以服从自然的方式生活，任何向他呈现的表象都会得到正确处置，意志总会做出善的选择，意志自由总能得以贯彻，人于是也就获得了自由。爱比克泰德认为，为了通往幸福、满足和宁静之路，人需要坚持不懈地进行修身（哲学）训练，具体分为三个方面：第一，欲求和避免，这是对理性和感情的控制，即能够得到自己想要得到的东西，回避自己想要回避的东西；第二，选择和拒绝，即人的行为一定要有条理，合乎理性，小心谨慎；第三，判断和赞同，即要避免失误和受到蒙蔽。爱比克泰德认为这三个领域中，最为重要和迫切的是在欲求和避免领域的训练，"欲求和避免"领域的训练关涉的是人的激情，此领域的训练目的在于：通过达成对真正善恶的认识，引导人达到一种免除激情的幸福状态。② 爱比克泰德的"自由意志"是指人完全摆脱了错误判断，对所有事情都能够有一种正确判断的状态，从而确保人的实践行为的自由无阻。"自由意志"直接关涉人的善恶属性的道德选择，人的善恶只能在"自由意志"领域中彰显，而在"自由意志"领域之外的一切事物，则并无善恶属性，故爱比克泰德主张，人只关注"自由意志"领域内的东西，只致力于自身的

---

① Epictetus, *Discourse*, 1，1，17，见《爱比克泰德论说集》，第 14 页。
② Epictetus, *Discourse*, 3，2，1～5，见《爱比克泰德论说集》，第 319～321 页。

美德和"自由意志"的完善。"通往平静安详的路只有一条……就是永远不要向往意愿之外的事情；你要把它当作是别人的东西，不是你自己的东西，你要把一切都交给神灵和命运；你要让别人来掌管这一切，这其实也是宙斯的旨意。我们唯一应该关注的是属于我们自己的、不会受到任何阻碍的东西。"① 以上这些其实就是爱比克泰德为其学生和世人开出的人生指南。其次，阿利安摘录《论说集》的精要，缩略为《道德手册》（Manual）。《道德手册》是爱比克泰德道德学说要点的梗概，基本反映了爱比克泰德的思想，对其思想传播起了至关重要的作用。不论在古代，还是现代，《道德手册》都是一部重要的鼓舞人心的著作。《道德手册》语言凝练、隽永，充满了生活的智慧，可作为智慧箴言来品读。第三，阿利安编辑的爱比克泰德授课语录的散失部分，整理为《片段集》。它散见于公元6世纪马其顿人斯多巴俄斯（Johannes Stobaeus）的两本希腊作家名言录：《牧歌集》（Eclogues）和《诗文选集》（Anthology）；公元2世纪拉丁语法学家奥鲁斯·格里乌斯（Aulus Gellius）的《阿提卡之夜》（Noctre Atticae）；罗马元首马尔库斯·奥里略的《沉思录》；大约公元4世纪的拉丁作家阿诺比乌斯（Arnobius）的《反异教徒》（Against the Heathen）等。

相比较而言，爱比克泰德哲学与早期斯多葛学派大体一致，但其风格和侧重点明显不同。爱比克泰德关心的不再是柏拉图、亚里士多德的宇宙本质、物质或者精神，他把早期斯多葛主义谈论的形而上学充分运用于伦理学方面，成为继苏格拉底之后著名的道德哲学家。苏格拉底开创的道德哲学不仅仅是一种对知识、美德的信仰，还是他的实践和行动、他的人格典范。爱比克泰德突出地体现了这样的实践品格和人格典范，他与苏格拉底遥相呼应，构成希腊理性精神的一种道德人格象征。苏格拉底的美德、知识、智慧是跟城邦这个共同体的价值判断标准联系着的，但到爱比克泰德时代，这时的共同体已经由小国寡民的城邦变为无限广阔的全人类了。爱比克泰德在观念上突破旧的城邦道德价值观念，彰显了普世和世界城邦的广阔视野，但爱比克泰德也没有忘记对个体的关照。

―――――――――――――

① Epictetus, *Discourse*, 4，4，39～40，见《爱比克泰德论说集》，第510页。

　　爱比克泰德比古罗马时期任何一位斯多葛哲人更热衷于谈论人的自由，他非常赞同早期斯多葛派哲学家们的自然哲学观点，认为神把自己的神性公平地赋予了阳光照耀下的我们每个人的心灵，而我们的这种神性高于所有其他一切本性，所以，人是自由的，任何人、任何物质、甚至连神都不能引诱、逼迫和干预我们，使我们屈服。而且，爱比克泰德强调人的修身实践，关注如何实现人的主体自身，他从哲学的角度对自由作出了富于实践意义的特殊理解。爱比克泰德念念不忘的问题是：作为一个人我们应该如何行动，不违背我们"人"的称号？他告诫说："想想看，你到底是谁？首先，你是人。你的最高能力就是你的意愿，它不仅控制着所有其他一切，而且完全自由，不受任何奴役和束缚。再想想看，你有理性，这与其他什么动物不同呢？与野兽不同，与牛、羊这类的家畜不同。除此以外，你还是一位世界公民，你是世界的一部分，而且你在这个世界里不是居于次要地位、服务于别人的一部分，而是居于主导地位的主要部分，因为，你不仅能够理解神对世界的神圣统治，而且还能够推理和思考由此而引发的其他问题。"[①] 自由的人能够想怎么样生活就怎么生活，他的追求没有阻碍，他的愿望总能实现，也不存在他所厌恶的事物。[②] 可见，爱比克泰德主张的自由是一种绝对的自由。

　　爱比克泰德认为，"自由不是通过满足人们的欲望而获得的，而是通过消除人们的欲望而获得的"[③]。"在恐惧、痛苦和忧伤中生活的人是永远不会自由的，只有摆脱了恐惧、痛苦和忧伤，你同时也就摆脱了奴役"[④]。因此，人生在世应当通过理性摆脱一切快乐、欲望、恐惧和悲哀的纷扰，对于现实世界采取一种清心寡欲、无动于衷的生活态度。处于自由状态的人放弃了对外在事物的一切主观愿望，只保留了对自身自由（意志自由）的要求。一方面，爱比克泰德教导的自由没有改造外部世界，而是到人的内心世界寻求公正和理性，它通过摆脱必然的控制，改造和提升了人的内部世界，

---

① Epictetus, *Discourse*, 2, 10, 1～3, 见《爱比克泰德论说集》，第201～202页。

② Epictetus, *Discourse*, 4, 1, 1, 见《爱比克泰德论说集》，第457页。

③ Epictetus, *Discourse*, 4, 1, 175, 见《爱比克泰德论说集》，第496页。

④ Epictetus, *Discourse*, 2, 1, 24, 见《爱比克泰德论说集》，第167页。

是哲学生活的最终成就。另一方面，这种自由是一种消极的和否定意义上的精神自由，由于主动放弃了对外部世界的权力要求，控制了自己的欲望，其禁欲倾向很明显。爱比克泰德对作为个体的人的地位和价值作了重要的论述，为人类的思想智慧宝库留下珍贵的遗产，对后世产生了深远的影响。

人类的精神进步，应该包括人性在个体和共同体两个方向上的发展。爱比克泰德把对个体的价值和生存意义的探讨发展到个体内心的独立自由的精神和道德的好上，但同时又把人类的共同体无限扩大，放大到了神或世界城邦，即全人类这个范围上，这样论证人性，已经完全突破了传统古希腊人以个人的私利和城邦为标准的狭隘眼界，在胸襟上，已经与各大世界宗教几乎相差无几了。我们可以说，在对人的关怀上，爱比克泰德是对希腊哲学的极大发展，是希腊哲学的集大成者。①

爱比克泰德的思想具有更独特的宗教气息。为了与普通人的宗教信仰和生活方式相协调，爱比克泰德使伦理学和神学结合得更加密切。与其他斯多葛哲人一样，爱比克泰德认为，世界由神主宰，其中所出现的一切事物都出于神的意志。爱比克泰德对理性和宇宙的神的解释是，"神的本质不是肉体、土地和名誉，而是智慧、知识和正确的理性"②。爱比克泰德强调通过自然哲学（神学）来论证伦理行为的正当性：除了取决于自我的自由意志，人们对其他事情都应该"顺应自然"、"听从神"。"爱比克泰德把哲学与深切的神秘渴望掺杂起来，几乎把其哲学变为宗教。把宇宙尊奉为神，它处在全能的上帝的治理下，上帝为了至善安排了所发生的一切。"③ 他敦促人们去过高尚的生活，既不应该放纵自己，沉溺于低级趣味之中，也不应该在愤怒的抗议中垮掉，而应从对苦难的尊贵的忍耐及对死亡宁静的顺从中获得所能得到的满足。爱比克泰德大力宣扬顺应自然和服从命运的思想，认为世间的一切好运和灾难都是神的特殊旨意的结果，一切荣华富贵，生老病死，都非个人能力所为，我们只能绝对接受。因此我们应当以一种主动"配合"的方式来对待疾病、死亡、残废等灾难，正如我们应当以同

---

① 参见王文华：《好和善——爱比克泰德伦理观分析》，《国际关系学院学报》，2002年第4期，第45页。
② Epictetus, *Discourse*, 2，8，1。见《爱比克泰德论说集》，第190页。
③ 菲利普·李·拉尔夫等：《世界文明史》上卷，赵丰等译，北京：商务印书馆，2001年版，第342页。

样的方式来对待好运一样。"对于万事万物，我应该怀有的愿望是：神赐给了我什么，我就接受什么，神想让我占有多长时间，我就占有多长时间。"①爱比克泰德心目中理性的斯多葛人，"不管是身染重病，身处险境，即将死去，还是过着流放的生活，或者饱受屈辱，他都能幸福如常，欢乐如初。"②爱比克泰德所鼓吹的道德有相当的宗教性，可以说，它是一种道德本体论哲学。这就是他的学说为什么吸引早期基督教思想家的原因了。

爱比克泰德对斯多葛派学说有极其重要的发展和突破，是继苏格拉底后对西方伦理道德学说的发展做出重大贡献的哲学家，是真正集希腊哲学思想之大成者。

在近 2000 年的历史长河里，爱比克泰德的思想对当时及之后的哲学和宗教都产生了不可估量的影响。

就罗马帝国来说，爱比克泰德的思想影响了罗马帝国的元老贵族阶层，哈德良元首以及一些达官贵人也曾拜访过他。马尔库斯·奥里略元首早年曾读过爱比克泰德的作品，对他钦佩有加，其名著《沉思录》深受其作品的影响。爱比克泰德与马尔库斯·奥里略在许多哲学问题上的看法是完全一致的。在罗马帝国晚期，斯多葛派哲学的影响日渐萎缩，但爱比克泰德因其学说带有浓厚的宗教色彩而受到青睐。在伦理学方面，爱比克泰德宣扬安于现状、顺从命运、鄙弃快乐和忍受苦难的禁欲观点，倡导普世和人人平等的思想，这契合了新兴基督教的救赎福音和天国理想。著名神学家、哲学家圣·奥古斯丁等人曾深受爱比克泰德的影响，并将他的许多思想渗透到基督教教义之中，基督教借助斯多葛主义实现了其在罗马帝国的本土化。

在整个中世纪、文艺复兴乃至现在，爱比克泰德的著作和思想一直受到欢迎。他的《论说集》曾被翻译为荷、法、德、日、拉、俄、英等诸语。他的《道德手册》被翻译为丹、荷、英、法、德、俄、意等多种文字，值得一提的是，清末传教士利玛窦为了传教，将爱比克泰德的《道德手册》

① Epictetus, *Discourse*, 4，1，101，见《爱比克泰德论说集》，王文华译，北京：商务印书馆，2009 年版，第 480 页。

② Epictetus, *Discourse*, 2，19，24，见《爱比克泰德论说集》，第 261 页。

图 7.3　马尔库斯·奥里略骑马像

译为中文，译名为《二十五言》，收录于四库全书存目丛书子部杂家类第 93 册。利玛窦借助于《二十五言》，将儒家学说理解为中国式的斯多葛主义，希望由此实现基督教在中国的本土化。

二、马尔库斯·奥里略

马尔库斯·奥里略是罗马帝国安敦尼王朝的第五位元首，于公元 121 年出生，161 年继位，180 年病逝于军中。他为人仁善、执政勤勉，为保卫罗马帝国的安全与繁荣夙夜在公、殚精竭虑，因而为后世赞颂，位列"五贤帝"之内。他热爱哲学，尤其信奉并遵循斯多葛派的哲学原则，戎马倥偬亦不中断对人生伦理及自然宇宙的思索，其个人哲学思考录《沉思录》流传至今，他也因此成为斯多葛派的最后一座高峰，并尊享"元首哲学家"的美誉。

据朱理乌斯·卡皮托利努斯等史家记载，奥里略出身显贵，其祖父曾三次出任执政官，父亲阿尼乌斯·维鲁斯也曾出任行政长官，母亲多米提亚·卢西拉为曾两度担任执政官的卡尔维西乌斯·图鲁斯之女。虽然父亲早逝，但奥里略在母亲和祖父的精心呵护下，从小就得以跟随阿波罗尼乌斯、尤福利翁、盖米诺斯、安德隆、阿提库斯等众多名师，广泛涉猎哲学、文学、戏剧、音乐、几何、修辞学等领域的知识，并对哲学表现出强烈的兴趣。因姑父安东尼·庇护的关系，奥里略自幼便因善良聪明深为时任元首哈德良喜爱。公元 138 年，哈德良过继安东尼·庇护为继子，指定其为新的继承人，同时要求安东尼·庇护收养奥里略，并确定奥里略为安敦尼·庇护之后的元首人选。同年，哈德良病逝，安东尼·庇护继任元首。翌年，安东尼·庇护过继奥里略，不久后又授予他恺撒之誉，正式将其确定为继承人。公元 161 年，安东尼·庇护逝世，奥里略继位，成为罗马帝国的第 16 位元首。

奥里略继位时，罗马帝国虽国库充盈，经济繁荣，但边境地区骚动频繁，已有盛极而衰的征兆，加之奥里略体弱多病等原因，他一即位便授予弟弟卢基乌斯·维鲁斯恺撒与奥古斯都之衔，同他以平等地位共同理政，开罗马帝国两帝共治之先河。在奥里略担任元首的 19 年间，罗马帝国一直处于内忧外患的险局之中，其元首生涯也充满艰辛。军事上，自即位伊始，周边外族便不断扰边叩关，帝国东西部几乎战火不绝。公元 161 年，帕提亚国王伏尔吉西斯三世率军入侵叙利亚，布立吞人在不列颠挑起战事，卡蒂人入侵日耳曼，奥里略委派维鲁斯等人分兵抗击，终于在公元 166 年获得胜利。但是，东征凯旋的军队带回了可怕的瘟疫，瘟疫蔓延整个帝国并在意大利和西部行省猖獗多年，吞噬了无数生命，耗竭了国库储存。次年，马克曼尼人、夸德人、雅吉格人等日耳曼和萨尔马提亚部落蜂拥南下，蹂躏东北行省，其先头部队甚至一度进入意大利。奥里略动员了国家全部力量，几乎耗尽国库之后才迫使蛮族屈服。与此同时，在西班牙和埃及北部均爆发起义，奥里略通过代理人成功地镇压了起义，同样也几乎耗尽了当地的财政。公元 175 年，坐镇东方的卡西乌斯听信奥里略死亡的消息而发动叛变，自立为元首，并获得了大部分东方行省的承认，不过 3 个月便被拥护者杀死，叛乱者随即土崩瓦解。奥里略被迫中止与日耳曼人的战争到东方巡视，稳定东方政局。公元 178 年，为彻底打败莱茵河沿线的马克曼尼人和夸德人，将其领地变为帝国行省，奥里略再度领军出征，但天不遂人愿，他在军中感染瘟疫并于公元 180 年撒手人寰，终年 59 岁。

罗马帝国时期，哲学研究蔚然成风，斯多葛派哲学影响尤为广泛。罗马斯多葛派关注人生伦理，以道德问题和人的自我完善为中心，强调锤炼意志，培养坚定性和忍耐性，以适应一切外部变化；认为一个人的幸福关键在于自身，不受外部环境变化的影响，因而具有美德即幸福。奥里略从小学习哲学，年轻时就掌握和接受了斯多葛派哲学思想，并以此指导自身言行。成为帝国元首后，面对边境战乱不断、国内灾害频繁、社会风气奢靡的复杂局势，他更是以斯多葛派哲学作为自己的精神支柱与动力之源，以斯多葛派倡导的勇敢、公正、勤勉、仁慈、节制、谦逊等原则治国理政，并试图以自己的率先垂范改良社会风气、提升国民道德。作为唯一的元首哲学家，奥里略巧妙地将哲学思考与治国理政结合起来，其哲学思想既体现了斯多葛派的基本观点，又包含着其作为帝国元首对人生与社会的深刻反思，因而更显生动与深刻。他常把柏拉图的名言"在繁荣昌盛的国家，都是由哲学家当国王，或者国王就是哲学家"挂在嘴边，并将哲学比作生母、将朝廷比作继母，认为既要孝敬继母，更要经常回到生母身边，可见其对哲学的热爱甚至超越了政治。他晚年将自己的哲学思考总结凝练，随兴写成若干箴言，后人整理成为 12 卷的《沉思录》流传于世，至今广受欢迎，甚至为许多著名政治家所推崇。《沉思录》虽无体系，但仔细梳理仍能清楚地呈现奥里略的哲学思想。

奥里略的哲学思想以强烈的宿命论为基础。他认为，宇宙的一切事物由神灵创造，其命运由神意主宰。个人是宇宙的一部分，其命运也由神灵决定，个人的一切均由神灵分配所得。因此，个人在思想上要"心甘情愿地把自己交给克洛托（命运女神），让她纺织你的生命之线，由她编织事变"，并把人生遭遇的任何事情都视为命中注定；在行为上要"遵守宇宙理性，做分内之事，顺从自然规律，不要追求太多，"① 只要心无旁骛地完成分配给自己的事情，积极投身于公共利益的事情，即可获得幸福与安宁。

在宿命论的笼罩之下，奥里略对人生意义与生死的认识比较消极。他认为时间永恒但分配给每个人的时光却如此微小且短暂；宇宙灵魂博大无边但每个人具有的宇宙本体却微不足道；大地无限广阔但每个人只能在微小角落踯躅爬行。因此，个人微不足道，人生了无意义，你只需按照支配理性行事，接受自然本性分配的一切，不要贪生怕死、追名逐利，因为这一切犹如沧海一粟，转瞬即逝。对于生死，他认为死亡是自然的职能，毁灭是宇宙间一切事物的必经变化。"一切事物天生是要变化、转变和毁灭的，以使别的事物顺次而生。"② 宇宙理性创造一切事物，又让这些事物的实体造成另外的新事物，从而实现宇宙的永远弥新。因此，自然给予人生命，也必然会将其收回。神医希波克拉托斯可以救死扶伤却不能让自己长生不老，卡尔达伊人可以预言他人的生死却掌握不了自己的命运，苏格拉底围绕死亡与不死做过无数争辩后还是死去，亚历山大、恺撒杀死了成千上万的敌人也换不来自己的不朽。死亡如同出生、成长、年老等自然活动一样，是人生必经的阶段，英雄人物与无名小卒均无法逃避。而且，神灵不会让你还未完成分配的使命便死亡，自然需要你消失以便别的事物顺次

① 马尔库斯·奥里略：《沉思录》，4，34。
② 马尔库斯·奥里略：《沉思录》，12，21。

而生，因此，即使人生的五幕剧只演完三幕，也应遵循自然之道，愉快地走向死亡。对于功名，奥里略主张个人只管顺应社会理性、认真履职，而不要在意得失、追名逐利。在他看来，历史循环往复，时代延绵常新，生命轮回不息，亚历山大、柏拉图、西庇阿、奥古斯都、图拉真等伟大人物无论业绩何其光辉、荣誉何等崇高，他们的生命与功名都会被时间的湍流吞没，即便有人称颂他们，这些人及其后继者也是朝生暮死，对英雄的记忆终会消失。况且，无论伟大的亚历山大还是平凡的马夫，无论晚暮而终者还是英年早逝者，他们死后都是回归宇宙原始理性，去到相同之处。因此，美者自美，无须赞美，生前赞誉、身后美名对人生毫无意义，更无须在意追求。而且，如果可以追求赞誉，则不能排除欲望，就会陷入妒忌、争斗、猜疑、阴谋、抱怨等恶行，使自己的心灵无法宁静，亦违背神明的旨意。所以，"我们不应追求虚名，而应追求公正的思想、善意的行为、诚实的语言，把发生的一切视之为必然之事，视之为来自同一个始源和源泉的水流"。①

奥里略否认功名利禄的意义，却积极肯定个人的社会责任与担当。他认为，宇宙犹如一个城邦，其中的事物彼此密切联系，并有一定的秩序，较低级的事物为较高级的事物而生，较高级的事物为彼此而生。同时，所有理性动物都是同类，应当关心所有的人，关心公共利益。自然给每一个事物都分配了相应的职责，正是植物、小鸟、蚂蚁、蜘蛛、蜜蜂等各种事物都各司其职、忙碌工作，才构成这个秩序井然的社会。人本身也是为工作而生，因为工作而被领进这个宇宙，个人应热爱自己的行业，全身心地投入自己行业的劳作，废寝忘食、疲惫不堪亦乐此不疲。而他本人则是为了领导人们而生，犹如公羊领导羊群、公牛领导牛群。作为元首，他认为"无论是我自己或与他人合作做一件什么事情，都必须尽全力达到一个目标，那就是使它有益于公共社会，与其和谐一致。"②奥里略如此思考，亦如此行动，终其一生，他都以人民福祉、国家利益为自身使命，勤勤恳恳，尽职尽责，堪称典范。

---

① 马尔库斯·奥里略：《沉思录》，4，33。
② 马尔库斯·奥里略：《沉思录》，7，5。

　　理性之人应当如何行事才顺应自然之道，既符合公共利益，又能实现自身幸福呢？奥里略认为，人应当按照真正的理性行事，即如苏格拉底所言，排除感官的诱惑，敬畏神明，关心人类，追求正义、真理、克制、勇敢等合乎理性、城邦社会的善，不要被赞誉、权势、财富与享乐等引入歧途。一个人如果能够遵循理性，严肃认真，坚定不移，善良仁慈，专于本职，无所期待，亦无所回避，满足于顺应自然的存在，言行真实如一，则能获得心灵的安宁与幸福。反之，如果一个人的灵魂陷入抱怨、厌恶、屈服于快乐或痛苦、虚伪、漫无目的、不假思索的境况，便会损害自身，并成为宇宙中的毒瘤。因此，奥里略认为"人生来即为行善，为善顺应自然本性，是人应尽的义务……应不计报酬，并自然会有所得"[①]。同时，他认为恶行及作恶之人的存在，是宇宙的必然，因此不应对他们感到愤怒，而是要坦然接受其存在，并用自然赋予的美德抵御他们的错误行为，用自然赋予的能力善待他们。他将这些思想运用到自己的执政与生活之中，一直广施仁政、广播仁德，并一心引导民众弃绝恶行、一心向善。

　　奥里略执政勤勉，以投身公共事业为乐。他经常出席元老院会议，每当选举之时常留至深夜，直到执政官宣布解散才离开；在观看竞技表演时仍听取或阅批文件，遭人嘲笑也毫不在意。他关注民生，仁慈施政，亲自赈济第伯河洪灾，援助被地震破坏或经济困难的城市，取消其贡品或赋税，倾力扶助罗马贫民，调配罗马的食物救济意大利饥荒，为财政枯竭的西班牙行省提供补助，甚至因一位绳索表演者摔倒而专门出台法令，规定要在所有绳舞者身下铺设软垫以防摔伤。在马克曼尼战争紧迫之时，他宁愿拍卖个人财产，也不愿增加行省税赋。他为人宽容，以德报怨，认为恶人、恶性之存在乃宇宙之必然，应坦然接受其存在，并以自然赋予的美德善待他们。因此，他不惩罚讥讽自己的滑稽剧作家马路鲁斯，不报复对自己傲慢无礼之徒，不批评同僚维鲁斯的满身恶习，不主张对罪犯施以重罚，不乐意见到有人被流放，甚至对反叛自己的卡西乌斯，他也礼葬其首级，赦免其亲友，并为其死亡深感惋惜。他极力倡导公平正义，高度重视行政管

---

　　① 马尔库斯·奥里略：《沉思录》，9，42。

理的公正性。他恢复古老的法律，启用熟悉法律的老臣斯凯沃拉，将法庭开庭日期写在日历上，一年排出230天进行申诉和判决，专门为意大利任命法官，并新设一名特别行政长官主管监护人财产问题，以加强对托管人的监督。他厉行节俭，反对奢靡，持续减少角斗士表演，削减免费戏剧表演经费，严控公共金库开支，并减少自己出行时的护卫数量，这在帝国元首中还是第一个。在自己以身作则的同时，他高度重视加强社会道德建设，以培养公民的善意，改良社会的风气。他阻止人们犯罪作恶，禁止恶意的虚假控诉和告密诽谤，授权地区、街区行政长官惩罚欺诈钱财的家伙，并禁止男女共同洗浴，以引导人们崇真向善。

> 人的生命期限是一个点，存在是流变的，感觉是模糊的，躯体是易朽的，命运难以预测，声望并不可靠，总之，属于躯体的一切仅溪流，属于灵魂的一切是梦幻，人生是战斗和客栈，身后名声会迅速被遗忘。唯有哲学能够指导人生，因为它可以保护内心之神不受侮辱，不被伤害，比愉快和痛苦更有力量，让人不会盲目行事、不作欺骗、不行伪饰、不随波逐流，接受命运，愉悦地等待死亡；一切符合自然，因而不会为恶。[1]

这是奥里略写于日耳曼战争前线的心灵独白，它集中地展现了奥里略对人生与命运的哲学思考，更充分展示了他对哲学的热爱与依赖。作为罗马帝国唯一的一位哲学家元首，奥里略一生热爱并执着于哲学研究，他从斯多葛派哲学中学到了公平、正义、仁爱、善良、简朴等高尚品德，并在自己的执政实践中一以贯之，在危机四伏的恶劣环境中维护了罗马帝国的安全与稳定，赢得了罗马人民的尊敬与爱戴，也树立了斯多葛派哲学的又一座独特的高峰。在去世一百多年后，他的雕像还被罗马人民供奉在神龛之中。在去世近两千年后，他的哲学思考录《沉思录》仍然为后世研习与推崇。他无愧为一位优秀的"哲学家国王"，抑或是"国王哲学家"。

---

[1] 马尔库斯·奥里略：《沉思录》，2，17。

三、"金嘴"狄奥

在公元1—2世纪罗马帝国著名的哲学家中，除了爱比克泰德和马尔库斯·奥里略之外，还有很多哲学家。他们因为秉持的哲学理念较为驳杂，并不严格属于某一特定的哲学学派，难以归类，致使其哲学家的身份未能得到应有的重视，但他们在罗马帝国哲学领域与政治舞台上发挥的重要作用，依然不可忽视。其中的代表，莫过于集诡辩家、演说家、历史学家和哲学家于一身、因能言善辩而获得"金嘴"美誉的狄奥（Dio Cocceianus Chrysostomus）。

狄奥（约公元40—120年）生于小亚比提尼亚行省的普鲁萨，家境殷实，在当地颇有势力。他自幼学习修辞学和雄辩术，掌握了高超的公共演说技巧，年轻时就在同胞面前发表演说。韦斯帕芗统治时期，狄奥来到罗马，很快因其出众的口才和诡辩术技艺声名鹊起，结识了大量高官显贵与社会名流，成为第二次诡辩学运动的领军人物之一。自公元1世纪起，诡辩学再度兴盛，在与哲学的较量中占据上风。推崇诡辩学的人认为，演说家才是最高贵的群体；演说的内容无关紧要，演说者所展示的修辞技巧才是关键。青年时代的狄奥信奉雄辩本身就是最崇高的事业。此时他反对哲学，并与著名的斯多葛哲学家、爱比克泰德的老师穆索尼乌斯（Musonius）论战。然而，他却逐渐被对方争取过来，渐渐抛弃诡辩学的理念，转而皈依哲学。

公元82年，刚刚步入中年不久的狄奥走到了人生的分水岭。因为直白地批评图密善，同时又与一些密谋反对元首的罗马上层人物关系密切，狄奥遭到了图密善的放逐，不得进入意大利和家乡比提尼亚。狄奥不能接触普鲁萨的家产，生活失去依靠。面对打击，狄奥称自己遵照德尔菲神谕的指示，换上粗陋的衣服，带上能磨炼自己的随身物，像乞丐一样四处流浪，靠替人耕地、给花园和浴室抬水等粗重卑贱的体力劳动维持生计。此时的狄奥实际上践行着犬儒主义的原则，过着赤贫的苦行生活。他在帝国东部的各个城市之间辗转，足迹远达黑海北岸的波利斯泰尼斯，进入过多瑙河畔维米那奇乌姆（Viminacium）的罗马军营，还曾与蛮族的盖塔人共同生活。所到之处，狄奥都受到了当地人的礼遇，并应其请求发表各种演说。面对人们有关善恶是非的询问，狄奥不得不认真思考这些问题以便作答。在这一过程中，他完成了从诡辩家向哲学家的转变，将教授哲学理念视为自身的职责与使命。[①]

狄奥与涅尔瓦是故交。当图密善被刺身亡、涅尔瓦被元老院推选为元首时，狄奥发挥自己在军中的影响力，劝说边境的军团支持涅尔瓦。随着涅尔瓦上台，他的流放也宣告结束。为感谢他的支持，涅尔瓦将自己姓氏中的科齐亚努斯赠予狄奥以示尊荣。下任元首图拉真同样十分赏识狄奥。狄奥曾当众向图拉真献上四篇王政演说，博得了对方的称赞；二人建立了深厚的友谊，在图拉真发动达西亚战争前，狄奥都一直陪在图拉真身边。回到比提尼亚后，狄奥继续活跃在当地的政治舞台上。家乡普鲁萨对他推崇有加，曾推选他担任执政官；比提尼亚的各个城市也纷纷抛来橄榄枝，邀请狄奥前来发表演说，对公共事务给出建议；多个城市授予他本城的公民权，更有甚者希望他能加入当地的参议会。狄奥也毫不惜力，继续以演说的方式，对各个城市给予忠告和劝诫，同时亲自承担一些美化城市的建设工程。他还利用自己与两位元首的私交，游走于罗马和小亚之间，为家乡的城市争取福利和特惠。面对比提尼亚总督朱理乌斯·巴苏斯（Julius Bassus）的暴政及其党羽的诬陷，狄奥勇敢地顶住压力，为自己辩护，并亲自前往罗马提出控诉，迫使巴苏斯遭到撤换，面临受贿指控。[②] 在小普林尼与图拉真的通信中，我们看到，狄奥雄心勃勃地计划翻新普鲁萨的残旧建筑，但因拆毁旧建筑和移动地标，被人指控为亵渎行为。小普林尼为此请示图拉真，后者为支持朋友，表示自己对这些控告不感兴趣，建议予以搁置。[③] 这是狄奥最后一次出现在我们的视野之中。

狄奥的著作可谓丰富。他曾著有一部盖塔人的历史，另外还有《宇宙是否会毁灭》、《赫拉克勒斯与柏拉图颂》、《致柏拉图，为荷马辩护》等哲学论著，可惜都已失传。现在冠以狄奥之名流传下来的著作，是 80 篇演说

---

① Dio Chrysostom, *In Athens, about his Banishment*. 9～13.
② Dio Chrysostom, *An Address of Friendship for his Native Land on its Proposing Honours for him*.
③ Pliny the Younger, *Letters and Panegyricus*, 81, 82.

辞（*Discourses*）。经近现代学者考证，其中两篇出自其学生法沃里乌斯（*Favorius*）之手，第18篇是写给一位高官（很可能是涅尔瓦）的书信，其余都是正式发表的演说或未公开发表的底稿。

这些演说并非全部属于哲学著作，有一部分是狄奥早年的诡辩学作品。当时的狄奥还未投身哲学的怀抱，精于操纵文字、肆意推论。譬如，他曾在《论法律》中歌颂法律能够"废除暴力，贬抑傲慢，斥责愚蠢，惩戒邪恶，救人于危难，为困惑迷茫之人指明责任"；但在另一篇《论习俗》中，便让风俗习惯取代了法律的位置，后者反而成为"以威吓与暴力维持控制权"、"创造奴隶政治"的不良之物。可见相对主义的诡辩术多么擅长轻车熟路地转变立场。不过，从这些诡辩学著作中，我们可以领略狄奥的高超技巧。篇幅最长、也最引人注目的诡辩演说，名为《论特洛伊未曾陷落》。狄奥敏锐地捕捉到荷马史诗中情节不合逻辑与常理、内容前后不一致的细节，声称荷马歪曲了特洛伊战争的真相，事实上，帕里斯和海伦的结合是特洛伊与斯巴达合法的政治联姻，希腊联军觊觎特洛伊的财富和势力才出兵侵略，僵持十年后终于败退。这篇演说论据翔实，论证严谨，以致后人在很长一段时间内，都无法断定这究竟是诡辩学的又一次噱头，还是一篇严肃的文艺批评与历史探究作品。

此外狄奥还留下了大量的市政演说。它们主要创作于狄奥的成年时期，其中最重要的都是他流放归来后所作。狄奥在各个希腊城市的剧场、广场或公民大会上发表演讲，对城市事务提出忠告与建议。演说涉及了希腊城市的政治问题与经济状况，为历史学家提供了宝贵的材料。其中最著名的要数《优卑亚演说》。狄奥讲述了自己在优卑亚附近遭遇海难、幸得一户猎人搭救的故事，称赞了猎人一家清贫却高尚的生活，呼吁城市考虑穷人的处境，为他们提供赖以谋生的工作，避免他们从事下贱的职业。演说反映了希腊城市的困境：贫富分化，两极对立，穷人无立锥之地，富人田连阡陌却无力耕种、导致大量土地荒芜，城中建筑破败凋敝。这些描写让历史学家得以了解这一时期的历史状况，并为罗马帝国衰亡原因的思考提供另一种视角。

狄奥演说的主体，同时也是最优秀的部分，还要数他的哲学文章。它们创作于狄奥流放期间和流放之后。对于自己真正献身的领域，狄奥的写作表现得驾轻就熟，形式或是散文或是对话，内容对神话与历史典故旁征博引，探讨并阐释哲学理念，尤以道德哲学论著为佳。严格来说，尽管其作品中不乏新颖之见，但总体而言，狄奥不算一位原创性很强的哲学家。他的观点主要来自柏拉图哲学、斯多葛哲学和犬儒主义，传承多于创新。狄奥一再谦虚地表示，他知道自己是多么无知，不敢过多讲述自己的话；但他认为，自己终身的事业就是向所有人宣扬这些理念，因此必须借助古代名哲的力量，而旧时的箴言绝不会像挥发的药一样失去效力。[①] 他推崇苏格拉底和第欧根尼，以演说为载体，效法自己所崇拜的前辈，教谕懵懂的大众，给人以醍醐灌顶的启迪，矢志不渝地坚持自己身为道德哲学家的使命。

面对诡辩学大行其道、排挤哲学的局面，狄奥推崇美德的重要性；哲学以追求美德为目标，其崇高地位也得以展现。狄奥表示，知识对于一个人的生活与工作发挥着重要作用。一个人在试图规避风险和达成某项目标时，如果仅仅依从观念和情感，缺乏对事物的透彻了解，不能依据理性作出判断，就终将一事无成。观念和情感变幻莫测，难以统一。不同人对快乐痛苦等情感的体验各不相同，人们对于万事万物的观念又迥然相异，因此依靠观念情感无法分辨好坏，进行取舍。所以，人们必须追求智慧，接受教育，在处理事务时，用知识取代懵懂的观念；掌握知识后，无论做什么——赛马、音乐、农艺、担任将军或其他官职——都将一帆风顺。[②]

然而，在一切知识中，有一种最为重要，占据统领性的位置，这就是明辨孰善孰恶、孰是孰非的知识，也就是明辨何为美德的知识。每个人都必须了解什么是正确的、什么是错误的，该做什么、不该做什么，这是生命中的头等大事。否则，再精湛的技艺也不会给人以任何益处。比如，著名的能工巧匠代达罗斯建造了克里特迷宫，却让自己的同胞成了米诺陶的盘中餐；这种置人于死地的建筑既无益处也不光彩，反而是耻辱；特洛伊造船匠为帕里斯建造了平稳的船只供其前往希腊，却成了灾祸的根源。当

---

① Dio Chrysostom, *In Athens*, *about his Banishment*. 14～15.
② "金嘴"狄奥：《论观念》。

人们看到优秀的骑士、舵手、测量员、文艺批评家或占星家行为不端时也不必惊讶，因为这些技艺的知识不能使人类的灵魂变得优秀，让灵魂远离错误。①

相反，哲学家虽然并非通才，对于善恶是非的认识却高人一筹。他们知道有所为有所不为，何为有利，比工匠技师更清楚应在何时何地行动，并明白什么样的目标是可能达成的。大多数人专注于实务，忽视了精神的宁静与进步，没能意识到美德才是幸福的基础，因而错失了真正的快乐。他们不考虑怎样成为一个克己、明智、正直的好人，学会自控、持家、治理城市，正确面对富有或贫穷，善待朋友和亲人，孝敬父母，诚心侍神，却忙于农艺、经商、军事、医务、木工、演奏、修鞋、摔跤和雄辩等技艺。这些技术一方面不能保障幸福；一方面也并非不可或缺，哪怕最基本的农艺也是如此。相反，追求美德，使灵魂变得理智，内心真诚向善，便能够成功处理自己和邻人的事务，也必将过上快乐的生活。② 任何人都需要智慧与美德的指导，因此，从这个角度上看，哲学家在一切事情上都会胜过他人。即便与同样出色的政治家相比，哲学家也有其优势。因为政治家考虑的是具体问题，无法事先予以思量，当做出决断的时刻来临时，常常也不比一般人知道得更多；而哲学家考虑的善恶是非问题，更抽象也更广泛，因此在处理之前就已经有了长时间的思考，需要时就可向其他人提出建议。③ 此外，哲学家的灵魂更为高洁；因为一旦献身哲学、学习哲学，人就不会舍弃崇高的追求、做出卑鄙可耻的举动，因为拒绝对恶的贪念，驱除灵魂对恶的欲望，正是哲学的本质。④ 所以，哲学是一门崇高的学问，哲学家是高尚而出色的人才。

狄奥并非是埋头于经卷中的书斋学者，从事哲学也不仅仅是为自己提供慰藉；他认为几乎所有人都是愚蠢的，不做该做的事，也不考虑如何摆脱困扰自己的罪恶与无知，过上更具美德、更为美好的生活，因此教谕世

---

① "金嘴"狄奥：《论哲学》、《论哲学家》。
② "金嘴"狄奥：《论美德》。
③ "金嘴"狄奥：《论战争与和平》。
④ "金嘴"狄奥：《论哲学》。

人成为狄奥的使命。他在演说中弘扬美德，推崇智慧，呼吁人们更多地重视灵魂的磨砺，不要贪图物质与享乐。狄奥的主要观点在于：只有智慧的人才是自由的，因为自由的本质实际上是明悉可以做什么、不该做什么，因此身陷囹圄、披枷戴镣的人也可以享有自由，头顶王冠的国王也可能身受奴役；[①] 只有智慧的人才能拥有幸福，因为智者明白什么是善，让其他一切事情从属于善，留意并遵从正确的导向，因为能获得成功与快乐；[②] 智慧的人能够坚强地面对痛苦和不幸，因为智者能看透这种命运的本质，认识到它无法回避，并发掘不幸中对人有利的一面，因而没必要为之感到焦虑或恐惧；[③] 等等。相反，追求财富、享乐、肉欲、声名和权势，往往会带给人可悲的下场。这种对比，集中体现在狄奥以第欧根尼为主题的作品之中。他描述了第欧根尼与波斯君主的生活状态；前者一贫如洗，但拥有智慧，品行刚毅、性格坚强，虽然无家可归、衣不蔽体、仅能以野果果腹，却依然逍遥自在；而波斯王尽管身为一国之君，却是最可悲的人，他坐拥财富却为贫穷担忧，害怕生病却沉迷于有害之物，虽有美食美酒却无法享受口腹之乐，既无法信任臣民又不敢相信侍卫，终日为死亡担惊受怕，永远无法解脱。[④]

　　狄奥在市政演说中也贯彻了道德哲学的原则。他对各个城市提出的建议与批评，无不以其道德观为出发点。他劝说罗德斯人不要拿旧有的雕像借花献佛，因为这种行为有悖虔诚与真诚，助长了亵渎与欺骗的恶劣品质；他斥责亚历山大里亚人热衷低俗的音乐和赛马，纵情于低贱的欲望，举止粗野、混乱失序，远离理性的教诲；他力主尼西亚与尼科米底亚、普鲁萨与阿帕米亚停止争端和内讧，宣扬和睦的好处与争斗的危害。《优卑亚演说》中淳朴高尚的猎人，也成为狄奥向世人推荐的典范与榜样。在狄奥的神学、美学和政治学思想中，也能发现道德哲学的印迹。人回馈神的最好供奉，便是自制与知识；[⑤] 男性之美应该是体现勇敢健硕的阳刚之美，而不

----

① "金嘴"狄奥：《论自由与奴役》、《论自由》。
② "金嘴"狄奥：《智慧之人幸福快乐》、《论快乐》。
③ "金嘴"狄奥：《论精神的痛苦与悲伤》与《迈兰科马斯Ⅱ》。
④ "金嘴"狄奥：《第欧根尼，论暴君》。
⑤ "金嘴"狄奥：《奥林匹亚演说，论人对神的第一印象》。

应有女人般的柔弱气质。① 狄奥孜孜不倦地向世人宣扬这些理念，指出人们的过错，展示更好的生活方式，所作所为如同一位现代的传教士。

除道德哲学外，狄奥的政治学思想也应得到关注。这不仅是因为他在此领域有独到之解，更是因为他教授的对象是当时权力最大、身份最显赫的人物——罗马元首图拉真。

狄奥在《波利斯泰尼斯演说》中阐述了斯多葛哲学宇宙城邦的理论。他说，"城邦（πολìs）"的定义，指的是一群"人"居住在同一个地方，依照法律施行管理。斯多葛哲学认为，宇宙也是一个城邦，无数的生物生活在世界上，按照自然法的原则，形成有序的体制。这种信条体现了人类与神明的和谐一致，并确定了理性是宇宙城邦中公民关系与正义的永恒基础。这座城邦天然由最智慧而高尚的王权统治，真正做到了依据法律、接受王的领导，处于完美无瑕的友善和谐状态之中。众神和人类之父宙斯就是那位天庭之王、万物之主。凡是具备理性与智慧的人，都能够分享宇宙城邦的法律与公民权。这种制度远比斯巴达模式优越，因为后者不许希洛特人成为公民，所以激起了他们的反抗。②

在图拉真面前，狄奥重申了这一观点。他将宇宙比作幸福与智慧的化身，在无穷无尽的圆周上飞速掠过，永不停息。它被幸运和强大的神意引导，已被预先安排下秩序，处在最正义完美的管辖之下。人类和它同族同源，因此人间的秩序正与宇宙相同，人类和宇宙接受同一种训令和法律，按照宇宙的模式组织自己的政体。这种政体天然是君主制；这是自然理性的结果，正如自然界中，畜群有一个头领，蜂群有一个蜂王。由国王领导臣民是众神的安排，因为最优秀的人要照料其余人，正如能工巧匠提携新手学徒，身强体壮之人保护老弱病残，足智多谋之士指导懵懂无知之人。国王领导臣民，有如将军领导士兵、灵魂领导身体、男人领导女人。国王的权力和地位来自宙斯，必须遵照宙斯的法律和训令，以公平正义的原则治理人民。③ 狄奥熟悉传统的三种政体模式及其蜕变模式，但独尊君主政

---

① "金嘴"狄奥：《论美》。
② "金嘴"狄奥：《波利斯泰尼斯演说》。
③ "金嘴"狄奥：《论王政Ⅲ》。

体，从宇宙秩序和自然法则中，为君主的权力与地位寻找合法依据。

尽管具备了君权神授的理论支撑，狄奥政治思想中的国王能否成为贤君明主，仍然依赖其个人的道德品行。此时狄奥的道德论得以再次施展。他认为，君主应该具备智慧、公正、克制与勇敢的美德——君主"对重大的事务做出决策，因此践行着最高的智慧；他高居法律之上，因此最为敏锐地关注公平正义；他有条件为所欲为，因此需要保持最严格的克制；世间万事的安全仰仗于他，因此必须具备最坚定的勇气。"① 优秀的国王敬畏神明、关心臣民、勇于承担责任、乐善好施、以战争维护和平、喜爱朋友和同伴。② 国王要提高警惕，不能沉溺于享乐，不能贪求财富，更不能迷恋声名与荣耀。③ 如果背离这些原则，对待臣民专横跋扈，违反自然的法则，沦为彻头彻尾的暴君，宙斯就会像牧人杀掉发狂的领头公牛一样，将不称职的君主罢免，将其打入耻辱的深渊。④ 狄奥亲身经历过图密善的暴政，对于图拉真的献词虽以称颂为主，但也多有这样的告诫和警示。

宇宙城邦及君权理论无疑是希腊化时代的产物，顺应地域帝国与希腊化君主兴起的潮流。而对于一统地中海的罗马帝国、万人之上的罗马元首，这种理论再次与时代特征契合。一语概之，狄奥的政治思想是在柏拉图哲学、斯多葛哲学与犬儒主义的基础上，结合亲身经历与当世局势，融会贯通后形成的一家之言。

狄奥的哲学论著，主题普遍严肃，主旨意在教谕，有时难免让人觉得有些枯燥沉闷。但他的文风朴素优雅，结合悬河之辩的口才与精湛的修辞技巧（虽然这很大程度上得益于他早年学习诡辩术的经历），对于听众仍然具备极强的吸引力。菲劳斯特拉图斯也承认，狄奥"在所有方面都卓尔不凡。他能以最高贵的方式表达最高贵的理念，因而被称为阿玛耳忒亚之角。虽然他经常批评那些淫乱的城市，但是他没有表现得尖锐和不雅，就像一名骑手以马缰而不是鞭子控制一头不易驯服的驽马。当他准备称赞管理良

①"金嘴"狄奥：《论王政Ⅲ》。
②"金嘴"狄奥：《论王政Ⅰ》。
③"金嘴"狄奥：《论王政Ⅳ》。
④"金嘴"狄奥：《论王政Ⅱ》。

好的城市时，看起来并没有恭维，相反是引导他们关注事实。""与他哲学相联系的特点不是庸俗或愤世嫉俗。虽然他的攻击很有力量，但却是受到控制的，就像为善意所调味。"① 狄奥所到之处都不乏争前恐后前来聆听教诲的听众。最突出的例子，就是波利斯泰尼斯人前一天还遭到了萨尔马提亚人的突然袭击，但为了听狄奥演说，竟然倾城而出，全副武装地聚拢到狄奥的身旁，只为听他讲授高雅的哲学。② 这些事实可以证明狄奥作为演说家和哲学家的地位。活跃时代稍晚于狄奥的琉善也称他是一位值得尊敬的哲学家。③

在诸多哲学流派中，斯多葛哲学无疑是最迎合罗马人秉性的学说，但对于一般人而言，其理论仍显得过于抽象费解、不切实际，因此，对于讲究务实的罗马人来说，比起深奥晦涩的哲思，狄奥的演说似乎更能引起他们的兴趣。④ 罗马人多次召唤并邀请狄奥前去演讲，狄奥也借机教育罗马人，鼓励他们恪守节欲、刚强与正义的美德，缔造真正伟大而牢固的帝国。在菲劳斯特拉图斯的记载中，我们看到，甚至在军队面前，狄奥的影响力也是惊人的。当图密善被刺杀后，还处于流放之中的狄奥目睹军队即将哗变，无法忍受混乱局面再度爆发，于是脱掉破衣烂衫，跳上祭坛的高处，以《荷马史诗》中奥德赛登台演讲的名句为开篇，发表演说。他让人们意识到，眼前这个人不是个乞丐，而是一位智者。他对暴君的指控充满启迪，极具气势，令士兵们相信，服从罗马人民的意志才是明智之举。同样，狄奥"的说服力是如此吸引人，甚至不通希腊文学的人也被他征服。一个例子便是，罗马元首图拉真请他一起乘坐凯旋游行的金色战车，并说道：'虽然我不懂你说的话，但我喜欢你如同喜欢我自己。'"⑤ 以上足以说明身为希腊哲学家的狄奥在罗马人中间的影响。

罗马帝国的政治体制从元首制过渡到君主制，思想观念领域也存在相

---

① Philostratus, *the lives of the sophists*. 1, 7.
② Dio Chrysostom, *Borysthenitic Discourse*, 15~16.
③ Lucian, *Peregrinus*.
④ Edmund, *Dio Chrysostom the Moral Philosopher*, *Greece&Rome*, Second Series, Vol. 30, No. 1 (Apr. 1983), p. 70.
⑤ Philostratus, *the lives of the sophists*. 1, 7.

应的渐变过程。在安敦尼王朝，罗马元首制迎来了全盛时期。帝国疆域辽阔、经济繁荣、天下太平，罗马政局稳定，元首继承制度健全、交接顺利，五贤帝礼敬元老院，少有违背共和原则的表现。小普林尼在《颂词》中热烈称赞图拉真是"最佳元首"，称他是罗马公民的同胞，而不是主人和暴君，在每个细节暗示元首的地位源于共和制度。同时代的狄奥却在演说中呈现了一副与罗马元老贵族截然不同的图景，罗马元首不再仅仅是共和国的领袖，俨然成为世界城邦的君主、主神在人间的代理。这种思想虽然脱胎于旧时的希腊化时代，却在当时显示出了超前性。这种近似一神论和君权神授的君主专制思想，在塞维鲁王朝及之后的各个元首身上间或体现。戴克里先建立多米尼特制（君主制），建立一整套专制王权的神化与礼仪系统，标志元首制的最终蜕变。狄奥的政治学理论，恰恰在两种制度之间架起了一道桥梁，更可视为罗马帝国"重心东移、思想先行"的具体表现。

四、哲学家琉善

琉善的生卒年不详，大概出生于公元115—125年，去世于180年前后，生活在图拉真晚期，经过哈德良和两安东尼统治阶段，很有可能活到了康茂德担任元首的时候。琉善的名字源自于拉丁语"Lucius"。他经常用希腊语拼法将之写成"Lycinos"。关于琉善的生平，少有资料记载。对于他的经历，我们主要依据其作品内容加以推断。

琉善出生在科马格涅（Commagene）的萨摩萨塔（Samosata），自称叙利亚人。这个地方现在是萨姆萨特（Samsat）或苏梅萨特（Sumaysat）的一个破败的村庄，但在图拉真晚期曾经是一个具有战略意义的城市。[①] 琉善只提到过一次家乡的名字。在《论撰史》中，琉善说萨摩萨塔是他的故乡，就坐落在幼发拉底河畔。此外，在《叙利亚女神》中，琉善自称是亚述人。在《双重起诉》中，他说自己是叙利亚修辞学家。[②]

关于琉善的家庭和早期成长经历，重要的根据来自于他自己的作品

---

① Barry Baldwin, *Studies in Lucian*, p. 12.

② Gilbert Cousin (1563), 转引自 Daniel Richter, "Lives and Afterlives of Lucian of Samosata", *Arion*, Third Series, Vol. 13, No. 1 (Spring-Summer, 2005), p. 76.

图7.4 建筑石柱

《梦》。《梦》主要讲述了年轻的琉善是如何选择职业的。琉善在作品中虚构了一个梦境来解释其选择文学的原因。这个梦是他在获得成功之后，向家乡父老发表演讲时编造的，目的是为了让年轻人选择更好的方向，潜心向学。

年轻的琉善成为一名诡辩家。通过琉善的作品《双重起诉》，我们可以推断他因讨厌学习雕刻技艺而离开家，心中并不清楚自己要去哪儿，应该做什么。这个时候"演说术"收留了他。琉善的早期职业生涯应该是在安条克（Antioch）和塔尔苏斯（Tarsus）度过的。[1] 他接下来开始旅行，曾到过马其顿、希腊和伊奥尼亚，然后渡过亚德里亚海前往意大利，到达高卢，并在那里名利双收。其作品《双重起诉》对这段经历有所反映。《斯基泰人》和《希罗多德》这两篇文章都证明了琉善在出名前到访过马其顿，向那里的居民宣传自己的作品。《泽莫纳克斯》《双重起诉》和《阿纳卡西斯》等作品以雅典为背景；《尼格里努斯》以罗马为背景，证明了琉善曾到过雅典和罗马。《就〈论在富豪家中的雇佣职位〉致歉》《梦》和《双重起诉》都提到了琉善在高卢赢得的名声和财富，说明他在高卢取得了巨大成功。

高卢之行后，琉善又回到了叙利亚。帕提亚战争在 161 年爆发。战争之初罗马失利，萨摩萨塔将首当其冲遭受战火的袭击。于是，在 161 年年底或 162 年，琉善返回萨摩萨塔接上家人，带领他们穿过卡帕多西亚（Cappadocia）到达黑海沿岸，其目的是让自己的亲人远离帕提亚战争的威胁。[2] 就这样，琉善在这个时间来到了阿波诺忒科斯（Abonuteichos）。然后，他从阿波诺忒科斯出发向西行，来到小亚西部或希腊。[3] 他很可能是此时在雅典成为了东征的维鲁斯元首的随行人员。[4] 琉善随维鲁斯来到安条克直到战争结束，在那里创作了《舞蹈》等作品。公元 165 年，帕提亚战争结束。琉善在战争结束前完成了《论撰史》。

---

① Barry Baldwin, *Studies in Lucian*, p. 9.

② 参见 Jaap-Jan Flinterman, "The Date of Lucian's Visit to Abonuteichos", *Zeitschrift für Papyrologie und Epigraphik*, Bd. 119（1997），p. 281。

③ Jaap-Jan Flinterman, "The Date of Lucian's Visit to Abonuteichos", *Zeitschrift für Papyrologie und Epigraphik*, Bd. 119（1997），p. 282.

④ C. P. Jones, *Culture and Society in Lucian*, p. 17.

步入中年后，琉善的事业开始出现转变。他放弃了作为法庭辩护者和诡辩家所追求的演说生涯，投身文学，特别是幽默对话。这个转变可以在其四十岁左右写成的作品《双重起诉》中找到证据。在此文中，琉善遭到两面夹击。修辞学家们谴责他放弃发表演讲和文章写作，转向了从柏拉图时代开始就致力于为哲学服务的对话。哲学家们则指责他没有按照传统的方法使用对话。琉善对这些指责均做出了回应。修辞学家的谴责说明中年的琉善已经转向讽刺文学。而他能够灵活地运用哲学对话，说明他此前受过哲学方面的训练。这一点也可以在其文章中找到依据。琉善在《钓鱼人》中借"自由谈"之口说自己在发现演说家的恶劣之处后，立即抛弃了演说，开始追求哲学。但是原本崇尚哲学的他，发现很多人表面上装作是哲学家，实际上却在生活中行为不检，于是决定用对话讽刺、揭露他们。由此可见，琉善经历了从修辞学转向哲学，又从哲学转向讽刺文学的变化。

琉善晚年在埃及担任官职，写下了《就〈论在富豪家中的雇佣职位〉致歉》。琉善写这部作品的原因是他在年轻时曾写过一篇名为《论在富豪家中的雇佣职位》的文章，花大力气批评了在罗马大贵族家中工作的文人。然而，琉善自己在多年后却进入罗马在埃及的行政部门任职，所以有人指责他虚伪，讽刺他为钱出卖自己。于是，他写下这篇《就〈论在富豪家中的雇佣职位〉致歉》回击批评他的人。这个时期的琉善已经步入老年。他此时在埃及负责的工作是："做诉讼案件的开庭和准备工作；记录所有语言和行为；在辩护人讲话时给予其引导；如实记录长官的决议，确保其准确、清晰，并将之放入公务档案中永久保存。"① 他在从事这些工作的时候得到的薪金也很高，并且对自己的工作倍感荣耀。关于琉善终老时的情况，学界目前尚无定论。有的说法是琉善在患有痛风后弃官重做修辞学老师。② 但克鲁瓦塞认为他卒于康茂德统治的晚期，或略早于192年，死时仍担任在埃及的公共职务。

琉善的一些代表作留存至今。他的作品全部是简短的小册子、对话、论文或故事。在目前流传下来的，冠以琉善之名的82篇文章中，有大概30

---

① Lucian，*Apology for the "Salaried Posts in Great Houses"*，12.
② 罗念生、陈洪文、王焕生、冯文华译：《琉善哲学文选》，译本序，第2页。

篇可能不是出于琉善之手，有大概 50 篇可以被视为真作。[①] 其中能够体现琉善哲学思想的作品有很多，例如，《尼格里努斯》、《泽莫纳克斯》、《摆渡》、《宙斯被盘问》、《宙斯唱悲剧》、《出售哲学》、《论祭祀》、《论葬礼》、《友谊》、《论宗派》和《犬儒主义者》，等等。

琉善是一名不可知论者，认为人类不可能通过哲学得到幸福。他在这方面的观点主要体现在《海尔摩提莫斯（或论宗派）》这篇文章中。第一，琉善提出哲学之路的终点是否是"幸福"无人知晓。第二，琉善指出，就算哲学的终点是幸福，人们也无法确定哪一条路可以通往幸福，因为每派哲学都声称自己走的是通往幸福的道路，让人无法做出抉择。这就意味着，人们要亲自经历过每一条哲学道路之后，才能做出判断。然而，一个凡人在有生之年，不可能研习并掌握那么多门哲学。而以小见大的方法，即通过部分研习来判断某派哲学道路是否正确，也是不可能的。因为学习哲学不同于品酒，喝上一口便知整桶酒的质量。哲学像装满了各种各样谷物的桶，不同的谷物各占一层。"你想来买一些谷物。他从放小麦的地方拿出少许小麦作为样品放到你手中让你检验。你能通过观察小麦说出豌豆是否纯净，小扁豆是否柔软，豆荚是不是空的吗？"[②] 琉善由此阐明，一个凡人想要通过自己的判断，选择正确的哲学道路是不可能的。第三，选择正确的哲学导师也是不可能完成的任务。倘若放弃道路的选择，而从选择导师入手，人们依然无法做出正确的判断。琉善笔下的吕奇努斯说："我亲爱的朋友，因为就算我们找到了一个人熟知验证的技巧，并且可以将其传授给他人，我想，我们也不能立即就相信他，而是要找到另外一个可以确定前者所言非虚的人。而就算我们找到了这个人，我们也无法确定这位裁决者就知道如何辨别这个人的判断是对是错。而对于此人，我想我们还得寻找另外一位裁决者。我们自己怎么知道如何选出能够判断哪派哲学最优的人呢？"[③] 这样的推衍是循环往复以至无穷的。因为人们可以找到的证据，全

---

① Alfred Croiset, Maurice Croiset, *An Abridged History of Greek Literature*, Translated by George F. Heffelbower, A. M., London: Macmillan Company, 1904, p. 520.

② Lucian, *Hermotimus*, 61.

③ Lucian, *Hermotimus*, 70.

部缺乏确定性，需要更深一层的证明。故而一切追寻哲学的努力又回到了原点，通过选择导师来选择道路的方法同样陷入了困境。琉善这篇文章论证了哲学的终点是不为人知，也根本无法知道的。

琉善的哲学，与同时代的其他哲学一样，重点专注于对伦理学的思考。琉善的伦理学思想，主要通过他对各种社会人物和现象的批判展现出来。他首先攻击了罗马人对奢靡生活的追求：讽刺他们对金钱华服和佳肴美馔的热爱，批评人们追逐奢侈品，享受仆人的服侍。琉善还攻击了当时罗马人的重殓厚葬，嘲笑世人用豪华的墓葬和奢华的葬礼对往生者过分祭奠。同时，他还尖锐地指出了当时贫富差距加大的问题。琉善对同时代的诸多哲学家持批判态度。在其作品中，2 世纪罗马帝国文人当中的虚伪、愚蠢者，无知、荒唐者，以及滥竽充数、野蛮粗鲁者，都无所遁逃，受到了犀利的讽刺。不过，他对少数其欣赏的人物却不吝美言。琉善十分钦佩哲学家尼格里努斯和泽莫纳克斯，并分别以此二人的名字为题写下了两篇文章歌颂他们的德行。此外，琉善在追随维鲁斯之后，为谋求自身更好的发展，写下了逢迎之文《舞蹈》《论肖像画》和《关于肖像画的辩护》。这些褒赏的文章，也在不同侧面反映了琉善的伦理学思想。琉善的批评和赞美，体现了他眼中的"美德"。事实上，琉善评判罗马社会人物和现象的标准，正符合了古希腊传统的四大美德：智慧、勇敢、节制、正义。①

在琉善看来，人间世事的根本特质是变化无常，因此快乐和痛苦都不会长久。"舞台"是他在讨论人间世事时极喜爱的喻体。琉善指出，在人生舞台上，剧情跌宕起伏，贫富贵贱变幻莫测；悲喜皆有时，最终俱消散。在《摆渡》中，僭主墨伽彭忒斯与克罗托之间的对话，说明了世间财富流转，从来就不真正属于任何人。人死后都要将这些东西交出，谁也带不走。琉善在《卡戎——观察者》里也表达了同样的观点。另外，在《船》中，琉善借吕奇努斯之口告诉世人，不论财富、地位，还是权力、荣誉，都无

---

① 参见张建民、冯国桢：《柏拉图"四德"说初探》，《青海师范大学学报（社会科学版）》，1986 年第 4 期，第 12 页；覃筱曼：《柏拉图的"四德说"和孟子的"四德说"之比较》，《广西师范大学学报（哲学社会科学版）》，1989 年第 1 期，第 14 页；樊浩：《"中国四德"与"希腊四德"——中西方道德价值体系的比较》，《学术研究》，1993 年第 4 期，第 57 页。

法抵挡时间的侵袭。

琉善认为，物质财富是痛苦的根源。他告诫人们，即便不择手段得到了财富，也不会享有真正的幸福，因为拥有得越多，就担忧得越多。琉善在《农神节》里就阐述了有钱人的忧虑。在《船》中，他也传达了类似的看法，即伴随权力而来的是无休止的辛劳和痛苦。总之，琉善认为财富给人带来的痛苦多于快乐。首先，财富会让人贪欲膨胀，彼此迫害，败坏道德；其次，获得财富后，人们会堕入奢华，道德沦丧；再次，在拥有财富的同时，人们会为焦虑和担忧所烦扰。因此，琉善认为只有一无所有的人才有可能免受痛苦。

琉善表示，贫富之人社会地位的不同，是穷人自己造成的。他指出穷人的艳羡是富人骄傲的原因。他认为富人的骄纵是穷人自轻的结果。没有了穷人的羡慕和谄媚，财富对于有钱人而言也就失去了意义。

琉善的伦理学在符合古希腊传统的四大美德的同时，对人类现实中的苦难有一种深沉的悲悯情怀，对社会的不公正有着强烈的不满。如果吸纳他的哲学，人们能够拥有更具判断力的清醒的头脑，更加理智地对待生活中的幸运与不幸。这种哲学，适用于无力改变现实世界的人们：不要为获得了幸福而感到快乐，因为幸运终将结束；不要为不幸而感到悲伤，因为不幸也会终结。这实际上是为了让人规避得而复失的幻灭感，以及求而不得的失落感。这种带有悲观色彩的豁达精神，引导人们不要对任何事物怀有深切的期盼。这样的观点对琉善的神学思想也必然有所影响。

关于琉善对神灵的看法，学者们说法不一。有的学者认为他是一个彻底的无神论者。[①] 有的则认为他相信有神灵存在，但神是全知全能的，不需要人祭祀，也不干涉人间事务。[②] 不管哪种观点正确，它们都说明了一个共同的问题，即琉善认为献祭和占卜之事是没有意义的。事实上，琉善通过

---

① 以法国学者马修·卡斯特（Marcel Caster）为代表。参见 Jan Bremmer and Andrew Erskine, *Lucian's Gods：Lucian's Understanding of the Divine*，"The Gods of Ancient Greece：Identities and Transformations"，Edinburgh Scholarship Online，2010，Sep-12，Page 1 of 15。

② 以英国学者简·布雷默（Jan Bremmer）和安德鲁·厄斯金（Andrew Erskine）为代表。参见 Jan Bremmer and Andrew Erskine, *Lucian's Gods：Lucian's Understanding of the Divine*，"The Gods of Ancient Greece：Identities and Transformations"，Edinburgh Scholarship Online，2010。

两种方法反驳了"神灵能够干涉人类"这一观点,推翻了祭祀的必要性。第一种方法是"用事实反驳",即列举现实中存在的"善无善报,恶无恶报"的社会现象,直接驳斥了神灵干预人类生活的说法。第二种方法是"用推理反驳"中的演绎反驳法。琉善从正反两个方面论证了神灵不干涉人类事务,祭祀没有必要。一方面,如果神灵是全知全能的,那么一切祭祀活动就都没有必要了;另一方面,如果神灵并非全知全能,他们又如何为人类解决一切问题?不仅如此,琉善还在很多作品中将神话故事作为素材,对神灵予以讽刺和批评,将原本高高在上的神灵拉下神坛。他对传统宗教的神灵调侃得太过分了,以至于法国学者马修·卡斯特认为他是一个无神论者。

琉善的美学观点,散落在其文章的各个角落。通过总结可以看到他的美学思想。琉善认为审美的客体对主体有影响。首先,美的事物对人有影响。琉善在《华堂颂》中从正反两方面进行论述。正方认为,华美的会堂会激发演讲者的灵感,使之发表激情四射的演说;反方认为,恰恰是会堂的华美,会影响演讲者的演说,因为观众们的眼睛受到美丽会堂的吸引会不由自主地分神。事实上,正反双方都论证了一个问题,即"美"对人是有影响的,只不过在不同对象身上产生的效果不同罢了。其次,琉善认为,美的事物对动物也有影响:"美丽的景色充满吸引力。这吸引力不仅会对人类发生作用。我想,就连马儿也愿意奔跑在柔软而有坡度的草原上。……要与草原的美丽一较高低……"[1] 琉善还主张人对美应有所回应:"如果一个有文化的人看到美好的东西,我相信他决不会满足于仅用双眼来收获那份美丽。他一定无法忍受只做一名沉默的观赏者,而是会竭尽所能流连在那里,用语言回馈眼前的美景。"[2] 此外,琉善还认为视觉对美的敏感高于听觉:"舌头的力量无法与眼睛的相抗衡"。[3]

琉善提出了判断人美丽与否的标准。他的标准分为外表和内在两方面。对于外表,琉善强调了线条、轮廓、色彩、衣着、气质和声音;对于内在,

---

[1]　Lucian，*The Hall*，10.

[2]　Lucian，*The Hall*，3.

[3]　Lucian，*The Hall*，18.

琉善认为首先演说的天赋和清亮的嗓音很重要；其次此人应有文化、睿智、宽容、仁慈、谦逊和敬神。琉善也提出了判断事物是否美的标准，即融合了艺术、工艺、优雅等要素的东西才是美的。同时，"适度"是美丽的重要因素，不论是比例的协调，还是装饰的多少。在《会堂》中辩论的正反两方都以女子为例进行论证。事实上，双方例子背后所阐释审美观点是一致的，即美要遵循"适度"的原则。琉善在评判舞蹈之美的时候，也强调了"适度"的重要性。不过，琉善对舞蹈之美，还有进一步的要求："舞蹈家要做到尽善尽美，以完全达到有节奏感、优雅、整齐、连贯、无懈可击、完美无瑕、毫无缺陷……"以上便是琉善的美学观点。琉善的美学观点在其文章中以依附的姿态出现，因此只有观察他在论证中如何利用各种"美"，才能总结他如何看待各种"美"。

琉善没有将自己划归到任何一个哲学流派。在他的作品中，犬儒学派、斯多葛派、亚里士多德学派、伊壁鸠鲁学派和柏拉图主义的哲学家都受到过批判。因此通过观察琉善对某个哲学家的态度，无法断定他对某个学派的态度，因为他讽刺的是具体事情，而不是某学派的理论。事实上，琉善的神学思想与伊壁鸠鲁学派的相似，其伦理学又与犬儒学派的相似。他的思想是对其他流派学说的扬弃，例如他欣赏犬儒主义的质朴、单纯，但反对其有悖伦理和哗众取宠的行为。正因为如此，他才被称为：在希腊天才几乎不再具有创新性的时期出现的，唯一具有独创思想的思想家。[1]

五、朱里阿努斯

弗拉维尤斯·克劳狄·朱里阿努斯（Flavius Claudius Julianus，公元331—363年）[2]是君士坦丁家族的最后一位男性继承人。公元361年，他成为罗马帝国的奥古斯都，旋即展开一场恢复异教（Pagan）的宗教改革。朱里阿努斯生活在基督教的影响力日趋上升的时代，他的宗教改革使他成为基督徒眼中的罪人，也被基督教神父们称为"叛教者"（Julian the

[1] Alfred Croiset, Maurice Croiset, *An Abridged History of Greek Literature*, p. 542.
[2] 此人是一位罗马皇帝。关于他的译名，有人按照拉丁文发音译作"尤利亚努斯"，也有人译作"尤利安"，"尤里安"，"朱里安"或者"朱利安"。在此按照英文发音译作"朱里阿努斯"。

Apostate)。值得注意的是，他本是一位颇有素养的哲学家，后来才成了"叛教"的君王，而他的宗教改革思想亦是发端于哲学。

想说清朱里阿努斯与哲学，乃至与异教信仰之间的渊源，则难免要回溯他的个人经历。

朱里阿努斯生于公元 331 年，而他的叔父君士坦丁大帝于六年后去世，围绕帝国继承权而展开的血腥杀戮也拉开了序幕。朱里阿努斯的大部分亲人都死于非命，他和兄长加鲁斯（Gallus）很偶然地幸免于难。

公元 353 年，朱里阿努斯的堂兄君士坦提乌斯二世（Constantius Ⅱ，公元 337—361 年）成为罗马帝国的奥古斯都，他也是朱里阿努斯兄弟的杀父仇人。新任奥古斯都生性多疑，害怕报复，长年对两兄弟施以严密监控，甚至将他们送往卡帕多西亚（Cappadocia）幽禁。[①] 与其父君士坦丁一样，君士坦提乌斯二世也信仰基督教。他安排朱里阿努斯接受严格的基督教教育，并授意教师们监视其言行。朱里阿努斯表面顺从，实际上却秘密地学习希腊文化，练就了扎实的文字功底，更熟读过柏拉图、苏格拉底和亚里士多德等哲学家的名作。

加鲁斯被擢升为"恺撒"之后，朱里阿努斯也在名义上获得许可，得以继续研习他最感兴趣的希腊哲学。在此期间，他已为新柏拉图主义哲学（Neo-Platonic philosophy）所吸引。与此同时，他还结识了扬布里克斯。此人是将东方幻术引入新柏拉图主义的第一人，也是新柏拉图主义叙利亚支派的创建者。朱里阿努斯正是通过这一支派感受到了异教的力量，并渴望以此入手，创立一种适应现实需要，但又不同于基督教的新宗教。如果说他以前只是由于不幸的经历而厌恶基督教，那么此时，他已在哲学的启发之下找到了可以为之奋斗的宗教理想，并由此与基督教信仰正式决裂。

朱里阿努斯的宗教抱负原本缺乏实施的条件，但他意外获得了施展抱负的机会。加鲁斯被君士坦提乌斯二世处死之后，他成为继任恺撒的唯一

---

① 关于朱里阿努斯被放逐到马色兰以前的活动范围，研究者们看法不一。有学者认为，在君士坦丁死后的混战时期，他生活在比提尼亚，由他的亲戚欧塞比乌斯主教和宦官玛尔多尼乌斯共同抚养，后随主教一同迁回君士坦丁堡，之后又被君士坦提乌斯二世送到马色兰。也有学者认为，朱里阿努斯早年随主教生活在尼科米底亚，后来迁回君士坦丁堡继续学业，此后有谣传说他日后必将主宰帝国，君士坦提乌斯二世为此大感不悦，于是令他返回尼科米底亚，并禁止他聆听当地异教学者讲学，之后才将他送往马色兰。

人选。受封之后，他奉命出征，取得一系列令人瞩目的战果，并于公元361年被发动兵变的军人拥立为奥古斯都。由于君士坦提乌斯二世暴卒，他兵不血刃就得到了帝国治权，也彻底结束了扮演基督教徒的生涯。

顺利入主君士坦丁堡（Constantinople）之后，朱里阿努斯着手进行宗教改革，着力恢复诸神在罗马人心目中的地位。公元363年，他在远征波斯的战役中负伤身亡，改革亦以失败告终。不过，据帝国末期最后一位古典史家阿米阿努斯记载，终其一生，朱里阿努斯都维持着哲学家的风范。他所钟爱的哲学告诉他，摆脱尘世的束缚就是灵魂的升华，而这种升华远胜于肉体的快乐。因此，他对死亡毫无畏惧，临终前还在营帐中与挚友探讨艰深的哲学问题。

朱里阿努斯一生勤勉，总是随身携带书籍并坚持写作。他的作品主要包括八篇演说辞，两篇讽刺文，一篇驳斥基督徒的长论文和七十余封书信。这位哲学家君王执政的时间只有短暂的十几个月，而今我们也只能从他对于希腊经典的繁复运用及其深奥晦涩的哲思中，解读他对于人生以及帝国前途的构想。

在加鲁斯丧命之前，朱里阿努斯显然与政治舞台无缘，而他本人似乎也对权力不感兴趣。从他流传于世的演说辞《致尤西比亚皇后》可以看出，他勉强接受"恺撒"的头衔，只是不想辜负皇后的一片好心。然而，无心权力之争并不意味着他不在意帝国的命运以及他本人可以对帝国前景发挥的作用。[1]

实际上，在前往高卢作战前后，朱里阿努斯对于如何担任统治者的问题已有深入思考。在担任恺撒期间，他曾写过两篇颂辞《致君士坦提乌斯》和《君士坦提乌斯的丰功伟绩》。第一篇演说辞先是称赞君士坦提乌斯的故乡、祖先、早年接受的教育、在战争以及和平时期的事迹，又将其描绘成柏拉图式的理想君王。第二篇演说辞的标题又可译为《君王的身份》，它是朱里阿努斯在高卢作战时完成的。在文中，他将君士坦提乌斯的成就与荷马式英雄的成就进行细致而牵强的类比，以证明这位奥古斯都的谋略胜过

---

[1]　G. W. Bowersock, *Julian the Apostate*, Cambridge, Massachusetts: Harvard University Press, 1978, p. 31. 鲍尔绍克在此处是引申了利巴尼乌斯的见解。

涅斯托耳（Nestor），辩才胜过奥德赛（Odysseus），勇气胜过赫克托耳（Hector），萨耳珀冬（Sarpendon）以及阿喀琉斯（Achilles）。

朱里阿努斯对他的堂兄又恨又怕，称颂并非出自真心，他只是以赞颂为名，阐述自己对于理想君王的认识。在他看来，理想君王首先应当接受体魄与心智的训练，达到强壮、健康、英武、勇敢、公正、睿智的目标。他必须忍受极少的睡眠以及非常有限的食物，而且这些都没有定量，也不按照有规律的时间供应。①道德课程对于培养理想君王也很必要，而且这种课程不得给予普通公民，因为君王理应比普通人更加优秀。在接受过恰当的教育和训练之后，理想君王应当节制，朴素，远离金钱纠纷，一心一意依靠思想和灵魂生活，而不是听从身体需要的摆布。②

入主君士坦丁堡之后，朱里阿努斯对于帝国前途的理想也更进一步，他在当年（公元361年）写作的《那些恺撒们》就是证明。在这篇讽刺文当中，朱里阿努斯虚构了一场诸神为罗马历任统治者安排的竞赛，并借众神之口嘲笑他们所谓"功绩"。在他笔下，君士坦丁大帝成了背弃罗马传统宗教，将基督教这个祸患引入帝国的罪魁祸首，而马尔库斯·奥里略（Marcus Aurelius）则是竞赛唯一的胜出者。当赫耳墨斯询问马尔库斯："你觉得什么是生活最高尚的目标？"他以一种低沉的声音谦虚地答道："去效仿神明。"他还进一步解释说："我要效仿神明的思想""效仿神明就是最少的需求，最多的行善"。③这即是朱里阿努斯更为成熟的理想。他一直向往成为希腊式的理想君王，这时他已找到效仿的目标，力图成为和马尔库斯·奥里略一般的异教君王，荡涤基督教带来的邪恶。

宗教改革是朱里阿努斯最重要的人生主题，而口诛笔伐，颠覆基督教存在的合理性，则是其中重要的一环。

基督徒一度被蔑称为"加利利人（Galilaeans）"。朱里阿努斯在其著述（即《反加利利人》）的开篇即使用了这一蔑称，以此强调基督教只是一种

---

① Julianius：*Panegyric in Honor of Constantius*. 13，Loeb Classical Library，Massachusetts：Harvard University Press，1998.

② Julianius：*The Heroic Deeds of Constantius*. Loeb Classical Library，Massachusetts：Harvard University Press.

③ Julianius：*The Caesars*. 29，Loeb Classical Library，Massachusetts：Harvard University Press，1998.

"地方信仰（local creed）"。接着，他还指出基督教根本不是犹太教的发展，并引述《旧约》的多个段落，以证明摩西的戒律是一直延续而未曾更改的。由此，朱里阿努斯将整部《新约》都变为基督教背叛犹太教的明证，他还据此指出，基督教不过是基督徒背叛犹太教，剽窃犹太教教义，并将各种捏造和歪理与之嫁接而成的邪恶力量。[①] 一种地方的信仰，一种根源于背叛最初教义的邪恶力量，根本就难登罗马帝国的大雅之堂。

不仅如此，朱里阿努斯还继续借用《圣经》（*Bible*）本身的内容嘲讽上帝。他写道，"原罪说"和"巴别塔"的传说（即上帝变乱人类语言的故事）只能证明，上帝不能容忍人类的智慧，更害怕人类的永生，是一位善妒又偏私的神明。所谓《创世记》（*Genesis*）也不可信，因为摩西（Mose）只能证明上帝是"已经存在的事物的处置者"，而不能证明他是真正的造物主。

在朱里阿努斯看来，人类生存于世的责任在于效仿伟大的神明，而伟大的神明代表善良、高尚以及美好。可是，如同上帝是这样一个善妒、偏私、能力有限的地方神明，根本不值得人类效仿。

在颠覆基督教理论基础的同时，朱里阿努斯还写过两篇演说辞，想以此确立一个新宗教体系的结构。这两篇作品是《赫利俄斯颂》（*Hymn to King Helios*）及《大母神颂》（*Hymn to The Mother of The Gods*）。关于朱里阿努斯想要效仿的神明是何真容，我们也可以在其中找到答案。

在《赫利俄斯颂》当中，朱里阿努斯系统地阐述了他对于"三重世界"的看法。他指出，人的眼睛所看到世界是"可见世界（the visible world）"，在它之上还有"智慧世界（intellectual world）"以及"可知世界（intelligible world）"。然而，他最关注的并非最高境界中的神明，而是可见世界和智慧世界之间的、具有"调和（mediate）"之力的神明。确切地说，就是太阳神赫利俄斯（Helios）。严格来说，赫利俄斯神属于东方，他是波斯（Persia）的太阳神，而波斯人称之为"密特拉神（Mithras）"。所谓"调和"作用也是源于波斯人的一个质朴信条："好的法则类似光明，恶的法则

① Julianius: *Against the Galiaeans*. 157, Loeb Classical Library, Massachusetts: Harvard University Press, 1998.

犹如黑暗，两者中间是密特拉神"。朱里阿努斯却对这位波斯神明产生了强烈的似曾相识之感。在幼年时期，他已对希腊史诗了如指掌，因此，他很快就在史诗找到了与他的宗教灵感相对应的神明。朱里阿努斯认为，这个具有巨大"调和"作用的东方神明，与他在《荷马史诗》与《神谱》中读到的赫利俄斯神相重合。赫西俄德所排的"神谱"可以证明他是希腊诸神的一员，荷马也曾提到，宙斯对他另眼相看，阿波罗仅仅与他比肩。这即是朱里阿努斯所推崇的第一个吸收了东方身份优势的希腊神明。

不过，朱里阿努斯想要对抗的是基督教一神崇拜，所以他的宗教体系之中也不会只有赫利俄斯一位神明。他在《大母神颂》之中还提到另一位女神。据他的解释，"强大的赫利俄斯，他与众神之母共享王位以及她所创造的一切，与她一同庇佑一切，离开了她，他就什么也做不成。"

朱里阿努斯所说的"大母神"，严格说来也是一位东方神明，她即是弗里吉亚的丰饶女神赛比利（Phrygian Cybele）。这位女神先是被一部分希腊人接受，之后传入罗马。以上所说的阿提斯是弗里吉亚的植物之神。阿提斯既是赛比利之子，又是她的爱人。他出生于河边，赛比利拯救了他。当他长大，生得英俊强壮，便得到赛比利的青睐。赛比利将重要的权力赋予他，使他也成为强大的神。然而，阿提斯是活跃的，他不听赛比利的忠告，总是降临人世，有时还掉入山洞，与仙女结合。赛比利派狮子追逐阿提斯，与仙女争夺。阿提斯虽然遭到阉割的惩罚，但他最终也得到谅解，能够重生并重回赛比利的身边。

以伦理观念衡量这个神话，赛比利与阿提斯之间的关系简直是非法的苟合，使人感到羞于谈起，其中血淋淋的残忍情节更让人毛骨悚然。但是，朱里阿努斯却毫不避讳地将这个神话引入了他自己的宗教体系，并赋予它新的含义。

在弗里吉亚，阿提斯的生死分别代表万物凋敝的冬天和大地回暖的春天，也就是与自然现象的循环相连。但在朱里阿努斯的"三重世界"中，阿提斯神原本属于较高的境界，他却不顾身份，执意要降到境界最低的"可见世界"。他的来回穿梭以及他对可见世界的作用，都代表变化。他自己的居无定所，是一种变化，而他对可见世界的作用主要体现为他可以主宰事物的兴衰与更替，这本身也是变化。至于他遭到刑罚，重回赛比利的身边，这代表"不变"战胜了"变化"。赛比利不仅战胜了多变的阿提斯，更抑制了"生殖（generation）"的力量，因而使得可见的世界也不变了。

这种特别的解读方式反映朱里阿努斯对于多元的、无限制的事物怀有恐惧。他所恐惧的正是罗马帝国的信仰之变，也就是基督教。他极力想要通过恢复过去的异教崇拜来抑制基督教的思想观念，换句话说，他想让人们的观念重回多神教兴盛的时代。他想用这则神话告诉人们，不要迷信上帝的力量，因为异教的神明才具有真正强大的力量，所以人要遵从而不可改变。

朱里阿努斯是一位哲人，他的宗教改革中少见血腥的迫害，总表现为言论上的评判，这显示出他深厚的希腊文化式功底和冷静的理性精神。然而，他用于推进宗教改革的心血之作在社会上却是反响平平。这是因为，希腊文化在当时的罗马社会中已逐渐归于贵族文化的范畴，了解希腊哲学的普通百姓甚少，这使得他们难于理解朱里阿努斯的批驳。他的反基督教言论更像是希腊式知识分子的一家之言，未能切中要害，自然也不会在教徒中掀起太大的波澜。

他的新宗教体系作为一种宗教理论的表达，也是先天不足。确切地说，宗教是不能发明的，也不可能由某一个人单独创造出来。因此，朱里阿努斯的宗教理论，从根本上说就是难以普及，而他的宗教改革也难有成功的希望。

朱里阿努斯的讽刺文《厌须者》（Misopogon，or Beard-Hater）涉及他与当地人的矛盾冲突，也可看作是其宗教改革失败的前奏。在远征波斯途中，他曾在安条克停留，希望在此实行恢复异教的改革措施，但当地人拒不接受。不仅如此，他们还对朱里阿努斯的希腊哲学家风范颇为反感，对他崇拜的柏拉图也极尽嘲笑之能事。安条克人用一首讽刺诗让朱里阿努斯自尊受挫，同时也觉悟到在这里复兴异教的希望很渺茫。他只得写下《厌须者》作为回应，并仓促收拾心情，继续远征波斯的计划，以证明自己有能力在诸神的庇佑之下恢复帝国的恢宏版图，却很快在战场上送了命。

朱里阿努斯在基督教迅速发展时期进行宗教改革，看似反潮流而行之，其本质上却是帝国剧变的产物，也是罗马君主对于帝国所需一神教的一次探索。

3 世纪危机之后，罗马帝国的传统宗教已随古典文化的没落而逐渐瓦解，帝国宗教观念更是向一神论转变，对于统一宗教的需求增强了。恩格斯曾深刻地分析出这种宗教统一的需要，他写道："罗马世界帝国使得旧有的民族没落了，有的民族的神就灭亡了，甚至罗马的那些仅仅适合于罗马城的狭小圈子的神也灭亡了；罗马曾企图除本地的神以外还承认和供奉一切多少受崇敬的异族的神，这种企图清楚地表现了有拿一种世界宗教来充实世界帝国的需要。"[①]

在朱里阿努斯之前，罗马君主的行为也充分反映出这种需要。马尔库斯·奥里略在全国范围内要求崇拜太阳神，实质上却是在统一新旧信仰的基础上要求敬拜，这或可视为罗马君主寻找统一宗教的首次尝试。君士坦丁大帝的宗教改革是探求一神教的再次尝试。朱里阿努斯实际上也在进行这种尝试。他只是没有选择上帝这个神明，在主观上对此也无明确的意识，而是沿着一神教的方向推行多神教改革。

朱里阿努斯自创的教义不能给人带来实惠，慰藉人们的痛苦，也不能让人随心所欲或宽容某些放纵的行为。他的宗教中没有快乐，只有节制；以贫穷为荣，以富裕为耻；不提倡喧哗，只重视独处；只有精神，没有肉体，哪怕在进食过程中都要尽量减少烹调，甚至要心怀喜悦地吃下生肉。他的宗教拥有异教的外观，其内里是将哲学家与基督徒的苦行相结合，因而使人生畏，无法得到认同。通过朱里阿努斯生造的宗教，人们更加体会到基督教带来的好处。在他的推动下，基督教发展的过程反而加速。自他去世后，罗马帝国再无大规模的反基督教事件，基督教地位日益稳固。

作为哲学家，朱里阿努斯与普通人格格不入，一生曲高和寡；作为君王，他穷尽精力，也未能成就一个"理想国"。然而，他的短暂统治，却让"哲学家治国"的希腊式理想在罗马帝国成为灵光一闪的现实。

---

① 《马克思恩格斯选集》，第 4 卷，北京：人民出版社，1995 年版，第 250～251 页。

第三节　艺术、史学与教育

一、罗马的建筑和造型艺术

罗马是一个酷爱建筑的民族，尤其是奥古斯都以后，由于大量的外敌已经不复存在，地中海世界基本上为罗马人所掌控，意大利以外的行省每年都要把相当于十分之一的收入交给罗马，作为贡赋。罗马意大利一时间成了最富裕的地区。为了充分展示罗马的实力，炫耀其国力的强盛，罗马人在建筑方面匠心独具，谱写了世界古代建筑史上的奇迹。

罗马的建筑艺术博大精深，内容丰富，常常以恢宏、大气和局部点的精细闻名于世。大约从公元前 1 世纪开始，政治家们就以各种建筑形式装点罗马，使其成为地中海世界最雄伟的城市，使其成为地中海世界人人向往但同时又不敢反抗的城市。庞培建造了第一座石造的大剧场。奥古斯都则自称他"所接受的罗马是一座砖瓦的城市，但留给后人的却是一座大理石城。"[①] 话中既包含着成功后的喜悦，也渗透着发自内心的自豪。苏埃托尼乌斯认为，在奥古斯都的努力下，罗马成了在人类理智所能预见的时间内最安全的一座城市。[②]

罗马城的大规模兴建开始于公元前 29 年，也即内战结束以后。奥古斯都首先修建的是恺撒神庙、奥古斯都凯旋门和奥古斯都广场。之后，奥古斯都除了修建马尔斯等神庙以外，还修建了许多新的公共建筑：公园、浴场、万神殿、陵墓等。据《奥古斯都自传》记载，仅在公元前 28 年，他在罗马城修复的神庙就有 82 座。其中以供奉朱庇特等神的万神殿最为著名。

万神殿原建于公元前 27 年，由阿格里巴具体负责修建，后经两次火灾。公元 126 年，元首哈德良下令按原型重新建设。万神殿采用了新的庙宇建筑形式，由两部分组成：一个门廊，一个园厅。门廊继承了传统希腊庙宇的样式，由 16 根柱子支撑。但万神殿的主体部分不是外形，而是内部

---

① 苏埃托尼乌斯：《圣奥古斯都传》，28。
② 苏埃托尼乌斯：《圣奥古斯都传》，28。

图7.5 罗马建筑遗址（一）

图 7.6　罗马万神殿

图7.7 罗马建筑遗址（二）

的园厅。园厅有一个高且直径均等于 43.3 米的大穹隆顶。殿内园厅由砖和混凝土作为主要原料，为罗马穹顶技术的最杰出作品。由于采用了穹顶结构，建筑内部的中心部位既不设神像，也不设支撑穹顶的立柱，采光依赖于通天的圆孔，阳光照入殿内，给人以特别宽畅、神圣之印象。大穹隆顶是哈德良元首非常喜欢的建筑形式。万神殿开创了神庙建筑之新风，是罗马胸怀与罗马技术高度统一的结晶和反映。

公元 1—2 世纪，帝国步入经济上的繁荣时期。公共建筑的建设再次进入高潮。凯旋门、军官纪功柱、宏大的会场、浴池、竞技场以及剧场等纷纷建造。公元 64 年，罗马发生大火。大火烧了 6 天 7 夜。"除了无数的房屋以外，至今仍装饰着敌人战利品的古代将军的住宅被化为灰烬。王政时期，以及后来布匿战争和高卢战争中许愿奉献的神庙也被烧毁。从古代一直保存至今的令人惊叹和具有纪念意义的所有文物皆被烧得一干二净。"① 罗马全城 14 个区中，有 3 个区被烧成一片空地，7 个区被烧得断壁残垣，只有 4 个区保存完好。② 大火以后，罗马重建。但这次不像被高卢人火烧后那样随意和凌乱，而是按照规划好的街道修建，留出宽阔的街道。建筑物的高度也有一定的限制，留出屋与屋之间的空地。为加固房屋，在楼前皆加筑柱廊。尼禄提出用自己的钱来承修这些柱廊，并允许把清理后的修建场地归还给原来的房主。他又按请求者的地位、财产分别制定奖励的办法，规定凡欲得奖者，必须在一定限期内将住宅或公寓修建完毕。他规定奥斯提亚沼泽地为堆积垃圾废弃物的地方，命令一切沿第伯河运粮至罗马的船只在顺水回航时一定要运走垃圾。"建筑物本身一律按特别的规定，用坚固的、耐火性能好的加比努斯石或阿尔巴努斯山的石材砌成，而不使用木质结构。"③

公元 68 年，尼禄政权被推翻。不久，罗马将军弗拉维建立了弗拉维王朝。在位期间，他开始兴建大圆形竞技场，时人称之为"哥罗赛姆（Colosseum，意为庞然大物）"。根据传统的说法，整座建筑使用 4 万奴隶，

① 苏埃托尼乌斯：《尼禄传》，38。
② 塔西佗：《编年史》，40。
③ 塔西佗：《编年史》，15，43。

图 7.8 罗马大、小拱门建筑

用了 8 年时间才将其最后建成。大竞技场呈椭圆形，最大直径为 188 米，高 48.5 米，场内最多时可容纳 8 万观众；圆形舞台长 85 米，宽 53 米，可以表演相当数量的角斗、兽斗比赛。主体结构分四层，主要由拱门结构相支撑。公元 80 年，提图斯元首正式宣布大竞技场落成，诸种仪式持续了整整 100 天。依据当时的记载，大约有 9000 头野生动物和 2000 名角斗士为此付出了生命的代价。大竞技场的落成，不仅使罗马城增添了新的景点，而且也给罗马带来了无上的荣光。当时的诗人马尔提阿利斯对这座建筑赞叹不已。他曾这样写道：

> 野蛮的孟菲斯人请不要吹嘘金字塔的奇迹，
> 亚述人也不要再费神夸耀巴比伦［的塞米拉米斯花园］，
> 温良的爱奥尼亚人更不必为特里维娅神庙而心高气傲。
> 多角的祭坛请隐匿于提洛斯，
> 卡利亚人请不要狂热地赞美高隆的陵墓。

图 7.9　罗马建筑圆柱遗迹

图7.10 大竞技场

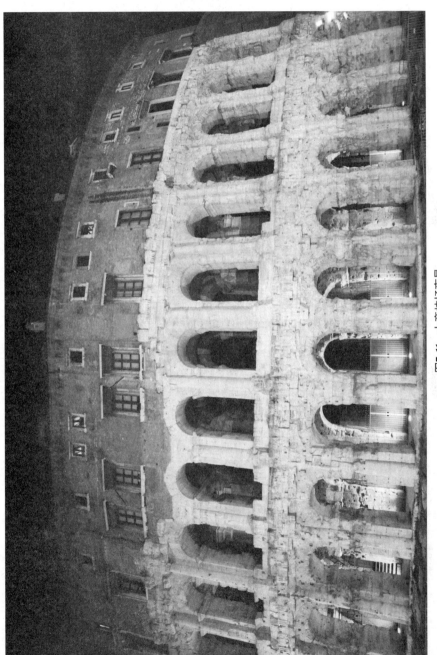

图7.11 大竞技场夜景

所有这些努力皆要降服于恺撒的大竞技场。

声誉美神将宣告这一奇迹会替代［你们所吹嘘的］所有建筑。①

大竞技场的建成，使罗马在建筑上有了象征帝国力量的庞大建筑物。这是罗马的骄傲，更是帝国的成就。

罗马人除了公共建筑以外，还投入了大量人力、物力修筑道路。以道路改善罗马的交通；以道路缩短各城市间的距离。意大利境内的"阿庇安大道"、"弗拉米尼乌斯大道"、"瓦莱利亚大道"等都是罗马人连接帝国四周的核心线路。这些道路以罗马为中心，把罗马世界的所有城市都连接起来，形成"条条道路通罗马"的壮景。这既反映了罗马交通的高度发达，又说明了罗马管理的有序、高效。

在城市建设方面，罗马人关注城市设计的全局性和整体性。他们既考虑到地面建筑，也考虑到道路的平整、用水的方便以及上下水道的通畅等等。这我们可从斯特拉波《地理学》对罗马城的描述中看得很清楚。他这样写道：

> 他们穿山越谷架设桥梁，修建了许多贯穿整个地区的大道，载重马车可以畅通无阻。下水道由打磨精细的石块砌成，顶部呈拱状，满载干草的马车可以顺利通行。大量的水通过沟渠输往城中，仿佛河流穿越城市和下水道一样。在城中，几乎每座住宅，都有蓄水池，给以水管和丰富的水源，尽管马尔库斯·阿格里巴也修建了许多其他建筑，装点城市，但他对供水系统最为关切。总之，早期的罗马人很少关注罗马城的美观，因为他们忙于其他更重大、更急需的事务。然而，后来的罗马人，特别是生活于现在，生活于我的时代的罗马人，在这方面也毫不落后——他们在城中到处修建优美的建筑。实际上，庞培，神圣恺撒，奥古斯都，他的儿子与朋友们，他的妻子和姊妹，在斥资热衷于营造建筑方面，是其他所有人无法企及的。马尔斯广场旁布满了他们所修的建筑。由于罗马人的远见卓识，马尔斯广场不但自然美

① 马尔提阿利斯：《演说辞》，1～3。

图 7.12 阿庇亚古道上的恺西利亚·梅特拉墓

观，而且还得到了进一步的装点。广场规模巨大，不仅战车竞赛和各种骑马训练，而且为数众多的群众可以同时在广场上打球，推铁环，摔跤，他们互不相扰。马尔斯广场周围布满了艺术品；草地终年绿草如茵；河畔小山的山冠，向河床延伸，仿佛一座绘画的舞台——所有这一切，构成了一幅美景，使你流连忘返。在这座广场附近，有另一座广场①。它由众多的柱廊环绕，圣地，三座剧院，一座圆形剧场，华贵的庙宇，彼此紧密相接，它们似乎在努力向你宣告，城市其余的部分仅仅是陪衬而已。因此，罗马人认为这里最为神圣，于是，把他们中最杰出男女的坟墓修建于此。其中，最著名的是陵墓。它是一个巨

① 根据 Hulsen（*Pauly-Wissowa*，*s. v.* "Agrippae campus"），斯特拉波指的是阿格里巴广场。

图 7.13　罗马道路

大的土堆，位于河畔高耸的白色大理石基座上，直至土堆顶部，都覆盖着浓郁的常青树。现在，它的顶部有一尊奥古斯都·恺撒的青铜雕像。在土堆之下，是他及他的亲属与挚友的坟墓。[①] 在土堆之后，有一块面积广大的圣地，其间有怡人的散步场所。在广场中央，白色大理石围墙环绕着火葬地，围墙由环形铁栅栏护卫；在围墙以内，种植着黑杨树。再者，如果前往旧广场，你会看到沿着它有一个个彼此相接的讲坛，长方形会堂和神庙；还会看到卡庇托尔神殿及其中的艺术品；同样能欣赏到帕拉丁山上的艺术品和李维娅的幽径。面对如此景象，你很容易会沉浸其中，忘记周围的一切。这就是罗马。[②]

很显然，在城市建设方面，罗马人与希腊人有着明显的不同。"如果希腊人是以追求最幸福之事（他们追求城市的景观之美，地理位置之优，港

①　陵墓中葬有许多哈德良时期的人物（公元138年）。见狄奥·卡西乌斯：《罗马史》，69，23。
②　斯特拉波：《地理学》，5，3。

图 7.14　罗马建筑遗址（三）

口和肥沃的土地）而著名的话，那么罗马人则在希腊人较少关注的地方（诸如道路与水渠建设，把城市的污水导入第伯河的下水道建设）见识独到。"[1] 罗马的建城理念可以明显地概括为两点：一是方便，一是安全，非常适用于建设面积较大的城市。

罗马人是伟大的管理者，同时也是伟大的建筑师。良好的管理为罗马的建筑师提供了空前的活动空间。他们的足迹遍及地中海世界的各个角落。新建的殖民地、城市无不打上他们的烙印。剧场、竞技场、神庙、引水道等皆因罗马人的成功而为各地接受；混凝土、拱顶技术也随着罗马人的成功而名扬四海。罗马的建筑师正改变着地中海地区居民的生活方式。

古罗马人非常关注造型艺术，这在人物的雕塑方面表现得十分明显。古罗马的雕塑艺术具有明显的政治意识，不纯粹是为了艺术而艺术。各种人物的头像比例适中，形象逼真，指向性意义明显。这里我们选择《奥古斯都的立像》、《马尔库斯·奥里略骑马像》和《图拉真纪功柱》三个作品

① 斯特拉波：《地理学》，5，3，8。

图7.15 一个罗马自由民家庭坟碑上的浮雕

来作具体的说明。

《奥古斯都立像》约完成于公元前 19 年。雕像中的奥古斯都身披甲胄，左手握着权杖，右手高举，右脚跨前一步，其气势完全与威武雄壮的统帅相吻合。奥古斯都的面部写实特征明显，表情威严，令人敬畏，与现实的 40 岁左右的奥古斯都的情况相吻合。他深沉远望的双目和自信坚定的神态，无形中给将士以必胜的信念。铠甲上装饰的浮雕，用帕提亚人向罗马交还军徽的近景凸显奥古斯都所独有的不战而屈人之兵的本领。[①] 雕像旁展示的骑在海豚背上的爱神像，更能衬托出奥古斯都的神力与伟大。《奥古斯都立像》的重点主要集中在正面。雕塑家用权杖、手势和双目的凝视雕出了奥古斯都的"权"与"威"，同时也用立像眼前的空间"引出"听命于奥古斯都的将士的"忠"与"勇"。把奥古斯都置于想象中的千军万马之间，这就是雕像设计的精妙之处。《奥古斯都立像》是古代罗马宫廷肖像的典范之作，在罗马艺术史上占有极高的地位。

《马尔库斯·奥里略骑马像》是古代罗马流传下来的唯一一尊青铜骑马像。它得以被奇迹般地保存下来，据说是因为在中世纪它一直被误认为是君士坦丁大帝像的缘故。[②] 《马尔库斯·奥里略骑马像》高 4.24 米，长 3.87 米，创作于公元 2 世纪中后期。雕像所塑造的是一位罗马统帅，一位长期奋斗在边境线上的罗马元首马尔库斯·奥里略阵前作动员时的情景。骑在马背上的马尔库斯·奥里略目光深邃，精神饱满。他手指前方，嘴巴略开，仿佛正在向出征的士兵作最后的动员。他的战马矫健剽悍、气势威武，使人有一种开赴战场时所表露出来的内在的紧迫感。这座雕像几乎把战前果断、敢负责任的马尔库斯·奥里略形象表达得淋漓尽致。

罗马人非常喜欢浮雕建筑物。浮雕的内容主要采自发生在罗马的重大事件。《图拉真纪功柱》是最具代表性的作品。图拉真是帝国少有的继承共和国开疆拓土传统的罗马元首。《图拉真纪功柱》大约建成于公元 114 年，

[①] 阿庇安认为奥古斯都对费边的格言牢记在心。这句格言是：只有在迫不得已的时候，才和绝顶的天才军事家作战。所以，奥古斯都一生宁可用计谋而不是用勇猛来战胜敌人。阿庇安：《汉尼拔战争》。

[②] 君士坦丁是第一位承认基督教合法地位的罗马统治者，也是第一位接受洗礼的基督徒，受到后世基督徒的尊敬。正因为如此，这座雕像才幸免于难。

图 7.16　大力士法尔内塞

图 7.17　奥古斯都立像

图 7.18　马尔库斯·奥里略青铜像

为歌颂图拉真战胜达西亚人的功业而建。《图拉真纪功柱》总高 35.27 米，由圆柱、底座和图拉真立像三部分组成。圆柱高 29.55 米，底径为 3.70 米，柱身由云日砌成，由连环式浮雕盘旋而上，底部有一块方形的基座。浮雕的总长度约 200 米，出现在浮雕上的人物约 2500 个。浮雕刻画了图拉真与达西亚人作战的情况，柱头上雕刻着图拉真的站立雕像。圆柱的内部是空的，有 185 级石阶，可以盘旋而上。柱的脚下安葬着图拉真夫妇的骨灰瓮。[1]《图拉真纪功柱》为人们提供了罗马独创的雕像题材，即把历史的内容以浮雕的形式表达出来。雕刻家用概念化的现实主义手法，把多瑙河的流水、罗马的军营、罗马军队和达西亚人的冲突，以及罗马人取得胜利的场面刻画得惟妙惟肖。以浮雕的形式来反映历史的内容并不是罗马人的创造，但用浮雕来展示某一历史事件的整体内容，其发明权应该属于罗马人。《图拉真纪功柱》是西方艺术瑰宝。它不但为后世研究罗马艺术提供了重要物证，而且也为历史学家、民族学家研究公元 1—2 世纪罗马的历史、军事和社会提供了极有价值的史料。

到了罗马帝国末叶，由于受罗马帝国政治、经济以及基督教的影响，古罗马的建筑和造型艺术融进了宗教方面的因素，古代鲜活的造型艺术逐渐被各种各样带有宗教色彩的神话、传说所替代。中世纪的艺术开始在罗马帝国的疆域内兴起。

二、帝国时期的罗马史学

帝国时期，罗马史学有了长足的发展，规模浩大的史学作品不断出现。西西里的狄奥多鲁斯、哈里卡纳苏斯的狄奥尼修斯、李维、塔西佗、普鲁塔克、阿庇安、苏埃托尼乌斯、狄奥·卡西乌斯、阿米阿努斯·马塞利努斯就是这方面的杰出代表。

1. 狄奥多鲁斯

狄奥多鲁斯，又称"西西里的狄奥多鲁斯"，出生于西西里的埃吉里乌姆。作为共和末、帝国初罗马著名的史学家，狄奥多鲁斯是典型的读万卷

---

[1]　到 16 世纪时，图拉真的雕像被换成使徒彼得的雕像。

图 7.19　图拉真纪功柱

书、行万里路式的学者。狄奥多鲁斯经过 30 多年的奋斗，最后写成 40 卷的《历史集成》。为写作此书，他历经艰险走访了亚细亚和欧罗巴的大部分地方，以尽可能亲身观察那些战略要地和其他地区；对希腊人和野蛮人自己记录的早期历史作了竭尽全力的研究；认真研读罗马城提供的、丰富完备的相关资料，深入了解与罗马帝国相关的事件。《历史集成》前 6 卷的内容主要包括特洛伊战争之前的历史事件和传说。其中，前 3 卷介绍野蛮人的历史，后 3 卷则专门讲述希腊人的过去。在随后的 16 卷中，作者描述了从特洛伊战争到亚历山大大帝之死期间的世界历史。之后的 23 卷则依次讲述了直至罗马人与高卢人之间的战争爆发之前的所有事件。全书涵盖了1038 年的世界历史。[①]

狄奥多鲁斯对于历史学可以说是情有独钟，对于历史学家贡献的评价更是发自肺腑。他在《历史集成》的第一句话就是"所有人都应对那些撰写世界历史的作家致以深深的谢忱。"[②] 因为他们凭一己之力赐福于整个人类社会。"他们提供了一所学校。读者可以不必昌险，从陈述各种事件的学校里，获取十分丰富的经验。虽然从各个个案的实践中获取的知识能让人辨明在每个特殊事件中的功用，但这都伴随着众多辛劳和风险。我们最机敏的英雄之所以遭巨大的不幸，其原因就在于他之前没有'见识过不少种族的城邦并了解他们的思想。'不过，通过历史研究获取的对别人兴衰荣辱的了解可以教育人们克服现实中的弊端。"[③]

狄奥多鲁斯高度评价历史学家的价值，认为他们"将全人类整理成同一个有序的整体。各个种族虽因姻缘关系相互连接，但正是为时空所隔。从这个角度而言，历史学家们又如同神灵的使者一般。因为只有神灵才使可见的星辰排列有序，才让人类的禀性有了共同的联系，不断地沿着他们的线路永恒前行，让所有事物按命运所指各得其所。历史学家也是如此，他们记载有人居住世界的共同事务，如同记载一个城邦的事情一样。他们

[①]　西西里的狄奥多鲁斯：《历史集成》，4。
[②]　西西里的狄奥多鲁斯：《历史集成》，1。
[③]　西西里的狄奥多鲁斯：《历史集成》，1。

把他们的作品成为一个记录往事的账本和储存相关知识的公共交易所。"①

通过历史学家之手，人们就能"以前车之鉴来防止自己的错误，仅借前人之成功便可有效应对当下的人生变故，而无须深察现实之行为，这是多么庆幸的事。"② 狄奥多鲁斯很自信地告诉大家："从历史之中获取的知识对于生活中所遇见的各种情况帮助极大。历史能使年轻人具有老年人的智慧，能使老年人在已有的基础上经验倍增，使一般的公民具备领袖的涵养，使领袖们为历史所赋予的不朽声誉而追求崇高的事业，使士兵为了牺牲后获取国家之赞誉而奋力保家，誓死卫国，使作恶多端的乱臣贼子因惧遭万年遗臭而摒弃行恶的邪念。"③

2. 哈里卡纳苏斯的狄奥尼修斯

哈里卡纳苏斯的狄奥尼修斯（约公元前 60—前 7 年之后）是另一位罗马史学家。他于公元前 30 年左右移居罗马，从事早期罗马历史的写作工作，耗时 22 年，写成一部 20 卷的希腊文巨著——《罗马古事记》。全书以罗马发展为主线，从神话时期一直写到第一次布匿战争。哈里卡纳苏斯的狄奥尼修斯在撰写罗马史时明确表示，他写《罗马古事记》的原则是：

> 我相信任何一个想使自己的作品流传千古、不随时间的流逝而消失，尤其是写历史作品的作家——在历史作品中，真实是最重要的，它是谨慎和智慧的源泉——首先，应当选择崇高、高尚且对读者帮助最大的主题。然后，小心谨慎地用合适的方式描述它们。④

狄奥尼修斯认为，他选择的主题是崇高、高尚并且对众人有用的。"关于这一点我认为没有必要进行长篇论述，因为只要稍有一些历史常识的人就能知晓。"⑤ 首先，因为其他的国家如亚述人、米底人、马其顿人无论在拥有最广阔的版图，还是最辉煌的成就方面都不会超过罗马人。"亚述人的国家非常古老，可以追溯到传说时代，但仅仅影响了亚洲的很小一个部分。

---

① 西西里的狄奥多鲁斯：《历史集成》，1。
② 西西里的狄奥多鲁斯：《历史集成》，1。
③ 西西里的狄奥多鲁斯：《历史集成》，1。
④ 哈里卡纳苏斯的狄奥尼修斯：《罗马古事记》，1，1。
⑤ 哈里卡纳苏斯的狄奥尼修斯：《罗马古事记》，2。

米底人，推翻了亚述人的统治，建立了疆域较为辽阔的国家，但其政权没有持续很久，在第四代时就被推翻了。波斯人，征服了米底人，最后成为整个亚洲的主人；但当他们进攻欧洲国家时，仅仅征服了为数不多的几个国家。他们的辉煌也没有超过两百年。"[1] 马其顿人打败了波斯人，他们的影响力超过了前代所有的国家，但是他们的繁荣并不长久，并最后为罗马所灭。其势力范围也并未覆盖所有的国家和海洋；因为它既没有征服利比亚，仅仅得到了希腊边境的一小部分，也没有征服整个欧洲，在欧洲北部他们的势力达到色雷斯，在欧洲西部到亚德里亚海。至于雅典人，仅仅在海岸地区统治了 68 年；伯罗奔尼撒半岛和希腊其他地区的主人斯巴达人，在希腊称霸的时间也只有 30 多年。惟有罗马控制了所能到达地区的所有人居城市，是每一片可通航海洋的主人，"她是第一个也是唯一使日出之地和日落之地成为疆域边界的国家。"而且，"其辉煌并非昙花一现，其存在时间也比前代任何一个国家都长得多。"[2] 其次，许多人不了解罗马的早期历史，有些还有错误的观念认为，罗马的建立者是一些无家可归的流浪人和野蛮人，其中有一些甚至是奴隶。他们征服世界的过程中，没有尊重神灵和正义，而只是凭借一些偶然的机会和命运的偏爱，命运不考虑其他人的感受就把最大的恩惠施予了那些最不配受到的人。第三，迄今为止，还没有一部用希腊文写成的关于罗马的精确的历史作品问世。这部书的出版可以弥补这一缺憾，让更多的希腊人了解罗马。狄奥尼修斯希望通过此书的写作，证明罗马的创立者是谁，罗马的习俗和制度如何？罗马成功的原因是什么？"读者能从我的著作中得知，罗马人是从怎样的起点发展起来的，建城之后他们很快就拥有了强者所拥有的优点——虔诚、正义、终生的自律、战争中的勇敢。这些优点，任何人，不管是希腊人还是野蛮人都不曾拥有过。"[3]

狄奥尼修斯严肃地告诉读者：他写作罗马早期的历史"不是没有经过

---

[1]　哈里卡纳苏斯的狄奥尼修斯：《罗马古事记》，2。
[2]　哈里卡纳苏斯的狄奥尼修斯：《罗马古事记》，3。
[3]　哈里卡纳苏斯的狄奥尼修斯：《罗马古事记》，5。

考虑和预先构思的，而是深思熟虑"的结果，① 是不断向"最有学问的人学习"的结果，是刻苦研读前代罗马作家作品的结果。② 因此，他的作品不但在希腊而且在罗马都很有影响。

3. 李维

提图斯·李维（公元前 59 年—公元 17 年）是罗马奥古斯都时期最伟大的历史学家。他出生于意大利北部地区，青年时在家乡度过，受过良好的教育，公元前 29 年来到罗马。此后，一直在这儿生活、工作达 40 余年。《建城以来书》，又称《罗马史》，是其留给后人的典范之作。

《建城以来书》起自传说中的罗马建城之年（约公元前 753 年），止于公元前 9 年，上下约 744 年。第 1～5 卷，从埃尼阿斯神话故事开始到公元前 390 年高卢人攻占罗马；第 6～15 卷，至罗马征服意大利；第 16～30 卷，至公元前 219 年；第 31～45 卷，至公元前 168 年第三次马其顿战争结束；第 46～70 卷，至公元前 90 年同盟战争开始；第 71～80 卷，至公元前 86 年马略去世；第 81～90 卷，至公元前 78 年苏拉去世；第 91～103 卷，至公元前 62 年庞培凯旋；第 104～108 卷，至恺撒与庞培间的内战开始；第 109～116 卷，至恺撒去世；第 117～133 卷，至公元前 31 年亚克兴之战；第 134～142 卷，至公元前 9 年德鲁苏斯之死。全书可能计划写到奥古斯都逝世，但未完成。全书共 142 卷，保存至今的只有 35 卷。

李维对自己的成就始终保持低调。他在《罗马史》序言的开头就十分谦逊地提到："我不太清楚，我详述了罗马民族自建城以来的事迹，是否算得上是做了一件有价值的事。即使知道，我也不敢妄说。因为我深知，这是一个众人皆知的陈旧话题。历史学界的新人总是相信或在史实上能提供更可靠的素材，或自信在写作风格上远胜文风粗糙的前辈。但就我而言，能亲自思考、追述地球上最杰出民族的业绩就已经值得欣慰了。"李维认为潜心追忆古代的峥嵘岁月，可以避开我们这一时代司空见惯的弊病；排除所有的烦恼。关于建城以前的传说以及关于创建罗马城的传说都充满了诗意的神话。李维认为：

---

① 哈里卡纳苏斯的狄奥尼修斯：《罗马古事记》，4。
② 哈里卡纳苏斯的狄奥尼修斯：《罗马古事记》，7。

　　它们不是建立在可靠的史料之上的。因此，我建议不必肯定它们，也不必反驳它们。通过神人共造可以使城市的创建更神圣，这是赐予古代的特权；而且，如果可以允许哪个民族能把自己的起源神圣化，并称他们的缔造者为神灵的话，那么有着如此军事声威的罗马人民理当首获这一殊荣。既然罗马人民宣称他们和他们的缔造者之父是无所不能的马尔斯，那么，所有民族皆应怀着认同罗马统治的同样心情顺从此种说法。①

　　李维希望读者关注两大问题：第一，以往曾有过什么样的生活、什么样的世风，是什么样的人和什么样的方法支撑起和平和战争时期帝国的治权，并将其拓展扩大。第二，随着纪律的逐渐松弛，世风是如何始由缓慢下沉，到急转直下，最后堕入彻底崩溃，以致一直延续至今的。李维认为：当我们既不能忍受自己的病痛，也不能忍受为消除病痛而采取的解救措施的时候，"研究往事就有特别的益处和特别的功效。因为从录于珍贵碑文的历史档案中可以看到各种范例。你可以从中为自己和自己的国家选择能够模仿的榜样，也可以从中察觉到源自始点的失误和结局的羞辱，并竭力戒除之。"很显然，李维的作品是要为民众服务的。奥古斯都曾认真读过李维的著作，认为李维对庞培评价太高。②昆体良把他与希罗多德相比，认为李维的作品叙述迷人、透彻，演说雄辩，情感刻画动人，没有历史学家能达到像他那样的完美。③小普林尼曾在信中提到：有一位从西班牙卡迪斯来的读者，他对李维的大名十分敬仰，从世界的角落赶来，只为看他一眼，然后就回去。④这说明李维的作品在古代就很受欢迎。

　　4. 狄奥·卡西乌斯

　　狄奥·卡西乌斯（公元150—235年）生于小亚比提尼亚的尼西亚，为

①　李维：《罗马史》，序言。
②　塔西佗：《编年史》，4，34。
③　昆体良：《演说术原理》，10，1，101。
④　小普林尼：《书信集》，2，3，8。

"金嘴"狄奥的外甥，是罗马史上最后一位在通史写作方面取得重大成就的历史学家。公元 180 年来到罗马，属于罗马元老，曾担任过行政长官、执政官等职，出任过阿非利加、达尔马提亚、上潘诺尼亚等行省的总督。著有 80 卷用希腊文写成的《罗马史》。《罗马史》从埃尼阿斯开始一直写到作者生活的时代，历时一千余年。保存完好的有第 36～60 卷，其余各卷仅有片断保存。

狄奥·卡西乌斯的《罗马史》可以分为三个阶段。第一阶段为罗马城建立到亚克兴之役；第二个阶段为亚克兴之役到马尔库斯·奥里略之死；第三阶段为马尔库斯·奥里略之死至亚历山大·塞维鲁时代。第一阶段写的是罗马民族发展、壮大的历史，材料主要依靠留下来的文献和著作；亚克兴战役（公元前 31 年）的结束标志着罗马历史进入了第二阶段。狄奥·卡西乌斯开始从世界史的角度来书写罗马历史。他对历史的撰述方法也有了新的变化。

"尽管如此，在这个时期以后发生的事件不能像以前的事件那样记述。我们知道，在过去，一切事情纵然发生在遥远的地方，也必须向元老院和人民汇报；因此，所有的人都知道这些事情，而且有很多人作了记载。结果，关于这些事情的真相，某些作家的撰述无论因为作者的恐惧或偏袒、友谊或仇视而使作品受到多大影响，总是可以在记述同样事件的其他作品中或在官方记录中找到某些对证。但在这个时期以后，对发生的事情大部分开始保密或隐瞒，纵或有些事情偶然暴露出来，也没人相信，因为这些事无法证实。这是因为，不论谁说什么、写什么，人们都认为这都是以当时的当权派和他们的伙伴的意愿为转移的。结果，许多从未发生过的事情却在外边街谈巷议，而许多确实发生过的事情，反而无人知晓，而且几乎每件事情，总有一种与真相不符的说法盛行。更何况，单就帝国的庞大和发生的事情的众多而论，就使记述这些事情的准确性成为最大难题了。例如，单在罗马就有很多事情正在发生，在各属地也在出现，在敌人那里，事实上经常、甚至每一天都在出事，关于这些事情，除了局中人以外，谁都不容易了解事实真相。因此，在我叙述这些后期事件时，只要它们值得一提，我所做记载都是根据业已公开的报道，不管它是否与真实情况相符。

但是，除了这些报道之外，如果我能够的话，我将根据我所阅读的材料、听到的传闻以及个人目睹的事情收集的大量证据，做出和普通报道不同的判断，说出我自己的意见。"[①] 第三阶段也就是狄奥·卡西乌斯能亲自见到的历史，属于当代史的范围。这个阶段是罗马由黄金帝国降至一个衰落的时期，因为事态毁掉了那时的罗马人。[②] 狄奥·卡西乌斯所使用的方法也从依赖别人的文献变成了亲自的观察，即"我叙述这些及以下的事实，不是根据其他人的叙述，只是以我自己的观点。"[③]

狄奥·卡西乌斯的《罗马史》材料丰富，方法精到，思想深刻，视角独特，为我们提供了极其珍贵的文献资料和丰富的史学思想。

罗马人在文学艺术方面不及希腊人，但在史学方面却名家迭出，体裁多样。公元前 1 世纪那波斯开创的传记体，到帝国时期有了很大的发展。奥古斯都自己还写了自传。公元 1555 年，《奥古斯都自传》的拉丁原文和希腊语译文被学者在小亚的安齐拉城（现在土耳其的安卡拉）的一座罗马女神和奥古斯都庙中发现。铭文几乎保存完好，被誉为"拉丁铭文的女皇"。

《奥古斯都自传》是奥古斯都 76 岁时写成的作品，也可以看作是他对自己一生的评价。全文共 35 段，主要写了以下几方面的内容：（1）他走上政坛后所就任的各种官职和取得的各种荣誉；（2）他为罗马和罗马公民创造的各种条件和机会；（3）他在战时及和平时期所取得的重大成就。为元首自己立传，在罗马历史上并不多见。但这一自传也有其自身的局限。这就是奥古斯都只看到了眼前的成绩，而没有看到他所建立的制度对帝国和后世的影响。

5. 普鲁塔克和苏埃托尼乌斯

普鲁塔克和苏埃托尼乌斯是继那波斯以后最伟大的两位传记史家。普鲁塔克（约公元 46—126 年），希腊喀罗尼亚人。据说，他曾任图拉真和哈德良元首的老师。他的作品有：《希腊罗马名人传》（又称《传记集》）和

---

① 狄奥·卡西乌斯：《罗马史》，53，19，见 J. W. 汤普森著：《历史著作史》，第一分册，上卷，北京：商务印书馆，1988 年版，第 171 页。
② 狄奥·卡西乌斯：《罗马史》，72。
③ 狄奥·卡西乌斯：《罗马史》，73。

《道德论集》，前者现存 50 篇，有政治家、军事家等杰出人物，其中 46 篇是希腊、罗马名人的平行传记，另有 4 篇是单独的传记。后者有约 60 篇的文章，其中著名的有：《论儿童教育》、《论苏格拉底的天才》、《论罗马人的命运》、《论心灵的安静》等。在《传记集》中，普鲁塔克坦言："我写的不是历史，而是传记。"因为历史需要真实的事实，需要众多的资料。"如果一个人凭借阅读材料来编写历史，而材料又不在手边，甚至国内也找不到，大部分都在外国，并且分散在不同的藏书家手里，那么对他来说，首先必须做到的第一件事，就是住在一个爱好文艺、人口众多的著名城市里，以便大量搜集各种各样的书籍，并通过传闻和探问获得那些被作家们遗漏了而在人们的记忆中更忠实地保存下来的细节。这样，他发表的史书才不至于缺少大量事实，特别是那些必须记载的事实。"① 而他的名人传所追求的目标则是杰出人物的道德与灵魂。他一再强调：最辉煌的业绩不一定总能表达人们的美德或恶行，而往往一件不太重要的事情，一句笑话或片言短语，却比成千上万人阵亡的战役、最大规模的两军对垒，或著名的围城攻防战，更能清楚地显示人物的性格和习性。因此，正如画家通过最能表现人物性格的面部表情和眼神，就能画出逼真的肖像，而无须对人体的其他部分多加注意一样，他也请读者允许他能专心致力于人物灵魂特征及其表现的刻画，并借此来描绘每个人的生平事迹。至于他们的赫赫战功以及政绩则期待让别人去撰写。② 写出杰出人物的心灵一直是普鲁塔克名人传的重要特色。普鲁塔克的另一部《道德论集》对个人和社会的道德要求多有规定，并提出建议，希望多感谢生命，感谢生命的恩赐。他这样写道："因此，哪怕是最习以为常之事我们也不应忽略，我们也应重视。我们应对生命、健康以及所见的阳光心怀感激。我们感谢我们的世界既没有战争也没有派系之争；我们有可耕之地和风平浪静的海洋可供航行；我们可以自由讲话、行事，既可沉默不言也可赋闲在家，一切都由自己选择定夺。所有这些对于心绪的宁静影响很大，想想没有它们会怎么样吧。我们应时常提

---

① 普鲁塔克：《德摩斯提尼传》，2，译文见《希腊罗马名人传》，北京：商务印书馆，1990 年版，第 10 页。

② 普鲁塔克：《亚历山大传》，1。

醒自己，健康对于病人来说，是多么的可贵；和平对于处于乱世的人来说，是多么让人向往；获取声誉和朋友对于生活在大城市中的陌生外来者而言，是多么的令人期待；一个曾经拥有一切的人，当其失去这一切的时候该有多么痛苦啊。"[1] 他建议人们应该对现有的东西小心呵护，以满足、愉悦自己，这样才能承受丧物之痛，万一不幸失之，痛苦也会有所缓和。普鲁塔克认为：对于理智健全之人而言，每天都同样灿烂辉煌。宇宙是最神圣的庙宇，也是最具价值的上主。人类出生作为旁观者进入这个宇宙，他的存在，并不是用人工雕成的毫无动作的石像，他具有神圣的心灵。神圣的心灵可以感知生命的初始和生命的运动，感知太阳、月亮和星辰，感知不断涌出清泉的河流，还有那为动植物提供养分的土壤。因为生命是万物中最完美的部分。所以，理应充满宁静与愉快。[2] 普鲁塔克的《道德论集》虽然没有《名人传》那样有名，但它确实是一部很好的伦理学作品。

苏埃托尼乌斯（公元 77？—160 年）是罗马历史上另一位重要的历史学家，以书写传记见长。他出身于家境富裕的骑士家庭，从小受过很好的教育，曾任哈德良元首的侍从秘书、秘书长。有关苏埃托尼乌斯的相关资料保留很少，我们只能从小普林尼的书信中看到，他与小普林尼是很好的朋友。据说，苏埃托尼乌斯一生，著述较多，其中流传至今的主要有《十二恺撒传》。此书从恺撒写起，一直写到图密善，一共写了 12 位元首。《十二恺撒传》的内容显然比普鲁塔克的《名人传》要丰富，这与苏埃托尼乌斯所选择的书写对象有密切的关系。因为元首都是终身职，可记录的东西很多。从保留下来的作品看，苏埃托尼乌斯的文笔优雅生动，叙事按时间顺序有序展开，文章是非分明，褒贬明确，凡值得敬重者，皆在其名字前加上"圣"字。作品出版后，深受罗马民众的欢迎。

《六家撰诸奥古斯都传》是苏埃托尼乌斯的模仿之作。其作者是生活在戴克里先和君士坦丁时期的埃里乌斯·斯巴尔提阿努斯（Aelius Spartianus）、朱理乌斯·卡庇托里努斯（Julius Capitolinus）、埃里乌斯·拉姆帕里狄乌斯（Aelius Lampridius）、伍尔卡奇乌斯·卡利迦努斯

---

[1] 普鲁塔克：《论心灵的安静》，9。
[2] 普鲁塔克：《论心灵的安静》，20。

(Vulcacius Gallicanus)、特列贝利乌斯·波利奥（Trebellius Pollio）和弗拉维·伏庇斯库斯（Flavius Vopiscus）。《六家撰诸奥古斯都传》主要包括：哈德良至戴克里先以前的所有元首的传略，尽管风格平淡，编制粗糙，缺乏批判精神，但此书确实保存了许多有关公元 3 世纪罗马帝国的情况，有重要的史料价值。

6. 阿庇安

阿庇安（约公元 95—165 年）为帝国早期的历史学家。他用纪事本末体书写了一部二十四卷的《罗马史》，在罗马史学史上占有重要的地位。阿庇安为亚历山大里亚人。他自称：在他的本国，他已经取得了最高的地位。在罗马，他已经做了御审案件的检察官，直到元首们认为他有资格受命做他们行省的总督。[①] 根据阿庇安的设计，前三卷叙述的是罗马人在意大利的成就。它们构成了意大利的罗马史。其余诸卷按其内容，分别被命名为《克尔特史》、《西西里史》、《西班牙史》、《汉尼拔战争史》、《迦太基史》、《马其顿史》，等等。阿庇安认为："在所有的战争中，对罗马人说来，灾祸最深的是国内的暴动和内战。"[②] 因此，他在书写时，主要以当事的统帅命名，如《马略与苏拉的战争》、《庞培与恺撒的战争》、《安东尼与第二恺撒·奥古斯都反对杀害第一恺撒的阴谋者的战争》和《安东尼与奥古斯都的战争》。在这些内战的最后一次战争结束之后，埃及并入罗马统治之下。《罗马史》的最后一卷要说明的是阿庇安生活的时代罗马人的军事力量、他们从各行省所征收的税收以及他们为海军所耗费的费用和其他类似的事情。

与其他罗马史家相比，阿庇安更重视罗马帝国疆域的广阔，更重视罗马帝国统治的长久，更关注罗马强大的原因。他认为："由于谨慎和幸运，罗马人的帝国达到伟大而持久的地位；当取得这个地位的时候，在勇敢、忍耐和艰苦奋斗方面，他们超过了所有其他的民族。在他们牢稳地巩固他们的势力之前，他们绝对不因为胜利而骄傲，虽然他们有时候，在单独一天内丧失了二万人，在另一次丧失了四万人，又一次丧失了五万人，虽然罗马城本身常在危急之中，他们也绝对不因为不幸而沮丧。饥馑、时常发

---

① 阿庇安：《罗马史》，序言，15。
② 阿庇安：《罗马史》，序言，14。

生的瘟疫、人民暴动，甚至所有这些事情同时发生，都不能挫折他们的热忱；直到经过七百年胜负不能预测的斗争和危险，最后他们才达成现在的伟大，取得现在的繁荣，作为老谋深算的报酬。"①　在阿庇安的笔下，罗马的伟大并不偶然。它是一代代罗马人奋斗的结果，是罗马人在勇敢和忍耐等品质方面超越其他民族的结果。

7. 塔西佗

塔西佗是罗马帝国时期最伟大的史学家，对多种题材都有过探究和实践，尤其是在罗马断代史撰写方面贡献巨大。

塔西佗（约公元55—120年）出身于罗马骑士家庭，是著名教育家昆体良的学生，与小普林尼交往甚厚，曾先后出任财务官、行政长官、执政官、亚细亚行省总督等要职。

塔西佗流传至今的著作共有五部，它们分别是：

《阿格利可拉传》（Agricola）

《日耳曼尼亚志》（De Germania）

《演说家对话录》（Dialogus de Oratoribus）

《历史》（Historiae）

《编年史》（Annales）

《阿格利可拉传》大约完成于公元98年。这是塔西佗为他的岳父阿格利可拉所写的一部传记。《阿格利可拉传》共分46节。前3节是短短的序言，内容包括塔西佗对罗马政治和社会风气的一些看法。第4至第9节叙述阿格利可拉的家世以及成长经历。第10～17节主要描述了不列颠的地理和居民状况，简要梳理了罗马人经营不列颠的历史。第18～38节重点记录了阿格利可拉任职不列颠总督期间的政绩和军功。第39～46节主要叙述了阿格利可拉回师罗马后的情况，以及他死后塔西佗对他的赞誉。塔西佗在这部传记里不仅突出地描写了阿格利可拉一生中最重要的事迹，而且也保存了有关不列颠的众多信息。不列颠将领为捍卫自己的家园所做的努力，尤其令人感动。

---

① 　阿庇安：《罗马史》，上卷，北京：商务印书馆，1979年版，第16～17页。

《日耳曼尼亚志》是《阿格利可拉传》的姊妹篇，成书的时间大约也是在公元 98 年。《日耳曼尼亚志》是继恺撒《高卢战记》之后，最重要的一部全面记载古代日耳曼人的文献。全书共 46 节。第 1～37 节属于概括性的描述；第 28 节至最后则为各个不同日耳曼部落的分述。《日耳曼尼亚志》题材新颖、叙述平易，有极高的史料价值。书中关于日耳曼人各个部落的分布、风俗习惯、宗教信仰以及整个日耳曼人经济生活、政治组织和社会关系等方面的材料都是人们认识日耳曼古代历史的极为珍贵的内容。恩格斯在书写《家庭、私有制和国家的起源》、《论古代日耳曼人的历史》以及《马尔克》等经典著作中都引述了塔西佗的大量记载。

《演说家对话录》是塔西佗于公元 102 年左右完成的作品。他模仿的是西塞罗的文体，通过书中人物诗人马特尔努斯（Maternus）、辩护师阿普尔（Aper）、历史学家塞库图斯（Secundus）和贵族梅萨拉（Messalla）的谈话来探讨演说术的重要性、分析当时演说术和前代演说术的差异、深入研讨罗马演说术衰落的原因。作者认为，罗马帝国时期演说术衰落的主要原因是：第一，因为共和时期，平民与贵族争斗不断，党派竞争激烈，有利于演说争辩之风盛行。到了帝国以后，天下定于一尊，生活安定、平和，演说之术缺乏更广阔的市场。第二，因为当今的年轻人不够勤奋，家长也不上心，老师的知识结构严重欠缺。第三，年轻人缺少实战意识，缺乏实战场地，也没有实战的氛围，在选题、培训、知识结构等方面都有严重不足。《演说家对话录》对于我们研究罗马政治风气的变革价值巨大。

《历史》和《编年史》是塔西佗最重要的历史作品。《历史》写的是作者自己生活过的弗拉维时代，属于当代人写当代史，共 12 卷。可惜的是，大部分已经失传，只有第 1～4 卷完整保存，第 5 卷部分保留。所涉时间从公元 69 年初至 70 年 8 月，其余 26 年的史事皆已丢失。

《编年史》共 18 卷，起于公元 14 年，止于公元 68 年末，属于后人追溯前朝的历史。保存至今的有第 1～4 卷的全部、第 5 卷的开头部分和第 6 卷的绝大部分、第 11～15 卷的全部和第 16 卷的前半部分。此书内容丰富，观点鲜明，是我们研究帝国早期行政和社会的经典佳作。

这两部著作连在一起也就构成了一部从提比略到图密善（公元 14—96

年）统治时期的罗马帝国内政史。

对于塔西佗的史学天赋，小普林尼十分赞赏。他曾多次写信给塔西佗，高度赞扬他所追求的学术之路。信中这样写道：

> 你从不满足于自己，但我不同，我在写作的时候永远不会像当我记述你的时候那样充满自信。我不知道后世是否会给我们一席之地，但我们坚信有一点是值得人们关注的——我不是说我们的天赋，这听起来像是在自夸，而是说我们的勤奋、敬业和对后代的关心。让我们继续沿着我们所选择的道路吧。它虽然只会给极少的人带来文明之光，但它会帮助众多的人走出暗淡之影。[①]

塔西佗之后，亚历山大里亚的希腊人赫劳狄安（约公元170—240年）用希腊文写了一部《罗马帝国史》，涉及时间从公元180—238年。此书为材料较少的3世纪提供了极其重要的资料。

8. 阿米阿努斯·马塞利努斯

阿米阿努斯·马塞利努斯（约公元330—400年）是罗马帝国另一位重要的拉丁断代史家。他出生于叙利亚安条克城的一个希腊人家庭。早年从军，参加了高卢与日耳曼战争，公元363年随朱里阿尼乌斯参与了攻击波斯的战争。退伍后，定居罗马研究历史。他用拉丁文写了一部《业绩》，又称《罗马史》。此书始自公元96年图密善元首之死，止于公元378年的亚德里亚堡之战，是塔西佗史著的续编。全书共31卷，现只有后18卷保存至今，内容包括公元352—378年这26年间的史事，为他当代之事。近代学者J. W. 汤普森对阿米阿努斯·马塞利努斯评价很高。他认为：

> 对于一位并无其他写作经验而且是用后学的外语从事写作的军人来说，阿米阿努斯的《罗马史》确实可算是一个了不起的成就了。他一定是一位终身孜孜不倦从事阅读和搜集书籍的人。而且，他还把许

---

① 小普林尼：《书信集》，9，14。

图 7.20　君士坦丁凯旋门

多从实际经验和观察中得来的知识掺入他的书本研究中以增加分量。在有关罗马帝国边区各民族的军事、行政制度、地理和人种知识等方面，他的书是很有价值的。作为一位军人，他曾在高卢、色雷斯、埃及和东方等地服役。他是提到勃艮第人和阿兰人、描写匈奴风俗习惯最早的一位历史家。至于他著述的可靠性，他自己就说过，他从来没有歪曲或隐瞒过他认为可信的史实。他这句话我们没有理由怀疑。①

阿米阿努斯·马塞利努斯《业绩》可以说是我们已知的最后一部古典史著。此后，基督教史学由于基督教的迅速发展而成为主体史学，罗马史学逐渐被基督教的神秘主义史学所替代。"基督教反反复复向人们灌输：只有以灵魂与上帝神交和永远得救为目标，人生一世才有意义。和这个目标比较起来，国家的富强、甚至国家的灭亡，都下降到无足轻重的地位。② 基督教的神本主义史学逐渐替代了古典时期的人文主义史学。

三、帝国时期的教育

帝国时期是罗马较为和平的时期，也是罗马教育走向成熟的时期。教学理念更加明晰，教学目标以及教学理论体系日渐完善，更重要的是还出现了令后人肃然起敬的大教育家昆体良和对儿童教育有较多研究的普鲁塔克。

1. 昆体良

昆体良（约公元 35—100 年）是罗马教育史上最伟大的教育家、著名辩护师和演说术教授。文艺复兴时期的大师彼特拉克认为：昆体良（你）

> 扮演的是磨刀石而不是刀的职能，你在培养演说家方面所取得的成就，较之培养某个人在法庭上赢得胜利更伟大。……我承认，你是

---

① J. W. 汤普森：《历史著作史》，第一分册，上卷，北京：商务印书馆，1988 年版，第 140 页。
② 《金枝》，第 4 部分，1，357~369，见 J. W. 汤普森：《历史著作史》，第一分册，上卷，第 177 页。

一位伟人。你的最卓越之处在于你有训练和塑造伟大人物的能力。[①]

昆体良出生于西班牙的加拉古里斯，后来到罗马学习深造。文法学家帕拉门和雄辩家阿非尔是他的老师。学成以后，他返回故乡，从事教学工作。公元68年，他又随当地总督伽尔巴回罗马。此后，一直定居罗马。他的工作得到了帝国政府的大力支持。他是罗马第一位获得国家薪资的演说术教师，获得过执政官称号。公元96年，他写成《演说术原理》一书。但对于此书的出版，他一直非常谨慎。他曾给出版者特里弗写过一封信。信中这样写道：

> 你天天催促我，要求我将奉献给友人马斯路斯（Marcellus）的书《演说术原理》拿去出版。我的意见是，该书还没有成熟到可以拿去出版。你知道，为了写这本书，我花了两年多时间。在这两年多时间中，我还要为大量其他事务分心。这两年多时间真用于写作的并不多，更多的时间是用于这一实际上漫无边际的任务所要求的研究工作上，以及用于阅读数不胜数的作者的著作上了。此外，我遵循着贺拉斯的名言，他在《诗艺》中不赞成匆匆忙忙地出版，并要求未来的作家
> "压下自己的作品暂不出版
> 直到漫长的岁月流逝九年"。
> 我打算再等些时候，以便让创作的激情冷静下来，按照一个不带偏见的读者的意见加以修改。[②]

古今中外，大凡著名的学者都有这样的要求。

昆体良的《演说术原理》，共12卷。第1卷论及教育问题；第2卷论述雄辩术的基本原理以及雄辩术的实质等问题；第3～7卷讨论演说词的创作，其中包括演说词的修改；第8～11卷讨论雄辩能力，其中包括雄辩词的记忆和发表演讲；最后一卷讨论雄辩家的品格、雄辩时的指导原则与辩

---

① *Petrarch's Letters to Classical Authors*，Chicago，The University of Chicago Press，1910，pp. 87～88。
② 任钟印选译：《昆体良教育论著选》，北京：人民教育出版社，2001年版，第3页。

才等。昆体良反对枯燥无味的雄辩术教科书。因为它们"拼命追求细节，损伤了文体的所有精华，使之残缺不全，耗尽了想象力的源泉，仅仅留下一堆瘦骨。"他希望他能避免重蹈大多数前人的覆辙，除探讨论题以外，还能揭示与雄辩家教育有关的一切事情。昆体良在书中认真分析了前辈演说家的优长，把众多雄辩术研究者比作是游客远航。启航时，浩浩荡荡，千帆齐发，蔚为壮观；前进一阵，风帆渐少；驶入海天相连的大海后，见到的只有一位准备落帆收桨、结束航程的游客，这就是西塞罗。而昆体良还要继续前行，比伟大的先行者走得更远。[①]

昆体良所要培养的人是"具有天赋才能、在全部高等文理学科上都受过良好教育的人，是天神派下来为世界争光的人，是前无古人的人，是各方面都出类拔萃、完美无缺的人，是思想和言论崇高圣洁的人"[②]，"经过他的咨询可以治理国家，经过他的立法可以奠定国家的基础，经过他的判决可以洗涤社会罪恶。"[③] 在昆体良的作品中，演说家代替了哲学家成了治理国家的主要力量。

昆体良在正文的开头就批判了"只有极少数人生来具有接受教育的能力，而大多数人由于悟性鲁钝，对他们的教育是徒然浪费劳力与时间"这样的观点。他认为："大多数人既能敏锐地思考，又能灵敏地学习，因为此种灵敏是与生俱来的。正如鸟生而能飞，马生而能跑，野兽生而凶残，惟独人生而具有智慧和理解力。""绝大多数儿童都表现出他们是大有培养前途的，如果在以后的岁月中这种希望成了泡影，那就说明，他们所缺的不是先天的天赋能力，而是后天的培养。"[④]

昆体良高度关注幼儿教育。他认为：家长应选好保姆，重视保姆的道德水准与语言能力；儿童可以先学希腊语，再学拉丁语；应尽早让儿童接受学校教育。这是因为初步识字仅仅依靠记忆，而记忆虽然不仅仅在儿童时期存在，但这一时期的记忆力最强、记忆最牢固，这是毋庸置疑的事实。

---

① 参见昆体良：《演说术原理》，12。
② 任钟印选译：《昆体良教育论著选》，北京：人民教育出版社，2001 年版，第 159 页。
③ 任钟印选译：《昆体良教育论著选》，第 6 页。
④ 任钟印选译：《昆体良教育论著选》，第 9 页。略有改译。

昆体良认为学校生活对于学生的成长很有帮助。在家庭教育下，孩子容易养成自闭、羞怯的习性，或离群索居，或夜郎自大。而在学校里，学生能见识大量的新生事物，可以结交很好的朋友，有彼此观摩的机会。在家里，他只能学到教给他自己的东西；在学校，教给别人的东西他也能学到。在学校里，每天都能听到许多受到赞扬的事情，纠正许多应该纠正的事。一对一的教学不可能培养出演说家，因为无论就教师还是学生而言，都没有一种训练演说家所需要的气氛。昆体良希望教师按照学生的表现分出等级，让学生有更多的机会参与竞争。胜者给予荣誉，败者给予鼓励。学会竞争是学校教育的重要成果，从刺激中完善自己是学校教育的主要目的。

对于已经学会一般性阅读和写字的孩子，下一步就得进入文法学校学习。文法学校是学习的基础，也是有用甚于炫耀的学问。在这里所学的是青年所必需、老年所喜爱的知识。阅读是文法学校必备的课程，荷马和维吉尔的作品是文法学校的主要教科书。因为英雄史诗的崇高精神可以激发学生的思想，英雄史诗庄严伟大的主题可以鼓舞学生，在学生的头脑中培植最高尚的情感。文法学校还包括音乐、几何学等方面的教学。

修辞学校则是演说家培养的最后也是最关键的阶段。在这一阶段里，学生必须学习与演说术有关的各种课程，而不是单一的课程。其中包括音乐、几何、天文和诗歌等。昆体良认为：如果雄辩术教师培养学生阅读历史，再读一点雄辩词。这对学生帮助极大。在选择阅读历史时，昆体良主张选择最优秀的作品。"从这些作品中，我又优先选用文体最明白、用词清楚易懂的作品。因此，我宁愿学生读李维的作品而不读萨鲁斯特的作品，尽管后者是更伟大的历史学家，因为要有较高水平才能读懂他的著作。""在我看来，西塞罗的作品是初学者所乐于学习并且也是十分易于理解的，他的作品不仅是有益的典范，而且也能被学生所喜爱。在西塞罗以后，根据李维的建议，我推荐与西塞罗更相近似的其他作家。"[①] 当然，阅读优秀作品的目的不是为了简单地模仿，而是为了更好地超越。昆体良特别强调实践的重要作用。他希望他的学生不是通过闭门争辩、而是通过实际经历

---

① 任钟印选译：《昆体良教育论著选》，第83～84页。

和实践表现出自己是诚实有用的公民。[①]

昆体良认为：教师是教学的主体，教学质量的好坏与教师自身的素质、能力有密切的关系。教师应该"精确地观察学生能力的差异"，因材施教，按学生的实际情况安排课程。小学教师应该置教学于娱乐之中，"要向学生提出问题，对他们的回答予以赞扬，绝不要让他以不知道为快乐。有时，如果他不愿意学习，就当着他的面去教他所嫉妒的另一个孩子。有时要让他和其他孩子比赛，经常认为自己在比赛中获胜，用那个年龄所珍视的奖励去鼓励他在竞赛中获胜。"[②]

在对待学生时，教师无论在态度上、还是在方法上都要严格要求自己。"教师要以慈父的态度对待学生，他应当想到，父亲把孩子托付给他，他就是处于代行父亲职责的地位。他既不应自己有恶习，也不应容忍学生有恶习。他应当严峻而不冷酷，和蔼而不纵容，否则，冷酷会引起厌恶，纵容会招致轻视。他要经常讲解什么是荣誉与善良，因为愈是经常告诫，就愈少需用惩罚。他不应当发脾气，但又不应当对应该纠正的错误视而不见。他的教学应当简明扼要，他应忍劳耐苦，对学生的要求应坚持，但又不要过分苛求。他应当善于回答学生提出的问题，向不发问的学生提问。对学生朗读的表扬既不可吝啬，也不可浪费，因为吝啬使学生产生对课业的厌恶，浪费则产生自满。在纠正学生的过失时，既不能讽刺挖苦，也不应辱骂。有些教师在责备学生的过失时好像是在嫌恶学生，这就会挫伤学生勤奋学习的积极性。"[③] 教师应该合理使用教育方法，终身追求知识，追求道德上的完美，不断提高自身的业务水平。昆体良认为：自以为知而其实不知的教师，是最可耻的人。昆体良的这些思想即使到现在仍有重要的价值。

体罚是古代教育的常态形式，也是古代通用的教育方法。昆体良强烈谴责这种行为。他认为这是令人厌恶、卑鄙的行为，有损于学生的人格尊严。昆体良反对体罚的理由主要有以下五个方面：

第一，体罚是一种残忍行为，只适用于奴隶，而不适用于凌辱自由民；

---

① 昆体良：《演说术原理》，12，2，7。
② 任钟印选译：《昆体良教育论著选》，第14页。
③ 任钟印选译：《昆体良教育论著选》，第66页。

第二，过多地依赖体罚来矫正儿童的过失，他就会对体罚习以为常，从而使体罚失去意义；

第三，只要在课业上严格要求、严加督促，体罚是完全可以避免的；

第四，幼年时使用体罚，待他到青年时期，这种管理手段就会失去作用；

第五，体罚造成儿童心情压抑、不敢见人，影响儿童的社会交往能力。[①]

在昆体良的《演说术原理》里有许多富有哲理的箴言，即使到现在还能给人以众多的启发。例如：

> 让人明白是雄辩术的主要特征；
>
> 精力过盛容易纠正，麻木不仁则是不治之症；
>
> 离开美德，勇敢则毫无价值；
>
> 充当诉讼辩护士的人必须具备诱惑不能动、权势不能倾、威武不能屈的美德；
>
> 雄辩家是善良而又精于雄辩的人；
>
> 雄辩的才华来自智慧最深层的根源之中；
>
> 感情真诚是雄辩有力的前提。

昆体良的这些有价值的见解在酷爱雄辩的青年学生当中一直起着重要的作用。

昆体良是古代希腊罗马教育经验的集大成者，他的《演说术原理》是西方教育史上第一部专门研究演说术教育理论的著作。这里既有古代西方教学实践方面的成功经验，也有他自己在实践基础上总结出来的一整套教育思想，对后世影响很大。

2. 普鲁塔克

普鲁塔克（公元 46? —120 年）稍晚于昆体良，是罗马著名的传记作

---

① 参见任钟印选译：《昆体良教育论著选》，第 27 页。

家和道德学家。其主要的著作有《希腊罗马名人传》和《道德论集》。《论儿童教育》是其在教育领域留下的重要作品，是我们研究普鲁塔克教育思想的主要资料。

普鲁塔克认为：要完成德性的培养须达到三个条件的协调一致，这就是天性、理智和练习。天性如果不通过教导加以完善，就会成为不实之华；教导如果无天性之帮助，就会残缺不全；练习如果没有前两者之助，就不能完全达到目的。普鲁塔克主张重视儿童的早期教育，提出若要孩子德性高，良言善行灌输早。普鲁塔克关注孩子成长的客观因素：物色良好的小伙伴、好的教仆和优质的教师。他反对部分家长不愿把钱用在教育孩子上，以廉价购买无知。

普鲁塔克希望家长们把培养儿子的学问放在最为重要的地位，教育儿子学习健康、有益的东西，不迎合庸俗的视听。同时，家长们也要关注儿子的道德修养、体育锻炼。和昆体良一样，普鲁塔克也反对用体罚的方式来强迫儿童学习。"我并不认为这种侮辱性的惩罚更适用于奴隶而不适用于天真的儿童。即使是奴隶，用惩罚的方法对待他们，也会因鞭笞之苦，或鞭笞之辱使他们在工作时变得迟钝与沮丧。但对于自由民儿童，表扬和训斥应该比任何不体面的处理方法更有效。表扬足以扬善，训斥足以克拙。我们应该根据具体的情况，审慎使用相应的方法。"[1] 为了更好地为儿童树立榜样，父母亲应该以身作则，加强学习。

普鲁塔克的《论儿童教育》用忠告的形式写成，与昆体良无论在写作形式上，还是在内容上都有不一样的地方。这些不一样主要体现在：昆体良主张双语教育，而普鲁塔克只侧重于希腊语；昆体良主张演说家高于哲学家，而普鲁塔克则强调伦理教育的重要。但无论哪一种观点，它们都是罗马教育思想的高度总结，是古代人文主义教育的重要体现。

---

[1] 普鲁塔克：《论儿童教育》，12。

第四节　科学与法学

一、农学、地理学与自然科学

科路美拉是公元 1 世纪的罗马农学家，其准确生年不详，约与辛尼加、老普林尼同时。他是西班牙加地斯人，曾参军到过东方，后移居意大利和罗马，在意大利度过一生的大部分时间。其著作有《论农业》和《树木栽培》。《论农业》大约写成于公元 60 年，是继迦图、瓦罗和维吉尔之后最重要的关于罗马农业经济的著述，也是所有古罗马农业著作中最讲究效益的一部。全书共 12 卷，主要说明农业的重要性，阐述农业是一门需要精心钻研的学问，也是人类崇高的职业；论述土地和农作物之间的关系；阐明葡萄的栽培、家畜的饲养、家禽和鱼的饲养、野牛和养蜂的技巧以及花园的经营等应该注意的问题。此外，科路美拉还重申了管家和管家妻子的职责。

帝国早期，罗马农业开始衰落。对于农业衰落的原因，当时的政治家和学者多有论述。科路美拉认为，帝国时期罗马农业衰落的主要原因是公民脱离农业生产。他说：

> 大自然从宇宙的造物者获得了无穷无尽的生产力量，设想她会像害了瘟疫一样变得贫瘠不毛那简直是罪过。大地是天生神圣的，气数注定她青春常在。她是万物之母，她生育了万物，并将永远继续生育下去。一个有良好判断力的人绝不能相信大地会像有生有死的人类一样变得衰老。而且我不相信我们所遭到的各种不幸是上天愤怒造成的，应该说是由于我们自己的过错。因为我们的祖先向来是把农业交给最优秀的人手给以最精心的照料和经营；而我们却把农业像交给执刑者去惩罚一样，交给我们的奴隶中最糟的那部分人去掌握。[1]

---

① 李雅书选择：《罗马帝国时期》，北京：商务印书馆，1985 年版，第 46 页。

图 7.21　法尔内西纳庄园墓室壁画

科路美拉的这一分析虽然并不完善，但他确实说出了这一问题的核心因素。科路美拉在庄园管理方面的经验和建议不但引起当时农学家的注意，而且对后世尤其是中世纪的庄园管理产生过较大的影响。

除了农学发展以外，帝国时期地理学的进步也是非常明显的。这一方面要归功于帝国所建立起来的辽阔疆域，另一方面也要归功于勤奋努力的地理学家。

庞鲍尼乌斯·麦拉是帝国早期重要的地理学家，西班牙齐根捷拉族人。他编辑了《地理图志》3卷。作者首先说明了整个地球的形状，地球的最大部分是什么样的，地球上的个别部分要伸展至何处才有居民。然后，按亚洲、欧洲和非洲分别叙述。

庞鲍尼乌斯·麦拉是著名的整体论者。他认为：

> 我们所称为天和地的那个整体，无论怎么说，它始终是统一的、包罗万象的。这个整体按其方向说有以下的区别：太阳升起的那方叫做东方或日出之方，太阳没落的那方叫做西方或日入之方。太阳开始低下的那方叫南方，相对的一方叫做北方。地球耸立于这个整体的中央，被海洋从各方面环绕着，并且被海洋在方向上划分为东西两部分，即所谓两半球。地球上共分为五个地带：中部地带最热，而两极地带最冷，其余两个地带有人居住，那里一年中有相同的四季，但季节到来的时间是不同的。①

因为南北两个温带之间存在着一个不能通过的热带，所以他所描述的内容主要是北温带"有人居住的世界"。庞鲍尼乌斯·麦拉虽然不是创造性的作家，但他对文献的综述，对已知各地生活习惯、风土人情的描写，都为后来的读者保存了重要的资料，值得研究者认真对待。

到了公元2世纪，罗马的地理学随着帝国和平的到来，步入了它的黄金时代，出现了托勒密等杰出的地理学家。托勒密（约公元90—168年）

---

① ［苏联］波德纳尔斯基编：《古代的地理学》，北京：商务印书馆，1986年版，第224～225页。

是一位集数学家、天文学家、占星家和地理学家于一身的伟大学者。他出生于埃及，长时间生活于亚历山大里亚。其作品有《天文学大成》13 卷、《占星四书》和《地理学》8 卷等。他的鸿篇巨制《地理学》是继斯特拉波以后罗马人奉献给世界的巨大礼品。此书较为全面地总结了欧洲古代的地理学知识，对西方制图学的发展影响巨大。《地理学》的第 1 卷为总论，具体介绍了相关的地理学理论。从第 2 卷开始至第 7 卷，按地区分类，分别阐述欧、非、亚三洲的地理情况，确定托勒密所知道的世界各地的坐标数值，内容包括 8 千多个城市与地区的经纬度。最后一卷为总结，其中包括相应的地图。此书是罗马世界留下的涉及地名最多的一部作品，其对世界认识的深度和广度远远超过早先的任何一部地理学著作。书中记录了罗马马其顿商人到过中国的具体消息，保存了罗马人所了解的有关中国的许多材料，对于后人研究罗马人眼中的中国帮助很大。①

与地理学发展同步，罗马的自然科学也有了很大的进步。而反映这一进步的主要成果就是老普林尼的《自然史》。

老普林尼（公元 23—79 年）是罗马帝国时期最著名的百科全书式的作家。他出生于意大利北部科莫姆城（今科摩）。在完成了骑士等级成员应履行的兵役义务后，他担任了几个极重要的官职。其中有：驻西班牙、高卢、北非等地的财政督察官以及驻米散那海军舰队司令等。然而"他最钟爱的事情还是从事学术研究。他撰写的著作甚至比那些拥有充分闲暇时间的人还要多。"② 据他的外甥小普林尼分析：普林尼有令人难以置信的工作热情和深刻的理解能力，

　　在八月里火神节前后，他总是从半夜就开始工作，不是为了取其吉利，而是为了要学习；每天通常开始工作的时间是子夜一点钟，从来不迟于两点，往往从半夜就开始。但他入睡却比谁都来得方便，有

---

　　① 托勒密在其著作《地理学》中这样记载：有一位名叫梅斯，又叫蒂蒂阿努斯的马其顿人（Macedones），其父亦以商为业，记录了从这里（指中亚的石城）到 Sera 城的路程。不过，他自己并未到过中国，而是派遣手下的一些人去的。在另一处，作者又说，这条道路崎岖且常遇冬季风暴。为走完这段路，梅斯手下的人总共花了七个月的时间。见托勒密：《地理学》，1，11。
　　② 苏埃托尼乌斯：《老普林尼传》。

时甚至不离开书本，只伏案小睡片刻，然后接着看书。

每天在破晓之前，他总是去朝见韦斯帕芗元首，这位元首也是选择清晨来处理公事。在聆听并办理这位元首交他办理的各种事情之后，他仍旧回家继续读书。中午很快地吃一餐便饭（符合我们祖先旧有的良好习惯）。然后，若在夏天，如无公事，他往往进行日光浴，同时让人读一些书籍给他听，他还要作一些摘录和评注。实际上这是他读各种书籍经常使用的方法，因为他有一条格言说："多坏的书也能从中得到有益的东西。"

当这段时间的享受完了之后，他通常作一次冷水浴。从浴池出来后，用一些点心，休息一会。然后就像重新开始一天那样立刻从事工作，直到晚饭时间。吃饭时还让人读一本书，他也作些评注。我记得有一次，他的朗读人读错了一个字，桌上有人让朗读者再读一遍，我舅父就问这位朋友是不是听不懂？这人说他听懂了，我舅父说："那何必要他回去再读呢？你这一打断，使我们损失差不多十行的时间。"这位伟大的人物是多么吝惜时间啊！夏天，他总是在天还没黑时就从晚餐桌上起来了。冬天，也是天一黑就停止不再吃了。这是他的一个严格的规章。

以上是当他住在紧张喧嚣的城市里时的生活方式；如果到乡下去住，他的全部时间就都放在学习上了。除了入浴之外，毫无间断。即使入浴，也仅限于真正泡在浴池里的时间他才停止学习，因为在全部让人为他擦背按摩的时候，他都是或者听人朗读，或者口授一些文章让人记录。在旅行的时候，暂时似乎可以放下其他的事不管了，他却发现可以利用这种时间进行口授。经常有一个速记员备好笔记本和托板，在他的马车里伺候。在冬天就让这人戴上特制的暖手套以免严寒对他的写作造成任何妨碍；也由于这个缘故，我舅父冬天在罗马时永远使用一个轿式座椅。我记得有一次我出去散步，他责备我说："你本可以不损失这些时间"，他觉得一切没用在学习上的时间都损失了。[1]

---

[1] 李雅书选译：《罗马帝国时期》上，北京：商务印书馆，1985年版，第177~178页。

老普林尼依靠自身的勤奋，创作了许多重要的作品。主要有：

《在马背上使用标枪的艺术》，这是当他担任一支骑兵队的统帅时写就的。

《庞波尼乌斯·西孔图斯传》，2卷，这是一部纪念其朋友庞波尼乌斯·西孔图斯的著作。

《日耳曼战争史》，20卷，主要记述罗马人与日耳曼人之间进行过的所有战争。据小普林尼的记载：当老普林尼在日耳曼军中服役的时候，做过一个梦，梦见远征日耳曼并在那里丧生的德鲁苏斯，是这个梦里的德鲁苏斯最先启发他写这部历史。

《学者》，3卷6章。在这本书里，他探讨了演说术的起步、发展，直到演说术发展的最高峰。

《语言学问题》，8卷。这是尼禄统治的最后几年写就的文本。由于尼禄元首的残暴，老普林尼无法从事高深而自由的学术研究，只得把研究的重点转向语言学。

《历史续编》，1卷，为奥非迪·巴苏30卷历史的续编。

《自然史》，37卷，完稿于公元77年。此书的出版实际上也奠定了老普林尼"百科全书式学者"的地位。老普林尼在前言中说，这本书是献给提图斯的，他写这本书的目的是："把全球已知存在的每一件事都做一般的说明"，以便更好地为现实服务。①

第1卷实际上是本书的提纲，简单介绍了各卷的内容和材料来源。第2至6卷讲的是天文学、人种学和地理学。第7卷讲人类学。第8至11卷叙述陆地上和海洋中的多类动物。第12至32卷介绍有关植物方面的知识。第33至37卷为有关矿物学和金属方面的知识，其中涉及建筑学和艺术史。

除了作品以外，他还留给小普林尼160卷手稿，其中多是一些笔记和摘录。

老普林尼是一位极其勤勉的学者。在写作《自然史》的过程中，"我们

---

① 老普林尼：《自然史》，9，63。

阅读了大约 2000 多卷内容，其中很少的一部分由于内容晦涩难懂由学者们研读。我们从涉猎的 100 位作家的作品中摘录了 20000 多条实例，编纂为 36 卷的巨著。此外，我们还收录了大量的前辈学者忽视或是后来我亲身经历的新发现。"①

老普林尼留下的这部巨著是他毕生勤奋好学的结晶，是他长时间对自然、社会和历史研究的结果。普林尼的成就主要体现在：

第一，注意搜集、挖掘了为当时一般人所忽视或轻视的广阔领域的知识材料，为后人保存了大量濒临散失的古代科学资料。

第二，把自然作为一个整体进行研究，大大开阔和丰富了研究的领域和内容。

第三，关注社会现象，颂古讽今，抨击贪得无厌。老普林尼说："金钱的发明是对人类幸福的致命打击；它的存在就有了利润的产生，靠了它，有人就能以利息为生，有人却要靠劳作为生。"② 他认为："旧时人们相信在占有土地问题上，最重要的是遵守适度的原则。这实际上是他们的经验之谈，即是说种地最好种少一点但注意精耕细作。我觉得维吉尔也同意这种看法。说实话，大地产已经毁了意大利，不久还将毁灭行省。"③ 他指出："阿拉伯海更为幸运，因为它向我们供应珠宝。据最低估算，每年从我们帝国流入印度、赛里斯和阿拉伯半岛的金钱，不下 1 亿塞斯退斯。这就是我们的奢侈风气和妇女让我们付出的代价。"④ 普林尼的这些说法显然是和韦斯帕芗时代所提倡的节俭原则相一致的。

老普林尼的《自然史》是他留给人类的一份丰厚的科学遗产。但这并不是说这部作品中没有缺陷。这些缺陷主要表现在：老普林尼常常不能正确区别现实和传说之间的关系，过分相信甚至夸大迷信、预兆、魔术治病的作用。例如，他宣称：接近经期的妇女，必定使人意志混乱，她摸过的种子不会结实；她在果树下所坐过的树，果实将会从树上掉下来。只要她

---

① 老普林尼：《自然史》，序，17。
② 老普林尼：《自然史》，8，82。
③ 老普林尼：《自然史》，18，7，35。
④ 老普林尼：《自然史》，12，41，84。

看过一眼，就足使铁刃变钝，使象牙失去光泽；如果她的目光落在一大群的蜜蜂上，这群蜜蜂就会立刻暴毙。[1] "在屋大维与安东尼内战期间，日色无光几达1年之久。"[2] 在第5卷中，他记载非洲的一个部落，认为这里的人没有脑袋，口和眼睛都长在胸上。[3] 这些缺陷的出现既有历史的原因，也有社会的原因，我们不应过分地加以指责，否定《自然史》在西方学术史上的崇高地位。从历史学的层面上讲，老普林尼做出的贡献也是很大的。他是罗马第一位将自然带入历史研究领域的学者，也是第一位考察人与自然间相互关系的学者。历史研究的内容因为有了普林尼《自然史》的加入而变得更加丰富多彩。

二、法学与法律

按照查士丁尼的定义，法学是"科学兼艺术"，是"是与非的艺术"，是"善良和公正的艺术"。[4] 在这片"科学兼艺术"的园林里，法学家们起了十分重要的作用。

罗马进入元首制时代以后，出现了许多新的法学家学派，其中以普罗库路斯派和萨比努斯派最为典型。[5] 前者带有明显的共和倾向；后者则对新生的元首制拥护有加。

公元2世纪中叶，两派在互相竞争、互相争鸣的基础上，观点渐趋接近。其后百余年间，罗马法发展迅速，法学人才辈出，先后出现了盖约、伯比尼安、保罗斯、乌尔比安、莫迪斯蒂努斯等五大著名法学家。他们立足罗马、立足现实，从法理上对罗马法作了深入、详细的阐发，大大丰富了罗马法的内容，严密了罗马法的体系。[6]

---

[1] 老普林尼：《自然史》，28，21。

[2] 老普林尼：《自然史》，9，58。

[3] 1492年，意大利出版了尼科洛·列奥尼契诺的《关于普林尼的错误》，首次对《自然史》中的错误提出了疑问。以后，随着自然科学的进步和人类认识水平的提高，普林尼书中的错误得到了进一步的改正。

[4] 查士丁尼：《法学总论》，1。

[5] 这两个学派的开创者分别是奥古斯都时期的拉贝奥和卡比多。

[6] 据统计，公元533年完成的《学说汇编》，主要选自39位学者的著作。但绝大部分（约95%）摘自公元1世纪至公元3世纪著名法学家的著作。其中，摘自朱理阿努斯著作的有457段；盖约的535段；伯比尼安的601段；庞波尼乌斯的578段；乌尔比安的2462段；保罗斯的2081段。乌尔比安和保罗斯的论著被摘录得最多。此外，从莫迪斯蒂努斯的著作中摘录的也有345段。

从 3 世纪开始，罗马进入总危机时期，境内经济危机不断，境外外族入侵不绝。罗马法学也开始在社会的不断动荡中走向衰落。几乎与此同时，罗马法也失去了其自身的活力，进入了发展的最后阶段，即统一法时期。

罗马法的发展开始从创新阶段进入汇编阶段，也即整理和提炼的阶段。除了历史大背景以外，还有两大原因。一是早在公元 130 年哈德良元首就从事过法律的汇编工作。他命令著名法学家朱理阿努斯组织力量，负责整理修订现有的行政长官告示，编成《朱理阿努斯敕令》或称《永久敕令》。二是罗马的公民权范围发生变化。公元 212 年，卡拉卡拉颁布敕令，这一敕令给予登记在任何公社之内的帝国的全体自由居民以罗马公民权（投降者除外）。卡拉卡拉敕令的目的有多种说法：有认为是为扩大税源；也有认为是提高行省居民的身份。但有一点是明显的，即卡拉卡拉敕令的颁布，使帝国境内全体自由民之间达到了身份上完全平等的状况，这就使原先存在的法律主体——公民法和万民法之间的不同不复存在。对原先法律条文的整理也成了罗马帝国后期政府的重要事务。

公元 295 年，戴克里先君主指令法学家格雷高利阿努斯编订一部法典，整理并编审从哈德良元首至戴克里先年间的法律。

公元 426 年，罗马君主狄奥多西二世和瓦伦提乌斯三世又颁布《引证法》，对法学家的作品进行总结、整理，正式审定，并规定：第一，盖约、保罗斯、乌尔比安、伯比尼安和莫迪斯蒂努斯五位法学家的解答和著作，才享有法律效力。法学家的著作具有与法律同等的地位在世界古代史上并不多见。第二，以五位法学家的著述解决成文法中未规定的问题。第三，以五大法学家的多数主张统一不同的意见。第四，五大法学家的意见相左时，则以伯比尼安的著述为准；若伯比尼安著述中没有涉及争论的问题，可以选择五大法学家中较为公正的意见。《引证法》的颁布，实际上也就确立了以往五位著名法学家的神圣地位，使其他法学家的活动变得毫无价值。

与此同时，狄奥多西二世又于公元 435 年成立以安提奥古斯为首的 16 人委员会，修改、补充并汇编自君士坦丁时代以来的宪令，编成法典 16

篇。这是一部代表官方思想的作品，取名为《狄奥多西法典》。《狄奥多西法典》的最大特点是除了编录私法、公法、刑法、市政法、军事法以外，还加了宗教法，充分说明基督教在罗马帝国处于越来越重要的地位。这部法典在西部一直保存使用了很长时间，在东部则被《查士丁尼法典》所替代。

至公元 6 世纪前叶，东罗马帝国境内再次出现了整理和修改罗马法的高潮。查士丁尼就是这一活动的主要领导者。

查士丁尼出身于伊利里亚的一个农民家庭，后在其伯父查士丁的提携下，步入政坛。公元 527 年，他与其伯父共同摄政，成了查士丁治国理政的重要助手。查士丁去世后，查士丁尼正式即位。查士丁尼认为：

> 君主的威严光荣不但须以兵器而获得，而且须用法律来巩固。这样，无论在战时，还是在平时，总是可以将国家治理得很好；君主不但能在战场上取得胜利，而且能采取法律的手段排除违法分子的非法活动。君主既是虔诚的法纪伸张者，又是征服敌人的胜利者。[1]

所以，他上台后所做的最重要的两件事便是：用武力收复西罗马帝国；积极从事罗马的法制建设。

公元 528 年 2 月 13 日，查士丁尼任命法学家特里波尼阿努斯组成一个 10 人委员会，负责重新汇编以往元首或君主颁布的法令，清理、修正和删除其中矛盾和过时的内容。此项工作很快就完成了。529 年 4 月，《查士丁尼法典汇编》正式颁行。

公元 530 年 12 月 15 日，查士丁尼再次任命以特里波尼阿努斯为首的 16 人委员会，负责摘录历代罗马法学家的著述。据说，在编纂期间，委员们曾博采 39 位法学家的学说，参考著作达 2000 余卷，从 300 万行法学文献中，选萃 15 万行，著录成《学说汇编》一书。[2]《学说汇编》的特点是摘录材料出处分明，落款清晰，为后人研究罗马法保存了众多有用的资料。

---

① 查士丁尼：《法学总论》，序言，北京：商务印书馆，1997 年版，第 1 页。译文略有改动。
② 参见巴里·尼古拉斯：《罗马法概论》（第 2 版），北京：法律出版社，2004 年版，第 41 页。

　　与此同时，查士丁尼又谕令特里波尼阿努斯、提奥菲路斯和道罗戴乌斯等法学家为学生另编一部"包括全部法学基本原理"的法学教科书，以帮助学生学习法律，使其能在尽可能的范围内用罗马法处理事务。此书参照了公元 2 世纪著名法学家盖约的《法学阶梯》和《日常事件法律实践》。公元 533 年 11 月，教科书编成，是为查士丁尼《法学总论》（又名《法学阶梯》）。此书的特点是：第一，融罗马法的基本原理于教科书之中，深入浅出，易读易懂；第二，概念清晰，条理清楚，易理解易接受；第三，内容布局合理，主干突出，人法、物法、继承法、契约法和诉讼法等皆有涉猎。此书的体系和结构对于后世法学教科书的编写影响深远。

　　此后，查士丁尼又根据时代发展的需要，再次组织力量，编写了《新敕令》。

　　查士丁尼主持编写的《查士丁尼法典汇编》、《学说汇编》、《法学总论》和《新敕令》四部法律，至 12 世纪时，被统称为《查士丁尼民法大全》（又译《国法大全》，以下简称《民法大全》）。《民法大全》是欧洲历史上乃至世界历史上第一部内容系统、结构完整的法典，是罗马对世界的重大贡献。《民法大全》的编成不但保存了罗马法的主体风貌，而且也将罗马的法律文明推向了古代世界的最高峰。

　　德国思想家莱布尼茨曾对罗马法做过如下评论。他说：

> 　　我们深信，世界上没有其他法典能比罗马法尤其是《学说汇编》解答的疑问更多，蕴藏的迅速接触问题实质的思想财富更多。欧洲最先进的各邦皆臣服于它。我们对此并不感到惊讶。[1]

　　《罗马法》创造了许多黄金法则或文明法则。例如：疑案的判决都须有利于被告；嫌犯在罪证未确定以前不能视之为罪犯。[2] 又如：根据自然法，

---

[1]　莱布尼茨：《著述与书信集》（Leibniz, *Samtliche Schriften und Briefe*），柏林科学院出版，第 2 组，第 1 册，Darmstadt，1926，50。

[2]　J. B. Bury, *History of the Roman Empire*, p. 527.

一切人生而自由①；遵守你自己制定的法②；法律的基本原则是：为人诚实，不损害别人，给予每个人他应得的部分。③《罗马法》确定了统一的无限私有制概念，将公法和私法非常明确地区分开来，从而杜绝了公私不分的混乱现象。④ 恩格斯把《罗马法》称作是"以私有制为基础的法律的最完备的形式"⑤，是"商品生产者社会的第一个世界性法律"⑥，是"纯粹私有制占统治的社会的生活条件和冲突的十分经典性的法律表现，以致一切后来的法律都不能对它做任何实质性的修改……在罗马法中，凡是中世纪后期的市民阶级还在不自觉地追求的东西，都已经有了现成的了"。⑦ 应该说，《罗马法》为人类文明的进步起了十分重要的促进作用。它为人类带来的规范已经远远超越了法制领域，既渗透于社会之中，又贯穿于人类的行为之内。现代文明都或多或少地接受了罗马法所赐的恩惠，是罗马文明的真正受益者。

第五节　古罗马的历法和年代学

一、古罗马历法

时间单位日、月和年是地球自转、月球围绕地球转动以及地球绕太阳转动等自然现象所形成的周期。在地球上，日复一日，月复一月，年复一年，时间本身反复重现，一次一次没有特征。但是如果把时间同地球上万物的生长和发展，尤其是同人类的活动联系起来看，时间就有了色彩：日日、月月、年年都有了差别。在有些日月和年代发生了大事，于是这些年月就成为值得记忆的年月。历史学上的年代学就是要研究古代各民族如何记录和保存这些值得记忆的历史大事的年代，研究并确立历史上所发生的

---

① 查士丁尼：《法学总论》，1，2，2。
② 查士丁尼：《学说汇编》，2，2，1。
③ 查士丁尼：《法学总论》，1，1，3。
④ 《罗马法》明确指出："公法是指罗马帝国政府的法律，私法是有关个人利益的法律。"查士丁尼：《法学总论》，1，1，4。
⑤ 《马克思恩格斯选集》，第3卷，北京：人民出版社，1995年版，第445页。
⑥ 《马克思恩格斯选集》，第4卷，北京：人民出版社，1995年版，第252页。
⑦ 《马克思恩格斯全集》，第21卷，北京：人民出版社，1965年版，第454页。

重要事件以及事件与事件、事件与当下之间的关系。

　　为了弄清楚过去事件的年代、月份和日期，有必要了解古代各族人如何计算和称谓一年里的月份和日期，也就是如何计算和使用历法。年代学是研究古代历史的一把钥匙，历法知识又是弄清年代所不可少的。因为太阳、地球和月球的运转关系在古代不是人们轻易能理解和计算的。古代人的历法和纪年法曾经是多种多样的，经过一定时期的演变，纪年法才逐渐统一，历法也逐渐与反映真实的自然规律相一致。

　　恩格斯在论古代自然科学的发生时说，"首先是天文学。游牧民族和农业民族为了定季节就已经绝对需要它。"[1] 天文和历法的研究，在古代各民族中确实因为要适应生产上的需要，开始得很早。且不说考古学上发现的远古人为观测天日而修筑的令人难以想象的巨石圆环和金字塔台等，只就文字记载来说，公元前 8 世纪的希腊诗人希西阿德的《田功农时》中就多处反映了希腊农民如何观测天体运行计算农业季节的情况。例如，他说："七仙女星上升时开始收获，沉落时开始耕作，隐没四十昼夜后再出现时，即一周年期满"[2] 又说天狼星升至头顶时，昼短夜长，树叶凋落。这时砍伐下来的林木不易受虫蛀。[3]

　　古意大利农民也像希腊人一样观测星座的运行而定季节。古罗马的农业作品中处处可以见到农业按季节运转的例子。能提供古罗马年代学和历法材料的罗马古博物学家也多是农业家，最早知名的有迦图和瓦罗等人。他们论农业的著作都保存了下来，但是他们的绝大部分其他著作，包括论历法的著作等均已失传。我们今天只能依靠保存下来为时较晚的第二、三手的材料来获知早期历法和年代学的概况，当然这也很有用。属于这类的作品有老普林尼的《自然史》（公元 1 世纪）；A. 格利乌斯的《阿提卡之夜》（公元 2 世纪）；森索利努斯的《起源记》（de die Natali 公元 3 世纪）；Q. 索利努斯的《旧闻杂记》（Res Memoraliles 公元 3 世纪）；还有 A. T. 马克罗比乌斯《节日纪闻》（saturnalia，公元 4 世纪末至 5 世纪初）等。这

① 《马克思恩格斯选集》，第 3 卷，第 523 页。
② 希西阿德：《田功农时》，第 383～390，415～420 行。转引《世界通史资料选辑》，第 255～258 页。
③ 希西阿德：《田功农时》，第 383～390，415～420 行。转引《世界通史资料选辑》，第 255～258 页。

些作家的作品错误和矛盾之处很多，但是它们抄录了失传的瓦罗等人的一部分作品，所以其重要性非常值得关注。

1. 罗马的年和月

传说罗慕鲁斯时，罗马一年分为十个月，以春天为岁首，十月为岁末，相当于今天的三至十二月，全年只有304天。显然这是只以农业活动为主的历法。农事完了之后的一段寒冷天气不计算在内。希西阿德也提到"冬至后六十天的冬日"[①]，可能这是地中海地区不事生产活动的时候，所以早期历法里不把这些时日计算在内。

传说到努玛时期，增加了两个冬月，一周年共十二个月，每年355天。显然，这是按月亮盈亏计算的阴历的十二个月[②]。$365\frac{1}{4}$天为一年的太阳年历法很早在巴比伦和埃及就有了。后来传至希腊，再传到南部意大利。在罗马，早在共和国建立之前就开始采取措施调整十二月与太阳年的差别，目的是为了使历法与季节保持一致，满足农牧业生产的现实需要。根据罗马史料记载，最先可能使用过一种四年一轮的年历法制度，[③] 其中第一年为355天，第二年为377天，第三年为355天，第四年为378天，四年共1465天，平均每年$366\frac{1}{4}$天。

这一调整法平均年的天数比实际太阳年多一天。[④] 这种历法长期使用下去就会逐渐变得与季节不符。这样，罗马早期结合自然农业季节而举行的宗教性活动就会与实际脱节。庆春神（马尔斯）祭和庆新生的萨利舞如不在春天举行就没有意义；酒神节如不在葡萄收获后酿酒时举行也就会失去价值。为此，属于农业社会的早期罗马人就必须把他们的历法和太阳年的周期协调一致，所以调整四年一轮的历法也是必然的事。

马克罗比乌斯说有过一种24年周期的调整办法，即在每24年的后八

---

① 希西阿德：《田功农时》，565 行。
② 实际上 354 天更接近十二个月。努玛用 355 天可能由于罗马人自古有一种迷信，认为偶数不吉利，对一切都用奇数避开偶数。
③ 见森索利努斯：《起源记》，20。马克罗比乌斯：《节日纪闻》，1，13。
④ 近代罗马年代学家 W. Soltau 确证不是 1465 天，而是 1464 天，平均比 365 1/4 长 3/4 天。

年减去 24 天以抵消四年周期平均年多出的一天。[①] 近代研究家索尔陶（W. Soltau）认为平均年实多 3/4 天，可能是 32 年周期，是在每三十二年的最后八年减去 24 天。他说，在公元前 455—前 191 年[②]之间曾使用过这种办法。也有人认为在共和制开始前这种办法就已经存在。总之，不管哪一种说法，学界都承认在公元前 191 年之前都已有调整办法把每年改为 365 $\frac{1}{4}$ 天。

直到朱理亚·恺撒改革历法之前为止，罗马的正常年仍为 355 天。每年十二个月，其中有七个月份每月有 29 天。它们分别是：一、四、六、八、九、十一、十二等月。有四个月份每月有 31 天。它们分别是三、五、七、十等月。二月为 28 天。十二个月共 355 天。

起初一年始于三月止于二月。四年一周期的第一年和第三年为正常年，止于二月 28 日，第二年和第四年为闰年，终止于二月之后增加的一个闰月。闰月增加的办法是使当年的二月到第 23 天终止，后面的五天算到闰月里，另外再加 22 或 23 天，这样形成一个有 27 或 28 天的第十三个月。罗马历法上第一到第四个月各有专门的名称，可能都同农业或牧业有关。

第一个月名叫马尔斯月（Martius），和马尔斯神有关系。马尔斯神最初是青春神，不专指战神。

第二个月名叫开放月（Aprilis）。按瓦罗的说法，来自拉丁文“开”字（Aperit），指植物和牲畜生长的意思。[③]

第三个月是成熟月（Maius），来自 Maiores 一字，成长为长者成熟之意。

第四个月名结子月（Iunius），来自“儿辈”成熟结子传播后代之意。

这四个月相当于今天的三月至六月，原名显然同植物成长开花结子和牲畜成熟育羔有关。从第五个月开始罗马月不再有专名，而是按照从第一

---

① 马克罗比乌斯：《节日纪闻》，1，13，13。
② 有史料证实公元前 191 年通过一个 M' Acilius Glabrio 法案，授予大祭司长以全权管理历法。当时历法紊乱，必须重新授权给大祭司长才能进行改革。见森索努斯：《起源记》，20，6；索利努斯：《旧闻杂记》，1，43；马克罗比乌斯：《节日纪闻》，1，13，31。转引自 J. E. 桑迪斯：《拉丁学习参考资料》，剑桥 1929，第 96 页，112 节。
③ 瓦罗：《论拉丁语》，4，33。

个月（马尔斯月）开始的序数命名。它们是：

五月，Quinctilis；六月，Sextilis；七月，September；八月，October；九月，November；十月，December。

这是最初的十个月，后来加了两个冬天的月份：一是亚努阿利乌斯（Ianuarius）月。据瓦罗说，此月同亚努斯双面神有关；另一个月称为非布鲁阿图斯（Februatus）月，一说与地下之神（Di inferi）有关，因为这个月祭奠死者，祭祖扫墓。但是瓦罗认为和"净化（Februatus）"一字有关，因为这个月举行净化和祓除仪式，除旧迎新。事实上，按历表这月份举行的祭神节确实比较多。有人说，这种十二个月份和闰月的安排为十人团所定（公元前 450 年），但多数人认为共和国初叶以前就已存在。[①] 增加了两个冬月之后，一年之首起初并未改动，仍以马尔斯月为岁首，直到公元前153 年，因为把执政官就职日期从马尔斯月一日提前到亚努斯月一日，从此岁首也改为亚努斯月一日，原来的马尔斯月变成了第三个月，以下的月份顺序排下去。这样原来排第五的月份变成了七月，原第六月变成了八月，以下类推。

公元前44 年，马尔库斯·安东尼〕提案把原五月（Quinctilis）改名为朱理亚（Julius）月，以表示对独裁者恺撒的敬意，因恺撒出生于该月，即后来的七月。后来以同样理由把原六月（Sexitilis）改名为奥古斯都（Augustus）月，即后来的八月。此后出于对元首的谄媚也作过类似的改动，但都未能站住脚。罗马月份就按此名称和顺序保存下来。

2. 日期的名称日历表

每月中有三天有特别的名称。即：第一天称为 Kalendae。

三十一天月份的第七天，其他月份的第五天称为 Nonae。

三十一天月份的第十五天，其他月份的第十三天称为 Idus。

Kalendae 原意"宣告"，起初在这一天由祭司团派人在卡庇托尔山的神

---

① 瓦罗：《论拉丁语》，2，27。

殿中以唱颂形式宣告本月份下两个重要日期，即 Nonae 和 Idus 的时间①。

Nonae 原意与九字（Novem）有关。因为从 ldus 那天往回数，这一天是第八天，而罗马计数法是两头都包括进去，所以成为九天。罗马从很古就有一种九天一集的集市日，Nonae 和 ldus 可能同最早的集市日有关。

ldus 是月中，最初可能是指阴历的月望，因罗马人避讳偶数，所以用十三日或十五日。

人们认为最初可能 Kalendae 是朔日，Nonae 是上弦日，Idus 是月望。据说，最古时罗马大祭司长都要在月初观察天空，预告本月的 Nonae（上弦）和 ldus（月望）日。罗马最初的历法显然是与月球的变化有联系的阴历。后来增加闰月之后，为适应太阳年的季节可能就照顾不了月亮的盈亏了。

每月其他日期的记法都是以这些有固定名称的日子为定点，一般是从未来的下一定点往回数。按罗马的计数法把两头都算进去。例如四月二日就称为上弦日（Nonae）前四日（四月上弦日为四月五日，五、四、三、二，二日为上弦日前四日）简记法是 a、d、Ⅳ non Apr。上弦以后的日子就从月望日（Idus）往回数，月望以后的日子就从下月初一往回数。例如，五月八日就是五月月望前八日 a、d、Ⅷ Ides　Quint；五月十八日就是六月朔日前十五日（五月为三十一天），记为 a、d、ⅩⅤ. Kal. Sex。

朔日、上弦日和月望日前后紧接的日子也有专名称，叫作"前夕"或"后一日"。例如五月十六为"五月月望后一日"，四月二十九日称为五月朔日前夕。重要大节都有自己的名称。如二月十五日称为驱狼节（Lupercalia）。二月二十三称为界神节（Terminalia），四月二十一日为牧神节（Parilia）。相传这一天是罗慕鲁斯的建城日②。也有人用"界神节前夕"之类的称呼。十二月十七日开始的撒图尔纳节是意大利保护神节，这一天有公共节宴，上演戏剧，人们互相赠礼，主人倒转来服侍奴隶等庆祝活动，有时连续几天，第一天称斯图尔纳节，第一天下面为节日第二天、节日第三天等。

---

① A. K. Michels "罗马共和国历法"（1967）把朱理亚前历法归给十人团。R. M. 奥吉尔维等认为所谓努马的历法改革肯定早于共和初。因历表上没有朱庇特大庙奠基祭节，这是共和初年（公元前 509 年）的事。四月（Aqrilin）是一个埃特鲁利亚字，因此认为这改革应属公元前 6 世纪。（见卡列-斯卡拉德：《罗马史》，第 582 页）

② 见西塞罗：《论神性》，2，98。

二月逢闰年时，"月望"以后的日子就从闰月的初一往后数。如二月二十日，为闰月初一前五日（闰月从原二月二十四日开始）。有时直到二月十四日还不知大祭司长是否决定有闰月，那也可以用二月二十三日界神节作为基点，往前数，二月十四日为界神节前十日。

罗马从很早就有大祭司长负责制订的日历，宣布每个月的每天应做什么事。全部日历是以一种宗教信念为根据：即认为一切活动，无论是宗教仪式、农事、牧业、集市、民间集会、战争、司法或政治活动都应该在众神喜欢的日子进行。神不喜欢的日子禁忌一切活动或部分活动。也有些日子专门奉献给某某神，不许做其他活动。这很可能同远古以来民族遭受过的各种灾难所造成的传统迷信有关。遭过难的日子就变成不吉利的日子。到了有史时期有些大事件也有类似的影响，如克列米拉战役和阿里亚战役①就是。它们长久留在人们心中成为可纪念的日期，但不再带有宗教性。

共和初期，日历表被父族贵族垄断保密，特别不让平民知道开庭日，以阻止平民诉讼。据说有个平民出身担任过法庭录士的人弗拉维乌斯，由于监察官阿庇乌斯·克劳狄的改革而被举为营造官。他于公元前304年在广场贴出告示，公开了全年的日历。② 这样一来，人人都知道了开庭和何时法官受理诉讼。这是平民反对贵族斗争的一次胜利。现在所知罗马日历表上的标记共有七种。它们是 F、C、N、NP、EN、QRCF（只有三月二十四日和五月二十四日用这种标记），和 QSDF（只有六月十五日）。

这几种符号，前五种是常见的，后两种如上所说只用在固定的一两天。

F 标记代表 dies Fastus 即吉利日，开庭日。在这样的日子里，大法官口中可以说出一切字眼而无罪。早期的法规极严，任何法官不小心在一个无 F 标志的日子作了审判活动的话，他必须因自己的渎神行动而奉献牺牲，举行清赎仪式。

标 C 的日子表示这一天保留给民众大会（Comitia）和自由活动。如不

---

① 克列米拉战役是传说罗马人对埃特鲁利亚大城维伊的战争中的一次战役。公元前488年，法比乌斯氏族306名武士在此役中全部阵亡。阿里亚战役是高卢人入侵罗马并击败罗马人，攻陷并焚烧罗马城之役（公元前390年）。

② 见李维：《罗马史》，9，46，5。

开大会，也可成为 F 日，即开法庭日，原则是法庭和民众大会二者不相冲碰。罗马公民中另有一种比较松弛，无立法权的会议称为"群众集会"，不受 C 日的限制。

N 等于非吉日、禁忌日、无大会和不开庭日。

NP 的意思不十分明确，多数节日都标以这种标记。罗马历法研究家索尔陶（Soltau）认为可能是"Nefas, feriae Publicae"，即"公共节日，不开庭"的意思。

EN 等于 endotercisus 两分日，混合日。这一天部分不准活动，部分准许活动。具体说就是早晚都为 N，不能行动。中午在杀一牺牲把内脏奉献之后，有一段时间可以有各种活动，全年只有八天是这种日子，都在节日前。

QRCF 只有三月二十四日和五月二十四日两天有这符号。这两天圣王宫即大祭司团内举行仪式。

QRDF 六月十五日是每年在维斯塔神庙举行净化被除礼的日子。这天清扫污物，也举行仪式，净化精神方面的过错。

大致算全年开庭日（F）不过 36 天，为数不多。公共节日（NP）到奥古斯都时增至 70 天左右，禁忌日（N）约 55 天。二月里禁忌日最多有 13 天。两分日（EN）共八天，其他大多为公共集会和自由活动日，约 180 天。

上面举二月和三月的历表为例，这两个月恰恰代表两个不同的极端；三月是青春月，吉利月，有各种节庆和群众活动。二月是不吉利月，有很多禁忌日，公共节日也以祭祖扫墓居多。

早期日历宗教性很强，罗马人严格按日历生活。恺撒之后，日历上增加了大事纪念和向平民提供娱乐的节日。古老的旧节日逐渐被删掉。有些虽存在，仍举行一些仪式，但已失去原意或原意不明。西塞罗和瓦罗都谈到古老宗教节日含义不明的问题。①

3. 共和国后半历法紊乱和调整

历法最初的目的是为了生产，因为古人不理解自然规律，所以历法往往同宗教有关联。管理历法常常是祭司的事情。②

---

① 瓦罗：《论拉丁语》，2，27～28；马克罗比乌斯，前引书，2，15，17。
② 瓦罗：《论拉丁语》，2，27。

二月（非布鲁阿图斯月）　　三月（马尔斯月）

	标记	日　名		标记	日　名
1	N	Kalendae　朔日	1	NP	Kalendae　朔日
2	N		2	F	
3	N		3	C	
4	N		4	C	
5	NP	Nonae	5	C	
6	N		6	C	
7	N		7	F	Nonae
8	N		8	F	
9	N		9	C	
10	N	Feralia（扫墓祭祖）	10	C	
11	N		11	C	
12	N		12	C	
13	NP	Idus	13	EN	
14	N		14	NP	Equirria（赛马节）
15	NP	Lupercalia（驱狼节，猎神节）	15	NP	Idus
16	EN		16	F	
17	NP	Quirinalia（罗慕路斯成神祭日）	17	NP	Liberalia 青年节举行仪式，授青年以成人托迦。
18			18	C	
19			19	NP	
20	C		20	C	马尔斯神节（阅兵节）
21	C		21	C	
22	C		22	N	
23	Nq	Feralia Parentalia（扫墓祭祖）	23	NP	（号兵检阅节日）
24	C		24	QRCF	圣王宫节日
25	NP	Terminalia 界神节	25	C	
26	N		26	C	
27	C		27	F	
28	EN		28	C	
	NP	Equirria（赛马节）	29	C	
	C		30	C	
			31	C	

森索利努斯提到祭司们后来滥用职权，对闰月随意加或不加，延长或缩短，用以影响在职官员的任期。或者有意使包税人增加或减少收入等。这就使原本就有积累差误的历法越发不准。

有时执政官等也利用职权宣布一些应开民众大会的日期为公共献牲牺牲日，阻止召集大会，而且日历上某一天一旦奉献给神，以后就不能再改为民用了[①]。

历法和闰月实际上成为政治家相互争斗的工具，被武断操纵，不管合不合季节。在第二次布匿战争之前，历法有时差几周，经过调整大体上与季节一致。到汉尼拔战争时代，历法的调整被有意无意地忽略了。有时也出于迷信而不遵循惯例，该闰月时不闰或少闰，造成紊乱，致使历法月份与季节脱节。据记载，公元前190年3月14日的日食在罗马见于7月4日，差了117天。[②] 这之后可能作过调整，增加过闰月。到公元前168年6月21日的日食，在罗马见于9月4日，仍差72天。此后大概注意了调整。迦图《农业志》中提到橄榄和谷物成熟的月份都比较正确。从格拉古到西塞罗时代（约公元前140—前70年）历法大体上恢复了正常，与季节一致。这以后可能又不时放弃闰月，原因虽各不同，但常常与当权者有关。例如：西塞罗就曾经写信给朋友阿提库斯要求他在公元前51年作反闰月斗争，以便西塞罗自己在西里西亚的任期不延长，因他急于返回罗马[③]。

高官贵族们干预历法的结果使罗马历法在公元前1世纪中叶又混乱起来。公元前50年春分日应为3月22日，但在罗马历落到5月15日，差了55天。到公元前46年已经差到90天，年代学家马克罗比乌斯称这一年为混乱年。

4. 恺撒的历法改革

公元前1世纪中叶，独裁者恺撒鉴于历法混乱影响正常政治生活，决定进行历法改革。他请了一位亚历山大里亚城的天文学家索西金尼斯研究并提出一个历法改革方案。索西金尼斯认为解决罗马历法混乱的唯一办法

---

① 参见阿庇安：《内战史》，2，55，狄奥·卡西乌斯：《历史集成》，38，6。
② 李维：《罗马史》，37，4，4。
③ 西塞罗：《致阿提库斯》，2，9。

就是彻底放弃阴历，把十二个月份均分在一个回归年之中，使之合乎季节，年长 365 $\frac{1}{4}$ 天。

首先必须消除当年日历同春分秋分日的差别。为此决定给当年（公元前 46 年）多增两个闰月，共三个闰月。第一个闰月照旧法加在 2 月 23 日之后利用原二月的最后 5 天另加 23 天成为一个闰月。另外在 11 月末和 12 月初之间再增加两个额外的闰月 67 天，一年总共增加 90 天[①]。这样，公元前 46 年这一年，罗马一共过了十五个月，445 天。公元前 45 年的春分罗马历法准确地落在 3 月 21 日。

在纠正过去的错误后，下一步是防止再次发生错误。索西金尼斯建议采用回归年阳历，年平均 365 $\frac{1}{4}$ 天，平年定为 365 天，每四年增加一天成 366 天为闰年。增加的一天加在 2 月 23 日和 24 日之间，以不打乱二月份日历上已有的一切节日为目标。2 月 23 日原有的罗马名称是"三月朔日前六日"，新加的闰日就叫"三月朔日前闰六日"。

平年原为 355 天，现在成了 365 天，增加了 10 天。安排是一、九、十一月各加两天成为 31 天。四、六、八、十二月各加一天成为 30 天。共加 10 天。另外二月改为平年 29 天，闰年 30 天，十月改为 30 天。这样实际上除二月 29 天外，其余月份是 30 天和 31 天交替。

恺撒改革后的历法称为朱理亚历。这历法基本上是保守的。它尽量少改动罗马共和国旧有的传统。每月增加的天数一般都放在该月 28 日之后，不影响原日历吉日、禁忌日等的排列。四月增加的一天加在 25 日，因该月 28 日起连续几天为花神节，虽非正式公共献牺牲日，但很受市民的欢迎，不宜打乱。这十个新日都是开庭日，其中有一天在奥古斯都时改为公共献牺牲节日。

恺撒死后，祭司团错误地按罗马古旧的包括两头的计算方法，把每四年闰一次愚蠢地搞成每三年闰一次。因此，到公元前 9 年，36 年间闰了十

① 苏埃托尼乌斯：《恺撒传》，40。

二天而不是九天。① 奥古斯都不得不决定从公元前 8 年起到公元后 8 年不加闰年日以调整差错。

每月日数的分配到公元前 8 年也作了局部的调整。这一年奥古斯都把原 Sextilis 月（原为六月，后改为八月）改为奥古斯都月。据说他给这个月加了一天，从而减掉二月的第二十九日，平年二月又变成二十八天。这又使七、八、九三个月连续为大月，于是又减 9 月一天加给 10 月，减 11 月一天加给 12 月，变成今天公历历法上各月份的状况。

朱理亚历保留旧罗马日历，把每天都加上标记，没有星期。但在罗马有一种每八天一期的集市日，称为九集（Nundinum）。罗马计算日期是把两头都算进去，所以八天称为九天。古典作家认为九集日起源很早，因为民间重视。《十二铜表法》的一个断片提到"九集日"。蒙森认为或与巴比伦七天一周有关，但没有证据，"九集日"显然是罗马人固有的，不是外来的。有些法案的提出要经过三个九集日，然后才投票。罪案的审判和判决日之间也要间隔三个九集日。所有候选官员也要在三个九集日之前宣布他们已到城里等候。有些政治家还利用"九集日"冲公民大会以达到政治目的。七天一周的星期是公元 4 世纪君士坦丁大帝改革基督教之后才开始引进的。

5. 朱理亚历与格里高利历

朱理亚历平均年为 365.25 日，准确的回归年为 365.242199，朱理亚历平均每年比回归年长 11 分 14 秒，200 年就积累成一天半，1000 年七天，再延下去这历法和季节又要逐渐脱节。中世纪欧洲基督教会议上就几次提出过这个问题，但未采取行动。因为天文学家们认为还没有足够准确的回归年数字。公元 1545 年计算复活节时发现历法上的春分日比准确春分日差十天。这一年十二月，基督教会议授权教皇保罗三世采取行动改正历法上的错误。后来征集了许多意见，但一直没有做出决定。直到 1572 年格里高利教皇委托耶稣会天文学家克里斯托芬·克拉维（1537—1612 年）主持此事。他采用天文物理学家卢吉·利罗的建议着手改革。

1582 年 2 月公布改革方案：第一，纠正春分日，决定把下一圣法兰西

---

① 索利努斯，13，46；马克罗比乌斯，2，14。

斯节，原为 10 月 5 日这一天改称 10 月 15 日，这样一下子减少十天。第二，为了使平均年长与回归年长更相似，采纳了 365.2422 数值，与朱理亚历相比每年长 0.0078 天，每世纪长 0.78 天，每 400 年长 3.12 天。这样每 400 年少闰 3 天就可以解决了。于是决定所有百年整数的闰年只有除尽 400 的百年才加闰日，其他百年按朱理亚历本应是闰年，但不闰，1700、1800、1900 年都不闰，2000 年则闰。这历法称为格里高利历，沿用至今。其基础和主要部分都来自罗马时代的朱理亚历。

二、古代西方的年代学

1. 古代西方国家的纪年法

西方世界真正使用成体系的纪年法开始得很晚，希腊人用奥林匹克赛会优胜者纪年是公元前 3 世纪才开始的。现在世界上绝大部分地区通用的耶稣基督诞生纪年是公元后 6 世纪开始制订到查理曼之后才逐渐流行的。现在我们关于公元前的年代当然都是后来推算的。

众所周知，各民族对于自己的历史传统自古以来都有自己的记忆和记录方法，年代学就是要研究这些记录的方法，研究其准确性以及如何将其纳入后来的纪年体系等问题。

古代各民族关于自己民族起源和建国的记忆往往以神话传说的形式口头流传下来。对于重要大事发生的年代，人们往往以英雄的名字来标志，例如：雅典国家形成于提秀斯时代，来库古时代斯巴达发生了一次社会改革，努玛时代罗马人建立了法律、信仰和国家体制等。最初各族人显然没有明确的年代观念，没有发明更好的办法来做年代标志。

有了文字记录之后，许多国家开始记录当权的国王或执政官的姓名，记下在他们当权的时候发生的大事，这种记录积累下来就形成了以名年官为标志的年表和大事记，有的城用大祭司长的姓名纪年。例如，阿尔戈斯城就用他们所崇奉的希拉女神的女祭司名纪年。这种记录起初显然是比较散乱不成体系的。

进入古典时代以后，有些城邦觉悟到应了解自己的过去，整理古代记录成为一件重要的事。于是，搜集记录、编纂连续的年代纪成为古代各国早期史家的主要任务。

5世纪希腊史家沙龙编过一个斯巴达监国官名表。列斯堡岛人海兰尼库斯编过一个阿尔戈斯希拉女神女祭司名表。雅典人保有连续二百余年的执政官名表，西西里陶罗美尼城有一个包括上下三百年的主管官名表。古罗马人也有七王传说和共和国时期有几百年的执政官名表等。此外，古代东方诸国如巴比伦、埃及、亚述、波斯以及马其顿和希腊化时代诸国都保有或长或短的统治者姓名及在位年数的列表。

这许多统治者名表，作为年代记录都是史家借以编纂历史的重要史料，但是这些史料在年代方面所能提供的东西有两个重大缺陷：第一，这些材料所提供的只有相对年代；第二，这些记录各有自己的纪元法，没有通用的纪元。这种缺陷使学者在利用它们时必须首先设法找出它们和后来通用的纪年法的关系，才能使用。有些古记录，如果找不到联系，在年代学上就没什么用处。

2. 相对年代和绝对年代

最古老最直接的纪年方法只能是相对纪年：即把要记的事件同前后已知或著名的较大事件联系起来，用它们之间的距离来表明该事件发生的时间。例如修昔底德记："特洛伊陷落后六十年……比奥阿提亚人……定住于现在的比奥提亚。……再过二十年多利亚人和赫丘利的子孙们占领了伯罗奔尼撒半岛"。[①] 这里后两件事用著名的特洛伊战争为定年的标志。修昔底德在第Ⅵ卷一章中谈及西西里岛诸城的建立时都是以叙拉古的建立为标志，例如，"吉拉城建于叙拉古后四十五年。"但叙拉古城的建立也无其他定年材料，只说希腊殖民者到西西里岛后第二年就建立了叙拉古城，如果没有其他办法找出特洛伊战争和叙拉古城建立的年代，这种记录在年代学上用处就不大了。

波利比乌斯记高卢人攻陷罗马的时间是在"羊河战役"后十九年，留克特拉战役[②]前十六年，与安塔客达斯和约[③]同时，当时西西里叙拉古城僭

---

① 修昔底德：《伯罗奔尼撒战争史》，2，1。

② 公元前371年，在留克特拉城，斯巴达败给底比斯。

③ 公元前387年，斯巴达同波斯人订立的和约，又称大王和约。

主狄奥尼修斯正包围意大利南部的利吉母城。

　　慎重的史家为了说清楚这一事件的年代，纵横联系了上下左右发生的几件大事，但所记仍是相对年代，不经其他材料辅助，就考核不出事情发生的时间距今多少年。

　　事实上每一个记录下来的年代，只有能知道它们在今天的纪年体系中所占的地位，这个年代才有意义；也就是必须把相对年代换算成今天通用的纪年体系的年代——我们姑且称之为绝对年代——这样相对年代才能起纪年的作用。我们可以找到许多相对年代的记录，能知道有这些人和事件，但不能确知他（它）们在距今多久以前存在或活动过。因此，必须找到他（它）们同已知的绝对年代相碰的证据，才能推算出他（它）们发生的绝对年代。除了把各种年表互相参照找出联系外，天文学的证据给绝对年代的寻找带来最大的帮助。

　　各古代民族的年代纪上常在统治者名下注上他们统治时期发生过的大事，其中包括天灾、异兆、条约、日月食等。这就给研究者提供了推算绝对年月的一些依据。例如我们有亚述的一个名年官名表，上面排列了二百多年的名年官姓名。由于在某一名年官名下注明发生过一次日食，学者因而能在其可能的年代范围内推算出这次日食的准确年代。据推算，这次日食应为公元前 763 年 6 月 15 日。这样，学者们就能够算出这个名表的年代为公元前 893—前 666 年[①]。

　　又如修昔底德记伯罗奔尼撒战争的第一年发生了日食。据推算，这次日食应为公元前 431 年 8 月 3 日，这就确定了希腊史上一个重大事件的绝对年代，以这可靠的证据为支点可以推算其他事件的年代。[②]

　　天文材料的参考可以独立于各种记载之外，成为年代学上可靠的依据，其中日月食尤为重要。日食发生于月晦时，每次只在地球某部分能见，而且只有日全食最明显容易记录下来，所以利用日食记录推算比较准确。月食在满月时发生，地球上到处可见。同样的月食再见的周期是 233 个月，即 18 年零 11 天，要想推算出精确年月，须知道某次月食的大致时间范围，

---

① 见比克曼：《古代世界年代学》，纽约，1980 年版，第 67 页。
② 修昔底德：《伯罗奔尼撒战争史》，2，28，1。

不然难以得到准确时间。例如，有一纸草史料记录在埃及著名法老拉美西斯二世在位的第五十二年发生月食，由于年代久远，且缺乏其他辅助证据，学者们推算的年代很不一样：有公元前1304、1292、1279等等。在这种情况下，就必须依靠更多的其他材料的发现才能确定准确的日期。

有些古代民族也观测天体中的大星座的变化来记季节和年代。古巴比伦人观测金星，埃及人观测天狼星。他们都保有可信的远古纪年表，对于近东古代和希腊罗马的古年代学有很大帮助。

根据罗马作家记载：本都王米特拉达梯六世十三岁继位，在位56年，出生时和即位时都出现过明亮的彗星。[①] 据查中国史料记录了两次彗星的出现。对照罗马作家的其他记录可算出他生于公元前134年，即位于公元前120年，最后死于公元前63年[②]。

除了天文学材料，也可以据其他已知的可靠的记录推算。例如米利都城有一个很长的统治者名表，其中亚历山大大帝的名字也被列上了。据其他材料得知亚历山大征服米利都在公元前333年，有这个定年，表上其他人的年代也可以推算出来。

3. 各种纪元法

纪元的意思是以一件大事，如开国、建朝、皇帝即位等为起点作为元年，从这里出发计算年代的顺序。在世界通用的耶稣诞生纪元或伊斯兰教纪元通行以前，自古以来各国、各民族、各地区有过无数种各自的纪元方法。中国古代各朝皇帝都分别在自己即位时改元，甚至一个皇帝也改几次纪元。中国历史有几千年连续不断的记录，加以有周期较长的干支纪年法，改多少次纪元也能推算出准确年代，即算出距今的距离。在西欧古代各邦就大不相同。古代中近东和地中海地区大大小小国家存在的时间参差不齐，各有自己的纪元方法。纵使一些城市保存了自己的名年官名表，但其绝对年代很难比较和推算。加以历法不同，一年的起讫月份不同，计算方法又有差异，换算成公历的年份往往也很不一致。

塞琉古一世继亚历山大大帝之后在公元前321年8月重新征服巴比伦。

---

① 老普林尼：《自然史》，25，1，6；尤斯提努斯：《腓力比克》，37，2。
② 《汉书·天文志》；武帝"元光元年六月客星见于房。"查元光元年为公元前134年。

他采用了巴比伦的历法；从这年 8 月起按他的年号纪年。他的儿子安条克一世实行所谓塞琉古纪元，把公元前 312 秋/311 夏秋定为塞琉古元年。这一纪元被塞琉古王国治下许多城市采用，有些城市沿用到中世纪和近代。

公元前 2 世纪塞琉古王国开始衰微，其治下的有些城市摆脱了王国统治，宣告独立，改行自己的纪元。例如，推罗城从公元前 126 年 10 月 18 日在推罗独立，就改行推罗纪元。记载有一个基督教的宗教会议于推罗纪元 643 年 9 月 16 日在推罗举行。按推罗元年为公元前 126 年 10 月 18 日至公元前 125 年 10 月 17 日。这个会议应开于 643—125＝518，即公元 518 年 9 月 16 日。

由于罗马大将庞培在东方进行一系列征服活动。在东方许多城市还有所谓庞培纪年。安条克城有一段时间就以庞培把该城从塞琉古王国统治下"解放"出来的年份公元前 66 年作为新纪元的开始。罗马治下的各行省多有从罗马征服算起的本省纪年。马其顿以公元前 148 年为本省纪年的元年；阿卡亚以公元前 146 年为本省纪年的元年；埃及曾一度把奥古斯都的征服（公元前 30 年 8 月 1 日）作为纪元元年，直到提比略时代。

还有些国家用大战胜利纪年，有的用一些国家大事：如雅典有一时期用哈德良元首巡查雅典的年代——公元 126 年，作为纪元元年。君主戴克里先曾在埃及改变历法，推行罗马朱理亚历，以 1 月 1 日为岁首。这一改革与埃及观测天狼星的历法很不一致，但埃及人容忍了并以戴克里先即位年（公元 284 年 8 月 29 日）为纪元元年，直到公元 6 世纪。后来埃及科普特人一直沿用戴克里先纪年法。

地方纪年的不一致使编写历史的学者们感到很不便。

4. 奥林匹亚纪年

当亚历山大大帝征服地中海东半部和中东文明世界大部地区之后，希腊化世界的统一形势可能给当时的学者带来建一种统一纪年法以便于写作的启示。当时，希腊世界每四年举行一次奥林匹亚赛会的传统已实行了许多年，每届赛会优胜者的大名传播全希腊。有人认识到这个定期举行的赛会是可靠的年代进展的见证。

早在修昔底德写伯罗奔尼撒战争历史的时候，他就几次提到奥林匹亚赛会作为同盟城邦约会的时间标准。[①] 诡辩学者西庇阿第一个发表了一个奥林匹亚优胜者名表。雅典人非罗卡鲁斯在公元前 3 世纪编过一个奥林匹亚优胜者名表。

最早用奥林匹亚纪年的人可能是西西里陶罗美尼城的提迈乌斯（约公元前 359—前 260 年）。以西里尼人埃拉托斯西尼（约公元前 250 年）为代表的公元前 3 世纪亚历山大里亚城的天文学家们大约是最早一批正式提议利用奥林匹亚赛会作为希腊世界共同纪年标准的学者。这一意见大概很容易被当时的希腊世界接受。无论如何希腊作家自那以后逐渐采用奥林匹亚纪年法。

保存至今的有一条希腊铭文说阿特米斯神在马革尼西亚城显灵，时间记的是某一次奥林匹亚赛会的第一年，同时也提到当时雅典执政官名和另一泛希腊赛会的名称。根据这些线索，人们推出这条希腊铭文上所说的时间是第一百四十次奥林匹亚赛会。[②]

埃拉托斯西尼大部分关于年代学的著作均已散佚，保存下来有一个断片可作推算几个重要年代的依据。这个断片所记录的是希腊史上几个大事之间的年代距离，直到亚历山大大帝之死，即编者自己的时代[③]。它所记如下：

事　件	时　间
从特洛伊陷落到赫拉克利斯回转	80 年
从此到爱奥尼亚人殖民（移民）	60 年
从爱奥尼亚殖民到莱库古	159 年
从莱库古到奥林匹亚之始	108 年[④]
从第一次奥林匹亚到薛西斯远征	297 年
从薛西斯远征到伯罗奔尼撒战争爆发	48 年
从战争开始到战争终了	27 年
从伯罗奔尼撒战争末到留克特拉之役	34 年
从留克特拉之役到腓力之死	5 年
从腓力之死到亚历山大之死	12 年

① 修昔底德：《伯罗奔尼撒战争史》，2，8，1；5，49，1。

② W. Dittenberger 主编 "Sylloge 希腊铭文集第 557 号，第三版 1915—24，转引自比克曼：《古代世界年代学》第 75 页。

③ Jacoby：《希腊史料断片集》241，F，1，转引自比克曼，前引书，第 85 页。

④ 西塞罗：《论共和国》，2，17，也提到这个年代距离。可以作证。

这表上提到伯罗奔尼撒战争的开始。修昔底德认为战争爆发那一年发生了日食，据推算应为公元前 431 年 8 月 3 日。有了这个定点，根据此表就可以推算出第一次奥林匹亚赛会为 431＋（48＋297）＝公元前 776/777 年，修昔底德还记在战争的第十二年举行奥林匹亚赛会，推算应为第九十届，举行于公元前 420 年仲夏，可以作为佐证。

埃拉托斯西尼的年代表断片和修昔底德的记载，加上日食的推算，再配合以狄奥多鲁斯关于薛西斯远征在 75 届奥林匹亚第一年（公元前 480/479 年）的记载，我们可以有足够证据证明这几种记录都是正确的。据此可校正其他年代纪的错误，算出第一次奥林匹亚的年代，还可据上表推算出传说的特洛伊失陷的年代，为 776＋108＋159＋60＋80＝1183，即公元前 1183 年（见上表）。特洛伊战争故事虽属神话传说，但在古典世界是普遍为人们所接受的，而且往往用以作为纪年的支点，所以确立这个年代在年代学上也有很大的参考价值。

综上可知，被誉为年代学鼻祖的埃拉托斯西尼和亚历山大里亚城天文学家们的工作使希腊人对他们古代史的年代有了几个定点并且有了纪年的体系。实际上也第一次给地中海各民族的历史学者建立了共同的纪年标准。在这之前，像修昔底德这样严谨的史家，考虑到纪年时，也只能满足于记录大赛事之间的间隔年数，或多引几个城市的不同纪元对证。2 世纪以后的希腊作家如波利比乌斯和狄奥尼修斯就可以利用奥林匹亚纪年了。西西里的学者提迈乌斯可能是最早尝试把罗马史的年代纳入奥林匹亚体系的人。可是当时在罗马没有得到广泛的流传。波利比乌斯的布匿战争史出现后罗马纪年才逐渐同奥林匹亚联系起来。但是罗马作家主要仍以他们的名年执政官姓名为年代的标志。遇一件较为重大事件时，就写明该事件的发生距离罗马建城若干年。但是没有形成一个建城纪元。把罗马执政官名表同希腊纪年体系协调一致是后来罗马史家和年代学家所做的工作。

奥林匹亚赛会每四年举行一次，即每四十九或五十个月，在仲夏满月时举行，并没有准确日期也没有明确的记录，只有一些学者编了某些优胜者名表成为依据。为了便于计算，奥林匹亚纪年体系创始者们决定依照阿提卡纪年法，规定奥林匹克年以夏至为岁首，一年的时间是从夏至到第二年夏至。以一月为岁首是后来罗马的历法。希腊纪年换成公历因之要用双年表达：如特洛伊陷落在公元前 1184/1183 年，伊壁鸠鲁死于公元前 271/270 年，等等。只有知道准确月份才能准确地定年表达。

罗马时代巴勒斯坦驻恺撒里亚城基督教主教尤西比乌斯（约公元 260—340 年）所著年代记中第二卷列有综合古代年表，其中保存有第一到第二百四十九届奥林匹亚优胜者名表，直到公元 324 年。该书希腊文原著已佚失，现保存下来的是罗马基督教作家耶罗姆（约公元 340—420 年）的拉丁文译本，以及亚美尼亚和叙利亚文译本，耶罗姆的译文把年代延长到公元 378 年。尤西比乌斯和耶罗姆都属于基督教史作家。

尤西比乌斯的年代纪共分两部分，第一部分是对古代史家不同意见的评述，第二部分是综合年表，以犹太年表为主，对照有埃及、亚述年表，希腊奥林匹亚年和罗马执政官名表等。耶罗姆拉丁译文传下来的这些年表是近代年代学家研究古年代学的主要依据。

三、古罗马的年代学

1. 古罗马人的记录和执政官名表的编纂

古罗马人很注意储存自己的传统，从共和初期就设有宗教性的机构主持档案记录，逐年纪录执政官名和该年发生的大事如战争、条约、粮价、立法、灾异、日月食等。纪录木牌收藏在公共建筑如卡庇托尔神庙中。公元前 390 年高卢人入侵时的大火焚毁了神殿中保存的重要文献，但后来很可能把重要的记录补了起来，特别是条约和规章等，可能利用其他城市保留的副本补足。因为政府必须遵循并执行这些条约。波利比乌斯认为罗马和迦太基早在公元前 509 年就订立过一个条约。在他的时代，这条约文本尚存，可能他见过这种记录。设立在萨图宁神庙的国家财库也保存有刻在铜版上的法律条文和元老院决议等档案，包括《十二表法》。专供平民用的抄本则保存在阿芬丁山的戴安娜神殿里。这些东西历经战乱散佚严重，但也有一部分保留下来。

在其他圣殿和纪念性建筑的墙壁、墓壁、石门、石柱等建筑物上往往也有关于重大事件的铭文。罗马共和后期开始有一些称作古物学家的学者对这些古代资料进行研究。有些人专门收藏古物，收抄整理古文献，所以有些公共记录也保存在私人手里。父族贵族之家常保留家谱，详细记录家族中出过的执政官和监察官名单。这些对编年史家都是有用的。

罗马较早期的学者很注意利用上述各种记录编排执政官名表和大事编年。已知较有名的有公元前 3 到前 2 世纪的皮克脱、比索等老年代纪作家和稍晚的小年代纪作家。比较系统地整理年代纪的还有大祭司团，有所谓大祭司斯奇沃拉的大年代纪 80 卷（约公元前 130 年），这些著作至今已完全佚失。但在共和国晚期和帝国初期显然曾被历史写作家大量引用和参考过。我们只通过保留下来的后来人的作品才知道有这些年代纪。

古罗马最卓越的博学家瓦罗（公元前 116—前 27 年）的大批作品的散佚是后世学术界最可惜的事。据说，瓦罗写过 74 部著作，620 卷，绝大部分散佚。现存的只有《论农业》3 卷和《论拉丁语》5 卷。据后人所记，我们知道瓦罗曾写过一部《古代神和人的世系》41 卷。这部书流传了很久。公元后 5 世纪圣耶罗姆和圣奥古斯丁都见过此书。公元 3 世纪作家森索利努斯（Censorinus）的著作《初生日录》中保存了瓦罗的部分材料。瓦罗是最早注意奥林匹亚纪年的罗马人。他认为从第一次奥林匹亚之后人类才从神话时代转入历史时代，罗马建城的时间应该是在第六次奥林匹亚的第三年（公元前 754/753 年）。瓦罗的世系表可能从神话时代写起直到共和后期，可惜我们已无从寻觅了。

另外，李维提到公元前 1 世纪小年代纪作家马赛尔曾在朱诺神庙发现一卷亚麻书，上面是执政官名表。名表所根据的显然是大贵族的家谱。表上反复出现克劳狄、马西里、法比乌斯、埃米利乌斯等大家族的人名[①]。西塞罗的朋友阿提库斯研究年代学，编写过一部年代纪，引用了亚麻书的材料，而这些后来又都收进了奥古斯都时代编写的卡庇托尔执政官名表中（Fasti），被后来的罗马史学者广泛使用。

上述各年代纪作家的作品和大祭司年代纪等虽然都没有传到今天，但

---

① 现代罗马史专家奥吉尔维在罗马史研究杂志 1958 号有文章专门讨论《亚麻书》问题，认为这亚麻书卷所记，起于公元前 509 年，可能编于公元前 150 年，是后世年表的重要来源。

是共和晚期和帝国早期的作家显然都能见到和利用这些材料。其中有些材料通过保存至今的波利比乌斯、西塞罗、李维、狄奥尼修斯以及更晚的一些人的作品，间接传到了今天。

奥古斯都时代作过两种年代纪的编纂，总括了前人的作品，而且保存了下来，成为罗马史年代学的主要依据。

公元前36年，在屋大维的指示下重修了圣王殿（Regia），即大祭司团办公处所，用从西班牙掠夺来的战利品修成一座大理石的圣殿。修成后，在殿的墙上铭刻了两套名录：一套是共和国以来逐年的主管长官名表，包括执政官、十人团和有执政官权的军事保民官以及狄克推多和骑兵司令官、监察官、大祭司长等名表。另一表所列的是举行过所有凯旋式的将军的名单。

两表铭刻的时间不很清楚。第一表上原来有马尔库斯·安东尼和他祖父的名姓，后来被抹掉了。这说明初刻是在亚克兴战役之前，表延续到公元12年，亚克兴之战以后的内容显然是后来补上去的。凯旋者名表中直到公元前19年，上面才出现有安东尼的姓名。

这两个表看来最初是屋大维授意编制的。所用材料不外来自上面提到的各种年纪作家、老小编年史家、古博物学家的作品以及其他当时还能找到的公元前2到前1世纪的作品。其中阿提库斯利用亚麻书所编的年代纪可能是比较更直接和更主要的来源。近代研究者认为奥古斯都的被释奴隶维利乌斯、弗拉库斯可能是编这两个名表的负责人。弗拉库斯是奥古斯都孙儿的教师，是个博学之士①。总之奥古斯都时代的两个名表并不是以任何更可靠的公家档案为依据而编写的。它们同传统保存下来的共和晚期和帝国前期的记载类似，并不比波利比乌斯、西塞罗、李维、狄奥尼修斯等人的报道更古老或更可靠。

这两个名表因为保留在卡庇托尔博物馆，所以引用者统称之为卡庇托尔执政官名表（Capitoliae Fasti），简称"执政官名表"。其中损毁看不见的部分经后人增补已经基本完整。李维经常引用这些材料，后来的其他作家也引用。在这个名表出现之前，罗马没有一个为学者一致接受的年表。李

---

① 据苏埃托尼乌斯说，弗拉库斯编过一个普拉耐司特历表城和一部百科辞典。后来佚失，但保留有公元2世纪 S. P. 费勒斯图斯的节本。参见《剑桥古代史》，第7卷，第329页。

维曾多次因各种纪年官名表不一致而苦恼。^①"执政官名表"出现之后，帝国早期作家李维、狄奥尼修斯等基本上以这个表为依据排列他们的年代顺序。不过这两个表也并不是十分可靠的。凯旋者名表第一人是战神马尔斯之子罗慕路斯，庆祝对凯尼南人的胜利，在 3 月 1 日，这显然是伪造。这一名表实际用处不大。比较有用的是"执政官名表"。这个名表的缺陷在于它所依赖的材料中贵族家谱占主要地位。西塞罗早就说过，各家族保存的家谱和葬礼演说太多伪造，使历史记录因之混乱。^②李维也承认各家在葬礼演说和墓志铭文上都有意炫耀自己家族的荣誉，伪造死者官职，伪造凯旋式，夸大执政官任职次数。^③甚至捏造家谱，把平民家世改为贵族，出身低微的人借用与之无关的高贵家族的相同姓名家世以提高自己的身价和名声。因为有这种伪造，影响了公共记录，造成了混乱。

例如表上公元前 458 年有个执政官名叫 L. 米努西乌斯·奥古利努斯。按其他史料记载，米努西乌斯氏族一向属平民，直到公元前 300 年才第一次有一个该氏族的人任占卜官，取得"奥古利努斯"名^④。罗马人的第三名是家族名，是氏族中某人因任显官或有战功或其他缘故出了名的，他的后人才采用他的称号为自己的家族名，亦即第三名。这个米努西乌斯氏族到公元前 300 年才出了一个占卜官，那早在公元前 458 年如何会有一个奥古利努斯（占卜官后人）？分明是假的，后添进去的。在卡庇托尔执政官名表上，公元前 5 至前 4 世纪的姓名中这类情况还不少，许多第三名（家族名）是伪造的。

保存下来体系比较完整的上古罗马史年代除在卡庇托尔执政官年表、李维和狄奥尼修斯的著作中可见外，还有西西里人狄奥多鲁斯的作品《历史集成》40 卷。该书写到公元前 54 年为止，完成于奥古斯都时代。这书写希腊世界多，罗马占篇幅较少，但在第二个十卷中有奥林匹亚纪年和从而推出的从公元前 486—前 302 年间雅典执政官名和罗马执政官名对照的年

---

① 李维：《罗马史》，2，4；2，7。
② 西塞罗：《论布鲁图斯》，16，62。
③ 李维：《罗马史》，8，40。
④ 占卜官拉丁文为 Augur，奥古利努斯（Augurinus）一姓来自占卜官一词，因该族有人曾任占卜官出了名，才得此家族名。

表。狄奥多鲁斯的罗马执政官表和卡庇托尔表在年代上有些地方有出入。他所依据的显然不是亚麻书或瓦罗等人的材料。研究者认为他或用了老年代纪作家或希腊方面稍早的材料。他自己在开始一章中说自己研究了拉丁文材料。提到有罗马古代的"备忘录",所指也许是大年代纪或残存的纪年木牌之类。狄奥多鲁斯的罗马年代独成一家,与罗马传统不同,非常值得学者关注。

进入帝国时代以后,执政官名表就保存得完整了,后来又加入元首(君王)年表,不过也要经过后来一些编辑家的编纂才能保存下来。今天我们保有的执政官名表和罗马元首(君王)年表从共和国第一年布鲁图斯和科拉提努斯开始直到公元541年巴西里乌斯为止,上下共1050年。其中公元537年以前一直都沿用执政官和保民官姓名名年,公元537以后才改为按君主统治年计算。

今天我们保存的年表有下列一些。

(1)卡庇托尔执政官年表。主要保存在巴勒斯坦恺撒里亚城主教尤西比乌斯(约公元260—340年)的著作中。这部作品原文为希腊文已佚失,现存的拉丁文本是圣耶罗姆(公元340—420年)译成的。

(2)李维的记录。缺少的卷章可由公元519年发表的卡西多洛斯年表补齐。

(3)狄奥多鲁斯11~20卷中所记公元前486—302年的执政官名表。独立于前三者自成一体系。

以上是共和国时期。帝国时期有下列几种:

(4)称作公元354年编年史家的年代纪,是一个佚名的编辑家的作品,提供从共和初到公元354年的名年执政官、保民官名表。共和国部分是直接从卡庇托尔表抄录的,其中有些作了修订和补充。

(5)公元468年编成的一部称为希达他尼的年表以及公元630年在希腊编写的一部称作帕斯卡利斯的年代纪提供了罗马帝国的年表。

2. 古罗马年代学上的疑难问题

古罗马编制的年表主要依靠两种材料:一是种希腊的年代表,包括奥林匹亚纪年和雅典执政官名表。另一种是罗马的各种年代纪和执政官名表。

罗马资料所提供的多属相对年代，有必要与奥林匹亚年代找到联系。在综合对照这两种材料时显然遇到了困难。总的说在公元前300年以后的年代，两方面的材料基本上能碰上，但在公元前300年以前的年代就有麻烦，有很多不一致的地方。问题主要出在罗马材料的混乱，在几个重大事件的年代上说法不一。关于罗马建城，共和国第一任执政官和高卢入侵攻陷罗马城等几件大事的年代都早在古代就有争议。我们可以引用狄奥尼修斯的一段具有代表性的话来了解这种争议（卷Ⅱ，74章）。

关于该城①的最后确立或说建立，无论怎么说吧！西西里的提迈乌斯不知依据什么原则说是同迦太基的建立同时，即第一次奥林匹亚赛会之前38年②；元老路西乌斯·琴其乌斯则说是在第十二次奥林匹亚赛会的第四年，③ 昆图斯·法比乌斯说在第八次奥林匹亚赛会的第一年④；老迦图不采用希腊人的计算法，不过他在搜集古代史料方面，其小心谨慎不逊于任何人，他认为建城是在特洛伊战后432年。这时间用埃拉托斯西尼的年表来对照，相当于第七奥林匹亚的第一年。⑤ 我在另一篇论文里已证明过埃拉托斯西尼的年表是准确可靠的，在那篇论文里我也曾说明罗马年代应如何同希腊年代对照换算⑥。因为我不像麦加罗波利斯的波利比乌斯那样只简单地说："我认为罗马是建于第七奥林匹亚赛会的第二年"⑦，也不敢不作任何进一步的研究就轻信大祭司们所保留的一条木牌，而且是唯一的一条木牌上的记载。我敢作的是说明我的理由，使所有愿意研究的人都可以检查。在那另一篇论文里，我对此已作过详细的解释，但在本文里我还将把最重要的结论重述一下。事情是这样的：一般说来，大家一致认为攻陷罗马城那次高卢人

---

① 指罗马。
② 公元前813年。
③ 公元前728年。
④ 公元前747年。
⑤ 751年（1183—432）。
⑥ 所指显系已佚失的一篇著作。
⑦ 公元前750年，波利比乌斯关于罗马建城年代的提法只见于此处，狄奥尼修斯的间接暗示。

的入侵发生在皮尔吉在雅典任执政的时候，即第98届奥林匹亚的第一年①，如果从此往上推算罗马城被攻陷以前的年代，直到路西乌斯·T. 布鲁图斯和路西乌斯·科拉提努斯推翻王政第一次在罗马任执政官时为止，共为120年。这可以用许多其他方法证实，尤其是监察官们的记录。监察官往往子继父业。他们像维持家神祭祀一样十分小心翼翼地把职位传给自己的后代。许多卓著的监察官家庭保存着这种世系记录。从这种材料中我发现罗马城沦陷前一年曾经举行过一次公民财产调查。记录的调查年代是：在路西乌斯·V. 波提图斯和提图斯·M. 卡庇托林努斯为执政官那年，即废除王政后119年。可见在这次调查的第二年发生的高卢人入侵是在第120年过完之后。如承认这一间隔期包括30个奥林匹亚，那第一任执政官就职时即应为第六十八届奥林匹亚的第一年，即伊萨格拉斯在雅典执政的那一年。②

狄奥尼修斯在第75章继续写道：

> 还有如果从推翻王政起往上推到城的第一统治者罗慕鲁斯，得出的结果为244年。这是从七王相续和每人统治的年限得出的。

下面他摆出传说七王统治的年限加起来共244年，相当于61个奥林匹亚，于是算出罗慕路斯开始统治在第七奥林匹亚的第一年。当时在雅典是十年制执政官沙洛甫统治的第一年。③

从上引段落可以看出高卢人攻陷罗马城的年代是一个关键，因为这有同时代人的记录，所以再往上的年代多以这一年代为支点来推算。但狄奥尼修斯恰恰在这个年代上没说出自己的理由，只说根据大家一致的看法认为第九十八届奥林匹亚的第一年（即公元前388/387年）。波利比乌斯关于这个年代，提了几种证据④，肯定说这事的发生与安塔客达斯和约同年，即

---

① 公元前 388/387 年。
② 公元前 508/507 年。
③ 公元前 752/751 年。
④ 见本文前相对年代一节。

公元前 387/386 年，比狄奥尼修斯所说晚一年。

　　高卢人焚烧罗马城的事件在当时地中海世界无疑引起了震动。据记载，公元前 4 世纪至少有四个希腊人提到这件事；有历史家提奥旁普斯、哲学家提奥夫拉斯，有本都的希拉克来底斯和亚里士多德①。亚里士多德甚至知道司令官卡米卢斯交出了罗马。知道这事的人虽然很多，但是今天想确定这件事发生的年代却是难以做到的。除了波利比乌斯没有别人提供更多的定年线索。波利比乌斯所主张的公元前 387/386 年看来是最可信的，但它同罗马人瓦罗自己定的年代差三年。和狄奥尼修斯差一年。在没有更进一步的证据之前，这种差别只好存疑。

　　在推翻王政建立共和国、第一任执政官的年代上，狄奥尼修斯依据罗马监察官家谱得出的年代为公元前 508/507 年。波利比乌斯说共和国的建立是在薛西斯跨海到希腊前 28 年。据希腊记录薛西斯远征是在第七十五届奥林匹亚赛会的第一年，即公元前 480/479 年，这以前 28 年应为公元前 508/507 年，恰与狄奥尼修斯从另一途径推算的年代一致。

　　不过这个年代也不能这样作定论，因为共和国开始的年代必须同王政时期以及建城年代相互牵扯。这属于神话传说时代的定年当然更为复杂难以确立，因为其中有伪造，我们只能依传说姑妄论之。

　　早在公元前 300 年左右，罗马人已经采纳了关于特洛伊英雄埃尼阿斯、罗慕鲁斯以及七王的传说，承认他们是罗马的起源。当罗马编年史家决定把执政官名表作为共和国历史根据时，他们必须确立传说中的七王多少年代。这就牵涉传说的特洛伊的陷落和埃尼阿斯何时到达意大利的问题。最初传说的故事是说建罗马城的是特洛伊英雄的儿子或孙辈。但对照一下希腊的传统，人们发现七王之说填不满从埃尼阿斯到赶走塔克文之间的年代（六百年，公元前 1183—前 509 年），因此早期编造传说的人在埃尼阿斯和罗慕鲁斯之间加进了阿尔巴·隆加诸王的故事，这样去掉四五百年。七王给了 244 年也不一定有什么可靠的传说，很可能是根据希腊人 30～40 年一代的估计法得来的平均数，也是人工编制的。正因此，所以对罗马建城年

---

　　① 参考桑迪斯：《拉丁学习参考资料》，第 110 页。

的估计有很大差异。从狄奥尼修斯引文可见说法不一，上下范围从 814 到 728 相差 89 年。后来关于建城年代的说法逐渐趋向于缩小范围，可能同瓦罗、波利比乌斯等人较权威的提法有关。另外可能同利用天文学推算有关。西塞罗在《论共和国》中借西庇阿之口谈论日食这一自然现象时，提到伯罗奔尼撒战争初年的日食。看来当时已经大致理解日食的道理。他还提到罗马诗人恩尼乌斯[①]曾记载，在罗马建城三百五十年时[②]，发生了这样的事："时逢 6 月 5 日，月及黑夜荫蔽了灿烂的日光"。所记显然是一次日食。西塞罗说："利用恩尼乌斯所记录的这一日期和大年代记中的记录，以往的日食日期都推算出来了，直算到罗慕鲁斯时代发生于 7 月 5 日的那一次日食。"[③] 最后所说的日食是指传说罗慕鲁斯被接上天列为神明的一次。罗马传统说古罗马城奠基和创建人罗慕鲁斯死时都发生了日食。上引西塞罗的话表明：在罗马时代已推算了这两次日食。据近代罗马年代学家推算，罗慕鲁斯死时那一次日食发生于公元前 717 年 7 月。传说他统治罗马 37 年，据此推算，建城年应为公元前 754 年。西塞罗[④]提到他的友人费尔曼努斯曾依照加勒底人的天文计算法把罗马诞生日定为 4 月 21 日，帕利利亚节（牧人节）。西塞罗另一作品[⑤]还透露他的朋友阿提库斯所编年代纪把建城年代定为第六次奥林匹亚赛会的第三年，即：公元前 754 夏至/753 夏至。由于奥林匹亚纪年为夏至到夏至，所以建城年就确定为公元前 753 年 4 月 21 日。阿提库斯这样定的理由西塞罗没有提。由于这一提法后来被很多人接受，显然必是有比较可靠的依据，即天文学算法，或许是通过推算日食而得出的。

　　帝国时代公元 3 世纪作家索利努斯[⑥]记载博学家瓦罗所主张的建国年代

---

①　恩尼乌斯约生活于公元前 239—前 169 年。

②　三百五十年这年数研究家有歧义。因保留下来的唯一的《论共和国》原文羊皮纸抄本此处破损，只看清"建城以后五十年"之数。古代一位校改者在旁边增加了三个百年符号 CCC，因而读成建城之后 350 年。但近代学者查找发现，所记年月没有日食。年代学者认为该年代应为"建城以来五百五十年六月五日"，折换成朱理亚历为公元前 203 年（763－550＝203，即公元前 203 年）。那年五月六日发生日食。恩尼乌斯所记是亲自经历。他生活于公元前 239－前 169 年，当时历法混乱，所以日期有差别。

③　西塞罗：《论共和国》，2，25；2，17～19。

④　西塞罗：《论布鲁图斯》，18，72。

⑤　西塞罗：《论神性》，2，98。

⑥　公元 3 世纪，索利努斯（Solinus）著《旧闻杂记》（Res Memoraliles）。

与阿提库斯相同。二人何者在先，无从考核。无论如何这里有了一个出自罗马作家之手的年代体系；建城为公元前753年，相应的下两个年代也比希腊作家的主张提前：推翻王政建立共和为公元前510/509年，高卢攻陷焚烧罗马城为公元前390年。后来许多罗马作家采纳这一体系。李维基本上也用这一体系。在罗马年代学上这一体系就称为瓦罗纪年。

瓦罗纪年出现之前，罗马作家在年代上多跟随波利比乌斯。他的提法是罗马建于第七次奥林匹亚赛会的第二年，即公元前751/750年[1]，西塞罗、狄奥多鲁斯和李维部分地方都接受了这一年代。[2]

瓦罗纪年以第六次奥林匹亚赛会的第三年为建城纪元元年，建城日为四月二十一日，即公元前753年4月21日。书写方法以拉丁文"建城以来(ab urbe condita) 简写 Auc 为记。建城以来753年相当于B.C.1年，Auc/754年是A.D.1年。计算年代时把 Auc 年代改为 B.C. 或 A.D. 时，小于753的就用754减，得出的数是 B.C.，大于753的数就用以减753，得出的年数是 A.D.。

罗马历史家纪年实际上仍沿用名年执政官等人的姓名。Auc 瓦罗纪年是近代罗马年代学家使用的体系。古代作家用时只是为衡量后来发生的某事件距离建城时间多少年。例如李维说有执政官权的保民官是在建城后310年出现的：即754－310Auc＝公元前444年。[3] 有一铭文记元首涅尔瓦在建城之后848年给人民恢复了自由[4]：即848－753 Auc＝公元95年。近代年代学家为方便起见利用 Auc 作为瓦罗纪年体系的符号。

罗马史上有争议的年代目前都暂以瓦罗纪年为准。波利比乌斯、狄奥尼修斯以及迦图等人的主张与瓦罗稍有出入，差异不大。狄奥多鲁斯的年代似乎另有来源，因之自成体系，在有些年代上差异大一些，目前可以留作参考。从现有材料看，波利比乌斯关于高卢人攻陷罗马的记载更值得考虑，似乎材料更确凿可信。不过他在第2卷中另一地方论高卢人攻打罗马

---

① 见前狄奥尼修斯引文。
② 西塞罗：《论共和国》，2，18；狄奥多鲁斯《历史集成》，7，断片，5。
③ 李维：《罗马史》，4，7。
④ 德骚，《拉丁铭文集》，274。

的几次战役时，年代上又有混乱，比第 2 卷所记差了五六年。[①] 所以现在还难以根据他的记述来更正瓦罗纪年的年代。

总之，因为古代各史家所依据的执政官表本身不十分连贯，加上伪造太多，年代和人名都有重复和矛盾。抄者各以自己的来源为准，因而发生差异。另一因素是各地历法的差别，岁首起点不同，计算方法不一样也会出现差别。

从保存下来作为罗马年代纪主要依据的"卡庇托尔执政官名表"本身可以看出它的另一些年代也曾经过修改，显然是为了凑足年数以便与另一种传统（也许是瓦罗纪年）相一致。例如表中有四个所谓"狄克推多年"（公元前 333 年、公元前 324 年、公元前 309 年、公元前 301 年），在这几年后没有执政官名，只写上是狄克推多和骑兵司令年。按罗马习惯执政官照例年年要选。狄克推多是临时推选的，有狄克推多仍有执政官。这几个狄克推多年都在高卢攻陷罗马公元前 387 或 390 年和皮洛士入侵意大利之间[②]。显然罗马年代纪编者发现他们所有的执政官名表填不满这两大事件之间的空白。为了使罗马年表同希腊纪年相一致，就采取一些协调办法。四个狄克推多年可能是这样出现的。

这类的例子还有：名表上高卢人陷罗马城之后十五年（公元前 391 年—前 376 年）注的是"有执政官权的军事保民官"时代。这之后有五年空白（公元前 375 年—前 370 年），再下面又有一段同样的军事保民官时代（公元前 370 年—前 367 年）。李维跟随执政官名表在这五年空白上插入一个五年混乱时代。[③] 狄奥多鲁斯在这几年重复了公元前 391 年—前 387 年的四组执政官名，另加一年混乱时代，也补了五年。波利比乌斯比李维等人早一百多年，但他的第 1 卷和第 2 卷的年代之间也有差别，按第 2 卷记载推算，高卢攻陷罗马应为公元前 382 年，而第 1 卷确凿证明在公元前 387/386 年，二者也差了五年。从出差异的情况来看，可能问题在于原始史料即执政官表有缺陷，各史家为凑年数，各采用一种说法，因而出现了分歧。

---

① 参考 T. D. 桑迪斯：《拉丁学习参考资料》，剑桥 1929 年版，第 90 页。
② 希腊史料记载为第一百二十四次奥林匹亚赛会的第四年，即公元前 281/282 年。
③ 李维：《罗马史》，6，35，10。

3. 以耶稣基督诞生为纪元的纪年法的产生和利用

罗马帝国建立之后还没有一致的纪年法。部分学者采纳希腊奥林匹亚和罗马执政官名表对照纪年，有时加上建城年代距离。但意大利和各省、各城市仍有许多自己的纪年法。有些用自己城的建立年为纪元，有些用本城被罗马征服（"解放"）年纪元，有些用某件大事纪元，东方许多城市仍沿用塞琉古纪元，埃及因戴克里先曾在那里实行改革，一直沿用戴克里先的即位年为元年。东西罗马在纪年问题上也很有争议。

公元 6 世纪，因为基督教会计算他们的复活节周期而附带产生了以耶稣诞生为纪元的纪年法。按基督教信仰，复活节应在每年春分（三月二十一日）之后第一个月圆之后的第一个星期天①。因为既牵涉到阳历（春分）也牵涉阴历（月圆），所以每年不能落在固定的日期上。为了计算复活节的周期（大体在三月下旬和四月下旬之间变动），天文学家们列了许多年的历表。当时的教皇约翰一世（公元 525 年）就要求主持这项工作的天文学家狄奥尼修斯、埃克西古乌斯就已搜集的资料顺便制订一套新的年表。狄奥尼修斯就利用亚历山大利亚城教会原来编就的年表为基础。这个表本是以戴克里先即位年（公元 284 年）为纪元元年而纪年的。他感到不应以一个著名的迫害基督教徒的罗马君主的统治为纪元，于是改而选择了传说的耶稣基督诞生的年份为纪元之前夕（奥古斯都 27 年 12 月 25 日等于753Auc），② 耶稣纪元用 Anno Domini（我主之年）来表达，简写为 A. D.（现我国已改称公历纪元）。耶稣纪元元年等于 754Auc。在狄奥尼修斯的表上，戴克里先纪元 247 年相当于耶稣纪元 531 年，下一年就是公元 532 年，以下顺序使用 A. D. 纪年，停止使用戴克里先纪年。③ 耶稣纪元采用朱理亚历以一月一日为岁首，所以可以称为朱理亚年。

狄奥尼修斯的纪年法被教皇接受。后来经过几次修订是西方世界沿用的纪年法，现在已通行全世界。可见我们今天的纪年法起源于古代罗马。

---

① 要照顾犹太传统在耶稣受难后三天和逾越节之后。

② 狄奥尼修斯的计算与传说的耶稣生年稍有出入。据记载耶稣生于犹太希罗大王时代，最迟为750Auc 不应定在753Auc，因所根据也是传说，耶稣是否实有其人尚属疑问，纪年法延用至今，故无人再追究。

③ 埃及科普特教会至今沿用戴克里先纪年。

这样看来，一切古代纪年只要直接或间接能与罗马执政官名表、元首（君王）名表或戴克里先纪年或奥林匹亚纪年等联系上就都能换算成耶稣纪元的年。在格里高利改革以前一般称之为朱理亚年。

公元 562 年，高卢帕斯卡利斯地区一个年表编制者的年表已经采用耶稣纪元，不过同时仍对照罗马执政官名表。上面有这样的记载：Anno Domini 502 相当于执政官巴西里后 21 年。巴西里是现在保存的罗马执政官名表中最后的一人。这个表从公元前 509 年直到公元 541 年，共 1050 年。

基督教年代学家尤西比乌斯和圣耶罗姆的综合年代提供犹太、埃及、波斯、希腊和罗马年代的对照表，给历史学者提供方便。但在耶稣诞生纪元纪年体系出现之后，在整个中世纪仍缺少方便的能查询的综合年表。各地各国的纪元方法仍多种多样，并没有很快地都采纳耶稣诞生纪元。我们利用古代各种纪元年表或元首（君王）名表换算时，还需要注意几个问题：首先，一年之始没有共同标准。例如希腊和小亚许多城市使用亚克兴战役，但有些城以公元前 31 年秋为岁首，有些以公元前 30 年春为岁首。波斯阿卡尼达朝在巴比伦始于春天，在埃及则始于秋天，因波斯王征服时间不同而异。各帝王纪元的算法也往往不同。朱理亚年从 1 月 1 日起，奥林匹亚年从夏至日起。在纪年时往往因上半年或下半年月份不明确而差一年。

另外还有一个问题是 B.C. 和 A.D. 之间没有零年，B.C.1 年直接 A.D.1 年，计算时要注意方法。例如奥古斯都生于公元前 63 年，死于公元 14 年，问死时年多少？因为没有零年，所以 63 先减 1 再加 14 才得出奥古斯都的实际年龄 76 岁。奥古斯都死时距 76 岁生日差 35 天。[①]

前面提到其他纪元法的换算规律，即：Auc753＝B.C.1 年，Auc754＝A.D.1 年。换算时小于 753 的数字就用 754 去减，得出的年数为 B.C，大于 753 的数，就用它来减去 753，得出的数是 A.D。其他纪元法如塞琉古纪元，推罗纪元都同样算。

奥林匹亚年的换算法：直到第 194 届奥林匹亚都在公元前，计算法是赛会次数减 1 再乘 4，再用 776 减。例如 180 届奥林匹亚＝（180－1)×4＝

---

① 苏埃托尼乌斯：《奥古斯都传》，100。

716，然后用 776－716＝公元前 60 年。第 195 届以后的算法是先减 1 再乘 4 再减 775，例如尤西比乌斯的年表直到第 249 届，换算成公元年代为 (249－1)×4－775＝公元 217 年。

耶稣诞生纪元和朱理亚历一样，虽然在罗马时期就已制订，但并不是很快被各地普遍采用。近代初期以来有三个学者对罗马历法和年代学作了深入的研究。这三个人是 T. T. 斯卡利格（1540—1609 年），他的作品《正确的年代》利用日食推算古罗马历法，纠正了许多错误。埃德勒（1766—1846 年）著有《年代学手册》；另一人是蒙森，他的《罗马年代学》专著对罗马年代学提出了自己的很多看法。这三位研究家的贡献使罗马的朱理亚历法和年代学特别是耶稣诞生纪元具有了世界意义。

这里需要附带说明的是采用耶稣诞生纪元法纪年与接受基督教的信仰完全是两回事。恩格斯在《自然辩证法》中说："自然界无限的领域都被科学所征服，而且没有给造物主留下一点立足之地。牛顿还让上帝来做'第一次推动'，但是禁止他进一步干涉自己的太阳系。神甫赛奇虽然以合乎教规的一切荣誉来恭维他，但是绝对无条件地把他完全逐出了太阳系。……在一切领域中，情形都是如此。"看来，在历法科学领域里，科学家们对造物主还算是宽大的，至少在纪年法上，他们给"造物主之子耶稣"保留了一个历史的名义作为其立足之地，尽管这只是借用来标明时代的一种标志而已。

附

录

附录一　罗马帝王简史

塞克斯图·奥里略·维克多（Sextus Aurelius Victor）著作的缩写本

1

在罗马城建立 722 年、国王被驱逐 480 年后，绝对服从于某个人的习俗被复兴，但不是服从于王（rex），而是服从于元首（Imperator），或者说是更值得尊敬的奥古斯都的统治。于是，屋大维由于获胜而被授予奥古斯都的称号。他的父亲屋大维（Octavius）是一位元老，而他母亲的世系则可追溯到源于埃尼阿斯的朱理亚家族（但屋大维随他的舅公叫做盖乌斯·恺撒）。他亲自控制并行使着保民官权（tribunician potestas）。当埃及地区由于尼罗河泛滥而变得难以进入且由于沼泽连绵而无法通行时，屋大维将其变为行省。在士兵们的努力下，他打通了运河——这条运河由于疏于管理而被多年淤积的烂泥堵塞了——并使埃及成为罗马城粮食供应的充裕粮仓。在屋大维统治时期，埃及每年都要运送两千万份谷物到罗马分配给平民。为了罗马人民，屋大维将许多民族变为行省的居民，如：坎塔布里人（Cantabri）、阿奎丹尼人（Aquitani）、莱提伊人（Raeti）、文德里希人（Vindelici）、达尔马提亚人（Dalmatae）。他打败了苏维人（Suevi）和卡提人（Chatti），将锡加布里人（Sigambri）迁到高卢（Gallia）行省，使潘诺尼亚人（Pannonii）成为新的进贡者。当格塔伊人（Getae）和巴斯特尼人（Basternae）发动战争时，他迫使他们求和。波斯人给他送来了人质，并授予他为波斯人任命国王的权力。印度人（Indians）、斯基泰人（Scythians）、加拉曼特斯人（Garamantes）和埃塞俄比亚人（Aethiopians）给他的代理人送去礼物。的确，屋大维非常厌恶骚乱、战争和纠纷，所以，在没有正当理由的情况下，他从不与任何民族开战。他常说，对胜利和月桂冠（月桂是一种不结果实的植物）的狂热会使人陷入自吹自擂、反复无常的状态之中，而战争结果的不确定性则会使公民陷入危险的境地。对于一个杰出的元首来说，没有什么是比轻率更不相称的品质了：只要是好的政策，元首都应该迅速执行；除非是为了获得意义深远的利益，否则元首不应该妄动干戈，以免在付出沉重代价后只得到微薄的回报。受人青睐的胜利就像渔夫钓鱼的金钩，一旦金钩断裂或者丢失，渔夫就会得不偿失。在屋大维统治时期，一支罗马大军、许多保民官和代行大法官（Propraetor）在莱茵河外全军覆没。他为此十分悲痛，衣冠不整、披头散发，保持着哀悼的样子，并使劲敲打自己的头。尽管他自己讨好士兵，但却常常责备自己舅公的创新之举，因为后者居然异想天开地称自己的士兵为伙伴。的确，屋大维对公民非常仁慈，对朋友十分忠诚。这些朋友中最杰出的是麦凯纳斯（Maecenas）（因为他沉默寡言）和阿格里巴（Agrippa）（因为他性格坚忍、默默奉献）。此外，维吉尔常常带给屋大维快乐。诚然，维吉尔是少数极力维护他们之间友谊的朋友之一。屋大维醉心于文学研究，尤其是演说术。他对此从不松懈，甚至在战争期间也坚持阅读、写作和演讲。他以自己的名义提出法案，其中有些是新的，一些是对旧法的修订。他扩大了罗马城，并兴建了许多建筑以装饰它。为此，他骄傲地说："我接手的是一座用砖头砌成的罗马，留下的却是一座用大理石建成的罗马。"他性情温和、待人友善、温文尔雅、个性迷人、体态健美。然而，他的眼睛很大，就像最闪亮的星星一样，眼珠滴溜溜地转。他常常笑着解释说，人们像躲避强烈的阳光那样躲避自己凝视的目光。当某个士兵将自己的视线从他脸上移开并被询问为什么这样做时，此人答道："因为我不能忍受您眼中发出的闪电。"

尽管如此，一位如此伟大的人也有缺点。他的性格有些急躁、易怒，内心善妒且公开流露出自满的倾向。此外，他极为渴望掌握统治权——他对权力的渴望超乎人们的想象——且热衷于赌博。他喜欢大吃大喝——事实上，达到不分昼夜的地步——并常常为了满足淫欲而损害自己的名声，因为他习惯于躺在十二个娈童和十二个少女之中，却将妻子斯克里波尼亚（Scribonia）丢在一边。他还与李维娅（Livia）共结连理，仿佛获得她丈夫的许可一般。然而，李维娅当时已有两个儿子，即提比略（Tiberius）和德鲁苏斯（Drusus）。尽管自己崇尚奢侈，但屋大维却对犯有该罪的人严加惩处，深陷于这一罪恶中的人却在无情地处罚犯有这一罪行的人。诗人奥维德［又名纳索（Naso）］由于为他写了三本《爱的艺术（*Art of Love*）》而遭到屋大维的谴责和放逐。由于屋大维精力旺盛、精神愉悦，所以他通过各种表演来娱乐自己，尤其是那些闻所未闻的动物和数量庞大的野生动物的表演。

屋大维 77 岁高龄时，因病死于诺拉（Nola）。然而，一些人在著作中写道，他是被李维娅设计杀害的。因为李维娅得知阿格里巴被召回（阿格里巴是李维娅继女的儿子，由于遭到她的怨恨，被流放到一个小岛上），担心他有朝一日掌握帝国的权柄，自己会遭到惩罚。随即，元老院决定授予屋大维许多新的荣誉。除了已经授予他的"祖国之父"的头衔外，元老院还在罗马和所有其他最著名的城市向他奉献神庙，并公开宣称："要么不要让他出生，要么不要让他死去。"前半句说的是他卑鄙的开始，后半句讲的是他辉煌的结局。因为在角逐元首之位的过程中，他压制人们的自由；而在统治的过程中，他十分热爱公民。一次，当人们发现仓库中存储的粮食只够维持三天的谷物供应时，他决定，如果行省的运粮舰队在此期间没有到达的话，他就饮鸩自尽。当舰队到达之后，人们认为罗马全赖他的幸运才得以保存。屋大维统治了 56 年，其中 12 年是与安敦尼实行共治，46 年是单独进行统治的。当然，如果不是拥有许多的天赋以及经过后天的努力，他是无法得到统治权的，更不可能统治如此长的时间。

2

克劳狄·提比略（Claudius Tiberius）是李维娅的儿子，屋大维·恺撒（Octavian Caesar）的继子。他常被称为克劳狄·提比略·尼禄（Claudius Tiberius Nero），因为常常酗酒所以被恰当地戏称为 Caldius Biberius Mero ［意为吃香的，喝辣的（Imbiber of Hot，Straight Wine）］。在出任元首之前，即在奥古斯都统治时期，他很有远见，且十分幸运地在战争中取得了胜利，因此，人们将帝国的统治权托付给他。他精通文学，以雄辩而著称，但同时又极为卑鄙、冷酷、贪婪、狡猾，假装希望做过那些自己没有做过

的事情；他痛恨那些提出自己喜欢的建议的人，但是对自己轻视的人却怀
有好感。他在随机应变和深谋远虑方面比那些提前计划的人做得更好。的
确，他虚伪地拒绝元老院授予的元首职位（此举的确非常狡猾），私下探听
每个人的说法和想法，而这种行径足以使好人走向毁灭。因为当某些人对
他真诚地婉拒元首职位发表长篇大论，以示支持和喜悦后，他们都意外地
死去。他罢废了阿基劳斯（Archelaus）国王，将卡帕多西亚恢复为行省，
镇压了盖图利人的叛乱，用妙计围困苏维人的国王马罗博杜斯
（Marobodus）。当他极其愤怒地惩罚那些无辜者和罪犯、家庭成员和外人
时，由于军队作战能力的下降，亚美尼亚、美西亚和潘诺尼亚分别遭到帕
提亚人、达西亚人和萨尔马提亚人的入侵，高卢也遭到附近民族的侵略。
在活了八十八岁零四个月之后，提比略被卡里古拉谋杀。

3

卡里古拉统治了 4 年。他是日耳曼尼库斯（Germanicus）的儿子。由
于出生于军营之中，人们称他为军鞋（即 Caligula）。在出任元首之前，卡
里古拉得到了所有人的爱戴。但是，在他统治过程中，人们一致公正地认
为他是最坏的元首。事实上，他玷污了自己的三个姐姐，在衣服上绣着自
己崇拜的神灵四处招摇。由于他的乱伦，他常常宣称自己是宙斯以及来自
他的酒神节合唱队的利伯拉神（Liber）。这件事情也许对人们了解与元首
们有关的每件事情有所帮助，但对子孙后代来说，我不知道将这些内容写
下来是否合适，但至少由于担心他们的声誉受损而掩盖这些暴行是不对的。
他在自己的宫殿中公开与贵族妇女调情；他还是第一个头戴王冠并命令人
们称自己为主人（dominus）的人；在普特欧兰（Puteolan）海湾三里长的
防波堤上，他像庆祝凯旋式一般，安排了两列舰队，并坐在两匹战马拖曳
的战车上，沿着用沙子堆积起来加固的堤岸驰骋；他自己则穿着金色的军
服，用官员的马饰和一顶青铜王冠装饰战马。卡里古拉后来被士兵们所杀。

4

克劳狄·提图斯（Claudius Titus）是提比略的堂弟、德鲁苏斯的儿

子、卡里古拉的叔叔，统治了 14 年。当元老院认为恺撒家族已经绝嗣时，士兵们在他的藏身处发现了他，这对他来说是件不幸的事情。由于天性愚钝，且似乎对那些无知者无害，所以他被拥为元首。他是美食、美酒和邪恶欲望的奴隶，头脑愚钝得近乎愚蠢，懒惰且懦弱，任由被释奴隶和妻子摆布。在他统治时期，斯克里波尼乌斯·卡米卢斯（Scribonius Camillus）在达尔马提亚被奉为元首，但随即被杀；毛利人（Mauri）在许多行省发动叛乱；穆苏拉米人（Musulamii）的一支军队全军覆没；克劳狄引水渠（Claudian Aqueduct）在罗马开放。他的妻子美撒莉娜（Messalina）先是任意与人通奸，仿佛这是她的合法特权，而她这样做的后果是，许多由于害怕而刻意回避的人被杀；接着，她犯下了更严重的罪行，即将自己和另外一些更高贵的已婚妇女和未婚女子当做妓女一样出售，并强迫男人出席。如果有人对她的暴行表示不满，她便会对此人和他所有的家庭成员罗织罪名以进行报复，仿佛他是被统治者，而非统治者的妻子所掌控一般。同样，克劳狄的被释奴隶也获得了最高权力。他们通过纵情声色、放逐、谋杀和剥夺人权玷污了一切。他从这些人中挑选出菲利克斯（Felix）担任驻犹太省（Judaea）的军团长官；在不列颠凯旋后，他将武器和奖章作为礼物送给阉人波西多尼乌斯（Posidonius）和那些最勇敢的士兵，仿佛此人也参加了这次战役一般；他还允许波利比乌斯（Polybius）在执政官之间行走；他的秘书纳西苏斯（Narcissus）常常目无尊上，仿佛自己是克劳狄的主人（Dominus）一般；他将帕拉斯提拔至行政长官级别。此二人如此富有，以至于当他们与克劳狄讨论国库空虚的问题时，一首著名的哀歌幽默地说道：如果这两个被释奴隶允许克劳狄成为他们的合伙人的话，那么，克劳狄就会变得非常富有了。在他统治时期，人们在埃及看到了凤凰。他们说，这种鸟每五百年一次从阿拉伯飞到它们记得的地方。在爱琴海，有一座岛屿突然沉没。克劳狄娶了哥哥日尔曼尼库斯（Germanicus）的女儿阿格里皮娜。为了让自己的儿子继承帝国的统治权，阿格里皮娜首先设计各种阴谋杀害了自己的继子，接着用毒药害死了自己的丈夫。克劳狄卒于 64 岁。他的死讯在很长一段时间内都秘而不宣，就像塔克文·普利斯库斯（Tarquinius Priscus）那样。当侍从们假装悲伤时，他的继子尼禄获得了帝国的统治权。

5

多米提乌斯·尼禄（Domitius Nero）的父亲是多米提乌斯·阿赫诺巴布斯（Domitius Ahenobarbus）的后代，母亲是阿格里皮娜。他统治了13年，其中五年他似乎还算过得去，因此，据说图拉真曾声称，尼禄在这五年之间的统治与其担任元首期间的所作所为有天壤之别。在罗马城，尼禄修建了一座竞技场和一些浴场。在得到波勒莫（Polemo）国王同意后，他将本都降为行省，因此，本都被称为本都—波勒莫尼亚库斯（Pontus Polemoniacus），正如科欣—阿尔卑斯山因死去的国王科提乌斯（Cottius）而得名一样。的确，他在剩余的时间中一直都是厚颜无耻的，甚至使我们羞于启齿。他如此恬不知耻，最后，竟不顾自己和他人的体面，像一个待嫁新娘那样蒙着面纱，带着嫁妆，让人们像过节一样聚集在一起，然后在全体元老面前结婚。他常常在脸上蒙着兽皮，寻找男人和女人的阴部。他甚至与自己的母亲通奸，后来又将其杀掉。在屋大维娅（Octavia）和萨宾娜［别名波佩娅］的丈夫被杀之后，他与她们结婚。接着，西班牙行省总督伽尔巴（Galba）和盖乌斯·朱理乌斯（Gaius Julius）僭称元首。当尼禄得知伽尔巴逼近罗马城时，元老院决定按照祖先的惯例，在他的脖子上套上轭，然后用棍子将他打死。他抛弃一切，在午夜时与法恩（Phaon）、埃帕弗洛迪图斯（Epaphroditus）、涅奥菲图斯（Neophytus）以及阉人斯波鲁斯（Sporus）（在被阉割之后，他曾试图变成女人）一起逃离了罗马城。尼禄在这个邪恶的阉人的帮助下——他帮助尼禄扶住自己颤抖的手——用自己的剑自杀。在被追杀者发现之前，尼禄冷静地喊道："难道我没有朋友或是敌人吗？我活得太可耻了，让我耻辱地死去吧！"尼禄死时32岁。波斯人为此欢呼雀跃，甚至派来使者为建筑纪念碑提供物资。其他所有行省和罗马人因为他的死十分高兴，市民们戴上被释奴隶的帽子，庆祝自己的自由，仿佛他们是从暴君的统治下获得了解放一般。

6

伽尔巴（Galba）是贵族苏尔皮西乌斯家族（Sulpicii）的后代，统治了七个月零七天。他在年轻人中声名狼藉，在饮食方面毫无节制，并根据他三位朋友组成的顾问团的建议决定所有事情。此三人分别是维尼乌斯（Vinius）、科尔涅利乌斯（Cornelius）、埃塞利乌斯（Icelius）。他们只是帕拉丁大厦的常住居民，通常被人们称为"家庭教师"。登基之前，伽尔巴曾出色地管理过许多行省。他对士兵极为严厉，以至于当他进入军营时，这句话便迅速地传播开来："士兵要学会当兵，这是伽尔巴，不是盖提里库斯（Gaetilicus）。"在以 73 岁高龄身披戎装前去镇压因奥托派煽动而发生骚乱的军团时，他在库尔提乌斯湖附近被杀。

7

萨尔维乌斯·奥托（Salvius Otho）的祖先是费伦塔努姆（Ferentanum）城的望族，统治了三个月。他一生都很卑鄙无耻，尤其是在年轻的时候。他先后在普拉森提乌姆（Placentium）和贝特里亚库姆（Betriacum）被维特利乌斯（Vitellius）打败，最后用剑结束了自己的生命，终年 37 岁。他的士兵十分爱戴他，甚至有许多人在看见他的遗体后自杀。

8

维特利乌斯（Vitellius）是贵族的后代。他的父亲路西乌斯·维特利乌斯（Lucius Vitellius）曾担任过执政官。他统治了八个月，残暴不仁、贪得无厌。在他统治时期，韦斯帕芗（Vespasian）在东方自称元首；在一次战斗中，他在城墙下为韦斯帕芗的士兵所擒，双手反绑，被士兵们押着从宫廷带到他自杀的地方，且一路游行示众。为避免这个始终厚颜无耻的犯罪者羞愧地低下头，人们将一把剑抵住他的下巴，还让他半裸着。许多人朝他的脸丢脏东西、粪便；当他说话的时候，人们就朝他丢一些更让人难堪的东西。人们将他拖到格莫尼安阶梯下，然后将他杀死。而这里就是他处死韦斯帕芗的兄弟萨比尼乌斯（Sabinius）的地方。他身中数剑而亡，终年 57 岁。我简要介绍的所有这些人——尤其是恺撒家族的成员——都博学、有教养且善雄辩。如果他们——除了奥古斯都之外——没有犯下太多的罪行的话，甚至能以此掩盖自己不太严重的鲁莽。

9

韦斯帕芗（Vespasian）统治了 10 年。在其所做的善行中有一件事值得一提，即他对仇恨如此漠视，甚至为自己的敌人维特利乌斯（Vitellius）的女儿找了一个显赫的丈夫，还赠予她一笔极为丰厚的嫁妆。他常常平静地忍受朋友们激烈的争论。他极为机智，常以俏皮话来回击他们的嘲笑。他巧妙地使李锡尼·穆西亚努斯（Licinius Mucianus）改变了态度。正是在此人的帮助下，他登上了元首的宝座。据说，此人居功自傲，而他只是在召见双方共同的朋友时说道："我毕竟是个男子汉。"但是，当他对律师们的出言不逊、哲学家们的放肆处之泰然时，他的朋友们为什么如此惊讶呢？简而言之，他恢复了长期以来混乱不堪的社会秩序。考虑到大多数人是出于恐惧而犯下罪大恶极的罪行，所以，除非他们所犯的罪行太过残暴，否则韦斯帕芗更倾向于感化这些暴君的追随者，而非在拷打一番后将他们杀掉。此外，通过最公正的法律和政令，以及影响力更大的自己的榜样作用，他杜绝了大多数人的犯罪行为。然而，一些人误以为他缺乏经济管理能力。因为由于国库空虚、城市衰败，他只能寻找新的税源（之后，他也没有继续这样做），这足以证明他经济窘迫。通过赠予那些缺乏业主的建筑所需的物资，他修复了由于大火以及年久失修而黯然失色的罗马城、卡庇托尔神庙、和平神殿（Temple of Peace）、克劳狄纪念碑，并兴建了许多新的建筑。他根据罗马的传统，以令人惊讶的关怀修复了各地的城市，还用最好的工人加固了道路。为了便于通行，他打通了弗拉米尼大道沿线的山峰，人们通常称之为"被刺穿的山峰（Punctured Peak）"。由于大多数家族因暴君的残暴而遭到灭顶之灾，他费尽心思才找到两百个，于是他组建了一千个家族。仅仅出于恐惧，帕提亚国王伏尔吉西斯（Volgeses）被迫求和。叙利亚的巴勒斯坦（Palestina）地区、西里西亚（Cilicia）、特拉奇亚（Trachia）、今天被我们称为奥古斯托福拉腾西斯（Augustophratensis）的康马金（Commagene）、犹太都变为行省。当朋友们提醒他提防米提乌斯·庞波西阿努斯（Mettius Pomposianus）时——当时谣言四起，说他将会执掌政权——他任命此人为执政官，并开玩笑地责备道："说不定有一天他会记起我的这一大恩大德呢？"的确，在统治期间，他始终保持着以前的生活方式。他在夜间也保持清醒。在处理完公务后，他一边穿衣服，一边接受朋友的行礼。无论得知发生了什么事情，他都会去骑马，然后小憩一阵；最后，洗漱完后，他通常会带着愉快的心情享用晚餐。对于这位优秀的元首，人们常常会忍不住要多说几句。在奥古斯都去世 56 年后，罗马由于一些暴君的残暴统治而血流成河，仿佛这是命中注定的事情；然后，为了避免罗马完全毁灭，人们在不经意间遇上了这位优秀的元首。韦斯帕芗死时69 岁。每当有大事发生时，他总是讲笑话取乐。一次，当天上出现彗星时，他说："这是与波斯国王有关的预兆（因为波斯国王的头发很长）。"之后，当他因肠子的分泌物而备受折磨时，他站起来说道："一位元首因此而升天了。"

10

提图斯（Titus）也被人们称为韦斯帕芗，与父亲同名。他的母亲叫多米提拉，是一位被释女奴隶。他统治了两年两个月二十天。从孩童时代开始，他就极为热切地追求正直品质以及军事、文学方面的技能。无论学习什么，他都在思想和身体上表现出相当高的天赋。接过国家的统治权后，他超越自己的前任到了令人难以置信的地步，尤其是在仁慈、慷慨、荣誉和轻视财富方面。这些东西是他珍视的，因为他还是个普通公民时所做的一些事情曾使人们认为他是一个特别推崇奢侈和邪恶的人。在其父亲统治时期，他就被任命为近卫军长官（praetorian prefecture）并要求惩罚那些被怀疑反对他或者与他为敌的人。依靠那些在剧场和军营散播阴谋的密探，他镇压了他们，仿佛他们的罪行得到证实一般。在这些人中，他因怀疑执政官凯西纳（Caecena）引诱自己的妻子贝尔奈斯（Bernice）而下令将其处死。而此人只是被传召前来用餐，且很少在餐桌上离开自己的座位。此外，在他父亲统治时期，由于渴望掠夺别人的财富，他竟然出售法律纠纷的判决结果。总之，这些事情使得人们想起了尼禄的暴行，人们心情沉重地承认他已经坏到了无可救药的地步。尽管他后来痛改前非，但这些事情使他的声誉遭到了极大的破坏，以至于人们称他为"财迷（Treasure）"和"人类的情人（Lover of the Human Race）"。在成为元首后，他命令贝尔奈斯与自己离婚回到娘家，并让一大群妖艳阴柔的男人离去。此举成为他改变纵欲习惯的信号。此后，尽管前任元首允诺的奖赏和授予的特权通常需要得到继承人的批准，但他却颁布法令，一次性赐予人们前任元首允诺的所有奖赏和特权。某一天晚上，他记起自己当天没有给过任何人赏赐，于是，他便说出这样一句崇高而值得称道的话，"朋友们，我们浪费了一整天。"（因为他是一个极为慷慨的人。）的确，他仁慈至极，甚至对两个阴谋反对他且供认不讳的最高等级者只是进行责备而已。后来，他命令此二人来到竞技场，坐在自己的两旁。当他们故意请求检查正在表演的角斗士的剑刃是否锋利时，他将剑递给其中一个，接着又递给另外一个。当他们因提图斯的勇气而感到震惊且心生敬畏时，他说："难道你没有看到权力是由命运之神授予的，希望得到或者害怕失去权力而做出的努力都是徒劳的吗？"他经常含着眼泪恳求自己的弟弟图密善——因为图密善当时正在酝酿阴谋并煽动士兵中的朋友发动叛乱——不要试图通过弑兄来得到自己将要得到的东西和现在已经拥有的东西，因为图密善拥有同样的统治权（potestas）。在他统治时期，坎佩尼亚地区的维苏威火山开始燃烧，罗马发生了一场持续三天三夜的大火，并爆发了一场空前严重的瘟疫。然而，他承担起前所未有的重任，通过各种赈济手段来减少损失，用自己的医生帮助病人恢复健康，安抚那些由于家庭成员去世带来的悲痛万分的人。提图斯活了41岁，死于萨宾人之手，就在他父亲去世的地方。他的去世令人难以置信。罗马人和行省居民万分悲痛，称他为"公共财富（Public Treasure）"。正如我们所说的那样，他们为世界哀悼，仿佛它失去了一个永恒的卫士。

11

图密善（Domitian）是韦斯帕芗和被释女奴隶多米提拉（Domitilla）的儿子，提图斯的弟弟，统治了15年。起初，他假装仁慈，无论在家中还是战场上都很活跃，征服了卡提人（Chatti）和日耳曼人，颁布了极为公正的法律。在罗马，他兴建了许多建筑物，有些是此前就已经开始修建的，还有些是新建的。他从各处——特别是亚历山大里亚——搜集抄本，然后重建了一些被大火焚毁的图书馆。他长于箭术，他的箭甚至能从站在远处伸长手臂者的手指缝中穿过。然而，他由于杀戮而变得残忍，甚至开始像卡里古拉那样处死好人，强迫人们称他为主人（dominus）和神（deus）；他还很怠惰，常常放下一切事务，笑着追赶成群的苍蝇；他性欲旺盛，经常用希腊语称之为"χλινο παλη（床上格斗 bed-wrestling）"。因此，当有人询问是否有人在宫中时，得到的回答是"连一只苍蝇都没有。"人们为他的邪恶所激怒，其中大部分是因为言语上的伤害而被激怒，结果，他常被称为"男妓"。上日耳曼的军事长官（supervisor）安敦尼（Antonius）自称元首。图密善因为任用诺尔巴努斯·拉皮乌斯（Norbanus Lappius）而导致作战失利，于是他对所有人，甚至自己的家人都极为厌恶，就像被激怒的野兽一样。因此，宫廷总管（chamberlain）帕西尼乌斯（Parthenius）和斯蒂法努斯（Stephanus）由于害怕图密善的残暴，再加上自己良心发现，于是煽动许多人密谋推翻他。克洛迪亚努斯（Clodianus）（他预料自己会因涉嫌盗用公款而受到惩罚）和暴君的妻子多米提亚（她因为爱上了演员帕里斯而受到元首的折磨）也牵涉其中。他们在图密善 44 岁的时候将他杀掉。图密善死时身上留下了多处刀伤。元老院下令，以角斗士的礼节将他下葬，且必须从公共记录中擦除他的名字。图密善在统治时举行了百年节（Secular Games）的庆典。直到此时，统治权一直掌握在出生于罗马或者意大利的人手中；从此以后，罗马落入了外邦人之手。可以确定的是，罗马由于外来统治者的美德而实力大增。然而，涅尔瓦究竟具有什么样的聪明才智和温和性格呢？神圣的图拉真和杰出的哈德良又具备怎样的才干呢？

12

柯西乌斯·涅尔瓦（Cocceius Nerva）出生于纳尼亚城（Narnia），统治了十六个月零十天。在他成为元首之后，关于图密善还活着且即将到来的谣言迅速传开。为此，他非常恐惧，脸色苍白、无法言语，勉强支撑着自己。然而，在得到帕西尼乌斯（Parthenius）的支持后，他又回到令人愉快的阿谀奉承之中。当元老院在议事厅中高兴地接受他时，阿里乌斯·安敦尼（Arrius Antoninus）——他是一个聪明人且是涅尔瓦的密友，巧妙地描绘了所有的统治者——单独与他拥抱，并说，他恭喜元老院、罗马人民和行省，因为涅尔瓦的出现使得他们摆脱了邪恶元首的统治。但他不能恭喜涅尔瓦，因为涅尔瓦肩负着巨大的压力，不止麻烦缠身、危险重重，还得提防敌人和朋友的非议。因为他的朋友认为自己理应得到一切，如果他们没有得到一些利益的话，会比敌人更加可怕。涅尔瓦免除了人们之前所欠的税赋（这些税赋被称为"负担"），救济遭到破坏的城市，下令以公共资金供养整个意大利城市中穷人的孩子。为免他因心怀不轨者的接近而受到惊吓，人们劝他以下面的方式批评性格坚毅的朱尼乌斯·毛利库斯（Junius Mauricus）：当时涅尔瓦应邀参加一个聚会（social gathering），在看到韦恩图（Veiento）——此人的确在图密善统治时期享有执政官的荣誉，曾以秘密指控的形式将许多人置于死地——时，他在谈话中提到了诽谤者的典型卡图鲁斯（Catullus），并说："如果他比图密善活得更久，现在会做些什么呢？"毛利库斯答道："他会和我们一起用餐。"涅尔瓦是一个非常博学的人，且经常充当争端的仲裁人。卡尔普尼乌斯·克拉苏斯（Calpurnius Crassus）当时通过向军队许诺丰厚的回报以煽动他们叛乱，在事情败露且本人供认不讳之后，他被允许和自己的妻子一起搬到他林敦（Tarentum）居住，尽管元老院责备涅尔瓦太过宽容了。当人们要求处死刺杀图密善的凶手时，他惊慌失措，以至于无法忍住呕吐或者大发同情。尽管他竭尽全力反对，并说在他所掌握的权力遭到背叛时，宁可让元首的权威受到玷污也不愿处死他们；但是，由于他的疏忽，士兵们还是杀死了那些被他们找到的凶手。佩特罗尼乌斯（Petronius）被一击毙命，而帕西尼乌斯（Parthenius）则被扯下生殖器塞进他的嘴里。由于卡斯佩里乌斯（Casperius）用重金贿赂（他比凶残的罪犯还要厚颜无耻），迫使涅尔瓦在人民中向士兵们致谢，因为他们杀死的是最卑贱、最邪恶的人。涅尔瓦收养了图拉真并与他共享统治权，他们一起生活了三个月。当涅尔瓦愤怒地朝一个叫作雷古鲁斯（Regulus）的人大喊大叫时，他出了许多汗。当流汗的情况减轻时，他身体的不断颤抖表明他即将开始发烧，不久，他果真发起烧来。最后，他在 63 岁时去世。他的遗体和奥古斯都的一样，在被元老院授予荣誉后，安葬在奥古斯都的坟墓中。在他去世当天，出现了日食。

13

乌尔皮乌斯·图拉真（Ulpius Trajan）来自图德提那城（Tudertina）。他随祖父叫作乌尔皮乌斯，图拉真这个名字来自于他父系的祖先图拉尤斯（Traius）或者他的父亲图拉真。他统治了 20 年。图拉真证明了自己是妙笔生花的作家都难以完全描述的人。他在高卢（Gallia）高贵的殖民地阿格里皮纳城接受了元首一职。他勤于军务，温和处理国内政务，并赐予支持自己的公民赠礼。人们对杰出的元首有两个期待，即对内公正、作战英勇，且审慎地处理内外事务。他的美德如此之多，以至于从某种程度来说，除了喜好美食和美酒之外，他身上似乎集中了所有的优点。他对朋友很慷慨且十分享受友谊，这与他的生活方式相得益彰。他以苏拉的名义建造了一个浴场。正是在苏拉的热切支持下，他才掌握了统治权。除了那些应该冠以他名字的建筑外，只要是经他修缮或者修复的建筑，他都以自己的名义举行落成典礼。他能忍受辛苦的工作，是个完美主义者，也很好战。他对于正直者以及博学之人给予很高的评价，尽管他自己理论知识贫乏且口才平平。在司法以及人与神的法律方面，他既维护传统又制定了许多新的法律。所有这些事情之所以被认为更加伟大，是因为当罗马由于许多可怕暴君的统治而走向衰落和毁灭时，人们将这位杰出元首视为上天赐予他们的对抗邪恶的良方。他如此伟大，以至于许多令人惊奇的事情都表明他即将到来，例如：在卡庇托尔三角墙的主檐口上用阿提卡方言写着：χαλ ῶ ζεσται［“会好的”］。图拉真的遗体被火化后，其骨灰被带回罗马。在元老院和军队的引领下，他的骨灰被迎入罗马城，葬在图拉真广场中的图拉真纪功柱下。人们还在该圆柱上立了一尊雕像，就像凯旋者常做的那样。当时，罗马城遭到了比涅尔瓦统治时期更加严重的破坏，第伯河水泛滥给附近的建筑带来了极大的损害，许多行省发生了严重的地震、可怕的瘟疫、饥荒和火灾。图拉真通过平时极佳的救济方法来减轻这些灾难带来的损失。他下令，房屋的高度不能超过六十尺，以防倾倒以及由于发生类似的可怕事情而带来的严重损失。因此，他配得上"祖国之父"的称号。图拉真死时 64 岁。

14

埃利乌斯·哈德良（Aelius Hadrian）是意大利人（Italia）的后代，来自阿德里亚（Adria），是图拉真元首的堂弟埃利乌斯·阿德里亚努斯（Aelius Adrianus）的儿子。阿德里亚城位于匹塞浓地区（Picenum），亚德里亚海（Adriatic Sea）因此地而得名。哈德良统治了 22 年。他精通文学，因此被许多人称为"小希腊人 Greekling"。他热衷于雅典人的嗜好和习俗，不仅擅长修辞，而且精通其他技艺，如：唱歌、弹竖琴、医学、音乐、几何、绘画以及青铜或大理石雕刻。在雕刻方面，他的技艺甚至能与波利克勒斯（Polycletus）和尤弗拉诺拉斯（Euphranoras）相媲美。的确，从某种程度来说，他也因此变得文雅，以至于很少有人能超过他。由于记忆力超群，他得到了人们的信任。因为他仅听别人的名字就能知道他们的服役地点、基本情况、所在军队，甚至对那些不在场的人也是如此。他非常勤奋，徒步走遍了所有的行省，甚至走得比随行人员还要快。他还复兴了所有的城市，提升了它们的地位。的确，以军团为例，他组建了由工匠、石匠、建筑师等各种修建和装饰城墙的人组成的大队。他性格多变、喜怒无常，仿佛是个天生的邪恶和美德的仲裁者。他通过一些可行的办法，控制理智冲动，巧妙地将自己的嫉妒、悲哀、享乐主义和过度的虚荣心隐藏起来，假装自己是克制、亲切、仁慈的，将自己熊熊燃烧的对荣誉的渴望隐藏起来。无论是询问还是回答，他时而真诚，时而玩笑，时而恶言相向。对此他十分在行。他以诗歌来回应诗歌，用演说来回应演说，所以你会真的相信，他已经预知了一切。他的妻子萨宾娜（Sabina）因为遭到各种低级羞辱而被迫自杀。她常常公开说，因为她知道哈德良毫无人性，所以她极力避免怀孕，以免导致人类的灭亡。哈德良长期以来平静地忍受着皮下组织疾病的折磨，并因此而病倒。他因为不堪忍受病痛的煎熬，处死了许多元老。由于他通过送礼与许多国家和平相处，因此他常常说，自己通过安逸得到的东西比通过战争得到的东西更多。当然，他设置了许多政府和宫廷官职，但是没有设置军职。这些官职和君士坦丁设立的一些新官职一直沿用至今。62 岁时，哈德良痛苦地死去。由于遭到病痛的折磨，他的四肢十分虚弱，以至于他常说自己应该被杀掉，并请求最忠诚的大臣杀死自己，以免他将疯狂发泄到自己身上，但一个极其爱戴他的卫兵制止了他。

15

安敦尼被称为弗尔维乌斯（Fulvius）或是博伊欧尼乌斯（Boionius），后来又被授予"庇乌斯"的称号，统治了 23 年。他既是哈德良的继子，又是他的女婿。作为元首，他非常优秀，以至于没有任何人可以成为他效仿的榜样，尽管在寿命方面他可以与努玛（Numa）一较高下。仅凭权威而无需动武，他统治了罗马 23 年。所有的军团、国家和人民都爱戴并敬畏他，将他视为父母或者保护人，而非君主或元首。所有人都希望在谈话的时候用足够神圣的词语来提到他。的确，在得知他是一位如此伟大而公正的元首后，甚至连印度人、巴克特里亚人、赫卡尼亚人（Hyrcanians）都派来了使者。严厉、英俊的容貌、修长的四肢和强壮的身体使他显得更加公正。在接受人们行礼之前，他会享用一点面包，以免力量透支而导致供应心脏周围的血液损耗让他觉得冷。对于国家商业发展的问题，他十分困扰，也很少满足其需要，尽管他自己常常追求利益。但从表面看来，他是最好的且非常勤奋的家长。他并不爱慕虚荣，性格非常温和，甚至责备元老院驱逐那些阴谋推翻他的人。他认为，不必在他统治时期调查那些充满邪恶欲望的人，以免找到罪有应得之人，使他流露出厌恶的情绪。在担任元首满23 年的几天后，他在离罗马城一万二千步的元首庄园洛里（Lorii）因为高烧而去世。人们为了纪念他而修建了神庙、指定了祭司并授予他许多其他荣誉。此外，他非常文雅：罗马平民由于疑心粮食短缺而向他丢石头，而在人们看见期待已久的谷物后，他更倾向于安抚而非惩罚那些暴动者。

16

马尔库斯·奥里略·安东尼（Marcus Aurelius Antonius）统治了 18年。他具备所有的美德和优良品质。他像保卫者一样，在公共灾难发生之前降临人间。的确，如果他没有为那个时代而生的话，那么，整个罗马帝国都将走向崩溃，正如随着他的去世，罗马帝国走向衰落一样。战争从来没有停止，整个东方、伊利里库姆、意大利、高卢都有战事。在他统治时期曾发生过地震（但没有城市受到损害），还发过几次洪水、多次瘟疫、几次蝗灾。尽管如此，在他统治期间，人们并没有像通常那样因为这些极其严重的灾难而陷入困境。我相信，当宇宙或者自然法则出现，或者其他人们不知道的事情发生时，上天一定会赐予人们可以提供建议的正直之人以平息事端，就像用医药治愈疾病一般。出于仁慈，他允许路西乌斯卢修斯·阿尼乌斯·维鲁斯（Lucius Annius Verus）与自己共治。在统治了 11 年后，维鲁斯在行至阿尔提努姆（Altinum）和肯考迪亚（Concordia）中途时，由于血液喷涌而死，这种病被希腊人称为 ἀπόπληξις ［中风］。维鲁斯是一个诗人，主要创作悲剧诗，且非常好学，但他性格执拗，且生活不检点。维鲁斯死后，马尔库斯·安东尼独自统治国家。从出生起，马尔库斯的性格就非常温和，以至于从孩童时代时起他就处事从容，不轻易表露自己的喜恶。他精通哲学和希腊文学。他允许较为杰出者和自己的大臣采用与元首相同的规格举办宴会。由于国库枯竭，当他没有足够的金钱犒赏士兵，同时又不想损害行省或者元老院的利益时，他在图拉真广场上拍卖元首的资产，其中包括金花瓶、水晶、玛瑙石的酒杯、他妻子用的丝绸和金线织成的衣服、许多宝石做成的装饰品。拍卖会持续了两个月，他征集到许多黄金。然而，在获得胜利之后，他将钱退还给那些想要归还自己所购买的拍卖品的人。在他统治时期，卡西乌斯僭称元首，结果被杀。59 岁时，马尔库斯在本都伯纳（Bendobona）病逝。当他的死讯传到罗马时，整个罗马城都陷入悲痛之中，元老们聚集在元老院中，穿着丧服哭泣。正如罗慕路斯那不可思议的往事一样，所有人都认为马尔库斯升天了。人们为了纪念他而修建了神庙、圆柱，并授予他其他荣誉。

17

奥里略·康茂德（Aurelius Commodus）是安东尼的儿子，也被称为安东尼，统治了 13 年。一开始，他隐藏了自己的本性。当他父亲在遗嘱中建议他不得让已经穷途末路的蛮族重新获得力量时，他回答说，活着的人尚能维持一段时间的和平，但是死去的人什么也做不了。他荒淫无耻、贪得无厌、残暴不仁、背信弃义，对那些他用极高的荣誉和大量的礼物加以提拔的人尤其残忍。他非常堕落，经常在竞技场与角斗士比赛。当时，被释奴隶马尔西亚（Marcia）以自己的美貌和娟妓的技艺征服了他。在完全控制了康茂德的理智后，当康茂德刚从浴场出来的时候，她递给他一杯毒酒。最后，一个非常强壮的摔跤教师（康茂德让他获得自由）将他的喉咙刺穿。康茂德死时 32 岁。

18

赫尔维乌斯·佩蒂纳科斯（Helvius Pertinax）统治了 85 天。他是被迫出任元首的，因此得到了"反抗者和顺从者（Resister and Submitter）"的绰号。在摆脱了卑微的出身后，他晋升为城市长官（the urban prefecture），后来由于人们厌恶朱里阿努斯的邪恶而被奉为元首。67 岁时，他身上多处受伤而死，其头颅被人拿去游街示众。他的死为证明世事无常提供了范例。他通过各种努力达到了权力的巅峰，以至于人们称他为"命运之柱（Pillar of Fortune）"。因为他的父亲是利古里亚的一个被释奴隶（freedman），耕种着罗利乌斯·格提亚努斯（Lollius Getianus）的一块贫瘠的土地。在罗利乌斯任职期间，他非常幸运地成为其被保护人（client），并因曾受教于文法教师而成为文学教师。为此，他比获得利益还要高兴。因此，人们用希腊名字 χρηστολόγος ["花言巧语者（Smooth-talk）"] 来称呼他。他从来没有因为自己受到伤害而报复别人。他崇尚简朴，通过演说、饮食和言行举止表明自己是一个普通人。死后，他被奉为神灵。人们通过重复地欢呼来赞扬他，直到声嘶力竭，"在佩蒂纳科斯的统治下，我们安全地生活，不畏惧任何人。他是个尽职尽责的父亲！愿他成为元老院的父亲！成为所有好人的父亲！"

19

迪迪乌斯·朱里阿努斯（Didius Julianus）的祖籍是美迪奥拉努姆

(Mediolanum)，统治了七个月。他是一个贵族，精通法律，好搞派系活动，鲁莽、渴望获得统治权。当时，佩西尼乌斯·奈格尔在安条克附近、塞普提米乌斯·塞维鲁在潘诺尼亚的萨巴里亚（Sabaria）自称元首。朱里阿努斯被塞维鲁带到皇宫的秘密浴场斩首，其头颅被挂在舰首讲坛上。

20

塞普提米乌斯·塞维鲁（Septimius Severus）统治了 18 年，他杀掉了出身卑微的佩西尼乌斯。在他统治时期，阿尔比努斯也在高卢自称恺撒，结果在卢格杜努姆（Lugdunum）附近被杀。塞维鲁将自己的儿子巴西亚努斯和盖塔立为继承人。在不列颠（Britannia），他将城墙延伸了三万二千步，将两片海连接起来。他极其好战，超过前人。他生性残忍，对自己关注的事情总是坚持到底。对那些自己喜欢的人，他表现出极大的、持久的善意。他崇尚节俭，但当有需要的时候，也会慷慨地赏赐他人。对朋友和敌人，他同样热情，因为他赐给拉特拉努斯（Lateranus）、奇洛（Cilo）、阿努利努斯（Anullinus）、巴苏斯（Bassus）和许多其他人财富。在建筑方面，值得一提的特例是"帕提亚大厦（House of the Parthians）"和"拉特拉努斯大厦（House of Lateranus）"。在他统治时期，他禁止人们卖官鬻职。他在拉丁文学方面受到了很好的教育，也精通希腊语，用迦太基方言进行演讲时更加得心应手，因为他出生于阿非利加行省的莱普提斯（Leptis）附近。当他无法忍受四肢的疼痛，特别是脚上的疼痛时，他拒绝服药。他太喜欢大块吃肉且因暴饮暴食以致无法消化而死，享年 65 岁。

21

奥里略·安敦尼·巴西亚努斯·卡拉卡拉（Aurelius Antonius Bassianus Caracalla）是塞维鲁的儿子，出生于卢格杜努姆（Lugdunum），单独统治了 6 年。人们称他为巴西亚努斯，这个名字源于他的外公。但是，由于他将许多高卢人的衣服带到罗马并制作及踝的束腰外衣，迫使市民们穿上这样的衣服欢迎他，因此被人们称为卡拉卡拉。他杀害了自己的弟弟盖塔。因此，复仇女神迪里（Dirae）以疯狂来惩罚他并非全无道理。后来，他从疯狂中清醒过来。在看到了马其顿的亚历山大的遗体后，他命令人们称自己为"伟大的"和"亚历山大"。他被奉承者愚弄至此，甚至相信自己与亚历山大长得非常相像，于是他模仿亚历山大，带着凶恶的表情将头扭向自己的左肩（他注意到亚历山大的表情就是这样的）。他无法控制自己的性欲。事实上，他娶了自己的继母。在前往卡莱（Carrhae）的途中，靠近埃德萨（Edessa）的地方，他在小便时被一个士兵杀害。当时这个士兵尾随着他，仿佛自己是卡拉卡拉的随从一样。他死时大约 30 岁。后来，他的遗体被运回罗马。

22

马克里努斯（Macrinus）与儿子迪亚杜门努斯一起被军队拥立为元首，统治了十四个月，最后又为同一支军队所杀。因为他禁止军队过奢侈的生活且拒绝为他们涨军饷。

23

奥里略·安敦尼·瓦利乌斯（Aurelius Antonius Varius）也被称为赫里奥加巴鲁斯（Heliogabalus），是卡拉卡拉与其表妹苏艾美娅（Soemea）的儿子。苏艾美娅是被卡拉卡拉偷偷玷污的。赫里奥加巴鲁斯统治了两年八个月。他母亲苏艾美娅的祖父巴西亚努斯（Bassianus）是索尔城（Sol）的祭司。腓尼基人常常将他生活的地方称之为赫里奥加巴鲁斯，这就是这个无耻的赫里奥加巴鲁斯这个名字的由来。当他在元老院的期盼下以及大量士兵的陪伴下来到罗马后，他以各种荒淫的手段玷污自己的名声。他使自己变得淫荡。由于天生的残疾，他无法满足自己的性欲。于是，他下令人们用女人的名字巴西亚娜（Bassiana）而非巴西亚努斯来称呼自己。他与一个维斯塔贞女像夫妻一般生活在一起。在自宫之后，他将自己献给大母神（Great Mother）。他赐予自己的表弟马塞卢斯（Marcellus）恺撒的称号，后来马塞卢斯被称为亚历山大。他是在一场兵变中被杀的，然后像狗一样被人们拖着游街示众。此外，人们像军人一般戏称他为纵欲无度的"狗婊子（puppy-bitch）"。最后，由于下水道的开口太过狭窄，难以容纳他的尸体，于是，人们将他的尸体沿着街道拖到第伯河丢掉。为免他的尸体重新浮起来，人们还在其上系了重物。巴西亚努斯死时 16 岁。在他的死讯传开之后，人们称他为第百利努斯（Tiberinus）［"第伯河（Tiberine）"］和特拉提提乌斯（Tractitius）［"被拖拽者（the Dragged）"］。

24

塞维鲁·亚历山大（Severus Alexander）统治了 13 年。他给国家带来了幸福，但自己却非常不幸。在他统治期间，图利尼乌斯（Taurinius）曾自称元首。由于害怕，亚历山大曾试图跳幼发拉底河自尽。后来，在收买许多军队中的人之后，马克西米努斯（Maximinus）也自称元首。事实上，由于亚历山大知道自己已经被侍从们抛弃，于是他大声叫道母亲害死了自己，然后遮住自己的头，让刺客将自己勒死，当时他只有 26 岁。他的母亲马梅娅在每件小事上都约束他，如果他们错过了一顿饭或者午餐的话，就会再享用一次，尽管在上一场宴会上已经快吃饱了。

25

朱理乌斯·马克西米努斯·斯拉克斯（Julius Maximinus Thrax）发迹于军队，统治了 3 年。他用有罪和无罪的方式追逐财富。在埃奎利亚附近，由于军队暴动，他与女儿一起被杀。当时军队中流传着一句笑话，说一个出身低贱的小狗是活不下去的。

26

在马克西米努斯统治期间，戈尔狄亚父子掌握了帝国的权柄。不久，他们又先后被杀。因为同样的原因，普布利乌斯、巴尔比努斯也成为元首，然后又都死去。

27

小戈尔狄亚是老戈尔狄亚的外孙，出生于罗马，统治了 6 年。他父亲极其有名。在特西丰附近，近卫军长官菲力普（Philip）煽动部下发动叛乱将他杀害。他死时 21 岁，遗体被安葬在罗马和波斯帝国的边境附近，被称为"戈尔狄亚之墓"。

28

马尔库斯·朱理乌斯·菲力普（Marcus Julius Philip）统治了 5 年。他在维罗纳（Verona）为军队所杀，头颅被人从牙齿上方横劈成两半。此外，他赋予儿子盖乌斯·朱理乌斯·萨图尼努斯（Gaius Julius Saturninus）共治权。后来，他儿子也在罗马被杀，死时刚满 12 岁。盖乌斯非常严厉、性格阴沉，早在 5 岁时就表明了任何人都无法使他开怀大笑。在百年节期间，尽管还很小，但当盖乌斯转过脸看见父亲举止轻浮的样子，就忍不住哈哈大笑起来。菲力普出身卑微，父亲是著名的强盗头子。

29

德西乌斯（Decius）来自下潘诺尼亚行省，出生于布巴里亚城（Bubalia），统治了三十个月。他任命自己的儿子小德西乌斯为恺撒。他精通各种艺术，具备各种美德，在家里冷静而谦恭，在战斗中骁勇善战。在境外混乱的部队中，他淹死在沼泽里，连尸体也没有找到，而他的儿子则在战争中被杀。德西乌斯死时 50 岁。在他统治期间，瓦伦斯·卢西尼亚努斯（Valens Lucinianus）自称元首。

30

维比乌斯·加鲁斯（Vibius Gallus）与儿子沃卢西亚努斯（Volusianus）统治了两年。在他们统治期间，元老院推举霍斯提里亚努斯·波皮纳（Hostilianus Perpenna）为元首。不久后，霍斯提里亚努斯因感染瘟疫而死。

31

在这些人统治时期，埃米利亚努斯（Aemilianus）也在美西亚自称元首，反对上文提到的那两位元首。在因特拉姆那（Interamna）附近，此二人被自己麾下的军队杀死（当时维比乌斯 47 岁）。埃米利亚努斯出生于美宁克斯（Meninx），即现在的吉尔巴（Girba）。但是在他统治的第四个月，他在斯波勒提乌姆（Spoletium）或者欧里库鲁姆（Oriculum）和纳尔尼亚（Narnia）之间的一座桥附近战败。这座桥因他的死而得名桑谷那里（Sanguinarii）。纳尔尼亚位于斯波勒提乌姆和罗马城之间。此外，他是一个摩尔人，好战但并不鲁莽，享年 47 岁。

32

李锡尼·瓦勒利阿努斯（Licinius Valerianus）的绰号为克洛比乌斯（Colobius）["贴身内衣（Undershirt）"]，统治了 15 年。他父母的出身都很高贵，然而他却非常愚蠢且懒惰，无论是心智还是行为都不适于担任公职。他任命自己的儿子伽里恩努斯（Gallienus）为奥古斯都，并任命伽里恩努斯的儿子科涅利乌斯·瓦勒利阿努斯（Cornelius Valerianus）为恺撒。在他们统治期间，瑞基里亚努斯（Regillianus）在美西亚自称元首；伽里恩努斯的儿子被杀之后，卡西乌斯·拉提恩努斯·波斯图姆斯（Cassius Latienus Postumus）在高卢自称元首；同样，埃利亚努斯（Aelianus）在摩根提亚库姆（Mogontiacum）、埃米利亚努斯（Aemilianus）在埃及、瓦伦斯在马其顿、奥罗鲁斯（Aureolus）在美迪奥拉努姆（Mediolanum）取得了统治权。然而，在美索不达米亚战争期间，瓦勒利阿努斯被波斯国王沙普尔（Sapor）打败，随即被俘，在波斯服苦役，逐渐老去。他活了很长时间，以至于波斯国王习惯于让他蹲在地上，脚踩他的肩膀骑上马背。

33

事实上，伽里恩努斯（Gallienus）先是任命自己的儿子科尔涅利乌斯（Cornelius）为恺撒，后又将另一个儿子萨洛尼亚努斯（Salonianus）扶上恺撒之位，因为他希望妻子萨洛妮娜和情妇皮帕（Pipa）钟情于自己。他通过婚姻使皮帕的父亲，即马克曼尼人的国王签订合约，将部分上潘诺尼亚的领土让给自己。最后，伽里恩努斯向奥罗鲁斯开战。在一座叫做因奥罗鲁斯而得名的桥附近，他俘虏并杀害了奥罗鲁斯。在围攻梅地奥拉努姆

（Mediolanum）时，他的手下用他杀死奥罗鲁斯的方式将他杀害。伽里恩努斯统治了 15 年，其中 7 年是和他的父亲共治，8 年是单独统治，卒于50 岁。

34

克劳狄（Claudius）统治了一年零九个月。许多人认为戈尔狄亚是此人的养父。他年轻时就被安排与一位成年女子结婚。伽里恩努斯临终前决定任命他为元首。克劳狄住在提希努姆（Ticinum），通过加洛尼乌斯·巴西里乌斯（Gallonius Basilius）管理国家。当奥罗鲁斯被自己的手下杀害之后，他在离贝纳库斯湖（Lake Benacus）不远的地方通过失而复得的军团与附近的阿拉曼尼人（Alamanni）开战。结果，他大败而归，折损过半。在这段时间，维克托利努斯（Victorinus）僭称元首。克劳狄下令查阅《西比林预言书》。他从中得知，自己无法扭转首席元老即将死去的命运。尽管当时庞波尼乌斯·巴苏斯（Pomponius Bassus）是第一个可以在元老院发表自己意见的人，而且他自愿献出自己的生命，但克劳狄宣布只有元首才是执行这一伟大命令的不二人选，反对空洞地回应神谕，并将自己的生命作为礼物献给国家。由于这一举措对所有人都有利，因此，元老们不仅授予他"神圣"的称号，还在元老院中朱庇特雕像的旁边为他立了一座金像。克劳狄的弟弟昆提鲁斯（Quintillus）继承了元首之位，但在位没几天就被人杀害。

35

奥勒良（Aurelian）的父亲是个平民，有些人甚至说他的父亲是著名元老奥里略（Aurelius）的佃农，居住在达西亚和马其顿之间。奥勒良统治了五年零六个月。他很像亚历山大大帝以及独裁者恺撒，因为在三年之内，他从入侵者手里重新夺回了罗马，而亚历山大 30 岁时，通过一系列大胜仗打到印度，盖乌斯·恺撒则花了十年的时间征服了高卢，用四年的时间打赢了内战。奥勒良在意大利打了三次胜仗，分别是在梅陶鲁斯河（Metaurus River）畔的普拉森提亚（Placentia）、福尔图娜祭坛（Altar of

Fortuna）和提森恩西安（Ticenensian）平原。在他统治时期，塞普提米乌斯（Septimius）在达尔马提亚自称元首，但很快为自己的手下所杀。与此同时，在罗马城，铸币厂的工匠也发动了叛乱。在镇压他们的叛乱后，奥勒良对他们进行了最严厉的惩罚。他首次将加冕仪式引入罗马，并用珠宝、黄金作为礼服的装饰品，这对罗马人而言都是闻所未闻的事情。他为罗马城修建了更加坚固、结实的城墙，为平民免费供应猪肉。他任命特图利库斯（Tetricus）——他在高卢被军队拥立为元首——为卢卡尼亚总督（Regulator of Lucania）以挖苦此人，因为统治意大利的部分地区比统治阿尔卑斯山以外的地方更值得骄傲。最后，由于侍从的背叛，他在君士坦丁堡和赫拉克鲁姆（Heracleum）之间的路上被杀。该侍从将一份带有奥勒良亲笔签名的手令［他通过模仿（奥勒良的）笔迹欺骗他们］给自己军中的朋友们看，谎称奥勒良准备处死他们。奥勒良残暴、嗜血，甚至杀死了自己的外甥。奥勒良去世之后，元首之位连续空悬了七个月。

36

继奥勒良之后，塔西佗（Tacitus）执掌了罗马的权柄。他是个性格怪异的人。在统治了两百天后，由于一场高烧，他在塔尔苏斯（Tarsus）去世。弗洛里安（Florian）是他的继任者。但是，大多数军队选择在军事方面更有经验的埃奎提乌斯·普洛布斯（Equitius Probus）作为自己的统治者。因此，在统治了 60 天之后，仿佛由于争权夺利而筋疲力尽一般，弗洛里安割破自己的血管，因失血过多而死。

37

普洛布斯（Probus）的父亲达尔马提乌斯（Dalmatius）是一个乡野村夫，喜欢田地。普洛布斯统治了 6 年。他在东方打败了萨图尼努斯（Saturninus）和普罗克鲁斯（Proclus），在阿格里皮娜（Agrippina）打败了波诺苏斯（Bonosus），因为他们都在当地自称元首。他允许高卢人和潘诺尼亚人种植葡萄。通过士兵的努力，他在锡尔米姆（Sirmium）附近的阿尔玛山（Mount Alma）和上美西亚的阿鲁姆山（Mount Areum）上开发葡萄园。他在锡尔米姆的"铁塔"中被杀。

38

卡鲁斯（Carus）出生于纳尔波（Narbo），统治了 2 年。即位后，他立刻授予卡里努斯（Carinus）和努梅里安（Numerian）恺撒称号。他在特西丰附近被闪电劈死。在混乱之中（努梅里安患上了眼疾），他的儿子努梅里安被其岳父"教唆者（instigator）"阿贝尔（Aper）阴谋杀害。原本阿贝尔想在掌控权力之后才公布努梅里安的死讯，但是尸体发出的恶臭使他的罪行败露。接着，萨比努斯·朱里阿努斯（Sabinus Julianus）在维罗内西安田野（Verronesian Field）登基，后被卡里努斯杀死。卡里努斯罪行累累：他捏造罪名杀害了很多无辜者，破坏贵族的婚姻，还迫害自己的同窗（因为他们在教室里嘲笑他）。他被自己任命的保民官折磨至死，据说是因为他侵犯了此人的妻子。

39

戴克里先（Diocletian）是达尔马提亚人，元老阿努利努斯（Anulinus）的被释奴隶。即位之前，因他的母亲以及戴克里亚城（Dioclea），人们用达尔马提亚语称他为戴克勒斯（Diocles）。在执掌罗马帝国的权柄之后，他按罗马人的习俗换了一个希腊名字，统治了 25 年。他任命马克西米安（Maximian）为奥古斯都，君士坦提乌斯（Constantius）和伽勒里乌斯·马克西米亚努斯（Galerius Maximianus）为恺撒。在君士坦丁与前一任妻子狄奥多拉（Theodora）——赫尔古利乌斯·马克西米安（Herculius Maximian）的继女——离婚后，他授予其"Armentarius"〔牧人（Herdsman）〕的绰号。当时，卡拉西乌斯（Charausius）在高卢、阿奇勒斯（Achilles）在埃及、朱里阿努斯在意大利自称元首，但是不久都相继陨落。其中，朱里阿努斯是在敌人攻城时投火自尽的。

实际上，戴克里先是在尼科米底亚（Nicomedia）退位，最后在自己的私人住宅中老去。当赫尔古利乌斯（Herculius）和伽勒里乌斯（Galerius）恳求他重掌权力时，他像躲避瘟疫一样回答："如果你曾在萨洛尼

(Salonae) 看到我们手上捧着的那些脑袋的话，就绝不会受到这件事的诱惑了。"戴克里先活到 68 岁，最后 9 年是以平民的身份度过的。很显然，他是由于恐惧而自杀的。因为当时君士坦提乌斯和李锡尼邀请他参加一场婚礼，而以他的身份绝对不够格参加这场婚礼的。在收到其中写着他曾经中意马克森提乌斯（Maxentius），而现在则喜爱马克西米安（Maximian）的威胁信后，他自杀了。据说，他认为被人暗杀是耻辱的，于是服毒自尽。

<h2 style="text-align:center">40</h2>

当时，作为恺撒的君士坦提乌斯——君士坦丁的父亲——和阿门塔利乌斯（Armentarius）被拥为奥古斯都；塞维鲁在意大利，伽勒里乌斯的外甥马克西米努斯（Maximinus）在东方分别自称恺撒；同时，君士坦丁也被任命为恺撒，马克森提乌斯（Maxentius）在罗马城 6 里之外的别墅中被任命为君主；接着，李锡尼（Licinius）在前往拉维卡努姆（Lavicanum）的旅途中登基，瓦伦斯也在迦太基（Carthagina）自称元首。他们死亡的经过如下：

塞维鲁在罗马的三馆（Tres Tabernae）为赫尔古利乌斯·马克西米安（Herculius Maximian）所杀，他的骨灰被安葬在罗马城外九里处的阿庇安大道旁的伽里恩努斯墓中；伽勒里乌斯·马克西米亚努斯（Galerius Maximianus）在被人割下生殖器后死去；马克西米安·赫尔古利乌斯（Maximian Herculius）在马西利亚（Massilia）被君士坦丁包围，接着被俘，最后以最不体面的方式——绞刑——处死；亚历山大为君士坦丁的军队所杀；马克森提乌斯在与君士坦丁的战争中，匆匆从一侧踏上浮船搭建的桥——就在米尔维安大桥（the Milvian Bridge）上游不远处——由于乘坐的马摔倒而掉入水中，因为沉重的盔甲而被河水吞没，尸骨无存；马克西米努斯在塔尔苏斯（Tarsus）死去；瓦伦斯被李锡尼处死。

此外，他们性格如下：

奥里略·马克西米安（Aurelius Maximian）的绰号叫赫尔古利乌斯（Herculius）。他生性残忍、荒淫无耻、固执己见，出生于潘诺尼亚的乡村。直到现在，这个地方还在锡尔米姆（Sirmium）附近。此地之所以有名是因为在他父母曾经赚钱度日的地方建有一座宫殿。马克西米安卒于 60 岁，担任了 20 年元首。他与一个来自尤特罗皮亚（Eutropia）的叙利亚女子生下了马克森提乌斯（Maxentius）和福斯塔（Fausta）（君士坦丁的妻子）。君士坦丁的父亲君士坦提乌斯将自己的继女狄奥多拉嫁给了君士坦丁。但是，他们说，马克森提乌斯的地位因为这个女人的诡计——她因为头生子是男孩的吉兆获得了丈夫的喜爱——被取代。没有人喜欢马克森提乌斯，甚至连他的父亲或者姐夫伽勒里乌斯也不待见他。此外，尽管伽勒里乌斯只是一个没有教养的乡村律师，但难能可贵的是，他外表迷人且是个懂谋略的福将。他的父母都来自乡村，负责看管家畜，因此，他得到了"阿门塔利乌斯"（"牧人"Armentarius）的绰号。他出生且被葬于达西亚的瑞鹏西斯（Ripensis）。他根据自己母亲罗姆拉（Romula）的名字，称此地为罗姆里亚努姆（Romulianum）。他甚至敢于放肆地声称，自己的母亲与亚历山大大帝的母亲奥林匹亚（Olympias）一样，也是在被一条蛇缠绕之后生下了自己。阿门塔利乌斯（Armentarius）姐姐的后代伽勒里乌斯·马克西米努斯被人们称为达卡（Daca）。当然，在成为元首之前，他当了 4 年恺撒，接着在东方当了 3 年奥古斯都。的确，他出生于牧人家庭，但他非常推崇博学之人，喜爱文学。他天性安静，喜欢酗酒。由于饮酒，他的精神趋于崩溃，常常颁布一些严酷的法令。但是，在禁欲和冷静的时候，他又会为自己曾经做过或吩咐过的事情感到后悔，并下令推迟执行。亚历山大是弗里吉亚人，由于年事已高，在陷入困境时表现不佳。

41

随着所有这些人的陨落，君主之位落入君士坦丁和李锡尼之手。君士坦丁是君士坦提乌斯元首和赫勒那（Helena）的儿子，统治了 30 年。在他年轻时，伽勒里乌斯以宗教问题为借口，将他作为人质扣留在罗马城。后来，他逃跑了。为了阻拦那些追捕自己的人，无论逃到哪里，他都会毁坏公共交通。最后，他逃到身处不列颠的父亲身边。在那段日子里，他父亲君士坦提乌斯意外地去世了。他父亲去世时，除了阿拉曼尼人的国王克洛库斯（Crocus）——他当时为了支持君士坦提乌斯而追随左右——之外，当时在场的所有的人都劝说他继位，于是他称帝。李锡尼被召去梅地奥拉努姆（Mediolanum），娶了君士坦丁的姐姐君士坦提娅（Constantia）。他的儿子克里斯普斯（Crispus）是情妇米涅维娜（Minervina）所生，而君士坦丁二世（Constantinus）在同一天出生于阿尔莱特城（Arlate）。李锡尼的儿子李锡尼亚努斯（Licinianus）在大约二十个月大的时候被任命为恺撒。但是，同为君主，要保持和睦是非常困难的，李锡尼和君士坦丁之间出现了嫌隙。首先，在名叫惠尔卡湖（Hiulca）边的齐巴莱（Cibalae），当君士坦丁在晚上闯入李锡尼的军营时，李锡尼迅速逃至拜占庭。之后，他任命拜占庭的执事长官（Master of Offices）马尔提尼亚努斯（Martinianus）为恺撒。当时，君士坦丁在比提尼亚战争中获胜。他通过李锡尼的妻子向李锡尼承诺授予他元首之位，并保证李锡尼的人身安全。接着，在将李锡尼送到塞萨洛尼卡（Thessalonica）后不久，他命令李锡尼和马尔提尼亚努斯自杀。李锡尼出任君主（dominatio）14 年，死时大约 60 岁。由于贪财，李锡尼成为了最邪恶的人，过着荒淫无耻的生活。他的确很严厉，脾气暴躁，讨厌文学。由于太过无知，他常常招来毒药、瘟疫，特别是法律诉讼。显然，他使农夫和乡民受益良多，因为他生于其中，长于其中。根据我们祖先的惯例，他是军队最严厉的保护者他严厉地压制阉人和宫廷侍者，称他们为小人、宫廷的寄生虫。但是，一些人认为，君士坦丁因为战争中惊人的好运而控制整个罗马帝国之后，在妻子福斯塔的煽动下，他下令处死了李锡尼的儿子克里斯普斯。接着，当李锡尼的母亲赫勒那因为孙子的死太过悲伤而指责他时，他处死了自己的妻子福斯塔，将其丢到滚烫的公共浴池中。当然，有证据表明君士坦丁确实非常渴望荣耀。根据刻在一些建筑上的铭文，他常常称图拉真为"攀墙植物"。他在多瑙河上修建了一座桥，用珠宝装饰自己的衣服，且头上总是带着王冠。然而，他在许多事情上都极为温和：他通过最严厉的法律打击恶意的起诉；他资助艺术创作，特别是文学研究；他亲自阅读、撰写、回复、聆听使臣和行省人民的申诉。他授予自己的孩子和弟弟的儿子德尔马提乌斯（Delmatius）恺撒称号。君士坦提乌斯于 63 岁时病逝，独自统治了 30 年。他是一个嘲讽者而非奉承者。为此，在民间故事中他被称为特拉卡拉

（Trachala）。在他统治的第一个十年中，他是最杰出的人；在第二个十年中，他是一个强盗；最后十年，由于挥霍无度，他成为了一个不负责任的疯子。他的尸体被埋葬在拜占庭。这个地方被人们称为君士坦丁堡。他死后，德尔马提乌斯（Delmatius）被军队杀害。

罗马的统治权回到了君士坦丁的三个儿子手里，他们分别是，君士坦丁二世（Constantinus）、君士坦提乌斯和君士坦斯（Constans）。他们有各自的统治区：君士坦丁二世统治阿尔卑斯山以外的地区；君士坦提乌斯统治普罗旁提斯海峡（Propontis）、亚细亚和东方；君士坦斯统治伊利里库姆、意大利和阿非利加；德尔马提乌斯统治色雷斯、马其顿和亚加亚；德尔马提乌斯恺撒的弟弟汉尼拔里阿努斯（Hannibalianus）统治亚美尼亚和邻近的同盟国。

然而，由于拥有统治意大利和阿非利加的合法权力，君士坦丁二世和君士坦斯随即反对德尔马提乌斯和汉尼拔里阿努斯的统治。一次，君士坦丁二世喝得酩酊大醉，在大路上抢劫，闯入别人的领土，结果被杀，然后被丢进离埃奎利亚（Aquileia）不远的阿尔萨河里（Alsa）。而当君士坦斯由于喜欢狩猎漫步在丛林和林间草地中时，一些士兵在克里斯提乌斯（Chrestius）、马塞利努斯（Marcellinus）和马格嫩提乌斯（Magnentius）的煽动下密谋杀害他。事情败露之后，马塞利努斯假称儿子生日，邀请许多人来吃饭。到深夜，当酒会正在举行的时候，他假装醒酒退了出来，然后穿上了皇帝的礼服。在得知他的举动后，君士坦斯试图逃往比利牛斯山（Pyrenees）附近的赫勒那（Helena），但是被马塞利努斯派来的名叫盖所（Gaiso）的杀手杀害。他统治了13年（因为他当了三年的恺撒），死时27岁。由于关节疾病，他的手脚均有残疾。他幸运地拥有适宜的气候，丰盈的粮食，也没有受到蛮族的威胁。如果他没有将行省总督的职位拿来出售，而是以公正作为选拔总督的标准的话，事情也许不会发展至此。当君士坦斯的死讯传播开来，军事长官（Master of Soldiers）维特拉尼奥（Vetranio）在潘诺尼亚的穆尔西亚（Mursia）登基。不久之后，他又高兴地退位。此外，他是一个直率的人，直率到近乎愚蠢。

42

君士坦提乌斯宣布堂弟加鲁斯为恺撒并将自己的妹妹君士坦提亚（Constantia）嫁给了他。马格嫩提乌斯（Magnentius）也在阿尔卑斯山以外的地方任命自己的兄弟德森提乌斯（Decentius）为恺撒。当时，在罗马，在那些受害人的怂恿下，君士坦丁的姐妹尤特罗皮亚（Eutropia）的儿子聂普提亚努斯（Nepotianus）采用了奥古斯都的称号。28 天后，聂普提亚努斯（Nepotianus）被马格嫩提乌斯杀死。同时，君士坦提乌斯在穆尔撒（Mursa）与马格嫩提乌斯打了一仗，并取得了胜利。但在后来的战争中，罗马人四面楚歌，整个罗马帝国危在旦夕。之后，当马格嫩提乌斯向意大利进军时，在提希努姆（Ticinum）附近，他击溃了众多鲁莽追击他的人，像过去一样取得了胜利。不久，他在卢格杜努姆（Lugdunum）附近被围，最后死去，享年 50 岁。当时，正好是他担任元首的第四十二个月。他的身体一侧被一支暗剑刺穿，并被敌人一拳打在墙上（因为他身形巨大），他的伤口、鼻子和嘴里都喷出了鲜血。他的父母是住在高卢地区的蛮族；他喜欢阅读，声音尖细，傲慢无礼，极其胆小，并用冒失来掩饰自己的胆怯。在得知马格嫩提乌斯的死讯后，德森提乌斯用一条布带做成的绳索结束了自己的生命；同时，加鲁斯恺撒为君士坦提乌斯所杀，他统治了四年。希尔瓦努斯（Silvanus）被拥为元首，就职 28 天后死去。尽管希尔瓦努斯的父亲是蛮族，但他生来就极为迷人。他接受过罗马人的教育，很有教养且非常勤勉。

君士坦提乌斯亲自任命加鲁斯的弟弟克劳狄·朱里阿努斯（Claudius Julian）为恺撒，当时克劳狄 23 岁。在高卢的阿根特拉滕西安（Argentoratensian）田野上，克劳狄带领少量士兵击败大量敌人。敌人的尸体堆积如山，血流成河，高贵的国王诺杜玛利乌斯（Nodomarius）被俘，所有的贵族都被打败，罗马之前的边界得以恢复。后来，他又与阿拉曼尼人作战，俘虏了他们最强大的国王巴度马里乌斯（Badomarius），因此，他被高卢的士兵们拥立为奥古斯都。君士坦提乌斯通过使者催促他恢复到之前的地位和头衔。温和的朱里阿努斯秘密写信给君士坦提乌斯，回答说，他自己会在崇高的君主头衔下更加尽职尽责地工作。因此，君士坦提乌斯更加生气，因为他无法忍受有人和自己一样拥有君主的头衔。由于高烧引起的失眠，他的怒气更甚。君士坦提乌斯在 44 岁，即统治的第 39 年时，死于莫博苏克林（Mopsocrene）附近的陶鲁斯山的山丘上。他当了 24 年的奥古斯都（其中，他独自统治了 8 年，与他的兄弟和马格嫩提乌斯一起统治了 16 年），15 年的恺撒。在内战中，他是幸运的；在对外战争中，他是不幸的。他的箭术非常高超，在饮食、饮酒和睡眠方面非常节制，能吃苦耐劳；他热爱演讲，但是由于头脑迟钝，他对此并不非常在行，因此，他常常嫉妒别人在这方面的能力；他沉湎于太监、朝臣、妻子们的爱，常常被那些用正常、合法的娱乐来满足自己的人所诟病。然而，在众多妻子中，他特别喜爱欧瑟比亚（Eusebia）。这个女人的确优雅，但是在阿达曼提亚（Adamantiae）、戈尔戈尼亚（Gorgoniae）等人的怂恿下，她损害了丈夫的声誉。正直的妇女们则应以帮助自己的丈夫为准则。由于我忽略了其他女人的事迹，所以很难使人们相信庞培亚·普罗缇娜（Pompeia Plotina）为图拉真增添了多少荣耀。由于元首财务代理人（procuratores）用诬告严重破坏了行省的稳定，以至于据说他们中有人这样问候富有的同伴："你是如何得到这么多财富的？"另一个说："你在哪里得到如此多的财富？"第三个人说："把你的财富给我吧！"普罗缇娜劝诫并责备自己的丈夫，因为他对自己的声誉漠不关心，以至带来了许多不利的后果。后来，图拉真取消了不公正的苛捐杂税，并称国库为脾脏（spleen），因为脾脏变大之后，四肢和肌肉都会萎缩。

43

当时，朱里阿努斯（Julian）成为罗马唯一的奥古斯都。他非常渴望荣誉，于是发动了对波斯人的战争。当波斯人从各个方向猛扑过来时，他被一个逃兵引入埋伏之中。当波斯人从四面八方逼近时，他带着一块匆忙夺来的盾牌从刚刚建立的军营中冲了出去。当他以鲁莽的狂热试图组织战斗队列时，从敌军中飞来的一支矛击中了他。他被人们带回自己的营帐，但不久又再次回到战场激励士兵。由于失血过多，他在午夜时去世。人们曾预先向他询问由谁来继任君主之位，他回答说自己不会推荐任何人出任君主，以免像大部分时候一样导致人们闹意见。出于嫉妒，他伤害了一个朋友；由于军队的不合，他伤害了国家的利益。朱里阿努斯对文学和风花雪月之事非常擅长，能与哲学家和最聪明的希腊人一较高下。他非常喜欢锻炼身体，因此长得很健壮，但是身材较矮小。由于在某些事情上他忽视了一项本该采取的措施，使得它们失去了重要性。他太过渴望荣耀，对神灵的崇拜近乎迷信。他有着超越君主身份的勇气，因为他作为君主，本该为保证所有人的安全而维护自己的安全，尤其是在战争中。他如此渴望荣誉，以至于无论是地震还是大量的预兆都没能阻止他进攻波斯人，结果一败涂地。在开战的前一天，人们看到一个巨大的球体从天而降，但是这也没能让他有所警觉。

44

约维安（Jovian）的父亲是潘诺尼亚行省辛集多城（Singido）的居民，名叫瓦洛尼亚努斯（Varronianus）。他统治了 8 个月。在他出生之前，他的父亲失去了几个孩子。后来，在他母亲临盆之际，他父亲梦到神灵命令他称即将出生的孩子为约维安，他因此而得名。约维安的体型异于常人，待人和蔼，喜好文学。在严冬之际，他匆忙从波斯赶往君士坦丁堡，结果因胃胀而生病，一座新建筑的墙灰味进一步加重了他的病情，最终他突然离世，死时 40 岁。

45

瓦伦提尼安（Valentinian）统治了 10 年差 10 天。他的父亲格拉提亚努斯（Gratianus）是锡巴里斯（Cibalis）附近的平民。他被人们称为弗纳里乌斯（Funarius）（"挽缰马""Trace-horse"）。因为当他在奴隶市场拿着绳索时，5 个士兵也无法从他手中夺走。为此，瓦伦提尼安被获准进入军队，一直升迁至近卫军长官。由于得到了士兵们的爱戴，反抗者瓦伦提尼安被拥立为君主。他允许自己的兄弟瓦伦斯与自己共同执政。最后，在岳母和妻子的请求下，他任命自己尚未成年的儿子格拉提安（Gratian）为奥古斯都。瓦伦提尼安性格沉稳、头脑聪慧、不苟言笑、谈吐很有教养，但是他少言寡语、严厉、性格暴躁，有许多缺点，最严重的是他很贪婪。他在许多方面与哈德良非常相似，例如：他是一个极优秀的画家，记忆力非常好，喜欢研究新武器，也喜欢用蜡或者粘土来制作肖像，谨慎地利用地点、时间和谈话。简而言之，如果情况允许——即如果没有人与他为敌，或者他拥有值得赞赏和博学的顾问——的话，毫无疑问，他会有很好的表现，成为一个杰出的统治者，但他只能信任自己，仿佛自己是最值得信赖、最谨慎的人。在他统治时期，菲尔姆斯（Firmus）在毛里塔尼亚（Mauretania）建立了政权，后被消灭。瓦伦提尼安（Valentinian）在贝尔根提奥（Bergentio）。应夸德人（Quadi）特使时由于内出血而他无法言语，但意识清楚，死时 55 岁。许多人说，他之所以会发病是因为暴饮暴食。于是，随着他的去世，在埃奎提乌斯（Equitius）和梅洛布迪斯（Merobaudes）的怂恿下，瓦伦提尼亚努斯在他与母亲居住的地方附近被拥立为君主，当时是瓦伦提尼安统治的第四年。

46

瓦伦斯（Valens）和他的兄弟瓦伦提尼安（Valentinian）——我们已经介绍过他了——一起统治了十三零五个月。瓦伦斯在与哥特人进行的一场战争中不幸为箭所伤，被人们带到一座极为简陋的房子里。但是，哥特人随即赶到，并在下面放了一把火，结果他被烧死。在他统治时期，这些事情是值得赞许的：他是有产者的坚定支持者，很少更换法官，对朋友很忠诚，即使生气也不会伤害他们，而且，他的确非常谨慎。在他统治时期，普洛柯比乌斯（Procopius）僭称君主成为暴君，后被杀。

47

格拉提安（Gratian）是锡尔米姆人。他与父亲瓦伦提尼安一起统治了八年零八十五天，与叔叔、弟弟一起统治了 3 年，与弟弟、狄奥多西（Theodosius）一起统治了四年，与阿尔卡狄乌斯（Arcadius）一起共统治了六个月。在高卢阿尔根塔里亚城（Argentaria）的一次战争中，他杀了 3

万阿拉曼尼人。他发现哥特人和泰法力（Taifali）是罗马人的最大威胁，但更加可怕的敌人是横扫千军、控制了色雷斯和达西亚地区（尽管这是外国的领土）的匈奴人和埃兰人。于是，他在所有人的欢呼声中，将帝国的三分之一交给年仅 29 岁的西班牙人（Hispania）狄奥多西。此外，格拉提安十分擅长文学，他创作诗歌、谈吐文雅，像修辞学家一样进行辩论；他没日没夜地苦练箭术，并将射中靶心视为一件极其快乐的事情，也是一项神圣的技能。他对食物和睡觉并不讲究，沉湎于酒色之中。如果注重学习统治艺术的话，他会具备所有的美德。然而，他不仅天性不喜学习治国之术，而且很少实践，对治理国家甚为生疏。由于他忽视军队且偏爱几个来自埃兰的德高望重的士兵，因而引起了其他士兵的敌意。他支付了巨额黄金将这几个人据为己有，甚至将这几个蛮族扈从视为朋友，有时在旅行的时候还和他们穿同样的衣服。同时，马克西姆斯在不列颠成为暴君并渡海来到高卢，受到了对格拉提安不满的军团的欢迎。于是，格拉提安逃走了。不久，格拉提安为他所杀，死时 29 岁。

48

狄奥多西（Theodosius）的父亲名叫霍诺里乌斯（Honorius），母亲名叫特曼提娅（Thermantia），其祖先可以追溯至图拉真元首。他在锡尔米姆被格拉提安奥古斯都任命为君主，统治了 17 年。人们说，他的父母在梦中得到启示，给他取了这个名字，其拉丁文的意思是"神灵赐予的（Given by God）"。在亚细亚流传着一个预言，说在瓦伦斯之后，继承君主之位者的名字应该以希腊字母 Θ、E、O、Δ 开头。一个名叫狄奥多鲁斯的人由于其名字的开头与这几个字母密切相关，因而被骗，声称自己才是真正应该继承君主之位的人。结果，他由于这一邪恶的欲望受到惩罚。此外，狄奥多西是帝国版图的扩张者，也是杰出的国家保卫者。在历次战争中，他打败了匈奴人、哥特人（瓦伦斯曾将他们打败）。当波斯人提出请求的时候，他与他们缔结了和约；此外，在埃奎利亚，他杀死了谋害格拉提安、控制高卢的暴君马克西姆斯（Maximus），并处死了其子维克多（Victor）。维克多还是一个婴儿的时候就被任命为奥古斯都。他还征服了暴君尤格尼乌斯

（Eugenius）和阿尔博加斯特斯（Arbogastes），歼灭了上万敌军。后来，他在维埃纳消灭了瓦伦提尼亚努斯。瓦伦提尼亚努斯借助阿尔博加斯特斯的势力僭称君主，但不久就失去了君主之位及其生命。

此外，从许多古代著作和图片来看，狄奥多西在神态和体型上都很像图拉真。他身材高大，除了双腿瘦弱不善行军以及眼睛不太有神之外，他的四肢、头发和嘴巴都很像图拉真（我不确定他是否和图拉真一样仁慈，有没有那么多的胡须，以及走路的样子是否高贵）。此外，他们都很博学，从书本上学到了几乎所有的知识。他仁慈、富有同情心、性格开朗，只想通过服装来将自己与他人区别开来；他对所有人都彬彬有礼，对神灵更是虔诚；他既青睐那些性格单纯的人，又钦佩那些博学却无害的人；他慷慨地赐予人们许多礼物；他喜欢用荣誉、财富和其他恩宠来奖赏那些与自己有私交的人；他尤其尊敬那些在逆境中帮助过自己和父亲的人；然而，他非常厌恶人们诋毁图拉真的那些事情——酗酒以及渴望胜利；他从不轻启战端，但是也绝不会在战争面前退缩；他通过法律来禁止人们从事色情职业以及在宴会上雇佣女琴手；他在礼节和禁欲上花费了许多精力，甚至禁止堂兄妹结婚，仿佛堂兄妹是亲兄妹一般；即使与那些最文雅的人相比，他也是相当博学的；显然，他十分聪明，且非常热衷于了解祖先的功绩；与秦纳（Cinna）、马略、苏拉和每个统治者（dominatio）一样，他总是指责那些书上所说的傲慢、残忍、伤害别人自由的行为，尤其是背信弃义和忘恩负义的行为。当然，他会由于人们不得体的行为而生气，但是很快就会平静下来。因为稍微延迟一些时间，有时就能为改正有害的措施提供机会。他天生具有奥古斯都从哲学教师那里学到的知识。为了避免颁发错误的命令，当他在为遇到一些容易困扰自己的事情而生气时，他会背诵二十四个希腊字母。这样，暂时的愤怒就会由于注意力被转移到其他事情上而平息。

毫无疑问，随着执政岁月的增长，他那原本稀少的美德也有了较好的增长；在内战中获胜后，他的品德更加高尚。在登基之后，他非常关心谷物供应，并将自己在战争中赢得的、暴君们花费的大量金银财宝还给人们。事实上，在行仁政的过程中，他甚至退还了那些被掠夺的农场和被毁坏的庄园。正如我所说的那样，如今那些不那么重要和宫廷内的事情——的确，因为它们是秘密的——深深吸引着那些天性爱打听的人们的眼睛和耳朵。他像赡养父亲一样照顾自己的叔伯；他以父母的情怀对待同族和姻亲，将已故兄弟姐妹的孩子视如己出；他赠予的是高雅、令人愉快，但并非昂贵的娱乐表演；他根据人们的地位来调整自己的谈话内容，话虽不多，却很有分量；他是一个讨人喜欢的父亲、和蔼可亲的丈夫；他进行锻炼，既不是为了娱乐也不是为了增强体力；闲暇时，他会通过远足来恢复精神，并通过适当的饮食保持健康。55 岁时，他在梅地奥拉努姆（Mediolanum）平静地离世。他留给两个儿子即阿尔卡狄乌斯（Arcadius）和霍诺里乌斯（Honorius）的是两个安定的国家。同年，他的遗体被运往君士坦丁堡并得到安葬。

[尹宁译自托马斯·M. 班奇科（Thomas M. Banchich）的英译本、吴涛校对。]

附录二 执政官年表及相关大事

执政官年表（公元前509—354年），材料主要参考 T. 蒙森主编的《日耳曼历史文献汇编：小编年Ⅰ》（*Monumenta Germaniae Historica*：*Chronica Minora* Ⅰ，ed. Theodor Mommsen，Berolini，1892），第50～61页。

公元前 （B.C.）	罗马建城以来 （U.C.）	第一执政官名字	第二执政官名字	内外大事
509	245	Bruto	Collatino	建立共和国
508	246	Publicola Ⅱ	Tricipitino	罗马与迦太基签订条约
507	247	Publicola Ⅲ	Pulbillio	塔克文家族被逐出罗马
506	248	Rufo	Aquilino	
505	249	Voleto	Tuberto	
504	250	Publicola Ⅳ	Tribicitino	克劳狄家族移居罗马
503	251	Tuberto Ⅱ	Lanato	
502	252	Tricosto	Bigellino	
501	253	Aurunco	Rufo	罗马首次任命独裁官
500	254	Cornuto	Longo	
499	255	Helva	Cicurino	
498	256	Rufo Ⅱ	Vocula	
497	257	Atratino	Augurino	
496	258	Regellese	Tricostro	罗马与拉丁联盟发生战争
495	259	Inreligiense	Structo	
494	260	Celimontiano	Cicurino	平民第一次撤至圣山，平民保民官产生
493	261	Aurunco	Vigellino	罗马与拉丁人缔结同盟条约
492	262	Macerino	Augurino	
491	263	Aurgurino Ⅱ	Atratino Ⅱ	
490	264	Cornuto	Labo Ⅱ	

公元前 (B.C.)	罗马建城以来 (U.C.)	第一执政官名字	第二执政官名字	内外大事
489	265	Iulo	Mamertino	
488	266	Rutilo	Vigellino Ⅱ	
487	267	Tusco	Sabino	
486	268	Rutilo	Vigellino Ⅲ	斯普里乌斯·卡西乌斯土地法
485	269	Vivulano	Malucinense	
484	270	Mamerco	Vivulano	
483	271	Vivulano	Potito	
482	272	Pelos	Vivulano Ⅱ	第一次维爱战争爆发
481	273	Vivulano Ⅲ	Pelos	
480	274	Cincinnato	Vivulano	
479	275	Vivulano Ⅳ	Trutillo	维爱在克雷美拉河打败罗马
478	276	Mamerco Ⅱ	Structo	
477	277	Pulvillo	Lanato	
476	278	Rutilo	Structo	
475	279	Publicula	Rutillo	
474	280	Volso	Medullino	第一次维爱战争结束
473	281	Mamerco Ⅲ	Volsco	
472	282	Ruto	Volsco	平民第二次撤离；普布里利乌斯法，平民会议和平民保民官得到政府承认
471	283	Inreligiense	Barbato	
470	284	Potito Ⅱ	Mamerco	
469	285	Caelimontiano Ⅱ	Prisco	保民官增至10人
468	286	Barbato Ⅱ	Volsco	
467	287	Mamerco Ⅱ	Vivulano	
466	288	Rigelliense	Prisco Ⅱ	
465	289	Vivulano Ⅱ	Capitolino	
464	290	Religiense	Medullino Ⅲ	
463	291	Prisco	Helva	
462	292	Tricipitino	Cicurino	

续表

公元前 (B. C.)	罗马建城以来 (U. C.)	第一执政官名字	第二执政官名字	内外大事
461	293	Amentino	Cornuto	
460	294	Publicula Ⅱ	Inreligiense	
459	295	Vivullano	Malluginense	
458	296	Rutullo	Carbeto	
457	297	Pulvillo	Augurino	
456	298	Maximo	Celemontino	李启尼乌斯关于移居平民于阿芬丁山的法律
455	299	Vaticano	Cicurino	
454	300	Capitolano	Fontinalae	关于限制执政官处罚金的权利的法律
453	301	Vero	Trigemino	
452	302	Vaticano	Lanato	
451	303	Sabino Ⅱ	Augurino	成立十人立法委员会
450	304	Sabino Ⅲ	Vivullano	颁行《十二铜表法》
449	305	Barbato	Potito	平民第二次撤至圣山；瓦列里乌斯和荷拉提乌斯法，明确保民官的权力
448	306	Coritinesano	Tricosto	
447	307	Macrino	Iulio	人民选举财务官
446	308	Fuso	Barbato Ⅳ	
445	309	Augurino	Philo	卡努利乌斯法允许平民与贵族通婚
444	310	Siculo	Luscino	设立具有协议权力的军事保民官职
443	311	Macerino Ⅱ	Barbato V	监察官设立
442	312	Vivullano	Helva	罗马与厄魁人的战争
441	313	Fuso	Grasso	

续表

公元前 (B.C.)	罗马建城以来 (U.C.)	第一执政官名字	第二执政官名字	内外大事
440	314	Macerino	Lanato II	
439	315	Lanato	Capitolino VI	斯普里乌斯·梅里乌斯因图谋建立独裁统治，被处死
438	316	Fidenato	Cincinnato	第二次维爱战争爆发
437	317	Fidenati	Maximo	
436	318	Maluginense	Grasso	
435	319	Iulio II	Tricoisto	
434	320	Capitolino	Cosso	
433	321	Vivullano	Faccintore	
432	322	Mamercino	Medullino	
431	323	Cincinnato	Mento	罗马同伏尔西人的战争
430	324	Crasso	Iulo	罗马打败厄魁人
429	325	Tricipitino	Fidenas	
428	326	Cosso	Cincinnato II	
427	327	Structo	Mugilliano	
426	328	Cosso	Fiso	第二次维爱战争结束；罗马与菲德内人的战争
425	329	Arretino	Mevulliano	
424	330	Crasso	Fidenas	
423	331	Arretino	Viuullano	
422	332	Capitolino	Mugilliano	
421	333	Capitolino	Vivullano	财务官增至4人，并向平民开放
420	334	Cincinnato III	Vulso II	
419	335	Lanato	Rufillo	
418	336	Structo II	Fidenas III	

续表

公元前 (B. C.)	罗马建城以来 (U. C.)	第一执政官名字	第二执政官名字	内外大事
417	337	Tricipitino	Structo Ⅲ	
416	338	Arratino Ⅲ	Mugellano Ⅱ	
415	339	Casso	Cincinnato	
414	340	Vivullano Ⅱ	Potito	
413	341	Medulliano	Cosso	
412	342	Vivullano	Filippo	
411	343	Mugiliano	Rutillo	
410	344	Mamertino	Volusio	
409	345	Cosso	Medulliano	平民首次出任财务官职务
408	346	Iulo	Cosso	
407	347	Voluso Ⅱ	Structo Ⅲ	
406	348	Cosso	Potito	第三次维爱战争爆发
405	349	Iulo Ⅱ	Mamertino	
404	350	Maluginense	Cicurino Ⅲ	
403	351	Mamertino	Fuso	
402	352	Structo Ⅲ	Cornuto	
401	353	Camello	Iulo	
400	354	Volso	Capitolino	罗马同萨宾人的战争
399	355	Augurino	Longo	
398	356	Potito	Medulliano	
397	357	Iulo Ⅱ	Fidenas	
396	358	Pansa Ⅱ	Volso	第三次维爱战争结束，维爱陷落
395	359	Cosso	Medulliano	
394	360	Camello Ⅲ	Publicula	
393	361	Potito	Malliginense	
392	362	Potito Ⅲ	Capitolino	

公元前 (B.C.)	罗马建城以来 (U.C.)	第一执政官名字	第二执政官名字	内外大事
391	363	Tricipitino	Mamertino	
390	364	Longo	Ambusto	高卢人侵入罗马
389	365	Tricosto	Albino	
388	366	Capitolino	Corbo	
387	367	Cursore	Lanato	高卢人占领罗马城
386	368	Aluginense	Cincinnato	
385	369	Capitolino	Cincinnato	
384	370	Rufo	Camillo	马尔库斯·曼里乌斯 被处死
383	371	Publicola III	Flavo III	
382	372	Fidenas	Grasso	
381	373	Publicola IV	Tricipitino	
380	374	Publicola V	Mamertino VI	
379	375	Capitolino	Albino	
378	376	Fidenas II	Siculo	塞尔维乌斯城墙
377	377	Mamertino	Cincinnato	
376	378	Lanato IV	Praetextato	
375	379	Baccho	solo	
374	380	Papirio	Vivio	
373	381	Sacrabiense	Cellemontano	
372	382	Prisco	Cominio	
371	383	Mamertino	solo	
370	384	Medullino	Potito	
369	385	Fidenas III	Maluginense	
368	386	Capitolino	Structo	
367	387	Cosso II	Grasso	李锡尼—赛克斯都法 案；牙座营造官职 设立

公元前 (B. C.)	罗马建城以来 (U. C.)	第一执政官名字	第二执政官名字	内外大事
366	388	Mamercino	Laterano	平民首次出任执政官职
365	389	Abentinense	Haala	
364	390	Petico	Calbo	平民首次出任牙座营造官职
363	391	Mamercino	Apuentinense	
362	392	Haala Ⅱ	Abentinense	
361	393	Stola	Vetico	
360	394	Ambusto	Proculo	
359	395	Rotillo	Capitolino	
358	396	Ambusto	Lenas Ⅱ	罗马与拉丁人重新签订条约
357	397	Rutillo	Capitolino	
356	398	Ambusto Ⅱ	Lenas Ⅱ	平民首次出任独裁官职
355	399	Petico Ⅲ	Publicula	
354	400	Ambusto Ⅲ	Capitolino	罗马与萨姆尼特人签订友好条约
353	401	Petico Ⅳ	Publicula Ⅱ	
352	402	Publicula	Rutillo Ⅱ	
351	403	Petico Ⅴ	Penno Ⅱ	平民首次出任监察官职
350	404	Lenas Ⅲ	Scipione	罗马铸造最初的铜币
349	405	Camello	Crasso	
348	406	Lenas Ⅳ	Corvino	罗马恢复与迦太基的条约，后者承认罗马在拉丁地区的霸主地位

续表

公元前 (B. C.)	罗马建城以来 (U. C.)	第一执政官名字	第二执政官名字	内外大事
347	407	Venno	Torquato	
346	408	Corvo Ⅱ	Visulo Ⅱ	
345	409	Dorsuo	Rufo	
344	410	Rutillo Ⅲ	Torquato	
343	411	Corvo Ⅲ	Cosso Ⅲ	第一次萨姆尼特战争爆发
342	412	Hala Ⅲ	Rutillo Ⅳ	《格努齐亚法》限制高利贷活动
341	413	Venno Ⅱ	Mamerco	第一次萨姆尼特战争结束
340	414	Torquato Ⅲ	Mure	拉丁战争爆发
339	415	Mamercino	Philo	《普布里利乌斯法》规定监察官之一必须是平民
338	416	Camello	Nepote	拉丁战争结束
337	417	Peto	Longo	平民首次出任行政长官职
336	418	Crasso	Hella	
335	419	Caleno	Corvo Ⅳ	
334	420	Caudino	Calvino	
333	421			
332	422	Calvino	Arvinas Ⅱ	
331	423	Cotito	Marcello	
330	424	Crasso Ⅲ	Venio	
329	425	Privernas Ⅱ	Declao	
328	426	Deciano Ⅱ	Barbato Ⅱ	第二次萨姆尼特战争爆发
327	427	Lentulo	Philo Ⅱ	

公元前 （B.C.）	罗马建城以来 （U.C.）	第一执政官名字	第二执政官名字	内外大事
326	428	Libone Ⅲ	Cursore Ⅱ	《波提利阿法》废除债务奴役制
325	429	Camello Ⅱ	Bruto	
324	430			
323	431	Lanto Ⅱ	Ceretano	
322	432	Corvo	Rulliano	
321	433	Calvino Ⅱ	Albino Ⅱ	罗马军队在考狄昂峡谷被萨姆尼特人打败
320	434	Cursore Ⅱ	Philo Ⅲ	
319	435	Murillano Ⅲ	Cerritano	
318	436	Venno	Flaccinatore	
317	437	Barbula	Bruto	
316	438	Lucillo	Lenas	
315	439	Cursore Ⅳ	Pilo Ⅲ	
314	440	Libone	Longo	
313	441	Cursore Ⅴ	Bruto Ⅱ	
312	442	Maximo	Mure	阿皮乌斯·克劳狄任监察官；阿庇亚大道和阿皮亚输水道
311	443	Bruto Ⅳ	Barbula Ⅱ	
310	444	Tulliano Ⅲ	Rutilo	
309	445			
308	446	Mure Ⅱ	Rulliano Ⅰ	
307	447	Ceto	Violense	
306	448	Tremulo	Arvina	罗马同迦太基签订条约
305	449	Megello	Augurino	
304	450	Sofo	Saberio	第二次萨姆尼特战争结束

公元前 (B.C.)	罗马建城以来 (U.C.)	第一执政官名字	第二执政官名字	内外大事
303	451	Rufo	Adventinense	
302	452	Dextro	Paulo	
301	453	Corvo Ⅱ	Rulliano Ⅱ	
300	454	Corvo Ⅴ	Pansa	《欧奥古尔尼乌斯法》将祭司和占卜官职务向平民开放
299	455	Petino	Torquato	
298	456	Scipione	Centumalo	第三次萨姆尼特战争爆发
297	457	Ruliano Ⅳ	Mure	
296	458	Ceco	Violense	
295	459	Rulliano Ⅴ	Mure Ⅳ	森提努姆之役
294	460	Megello Ⅱ	Regulo	
293	[461]			
292	462	Curgis	Scevola	
291	463	Megello Ⅲ	Bruto	
290	464	Dentato	Rufino	第三次萨姆尼特战争结束；罗马征服中部意大利
289	465	Corvino Ⅱ	Noctua	
288	466	Tremulo Ⅱ	Arvina	
287	467	Marcellino	Rutillo	平民第三次撤至圣山；《霍腾西乌斯法》
286	468	Maximo	Peto	
285	469	Canina	Lepido	
284	470	Tucco	Metello	
283	471	Calvo	Maximo	瓦狄孟尼斯湖之役
282	472	Luscino	Labo	罗马舰队遭到他林敦人的袭击

公元前 (B. C.)	罗马建城以来 (U. C.)	第一执政官名字	第二执政官名字	内外大事
281	473	Barbula	Philippo	对他林敦的战争开始
280	474	Laevino	Cornunciano	皮鲁斯在意大利登陆，并在赫拉克里亚击败罗马军队
279	475	Saberno	Pirrico	阿斯库路姆之战
278	476	Luscino II	Pato II	罗马与迦太基签订条约，共同抵抗皮鲁斯；皮鲁斯出征西西里
277	477	Rufino II	bruto II	
276	478	Gurgis II	Clepsena	
275	479	Dentato II	Lentulo	皮鲁斯返回意大利，在贝内温图被罗马打败
274	480	Dentato III	Merenda	
273	481	Licino	Cinna	罗马与埃及建立友好关系
272	482	Cursore II	Maximo	罗马攻陷他林敦
271	483	Claudio	Clepsina	
270	484	Clepsina II	Lesio	罗马征服南意大利
269	485	Gallo	Pictore	
268	486	Sofo	Russo	罗马铸造银币
267	487	Regulo	Libone	
266	488	Pera	Pistore	
265	489	Maximo	Vitulo	罗马统一意大利
264	490	Caudex	Flacco	第一次布匿战争爆发
263	491	Maximo	Grasso	罗马与叙拉古结盟
262	492	Megello	Vitulo	罗马围攻和占领阿格里根图姆
261	493	Flacco	Grasso	罗马建立舰队

续表

公元前 (B. C.)	罗马建城以来 (U. C.)	第一执政官名字	第二执政官名字	内外大事
260	494	asina	Duillio	罗马海军在米雷海角击败迦太基舰队
259	495	Scipione	Floro	罗马出征撒丁尼亚和科西嘉
258	496	Calatino	Paterculo	
257	497	Regulo	Blesio Ⅱ	
256	498	Longo	Rugulo	罗马出征阿非利加,埃克诺姆斯海角之战
255	499	Nobiliore	Paulo	
254	500	Asina Ⅱ	Calatino Ⅱ	
253	501	Cepio	Bleso	出征特里波里塔尼亚
252	502	Cotta	Gemino	
251	503	Megello	Pacilo	
250	504	Regulo Ⅱ	Volso Ⅱ	帕诺尔姆斯之战
249	505	Pulchro	Pullo	
248	506	Cotta Ⅱ	Gemino Ⅱ	
247	507	Megello Ⅱ	Butilo Ⅱ	哈米尔卡·巴尔卡领导迦太基军队进攻西西里
246	508	Grasso Ⅱ	Licinio Ⅱ	
245	509	Buteo	Pulbo	
244	510	Attico	Bleso	
243	511	Fundulo	Gallo	
242	512	Catulo	Albino	
241	513	Attico Ⅱ	Cerco	第一次布匿战争结束,罗马占领西西里
240	514	Cento	Tuditano	
239	515	Turrino	Falco	

续表

公元前 （B. C.）	罗马建城以来 （U. C.）	第一执政官名字	第二执政官名字	内外大事
238	516	Gracco	Falto	罗马吞并撒丁尼亚和科西嘉
237	517	Caudino	Flacco	哈米尔卡·巴尔卡出征西班牙
236	518	Caudino Ⅱ	Varo	
235	519	Torquato	Bulbo	
234	520	Albino	Maximo	
233	521	Verrucoso	Matho	
232	522	Lepido	Malliolo	弗拉米尼乌斯的土地法
231	523	Matho	Maso	罗马向哈米尔卡处派遣使团
230	524	Barbula	Pera	
229	525	Albino Ⅱ	Centumalo	第一次伊利古姆战争爆发
228	526	Maximo Ⅱ	Verrucoso Ⅱ	第一次伊利古姆战争结束
227	527	Flacco	Regulo	行政长官增至4人，西西里及撒丁尼亚均由行政长官管辖
226	528	Torquato Ⅱ	Flacco Ⅱ	罗马向哈斯德鲁巴处派遣使团
225	529	Papo	Regulo	捷拉盂之役
224	530	Torquato Ⅲ	Flacco Ⅲ	征服高卢的波伊人
223	531	Flamio	Pilo	征服高卢的印苏布列斯人
222	532	Marcello	Calbo	
221	533	Asina	Rufo	哈斯德鲁巴之死，汉尼拔为司令官

公元前 （B.C.）	罗马建城以来 （U.C.）	第一执政官名字	第二执政官名字	内外大事
220	534	Levino	Scevola	修建弗拉米尼大道；高卢各部族投降，高卢人之患解除
219	535	Paulo	Salinatore	第二次伊利里古姆战争
218	536	Scipio	Longo	第二次布匿战争爆发，汉尼拔抵达意大利北部
217	537	Gemino	Flaminino	特拉西美诺湖之战
216	538	Paulo	Varo	坎尼之战
215	539	Gracco	Albino	迦太基与马其顿和叙拉古联盟
214	540	Verrucoso Ⅳ	Marcello Ⅲ	第一次马其顿战争爆发
213	541	Maximo	Gracco Ⅱ	汉尼拔占领他林敦，罗马围困叙拉古
212	542	Pulchro	Flacco Ⅲ	罗马与希腊埃托利亚同盟联盟；
211	543	Maximo	Centimalo	汉尼拔进攻罗马，罗马攻陷加普亚和叙拉古
210	544	Levino Ⅱ	Marcello Ⅳ	斯奇庇奥到达西班牙
209	545	Verrucoso Ⅴ	Flacco Ⅳ	罗马攻占新迦太基和他林敦
208	546	Marcello Ⅴ	Crispino	哈斯德鲁巴撤出西班牙，向意大利进军
207	547	Nerone	Salinatore	哈斯德鲁巴的军队被罗马击败
206	548	Metello	Pilo	迦太基在西班牙的势力被肃清

续表

公元前 （B.C.）	罗马建城以来 （U.C.）	第一执政官名字	第二执政官名字	内外大事
205	549	Africano	Divite	罗马计划进攻 迦太基本土；第一次马其顿战争结束
204	550	Cethego	Tuditano	西庇阿率军登陆阿非利加
203	551	Caepio	Tervillo	汉尼拔被召回迦太基
202	552	Nerone	Gemino	扎马之战
201	553	Lentulo	Peto	罗马与迦太基签订合约，第二次布匿战争结束
200	554	Maximo Ⅱ	Cotta	第二次马其顿战争爆发
199	555	Lentulo	Tribulo	
198	556	Flaminio	Cato	
197	557	Cethego	Rufo	行政长官增至6人；基诺斯契法莱（狗头山）之战
196	558	Purpureo	Marcello	第二次马其顿战争结束，罗马宣布希腊自由
195	559	Catone	Flacco	汉尼拔出现于叙利亚安提奥库斯三世的宫廷
194	560	Africano	Longo	
193	561	Merula	Termo	
192	562	Flaminino	Enobarbo	叙利亚入侵希腊，罗马对其宣战
191	563	Glabrione	Nasica	温泉关之战
190	564	Asiatico	Lelio	科里库斯海角之战
189	565	Volso	Nobiliore	马格尼西亚之战，叙利亚战争结束

公元前 （B. C.）	罗马建城以来 （U. C.）	第一执政官名字	第二执政官名字	内外大事
188	566	Salinatore	Messala	
187	567	Lepido	Flaminino	修建艾米利亚大道
186	568	Albino	Phylippo	元老院关于酒神祭的决定
185	569	Pulchro	Tuditano	
184	570	Pulchro	Licino	老迦图出任监察官
183	571	Libone	Marcello	大西庇阿和汉尼拔相继去世
182	572	Paulo	Tamphilo	
181	573	Cethego	Amphilo	针对行省总督滥用权力的反贿赂法以及限制奢侈消费的法律
180	574	Albino	Pisone	关于官员资格的《威里亚法》
179	575	Fulviano	Fleco	菲力普五世之死与帕尔修斯即位
178	576	Bruto	Volso	
177	577	Pulchro	Gracco	
176	578	Spalo	Levino	
175	579	Scevola	Lepido	
174	580	Paulo	Scevola	
173	581	Abino	Lenas	
172	582	Lenas	Ligo	第三次马其顿战争爆发
171	583	Grasso	Longino	
170	584	Mancino	Serrano	
169	585	Philippo Ⅱ	Ceplo	
168	586	Paulo Ⅱ	Grasso	皮德纳之战

续表

公元前 （B.C.）	罗马建城以来 （U.C.）	第一执政官名字	第二执政官名字	内外大事
167	587	Peto	Penno	第三次马其顿战争结束，罗马公民税被取消；罗马大肆掠夺伊庇鲁斯
166	588	Gallo	Marcello	
165	589	Torquato	Octavo	
164	590	Torquato	Longo	
163	591	Graccho Ⅱ	Haina	
162	592	Nasica	Siculo	
161	593	Messala	Strabo	希腊哲学家被逐出罗马
160	594	Gallo	Cethego	
159	595	Dolabella	Nobiliore	
158	596	Lepido	Lenas Ⅱ	
157	597	Caesare	Horesten	
156	598	Lentulo	Figulo Ⅱ	
155	599	Nasica	Marcello Ⅱ	
154	600	Opimio	Albino	西班牙各部落起义
153	601	Nobiliore	Fuso	
152	602	Marcello Ⅱ	Flacco	
151	603	Lucillo	Albino	
150	604	Flaminio	Balbo	
149	605	Censorino	Manilio	第三次布匿战争爆发；罗马设立反贪污永久法庭
148	606	Magno	Cesoniano	罗马镇压马其顿的叛乱
147	607	Aemiliano	Druso	马其顿成为罗马的行省；希腊的起义

公元前 (B.C.)	罗马建城以来 (U.C.)	第一执政官名字	第二执政官名字	内外大事
146	608	Lentulo	Mumnio	第三次布匿战争结束,迦太基被毁;科林斯被毁
145	609	Aemiliano	Mancino	莱利乌斯企图进行土地改革
144	610	Gallo	Cotta	
143	611	Pulchrino	Macedonico	努满提亚战争爆发
142	612	Celvo	Serviliano	
141	613	Ceplo	Nepote	
140	614	Lellio	Coepio	
139	615	Pisone	Lenas	《加比尼法》规定选举采用秘密投票的方式
138	616	Nasica	Bruto	
137	617	Porcina	Mancino	第一次西西里奴隶起义
136	618	Pilo	Serrano	
135	619	Flacco	Pisone	
134	620	Aemiliano Ⅱ	Flacco	
133	621	Scepula	Pisone	提比略·格拉古担任保民官,提出土地法案;努满提亚陷落
132	622	Lenas	Calibo	阿里斯托尼库斯起义;西西里奴隶起义被镇压
131	623	Muciano	Flacco	
130	624	Lentulo	Mepote	
129	265	Tuditano	Aquilino	
128	626	Optavio	Rufo	
127	627	Ravilla	Cinna	

公元前 （B.C.）	罗马建城以来 （U.C.）	第一执政官名字	第二执政官名字	内外大事
126	628	Lepido	Horesten	
125	629	Hypseo	Flacco	弗拉古斯建议授予意大利人公民权，提议被否决，引发反罗马暴动
124	630	Longino	Calvino	
123	631	Metello	Appellate	盖约·格拉古担任保民官，提出改革法案
122	632	Enobarbo	Fanno	盖约·格拉古再次担任保民官
121	633	Opimio	Maximo	盖约·格拉古被杀
120	634	Manilio	Balbo	
119	635	Metello	Cotta	
118	636	Catone	Rige	
117	637	Diademmo	Scevola	
116	638	Geta	Eburno	
115	639	Scauro	Megello	
114	640	Bulbo	Cato	
113	641	Caprario	Carpo	诺列亚之役
112	642	Druso	Caesoniano	朱古达战争爆发
111	643	Nasica	Bestia	
110	644	Rufo	Albino	
109	645	Megello	Silano	
108	646	Calva	Hotensio	
107	647	Longino	Nepote	马略军事改革
106	648	Serrano	Ceplo	
105	649	Rufo	Maximo	朱古达战争结束；罗马在阿芬西奥（今奥兰治）被森布里人和条顿人击溃

续表

公元前 （B.C.）	罗马建城以来 （U.C.）	第一执政官名字	第二执政官名字	内外大事
104	650	Mario Ⅱ	Frimbrio	第二次西西里奴隶起义
103	651	Mario Ⅲ	Horeste	
102	652	Mario Ⅳ	Catulo	马略打败条顿人和森布里人
101	653	Mario Ⅴ	Aquilio	维尔凯莱之役
100	654	Mario Ⅵ	Flacco	罗马的起义；保民官萨图尔乌斯提议将公民权赠予意大利同盟者
99	655	Antonino	Albino	
98	656	Metello	Vivio	
97	657	Lentulo	Grasso	
96	658	Aenobarbo	Longino	
95	659	Crasso	Scelvola	
94	660	Calddo	Aenobarbo	
93	661	Flacco	Herennio	
92	662	Pulchro	Perpenno	
91	663	Philippo	Caesare	德鲁苏斯任保民官及其被杀
90	664	Caesare	Lupo	意大利同盟战争爆发；朱理亚法授予意大利人公民权
89	665	Pompeio	Stravo	普劳提乌斯·帕庇利乌斯法
88	666	Sulla	Rufo	第一次米特里达梯战争爆发
87	667	Octavio	Cinna	秦那和马略控制罗马，苏拉前往巴尔干半岛

续表

公元前 (B. C.)	罗马建城以来 (U. C.)	第一执政官名字	第二执政官名字	内外大事
86	668	Cinna	Mario	苏拉攻占并掠夺雅典，马略病死
85	669	Cinna Ⅲ	Carvo	苏拉与米特里达梯签订合约
84	670	Carvo Ⅱ	Cinna Ⅳ	秦那被杀
83	671	Asiatico Ⅱ	Pulbo	苏拉返回意大利，意大利内战爆发
82	672	Gratilliano	Carbo Ⅲ	苏拉屠杀马略的支持者；第二次米特里达梯战争
81	673	Decola	Dolabella	苏拉的独裁统治和政治改革
80	674	Sulla	Pio	
79	675	Vatio	Pulchro	苏拉辞去独裁官职
78	676	Lepido	Catulo	苏拉去世
77	677	Mamerco	Iuliano	庞培出征西班牙
76	678	Octavio	Curio	
75	679	Octavio	Cotta	
74	680	Lucullo	Cotta	第三次米特里达梯战争爆发
73	681	Varro	Licinio	斯巴达克起义爆发
72	682	Publicula	Lentulo	
71	683	Lentulo	Horeste	斯巴达克起义被镇压
70	684	Magno	Grasso	
69	685	Nepote	Metello	
68	686	Metello	Vatia	
67	687	Pisone	Glabria	庞培受命镇压海盗
66	688	Lepido	Tullo	庞培在东方与米特里达梯作战

公元前 (B. C.)	罗马建城以来 (U. C.)	第一执政官名字	第二执政官名字	内外大事
65	689	Sulla	Peto	
64	690	Caesare	Turmo	罗马在东方设立本都、比提尼亚和叙利亚行省
63	691	Cicerone	Antonino	喀提林阴谋；庞培在东方结束战事
62	692	Siliano	Murena	喀提林死；庞培返回意大利
61	693	Calpurniano	Messala	恺撒出任远西班牙总督
60	694	Afranio	Metello	庞培、克拉苏和恺撒结成"前三头同盟"
59	695	Caesare	Vivulo	
58	696	Calsoniano	Cavonio	恺撒在高卢；西塞罗遭流放
57	697	Lentulo	Nepotae	庞培受命组织谷物供应；西塞罗结束流放，回到罗马
56	698	Marcellino	Philippo	路卡会议
55	699	Magno Ⅱ	Grasso	恺撒出征日耳曼及不列颠
54	700	Aenobarbo	Phucro	恺撒第二次远征不列颠；克拉苏准备与帕提亚人作战
53	701	Carvino	Messala	克拉苏出征帕提亚，被杀；罗马陷入混乱状况
52	702	Magno Ⅲ	solo	克劳狄被杀
51	703	Rufo	Marcello	帕提亚入侵叙利亚

续表

公元前 （B.C.）	罗马建城以来 （U.C.）	第一执政官名字	第二执政官名字	内外大事
50	704	Paulo	Marcello	恺撒返回山南高卢；马塞鲁斯请求庞培拯救共和国
49	705	Marcello Ⅱ	Cruscello	恺撒渡过卢比孔河，内战开始；庞培离开意大利，前往希腊
48	706	G. Iulio Caesare Ⅱ	Isaurio	恺撒与庞培决战于法萨卢斯，庞培被杀；恺撒出任独裁官
47	707	Caleno	Vatino	恺撒离开埃及，在解决东方事务后返回意大利
46	708	Caesare Ⅲ	Lepido	恺撒的独裁统治与改革；塔普苏斯之战
45	709	Caesare Ⅳ	solo	孟达之役
44	710	Caesare Ⅴ	Antonino	恺撒遇刺身亡
43	711	Pansa	Hirstio	安东尼、屋大维和雷必达结成"后三头同盟"；西塞罗之死
42	712	Lepido	Planco	布鲁图斯和卡西乌斯在腓力比被击败，两人自杀身亡
41	713	Petate	Isaurico	
40	714	Calvino	Pollione	后三头再次结盟
39	715	Censorino	Sabino	
38	716	Pulchro	Flacco	对赛克斯图斯·庞培的战争
37	717	Agrippa	Gallo	
36	718	Publicula	Nerva	赛克斯图斯·庞培在西西里被击败；雷必达被剥夺对阿非利加的统辖权

续表

公元前 (B.C.)	罗马建城以来 (U.C.)	第一执政官名字	第二执政官名字	内外大事
35	719	Cornificio	Pompeio	赛克斯图斯·庞培之死
34	720	Libone	Atratino	安东尼侵入亚美尼亚
33	721	Augusto II	Tullo	
32	722	Henobulbo	Sossio	屋大维在罗马公开安东尼的遗嘱
31	723	Augusto III	Messala	亚克兴之战
30	724	Augusto IV	Grasso	屋大维进入埃及，取得内战胜利，埃及并入罗马
29	725	Augusto V	Apuleio	屋大维返回罗马
28	726	Augusto VI	Agrippa II	对罗马和意大利进行大规模的整顿和扩建
27	727	Augusto VII	Agrippa III	屋大维确立元首制
26	728	Augusto VIII	Tauro	
25	729	Augusto VIIII	Silano	吞并加拉太
24	730	Augusto X	Flacco	部分罗马贵族阴谋谋杀屋大维事件
23	731	Augusto XI	Pisone	
22	732	Marcello	Arrutio	奥古斯都被授予终身执政官职务
21	733	Lollio	Lepido	
20	734	Apuleio	Nerva	
19	735	Saturnino	Lucretio	罗马最后征服西班牙
18	736	Lentulo	Lentulo	
17	737	Turnio	Silato	
16	738	Henobarbo	Scipione	罗马征服诺里克人
15	739	Libone	Pisone	罗马征服列提人和列齐亚人

公元前 （B.C.）	罗马建城以来 （U.C.）	第一执政官名字	第二执政官名字	内外大事
14	740	Grasso	Augure	
13	741	Nerone	Varo	
12	742	Messala	Quirino	奥古斯都任大祭司长职务；德鲁苏斯出征日耳曼
11	743	Tuberone	Maximo	
10	744	Africano	Maximo	
9	745	Druso	Crispino	德鲁苏斯之死
8	746	Censorino	Gallo	提比略出征日耳曼
7	747	Nerone	Pisone	提比略出征日耳曼
6	748	Balbo	Vetere	
5	749	Augusto XII	Sulla	
4	750	Sabino	Rufo	
3	751	Lentulo	Messalino	
2	752	Augusto XIII	Silvano	奥古斯都获得"祖国之父"的称号；限制依照遗嘱释放奴隶法颁布
1	753	Lentulo	Pisone	
AD1	754	Caesare	Paulo	
2	755	Vinicio	Varo	
3	756	Lamia	Servilio	
4	757	Catulo	Saturnino	提比略被奥古斯都收为养子；在主人生存时限制释放奴隶法颁布
5	758	Voleso	Magno	
6	759	Lepido	Arruntio	犹地亚成为罗马的行省；潘诺尼亚和伊利里亚起义

续表

公元 （A.D.）	罗马建城以来 （U.C.）	第一执政官名字	第二执政官名字	内外大事
7	760	Cretico	Nerva	
8	761	Camello	Quintiliano	
9	762	Camerino	Sabino	条托堡之战；帕披乌斯和波佩乌斯的婚姻法
10	763	Dolabella	Silano	提比略的日耳曼讨伐
11	764	Lepido	Tauro	
12	765	Caesare	Capitone	
13	766	Planco	Silano	
14	767	duobus	Sextis	奥古斯都去世，提比略继位
15	768	Druso Caes.	Flacco	
16	769	Tauro	Libone	
17	770	Flacco	Rufo	塔克法里那图斯起义
18	771	Tito Caes. Ⅲ	Germanico Caes. II	
19	772	Silano	Balbo	日尔曼尼库斯之死
20	773	Messala	Cotta	
21	774	Tito Caes. Ⅳ	Druso Caes. Ⅱ	
22	775	Agrippa	Galba	
23	776	Pollione	Vetere	
24	777	Caethego	Varro	
25	778	Agrippa	Lentulo	
26	779	Getulico	Sabino	
27	780	Grasso	Pisone	提比略从罗马迁居卡普里岛
28	781	Silano	Nerva	
29	782	Gemino	Gemino	
30	783	Vinicio	Longino	

续表

公元 （A. D.）	罗马建城以来 （U. C.）	第一执政官名字	第二执政官名字	内外大事
31	784	Tiberio Caes. Ⅴ	solo	近卫军将领谢亚努斯阴谋败露，被处死
32	785	Arruntio	Ahenobarbo	
33	786	Galba	Sulla	
34	787	Vitello	Persico	
35	788	Camerino	Noniano	
36	789	Allieno	Plautino	
37	790	Proculo	Nigrino	卡里古拉继位
38	791	Iuliano	Asprenatae	
39	792	C. Caesare Ⅱ	Caesiano	
40	793	C. Caesare Ⅲ	solo	
41	794	C. Caesare Ⅳ	Saturnino	克劳狄继位
42	795	Tito Claudio Ⅱ	Longo	奥斯提亚新港的建设
43	796	Tito Claudio Ⅲ	Vitellio	征服不列颠
44	797	Crispo Ⅱ	Tauro	
45	798	Vinicio	Corvino	
46	799	Asiatico Ⅱ	Silano	
47	800	Tito Claudio Ⅳ	Vitellio Ⅲ	
48	801	Vitellio	Publicula	
49	802	Verannio	Gallo	
50	803	Vetere	Nerviliano	
51	804	Tito Claudio Ⅴ	Orfito	
52	805	Sulla	Othone	
53	806	Silano	Antonino	
54	807	Marcello	Aviola	尼禄继位
55	808	Nerone Caes.	Vetere	不列塔尼库斯之死
56	809	Saturnino	Scipione	
57	810	Nerone Ⅱ	Pisone	

续表

公元前 （A.D.）	罗马建城以来 （U.C.）	第一执政官名字	第二执政官名字	内外大事
58	811	Nerone Ⅲ	Messala	
59	812	Capitone	Aproniano	阿格里庇娜被杀
60	813	Nerone Ⅳ	Lentulo	
61	814	Turpillino	Peto	鲍狄卡在不列颠起义；罗马市长被奴隶杀死，引发罗马骚乱
62	815	Mario	Gallo	
63	816	Regulo	Rufo	
64	817	Grasso	Basso	罗马大火，尼禄追捕"嫌疑犯"，迫害基督徒
65	818	Nerva	Vestino	披索阴谋败露，大批元老被杀
66	819	Telesino	Paulo	第一次犹太暴动；尼禄在希腊进行演艺旅行
67	820	Capitone	Rufo	
68	821	Trachala	Italico	内战爆发，尼禄自杀
69	822	Galva Ⅱ	Vinio	韦斯帕芗为元首，弗拉维王朝开始
70	823	Vespasiano Ⅱ	Tito	耶路撒冷陷落
71	824	Vespasiano Ⅲ	Nerva	
72	825	Vespasiano Ⅳ	Tito Ⅱ	哲学家被逐出罗马
73	826	Domitiano Ⅱ	Messalino	
74	827	Vespasiano Ⅴ	Tito Ⅲ	
75	828	Vespasiano Ⅵ	Tito Ⅳ	
76	829	Vespasiano Ⅶ	Tito Ⅴ	
77	830	Vespasiano Ⅷ	Domitiano Ⅴ	
78	831	Commodo	Prisco	

续表

公元 (A.D.)	罗马建城以来 (U.C.)	第一执政官名字	第二执政官名字	内外大事
79	832	Vespasiano ⅩⅢ	Tito Ⅵ	提图斯继位；维苏威火山喷发
80	833	Tito Ⅷ	Domitiano Ⅶ	罗马圆形大竞技场奠基
81	834	Silva	Pollione	图密善继位
82	835	Domitiano Ⅷ	Sabino	
83	836	Domitiano Ⅷ	Rufo	
84	837	Domitiano Ⅹ	Sabino	
85	838	Domitiano Ⅺ	Furvo	
86	839	Domitiano Ⅻ	Dolabella	达西亚战争爆发
87	840	Domitiano ⅩⅢ	Saturnino	
88	841	Domitiano ⅩⅢ	Rufo	撒图尔尼努斯起义
89	842	Fulvo	Atratino	达西亚战争结束
90	843	Domitiano ⅩⅤ	Nerva	
91	844	Clabrione	Traiano	
92	845	Domitiano ⅩⅥ	Saturnino	
93	846	Collega	Priscino	
94	847	Asprenate	Laterano	
95	848	Domitiano ⅩⅦ	Clemente	
96	849	Valeriano	Vetere	图密善被刺杀，涅尔瓦成为元首
97	850	Nerva Ⅱ	Rufo Ⅲ	
98	851	Nerva Ⅲ	Traiano Ⅱ	图拉真继位
99	852	Palma	Senecione	
100	853	Traiano Ⅲ	Frontino	
101	854	Traiano Ⅳ	Peto	第一次达西亚战争爆发

续表

公元 （A.D.）	罗马建城以来 （U.C.）	第一执政官名字	第二执政官名字	内外大事
102	855	Servillo II	Sura II	第一次达西亚战争结束
103	856	Traiano V	Maximo II	
104	857	Surano II	Marcello	
105	858	Candido II	Quadrato	第二次达西亚战争爆发
106	859	Commodo	Cereale	第二次达西亚战争结束，吞并达西亚
107	860	Sura	Senecione	
108	861	Gallo	Bradua	
109	862	Palma II	Tullo	
110	863	Priscina	Ortito	
111	864	Pisone	Bolano	
112	865	Traiano VI	Africano	
113	866	Celso	Crispino	图拉真的东方战役
114	867	Vopisco	Asta	占领亚美尼亚
115	868	Messala	Pedone	帕提亚战争爆发
116	869	Aeliano	Vetere	
117	870	Nigro	Aproniano	哈德良继位，帕提亚战争结束
118	871	Adriano II	Salinatore	
119	872	Adriano II	Rustico	
120	873	Severo II	Fulvo	
121	874	Vero II	Augure	
122	875	Aviola	Pansa	不列颠的哈德良长城
123	876	Petino	Aproniano	
124	877	Glabrione	Torquato	
125	878	Asiatico II	Aquilino	

续表

公元 （A. D.）	罗马建城以来 （U. C.）	第一执政官名字	第二执政官名字	内外大事
126	879	Vero Ⅲ	Ambibulo	
127	880	Titiano	Gallicano	
128	881	Asprenate	Libone	
129	882	Marcello Ⅱ	Marcello Ⅱ	
130	883	Catulino	Apro	
131	884	Pontiano	Rutino	
132	885	Augurino	Sergiano	第二次犹太暴动
133	886	Hibero	Sisenna	
134	887	Serviano	Varo	
135	888	Luperco	Attico	第二次犹太暴动被镇压
136	889	Commodo	Pompeiano	
137	890	Caesare Ⅱ	Balbino	
138	891	Nigro	Camerino	安敦尼·庇护继位
139	892	Antonino Ⅱ	Praesente Ⅱ	
140	893	Antonino Ⅲ	Aureliano Caes.	
141	894	Siloga	Severo	
142	895	Rufino	Quadrato	不列颠的安敦尼长城
143	896	Torquato	Attico	
144	897	Avito	Maximo	
145	898	Antonino Ⅳ	Aureliano Caes. Ⅱ	
146	899	Claro	Severo	
147	900	Largo	Messalino	罗马建城900周年庆祝活动
148	901	Torquato	Iuliano	
149	902	Orfito	Prisco	
150	903	Gallicano	Vetere	
151	904	Maximo	Condiano	

公元 （A. D.）	罗马建城以来 （U. C.）	第一执政官名字	第二执政官名字	内外大事
152	905	Glabrione	Homullo	
153	906	Praesente	Rufino	
154	907	Commodo	Laterano	
155	908	Severo	Sabino	
156	909	Silvato	Augurino	
157	910	Barbato	Regulo	
158	911	Tertullo	Sacerdote	
159	912	Quintillo	Prisco	
160	913	Bradua	Varo	
161	914	duobus	Augustis	马尔库斯·奥里略继位；帕提亚战争爆发
162	915	Rustico	Aquilino	
163	916	Lelliano	Pastore	
164	917	Macrino	Celso	
165	918	Orfito	Pudente	
166	919	Pudente	Pollione	
167	920	Vero Ⅲ	Quadrato	
168	921	Aproniano	Paulo	日耳曼部落侵入帝国边境
169	922	Prisco	Apollinare	路西乌斯·维鲁斯之死
170	923	Claro	Caethego	
171	924	Severo	Herenniano	
172	925	Orfito	Maximo	
173	926	Severo Ⅱ	Pompeiano	
174	927	Gallo	Flacco	布科里人起义
175	928	Pisone	Iuliano	阿维狄乌斯·卡西乌斯篡位

续表

公元 （A. D.）	罗马建城以来 （U. C.）	第一执政官名字	第二执政官名字	内外大事
176	929	Pollione	Apro	马尔库斯·奥里略任命康茂德为共治者
177	930	Commodo	Quintilio	
178	931	Orfito	Rufo	日耳曼人再次进犯罗马边境
179	932	Commodo II	Vero	
180	933	Praesente	Condiano	康茂德继位，帕提亚战争结束
181	934	Commodo III	Birro	
182	935	Mamertino	Rufo	
183	936	Commodo IV	Victorino	阴谋谋杀元首事件
184	937	Marulo	Eliano	
185	938	Materno	Bradua	
186	939	Commodo V	Glabrione	
187	940	Crispino	Eliano	玛捷尔努斯运动
188	941	Fusciano	Silano	
189	942	duobus	Silanis	
190	943	Commodo VI	Septimiano	
191	944	Aproniano	Bradua	
192	945	Commodo VII	Pertinace	康茂德被杀，内战爆发
193	946	Falcone	Claro	塞维鲁进入罗马，塞维鲁王朝开始
194	947	Severo II	Bino	
195	948	Tertullo	Clemente	
196	949	Dextro	Prisco	
197	950	Laterano	Rufino	内战结束，帕提亚战争爆发

公元 (A.D.)	罗马建城以来 (U.C.)	第一执政官名字	第二执政官名字	内外大事
198	951	Saturnino	Gallo	征服美索不达米亚
199	952	Anulino	Frontone	帕提亚战争结束
200	953	Severo Ⅲ	Victorino	
201	954	Fabiano	Mutiano	
201	955	Severo Ⅳ	Antonino	
203	956	Plautiano	Geta	罗马修建塞维鲁凯旋门
204	957	Cillone	Libone	
205	958	Antonino Ⅱ	Geta	
206	959	Albino	Miliano	
207	960	Apro	Maximo	
208	961	Antonino Ⅲ	Geta Ⅱ	不列颠战争爆发
209	962	Pompeiano	Avito	
210	963	Faustino	Rufino	
211	964	Gentiano	Basso	卡拉卡拉与盖塔继位，结束不列颠战争
212	965	duobus	Aspris	卡拉卡拉敕令，授予境内自由人罗马公民权；盖塔被杀
213	966	Antonino Ⅳ	Balbino	
214	967	Messala	Sabino	
215	968	Laeto	Cereale	亚历山大里亚被劫掠
216	969	Sabino	Anulino	卡拉卡拉浴场建成
217	970	Praesente	Extricato	卡拉卡拉被杀，马克里努斯继位
218	971	Antonino	Advento	埃拉伽路斯继位
219	972	Antonino Ⅱ	Sacerdote	
220	973	Antonino Ⅲ	Comazonte	

续表

公元 （A. D.）	罗马建城以来 （U. C.）	第一执政官名字	第二执政官名字	内外大事
221	974	Grato	Seleuco	
222	975	Antonino Ⅳ	Alexandro	亚历山大·塞维鲁继位
223	976	Maximo	Cheliano	
224	977	Iuliano	Crispino	
225	978	Fusco	Dextro	
226	979	Alexandro Ⅱ	Marcello	
227	980	Albino	maximo	
228	981	Modesto	Probo	
229	982	Alexandro Ⅲ	Dione	
230	983	Agricola	Clementino	
231	984	Pompeiano	Peligniano	
232	985	Lupo	Maximo	
233	986	Maximo	Paterno	
234	987	Maximo Ⅱ	Urbano	
235	988	Severo	Quintiano	亚历山大·塞维鲁被杀，塞维鲁王朝灭亡；马克西米努斯继位
236	989	Maximo	Afriacno	
237	990	Perpetuo	Corneliano	
238	991	Pio	Pontiano	阿非利加起义，戈尔第亚一世和二世称帝；巴尔比努斯和普布利努斯共治
239	992	Gordiano	Aviola	
240	993	Sabino	Venusto	萨比尼阿努斯领导的阿非利加起义
241	994	Gordiano Ⅱ	Pompeiano	

公元 (A.D.)	罗马建城以来 (U.C.)	第一执政官名字	第二执政官名字	内外大事
242	995	Attico	Protextato	
243	996	Arriano	Papo	
244	997	Peregrino	Aemiliano	阿拉伯人菲力普称元首
245	998	Philippo	Titiano	
246	999	Praesente	Albino	
247	1000	Philippo Ⅱ	Philippo	
248	1001	Philippo Ⅲ	Philippo Ⅱ	罗马建城千年庆典
249	1002	Aemiliano	Aquilino	戴西乌斯继位；迫害基督徒
250	1003	Decio Ⅱ	Grato	瘟疫流行
251	1004	Decio Ⅲ	Decio Caes.	戴西乌斯在与哥特人作战中身亡；伽路斯继位
252	1005	Gallo Ⅱ	Volusiano	
253	1006	Volusiano Ⅱ	Maximo	瓦勒利阿努斯继位
254	1007	Valeriano Ⅱ	Gallieno	
255	1008	Valeriano Ⅲ	Gallieno Ⅱ	
256	1009	Maximo	Glabrione	伽里恩努斯对阿拉曼尼人的胜利
257	1010	Valeriano Ⅳ	Gallieno Ⅲ	迫害基督徒
258	1011	Tusco	Basso	
259	1012	Aemiliano	Basso	高卢帝国成立
260	1013	Seculare	Donato	瓦勒利阿努斯被波斯人俘虏
261	1014	Gallicano Ⅳ	Volusiano	奥迭那图斯对波斯人的胜利
262	1015	Gallicano Ⅴ	Fausiano	

续表

公元 (A. D.)	罗马建城以来 (U. C.)	第一执政官名字	第二执政官名字	内外大事
263	1016	Albino	Dextro	西西里奴隶起义
264	1017	Gallicano Ⅵ	Saturnino	
265	1018	Valeriano Ⅱ	Lucillio	
266	1019	Gallieno Ⅶ	Sabinillo	芝诺比亚在帕尔米拉的统治
267	1020	Paterno	Arcesilao	帕尔米拉帝国成立；蛮族蹂躏小亚细亚和巴尔干半岛
268	1021	Paterno Ⅱ	Mariniano	克劳狄继位；巴高达运动开始
269	1022	Claudio	Paterno	对哥特人的决定性胜利
270	1023	Antiociano	Orfito	克劳狄被杀，奥勒良继位；放弃达西亚
271	1024	Aureliano	Basso	罗马建奥勒良城墙
272	1025	Quieto	Veldumiano	
273	1026	Tacito	Placidiano	罗马收复帕尔米拉；罗马造币工起义
274	1027	Aureliano Ⅱ	Capitolino	罗马收复高卢
275	1028	Aureliano Ⅲ	Marcellino	塔西佗继位
276	1029	Tacito Ⅱ	Aemiliano	普洛布斯继位
277	1030	Probo	Paulino	
278	1031	Probo Ⅱ	Lupo	
279	1032	Probo Ⅲ	Paterno	
280	1033	Messala	Grato	
281	1034	Probo Ⅳ	Tiberiano	
282	1035	Probo Ⅴ	Victorino	卡路斯继位；巴高达运动高涨

公元 （A.D.）	罗马建城以来 （U.C.）	第一执政官名字	第二执政官名字	内外大事
283	1036	Caro	Carino	卡里努斯和努美里安共治
284	1037	Carino Ⅱ	Numeriano	戴克里先继位，晚期帝国开始
285	1038	Diocletiano Ⅱ	Aristobulo	任命马克西米安为恺撒
286	1039	Maximo Ⅱ	Aquilino	任命马克西米安为西部奥古斯都
287	1040	Diocletiano Ⅲ	Maximiano	
288	1041	Maximiano Ⅱ	Ianuarino	
289	1042	Basso Ⅱ	Quintiniano	
290	1043	Diocletiano Ⅳ	Maximiano Ⅲ	
291	1044	Tiberiano	Dione	
292	1045	Annibaliano	Asclepiodoto	
293	1046	Diocletiano Ⅴ	Maximiano Ⅳ	任命君士坦提乌斯、伽勒里乌斯为恺撒，"四帝共治制"形成
294	1047	Constantio	Maximiano	
295	1048	Tusco	Annullino	
296	1049	Diocletiano Ⅴ	Constancio Ⅱ	颁布敕令，取缔摩尼教
297	1050	Maximiano Ⅴ	Maximiano Ⅱ	与波斯缔和，收回美索不达米亚
298	1051	Fausto Ⅱ	Gallo	
299	1052	Diocletiano Ⅶ	Maximiano Ⅵ	
300	1053	Constantio Ⅲ	Maximiano Ⅲ	
301	1054	Titiano	Nepotiano	物价敕令，币制改革
302	1055	Constantio Ⅳ	Maximiano Ⅳ	

续表

公元 （A. D.）	罗马建城以来 （U. C.）	第一执政官名字	第二执政官名字	内外大事
303	1056	Diocletiano Ⅷ	Maximiano Ⅶ	对基督徒的大迫害
304	1057	Diocletiano Ⅷ	Maximiano Ⅷ	
305	1058	Constantio Ⅴ	Maximiano Ⅴ	戴克里先和马克西米安退位
306	1059	Constantio Ⅵ	Maximiano Ⅵ	君士坦提乌斯去世，君士坦丁称帝，内战爆发
307	1060	novies	Constantino	君士坦丁迎娶马克西米安之女福斯塔
308	1061	decies	Maximiano Ⅶ	李锡尼被任命为奥古斯都
309	1062	post consul. Ⅹ	septimum	
310	1063	ann. Ⅱ post cons. Ⅹ	septimum	马克西米安去世
311	1064	Maximiano Ⅷ	solo	伽勒里乌斯发布"有限宽容敕令"
312	1065	Constantino Ⅱ	Licinio Ⅱ	君士坦丁在米尔维桥打败马克森提乌斯
313	1066	Constantino Ⅲ	Licinio Ⅲ	米兰敕令，承认基督教的合法性
314	1067	Volusiano	Anniano	阿尔勒宗教会议
315	1068	Constantino Ⅳ	Licinio Ⅳ	君士坦丁庆祝登基10周年，罗马修建君士坦丁凯旋门
316	1069	Sabino	Rufino	君士坦丁与李锡尼第一次战争
317	1070	Gallicano	Basso	克里斯普斯、君士坦丁二世和李锡尼二世被任命为恺撒
318	1071	Licinio Ⅴ	Crispo	

公元 （A.D.）	罗马建城以来 （U.C.）	第一执政官名字	第二执政官名字	内外大事
319	1072	Constantino Ⅴ	Licinio	
320	1073	Constantino Ⅵ	Constantino	
321	1074	Crispo Ⅱ	Constantino Ⅱ	
322	1075	Probiano	Iuliano	
323	1076	Severo	Rufino	君士坦丁成为帝国唯一的统治者
324	1077	Crispo Ⅲ	Constantino Ⅲ	君士坦丁进行行政和财政改革；君士坦提乌斯二世被任命为恺撒
325	1078	Paulino	Iuliano	尼西亚宗教会议；君士坦丁庆祝登基20周年
326	1079	Constantino Ⅶ	Constantio	处死克里斯普斯和福斯塔
327	1080	Constancio	Maximo	
328	1081	Ianuarino	Iusto	
329	1082	Constantino Ⅷ	Constantio Ⅲ	
330	1083	Gallicano	Symaco	君士坦丁迁都拜占庭，改名君士坦丁堡
331	1084	Basso	Ablavio	
332	1085	Pacatiano	Hilariano	
333	1086	Dalmatio	Zeofilo	君士坦斯被任命为恺撒
334	1087	Optato	Paulino	
335	1088	Constantio	Albino	君士坦丁庆祝登基30周年
336	1089	Nepotiano	Facundo	

公元 （A. D.）	罗马建城以来 （U. C.）	第一执政官名字	第二执政官名字	内外大事
337	1090	Feliciano	Titiano	君士坦丁临终受洗； 君士坦丁死后，内战 爆发
338	1091	Vrso	Polemio	
339	1092	Constantio Ⅱ	Constante Ⅱ	
340	1093	Aquilino	Proculo	
341	1094	Marcellino	Probino	
342	1095	Constantio Ⅲ	Constante Ⅲ	
343	1096	Placidio	Romulo	
344	1097	Leontio	Salustio	
345	1098	Amantio	Albino	
346	1099	post Amantio	Albino	
347	1100	Rufino	Eusebio	
348	1101	Philippo	Salia	
349	1102	Limenio	Catulino	
350	1103	Sergio	Nigriniano	马格南提乌斯在西部 僭位，君士坦斯被杀
351	1104	post Sergio	Nigriniano	
352	1105	Constancio Ⅴ	Constantio iun.	
353	1106	Constancio Ⅵ	Constantio Ⅱ	君士坦提乌斯二世重 新统一帝国，任命伽 路斯为恺撒
354	1107	Constancio Ⅶ	Constantio Ⅲ	恺撒伽路斯被处死

附录三　主要参考资料及相关著作

在写作此书的过程中，我们参考或吸纳了国内外众多的文献资料以及相关的学术成果，尤其是参考了商务印书馆出版的汉译世界学术名著丛书。我们对学术前辈们付出的辛勤劳动表示由衷的感谢与敬意。以下是我们所参考的主要文献资料与相关著作。

一、马克思主义经典著作

1. 马克思：《资本主义以前诸形态》
2. 恩格斯：《家庭、私有制和国家的起源》
3. 恩格斯：《论早期基督教的历史》
4. 恩格斯：《布鲁诺·鲍威尔和早期基督教》

二、古典历史学家著作及其史料汇编

1. Ammianus Marcellinus，*Roman History*.
2. Aristides，*Panathenaicus*.
3. Aulus Gellius，*The Attic Nights*.
4. Aurelius Victor，*Epitome de Caesaribus*.
5. Cato，*De Agricultura*.
6. Cicero，*De Republica and De Legibus*.
7. Dio Cassius，*Roman History*.
8. Dionysius of Halicarnassus，*The Roman Antiquities*.
9. Diodorus of Sicily，*Library of History*.
10. Dio Chrysostom，*In Athens，about his Banishment*.
11. Eusebius，*The Ecclesiastical History*.

12. Eutropius，*Historiae Romanae Brevarium*.

13. Herodian，*History of The Empire*.

14. Justinian，*Codex of Justinian*.

——*Digest*.

15. Lactantius，*The Manner in Which the Persecutors Died*.

16. Lewis N. & Reinhold M.，*Roman Civilizations*，*Selected Readings*.

17. Livy，*From the Founding of the City*

18. Lucanus，*De Bello Civili*，

19. Marcus Aurelius，*Meditations*.

20. Nixon C. E. V. and Barbara Saylor Rodgers，edited，*In Praise of Later Roman Emperors*：*The Panegyrici Latini*，*with introduction translation*，*and historical commentary*.

21. Pliny the Younger，*Letters and Panegyricus*.

22. Pliny the Elder，*Natural History*.

23. Plutarch，*Plutarch's lives*.

24. Polybius，*The Histories*.

25. Quintilian，*The Instituto oratoria of Quintilian*.

26. Sallust，*Bellum Juguthinum*.

27. Strabo，*Geography*.

28. Suetonius，*The Twelve Caesars*.

29. *The Scriptores Histores Augustae*.

30. *Select Papyri*.

31. *The Theodosian Code*.

32. Tacitus，*Annals*.

——*Histories*.

——*Agricola*.

33. Varro，*De Re Rustica*.

34. Zosimus，*New History*（*Historia Nova*）.

35. 阿庇安：《罗马史》，上卷，谢德风译，北京：商务印书馆，1979 年版。

36. 恺撒：《高卢战记》，任炳湘译，北京：商务印书馆，1979 年版。

37. 卢克莱修：《物性论》，方书春译，北京：商务印书馆，1982 年版。

38. 马尔库斯·奥里略：《沉思录》，李娟、杨志译，北京：北京理工大学出版社，2009 年版。

39. 普鲁塔克：《希腊罗马名人传》，上册，黄宏煦、陆永庭等译，北京：商务印书馆，1990 年版。

40. 萨鲁斯特：《朱古达战争》，王以铸、崔妙因译，北京：商务印书馆，1995 年版。

41. 萨鲁斯特：《喀提林阴谋》，王以铸、崔妙因译，北京：商务印书馆，1995 年版。

42. 苏埃托尼乌斯：《罗马十二帝王传》，张竹明、王乃新译，北京：商务印书馆，1995 年版。

43. 塔西佗：《编年史》，上册，王以铸、崔妙因译，北京：商务印书馆，1981 年版。

44. 林志纯主编：《世界通史资料选辑》上古部分，北京：商务印书馆，1962 年版。

45. 北京师范大学历史系世界古代及中古史教研室编：《世界古代及中古史资料选集》，北京：北京师范大学出版社，1991 年版。

46. 李雅书选译：《罗马帝国时期》上，北京：商务印书馆，1985 年版。

47. 杨共乐选译：《罗马共和国时期》上，北京：商务印书馆，1997 年版。

48. 杨共乐选译：《罗马共和国时期》下，北京：商务印书馆，1998 年版。

49. 杨共乐主编：《世界上古史资料汇编》，北京：北京师范大学出版社，2010 年版。

三、现代著作

1. Alföldy G. , *The Social History of Rome*, translated by David

Braund and Frank Pollock, London & Sydney: Croom Helm, 1985.

2. Alan K. Bowman, edited, *Cambridge Ancient History*, Vol. 12, Cambridge University Press, 2005.

3. Barnes Timothy D. , *The New Empire of Diocletian and Constantine*, Cambridge and London: Harvard University Press, 1982.

4. Boak A. E. R. , *A History of Rome to 565 A. D.* , New York : Macmillan Co. , 1932.

5. Crook J. A. , *Consilium Principis*, *Imperial Councils and Counsellors from Augustus to Diocletian*, Cambridge: Cambridge University Press, 1955.

6. Frank T. edited, *An Economic Survey of Ancient Rome*, Vol. 5, Baltimore: The Johns Hopkins Press, 1933~1940.

7. Hammond Mason, *The City in the Ancient World*, Cambridge, Massachusetts: Harvard University Press, 1972.

8. Hornblower S. and Spawforth A. , *The Oxford Classical Dictionary*, third edition, Oxford New York, Oxford University Press, 1996.

9. Homo Léon, *Roman political Institutions from City to State*, translated by M. R. Dobie, London: Routledge, 1996.

10. Jones A. H. M. , *The Later Roman Empire*, 284~602, A Social, Economic, and Administrative Survey, *Vol. 1, Oxford: Basil Blackwell*, 1964.

11. *Levick B. ,* Claudius, *London: Batsford*, 1990.

12. *Lomas K. edited*, Roman Italy, 338 B. C. —A. Dh200 A Sourcebook, *New York : St. Martin's Press*, 1996.

13. *MacMullen R. ,* Corruption and the Decline of Rome, *Yale University Press*, 1988.

14. *MacMullen R. ,* Roman Government's Response to Crisis A. D. 235—337, *New Haven and London: Yale University Press*, 1976.

15. *Millar F.*，The Emperor in the Roman World 31 B. C. — A. D. 337，*Ithaca*，*N. Y.*：*Cornell University Press*，1992.

16. *Michael T. W. Arnheim.*，The Senatorial Aristocracy in the Later Roman Empire，*Oxford*：*Clarendon Press*，1972.

17. *Mommsen T.*，A History of Rome under the Emperors，*English translation by Clare Krojzl*，*London and New York*，1996.

18. *Talbert R. J. A.*，The Senate of Imperial Rome，*New Jersey*：*Princeton University Press*，1984.

19. *Tappan E. M. ed.*，The World's Story：A History of the World in Story，Song and Art，*Vol. IV*：Greece and Rome，*Boston*：*Houghton Mifflin*，1914.

20. *Webster Graham*，The Roman Imperial Army of the First and Second Centuries A. D.，*New Jersey*，1979.

四、中文著作

1. 爱德华·吉本：《罗马帝国衰亡史》，黄宜思、黄雨石译，北京：商务印书馆，1997 年版。

2. 鲍桑葵：《美学史》，张今译，海口：海南出版社，2005 年版。

3. 保罗·佩迪什：《古代希腊人的地理学——古希腊地理学史》，蔡宗夏译，葛以德校，北京：商务印书馆，1983 年版。

4. 巴里·尼古拉斯：《罗马法概论》（第二版），黄风译，北京：法律出版社，2004 年版。

5. 查士丁尼：《法学总论》，张企泰译，北京：商务印书馆，1997 年版。

6. 科瓦略夫：《古代罗马史》，王以铸译，北京：生活·读书·新知三联书店，1957 年版。

7. 莱辛：《拉奥孔》，朱光潜译，北京：人民文学出版社，1984 年版。

8. 罗斯托夫采夫：《罗马帝国社会经济史》，马雍、厉以宁译，北京：商务印书馆，1985 年版。

9. "历史研究"编辑部编译:《罗马奴隶占有制崩溃问题译文集》,北京:科学出版社,1958 年版。

10. 马克垚:《西欧封建经济形态研究》,北京:人民出版社,2001 年版。

11. 孟德斯鸠:《罗马盛衰原因论》,婉玲译,北京:商务印书馆,2001 年版。

12. 梅因:《古代法》,沈景一译,北京:商务印书馆,1984 年版。

13. 任钟印选译:《昆体良教育论著选》,北京:人民教育出版社,2001 年版。

14. J. W. 汤普森:《历史著作史》,第一分册,谢德风译,上卷,北京:商务印书馆,1988 年版。

15. 赫·乔·韦尔斯:《世界史纲》,上卷,吴文藻、谢冰心等译,桂林:广西师范大学出版社,2001 年版。

16. 叶民:《最后的古典》,天津:天津人民出版社,2004 年版。

17. 约翰·希克斯:《经济史理论》,厉以平译,北京:商务印书馆,2005 年版。

18. 施治生、郭方主编:《古代民主与共和制度》,北京:中国社会科学出版社,2002 年版。

19. 朱龙华:《罗马文化》,上海:上海社会科学院出版社,2003 年版。

20. 汤普逊:《中世纪经济社会史》,上册,耿淡如译,北京:商务印书馆,1997 年版。

21. 李雅书、杨共乐:《古代罗马史》,北京:北京师范大学出版社,2004 年版。

22. 杨共乐:《罗马史纲要》,北京:商务印书馆,2007 年版。

23. 塞涅卡:《强者的温柔》,包利民、李春树、陈琪译,北京:中国社会科学出版社,2005 年版。

24. 王文华译:《爱比克泰德论说集》,北京:商务印书馆,2009 年版。

25. 王焕生:《古罗马文学史》,北京:中央编译出版社,2008 年版。

索　引

后 记

《古代罗马文明》是北京师范大学历史学院、史学理论与史学史研究中心组织撰写的"世界古代文明"系列丛书中的一部。参加此书写作的人员有：李雅书先生、杨共乐、王振霞、武晓阳、张尧娉、倪滕达、余春江、尹宁、李小迟、王遥、吴涛、张子青和郝彤。具体分工如下。

李雅书先生：第三编第二章第五节。

杨共乐：前言，第一编第二章，第三章；第二编第一章；第三编第一章第二节、第三节（二），第二章第一节（一）（二）（三），第三节，第四节。

王振霞：第二编第一章第二节，第二章；第三编第二章第二节（一）。

张尧娉：第一编第一章。

武晓阳：第三编第一章第三节（一）。

张子青：第三编第二章第一节（四）。

余春江：第三编第二章第二节（二）。

李小迟：第三编第二章第二节（三）。

倪滕达：第三编第二章第二节（四）。

王　遥：第三编第二章第二节（五）。

尹　宁（译）、吴涛（校）：罗马帝王简史

郝　彤：执政官年表及相关大事

本书的所有照片皆由吴琼博士提供。

在本书写作和出版过程中，王振霞博士、北京大学的杨晨桢同学帮助我做了许多基础性的工作；北京师范大学出版集团总编辑叶子女士、社长助理饶涛先生、编辑刘松弢等也给我们提供了多种支持与帮助，在此特表谢忱。

古代罗马文明

杨共乐

2014 年 9 月 1 日

图书在版编目(CIP)数据

古代罗马文明／杨共乐等著.—北京：北京师范大学出版社，2014.12
（世界古代文明丛书）
ISBN 978-7-303-18029-5

Ⅰ.①古… Ⅱ.①杨… Ⅲ.①文化史－研究－古罗马
Ⅳ.① K126

中国版本图书馆 CIP 数据核字(2014)第 230940 号

营 销 中 心 电 话　010-58802181 58805532
北师大出版社高等教育分社网　http://gaojiao.bnup.com
电 子 信 箱　gaojiao@bnupg.com

GUDAI LUOMA WENMING

出版发行：北京师范大学出版社 www.bnup.com
　　　　　北京新街口外大街 19 号
　　　　　邮政编码：100875

印　　刷：北京京师印务有限公司
经　　销：全国新华书店
开　　本：170 mm × 240 mm
印　　张：39.75
彩　　插：8 页
字　　数：590 千字
版　　次：2014 年 12 月第 1 版
印　　次：2014 年 12 月第 1 次印刷
定　　价：148.00 元

策划编辑：刘松弢　　　责任编辑：唐正才　刘松弢
美术编辑：王齐云　　　装帧设计：王齐云
责任校对：李　菡　　　责任印制：陈　涛